# हज़ारों चेहरे ऐसे

# हज़ारों चेहरे ऐसे

*व्यंग्य उपन्यास*

शक्ति प्रकाश

वाणी प्रकाशन

**वाणी प्रकाशन**

*4695, 21-ए, दरियागंज, नयी दिल्ली 110 002*

शाखा

*अशोक राजपथ, पटना 800 004*

फ़ोन: +91 11 23273167 फ़ैक्स: +91 11 23275710

www.vaniprakashan.in
vaniprakashan@gmail.com

HAZARON CHEHRE AISE
*by* Shakti Prakash

ISBN : 978-93-5072-462-0
Satire Fiction



प्रथम संस्करण

मूल्य : ₹ 595



*न्यू कृष्णा ऑफ़सेट, दिल्ली-110093 में मुद्रित*

*वाणी प्रकाशन का लोगो मक़बूल फ़िदा हुसेन की कूची से*

# हज़ारों चेहरे ऐसे

नये लेखक पर भाई लोग अक्सर यह कहकर चढ़ते हैं— लेखक नया है, मसाला नया नहीं है, समझ नहीं पड़ता साढ़े चार अरब साल बूढ़ी धरती, बारह हजार साल बूढ़ी मानव सभ्यता, हमसे पहले हमारे दादा लोग सारा कुछ लिख गये तो देर से पैदा होने में अपनी क्या गलती? फिर भी नया...नया...नया...। इस नयेपन की चाह ने हमारे समाज में तमाम वेश्यालय खुलवा दिये पर वहाँ भी नया क्या? सिवाय एक मिथक के, सब कुछ वही हजारों साल पुराना, लेकिन ये मिथक अनुभवी लोग ही समझते हैं। फिर भी अनुभवी पाठकों और आलोचकों से क्षमा चाहते हुए बिल्कुल नया करने का प्रयास किया है, विषय के नये होने का दावा फिर भी नहीं, ट्रीटमेंट की गारंटी है। इस नयेपन का उद्देश्य कोई सन्देश देना या समाज सुधार जैसी कोई बड़ी तोप मारना भी नहीं है, दिखा सो लिखा यानी हमारे समाज का म्यूरल डिपिक्शन बस। हालाँकि पैंतालीस तक पहुँचते-पहुँचते डेढ़ नम्बर का चश्मा चढ़ गया है, आरोप लग सकता है कि नज़र में कमी आ गयी होगी। लेकिन जैसा विषय है, उसमें आँखों की ज़रूरत होती भी नहीं, सब कुछ दिमाग से महसूस किया जाता है, आँखें तो सहायक क्रिया की भाँति हैं। विषय के स्तर पर यह फ्रायड के उस सिद्धान्त का अनुपालन करता हुआ लगता है जिसके अनुसार मानव मस्तिष्क अपनी जाग्रत अवस्था का एक बड़ा परसेंटेज सेक्स के बारे में सोचने में बिताता है, थोड़ा-सा फर्क है, वो ये कि शुद्ध भारतीय परिप्रेक्ष्य में मनुष्य का व्यापक अर्थ पुरुष होता है, स्त्री तो इस परसेंटेज का कारण है और कैटलिस्ट भी। बात साफ है जी कि इस उपन्यास में स्त्री-पुरुष सम्बन्धों पर चर्चा अधिक होगी, ईमानदारी, बेईमानी, आदर्श, नैतिकता, अन्ना, लोकपाल जैसे विषय फिलर के रूप में दिख सकते हैं, अब स्त्री-पुरुष चाहे आगरा में हो या भोपाल में इससे कुछ फर्क नहीं पड़ता, दुनिया गोल है, मात्र अक्षांश और देशान्तर बदलने से मूल मानवीय प्रवृत्तियाँ या बीमारियाँ नहीं बदल जातीं अर्थात दाद, खाज और खुजली अगर भोपाल में लोगों को परेशान करते हैं तो आगरा में भी एक्ज़िमा की व्याधि लोगों का पीछा नहीं छोड़ती। हाँ, खुजाने के अन्दाज़ में फर्क हो सकता है, मसलन भोपाल वाले तम्बाकू बनाते वक्त तर्जनी का प्रयोग करते हैं जबकि आगरा वाले अँगूठे का लेकिन सत्य यही है तम्बाकू में चूना वो भी मिलाते हैं और ये भी और अन्ततोगत्वा उस

मिश्रण का प्रारब्ध प्रायः पिच-पिच भोपाल में भी होता है और हमारे आगरा में भी। कथा में ख़ास ये भी है कि नायिका एक ही है, क्षणिक नायकों की ये लम्बी लाइन ... नतीजतन फ्रायड का परसेंटेज आगे निकल कहीं नब्बे, कहीं पिचानवे, कहीं सौ, कहीं-कहीं सौ के पार निकल गया है यानी कुछ लोग अचेतन और अवचेतन में भी नायिका तक पहुँचने में सफल रहे हैं।

कुछ लोग इसे उपन्यास के बजाय व्यंग्य वृत्तान्त कहना अधिक पसन्द करेंगे, वृत्तान्त हिन्दी साहित्य की एक मान्य विधा हो सकता है लेकिन वृत्तान्त के सत्य होने का भी चलन है, काल्पनिक वृत्तान्त का हिन्दी साहित्य में फिलहाल कोई चलन नहीं और इस वृत्तान्त को सत्य कहते ही हर सरकारी दफ़्तर के लोग झंडे, डंडे, काले कोट या खाकी पतलून लेकर मेरे घर और दफ़्तर में खड़े हो जायेंगे, महिला मोर्चा, मानव अधिकार के अलावा कुछ स्वपोषित स्वतन्त्र क्रियाशील संगठन मेरे साथ धौल थप्पड़ या कुत्ता घसीटी भी कर सकते हैं, बल्कि एकाध जगह से सुपारी भी दी जा सकती है। पिटना इसलिए भी अवश्यम्भावी है कि इस उपन्यास के चरित्र समाज में, चाहे वो गली-मुहल्ला हो या दफ़्तर, बिखरे हुए पड़े हैं। ये चरित्र जब तक किसी शोहदे की तरह सिनेमा हॉल की भीड़ में समाज नाम की लड़की को चिकोटी काटते रहते हैं, तब तक इन्हें कोई आपत्ति नहीं होती पर जैसे ही लिखित-पठित में समाज के सामने आ जाते हैं, तब इन्हें दिक्कत होती है। लेखक लाख काल्पनिक चरित्र पैदा करे, ये अपनी नैसर्गिकता उनमें खोज लेते हैं, तब मुहल्ला कमेटियाँ और दफ़्तर आयोग बनते हैं, सर्वसम्मति से प्रस्ताव पारित होते हैं, 'चाहे नाम न लिखा हो जिक्र तो हमारा ही है, हम चाहे नंगे घूमें, सड़क पर सांस्कृतिक कार्यक्रम करें, इन्हें क्या अधिकार है हमारी तस्वीर खींचकर अखबार में छापने का?'। उन्हें कौन समझाये वैसे तो नंगा घूमना अपने इधर एलाउड नहीं है, जहाँ भी ये एलाउड है वहाँ तस्वीर खींचना और छापना भी एलाउड है। वे इस तर्क को नहीं मानेंगे, दूसरे याचिकाकर्ता कम स्वयंभू पंच की आवाज आयेगी, 'मुकदमे से कुछ नहीं होना, स्साले ने पहले ही लिख दिया है कि कहानी काल्पनिक और मनगढ़ंत है' और आखिरी आवाज आयेगी, 'मरद मानस मुकदमे चुकदमे का इन्तजार ना करते, खुद ही लटका देवें फरास के पेड़ पे, चलो जी चलो फोड़ दो या कबी की पूँछ नै, हैंग करो जी टिल डैथ तक....मुकदमा खतम'। इसलिए लोग चाहे जो कहें, इसे उपन्यास कहना मेरी सामाजिक और साहित्यिक विवशता भी है।

हालाँकि उपन्यासों को भूमिका की आवश्यकता नहीं होती, लेकिन जैसा मैं मानता हूँ कि कुछ नया करने के प्रयास का यह जो परिणाम निकला है, वह भी नया ही है, इसलिए किसी दूसरे के 'ये क्या बवाल है यार?' कहने से पहले बताना आवश्यक बन जाता है कि दरअसल ये है क्या। जहाँ तक 'ये है क्या?' का प्रश्न है बन्दा बता चुका है, कैसा है? ये बन्दा जानना चाहता है। इसलिए भूमिका समाप्त कथा प्रारम्भ.....

# मधु

ये एक ऐसे सरकारी विभाग का डिवीजनल दफ़्तर है, जो जनता की जान माल से जुड़ा है, जनता और उसके जान माल की ढुलाई करता है। यों हम पी.डब्ल्यू.डी. का भी दफ़्तर बता सकते थे, लेकिन इस विभाग का अपना चरित्र है, पी.डब्ल्यू.डी. अमीर कर्मचारियों वाला गरीब विभाग है, वहाँ चार-चार महीने वेतन नहीं मिलता, लेकिन वहाँ इस बात पर कोई आन्दोलन भी नहीं होता, हाँ आन्दोलन काम की समता पर जरूर होते हैं, 'मुझे कम काम क्यों दिया है?', 'उसके पास बीस किलोमीटर सड़क है, मेरे पास साढ़े अठारह' वगैरा वगैरा, तनख्वाह जैसे फिजूल मुद्दे उनके एजेंडा में नहीं होते। इसके अलावा वहाँ महिला कर्मचारी कोटे के अनुसार नहीं हैं, पी.डब्ल्यू.डी. वाले दुर्घटनाओं के लिए सीधे जिम्मेदार भी नहीं होते और खुद तो कभी दुर्घटना में मरते ही नहीं, सो उनकी बीवी या बेटी नौकरी भी नहीं पातीं। इसके अलावा पी.डब्ल्यू.डी. वालों को काम और दाम से फुर्सत नहीं, वे महिलाओं की तरफ कम देख पाते हैं, ऐसा नहीं कि उनका शुक्र पर्वत सपाट होता है, जब भी शुक्र पर्वत श्रृंग स्थिति में पहुँचता है, वे होटल 'पाकीजा' या 'ब्लू मून' में जाकर बटुआ खोल देते हैं। इसके अलावा पी.डब्ल्यू.डी. की स्थापना स्वतन्त्र भारत में हुई है सो अफसरान गाली-गलौज भी नहीं कर पाते।

इसके उलट यह विभाग गरीब कर्मचारियों का अमीर विभाग है, वेतन समय पर मिलता है, लेकिन आन्दोलन भी हमेशा उसी के लिए होता है, वेतन बढ़ाओ, टी.ए. बढ़ाओ, डी.ए. बढ़ाओ, बोनस दो, इन्हें काम से कोई मतलब नहीं, बस लगे रहते हैं, जैसे ही फ्री होते हैं, दफ़्तर की महिलाओं को पटाने या तनख्वाह बढ़ाने के पैंतरे सोचने लग जाते हैं, महिला कर्मचारी यहाँ काफी होती हैं, क्योंकि इस विभाग वाले दुर्घटनाएँ अक्सर करते रहते हैं, खुद मरते हैं, लोगों को मारते हैं, उनके और अपने बीवी-बच्चों को नौकरियाँ दिलवाते हैं, शुक्र पर्वत इनका भी सपाट नहीं होता, लेकिन इस पर श्रृंग मुफ्त में ही बनते हैं, बटुआ तो घरवाली के पास होता है, जैसे ही बटुए की बात आती है, श्रृंगात्मक शुक्र पर्वत गर्त में चला जाता है, साफ बात ये कि ये दयाधार पर दयाधार वालियों को भोगने की सामर्थ्य रखते हैं, सो सीट पर बैठे-बैठे ही बाजू वाली का सतत अवलोकन करते रहते हैं। ये विभाग आजादी से पहले का है सो अफसरों में ग़ज़ब की

हिम्मत आज तक बनी हुई है, चाहे जब ब्लडी इंडियंस की माँ बहन करते रहते हैं, कुल मिलाकर कहना ये है कि इस विभाग का आदमी असुरक्षा से भरपूर होता है जो कभी-कभी परपीड़कता तक भी पहुँच जाता है।

हमारी नायिका ऐसे ही एक विभाग के डिवीजनल दफ़्तर में है, दफ़्तर कहीं का भी हो, नागपुर, भुसावल, अहमदाबाद, कोटा, आगरा, भोपाल या राँची इससे बहुत फर्क नहीं पड़ता, थोड़ा बहुत पड़ता है तो उस जलवायु में पुरुषों के टेस्टोस्टेरोन नामक हार्मोन से, सो मान लीजिए कि जहाँ आबादी दर थोड़ी कम होगी वहाँ इस कहानी को बनने में एकाध साल ज्यादा लगेगा वैसे तो दुनिया गोल है, सो शहर कोई भी मान लीजिए, लेखक आगरा से है, इसलिए आगरा ही सही। नायिका यहाँ दयाधार पर जूनियर क्लर्क है, भौतिक विज्ञान में परास्नातक, हालाँकि वो इसे फिजिक्स में पोस्ट ग्रेजुएशन कहती है, इसका मतलब ये नहीं कि वो बहुत बड़ी अंग्रेजीदां है, दरअसल ये परा, वरा, स्नातक, विस्नातक जैसे भारी-भरकम हिन्दी शब्दों का मतलब उसके दिमाग के स्लेबस से बाहर की चीज़ है।

खैर अविवाहिता है, रंग गेहुआँ, कद पाँच फुट एक इंच (दो इंच की हील सहित), वज़न करीब बावन से सत्तावन किलो, उसे आपत्ति न हो तो प्यार से मोटी कहा जा सकता है, उम्र बताती नहीं पर सत्ताईस तो कन्फर्म है, दफ़्तर में लिखी है, जाति? रहने दीजिए, स्त्री की जाति? जो धारण हो जाय, नाम? कुछ भी अंजू, मंजू, नीना, मीना या फिर मधु, चलिए मधु ही सही, चेहरा अति साधारण यदि उ.प्र. माध्यमिक शिक्षा परिषद के किसी हिन्दी अध्यापक से नम्बर दिलवाये जायें तो चालीस से छियालीस प्रतिशत के बीच। लेकिन नायिका है तो है, उसकी भी खास वजह है कि इस विभाग के मिजाज से अलग इसी दफ़्तर में महिलाएँ कम हैं, पूरे दफ़्तर में चालीस पुल्लिग के बीच कुल जमा तीन स्त्रीलिंग हैं, जिसमें सबसे सीनियर धाकड़ मैडम उम्रदराज करीब पैंतालीस साल, आकार-प्रकार देहयष्टि से पुल्लिग से खास नजदीकी रखती हैं, उस पर मिजाज? हर वक्त आधी रोटी पर दाल, जो टकराये सो भुगते। एक बार वर्मा जी मजाक कर बैठे, बस वर्मा जी के पूरे खानदान की हिस्ट्रीशीट भरे दफ़्तर खुल गयी, बेचारे तीन दिन तो चपरासी से पानी तक न मँगा पाये थे। दूसरी रेवती मैडम पैंतीस के आसपास हैं, ठीकठाक हैं पर सुनते हैं कि उनका कॉपीराइट एक्ट के तहत पेटेंट, ठेका-सैल के बड़े बाबू ने करा रखा है, बड़े बाबू की साहब लोगों के बीच चलती भी खासी है, जो एक नजर इनके पेटेंट को देख ले, अगले ही दिन उसके पी. पी.नोट में कोई खाज निकल आती है, कितना भी बी. टैक्स या बैटनोबैट मल ले पर बिना साहब को ढेर सारा मक्खन लगाये नहीं जाती, ऐसे में कौन रंजिश ले? अब बची हमारी नायिका भले ही खूबसूरत न हो पर रेल और जेल में दो रुपये वाला बीड़ी का बंडल भी दस का बिकता है, घुनी मूँगफली सौ रुपये किलो बिकती हैं, ये तो लड़की है भाई, इस विभाग का दफ़्तर तो कायदे भी इसके ही चलेंगे। बहरहाल हमारी

नायिका एक वर्ष से पिता के स्थान पर नौकरी पर आयी है, एक दादा, एक माता, तीन बहन, एक भाई से युक्त भरा पूरा परिवार, पूरे परिवार में अकेली कमाने वाली, पास के शहर से अपडाउन करती है, मान लीजिए कि वह शहर मथुरा है, शुरू के पाँच साल यह विभाग चार महीने मियाद का साल में एक पास देता है, आने जाने की दिक्कत थी सो एक खानदानी चाचा उसकी मुलाकात कौशिक जी से करा गये, अन्धे को क्या चाहिए? दो आँख (यहाँ अन्धा हम नायिका को नहीं कह रहे) गोया कौशिक जी भी वहीं से अप डाउन करते हैं, तीन बच्चों के पिता हैं, नहीं रहने दीजिए ...यहाँ हम नायिका वर्णन कर रहे हैं, कौशिक जी को कवरेज अलग से मिलेगा।

हमारी नायिका इस दफ़्तर के ठेका सैल में काम करती है, बड़े बाबू अपने पिछले पेटेंट के एम.ओ.यू. से बँधे हैं वरना...धत् फिर वही... बड़े बाबू को भी स्पेस मिलेगा। खैर हमारी नायिका बहुत होशियार है जबकि अधिकतर नायक उसे सीधा समझते हैं, वो सीधी तो जरूर रही होगी, लेकिन कहते हैं गरीब की बेटी और अमीर का बेटा वक्त से पहले जवान, समझदार और दुनियादार होते हैं, अब आप कहेंगे दुनिया की तरह दुनियादारी भी गोल है इसमें गरीबी अमीरी कहाँ, भाई जी दुनिया तो गोल है लेकिन दृष्टि सापेक्ष है, गरीब की लड़की को लोग घूर-घूर कर ही वक्त से पहले जवान और समझदार बना देते हैं, उस पर सरकारी मुलाजमत, ठेकेदारों, बड़े बाबू, कौशिक जी, सिन्दल साब और उदय जी का साथ? मनोवैज्ञानिक बन गयी भाई, अधिकांश नायकों के बारे में उसके कुल फंडे साल बीतते तक क्रिस्टल क्लियर हैं। इससे ज्यादा चर्चा करना यहाँ उचित नहीं है, कहानी का रोचक तत्त्व कम होता है।

# कौशिक जी

दिनेश कौशिक जाति ब्राह्मण, हालाँकि पहले वे अपने पीछे शर्मा लगाया करते थे, किन्तु जब गोत्र युक्त बामनों ने शर्मा शब्द पर कठछीला होने का सन्देह व्यक्त किया तो उन्होंने अपना वास्तविक गोत्र कौशिक लिखना शुरू कर दिया। फिर भी वे अपने पड़ोसी टाइपिस्ट गंजे शर्मा जी का उन पर कठछीला बामन होने का सन्देह अभी तक समाप्त नहीं कर पाये हैं। जो भी हो, निकम्मापन उन्हें जातिगत विरासत में मिला है, उम्र सैंतालीस, वजन एक किलो प्रतिवर्ष, कुर्ता पहन लें तो परिन्दे बिजूका समझ सर पर बीट कर दें। बाबू हैं यानी नायिका के हमपेशा, हमशहर और फिलहाल हमसफर भी। कट्टर ब्राह्मणवादी, वर्ण व्यवस्था के पोषक, छुआछूत के पक्षधर पर स्त्री के बारे में उस वैदिक व्यवस्था को कोट करने से नहीं चूकते जिसके अनुसार ब्राह्मण पुरुष का अधिकार चारों वर्णों की स्त्रियों पर है। हमारी नायिका इनसे काफी निचली जाति की है, लेकिन वेद व्यास जी उन्हें विजय शर्मा यानी अर्जुन और द्रौपदी के विवाह का आख्यान सुना गये सो वे दृढ़ हैं कि ब्राह्मण पुरुष का अधिकार चारों वर्णों की स्त्रियों पर है। पहले यहीं आगरा में रहते थे, पिताजी बीमार पड़े बँटवारे का नम्बर आया, सो घरवाली के उकसाने पर बाप के घर में कोठरी घेरने पुश्तैनी शहर मथुरा पहुँच गये। भाई ने भी वेद व्यास रचित महाभारत पढ़ रखा था सो मरासू धृतराष्ट्र का अँगूठा वसीयत पर टिकवाकर कह दिया 'हे मधुसूदन सूई की नोक के बराबर नहीं दूँगा' और कोठरी भी खाली करा ली। आगरा का विभाग का मकान भी गया, मथुरा में बाप का भी, मुकदमा करना पड़ा। हालाँकि वे जानते हैं कि मुकदमा हारेंगे पर त्रिया हठ के कारण लड़ रहे हैं, बच्चे वहाँ पढ़ ही रहे थे, मुकदमे की तारीख भी करना थीं, सो वहीं किराये पर रहते हैं। पिछले ढाई साल जबसे कि पत्नी को मीनोपॉज हुआ पत्नी चिड़चिड़ी हो चली है, उस पर बँटवारे में भाई की कारीगरी के चलते पत्नी खासी कुपित है।

'तुम्हारा तो खानदान ही नीचों, मक्कारों, चार सौ बीसों और जनखों का है।'

पत्नी के इस रात्रिकालीन वाक्य के प्रथम तीन विशेषण उनके भाई के लिए और अन्तिम विशेषण खास उनके लिए होता है, कौशिक जी जानते हैं, यही विशेषण उनके लिए स्लीपिंग पिल का काम करता है, कौशिक जी चित लेटकर दोनों हाथों को पैरों

की दिशा में जहाँ तक वो ले जा सकते हैं ले जाते हैं, फिर सार्वजनिक मूत्रालय में लगे फिल्मी पोस्टर पर छपी मल्लिका शेरावत या प्रियंका चोपड़ा का स्मरण करते हैं, धीमे से बुदबुदाते हैं 'श्रीहरि' और सो जाते हैं। जब नायिका के चाचा ने भतीजी के संरक्षण का प्रस्ताव दिया तो उनकी बाँछें खिल गयीं, अब उन्हें प्रियंका या मल्लिका के सहारे नहीं रहना पड़ेगा, मन की सारी भावनाओं को छिपाते हुए धीमे से कहा– 'परमारथ के कारनैं साधुन धर्‍यौ शरीर, कैसी बात करते हो चौधरी? तुम्हारी भतीजी है तो हमारी भी कुछ है' अब इस 'कुछ' को न उन्होंने खोला न चाचा ने पूछा, दोनों ने अपने अपने अर्थ मान लिए, चाचा ने सोचा 'कुछ' माने बेटी और कौशिक जी ने मान लिया कुछ माने 'कुछ-कुछ' से लेकर 'बहुत कुछ'। इस प्रकार चाचा ने गैर-इरादतन कौशिक जी को नायिका के रखरखाव का सिंगल टेंडर अवार्ड कर दिया, लेकिन जैसा कि लोकतन्त्र में होता है सेवक को स्वामी बनते देर न लगी और उन्होंने न चाचा को बताया न नायिका को, मन ही मन नायक बन गये।

वे नायिका को लेकर रेलगाड़ी में पहले तो बिल्कुल ख़ाली डिब्बा खोजते जो कि जनसंख्या विस्फोट के कारण उन्हें कभी नहीं मिल सका, फिर सबसे भरे डिब्बे में घुसते, ताकि भले कुछ न कर पायें पर दूरी का अल्पतमांक ही नाप लें। नायिका को गाड़ी में चढ़ाने की प्रक्रिया में सदैव स्वयं पीछे रह नायिका को आगे रख दोनों हाथों से दायें-बायें का परिसीमन करते और अपनी पिचकी हुई छाती से रीयर साइड का। काश कौशिक जी फ्रंट पोर्शन को भी सेफ गार्ड कर पाते, ऐसी स्थिति में वे ईश्वर से विद्रोह कर नायिका के अग्र भाग की सुरक्षा जुबान से करते–

'अन्धा है क्या, लेडीज सवारी नहीं दिखती?'

'अरे अंकल उतरने तो दो, आप ही मैडम को धकिया रहे हैं।' जवाब मिलता।

'अबे दो मिनट रुकती है गाड़ी।'

'तो सारी सवारियों का ठेका क्यों ले रहे हैं, आप तो लोगों की टाँगों के बीच से भी निकल सकते हैं।'

'अबे पिटेगा क्या?'

'जाओ अंकल ...'

'क्यों बहस करते हो, गाड़ी निकल जायेगी, हटो हटो...' पीछे से सवारियाँ चिल्लातीं और कौशिक जी का सुरक्षाचक्र धक्कामुक्की में अक्सर टूट जाता, कौशिक जी को चाहे तीन गाड़ी निकालना पड़ें, पर नायिका को लेकर ही निकलते, चाहे देर से पहुँचने पर अफसर की गाली खाना पड़ें। हमारी नायिका ने एकाध बार भीड़ भरे डिब्बे में घुसने पर मासूमियत भरा सवाल किया–

'अंकल पिछले डिब्बे में भीड़ कम थी।'

'हूँ'

'हम उसमें क्यों नहीं गये?'

'देखो अभी तुम्हें एक पास मिलता है, अगर चैक न हो तो चार महीने चल पाओगी, कम भीड़ में टी.टी. टिकट या पास माँग लेता है।' ये जस्टीफिकेशन कौशिक जी ने पहली मुलाकात के दिन वाली रात को बिस्तर में लेटे-लेटे ही बना लिया था—

'मगर स्टाफ के पचास-साठ लोग आते हैं गाड़ी में, उनके साथ बैठें तो कौन देखेगा पास?'

'कहाँ का स्टाफ? बड़े कमीने लोग हैं, एक से एक कमीना है, उसमें आधे तो एस.सी., एस.टी. तुम्हारे पहले मैं उन सबके साथ ही चलता था, कितने गन्दे विचार हैं सबके, श्रीहरि श्रीहरि, गाड़ी छूटने से लेकर रुकने तक औरतों की ही बात करते हैं, न ज्ञान न धर्म न गुण न शील, एस.सी., एस.टी. को छोड़ो ब्राह्मण भी धर्म छोड़ चुके हैं, उस बूढ़े भेंगे भारद्वाज को देखो वो तो श्रीहरि ने दृष्टि दोष लगा दिया, लोग अन्दाज ही नहीं कर पाते कि निगाह किधर है, वरना रोजाना पिटे।' कौशिक जी ने एक ही वाक्य में सभी अप-डाउनर्स की पतंग काट दी।

'मगर लेडीज भी तो चलती हैं अलग गुट में।' नायिका ने कौशिक जी की मंशा पर प्रश्न चिह्न बनाया।

'सब खिलाड़िन हैं, उनसे दूर ही रहो तो अच्छा है।'

कौशिक जी नायिका के अधखुले विकल्प के मुँह पर ढक्कन रखकर उसका कन्धा थपथपा कर स्वर्गिक आनन्द की अनुभूति कर लेते, पर यह ज्यादा नहीं चला। दो महीने बाद एक दिन कौशिक जी को बुखार आया नायिका को महिला मंडल में आना पड़ा और नायिका को कुछ-कुछ नहीं बल्कि सब कुछ समझ आ गया। अगले दिन कौशिक जी ने तीसरी गाड़ी तक इन्तजार किया नायिका आयी और महिला मंडल में मिल गयी, कौशिक जी की हिम्मत वहाँ पूछने की तो न हुई, पर दफ़्तर में पूछ ही लिया।

'तुम उनके साथ क्यों आयीं?' वे फुसफुसाकर बोले।

'वो तो मैं कल भी आयी थी।' वह सामान्य स्वर में बोली।

'कल मैं नहीं था, आज मैंने तीन गाड़ियाँ छोड़ीं तुम्हारे लिए।'

'कल से मत छोड़ना।'

'मतलब? तुम्हारे चाचा ने तुम्हें मेरे संरक्षण में सौंपा था।'

'आप तो ऐसे कह रहे हैं जैसे गिरवी रखा हो।' वह गुस्से में बोली।

'नहीं वो मतलब नहीं, मेरा मतलब था कि तुम्हारा अच्छा-बुरा भी तो देखना है।'

'लेडीज के साथ आने में क्या बुराई है?'

'मैंने बताया था....खैर छोड़ो शाम को कौन सी गाड़ी से चलें?' कौशिक जी समझ गये कि लड़की समझदार हो रही है।

'पंजाब से' वह सामान्य हुई।

शाम को पौने छह पर ही कौशिक जी ने दफ़्तर से विदा ले ली और नायिका को इधर-उधर जाने का मौका ही नहीं दिया, प्लेटफॉर्म पर पहुँचकर फुसफुसाये—

'गर्मी बहुत है।'

'हाँ है तो।'

'ठंडा चलेगा?'

नायिका मुस्करायी आखिर समझदार बनने की प्रकिया में थी–

'गाड़ी न आ जाय।'

'अरे अभी गया, अभी आया उधर पहुँचो, मैं ठंडा लेकर आता हूँ।' कौशिक जी ने दूर इशारा किया जहाँ गालिबन स्टाफ के लोग नहीं होते।

कौशिक जी ने पर्स खोला और निगाह बचा कर देखा, चौबीस रुपये...दिमाग में दो समीकरण बने चौबीस माइनस बीस इक्वल टू चार, स्टेशन से घर इक्वल टू पाँच, हल निकला चार कि.मी. पैदल पद चालन, कौशिक जी ने पैदल परेड को इम्प्रेशन पर कुर्बान किया और दो लिम्का खरीद लीं पर चोर को कुतिया भी खूब लगती है, इधर काउंटर से हटे उधर सामने भीखा चपरासी तैयार खड़ा था–

'बाबू जी राम राम!'

'राम राम' उन्होंने हड़बड़ाते हुए, दोनों हाथों को छिपाने का यत्न किया, पर एक पल में समझ आ गया कि यह सम्भव नहीं, उन्होंने एक बोतल को मुँह से लगा लिया।

'बाबू जी आप पीवत हैं ठंडा?' भीखा ने पूछा।

'मतलब? पीने की चीज है पीते हैं, तुम तो ऐसे देख रहे हो जैसे दारू हो।'

'पीवे की चीज तौ महाराज दारू हू होवै, वैसे दफ़्तर में तो अपने पइसा की चाय हू नाय पीऔ।' वह कुटिलता से हँसा।

'दफ़्तर में चालीस लोग हैं।'

'पर यहाँ दूसरौ कौन है? तुम तौ दो बोतल लये हैं, लाओ या बोझ कूँ हम सँभाल लें।' उसने चिढ़ाते हुए हाथ बढ़ाया।

'है कोई' उन्होंने बोतल को कमर के पीछे किया।

'मधु मैडम?'

'अरे यार तू ये ले' कौशिक जी ने बचे हुए चार रुपये निकाले।

'दस की आवै महाराज लिम्का।' वह विद्रूपता से हँसा।

'आज बीड़ी पी ले भाई, कल लिम्का पिला दूँगा पर किसी से कहना नहीं, वैसे तो हमारी बेटी समान है पर लोगों का क्या भरोसा?'

'जामें झूठ नायं महाराज, आप हू अपने आदमी हो पर कल याद रखियो।' उसने चार रुपये जेबस्थ किये।

कौशिक जी छिपते-छिपाते नायिका तक पहुँचे।

'देर लग गयी?' वह बोली।

'हाँ कमबख्त भीखा पीछे पड़ गया, ठंडा पीकर ही माना।'

'कुछ कह रहा था?'

'हाँ एक से एक कमीना है ये भीखा तो कुछ नहीं, सबसे हरामी तो वो 'उदय' है जिससे तुम्हें अक्सर काम रहता है, लो ठंडा पीओ।'

'उदय? मुझे तो भला आदमी लगता है, काम पड़ता है तो जाना भी पड़ता है उसके पास, वैसे तो अच्छी बातें करता है, किसी के दिल की क्या पता?' उसने ठंडा हस्तगत किया।

'वही तो, कवि है ना सो बातें बनाना जानता है, होशियार भी है काम में कम्प्यूटर में, ये कवि लोग ऐसे ही होते हैं, बातें बनाते-बनाते कब हाथ फेर दें भरोसा नहीं, सावधान रहना, उसे तो भगवान का भी डर नहीं नास्तिक है कमबख्त! शूद्रों, मुसल्लों और महिलाओं का पक्ष लेता है, मालूम किसलिए? ताकि उनका उपयोग कर सके, पता नहीं कैसा ब्राह्मण है कमबख्त!'

'ऐसा...?' नायिका ने आँखें फाड़ बलात् आश्चर्य व्यक्त किया।

'फिर...? दूसरा तुम्हारे सैल का बड़ा बाबू कटारे, चुगलखोर, कमीना, औरतखोर, वो तो रेवती से पहले से उलझा है, वही इधर-उधर मुँह नहीं मारने देती वरना अब तक तुम पर भी पासा फेंक देता।' कौशिक जी ने दूसरे प्रतिद्वन्द्वी को भी धराशायी किया।

'ऐसा?' नायिका दो महीने में बहुत कुछ जान गयी थी, पर कौशिक जी के ठंडे को हलाल और कौशिक जी को निहाल करने के लिए उसने अचरज प्रकट किया।

'मैं बोतल देकर आता हूँ'

कौशिक जी के लौटने तक गाड़ी आ गयी, हाँफते काँपते नायिका स्थल तक पहुँचे मगर नायिका नदारद, निगाहें दौड़ायीं तो चलती गाड़ी के चौथे स्लीपर में पर्सनल विभाग के जवान बाबू के साथ दिखी, कौशिक जी के सामने जनरल डिब्बा था, मन मसोसकर जनरल पर सन्तोष किया। अगले दिन फिर तीसरी गाड़ी तक इन्तजार किया, गनीमत थी कि तीसरी गाड़ी तक कोई महिला नहीं बची थी, नायिका उनके ही पास आयी—

'हलो अंकल!'

'नमस्ते, कल मैं बोतल देकर लौटा तुम गायब हो गयीं?'

'गाड़ी आ चुकी थी, आप दूर-दूर तक न थे।'

'मगर मैं कभी तो लौटता'

'गाड़ी निकल जाती तो घर पर देरी का जवाब देना पड़ता।'

'अच्छा? कल जो पर्सनल वाला लौंडा तुम्हारे साथ था उसका क्या जवाब है।'

'आती तो आपके भी साथ हूँ, आप भी मर्द हैं ना?'

'मुझे तो तुम्हारा चाचा......'

'भाड़ में गया चाचा, अच्छा गुनाह किया चाचा ने?'

'मैं उसे बता दूँगा सब।'

'सब...?'

'हाँ हाँ सब....' वे हकलाये।

'चार बार लिम्का, दो बार लंच, एक बार फिल्म देखने का ऑफर...सब?'

'तुम तो नाराज हो गयीं, मैं तो अपना फर्ज निभा रहा था आगे तुम्हारी मर्जी।'

इसके अगले दिन नायिका सुबह-सुबह छुट्टी की एप्लिकेशन लेकर कौशिक जी के घर पहुँची—

'आज मैं ऑफिस नहीं जाऊँगी ये एप्लिकेशन दे देना।'

कौशिक जी ने एप्लिकेशन तो ले ली पर सुबह-सुबह कर्कशा पत्नी ने उनकी हजामत कर दी।

'ये कौन थी?'

'साथ में काम करती है'

'क्या काम करती है?'

'नौकरी करती है।'

'साथ में आती जाती भी होगी?'

'गाड़ी में से थोड़े उतार दूँगा उसे।'

'तभी दो-तीन महीने से एक घंटा लेट आते हो?'

'श्रीहरि श्रीहरि बेटी की उम्र की है।'

'पता है तुम्हारे लच्छन, तुम्हारा तो खानदान ही नीचों, मक्कारों, चार सौ बीसों और जनखों का है, पहले सौ का पत्ता एक हफ्ते चलाते थे अब दो दिन में साफ कर लेते हो, ऊपर की कमाई बताते तक नहीं।'

इस बार पत्नी ने चारों विशेषण कौशिक जी को ही समर्पित कर दिये।

'भाई अब मैं धन्धे की सीट पर नहीं हूँ।'

'अरे करने वाला हो तो हर सीट पर धन्धा, पर तुम महाझूठे खानदानी।' पत्नी ने एक विशेषण और दिया।

'विसवास करो वो मेरी बेटी के जैसी है।'

'बेटी को गाली न दो, टिफिन उठाओ चलते बनो।'

कौशिक जी धोबी के कुत्ते की तरह चुपचाप स्टेशन पहुँचे, नायिका उनसे पहले वहाँ मौजूद थी।

'हलो अंकल'

'नमस्ते, तुम तो आज छुट्टी ले रही थीं?'

'हाँ जिस काम से छुट्टी लेना थी वो हो गया।' वह अर्थपूर्ण ढंग से मुस्करायी।

कौशिक जी समझ गये लड़की समझदार हो गयी और उसे समझदार बनाने वाला कम से कम भीखा तो नहीं, पर जो हार मान ले वो पुरुष नहीं, बहरहाल कौशिक जी आशावान हैं कि शायद कहीं इश्क में खता खाकर ही उनके कन्धे पर सिर रख दे।

# कटारे जी

ठेका सैल के बड़े बाबू यानी नन्दलाल कटारे, उम्र चवालीस, औसत लम्बाई, मझोला बदन, पेट को निकलने नहीं दिया सो चालीस के करीब दिखते हैं, अपनी बहुत सारी खामियों के बावजूद उनके अन्दर वे सभी गुण हैं जो ठेका सैल के बड़े बाबू में होने चाहिए। उन्हें काम पर पकड़ है, मेहनती हैं, तिलों में से तेल निकालना बहुत लोग जानते हैं पर हमारे बड़े बाबू खली में से इत्र निकालने पर शोध कर चुके हैं, बाकायदा निकालकर 'खस' और 'कालाभूत' से महँगा बेच भी लेते हैं। किस ठेकेदार को कब और कहाँ घुटनों पर लाना है, अधिकारी बड़े बाबू से ही पूछते हैं। दफ़्तर में अधिकारियों के बाद नम्बर वन पर पिछले पाँच साल से काबिज हैं। फिलहाल स्पर्द्धा में कोई नहीं और उनसे स्पर्द्धा कर पाना किसी के वश में भी नहीं, आपने बड़ी लाइन को छोटा करने का किस्सा सुना ही होगा, हमारे बड़े बाबू बड़ी लाइन को छोटा करने के लिए चॉक और डस्टर दोनों का इस्तेमाल करने से नहीं चूकते। चाणक्य भी मूलतः बुंदेलखंड से ताल्लुक रखते होंगे, पटना बाद में पहुँचे होंगे, ऐसा इन बुंदेलखंडी बामन को देखकर पता चलता है, बस थोड़ा फर्क है, जहाँ चाणक्य साम दाम दंड भेद के प्रवर्तक थे वहीं नन्दलाल जी दाम दंड और भेद के पक्षधर हैं, साम के बारे में कथन है—

'भइया उदय, लोग माँ के खसम को ही बाप कहते हैं, समझाने से कौन मानता है?'

गौरतलब है कि वे यह वाक्य सिर्फ उदय जी को ही बोलते हैं, वजह यही कि उदय जी भले लँगोट के पक्के न हों पर सत्यवादी, मेहनतकश और ईमानदार अवश्य हैं और नन्दलाल जी के बाद नम्बर दो पर वही हैं, इनसे नन्दलाल जी को कोई खतरा भी नहीं, हाँ रेवती मैडम के मामले में वे उदय जी से खासी सावधानी जरूर बरतते हैं। नन्दलाल जी जो भी और जिसे भी हासिल करना चाहें कर लेते हैं लेकिन उनका तरीका सबसे अलग है, वे सामने वाले को पहली फुर्सत में मूर्ख घोषित करते हैं, तत्पश्चात शनैः-शनैः उसे घुटनों पर लाते हैं। पर स्त्रियों के मामले में यह तरीका न आज तक कारगर हुआ न भविष्य में कभी कोई कर पायेगा, स्त्री (पत्नी नहीं) का प्रेम या उसका कथित पर्यायवाची पाने के लिए पुरुष को लिटरली घुटनों पर आना ही पड़ता है। रेवती मैडम की बारी पर भी ऐसा ही हुआ था। बहरहाल वे नायक बनने

के तलबगार तो हैं पर हकीकतन सीधे नायक नहीं हैं वजह है पाँच साल पुराने पेटेंट का एम.ओ.यू. यानी रेवती मैडम के साथ उनके मधुर सम्बन्ध, जितनी निगाह ये रेवती पर रखते हैं उतनी ही रेवती इन पर। नतीजतन ये हमारी नायिका को दम ही मार पाते हैं। जब पहली बार प्रशासन द्वारा हमारी नायिका इनके हवाले की गयी, तो रेवती की ओर देखते हुए पूछा--

'नाम?'

'मधु चौधरी सर।'

'सिर्फ मधु नहीं कह सकतीं, चौधरी पर जोर देने से प्रशासन डर नहीं जायेगा, खैर कितनी पढ़ी हो?'

बड़े बाबू ने स्वयं को प्रशासन का हिस्सा बनाया।

'एम. एससी.फिजिक्स सर।'

नन्दलाल जी की जगह कोई और बारहवीं पास होता तो झेंप जाता और झेंप के चलते तारीफ कर देता पर नन्दलाल जी ने हड़काया–

'मैंने सबजैक्ट नहीं पूछा, नोट कर लो तुम जूनियर क्लर्क हो जिसकी क्वालिफिकेशन दसवीं है, यहाँ वही होगा जो बड़े बाबू और प्रशासन चाहेगा।'

'यस सर।'

'अब काम शुरू करो हर दो मिनट में पूछने भी नहीं आना।'

नायिका चली गयी, नन्दलाल जी ने रेवती की ओर देखा, रेवती मुस्करायी, बेचारी हमारी नायिका वहाँ कालेज में रैगिंग हुई यहाँ दफ़्तर में। उसके बाद लगातार यही क्रम–

'टेंडर फार्म गलत बना दिया, आने में देरी जाने में जल्दी, घंटे-घंटे भर फोन पर बात फार्म तो गलत ही बनेगा।'

'मैंने रेवती मैडम से पूछा था सर, पर उन्होंने जो समझाया आधा इंगलिश में था, आधा कन्नड़ में।'

'अहसान मानो कि भले कन्नड़ में बताया पर बताया ना? तनख्वाह लेने के लिए रेवती मैडम से पूछती हो? क्यों बतायेंगी रेवती मैडम? उन्हें अपने पचास काम हैं, ये अलग विभाग है मैडम! पीछे देख आगे चल, फाइल खँगालो रिजल्ट निकालो, हमें किसी ने नहीं बताया फिर भी तीन प्रमोशन ले लिए, सत्ताईस लोगों को सुपर सीड किया था।'

'मगर सर...'

'कभी विजीलेंस दफ़्तर गयी हो?'

'सर अभी तो यही दफ़्तर पूरा नहीं देखा।'

'दुआ करो बिना पूरा देखे ही न चली जाओ, सरकारी नौकरी का करना और साँप को खिलाना एक बराबर होता है, खुद मरोगी हमें भी मरवाओगी, साहब से कहना पड़ेगा।'

'सॉरी सर मैं फाइल देखती हूँ पर आप साहब से न कहिये प्लीज!'

नायिका रुआँसी हो चली गयी, नन्दलाल जी ने सन्तोष भरी साँस ली और रेवती की ओर देखा, वह सन्तुष्ट थी, फिलहाल नन्दलाल जी के लिए इतना ही काफी था। नायिका उनसे समर्पित भाव से पेश आती, सम्मानपूर्वक आते और जाते में नमस्ते भी करती अर्थात कटारे जी अपनी आक्रमण नीति में सफल थे, नायिका उनकी शर्तों पर सन्धि की स्थिति में थी लेकिन जैसा पहले बताया जा चुका है स्त्री का प्रेम या उसका कथित पर्यायवाची पाने के लिए पुरुष को घुटनों पर ही आना पड़ता है। रेवती के रहते यह सम्भव न था, हालाँकि उनके पक्ष में कुछ हुआ भी, रेवती एक सप्ताह के लिए अपने पैतृक गाँव भी गयी, इस दौरान उन्होंने नायिका के प्रति अपने बर्ताव को नरम भी किया पर पाँच दिन का हफ्ता, पाँच दिन ही चलता, ये समय भूमिका के पूर्वाभ्यास में ही निकल गया। रेवती अगले सोमवार को ही आ गयी और नायिका की सुबह की नमस्कार के बाद दोनों चेहरों पर मुस्कान देखने के बाद दिन की पहली चाय की पहली सिप के बाद ही बोली—

'खटारे! मेरा नेटिव जाने के बाद बहुत चेंज खी थुम इदुर?'

'चेंज...?' वे सकपकाये।

'हाँ, ए साला ठेबल का फेस चेंज किया, ओ एलमिरा उदुर खिया, फूरा ऑफिस देकना माँगता है तो सी.सी.टी.वी. लगवाने का अपना ठेबल पर।'

'अरे नहीं यार, फेस तो वास्तु के लिहाज से बदला है, अलमारी में शर्ट फट गयी थी।'

'आयी सी...फेस बदलने से शेप नहीं बदलथी खटारे, तेरा शर्ट पटा तो एलमिरा रिफेयर खराने का, जरूरी है कि थेरा शर्ट पटे थो मैं मेरा सारी भी पाड़े, ए राधे एलमिरा वापस उदुर खरने खा...'

'तुम्हारी मर्जी....मैं टेबल भी घुमा देता हूँ।'

कटारे जी समझ गये कि इस एम. ओ. यू. का वायलेशन सम्भव नहीं और वे वापस रेवती को खुश रखने के लिए नायिका को वजह बेवजह डाँटने लगे। यह क्रम दो ढाई महीने चला, एक दिन हमारी नायिका लंच से गायब हो गयी, बस नन्दलाल जी ने मुख्यालय, बोर्ड, विजीलेंस, सी.बी.आई. सब की दुहाई लगा दी, पर सुने कौन? आखिर में रेवती को बोलना पड़ा।

'ऐ खटारे खैसे छिल्लाती तुम यार, इदुर बी लोग बेटथी ए, खौन सुनथी तुमारी छिल्ल फों, खल आयेगा ओ जगर लेना जितना मर्जी, अबी खान मत काओ।'

अगले दिन नन्दलाल जी नायिका के आते ही चढ़ बैठे—

'घर की खेती है, जब मर्जी चले गये, सरकारी नौकरी है सरकारी, विजीलेंस गयी हो कभी?'

नायिका मुस्करायी।

'हाँ सी.एल. घर की खेती होती है, जब काम लगेगा तब जायेंगे, सरकारी नौकरी

है तो मेरी है आप अपना काम देखिये, विजीलेंस वो जाते हैं जो घपला करते हैं, मैं करूँगी तो जाऊँगी, अब मैं अपना काम देखूँ?'

'नौकरी चली जायेगी मैडम, ज्यादा बहस न करो।'

'नौकरी लगने में जितना मेहनत होती है, उससे दो गुना निकालने में, आप सिर्फ ट्रांसफर करा सकते हैं, उसके लिए मैं तैयार हूँ, यहाँ से तो ठीक रहूँगी।'

नन्दलाल कटारे, बेचारे! चुप हो गये समझ गये लड़की समझदार हो गयी है, पर नायिका के इस चारित्रिक 'उदय' को वे पहचान गये। हालाँकि कटारे जी नायिका के मान मर्दन के लिए ख्वाहिशमन्द हैं पर रेवती के रहते यह सम्भव नहीं। सुना है रेवती ट्रांसफर ले रही है...

# सिन्दल साब

**तू है हरजाई तो अपना भी यही तौर सही,**
**तू नहीं और सही और नहीं और सही**

यह सिन्दल साब का प्रेरणा मंत्र है, पर इसे वे कभी स्वीकार नहीं करते। सिन्दल साब यानी तेजपाल सिन्दल, दफ़्तर के सबसे उम्रदराज व्यक्तित्व। बाबू या नक्शानवीस नहीं हैं, सेक्शन इंजीनियर हैं। आप कहेंगे दफ़्तर में इंजीनियर? जी हाँ इस विभाग में सजायाफ्ता सेक्शन इंजीनियर को डिवीजनल दफ़्तर में बिठा दिया जाता है, यानी लाइन हाजिर... । अब आप कहेंगे अपराध? यह विभाग अंग्रेजों का बनाया विभाग है, मतलब लव मी लव माइ डॉग अदरवाइज....यानी साहब की कुतिया को प्यार न करना भी गम्भीर अपराध हो सकता है। अपराध चाहे जो हो पर वे बताते हैं कि उनका अपराध बामन न होना है, उनके हिसाब से पिछले अधिकारी जो इन्हें यहाँ भेज गये जातिवादी बामन थे, और सिन्दल साब का जूनियर भी, बहरहाल सिन्दल साब किस तरह सजायाफ्ता हैं, बहस का मुद्दा नहीं, वे दफ़्तर में है यही हमारी कहानी को दम देता है। नौकरी के अन्तिम दिनों में हैं पर रंगीनियत का उम्र पर कुछ असर है तो आरोह क्रम में है, वैसे भी बुझता दिया ज्यादा फड़फड़ाता है, पर वे इस धारणा को सिरे से नकारते हैं। उनका कहना है कि वे एक जिम्मेदार कर्मचारी और गृहस्थ हैं, 'मातृवत् परदारेषु लोष्ठवत् पर धनम्' में विश्वास करते हैं। यहाँ आते ही उन्होंने कोने में दीवार पर एक मन्दिर का निर्माण कर दिया है, हर सुबह आधा घंटा लेट आते हैं, शाम को आधा घंटा पहले निकल लेते हैं, आते ही सबसे पहले हनुमान जी के उँगली खड़काते हैं शाम को जाते में शंकर जी के अँगूठा, दोनों भगवानों को भी अब इसमें मजा आने लगा है और शायद इसीलिए दोनों भगवान अपने भक्त को उसकी इच्छा के खिलाफ यहाँ रोके हुए हैं सोचते हैं अगर ये भक्त चला गया तो सामने बैठे भृगुवंशी भार्गव और परम नास्तिक उदय जाने हमारा क्या हाल करें? बहरहाल सिन्दल साब अपनी छवि को हर जगह गॉड फीयरिंग, धार्मिक, चरित्रवान बनाने की कोशिश करते हैं, पर पता नहीं कहाँ से बीस, पन्द्रह, दस, पाँच, दो साल पुरानी हवाएँ आती हैं और इन हवाओं में साहिर का लिखा, महेन्द्र कपूर का गाया

गीत बजने सा लगता है

'मेरे हमराह ही रुसवाइयाँ हैं मेरे माजी के तुम्हारे साथ भी गुजरी हुई रातों के साये हैं।'

सिन्दल साब को दौरा सा पड़ जाता है।

'ऐसी की तैसी महेन्द्र कपूर की, माँ की ......साहिर लुधियानवी की, बहन का ....इसका, अम्मा की.....उसकी, कौन ......का कहता है, किसकी बहन......मैंने, किसकी माँ.......मैंने, किसकी लुगाई.......मैंने, सारे पंडित एक हैं, सब इन पंडितों का किया धरा है।'

सिन्दल साब भले ही कुछ भी कहें पर उपरोक्त संवाद स्त्री यौनांग के प्रति उनके असीम एवं अगाध स्नेह को प्रदर्शित अवश्य करता है। महिला का चेहरा तो बाद की बात है, मात्र जिक्र होने से सिन्दल साब झुरझुरी लेने लग जाते हैं, लेकिन उसी समय कोई इस झुरझुरी को रेखांकित कर दे तो सिन्दल साब गॉड फीयरिंग हो जाते हैं और 'मातृवत् परदारेषु' के भाव उनकी जुबान पर आने लग जाते हैं। सिन्दल साब महिलाओं के मामले में काफी लकी भी रहे हैं, जहाँ भी रहे आसपास हरित प्रदेश बना रहा, कई बार इन हरित प्रदेशों की सुरम्य घाटियों में सफलतापूर्वक विचरण भी किया कई बार खूँख्वार वन्य जीवों का सामना भी, पर हनुमान जी और शंकर जी की कृपा रही कि हर बार सिंगल पीस वापस लौटे। अन्तिम बार जहाँ पिछली पोस्टिंग थी वहाँ की चपरासन ने उनके जूनियर इंजीनियर से शिकायत की थी—

'साब हम बड़े साब के कमरे में नहीं जायेंगे, चिकोटी काटते हैं।'

जूनियर ने उसे तो समझा दिया—

'कैसी बात करती है, ऐसे ही हाथ वाथ लग गया होगा, बुजुर्ग आदमी हैं।'

पर कमबख्त... जात का बामन मुँह नहीं बन्द रख सका, दो दिन तब हुए जब ये घटना डिवीजन के हर आदमी को मालूम चल गयी, हालाँकि तबादले का कारण चाहे जो हो पर वक्ती तौर पर बामन सन्देह के घेरे में तो आ ही गये। खैर जब सिन्दल साब यहाँ आये हरित प्रदेश और तत्सम्बन्धित वन्य जीवों का रिकि सर्वे किया और पाया कुल जमा तीन हरेभरे वृक्ष और पाँच-छह वन्य जीव। वृक्षों में एक वट वृक्ष यानी धाकड़ मैडम, दूसरा पपीते का पेड़ यानी रेवती, तीसरा सदाबहार यानी अपनी नायिका। वन्य जीवों में आदमखोर शेर यानी उदय जी, पपीता घेरू साँड़ यानी कटारे जी, चीता यानी राजा सिंह जी, ऊदबिलाव यानी भार्गव जी, सियार यानी कौशिक जी, किंग कोबरा यानी जिले सिंह मीणा। किस्मत की मार सरकार ने शेर, चीता और ऊदबिलाव की पहरेदारी पर सिन्दल साब को लगाया जबकि ये तीनों पहरेदार की जासूसी बखूबी करने लगे। खैर इन्होंने परिस्थितियों का अध्ययन किया और पाया कि सदाबहार की खुशबू पर शेर चीते से लेकर सियार तक सब लगे हैं, साँड़ पपीते को नहीं छोड़ता, बस वट वृक्ष ही खाली है क्योंकि उसके नीचे दूब नहीं उगती, बस एक

दिन सीढ़ियों पर बिना भूमिका के धीमे से बट वृक्ष से सान्निध्य की कृपापेक्षा कर डाली—

'मैडम कैंटीन चलें।'

उस दिन शायद धाकड़ मैडम अच्छे मूड में थीं, उन्होंने ऊपर से नीचे तक घूरा—

'बकवास नहीं।'

और तेज कदमों से चली गयीं, सिन्दल साब ने इधर-उधर देखा तो पाया किंग कोबरा जिले सिंह मीणा गुनगुना रहे थे—

'याद आयी कल की बात तो कल रात की तौबा, फिर दिल ने कहा झूमकर किस बात की तौबा'

सिन्दल साब के कैंटीन से लौटने तक सभी वन्य जीवों को पता चल चुका था कि सिन्दल साब नाम के आखेटक ने वट वृक्ष से शीतल छाया की याचना की थी।

'अरे सिन्दल साब कम से कम देखकर ही हाथ डालते, आपने भी वहाँ हाथ डाला जहाँ हाथ ही सलामत न रहे।' भार्गव जी बोले।

'जोड़ तो सही है, क्यों धर्मेश जी।' राजा सिंह जी बुदबुदाये।

'क्यों धर्मेश जी?' भार्गव जी बोले।

'अरे बोलो यार, बोलो यार।' उदय जी ने कहा।

'हाँ मेरे विचार से जोड़ का तोड़ तो सोच लेना था, अगर ऐसी परिस्थिति में मैं होता तो.......' धर्मेश जी बोले। (ये प्रेक्षक हैं, सिद्धान्ततःतीन बार माँगने पर एक बार एक्सपर्ट कमेंट देते हैं)

सिन्दल साब को उबाल आ गया—

'ऐसी की तैसी महेन्द्र कपूर की, माँ की ......साहिर लुधियानवी की, बहन का ....इसका, अम्मा की.....उसकी, कौन ......का कहता है, किसकी बहन......मैंने, किसकी माँ.......मैंने, किसकी लुगाई.......मैंने, सारे पंडित एक हैं, सब इन पंडितों का किया धरा है।'

'अरे सिन्दल साब मैं तो पंडित नहीं मीणा हूँ, अपनी आँखों से आपका जुलूस देखा था' मीणा जी बोले।

'क्या... क्या... देखा?' वे हकलाये।

'बकवास नहीं' मीणा जी ने धाकड़ मैडम की नकल की।

'तो? मैंने क्या कहा था सुना?'

'हमें क्या पता? उसके अन्दाज से तो लगता है प्रपोज किया होगा।'

'कितनी गन्दी सोच है बाल बच्चेदार आदमी हूँ, इस उमर में मैं ये करूँगा?'

'श्री हरि...श्री हरि...' कहते हुए कौशिक जी गुजरे।

'ओ श्री हरि की पूँछ लाल कर दूँगा।' सिन्दल साब गुर्राये।

'मैं तो आपका समर्थन कर रहा हूँ साब, कितनी गन्दी सोच है इस मीणा की।'

कौशिक जी दूर से ही बोलकर निकल लिए।

'मेरी बहन के जैसी है वो, सिर्फ चाय की कहा था, भड़क गयी।'

'अब तो साला बहनों का करेक्टर भी.....गले लगाने के बजाय दुत्कारती हैं।' उदय जी बोले।

'तू लगता होगा गले .....'

'हाँ लेकिन रक्षाबन्धन पर और सिर्फ अपनी बहन के, चाय के लिए प्रपोज तो नहीं करता, चाय बनाने के लिए तो कहता ही हूँ, साब माना आप पुराने चावल हो पर नयी जगह पर इस तरह नहीं किया जाता, हम लड़कों से सलाह ही कर लेते, अभी आपके सामने मैं मधु से कहूँगा चाय के लिए और वो तैयार हो जायेगी।' उदय जी ने खुद को लड़का कहते हुए कनखियों से राजा सिंह जी की ओर देखा।

'तो बुरा क्या है? दफ़्तर में सब भाई बहन हैं।' सिन्दल साब बोले।

'आयी ऑबजेक्ट सर, मैं इस रिश्ते को अफोर्ड नहीं कर सकता, क्यों उदय जी?' राजा सिंह जी बोले।

'बिल्कुल हम लोग कलीग हैं और सिन्दल साब की उमर पर भी नहीं पहुँचे इनकी क्या है, वानप्रस्थी हैं, ये तो भाभी जी को भी बहन जी बोल सकते हैं।' उदय जी बोले।

ओये कवि की औलाद सुधर जा।' सिन्दल साब गुर्राये।

मतलब सुधर कर रेवती को बहन मान लूँ और कटारे को जीजा बना लूँ? या मधु को बहन मान लूँ और मरगिल्ले कौशिक को वॉक ओवर दे दूँ क्यों राजा?'

'ट्रूस द स्प्रिट, वी विल फाइट स्पोर्टिंगली, मैं आपके साथ हूँ उदय भाई।'

'छि.....छि....कितनी गन्दी सोच है।' सिन्दल साब ने अफसोस जाहिर किया।

'आप अच्छा सोचिये मैं मधु के साथ चाय पीकर आता हूँ।' उदय जी सिन्दल साब का दिल जलाते हुए हमारी नायिका की ओर बढ़ लिए पर उन्हें क्या पता था कि वे सिन्दल साब के रूप में एक और प्रतिद्वन्द्वी पैदा कर गये हैं।

उस दिन सिन्दल साब बुझे-बुझे घर पहुँचे, पर उनकी बुझबुझाहट बेटे ने दूर कर दी, उस रात बेटा 'चीनी कम' की सी.डी. ले आया था बस सिन्दल साब ने नायक-नायिका की उम्र के अन्तर को देखा और पत्नी से चाय में चीनी बढ़ाने के लिए बोल दिया

'चीनी कम है।'

पत्नी ने 'अब तक छप्पन' का फायर करते हुए कहा—

'चीनी कम ही रहेगी, छप्पन के हो रहे हो अगले हफ्ते, शुगर कंट्रोल करो, मैं सुहागन मरना चाहती हूँ।'

सिन्दल साब ने उस बनावटी भारतीय संस्कृति को मन ही मन कोसा, जिसे कवच के तौर पर वे खुद इस्तेमाल करते रहे हैं—

'साली औरतें भी नेताओं से कम नहीं, बीस साल से यही बोलती है, अमल

आज तक नहीं किया।'

उस रात बिस्तर पर लेटे-लेटे सिन्दल साब ने चीनी की मात्रा बढ़ाने पर शोध किया, निष्कर्ष निकाला और अगले ही हफ्ते जब 'कैंटीन स्कैंडल' शान्त हो गया, सिन्दल साब ने दफ़्तर में अपना जन्म दिन मना लिया और मिठाई बँटवा दी, मिठाई बँट चुकी थी मगर सिन्दल साब ने बरफी के चार पीस अलग से बचाकर रखे थे, हमारी नायिका के लिए। पसोपेश में थे कि अभीष्ट को बुलाया कैसे जाय? नायिका तीन बार नजर के सामने से गुजरी, हर बार दिल फड़फड़ाया पर होंठों ने साथ नहीं दिया, चौथी बार में भी आवाज होंठों के बजाय गले से ही निकली–

'ह...हू...'

वे बेखबर थे कि आदमखोर शेर और चीता मानुस गन्ध पा चुके हैं, शेर ने चीते से कहा–

'यार राजा ये कुत्ता कहाँ रोया?'

'नहीं उदय भाई मुझे तो ऐसा लगा कि किसी ने दिल की गहराइयों से म... धू... बोला हो, अब इतनी गहराई से निकलेगा तो म....धू.... को ह...हू...हो ही जाना है।' चीता बोला।

'अच्छा एक्सपीरियेन्स है राजा, दूसरे के दिल की बात भी सुन लेते हो, तो बताओ सिन्दल साब के दिल में क्या चल रहा है!'

'ऐसी की तैसी महेन्द्र कपूर की, माँ की ......साहिर लुधियानवी की, बहन का ...इसका, अम्मा की.....उसकी, कौन ......का कहता है, किसकी बहन.....मैंने, किसकी माँ.......मैंने, किसकी लुगाई.......मैंने, सारे पंडित एक हैं, सब इन पंडितों का किया धरा है।' सिन्दल साब बलबलाये।

'साब आखिर हमने किया क्या है? दिल की बात आप तो बताते नहीं अब एक्सपर्ट से भी न पूछें।' उदय जी बोले।

'तू है कौन? क्यों जानना चाहता है? क्यों बताएँ?'

'आपका चेला हूँ उस्ताद, रकीब हूँ इसलिए जानना चाहता हूँ, आपकी परम्परा आपके बाद भी चले इसलिए बताएँ।'

'हिन्दी बोल हिन्दी।'

'हिन्दी? मधु....' उदय जी ने दूर बैठी मधु को आवाज लगायी।

'क्या है सर?' नायिका उठकर आ गयी।

'सिन्दल साब याद कर रहे थे।'

'हाँ सर' उसने मुस्कराकर सिन्दल साब की ओर देखा।

'हाँ...नहीं....हाँ......वो....ये....मिठाई लो।'

'मगर मैंने तो ले ली।'

'और लो।'

'मगर...'

'लो न मधु, सिन्दल साब बच्चों का खास ध्यान रखते हैं, वैसे तो हम भी इनके बच्चों जैसे हैं पर खयाल ये तुम्हारा और राजा का खास रखते हैं, क्यों राजा?' उदय जी बोले।

'पता नहीं उदय भाई, हमें तो दोबारा नहीं खिलाई।' राजा सिंह जी बोले।

'मिलेगी, तुम्हारे लिए भी सिन्दल साब ने चार पीस अलग कर रखे हैं।' उदय जी ने कहा।

और सिन्दल साब ने जो डिब्बा खुद के सगे बच्चों के लिए बचाकर रखा था, उसका भक्षण वन्य जीव कर गये, सिन्दल साब ने तय किया कि अब जो भी रूपरेखा बनानी है शेर चीते की निगाह बचाकर बनानी है। एक दिन मौका देख नायिका के पास पहुँचे।

'कैसी हो मधु?'

'अच्छी हूँ, आप कैसे हैं, बैठिये।'

'बढ़िया' वे बैठते हुए बोले।

'बताइये सर!'

'कुछ नहीं ऐसे ही आज अफसर भी नहीं हैं, सेक्शन में कोई है नहीं, ये साले राजा और उदय तो अफसरों के रहने पर ही रहते हैं, बाकी पता नहीं कहाँ घूमते हैं।'

'अरे नहीं सर दोनों बहुत अच्छे वर्कर हैं, उसमें उदय सर तो ग्रेट हैं कितनी नॉलेज है उन्हें, हर फील्ड में, कम्प्यूटर में तो जवाब नहीं, हाथ लगाते ही खराब कम्प्यूटर चालू हो जाते हैं।'

'कुछ नहीं अन्धों में काना है, खैर तुम्हारा काम कैसा है? कुछ धन्धा पानी है कि नहीं?'

'कहाँ सर? टेंडर फार्म बेचने में क्या मिलेगा?'

'क्यों? मिलना चाहिए, ये कटारे, रेवती, राधारमण सब खाते हैं तो तुम क्यों नहीं?'

'अपना-अपना नसीब है सर।'

'इसमें नसीब कहाँ, तुम लिया करो, कम से कम दो सौ रुपये प्रति फार्म।'

'कोई न दे तो?'

'तो कहो कटारे, रेवती, राधारमण को क्यों देता है?'

'उसकी मर्ज़ी।'

'काहे की मर्ज़ी, ये तो हक है।'

'नहीं सर मुझसे नहीं होगा।'

'हाँ भई भले परिवार की लड़की हो, खुलने में वक्त लगेगा, अच्छा मेरे किसी परिचित को टेंडर डालना था, शिड्यूल मिलेगा देखने को?'

'हाँ मिल जायेगा, मगर मुझे भी तो आपके सेक्शन से मिलता है, उदय और

भार्गव सर बनाते हैं।'

'अव्वल दर्जे के कमीने हैं दोनों, दे देंगे पर अहसान जतायेंगे, इधर तुम्हारा भी फायदा हो जायेगा।'

'मेरा फायदा?'

'हाँ मुफ्त में थोड़ी लूँगा।'

'नहीं सर शिड्यूल तो मैं ऐसे ही दिखा देती हूँ सबको।'

'पागल हो तुम, ठेकेदार किसी के सगे नहीं होते, शिड्यूल दिखाना गलत है, जब किसी के लिए गलत करो तो पैसे लो।'

'मगर सर आपसे?'

'मैं क्या जेब से दूँगा, ले लूँगा उससे।'

'काम का नाम बताइये'

'एक ये...., एक वो...., एक अमुक....., एक फलाँ......'

नायिका ने शिड्यूल निकाले सिन्दल साब ने जेब से सौ का नोट।

'नहीं नहीं सर रहने दीजिए'

'नहीं कैसे ...' सिन्दल साब ने नायिका का हाथ पकड़ जबरन उसकी मुट्ठी में सौ का नोट रख दिया।

नायिका ने सौ का नोट देखा और बोली।

'शिड्यूल चार हैं सर....'

'ओह हाँ...' कहते हुए सिन्दल साब ने सौ का एक नोट और निकाला।

वे समझ गये कि लड़की समझदार हो गयी है, और उसकी समझदारी में कहीं न कहीं सिन्दल साब का भी योगदान है। वे सीट पर आये और नायिका से मिले शिड्यूल इधर-उधर देख रद्दी की टोकरी में डाल दिये, गोया हमारी निगाह में उन्होंने दो सौ रुपये रद्दी में फेंके थे, उनकी निगाह में उन्होंने दो सौ रुपये का किसान विकास पत्र खरीदा था।

# उदय जी

लोग कहते हैं प्रेम की दो गति होती हैं, सुयोग और वियोग लेकिन हमारे हिसाब से चार होती हैं, पहली दो तो आप जानते हैं, तीसरी 'नियोग' और चौथी 'दुर्योग'। अर्थात सुयोग माने मिलन, वियोग माने बिछोह, नियोग अलग गति है जिसमें आवश्यक नहीं कि आपका अपने साथी के साथ कतई भी आत्मिक प्रेम या आकर्षण हो, ये किसी समय में ब्याह बरातों में खासी तादाद में हुआ करता था, एक ही वर या वधू के विवाह में आप शामिल थे, वो थी, निगाह मिली, फिर पिछवाड़े का झुरमुट या जीने की दुछत्ती या बुखारी, वर या वधू का ब्याह हुआ, आप अपने घर वो अपने घर, बाद में पता चला कि आपकी औलाद को कोई अपनी समझ पाल रहा है, आप जब उसकी बिल्लौरी आँखों को अपनी आँखों से मिलाते हैं तब पता चलता है कि आपकी वसीयत का एक सम्भावित दावेदार और भी है। ये नियोग है इसका आविष्कार और सफल प्रयोग द्वापर युग में वेद व्यास जी ने किया था, हालाँकि उस नियोग का परिणाम महाभारत हुआ था ये दीगर बात है। चौथा और अन्तिम है दुर्योग, माने आप किसी को चाहते हैं पर कह नहीं पाते, दिन महीने साल गुजर जाते हैं, फिर वही, आप अपने घर थे ही, वो अपने घर चली गयी, पाँच साल बाद वही चार साल चार महीने के नियोगी बेटे के साथ आपसे कहीं बाजार में मिलती है, और बच्चे को समझाती है– 'बेटे मामा जी से नमस्ते करो' और 'भइया कब मिलवा रहे हो भाभी से?'

यह दुर्योग हमारे इस नायक के साथ दर्जनों बार हुआ है, ये हैं आत्म प्रकाश 'उदय', कवि, कथाकार, व्यंग्यकार, मजबूरी ये कि दफ़्तर हो या कॉलोनी ऐसी जगह फँसे हैं जहाँ लोग कथाकार का अर्थ भी सत्य नारायण या भागवत कथा करने वाले से लगाते हैं, यानी उनके क्या किसी भी साहित्य को समझने वाले इक्का दुक्का हैं। नायिका के दफ़्तर में नक्शानवीस के पद पर तैनात हैं, उम्र चालीस पार कर चुके हैं, कद और वजन अच्छा, रंग साँवला, चेहरे से असाधारण तो नहीं पर बुरे भी नहीं लगते लेकिन इनके हिसाब से 'लकी इन गैंबलिंग अनलकी इन लव' कहावत इनके ऊपर चरितार्थ होती है, नौकरी लगने से पहले की बेरोजगारी इन्होंने जुआ सट्टे और लोकल कवि सम्मेलनों पर ही गुजारी थी और सफलतापूर्वक आठ साल उसी आमदनी से गुजारे पर इन आठ सालों में एक बार भी इश्क में कामयाब नहीं हुए, महिलाओं के

सामने बोलने में कभी पहल नहीं करते पर जब शुरू हो जायें तो प्रभावित कर ही पीछा छोड़ते हैं। कुँवारेपन में मुहल्ले की भाभियाँ अक्सर इनसे मजाक कर टाइम पास किया करती थीं, नौकरी में जहाँ भी रहे महिला साथियों के बीच खासे लोकप्रिय रहे, इस सबके बावजूद इन्हें प्रेम के लिए क्यों पसन्द नहीं किया गया ये बड़ा पेचीदा सवाल है। सुनते हैं कि शादी के पहले इनकी सगी पत्नी ने ही इन्हें पसन्द नहीं किया था, वो तो इनका साला अड़ गया—

'सुन मौड़ी गोरौ कारौ कछु नानै, मौड़ा की सिकल होवै नौकरी, सरकारी नौकर है, जेई भौत ऐ, ढंग ते खवइयो पिवइयो रंग फंग सब चोखो है जायैगौ।'

हालाँकि शादी के बाद पत्नी प्रेम के बड़े-बड़े दावे करती है, पर इसके अलावा भारतीय नारी के पास विकल्प भी क्या है? खैर ये उनकी निजी जिन्दगी है, हमें उनकी आफिशियल लाइफ डिसकस करनी है उनकी पत्नी की नहीं, उनके प्रेम में नाकामयाब होने के पीछे हो सकता है उनका अहंकारी स्वभाव हो, या पहली असफलता का डर पैठा हो, बहरहाल पहले से कहेंगे नहीं तो भाई साब हिन्दुस्तान तो ऐसे भी सीता सावित्री और सतियों का देश है, बने रहो भोलेशंकर, कौशिक जी इज़हार कर सकते हों तो रबड़ी वही सूँतेंगे। इनके स्वभाव में अजीब विरोधाभास है एक ओर कहते हैं कि इस मसले पर उनका मुकद्दर ही गधे की पूँछ से बँधा है, दूसरी ओर महिलाओं को इम्प्रेस करने में पूरी ताकत झोंक देते हैं, सुना जाता है कि जवानी में एक लड़की को नकल कराने के चक्कर में स्कूल की छत से गिर चुके हैं, एक लड़की के भाई को इम्प्रेस करने के लिए इन्होंने बी.एससी. की कैमिस्ट्री का सवाल पढ़ाई छोड़ने के आठ साल बाद, नशे में फुल टल्ली होते हुए भी उत्तरमाला से मिला दिया था, जबकि खुद कैमिस्ट्री इन्होंने बारहवीं तक पढ़ी है। इसके अलावा कई सारी कवियत्रियों को बिना किसी डील के गीत ग़ज़ल मुफ्त बाँट चुके हैं, धत्.... हम फिर से इनकी पर्सनल लाइफ पर आ गये।

उदय जी प्रकट में मंचीय कवि हैं, हास्य व्यंग्य पढ़ते हैं, लेकिन दखल गीत, ग़ज़ल, कथा, उपन्यास में भी रखते हैं, विभाग का एकाध पुरस्कार भी जीत चुके हैं, मंच पर जमते हैं इसके बावजूद जोड़ तोड़ में कमजोर होने के कारण ज्यादा मंच नहीं कबाड़ पाते इसलिए आज कल लेखन में पाँव जमाना चाहते हैं पहले इनके शत्रुओं की सूची में सुरेन्द्र शर्मा, अशोक चक्रधर, कुमार विश्वास और हरिओम पँवार हुआ करते थे और फिलहाल नामवर सिंह, रवीन्द्र कालिया और राजेन्द्र यादव इनके कट्टर दुश्मन हैं, भले ही तीनों ने ही इनका चेहरा तक न देखा हो। जैनुइन सी बात है, नये लेखक को बड़ा साहित्यकार तैयब अली की भूमिका में तो दिखता ही है, इसके अलावा आजकल ईडियट नाम के किसी अंग्रेजी राइटर को भरपेट कोसते हैं—

'अंग्रेजी में हग भी दो तो बिकता है, ईडियट ने क्रिकेट की कमेंट्री लिखी है उपन्यास में, एक बार छप जाऊँ कैसे भी, आग लगा दूँगा राजा आग।'

सवाल वही छपे तो आग लगे, छपने में उनके हिसाब से बाधक हैं नामवर सिंह, रवीन्द्र कालिया और राजेन्द्र यादव, उनके इकलौते साहित्यप्रेमी साथी राजा सिंह जी को डर है कि कहीं किसी दिन आग लगाते-लगाते इस दफ़्तर को ही न जला दें। बहरहाल उदय जी वाकई सच्चे हैं, ईमानदार हैं, काम में मेहनती हैं, होशियार हैं लेकिन लँगोट के कच्चे हैं इसमें भी दो राय नहीं। लेकिन इनका कच्चा लँगोट अभी अभिप्रमाणित नहीं है क्योंकि उसे गीला करने में घर के बाहर कभी सफलता नहीं मिली, इसकी खास वजह है ईश्वर का अस्तित्व, जिसके बारे में ये संशयवादी क्या काफी हद तक नास्तिक हैं। फिर तो साफ सी बात है भाई जी उसने तुम्हें पैदा किया तुम उसके अस्तित्व को नकारो? कोई काहे को सुनेगा भाई? वही वजह है निपट जाहिल, नाकाबिल और नाकारा होने के बावजूद ईश्वर कौशिक जी की सुन लेता है, उन्होंने मीनोपाज़ ग्रसित, कर्कशा पत्नी से त्रस्त हो हाथों को अभीष्ट तक ले जाकर कहा 'श्रीहरि', ईश्वर ने नायिका भेज दी, भले ही कुछ न हो सान्निध्य तो है। भाई साब, ईश्वरवादी लोग कितने भी कुकर्म करें, कुकर्म के लिए प्रार्थना करें, ईश्वर उन्हें सफलता देता है। जेबकट नेग बनाकर घर से निकलता है, मोटी जेब मिलती है, डकैत मन्दिर पर सोने का घंटा चढ़ाकर लौटता है तो सुराग मिलता है कि करोड़ों का माल अमुक स्थान से फलाँ जगह जा रहा है। ब्लैक मार्केटिया लाला घंटी हिलाकर दलहन और तिलहन दबा लेता है और बजाय छापे के ईश्वर बाजार के भाव बढ़ा देता है, भले ही गरीब भूख से मरता रहे। अपने बेचारे उदय जी.......ईश्वर को नहीं माना तो न तो सुकर्म में सफलता मिली न कुकर्म में, तेरह साल पहले जहाँ भर्ती हुए थे वहीं हैं, उनके सामने के चपरासी बड़े बाबू बन गये पर वे नक्शानवीस के नक्शानवीस, उनसे कविताएँ माँगने वाले चुटकुलेबाज श्रेष्ठ बीस हजारी कवि बन गये, अपने उदय जी अभी भी जबरदस्त व्यंग्यों को झोले में बाँधे दो ढाई हजार पर अटके हैं, उनसे ग़ज़ल लेकर शुरुआत करने वाली कवियत्रियाँ अमरीका तक घूम आयीं पर वे वहीं के वहीं। पत्नी भगतन है पर ईश्वर ने उसे भी ताकीद कर दिया है–

'मेरे दुश्मन का दोस्त मेरा दुश्मन, इसका साथ छोड़कर किसी ईश्वरवादी रिश्वती बाबू को पकड़ ले, या किसी घाघ मंचीय कवि को, फिर देखना भक्त जनों के संकट क्षण में दूर करे, मैं हूँ वो जगदीश हरे।'

बेचारी भारतीय नारी सतीत्व के आडम्बर में ही छली गयी, सतीत्व को त्यागे कि ईश्वर को.... खैर ईश्वर और उनकी शत्रुता को लोग जानते तो हैं, लेकिन उनकी काबिलियत से सभी नहीं तो औरतखोर किस्म के लोग तो डरते ही हैं, चाहे मामला रेवती का हो या हमारी नायिका का, नायक चाहे कटारे हों, कौशिक जी हों, राजा सिंह जी हों, सिन्दल साब हों, चाहे उनके मंचीय साथी, सभी नायकों के प्रबल प्रतिद्वन्द्वी उदय जी ही हैं। जब भी उदय जी ठेका सैल की ओर जाते हैं, कटारे जी की छठी इन्द्रिय चेत जाती है और वे लक्ष्मणरेखा खींचते हुए रेवती के पास वाली कुर्सी खींचकर

अपनी ओर कर कहते हैं–

'बैठ उदय भइया, कैसे आना हुआ?'

उदय जी समझ जाते हैं, लेकिन सत्य ही बोलते हैं–

'तू तो ऐसे कह रहा है कटारे जैसे मैं बुंदेलखंड से आ रहा हूँ, भइया इसी दफ़्तर में काम करता हूँ, रेवती मैडम के पास चाय पीने नहीं आ सकता।'

'नहीं नहीं तेरा दफ़्तर है भाई, राधे चाय लाना साहब के लिए।'

कटारे जी मन मसोस कर कहते हैं, जबकि उनकी इच्छा होती है अगर राधे टेलीपैथी समझता हो या मोबाइल रखता हो तो उसे मैसेज भेज दें– 'पाँच रुपये की चूहामार या नीला थोथा और खरीद लाना।'

'हाँ खैसे आयी उदय, सिर्प छाय फीने खा ऐ या खुच खाम ऐ।' रेवती मुस्कराकर कहती।

'हाँ मैडम एक कहानी का ट्रान्सलेशन करवाया था, पढ़के बताना।'

'में पढ़ेगी ला दे तो।'

उदय जी रेवती को कहानी दे देते हैं, चाय पीकर चले जाते हैं, कटारे जी कुड़कुड़ाते हैं।

'चला आया मुँह उठाकर, रेवती ये बहुत आता है इधर।'

'तो....?'

'तुम ऐन्टरटेन क्यों करती हो?'

'व्हाई? व्हाई शुड आयी इगनोर हिम? ही इज क्वाइट हेल्पफुल एंड रीज़नेबल पर्सन, ओ भी मेरा खाम आती।'

'क्या काम आता है?'

'जो थुम नहीं आती, ही इज़ एक्सपर्ट इन कम्प्यूटर व्हेन आयी फील सम ट्रबल ही हेल्प्स मी विदआउट फेल।'

'देखो वो भला आदमी नहीं है।'

'देअर यू आर, थुम शक खरती, ओ भला नईं ऐ, तो हू इज़ कम्पलीट ह्यूमन बीइंग, टैल मी।'

'मैं बहस नहीं चाहता।'

'मैं भी जगरा नहीं माँगती, यू आर नॉट माई हसबैंड एंड इफ सो आयी डोंट केयर, आयी नो माई सैल्फ बैटर, अब ज्यादा नईं बोलने का।'

'सॉरी ....सॉरी.....मैं तुमसे ...तो नहीं... उसे कह रहा था।'

'तो उसका सीट पे जा के बोलने का इदुर मुजे अच्चा नयी लगती।' वो रुआँसी हुई।

'ठीक है बाबा।'

जब हमारी नायिका इस दफ़्तर में आयी तब वाकई उदय जी का उसकी ओर कतई ध्यान नहीं था, हाँ उदय जी साल भर तक उसकी एम.एससी. फिजिक्स की

डिग्री से मुतासिर जरूर थे, अचानक कुछ प्रतियोगिता सी हुई और अनजाने में उदय जी इसमें शामिल हो गये। जैसा कि कटारे जी के परिचय में बताया गया, नायिका कटारे जी की आये दिन की रैगिंग से परेशान थी उसने कौशिक जी को पीड़ा बताई। कौशिक जी खुद 'भटे के बीज' क्या बताते बैंगन?, उदय जी का नाम लेने का मतलब रायता फैलना, लेकिन रायता फैल ही गया, या बामन को बामन मारे या मारे करतार, कौशिक जी के पड़ोसी टाइपिस्ट गंजे शर्मा जी कौशिक जी की किस्मत से जले बैठे थे, झट से बोल पड़े–

'मैडम कटारे तो बदमाश है, वो न सीखने देगा न बतायेगा आप उदय को गुरु बना लो, सब सिखा देगा, अब हम लोग न ठेके के बारे में जानते न कम्प्यूटर, उदय मास्टर आदमी है।'

'अरे काहे का मास्टर? चरित्रहीन है, अधर्मी है, नास्तिक है, ब्राह्मणों के नाम पर कलंक है, शूद्रों, मुसल्लों और महिलाओं का पक्ष लेता है मालूम किसलिए? ताकि उनका उपयोग कर सके पता नहीं कैसा ब्राह्मण है कमबख्त।' कौशिक जी ने लानत भेजी।

'हुआ करे हमें तो काम से काम है क्यों मैडम? चरित्र हीनता दिखायेगा तो चप्पल न खायेगा।'

'मुझे तो नहीं लगा, दिन में एकाध बार तो काम पड़ता है उससे।' नायिका ने जवाब दिया और हमारे इस नायक का प्रवेश कथा में हो गया।

'नमस्ते सर!'

उदय जी ने कम्प्यूटर से निगाह हटाई, नायिका सामने खड़ी थी।

'नमस्ते, आओ बैठो पर ये सर वर मत कहा करो, इतनी इज्जत दोगी तो तुम्हारा कुछ न बिगड़ेगा खामख्वाह घरवाली से टंटा हो जायेगा।' वे मुस्कराते हुए बोले।

'मतलब?'

'मतलब ये कि सर कहलाने लायक न इस नक्शानवीस की औकात है और न ही तुम्हारे अलावा कोई कहता अब इतनी इज्जत मिलने पर हम घरवाली से भी ज्यादा इज्जत की उम्मीद करेंगे जाहिर है वहाँ से मिलना नहीं, तब टंटा तो होगा।'

'आप भी...सर बहुत मजाक करते हैं।'

'नहीं भाई फुल सीरियस हूँ।'

'तो क्या कहूँ?'

अब उदय जी की मेहनत करने की बारी थी कि खुद को क्या सम्बोधन अलॉट करायें? गोया ये भी अच्छा ही था कि नायिका ने अलॉट मेंट उन पर छोड़ दिया, वरना सीधी शुरू हो सकती थी– 'जी अंकल अब सर न कहूँगी।'

'मेरा मतलब है नाम लो उदय।' वे बोले।

'नहीं सर आप बहुत सीनियर हैं।'

'अब सीनियरिटी का क्या मतलब लगायें उमर या ग्रेड।'

'आप भी सर...' वह हँसी, समझदार लड़की जवाब टाल गयी, हालाँकि अभी तक उदय जी दौड़ में नहीं हैं, पर नायिका के हिसाब से उन्हें होना चाहिए।

'ठीक है उदय जी कह लो।'

'नहीं सर मैं आपकी बहुत इज्जत करती हूँ।'

'हमारी इज्जत हमें ही डिसाइड करने दो, छोड़ो बताओ कैसे आयीं, शिड्यूल तो सारे दे चुका हूँ।'

'कुछ पूछना था सर, टेंडर को अप लोड करने के बारे में।'

'कटारे ने नहीं बताया।'

'वो कहाँ बताते हैं सर, बात-बात पर विजीलेंस को बुलाते हैं, वो तो बस रैगिंग लेते हैं।'

'तुम देती क्यों हो?'

'अब सर नौकरी मुश्किल से मिलती है।'

'तो? जाती भी मुश्किल से है, कटारे तो लगता कहाँ है, चेम्बर वाले भी नहीं ले सकते, उस पर तुम तो लड़की हो।'

'मतलब?'

'मतलब तुम्हारे पास कई हथियार हैं।'

'मैं समझी नहीं।'

'टी.वी. नहीं देखतीं? सरकार ने कई अस्त्र दे रखे हैं महिलाओं को, इन अस्त्रों के दुरुपयोग के पक्ष में मैं नहीं हूँ, मगर जब तुम काम करना चाहती हो, तो कटारे को चाहिए कि वो तुम्हारी मदद करे लेकिन वो तुम्हारी मदद न करके तुम्हारी रैगिंग लेता है तो तुम भी आजाद हो, जान लो नौकरी लगने में जितनी मेहनत है, उससे ज्यादा छूटने में, खैर काम बताओ।' उदय जी कटारे से पहले ही फुँके बैठे थे।

'लेकिन सर मैंने उसका बिगाड़ा क्या है?'

'रिश्वत लेती हो?'

'मतलब? मैं कैसे ले पाऊँगी?'

'जैसे कटारे, रेवती और राधारमण लेते हैं।'

'उस तरह तो नहीं अगर कोई ठेकेदार टेंडर फार्म में सौ दो सौ ज्यादा दे जाता है तो रख लेती हूँ।' नायिका जानती है उदय जी से झूठ बोलना आसान नहीं।

'मतलब टिप? जैसे वेटर रख लेते हैं? यही वजह है कटारे की नाखुशी की, वो अपनी कमाई को बचाये रखने के लिए किसी को भी नम्बर नहीं लेने देना चाहता, नम्बर वन पर रहना चाहता है बस, तुम जल्दी काम सीख गयीं, टिप लेना भी, इस स्पीड से रिश्वत भी जल्द पकड़ लोगी, क्वालिफाइड हो, हो सकता है उसकी सीट छिन जाय।'

धत् तेरे की, इतनी बेवकूफी करने पर भी उदय जी को शिकायत है कि वे प्रेम में हमेशा असफल रहे, नजराने को टिप कहना? लोग रिश्वत को खर्चा या कमीशन

कहते हैं, पर क्या करें मुँह खोलें तो सत्य ही निकलता है, हमें लगता है उदय जी को असत्य का सहारा ले लेना चाहिए, लेकिन अभी उदय जी दौड़ में नहीं हैं।

'आप ठीक कहते हैं, पर जूनियर क्लर्क को सेलरी भी कितनी मिलती है, लालच आ ही जाता है, आप ईमानदारी को अफोर्ड कर सकते हैं।'

'ईमानदारी अफोर्ड करने की चीज नहीं होती मधु, ईमानदारी तो दिल से स्वीकारने की चीज है, ईमानदार आदमी हर सूरत ईमानदार रहता है, अच्छे वक्त में भी बुरे में भी, मेरी तनख्वाह तुमसे ज्यादा है लेकिन उम्र भी तो ज्यादा है, जिम्मेदारियाँ भी, मेरे कई साथी डिवीजनल इंजीनियर बन गये पर मैं वहीं का वहीं, इसे मैं मुकद्दर मानता हूँ लेकिन इसका मतलब ये तो नहीं कि मैं रिश्वत लेना शुरू कर दूँ, अगर आपको लगता है कि तनख्वाह कम है तो अच्छे के लिए कोशिश करो, अपनी उम्र तो बची नहीं, मेरे खयाल से तुम इस टिप विप के चक्कर में न पड़ के अच्छी नौकरी तलाश करो जैसे पी.सी.एस. तुम तो ओ.बी.सी. भी हो।'

आत्म प्रशंसा के फेर में उदय जी भूल जाते हैं कि सामने वाला उनके संवाद पर क्या प्रतिक्रिया व्यक्त कर सकता है। अब लड़की से जाति की बात कौशिक जी जैसा ब्राह्मणवादी नहीं करता, उदय जी तो लगभग नास्तिक हैं, उन्हें ऐसा नहीं करना चाहिए।

'पी.सी.एस. तो नहीं पर अच्छा जॉब जरूर पकड़ना है, पर प्रॉपर गाइडेंस नहीं है, आप जानते ही हैं हम तो ओ.बी.सी. हैं, हमारे परिवार में ज्यादा काबिल लोग नहीं हैं।' नायिका को ओबी.सी. का जिक्र अच्छा तो नहीं लगा।

'यहाँ मैं हूँ, राजा है, जितनी हमें अक्ल है, उतना बता सकते हैं।'

'मेरी भी रिश्वत की कोई इच्छा नहीं।'

'भले न हो, कटारे को तो लगता है।'

'तो क्या करूँ।'

'इष्ट देव की इष्ट पूजा, भ्रष्ट देव की भ्रष्ट पूजा।'

नायिका को जितनी जानकारी चाहिए थी उतनी मिली, बोनस साथ में, अब कटारे की खैर नहीं। यहाँ तक भी उदय जी दौड़ में नहीं थे, लेकिन उसके जाने के तुरत बाद भीखा चपरासी जो पन्द्रह मिनट से आँखों देखा हाल रिकार्ड कर रहा था, उदय जी के पास आया—

'बाबूजी राम राम।'

'राम राम भीखा।'

'बड़े साब अब कौशिक जी का का होगा?'

'कौशिक जी?'

'ठंडा पिला रये मौड़ी खों, पर हमें तो पतौ हती ओ बिजूका महाराज गोधन की परकम्मा पूरी नाय कर सकत, मानसी गंगा पै ही निपट लेंगे।'

'बैठ इधर, तू साले पहेलियाँ बहुत बुझाता है पर आदमी काम का है।'

'अरे बड़े साब हम कवि ईसुरी के भगत हैं, आप उनके कुनबा बारे, हम तौ चाहत थे कि बिजूका महाराज की दाल न गरै, सो आज देख लई, हम तौ जानत थे कि दफ़्तर में आपई इकलौते काबिल हौ बाकी तौ सब गइया घेरा बिजार और पन्ना पल्टा बाबू हैं।'

'तू तो ईसुरी का भी बाप है भीखा।'

'अरे महाराज झूठी नहीं कबी की बानी जिव्हा रहत भवानी, असल कथा जे है, जो बिजूका महाराज कौशिक जी जा मौड़ी खों एसकौट करत थे, कल्लई हम देखे कौने में लै जाइकें लिम्का पिवाय रये पलेट फारम पै।'

'फिर तो तू भी नहीं माना होगा।'

'भइया की बात, कैसे मान जाते, पर रुपैया चार निकरे कमबखत पै, पर आज सुबैरे पी लई हमनै लिम्का।'

'और विज्ञापन भी कर दिया?'

'कहाँ महाराज? आपई खों बताई बस, ओ या लानैं कि आप ईसुरी महाराज के बंस में हौ, अब मौड़ी आपके पास मानै हमारे आदमी के पास बैठन लगी तौ आपकूँ दूसरेन की खबर हू रहनी चानै।'

'मैं न लिम्का पिलाता न चाय ध्यान रखियो, हाँ मेरी खबर तू अच्छे दाम में बेच लेगा कौशिक जी को।'

'भइया की बात ऊ बिजूका ते हमारौ का मतलब?'

'तू हमारा आदमी है?'

'भइया की बात......'

नायिका अगले दिन फिर आयी–

'ये अंग्रेजी की हिन्दी कर दीजिए सर।' उसने कागज बढ़ाया। उदय जी हिन्दी करने लगे।

'आज मैंने कटारे को हड़का दिया।' वह फुसफुसाई।

'ठीक किया' उदय जी ने प्रतिशोध लिया।

'मुझे डर लग रहा था, पर आपने जो हिम्मत दी थी.....थैंक्यू, पर ये ऑफिसर से चुगली....'

'करने दो, देखो तुम्हारी सीट पर कौशिक वौशिक जैसे मट्ठर तो चलने से रहे, उस जगह या तो तुम कर सकती हो या रेवती या राजा, रेवती या राजा को ऑफिसर हिलायेंगे नहीं बस मस्त रहो।'

'अच्छा ये कौशिक जी से आपकी जमती नहीं क्या?'

'कुछ कह रहा था बिजूका?'

'नहीं यूँ ही मुझे लगा था बस...'

'हाँ मेरी बेवकूफों, मट्ठरों और हरामियों से नहीं पटती।'

नायिका चली गयी, कल भीखा उदय जी को ट्रैक पर खड़ा कर गया था, आज कौशिक जी ने 'रेडी गैट सैट' बोल दिया, 'गो' बोलने का काम किया रमेश जी ने तीन दिन बाद और उदय जी दौड़ में शामिल हो गये।

'क्या उदय भाई कहाँ तक पहुँची गाड़ी।' रमेश जी बोले।

'गाड़ी माने?'

'अब यार दोस्तों से न छुपाओ हम भौजी से नहीं कहेंगे।'

'क्या नहीं कहोगे?'

'यही कि हमारा चालीसा यार मधु पच्चीसा पढ़ रहा है।'

'तो तुम भी कम्पटीशन में हो? दफ़्तर छूट गया पर रॉडबाजी नहीं छूटी।'

'अपनी बात करो कविवर, वो तुम्हारे पास ही क्यों आती है? सिन्दल साब की हिन्दी कमजोर है क्या? या भार्गव जी शिड्यूल नहीं बनाते या राजा कम्प्यूटर में तुमसे बहुत पीछे है।'

'अरे भइया हमारे पास क्यों आयेगी?' सिन्दल साब ने आह भरी।

'आपकी तो बेटी जैसी है' राजा सिंह जी फुसफुसाये।

'क्या बोला?' सिन्दल साब गुर्राये।

'वही जो आप पकड़े जाने पर बोलते हैं।' उदय जी बोले।

'ऐसी की तैसी महेन्द्र कपूर की, माँ की ......साहिर लुधियानवी की, बहन का ....इसका, अम्मा की.....उसकी, कौन ......का कहता है, किसकी बहन......मैंने, किसकी माँ.......मैंने, किसकी लुगाई.......मैंने, सारे पंडित एक हैं, सब इन पंडितों का किया धरा है।' सिन्दल साब गुर्राये।

'गुर्राते क्यों हो साब? उँगली तो हमारे भी हुई थी।' उदय जी बोले।

'तूने साले ये राजा भी बिगाड़ दिया।'

'बिगाड़ दिया? अच्छा-खासा आर्टिस्ट बना दिया, कितनी अच्छी मिमिक्री करता है, भाइयो और भाइयो अब आपके सामने राजा सिंह जी मिमिक्री आयटम करके दिखायेंगे, इस आयटम का नाम है– ह....हू....' उदय जी बोले।

'करवा मिमिक्री, करवा साले...' सिन्दल साब ने कुर्सी का हत्था उखाड़ लिया।

'आप मरवाओगे उदय भाई।' राजा सिंह जी उठकर भागे।

'मुझे पता है क्या चल रहा है दफ़्तर में, तुम और राजा मुझे फँसाकर, साझे की हाँडी पका रहे हो।'

'ये आपको क्या फँसायेंगे सर, आपके पीछे उजाला इतना ज्यादा है कि परछाईं आगे-आगे चलती है, लड़ते क्यों हो साब? ये तो कम्पटीशन है।' मीणा जी बोले।

'चुप रह बे मीणा, ये कल के लड़के क्या करेंगे सिन्दल साब से कम्पटीशन।' भार्गव जी बोले।

सिन्दल साब ने चारों ओर घूरकर देखा, फाइल उठाकर निकल लिए।

मगर अब हमारे उदय जी बाकायदा दौड़ में हैं, पहले नायिका इनके पास आती थी, अब ये भी नायिका के पास जाने लगे, कुल मिलाकर सभी नायकों, अर्ध नायकों और प्रेक्षकों की निगाह में आ चुके हैं, अगर नायिका लंच तक इनके पास न आये तो राजा सिंह जी कहते—

'क्या बात है उदय भाई, कुछ सुस्ता चल रहा है?'

'सुस्ता?'

'हाँ मन्दी, जैसी अमेरिका में चल रही है, आपकी हिन्दी और कम्प्यूटर की दुकान पर ग्राहक नहीं आ रहे?'

'ओह.... मेंढकी को जुकाम हो रहा है, साले व्यंग्यकार हम ही पर व्यंग्य?'

'सीख रहा हूँ आपसे।'

'मुझे सिन्दल साब का ताज पहनाना चाहते हो? सिन्दल साब से सन्धि हो गयी लगती है राजा। भइया दोनों मिलकर अलग दुकान खोल लो, कम्प्यूटर डिपार्टमेंट तुम देखना, हिन्दी सिन्दल साब, पर फॉर गॉड सेक दूसरे की दुकान पर बुरी नजर न रखो।'

'ओय कवि की पूँछ मेरा नाम न ले, अंजाम अच्छा न होगा, तुम दोनों साले आपस में लड़ते हो बात मुझ तक ही पहुँचती है।'

'लड़ते कहाँ हैं सर फेयर कम्पटीशन।' उदय जी बोले।

'तो मेरा नाम क्यों आता है बीच में।'

'वो सर जी आप इस फील्ड के आदर्श हैं, आपके बिना इस यज्ञ की पूर्णाहुति नहीं होती।' भार्गव जी बोले।

'ऐसी की तैसी महेन्द्र कपूर की, माँ की ......साहिर लुधियानवी की, बहन का....इसका, अम्मा की.....उसकी, कौन ......का कहता है, किसकी बहन......मैंने, किसकी माँ.......मैंने, किसकी लुगाई.......मैंने, सारे पंडित एक हैं, सब इन पंडितों का किया धरा है।' सिन्दल साब गुर्राये।

'अरे साब बिगड़ते क्यों हैं, आदर्श ही तो बोला है, हम लोग दिन भर उदय को क्या-क्या विशेषण देते हैं, वो तो बुरा नहीं मानता।' जिले सिंह बोला।

'वो होगा मैं नहीं हूँ, मेरे लिए दूसरे की औरत माँ समान है।'

'पर वो अभी दूसरे की नहीं।'

'वो मेरी बेटी के जैसी है।'

'चलें राजा इससे पहले अमरीश पुरी मुरारी बापू का रोल करे, हम तो खुद ग्राहक के पास चले जाते हैं।' उदय जी बोले और ठेका सैल की ओर चले गये।

'आ उदय भइया आ, लेकिन वो है नहीं अभी।' कटारे जी बोले।

'वो?' उदय जी समझ गये पर प्रश्नवाचक चिह्न बनाया।

'हाँ मधु ...'

'मतलब मैं उसी के पास आता हूँ।'

'हाँ आजकल तो हमारे पास नहीं आते, मधु को ट्यूशन देते ही निकल लेते हो।' कटारे जी ने खीज निकाली।

'आते तो पहले भी रेवती मैडम के पास थे, पर तुझे तो खुश होना चाहिए।'

'खुश माने?' कटारे जी समझ गये कि उदय जी उनके पेटेंट पर व्यंग्य कर रहे हैं।

'खुश माने तेरा उदय भइया उसी की वजह से सही तेरे नजदीक आ रहा है।'

'ऐ खटारे तेरा टंग कूँ कुजली ख्यों ओती, ओ किदुर आती किदुर जाती ख्या मीनिंग, बइट उदय इदुर, मैं जानती उदय ऐसी इनसान नई, ओ तो सबका मदद करती, ख्यों राधारमण?' रेवती बोली।

'नहीं नहीं अपना उदय भइया सबकी मदद करता है, अपना काम छोड़कर भी।' राधारमण बोले।

'अरे मैं तो मजाक कर रहा था तुम सब मुझे लानत भेजने लगे, राधे! साहब के लिए चाय लाना।'

'तू बहुत टाइम से स्टोरी नहीं बताई उदय, लिकना बन्द खिया ख्या?'

'नहीं अभी तो बना रहा हूँ, लिख के पढ़ाऊँगा।'

'ऐ तेरा दिमाग का बरोसा नयी, साला ऑफिस पे मत लिकना, लिके तो मेरा रोल नईं माँगता, मे जगरा करेगी।'

'ऐसा करूँगा तो नाम बदल दूँगा।' वे हँसे रेवती भी हँसी, कटारे दिल का धुआँ सिगरेट से छोड़ने लगे।

'ऐ खटारे तेरा स्मोक इदुर नईं निकाल सफोकेशन ओती।'

उदय जी चाय पीकर लौट आये, लेकिन इनसान वो शै है जो रूसवाई में भी वाहवाही ढूँढ़ लेता है, खासतौर से औरतखोरी में, वो भी मंचीय कवि यानी आधा अभिनेता, कटारे की चाय ने उदय जी को नयी स्कीम बता दी। उदय जी ने अपने मुख्य हथियार यानी आदर्शवाद का इस्तेमाल करने का निश्चय किया।

'सर थोड़ा कम्प्यूटर में पूछना था।' नायिका ने लंच के बाद कहा।

'टाइम नहीं है।' उदय जी ने बिना नायिका को देखे कहा लेकिन पदचाप का ध्यान रखा।

वह खड़ी रही।

'तुम गयी नहीं?'

'वो सर अर्जेंट है साहब ने बोला है।'

'ऐसी की तैसी साहब की, मैं नक्शानवीस हूँ कम्प्यूटर इंजीनियर नहीं कह दो साहब से।'

'सर मैं आपकी बहुत इज्ज़त करती हूँ।'

'उसी इज्ज़त की खातिर कह रहा हूँ, प्लीज़ मुझसे बातें न किया करो।' उदय

जी ने आदर्श का तीर छोड़ा।

'सर मैंने कुछ गलत किया क्या?' समझदार नायिका नासमझ बनी।

'नहीं शुक्रिया।'

'सर प्लीज, बताइये कुछ हुआ क्या?' वह रुआँसी सी बोली।

उदय जी का दिल उछला, उनके हिसाब से तीर निशाने पर था, पर निशाने के हिसाब से हवाई फायर, तीर के हिसाब से उसकी ऐसी की तैसी।

'सीट पर पहुँचो आता हूँ' वे फुसफुसाये, नायिका मुस्करायी और चल दी उसने तीर चलाया नहीं पर निशाने को ही चैन न था, खुद ही आ मरा तीर पर।

उदय जी नायिका के पास पहुँच।

'हाँ क्या बात है?'

'हाँ वो सर फाइल नहीं खुल रही।'

उदय जी बाजू में बैठ गये।

'करप्ट होकर टैम्परेरी फाइल बन जाती है कई बार, ये लो खुल गयी।'

'वो सर बात क्या थी?' उसने नीचे सर झुकाकर कहा।

'कुछ नहीं तुम्हें अच्छा नहीं लगेगा।'

'बताइये ना प्लीज, आपको मेरी कसम।'

आपको मेरी कसम? उदय जी बीस साल पीछे पहुँच गये, काश... नीलम के साथ बात कसम तक पहुँची होती, या शोभा, अंजु, ममता, गौरी या भारती के साथ ही... पर कैसे पहुँचती? तब उदय जी आदर्शवादी कहाँ थे? उदय जी का आदर्शवाद, कमाल का आदर्शवाद जो न देश के काम आया, न दुनिया के, न समाज के, न घरवाली के, आये भी कैसे? नामवर सिंह, रवीन्द्र कालिया और राजेन्द्र यादव आने दें तब ना लेकिन आदर्शवाद को किसी काम तो आना चाहिए भले ही किसी लड़की को इम्प्रेस करने के लिए सही।

'वो.....छोड़ो.....मैंने आज तक बुरे का भी बुरा नहीं किया, तुम तो अच्छी लड़की हो।'

'सर बताइये तो।'

'तुम नहीं मानतीं तो बताता हूँ पर प्लीज रिएक्ट मत करना।'

'मैं किसी से नहीं कहूँगी बाई गॉड।'

'कहने को डर नहीं पड़ा किसी का पर छुरी खरबूजे पर गिरे या खरबूजा छुरी पर नुकसान खरबूजे को ही उठाना होता है, मैं तुम्हारा बुरा नहीं चाहता।'

'मैं समझी नहीं।'

'कटारे को मेरा तुमसे मिलना पसन्द नहीं, कह रहा था मैं तुमसे मिलने ही ठेका सैल में आता हूँ।'

'अच्छा, रेवती नहीं बुलाती आपको, या राधारमण या खुद कटारे, जब अटकते

हैं तब आपको ही बुलाते हैं, मैं समझती हूँ सर वो मुझे फेल करना चाहता है, उसके बिना मैं काम सीख गयी हूँ ये उसे बुरा लग रहा है।'

'जो भी हो ये तुम्हारे सैल का मामला है, मैं कंट्रोवर्सी नहीं चाहता।' सत्यवादी उदय जी ने असत्य बोला, सत्य यही था कि चालीस का अधेड़ बिना कंट्रोवर्सी के सत्ताईस साला लड़की के दिल में जगह नहीं बना सकता।

'सर हमें मालूम है हमारे बीच कुछ नहीं, तब किसी के कहने का क्या, वो कटारे और रेवती मियाँ बीवी की तरह दिन भर झगड़ते हैं तो कुछ नहीं, आप मुझे काम सिखाते हैं तो गलत?'

'देखो वो अफोर्ड कर सकता है, मैं नहीं।'

'मैं समझती हूँ सर, आप जैसे अच्छे इनसान पर आरोप लगे, बात घर तक पहुँचे तो फैमिली लाइफ भी डिस्टर्ब होती है।' समझदार लड़की ने उदय जी को इशारों से सत्य समझाया

'वो छोड़ो मेरी फेमिली के बारे में मैं ज्यादा जानता हूँ, हाउस वाइफ है, गुजारे के लाले पड़ जायेंगे मेरे बिना, वो कहीं नहीं जाने की, पर सच ये है कि मैं भले धर्मात्मा न सही पर बिना कुछ किये मैं बदनाम भी नहीं होना चाहता।' उदय जी सत्य से नंगई पर आ गये, नायिका ने सर टेबल पर रख दिया, उदय जी को लगा कि वह रो रही है यानी वे कंट्रोवर्सी पैदा करने में कामयाब हो गये हैं।

'मैंने कहा था, रिऐक्ट मत करना, प्लीज, मुझे अच्छा नहीं लग रहा, मैंने कभी बुरे का भी बुरा नहीं किया।'

वह नहीं बोली उसी तरह सर टिकाये रही, उदय जी का दिल उछलने लगा, उछलते दिल को लेकर वे बाहर आ गये, नायिका ने पदचाप का अध्ययन किया फिर सर उठाया, मुस्करायी, मोबाइल निकाला और हँस-हँसकर किसी से बातें करने लगी। लड़की समझदार हो चुकी थी पर हाय उदय जी, समझ ही न पाये कि नायिका को समझदार बनाने वालों में इकलौते नासमझ वे ही थे जबकि नायिका की समझदारी में उनका योगदान चालीस फीसद तो था।

# राजा सिंह जी

नाम राजा सिंह, जाति ठाकुर, धर्म बाबू, उम्र तीस साल, वजन नब्बे से ऊपर, लम्बाई छह फुट से निकलती, चेहरे पर जवानी का नूर यानी मुहाँसों के निशान न हों तो हीरो जैसे दिखें, दफ़्तर के हिसाब से हीरो हैं भी। लेकिन बेहद शर्मीले और अल्प आत्म विश्वासी। कहते हैं हाथी की आँख का लेंस विशिष्ट बनावट का होता है जिससे उसे सामने की वस्तु वास्तविक से छह गुना दिखती है, ऐसा ही कुछ हमारे इस नायक के साथ है। उदय जी उनमें अपने प्रबल प्रतिद्वन्द्वी को देखते हैं, पर इनकी आँख के विशिष्ट लेंस के कारण निश्चिन्त हैं। बेहद मृदुभाषी हैं, इनका यह गुण इनके राजस्थानी ठाकुर होने पर शंका उत्पन्न करता है, ये उँगली सिर्फ उनके करते हैं जिन्हें अपना समझते हैं, यानी उदय जी से कुछ भी कहने में नहीं चूकते पर सिन्दल साब के मसले पर फुसफुसा कर वाक्य की व्याख्या उदय जी से करवाते हैं, माने 'भाई जी मंतर तो पढ़ दिया, अब फटाफट बाँबी में हाथ डाल दो' मेहनती हैं, काबिल हैं और काबिल इसलिए भी हैं कि तैयारी पी.सी.एस. की की सलैक्ट बाबू में हुए, तब बाबुओं के अनुपात में कुछ तो ज्यादा होंगे ही। काबिल हैं इसीलिए बावजूद रकीबियत के उदय जी के काफी नजदीक हैं या शायद उदय जी के साहित्य को समझने वाले इकलौते साथी हैं, हालाँकि जबसे उदय जी ने उपन्यास लिखना शुरू किया है, राजा सिंह जी का साहित्य प्रेम कुछ कम होता जा रहा है, लेकिन परिचय के शुरुआती दिनों में उदय जी से प्रभावित होने के दुष्परिणाम से अब त्रस्त हैं। उदय जी का क्या भरोसा? रात के दस बजे जब इनके सोने का वक्त होता है तब उदय जी का लेखन शबाब पर होता है, इधर ये पत्नी से प्रणय निवेदन की भूमिका बना रहे होते हैं उधर उदय जी उपन्यास का सर्ग पूरा कर फोन लगा देते हैं– 'सुनो राजा इस सर्ग में स्वामी भगतानंद और बोधिव्रत का विवाद लिखा है मैंने, हाँ तो सुनो...' सर्ग समाप्त होने तक काम देव भस्म हो जाते हैं, रति सती हो जाती है। राजा सिंह जी सुबह पत्नी का सूजा चेहरा देख रिजॉल्यूशन बनाते हैं– 'आज तो कह ही दूँगा' पर सवाल ही नहीं, किसी से कुछ न कह पाने का दम कह लो या मृदुभाषण, या वाकई साहित्य प्रेम, उदय जी के सामने आते ही– 'उदय भाई क्या करैक्टर डवलप किया है भगतानंद जवाब नहीं बहुत इंटरैस्टिंग है।'

लेकिन भाई साब जितने सीधे दिखते हैं, असल में हैं नहीं उसका प्रमाण है इनकी चाभी का छल्ला, दफ़्तर में इनका हथियार मृदुभाषण है घर में चाभी का छल्ला, अब आप कहेंगे चाभी के छल्ले में ऐसा क्या रहस्य है, किस स्विस बैंक का कोड लिखा है, कुछ नहीं बस उस पर लिखा है– 'नो लाइफ विदाउट वाइफ' शादी के सात साल बाद भी आदमी यह सूक्ति दुहराये? न सिर्फ दुहराये बल्कि गले में बाँधकर घूमे तो मान लेना चाहिए कि वो शातिर किस्म का है। इनकी पत्नी हमें लगता है ज्यादा सीधी है कहीं सिन्दल साब, भार्गव जी, जिले सिंह या कटारे इस छल्ले को ले अपने घर पहुँच जायें तो शर्तिया बवाल हो जाय– 'उन तीनों में कौन सी कलमुँही है, या चौथी आ गयी दफ़्तर में, ले आये छल्ला उल्लू बनाने को' खैर जो भी हो बड़भागी हैं, ईश्वर ऐसी पत्नी सबको दे।

राजा सिंह जी कई मामलों में अनिश्चितता की स्थिति में रहते हैं, माने रिश्वत लें न लें, कटारे जी को देखते हैं तो लगता है बुराई क्या है? उदय जी की परिभाषाओं को सोचते हैं तो लगता है टिप नहीं लेना चाहिए। उसी तरह नायिका को टापें न टापें, नायिका के भूगोल का मिलान घरवाली से करते हैं, तो सोचते हैं मेरी तो बहुत अच्छी है, पर जब लार टपकाते कौशिक जी, दीदे फाड़े सिन्दल साब, दौड़ लगाते उदय जी दिखते हैं तो उदय जी का ही शेर याद आ जाता है– 'उम्र भर ढूँढ़ा जिसे वो खुद में ही मौजूद थी, नाम का क्या वो कभी सोना या सलमा हो गया' और अपने अन्दर की औरत का न नाम होता है, न निश्चित आकार, उसको कपड़े भी कौन पहना सकता है भाई, बस राजा सिंह जी कल्पना में अपने दोनों ओर कौशिक जी, उदय जी, सिन्दल साब और बाकी नायकों के मरियल सड़ियल पुतले खड़े करते हैं और लात मार-मार कर नीचे पटक लेते हैं।

ऐसा शुरू से नहीं था, राजा सिंह जी पद में नायिका से सीनियर हैं, ज्वाइनिंग के मामले में नायिका से जूनियर हैं, यानी जब वे इस दफ़्तर में आये, नायिका मौजूद थी, और उस वक्त जानकारी के मामले में उदय जी का बड़ा बोलबाला था, लोग चाहे कम्प्यूटर में अटकें या टेक्नीकल जानकारी में समस्या का एक ही हल दिखता था– उदय जी। अफसर उदय जी से दोस्ताना व्यवहार करते थे, यहाँ तक कि खड़ूस मिसरा जी भी, राजा सिंह जी को लगा कि बस यही स्पर्द्धा के लायक है। उदय जी काम के बोझ से पहले ही लदे थे वो खुद चाहते थे कि कोई उनसे काम में स्पर्द्धा करे और राजा सिंह जी खुद ब खुद आ फँसे। खुद उदय जी को दस साल पहले लदने के बाद पता चला था कि सरकारी विभाग में गधे ही काम की स्पर्द्धा करते हैं, आज राजा सिंह जी भी ऐसा ही कुछ महसूस करते हैं। जब नायिका कौशिक जी के साथ चलती थी तब राजा सिंह जी का ध्यान उस ओर नहीं था, लेकिन जब उन्होंने नायिका का झुकाव उदय जी की ओर महसूस किया तो सोचा– 'ऐसी की तैसी, साला काम में ही क्यों बहस करें, जब बहस होगी तो हर फील्ड में होगी' लेकिन जैसा बताया गया है वे

अनिश्चितता की स्थिति में रहते हैं, उदय जी को कोसें या काम सिखाने के लिए धन्यवाद कहें? राजा सिंह जी कृतघ्न नहीं हैं वे जानते हैं और दिल से मानते भी हैं कि उन्होंने उदय जी से बहुत कुछ सीखा है, इसीलिए मन ही मन रिज़ॉल्यूशन बनाते हैं कि उदय जी चाहें तो गुरु दक्षिणा के रूप में नायिका को माँग लें, बाखुदा वे रास्ते से हट जायेंगे। ऐसा उन्होंने उदय जी से कभी कहा तो नहीं है, पर ये तय कर रखा है– 'जिस दिन उदय भाई बोल देंगे उसी दिन.....' पर उदय जी कभी कहेंगे नहीं ये भी तय है क्योंकि एक तो उन्हें अपनी काबिलियत का भरोसा है दूसरा राजा सिंह जी की आँख के लेंस के नुक्स का। अगर निष्पक्ष रूप से तुलना की जाय तो राजा सिंह जी आज की तारीख में काम में उदय जी से अठारह हैं, कम्प्यूटर में उन्नीस, चेहरे मोहरे, कद काठी में बाईस, उम्र में तेईस, जानकारी में बराबर लेकिन वक्तव्य में उदय जी इनसे बहुत आगे हैं, भले ही ये मृदुभाषी हों और उदय जी तल्ख, उदय जी का प्रस्तुतीकरण और शब्दकोश काफी अच्छा है, उसमें आजकल उदय जी असत्य भाषण भी शुरू कर चुके हैं। ये निष्पक्ष तुलना है लेकिन बात नायिका पर आकर ठहर जाती है, सवाल ये है कि इतने गुणों में उसकी पसन्द क्या है? नायिका का बौद्धिक स्तर तो खुद हमें ही नहीं पता, वह विदुषी भी हो सकती है और गोबर का चोथ भी, अब तक आप कुछ अन्दाज लगा पाये हों तो आप जानें।

राजा सिंह जी की पहली मुलाकात नायिका से नये साल वाले दिन हुई थी, हालाँकि नायिका उदय जी के पास आती जाती थी, पर उनसे सीधे बात तब ही हुई जब नायिका उनके सैल में बधाई देने आयी थी–

'हैप्पी न्यू ईयर सर।' उसने कहा।

'सेम टू यू, माई सैल्फ राजा सिंह, सीनियर क्लर्क यहाँ सभी मुझे राजा कहते हैं।' वे बोले।

'मैं मधु चौधरी जूनियर क्लर्क, वैसे राजा सिंह जी आप एन.पी.एस. में भर्ती हुए हैं?' नायिका ने राजा सिंह जी की खुद को राजा कहलवाने की सिफारिश पर अमल नहीं किया, क्योंकि उसके बहुत वो अर्थ निकलते हैं, सोचकर देखिये– 'वैसे राजा जी आप......'

'हाँ, आप भी?'

'जी, एक से दो हुए, अच्छा दोपहर को फंक्शन में मिलते हैं।'

दोपहर को फंक्शन हुआ, उदय जी छाये रहे, गीत, ग़ज़ल, व्यंग्य, चुटकले, कुल मिलाकर वन मैन शो, उदय जी को जमता देखकर राजा सिंह जी की इच्छा 'आज जाने की जिद ना करो, यूँ ही पहलू में बैठे रहो' गाने की हुई, जिसके लिए उनकी पत्नी उन्हें बहुत अच्छा गायक मानती है। लेकिन फिर अनिश्चितता की स्थिति में आ गये– 'उसने मेरे अलावा लाइव सुना किसे है? और मैंने भी उसके अलावा सुनाया किसे है? उदय जी तो हजारों के बीच परफॉर्म कर चुके हैं, नहीं नहीं भद पिट सकती है, मगर

गाता तो अच्छा हूँ, शुरुआत के लिए इससे छोटा मंच कहाँ मिलेगा? एक बार कन्फर्म कर लूँ।'

राजा सिंह जी उठकर पेशाबघर में गये और गुनगुनाने लगे—

'उहंहहह आज जाने की जिद ना करो, अह... यूँ ही पहलू में बैठे रहो।'

उन्हें लगा कि गला भर्रा रहा है, वे फिर शुरू हुए—

'आज जाने की जिद........'

'श्री हरि...श्री हरि...मूतने में काहे की जिद राजा, ये जिद विद वहाँ मंच पर करो, वो हरामखोर उदय जमा जा रहा है।' कौशिक जी जिप खींचते हुए बोले।

राजा सिंह जी भले ही उदय जी से स्पर्द्धा करते हों, लेकिन कौशिक जैसे बेवकूफ से उनकी बुराई नहीं सुन सकते।

'आपको क्या तकलीफ है उदय जी से? वो तो कलाकार हैं, मुझे तो उनसे बहस नहीं आपको है तो चढ़ जाइये मंच पर।'

'श्री हरि श्री हरि ये बामनों का धर्म नहीं है, भाँड मिरासियों का काम है।'

'तो मैं भी ठाकुर हूँ, मुझे क्यों भाँड मिरासी बना रहे हैं विप्र श्रेष्ठ।'

'नहीं तुम्हारी बात अलग है, जवान हो कुछ भी कर सकते हो, वो चरित्रहीन, नास्तिक तो महिलाओं को आकर्षित कर रहा है' कौशिक जी ने राजा सिंह जी को बरगलाकर उदय जी के सामने उतारने की कोशिश की यानी अपना टोल ठीक से न लगे तो गुच्चक ही खोद दें।

'आप करते रहिये चरित्र चित्रण मैं चला' राजा सिंह जी ने जिप बन्द की और वापस हॉल में आ गये।

कार्यक्रम समाप्त हो गया, खाना शुरू, उदय जी आज हीरो थे, अधिकारियों के साथ खा रहे थे, राजा सिंह जी ने प्लेट उठाई इधर-उधर देखा निगाह जिले सिंह मीणा जी से मिली।

'राजा प्लेट उठा चल खेल बिगाड़ते हैं।' मीणा जी बोले।

'खेल? किसका?'

'हाँ कौशिक का, देख, लौंडिया को कोने में ले जाकर खिला रहा है।'

'इसमें क्या खेल है? खाना ही तो खा रहे हैं।'

'अबे हमारी और कौशिक की उमर के बुझते चिरागों का खेल है तो इतने में ही हो जाता है, वहाँ चलकर देख कैसे कुड़कुड़ाता है कौशिक, चल यार।'

दोनों नायिका और कौशिक जी के नजदीक पहुँचे।

'अरे यार कौशिक यहाँ कोने में लगे हो, दफ़्तर की मुख्य धारा से अलग।' मीणा जी बोले।

'लगे.?....लगे कहाँ हैं, खाना खा रहे हैं, उधर भीड़भाड़ है इसलिए इ...ध ...र...' कौशिक जी ने चोर जुबान में बोला।

'घबराता क्यों है पंडत मैं भी वही कह रहा हूँ यहाँ कोने में खाने पर लगे हो, अब मधु मैडम को खाना खिला रहा है तो ठीक से खिला, देख प्लेट खाली है, मैडम क्या लाऊँ?'

'नहीं नहीं मैं नान लाता हूँ।' कौशिक जी ने मीणा जी के सम्भावित अंकों पर इरैजर घुमाया।

'मेरे लिए भी ले आना एक, राजा रसगुल्ला लेगा? दो रसगुल्ले भी ले आना।'

कौशिक जी ने घूरा।

'घूरता क्यों है पंडत? मैं ले आता हूँ पर एस.टी. का छुआ तुझे जमेगा नहीं।'

'नहीं नहीं मैं ले आता हूँ।' कौशिक जी चले गये।

'मीणा सर आप कौशिक अंकल का मजा ले रहे थे' नायिका बोली

'नहीं आरती गा रहा था, वैसे ये अंकल हैं तुम्हारे?'

'हाँ अंकल के परिचित हैं।'

'अच्छा? देखो तुम्हारे दादाजी के परिचित सिन्दल साब भी इधर ही आ रहे हैं।'

'अरे मीणा, राजा तुम यहाँ हो? मैं तुम्हें ही देख रहा था।' सिन्दल साब पास आकर बोले।

'हम नहीं दिखते तो तीन दिन खाना नहीं खाते।' राजा सिंह जी फुसफुसाये।

'क्या बोला राजा?'

'कुछ नहीं ये राजा कह रहा था सेम टू यू, आपके बिना इसे भी रसगुल्ला करेला लग रहा था, बेखुदी में दो बार चम्मच अपने मुँह के बजाय मेरे मुँह में डाल गया।' मीणा जी बोले।

सिन्दल साब ने मुँह बिसूरा फिर नायिका की ओर देखा।

'अरे मधु तुम भी यहाँ हो?'

'असल में ये ही यहाँ हैं, हम तो एक के साथ दो फ्री वाली स्कीम में हैं' राजा सिंह जी फुसफुसाये।

'क्या बोला बे?'

'कुछ नहीं, ये कह रहा है कि मधु राजा सिंह के पीछे थी, अब छह फुट के पीछे पाँच फुट नहीं दिखता ना।' मीणा जी बोले।

सिन्दल साब ने घायल मुस्कान छोड़ी।

'अरे मधु तुम्हारी प्लेट तो खाली है, कुछ मँगाऊँ?'

'दूसरी शिफ्ट में, पहली तो फुल है।' राजा सिंह जी फुसफुसाये।

'तू फिर कुछ बोला?'

'अरे नहीं सर ये कह रहा है कौशिक गया है लेने, देखिये आ गया।' मीणा जी बोले।

'वैसे आप भी उस्ताद हैं राजा सिंह जी, धीरे-धीरे सरकाते हैं।' नायिका ने राजा

सिंह जी से कहा।

'उस हरामखोर उदय का चेला है।' सिन्दल साब कुड़कुड़ाये।

'नहीं सर उदय सर तो ग्रेट हैं, आज तो समाँ बाँध दिया।'

'अरे क्या है ये? भाँड मिरासियों वाले काम हैं, ब्राह्मणों को शोभा नहीं देता, गाने को अपना राजा सिंह भी अच्छा गा लेता है पर इस तरह जगह-जगह......व्यक्ति का चरित्र.......' कौशिक जी ने आपत्ति जताई।

'आप तो अंकल चरित्र-चरित्र करते रहते हैं बस....' नायिका ने लगभग डाँटा।

'नहीं मेरा मतलब......पर तुम कहती हो तो ....ठीक.....' वे चुप हो गये।

'हाँ राजा सिंह जी अंकल कह रहे हैं कि आप अच्छा गाते हैं?'

'उदय भाई जितना परफार्मर तो नहीं, वे तो प्रोफेशनल हैं और गद्य पढ़ते हैं या गीत, सुर में तो वे भी नहीं गाते, हाँ बाथरूम सिंगर तो हम भी हैं।' राजा सिंह जी ने उदय जी के प्रति नायिका के झुकाव को देखते हुए पंगा नहीं लिया, वैसे भी राजा सिंह जी का इरादा फिलहाल मंच के मसले पर उदय जी से स्पर्द्धा का नहीं था।

'अरे हमें क्या पता था? अपना राजा भी गा लेता है वरना गवा देते, इस साले उदय का भरम तो टूटता।' सिन्दल साब ने राजा सिंह जी की मार्फत उदय जी को पटकने का प्रयास किया।

'यहीं सुनवा दीजिए सर।' नायिका ने इसरार किया।

'अरे खाना तो खाने दो, वरना मुँह से सुर की जगह दाल चावल निकलेंगे।' मीणा जी बोले।

राजा सिंह जी ने खाना खाया, हाथ धोये फिर सोचा एक बार रियाज कर लिया जाय, वे फिर पेशाबघर की ओर बढ़ लिए। जिप खोल कर सुर लगाया—

'उहंहहह आज जाने की जिद ना करो, अह... यूँ ही पहलू में बैठे रहो'

लगा गले में कुछ खरास है, कफ भी अटक रहा है वे फिर शुरू हुए—

'अ...ह... आज जाने की जिद...'

'अरे राजा ये रियाज के लिए सही जगह नहीं, मैं तो पाखाने में लिखता हूँ और बाथरूम में पाठ करता हूँ, फिर ये सुर की चीजें हैं, कितना भी मेहनत करो वश में नहीं आ सकतीं। अगर किसी को भी इम्प्रेस करना है तो सबसे बढ़िया आयटम ह.... हू....वाला है, उसमें मेहनत की जरूरत भी नहीं।' उदय जी वहाँ पहले से मौजूद थे।

'म...म...मैं उसे इम्प्रेस नहीं कर रहा।'

'अच्छी बात है, पर अगर करना ही हो तो तुम्हारे पास अच्छी बॉडी है, सूरत है, साहित्यिक ज्ञान है, जनरल नॉलेज है, अंग्रेजी की हिन्दी भी कर सकते हो, कम्प्यूटर में भी ठीक हाथ चला लेते हो, लेकिन स्टेज परफारमेन्स तुम्हारी योग्यताओं में नहीं।'

'अरे उदय भाई आप भी? आपने मेरी बीवी को देखा है?'

'मैंने तो अपनी देखी है, सिन्दल साब की भी, अब तुम्हारी को कैसे देखूँ भाई,

हमारी तो बहू है, परदे वरदे का चक्कर है।'

'ठीक है, वो मेरी बीवी के पाँव के बराबर है।'

'तो? कई बार मुहब्बत में बीवी के पाँव भी चूम लेता है इनसान, वैसे तुम बात किसकी कर रहे हो? कौन तुम्हारी बीवी के पाँव बराबर है?'

'उदय भाई.........' राजा सिंह जी ने पाँव पटके।

'वाह भइया गुस्सा गये, तुम करो तो लीला हम करें तो चरित्र ढीला, जब तुम सब मिलकर हमारी ऐसी तैसी फेरते हो तो कुछ नहीं, वो मेरे दिल को कुचल करके गुजर जाते हैं, मैंने कन्धा भी दबाया तो बुरा मान गये।'

बस यहीं राजा सिंह जी को लगा कि उदय जी अति आत्मविश्वासी हैं कुछ करना होगा, फिर अन्त तब ही करेंगे जब खुद उदय भाई गुरु दक्षिणा माँगेंगे।

कुछ दिन बाद नायिका राजा सिंह जी के सेक्शन में आयी और निगाहों से खोजबीन कर सिन्दल साब की ओर मुखातिब हुई

'गुड मार्निंग सर, ये उदय सर नहीं दिख रहे, आये नहीं क्या?'

'नमस्ते, आओ बैठो, वो तो लखटकिया बना फिरता है, अफसरों के मुँह लगा है सो घूमता रहता है, पता नहीं लोगों को भी क्या दिखता है उसमें? वहीं कहीं रेवती वगैरा के पास होगा।'

'नहीं सर मैं वहीं से आ रही हूँ।' वह बैठती हुई बोली।

'चाय लोगी।'

'नहीं सर, बहुत जरूरी काम है, मॉनीटर बन्द हो गया।'

राजा सिंह जी ने सुना ' मॉनीटर बन्द हो गया' मतलब 'सम चान्स इज देयर' उन्होंने खुद को मॉनीटर बनाया।

'वो सर उदय भाई की बेटी बीमार है, हॉस्पिटल गये हैं।' राजा सिंह जी बोले।

'लो अपने राजा को लोग भूल ही जाते हैं, कम नहीं है किसी भी तरह उदय से, जानकारी में कम्प्यूटर में।' सिन्दल साब ने उदय जी की पतंग के धागे में कुटकी मारी।

'नहीं सर, उदय भाई तो उदयभाई हैं, उनमें हिम्मत ग़ज़ब है, भले ही इक्विपमेंट के बारे में कुछ न जानें पर पेंचकस पहली फुर्सत में चलाते हैं, हिम्मते मर्दां मदद ए खुदा ठीक भी कर लेते हैं, कल तो छोटे साब की मैडम का हेयर ड्रायर ठीक होने आया था दफ़्तर में।' राजा सिंह जी ने अर्धसत्य बोला वे जानते हैं कि कल जो हेयर ड्रायर आया था ठीक होने के लिए नहीं बल्कि साहब के कम्प्यूटर का मॉस्चर सुखाने के लिए आया था, हाँ हेयर ड्रायर था मैडम का ही।

'देखा? एक ये है एक वो, ये कितनी इज्जत करता है सीनियर्स की और वो तो सिर्फ अफसरों की चमचई करता है, उनकी बाइयों के हेयर ड्रायर ठीक करता है, हम पर चढ़ता है, करने को अपना राजा भी कोई कम नहीं, राजा जरा देख लेना मधु का मॉनीटर।'

नायिका ने आशापूर्ण नेत्रों से देखा।

'अब सर उदय भाई जितना तो नहीं, पर कोशिश तो कर ही सकता हूँ।' राजा सिंह जी का आत्मविश्वास डगमगाया।

'देखा इसे कहते हैं आदमी, जा राजा जा।'

'यस सर' राजा सिंह जी ने नवेली वधू की तरह लजाते हुए कहा बस मुँह से 'जी मम्मी जी' निकलना बाकी बचा था।

राजा सिंह जी नायिका के साथ चले गये, मीणा जी, भार्गव जी से बोले—

'भार्गव भाई अपनी भीत गिरे गिर जाये पर पड़ोसी की भैंस जरूर मरे।'

'क्या बोला बे मीणा।' सिन्दल साब ने कहा।

'कुछ नहीं साब महेन्द्र कपूर मर गये आज उठावनी है।'

'ऐसी की तैसी महेन्द्र कपूर की मुझसे क्या मतलब?'

'नहीं साब अच्छा गायक था, क्या गाता था तेरे प्यार का आसरा चाहता हूँ, वफा कर रहा हूँ नफा चाहता हूँ।'

'अबे मीणा नफा नहीं वफा, वफा चाहता हूँ।' भार्गव जी बोले।

'क्या यार भार्गव जी, अब हमारी उमर पर तो नफा ही वफा होता है, वफा में भी नफा ही दिखता है, अब ठेकेदार हिसाब न करके जाये तो बेवफा कहलाता है कि नहीं, क्यों सिन्दल साब?'

'मुझे नहीं पता।'

'नहीं पता तो ठीक है, भार्गव जी अपने सिन्दल साब उस किस्म के नहीं हैं।'

'देख बे मीणा......'

उधर राजा सिंह जी नायिका के साथ उसकी सीट पर पहुँचे।

'हूँ, मॉनीटर गड़बड़ है, किसी दूसरे सी.पी.यू. पर लगाकर देखते हैं'

'उससे ठीक हो जायेगा?' उसने आश्चर्य प्रकट किया।

'शायद।'

शायद राजा सिंह जी ने इसलिए बोला था कि खुद तीन दिन पहले उन्होंने उदय जी को ऐसा करते हुए देखकर इसी तरह आश्चर्य प्रकट किया था, तब उदय जी ने कहा था 'देख राजा अपनी सात पीढ़ी में किसी ने हार्डवेयर का कोर्स नहीं किया, अपन तो मिस्त्रियों को करते देखकर प्रेक्टिकल करते हैं, ठीक हो जाय तो ठीक, न हो तो अपने बाप का क्या जा रहा है।' अब राजा सिंह जी के सारे विकल्प खुले थे 'ठीक हो जाय तो ठीक न हो तो बहुत ठीक, ठीकरा फोड़ने को उदयभाई हैं ही।'

कम्प्यूटर ठीक हो गया, नायिका ने प्रशंसनीय नेत्रों से देखा।

'आप भी वाकई कम नहीं हैं, मैं तो होपलैस थी, बहुत काम था।'

'अरे नहीं ये तो मामूली.....'

'आपके लिए होगा, पर वाकई समझ न आया दूसरे पी.सी. पर लगाने से कैसे...'

राजा सिंह जी हड़बड़ाये पर सँभले।

'बिजनिस सीक्रेट मैडम।'

'हाँ ऐसे ही उदय सर कहते हैं, सॉफ्टवेयर पर ध्यान दो मधु हार्डवेयर हम जैसे हार्ड लोगों के लिए रहने दो।'

'उदय भाई का तो जवाब नहीं, खास तौर पर उनकी उम्र को देखते हुए, उनकी उम्र के लोग तो माउस पकड़ने में डरते हैं जैसे मीणा जी, भार्गव जी वगैरा।'

'उम्र?'

'हाँ तैंतालीस के हैं शायद' शायद राजा सिंह जी ने इसलिए लगाया था कि वो जानते थे कि उदय जी इकतालीस के ही हैं

'बाप रे मैं तो चौंतीस-पैंतीस समझती थी।'

'कहाँ उनकी बेटी ही छठवीं-सातवीं में पढ़ती है।' राजा सिंह जी जानते हैं कि वह छठवीं में ही पढ़ती है।

'अच्छा?'

'फिर? वक्त से शादी हुई होती तो अठारह-उन्नीस की होती।'

'मगर मेन्टेन किये हैं, बाल काले हैं, उड़े भी नहीं अभी।'

'वो तो हैरिडिटी है, हमारे यहाँ तो पैंतीस तक कई लोग फुल गंजे हो जाते हैं।' कहकर राजा सिंह जी ने उड़ते हुए बालों पर हाथ फेरा, मानो इस क्रिया से रुक सकते हों।

'खैर चाय पीकर जाइयेगा।'

'नहीं बहुत काम है।' इससे पहले कि नायिका उनके इक्का दुक्का सफेद बाल को झाँकती राजा सिंह जी बालों पर हाथ फेरते निकल लिए।

ये राजा सिंह जी का प्रथम प्रतिभा प्रदर्शन था, जो उदय जी की गैर मौजूदगी में वे कर पाये थे लेकिन इसके बाद उन्हें उदय जी की उपस्थिति में भी तीस प्रतिशत अवसर मिलने लगा। अनुभवी उदय जी समझ गये लड़का कम्पटीशन में आ गया। अब उदय जी नायिका के अलावा आने वाले हर जरूरत मन्द से चिल्लाकर कहते।

'भइया अब तो पीछा छोड़ो मैंने नया चेला तैयार कर दिया है, मुझसे भी अच्छा।'

राजा सिंह जी साँप-छछूँदर की हालत में होते हाँ करें तो बेगार और ना करें तो अनुभवी उदय जी का क्या भरोसा? किसी दिन नायिका को ही ना कहलवा दें, राजा सिंह जी कुड़कुड़ाते।

'अपना काम ही बहुत है उदय भाई।'

'तेरा हम निपटवा देंगे राजा, जा राजा वृक्ष कबहुँ नहीं फल भखें।'

राजा सिंह जी लौटकर आते तो उदय जी सीट से गायब मिलते, सिन्दल साब जोश भरने के लिए कहते—

'देखा कितना कमीना है, तुझे बेगार में फँसाकर वहाँ मजे ले रहा है, लौंडिया की बगल में।'

राजा सिंह जी गुस्से को प्रकट नहीं करते--

'मुझे क्या मतलब? वो कुछ भी करें उनका ईमान।'

'नहीं बात ईमान की नहीं हैं राजा पर मेरा मतलब है, तुझ जैसे काबिल आदमी के होते वो साला....'

'आप मुझे कम्पटीशन में क्यों उतार रहे हैं सर, वो कहाँ लगती है, शक्ल न सूरत फिर लायल्टी भी कुछ होती है, आपने मेरी......'

राजा सिंह जी कहना चाहते थे 'आपने मेरी बीवी को देखा है?' पर नहीं कहा क्योंकि सिन्दल साब के सामने पत्नी की सुन्दरता का विवरण सिन्दल साब के पूर्व इतिहास के कारण किसी अनयूज्वल को आमन्त्रण देना था।

'तुम्हारी क्या?.......' सिन्दल साब वहाँ तक पहुँच चुके थे जहाँ राजा सिंह जी उन्हें नहीं ले जाना चाहते थे।

'मेरा मतलब था आपने मेरी पसन्द क्या समझी है सर, वो उदय भाई जैसे ढलती उम्र वालों के लिए ठीक होगी, फिर मैं अपनी पत्नी से प्रेम करता हूँ।'

'बिल्कुल सही हम वफादार न होंगे तो बीवी कैसे हो जायेगी, हम तो यहाँ दफ़्तर में चार लोगों के सामने हैं वो तो वहाँ अकेली...'

राजा सिंह जी पहले ही गुस्से में थे इधर सिन्दल साब उनसे अजीब-अजीब चित्र बनवाने लगे, फिर भी राजा ठाकुर ने नियन्त्रण किया–

'अब छोड़िये सर, मुझे काम करना है।'

सिन्दल साब के बनवाये विकृत चित्र ने तीन दिन तो राजा सिंह जी को परेशान किया, सोचा ये वाकई ठीक नहीं, या कुछ ऐसा भी था कि नायिका तीन दिन बाद ही उनसे मदद माँगने आयी थी, नायिका को दूर से आता देख राजा सिंह जी ने सिन्दल साब के बनवाये चित्र को फाड़ा और जेब से चाभी का छल्ला निकाल कर टेबल पर रख दिया, काफी सोच विचार के बाद उन्होंने चाभी के छल्ले को हथियार बनाने का निश्चय किया था। इसका मुख्य कारण था कि पत्नी से प्रेम करने वाले विवाहित लोग महिलाओं की पहली पसन्द होते हैं उसकी भी दो वजह हैं पहली ये कि जो पत्नी से प्रेम करता है प्रेमिका से भी करेगा, दूसरी स्त्रैण स्वाभाविकता ये कि उसमें ऐसी क्या खूबी है जो मुझमें नहीं।

'राजा सिंह जी कुछ काम था।'

'बताइये।'

'यहाँ नहीं सीट पर, अरे आपका की रिंग तो अच्छा है।'

'चन्दन का है।'

'इस पर कुछ लिखा है दिखाइये तो।'

'नहीं रहने दो।' राजा सिंह जी ने छल्ले को जेब में रखा।

'क्यों कुछ गलत लिखा है?'

'नहीं पर आपके मतलब का नहीं।'

'आपकी मर्जी पर आपस में इस तरह नहीं करते।'

'ठीक है पर यहाँ नहीं, तुम्हारी सीट पर चलते हैं।' राजा सिंह जी फुसफुसाये।

नायिका की सीट पर पहुँचकर राजा सिंह जी ने पहली फुर्सत में उसका काम किया फिर छल्ला निकाला–

'लो।'

'नो लाइफ विद आउट वाइफ, ये तो अच्छी बात है, इसमें क्या छिपाना?'

'नहीं पर बाज लोग इसका मजाक उड़ाते हैं।'

'बेवकूफ हैं वो।'

'ऐसा न कहो, उदय भाई सबसे ज्यादा उड़ाते हैं।'

'अरे नहीं? क्या कहते हैं?'

'कहते हैं कि एकाध साल तक आदमी इस सूक्ति को जीता है, दो साल तक मर्जी से कहता है, तीन साल बाद मजबूरी में कहता है, चार साल बाद जबरन कहलवाया जाता है, पाँच साल बाद तो आदमी खूँटा ही उखाड़ देता है– हद हो गयी, क्या बवाल है यार? कितना लव यू बोलें? इससे तो पहले ही भले थे।'

'अरे नहीं? मैं तो उन्हें मैच्योर्ड समझती थी।'

'मैच्योर्ड तो हैं, तैंतालीस के हैं।' अब राजा सिंह जी ने कन्फर्म कर दिया।

'वो नहीं स्टेटमेंट वाइज।'

'स्टेटमेंट छोड़ो ऐसे-ऐसे स्टेटमेंट हैं कि पूछो मत, कहते हैं हर आदमी के अन्दर खुद जैसी एक औरत होती है और हर औरत के अन्दर एक आदमी, इसलिए न एक मर्द एक औरत से सन्तुष्ट रहता है न एक औरत एक मर्द से, हो सकता है वो ठीक हों अपनी जगह, पर ये सिर्फ साहित्यिक बातें हैं प्रैक्टिकेबल नहीं।'

'अजी काहे का साहित्य? जो प्रैक्टिकेबल न हो, मैं तो इसीलिए साहित्य फाहित्य नहीं पढ़ती इससे तो डिश पर फिल्म देख लो।'

'तुमने भाभी को देखा है?'

'भाभी माने उनकी या...'

'उनकी ही, उनकी ही...' राजा सिंह जी ने नायिका को अपनी तक आने ही नहीं दिया

'मैं कैसे...?'

'मैंने देखा है, भइया जी साथ चलें तो बॉडी गार्ड से ज्यादा न लगें।'

'अच्छा?'

'फिर भी महिलाओं में ही घिरे रहते हैं वहाँ कवि सम्मेलनों में भी यहाँ दफ़्तर में भी।'

'मगर काम होगा तो पूछना तो पड़ता है, अब किसी को क्या पता कि किसके दिल में क्या है।' नायिका ने खुद को सेफ किया।

'म...म...मैं तुम्हारे लिए नहीं, जनरल बात....'

'शुक्रिया आपने बता दिया।'

'अरे नहीं मेरा फर्ज है, अब ये लोग तो दो-चार साल में निकल लेंगे फिर हमें ही साथ में रहना है।'

'हाँ वो तो है, पर आपकी वाइफ कैसी हैं?'

'बढ़िया है' राजा सिंह जी फ्लो में बोले।

'नहीं मेरा मतलब उदय सर की से अच्छी या........'

'अब मेरा मतलब .....ठीक....अच्छी.....मैं कैसे कम्पेयर......कभी मिलो तो..... चलता हूँ।'

राजा सिंह जी के जाने के बाद नायिका मुस्करायी।

'राधे दो चाय लाना और उदय सर को इधर भेज देना।'

सीट पर पहुँचते तक राजा सिंह जी समझ गये लड़की समझदार है, पहले से है या किसी ने बनाया दीगर बात है, पर हालिया सच ये है कि वो समझदार है, या हो सकता है उसकी पसन्द वाकई कलाकार हो, इसलिए एक बार उसके सामने परफॉर्म जरूर करेंगे, राजा सिंह ज़ी सीट पर आये और गुनगुनाने लगे–

'उहंहहह आज जाने की जिद ना करो, अह... यूँ ही पहलू में बैठे रहो'

# भीखा खचेरू

इस चरित्र को प्रत्याशी ही कहा जा सकता है। प्रत्याशी? इतने सारे नायकों के बीच प्रत्याशी? जी हाँ प्रत्याशी नायकों से जुदा होता है इसमें नायकों जैसी खूबी नहीं होती, अपनी असफलता को पहले से जानकर भी लाइन में लगने वाला शख्श प्रत्याशी होता है, बस धरती पकड़ की तरह जमानत जमा करो पर्चा भरो और दंड पेलो। अब आप कहेंगे बिना आशा के काहे का प्रत्याशी? जी हाँ इन प्रत्याशियों को बल देती है शबनम मौसी, करम की लागन जीत खुद ही पल्ले पड़ जाय बस। यही है हमारा प्रत्याशी, भीखा खचेरू, उम्र तैंतालीस, काम चपरासी, रंग घोर क्या अघोर काला, वाक् पटु, चतुर, हाजिर जवाब, बेहतरीन आयी क्यू, उदय जी का पसन्दीदा चपरासी, पुराण और धार्मिक कथाओं के साथ बुंदेलखंडी कवि ईसुरी का चलता फिरता एनसाइक्लोपीडिया, शायद ही कोई पौराणिक आख्यान हो जो भीखा को न पता हो, शायद ही ईसुरी का कोई कवित्त हो जो भीखा को न याद हो, शायद ही कोई प्रश्न हो जिसका जवाब भीखा न दे सके ये अलग बात है कि भीखा अपने वक्त या हैसियत के मद्देनजर जवाब न दे। भीखा खचेरू......इसमें उसका नाम सिर्फ भीखा है, खचेरू उसका सरनेम भी नहीं है, उसके बाप का नाम है, ये इस विभाग की प्रथा है भले ही ये प्रथा अंग्रेजों ने ब्लडी इंडियन्स की पहचान के लिए बनाई हो जिससे हिन्दुस्तानी अपने एक बाप के नाम पर कायम रहें, बाप बदलने की आजादी तो अंग्रेजों को ही थी। आज भले अंग्रेज न हों पर क्लास आज भी कायम हैं, भले ही गाँधी और अम्बेडकर जन्मगत वर्ण व्यवस्था खत्म कर गये हों पर ये कर्मगत वर्ण के रूप में आज भी कायम है। क्लास वन ब्राह्मण, क्लास टू क्षत्रिय, क्लास थ्री वैश्य और हमारा बेचारा भीखा...... चाहे जन्म से ले लो चाहे कर्म से भीखा चौथे पायदान पर खड़ा है, इसलिए जरूरी है कि वो अपने साथ अपने बाप का नाम लगाये, उसके पुरखे पिछली व्यवस्था में अपने नसीब को खोजते और कोसते हुए मरे वो नयी व्यवस्था में अपने नसीब को खोजता और कोसता हुआ जी रहा है। उसकी छोटी जाति, अघोर काले रंग, छोटे पद के बावजूद दफ़्तर में अकेले उदय जी हैं जो उसे वाकई प्यार और सम्मान देते हैं। उदय जी भले बड़बोले हों पर चार आदमियों के बीच गर्व से कहते हैं– 'मैं अपने बौद्धिक स्तर के आसपास चार-पाँच लोगों को पाता हूँ जिसमें भीखा भी एक है' भीखा भी उदय जी के इस

अहसान को नहीं भूलता, गाहे बगाहे लोगों को छीलते रहने वाला भीखा उदय जी की पुकार पर दस-बीस रुपये की कुर्बानी करने में नहीं हिचकिचाता–

'मिथ्या नहीं कबी की बानी जिव्हा रहत भवानी, उदय बाबू कौ काम पहलै करनैं, धर लेओ अपने बीस रूपइया'

भीखा की निगाह बहुत तेज है, बिना भीखा की निगाह में आये दफ़्तर से लेकर गैंगचाल, टाइप टू क्वार्टर्स से लेकर अफसर कॉलोनी तक कुछ भी यूज्चल या अनयूज्चल नहीं हो सकता। बड़े इंजीनियर निगम साब किस कोच में किस महिला को छेड़ने के बाद, किस सीट के नीचे कितनी देर तक छिपे थे, त्यागी साब ने अग्रवाल साब को लेकर अपनी बाई जी को किस तरह कूटा था, कोहली साब की बाई जी ने करवा चौथ के दिन निर्जला व्रत रखकर खेड़े साब को रात के कितने बजे किस दरवाजे से बुलाया था और किस खिड़की से भगाया था या बड़े बाबू गुप्ताजी ने सावित्री मैडम को कौन किताब पढ़ने को दी थी जिसके पारायण के बाद अगले दिन चार पुंगों ने गुप्ता जी के चेहरे पर गज़ब मीनाकारी की थी सब भीखा की हार्ड डिस्क में फीड है। इसीलिए उदय जी ने उसका नाम भीखा खचेरू के बजाय भीखा अब्दुल रख दिया है। भीखा दिन में सोलह घंटे की ड्यूटी बड़े साब के लिए बजाता है, पिछले पच्चीस सालों से परिवार को गाँव में छोड़कर यहाँ अकेला रहता है। वो यहाँ परिवार के साथ भी रह सकता है लेकिन गाँव की डेढ़ बीघा जमीन उसे गाँव नहीं छोड़ने देती, दूसरा ये भी है कि यहाँ वो हमेशा चपरासी ही कहलायेगा, जबकि वहाँ गाँव में अपनी मेहनत के चलते उसने परिवार को वहाँ पहुँचा दिया जहाँ उसके पूर्वजों ने सोचा भी न था, बेटा एम.बी.ए. कर रहा है, भाई को पटवारी बना दिया और गये साल तो उसकी बीवी प्रधान बनते-बनते रह गयी कुल सात वोट से। ये सब भीखा की मेहनत का नतीजा है। भीखा हर दो तारीख को गाँव जाता है और अपनी पूरी तनखा अपनी प्रधाननी के हाथ पर रखकर पिछले महीने का हिसाब भी चैक कर लेता है, फिर भले ही यहाँ का खर्चा चलाने के लिए बीस बाबुओं को टोपी पहनाये, दस ठेकेदारों को राम राम करे या फर्जी टी.ए. के लिए बड़े साब के पाँव दबाये। कुल मिलाकर जो सपने उसने देखे थे उनमें थोड़ी सी ही कसर है।

जैसा कि बताया गया है कि भीखा महीने में एक बार ही गाँव जाता है तो हमारे हिसाब से भीखा को हक है कि वो प्रेम या प्रेमोन्मुख गतिविधियों में हिस्सा ले सके आखिर परिवार से दूर वो परिवार के लिए ही तो है, फिर भीखा सिर्फ भीखा है सुकरात तो नहीं कि जिन्दगी में एक बार........पर भीखा सामाजिक वर्जनाओं को जानता है, उदय जी के उकसाने पर कहता है–

'अरे महाराज पेड़ा पेड़ा कहबे ते मोंह मीठौ नाय होवै।'

पर निगाहबीनी से बाज नहीं आता तो उदय जी कहते हैं–

'भीखा जब मुँह मीठा नहीं होना तो लार काहे टपकाना?'

तब उसका जवाब होता है—

'महाराज मन तौ मीठौ है जावै।'

भीखा जानता है कि वर्ण व्यवस्था है तो है और उसे इन्हीं वर्जनाओं में जीना है, अर्थात प्रथम वर्ण यानी क्लास वन को अधिकार है कि वह चार वर्णों से नैतिक-अनैतिक कैसे भी सम्बन्ध राजी बराजी कुराजी रख सके, क्लास टू तीन, क्लास थ्री दो, क्लास फोर? फोर टू फोर ओनली, यानी क्लास फोर के मर्द को अधिकार नहीं है कि वह उच्च वर्णों की महिला कर्मचारी या उनकी पालित महिलाओं को ताक भी सके अन्यथा द्विजेतर वर्ण के लिए पेड़ा खाना या खाने के प्रयास का हश्र चौपाल पर फाँसी वाला ही होता है। लेकिन मन का कोई क्या करे? पहले पेड़े से मन मीठा होता है लब्धता की सम्भावनाएँ बढ़ती हैं तब मुँह में रखने की इच्छा भी जोर मारती है फिर चाहे टॉट पर चौराहा बने, गधे पर सवारी निकले या चौराहे पर फाँसी हो। फिर भी हमें भीखा से हमदर्दी है कि अगर पेड़ा न मिले तो बासी जलेबी या आटे का हलवा खा सके पर भाई जी ये आगरा है यहाँ घास भी मंडी में बिकती है अब जलेबी या हलवा? पर भीखा भीखा है दूसरे की जेब पर या धौंस धपाड़ में कई बार वो जलेबी और हलवा उड़ा चुका है, पर पेड़े की ओर कभी भागा भी नहीं।

नायिका जब दफ़्तर में आयी भीखा ने देखा तक नहीं ये भी सच है लेकिन जब कौशिक जी को लाइन में लगे पाया तो भीखा का मन भी मीठा होने लगा, जैसा कि ज्ञात है भीखा ने प्रयास किया और कौशिक जी को मय लिम्का रंगे हाथों दबोच लिया। उसके बाद अगले दिन नायिका पर अपने चिर-परिचित धौंस धपाड़ हथियार का प्रयोग करने का निश्चय किया। लेकिन जब अगले दिन उसने नायिका को उदय जी से बीस मिनट तक बातें करते देखा तो मन में शंका हुई—

'जो कबी महाराज तौ हमते आयी लब यू कहत थे, अब लगे हैं मौड़ी खों भरमाइवे, नहीं .......उदय बाबू तौ भले आदमी हैं...... जा बिजूका कौशिक ते तौ निपट लें....... पर उदय बाबू तो ईसुरी महाराज के कुनबा बारे हैं।'

नायिका के जाने के बाद भीखा उदय जी के पास पहुँचा और वार्तालाप के बाद सन्तुष्ट होकर टहलता हुआ नायिका के पास जा पहुँचा—

'मैडम राम राम।'

'नमस्ते भीखा कैसे हो?'

'बढ़िया, कल तौ खूब लिम्का चल्लई पलेट फारम पै।' वह फुसफुसाया।

'तुम्हें नहीं मिली?' वह सामान्य स्वर में बोली।

'कहाँ? रुपइया चार निकरे कौशिक जी पै।' नायिका के सामान्य स्वर ने भीखा को निराश कर दिया।

'मगर मुझसे तो कह रहे थे...'

'झूठा बामन है, पितर कौ भोज इन्हें कराय देओ तौ पुरखा बिना टिकट नरक में पहुँचे।'

'अच्छा? ये लो पी लेना।' उसने हँसते हुए पर्स खोला।

'रहन देओ मैडम, अबहि नौकरी करौ, कमाई फमाई है जाय तबहि बख्शीश बाँटियो।'

'अरे नहीं तुमने पहली बार...'

'का पहली बार? चार हजार क्लास फोर है डिपार्ट में दस-दस ते चालीस हजार भये, बुरौ मत मानियो मैडम तुमन ते पोस्ट में छोटे हैं पर तनखा ज्यादा बनै।'

भीखा ने अपनी योग्यता बताई, जो कि सही भी था आखिर वो नयी क्लर्क थी भीखा पुराना चपरासी।

'तुम्हारी मर्जी' वह बोली।

तभी एक नया ठेकेदार वहाँ आया।

'मैडम जोन चार का टेंडर चाहिए।'

'कितेक कौ है मैडम?' भीखा ने पूछा।

'डेढ़ हजार।'

'ठेकेदार जी दो हजार निकाल लेओ।' भीखा बोला।

'मगर पाँच सौ किस बात के?' ठेकेदार बोला।

'पइसा स्टेशन पै जमा होगौ।'

'हम कर लेंगे।'

'यार ठेकेदार हो कि भड़भूजा? दस लाख कौ ठेका पाँच सौ कौ रोनौ? ठीक है लग लेओ लाइन में, फिर फारम पै मैडम तुम्हारौ नाम शर्मा की जगह वर्मा लिख देय, मिल जायगौ ठेका? सिडूल गल्त लगाय देय मिल जायगौ काम?'

'हम शिकायत......'

'तीन सौ तेरह करियो, मैडम जवाब दे देयगी, पर तुम्हारौ टेंडर तौ कैंसल, भइया घर ते जब बड़े साब और छोटे साब सब कौ खर्चा लगाय कै निकरे तौ बाबू कूँ पाँच सौ देवे में क्यों मरे जाय रये?'

'अरे लो यार।' उसने दो हजार भीखा को दिये।

'हओ दो बजे आ जइयो।'

ठेकेदार चला गया।

'लेओ मैडम, बीस राधे कूँ दइयो बाकी रख लियो।'

'मगर पाँच सौ?'

'फिर? बड़ी कुत्ती कौम ठेकेदार की, वसूलने परैं।'

'मगर मैंने कभी नहीं माँगे, कुछ लोग दे जाते थे अपने आप सौ पचास।'

'तौ माँगो।'

'भीखा तुम बहुत होशियार हो।'

'अरे मैडम हमारे संगै रहो तौ ऐसै ही कमाऔ, कौशिक जी के संग में हरामखोरी मिलैगी, उदय बाबू के संग हरीचंद पनौ।'

'मगर उदय सर तो बहुत अच्छे है।'

'बुरे हम कब कह रये, पर मैडम बुढ़ापे में औलाद पूछै कि बब्बा का छोरे हमारे लानें? तौ की जवाब बब्बा के पास? हमें देख रईं भइया पटवारी बनाय दओ, हमारौ मौड़ा एम.बी.ए.करि रओ, घरवारी प्रधान बनत ते रह गयी कुल सात वोट ते, हमें छुट्‌टी नाय मिली, नईं बनाय ही देते, ओ हिसाब ते उदय जी कौ मौड़ा कलक्टर बनौ चानैं, बना पायेंगे?'

'अच्छा ये आधे तुम रख लो।'

'जो तुम्हारौ हक है मैडम रखौ, हमारे लानें तौ बीस मुर्गा।'

'अच्छा लिम्का तो पी लो, बख्शीश नहीं है।'

'बख्शीश नायं तो संगै पीयेंगे, लाओ बीस, लै कै आय रये।'

भीखा ठंडा पीकर ठंडा हो लौट आया, पर नायिका ने पीछे मुड़कर नहीं देखा और महीने भर में हालत ये कि ठेकेदार यूनियन ने खुद दो सौ रुपये प्रति टेंडर नायिका के लिए कब निर्धारित कर दिया, भीखा को पता ही न चला, यूँ भीखा बेनागा नायिका के पास जाता था पर करीब दो महीने बाद एक दिन जब वह नायिका के पास पहुँचा तो नायिका के दोनों ओर ठेकेदार बैठे थे, भीखा को बुरा तो लगा पर ठेकेदार पुराने थे, वरना उसकी इच्छा हुई कि कह दे—

'चलो उठो सामने ते आओ, बब्बा कौ नौहरौ है जा दफ़्तर? चाहे जहाँ बैठ गये।'

'मैडम राम राम।' उसने कहा।

'नमस्ते भीखा, तुम अच्छे आये, एक काम कर दोगे?'

'चार बताओ मैडम।'

'अरे ये ठेकेदार लोग बैठे हैं, कुछ ठंडा वंडा पिलवा दो, सिशौदिया जी पचास का नोट दो भीखा को, भीखा चालीस की बोतल आयेगी, दस तुम रख लेना।'

भीखा को काटो तो खून नहीं—

'हमनैं सिखाई हमननैं सिखावै।'

पर बेचारा भीखा वर्ण व्यवस्था का शिकार, क्या करता? एक बार उसके वर्ण ने उसे फिर नीचा दिखा दिया।

'अरे मैडम, साब की घंटी बज गयी, राधे आय रओ दस रुपया में तीन पोत लै आवैगो, कम परैं तो बताय दियो हम दै देंगे बाखों।' वह बोला।

'अरे भीखा तुम नाराज...'

'नईं मैडम हमारो काम है, क्लास फोर चेम्बर में तौ नईं बैठनै, लिम्का सिम्का ही पिलानैं, हमारे बड़े भाग आपने दस रुपया की सोची।'

भीखा सालों बाद आज इमोशनल हुआ था, वह चला आया, राजा सिंह जी और उदय जी के नजदीक से गुजरते हुए धीमे से फुसफुसाया—

'जा मौड़ी तो चोखी स्यानी है गयी भाई, बचकैं रहियो।'

राजा सिंह जी ने सुना—

'क्या हुआ भीखा किस लड़की से बचके रहना है?'

'भइया की बात, स्त्री ते बचकैं ही रहनैं चाहें कोऊ होय, बड़े-बड़े ज्ञानी कह गये—राजा प्रसन्नम गज स्वर्ण दानम स्त्री प्रसन्नम मल मूत्र दानम।'

'तेरी भाषा या तो ईसुरी समझे या उदय भाई।'

'कुछ नहीं राजा, मुँह मीठा कर रहा था भीखा, हुआ नहीं, वैसे भी पेड़ा पेड़ा कहने से......' अनुभवी उदय जी को भीखा की उम्मीदवारी का पता था।

'महाराज हमें पतो हती कि पेड़ा पेड़ा कहबे ते मोंह नाय मीठा होवै, पर जीभ हु जरै पहली बार पतो चली, चलें घंटी बज रई।'

# यादव जी

मलखान सिंह यादव, रंग रक्तिम, लम्बाई अच्छी, शरीर से पहलवान, जाति यादव पद सहायक इंजीनियर बहुत गुणी और ज्ञानी पुरुष हैं, कम से कम स्त्रियों के मामले में तो, शक्ल देखकर स्त्री का प्रकार बता दें कि वो पद्मिनी है कि शंखिणी या हस्तिनी, चाल देखकर स्त्री के गर्भस्थ शिशु की आयु का निर्धारण करने में समर्थ। कुल मिलाकर आदरणीय राजेन्द्र यादव के उपन्यास निन्नी की नायिका से मिलते-जुलते पुरुष संस्करण, मात्र इतना फर्क है कि निन्नी अपने सम्पर्क में आने वाले अधिकतर पुरुषों से मानसिक सम्बन्ध स्थापित करती थी और ये उन सम्बन्धों को अपने सम्पर्क में आने वाली अधिकतर महिलाओं के साथ शारीरिक स्तर पर जीना चाहते हैं, इससे यह तथ्य प्रमाणित न मानें कि स्त्री-पुरुष सम्बन्धों के मामले में सभी यादवों का टेस्ट एक जैसा होता है। बेहद हँसमुख और मिलनसार, मिलनसार इतने कि अगर कोई इनसे ज्यादा प्रभावित होकर इस हद पर मिलन कर ले कि इन्हें अपने घर के ड्राइंग रूम में बिठाकर चार दिन दारू पिला दे तो पाँचवें दिन बेचारा गृहस्वामी सोफे पर सोता है और यादव जी उसके बेडरूम में। हँसमुख इतने कि हँसने के लिए वजह खोजते हैं जैसे–

'अबे रावत तेरी चाल कैसी है ग्याभन पड़िया जैसी, तन के चल हा....हा...हा.....'

'अबे सोलंकी चिट्ठी बनाई कि रामायण, पता ही नहीं चल रहा कि नाक सीता की कटी कि सूपनखा की हो...हो...हो'

'यार अपना बड़ा साब मिसरा भी अजब चूतिया है, कह रहा था कि मोबाइल चेम्बर में मत लाओ आवाज होती है, अब बताओ कहीं चेम्बर में हवा खारिज हो जाय तो? गुल्ली ठोकेगा बहन का...हे हे हे'

जब उन्हें कोई बहाना नहीं मिलता तो चेम्बर में शीशे के सामने खड़े होकर खुद पर ही हँस लेते हैं–

'अरे सिन्दल यार, अपनी शक्ल कैसी चूतिया कट हो गयी है...तुम भी भैन के कहाँ जवान बचे ही...ही...ही'

सिन्दल साब और यादव जी आगरा के पहले एक ही जगह रहे थे, हालाँकि दोनों के कैडर अलग थे पर दोनों के पास एक-दूसरे की हिस्ट्री शीट लिफाफाबन्द हैं, यादव

जी चूँकि चेम्बर वाले हैं इसलिए सिन्दल साब की हिस्ट्री शीट का पाठ निश्चित सीमा में कर पाते हैं, लेकिन सिन्दल साब यादव जी के लिफाफे को चाहे जब खोलकर संज्ञा, सर्वनाम, विशेषण, उपमेय, उपमान और विशेष प्रत्ययों के साथ बाँच देते हैं।

'जे भैन का.......नम्बरी लुगाईबाज..... एकदम क्वार का कुत्ता बारहमासी, क्या सुनोगे भार्गव? जहाँ रहा वहाँ एकाध हो तो बताएँ, लुगाइयों की गेंग थी, हमसे जूनियर था हालाँकि कैडर अलग था पर कभी ये हमसे साहब कहा करता था, किस्सा रहे भवानी मंडी का, जानते हो अफीम के तस्करों का इलाका है, एक से एक बदमाश वहाँ, वहाँ किसी पुराने खलीफा की राँड पटा ली इसने, लोकल बदमाशों को पता चला कि उनके मरे खलीफा की राँड को यू.पी. का ग्वाला घेर रहा है, वो तो जैसी थी थी पर ये रहा बाहरी, बस एक दिन ये पड़ा अन्दर दारू पी के ओंधा, बदमाशों ने घेर लिया, हालाँकि हथियार रखता था ये भी, पर हथियार कहाँ ये कहाँ, होश ही नहीं था, वो तो हक अदा कर दिया ट्रालीमैन ने, इसे मोटरसाइकिल पर लाद कर गोली चलाता हुआ भागा बीस कि.मी., उसी ने बचा दिया वरना उसी दिन इसका अस्थि विसर्जन तक हो जाता, ये तो बच गया पर बाद में हरामियों ने उस ट्रालीमैन को अधमरा कर दिया, फिर इसने क्या किया मालूम? ट्रालीमैन का इलाज कराया, पैसा उसकी घरवाली से वसूल लिया, वो बेचारा महीने भर अस्पताल में रहा ये उसके घर में, उसके एक लौंडे की सूरत तो इस यादव से ही मिलती है, अब तो जवान है वो लौंडा भी, उसे भी गैंग में लगवा दिया है इसने, तो भइया आदमी घर ले जाने लायक नहीं है।'

अब हमें तो ज्यादा जानकारी नहीं, हो सकता है ये सच न हो, पर सिन्दल साब ऐसा कहते हैं, हो सकता है अतीत की प्रतिद्वन्द्विता हो या वर्तमान स्थिति का डाह क्योंकि यादव जी कभी सिन्दल साब से जूनियर थे ये भी सच है, लेकिन यादव जी रंगीले हैं इसमें भी दो राय नहीं। यादव जी को अपने हँसमुख स्वभाव के चलते लोगों के नामकरण का भी विशेष चाव है, कुल मिलाकर दफ़्तर के सभी कर्मचारियों के नाम वे अपनी सुविधा के अनुसार रख चुके हैं जैसे छोटी मैडम, मोटी मैडम, इडली मैडम, ये किन महिलाओं के नाम हैं आप समझ चुके होंगे। गुटका शर्मा, टकला शर्मा, टेढ़ा शर्मा, भोंपू यानी उदय जी, ड्रैक्युला यानी सिन्दल साब, किंग कोंग यानी राजा सिंह जी इत्यादि इत्यादि।

नायिका के आने से पहले भी यादव जी सम्भावनाएँ तलाश कर चुके थे, सबसे पहले उन्होंने आयु के अनुरूप धाकड़ मैडम पर हाथ आजमाने की कोशिश की—

'मैडम आपके हसबैंड तो शायद बाहर रहते हैं?'

'जी, तो?'

'नहीं मेरा मतलब है, मन कैसे लगता होगा?'

'बच्चे हैं मन लगाने को।'

'आप भी मैडम....मैं उस मन की बात नहीं कर रहा हा...हा...हा....'

'क्या मतलब है आपका? देखिये सर आप अधिकारी हैं सिर्फ काम की बात करें, मन की बात करनी है तो अपने घर पर कीजिए'

'अरे तुम तो.....मेरा मतलब है मैं तो हमदर्दी जता रहा था, जानती नहीं कि....'

'ज्यादा मत उछलिए, आप भी नहीं जानते, लेडीज की एक कम्पलेंट पर आप हो सकता है वापस क्लास थ्री में आ जाएँ, वैसे भी चार विजीलेंस केस हैं आपके पीछे, एस.सी.एस.टी. यूनियन पीछे लग गयी तो अपनी बीवी का भी मन नहीं लगा पायेंगे।'

तभी गुटका शर्मा अन्दर घुसे और वार्तालाप में व्यवधान पड़ गया, धाकड़ मैडम चली गयीं, यादव जी ने झेंप मिटाई–

'बड़ी बदतमीज लेडी है, मैं तो हालचाल पूछ रहा था, भड़क गयी।'

'अरे साब जात का असर है।'

'हाँ इनके तो दिमाग ख़राब हो गये कोटे में।' कहते हुए यादव जी और सुनते हुए पंडित जी भूल गये कि यादवों का कोटा जाटवों से ज्यादा है।

यादव जी ने पहली असफलता के बाद हार नहीं मानी, अब बारी थी रेवती की पर यादव जी को पता है कि उसका तो पेटेंट कटारे जी पहले ही करा चुके हैं, इस तरह के पेटेंट कैंसल कराना मुश्किल काम है उस पर भी इन्टरैक्शन कम हो तो नामुमकिन। रेवती से कभी-कभार काम ही पड़ता है, रेवती दक्षिण भारतीय होने के कारण पंक्चुअल भी है, क्रास भी नहीं मारा जा सकता बेहतर विकल्प की आशा में उन्होंने एक दिन उदय जी से मन्त्रणा की–

'अबे यार कवि तुम सिर्फ भौंपू ही बजाते हो या दफ़्तर में भी रहते हो हा... हा...हा...'

'क्या हुआ साब किसकी पुंगी बजाना है?'

'अरे यार पुंगी तो बहन का कटारे बजा रहा है, फुला दिया इडली को हो...हो... हो...'

'इडली?'

'हओ वही कटारे वाली हे...हे...हे...'

'रेवती'

'क्या कद्दू कवि हो यार इशारे भी नहीं समझते ही...ही...ही...'

'अरे साब पंडत जरूर हैं पर पुरखों ने कभी पंडताई नहीं की, पड़ोस में कोई यादव भी नहीं रहा, अब कैसे समझें ये नामकरण?'

'छोड़ो पर तुम्हें जँचता नहीं कि इडली का वजन बढ़ रहा है हा...हा.....हा...'

'अब मैंने तो कभी गोद में नहीं उठाया।'

'तुम भी भैन के ......कर दी कविताई हो....हो....हो....ये तो नजर का खेल है, जरा पेट की ओर निगाह मारो।'

'फिर वो चप्पल की ओर निगाह मार दे तब?'

'अरे उसकी...... आँख फोड़ेगी बहन की......'

'जरूरत भी क्या है साब?'

'अरे जरूरत जिन्दा रहने की भी क्या है, भाई मनुष्य सामाजिक प्राणी है, आँखें हैं तो देखेगा, जीभ है तो बोलेगा, दिमाग है तो सामान्य ज्ञान भी बढ़ायेगा खी...खी ...खी...'

'अब क्या कहें साब, हमारा सामान्य ज्ञान तो असामान्य ही है, हमें तो जरूरत समझ नहीं आती शायद इसीलिए हम क्लास थ्री हैं।'

'तुम भी बहन के व्यंग पेल रहे हो, जैसे हम मरे जा रहे हों उस मदरासन के लिए हू...हू....हू...'

'अरे नहीं साब मेरा ध्यान वाकई उसकी ओर नहीं गया।'

'वो प्रेगनेंट है, कम से कम तीन महीने का है।'

'होगा।'

'किसका होगा?'

'जिसका भी हो आपका या मेरा नहीं है।'

'अबे तुम भी बहन.....मेरा मतलब कटारे कि मदरासी? हे...हे...हे...'

'अब साब बाप का नाम प्रेगनेंट होते ही माँ के माथे पर तो छप नहीं जाता।'

'अबे छप जाता तो मैं ही नहीं पढ़ लेता।'

'अब साब सामान्य ज्ञान बढ़ाना है तो पूछ लीजिए।'

'मतलब हम डरते हैं? पूछ भी सकते हैं हम।'

'ध्यान रखना साब, वो बदतमीजी पर आये तो कटारे भी पानी माँगता है।'

'इसमें क्या बुराई है? बहन की भंडारे का परसाद सा बाँट रही है हू हू हू...'

'बुराई ये है साब ये सीता सावित्री और सतियों का देश है सत्रह खसम वाली औरत के बच्चे का बाप राजी कुराजी उसका पति ही होता है, परसाद उसका भंडारा जिसका, वो चाहे जिसको बाँटे, फिर आप चेम्बर वाले, बाहर निकलकर कटारे से कम्पटीशन भी नहीं कर सकते।'

'क्या मतलब है तुम्हारा, हम तो यार तुमसे टाइम पास कर रहे थे तुम हमें कम्पटीशन में घसीटने लगे, तुम जाओ यार...'

उदय जी की सलाह ने असर किया और यादव जी ने इस विकल्प से भी हाथ खींच लिया, अब जब हमारी नायिका आयी, और यादव जी को उसकी अन्तरंगता कौशिक से पता चली तो उन्होंने कौशिक जी को रगड़ना चालू कर दिया और एक दिन कौशिक जी हाथ जोड़कर खड़े हो गये।

'साब अचानक क्या गलती हो गयी? एक महीने से आप लगातार मुझे डाँट रहे हैं, मेरे बाप ने मेरे दो नाम रखे थे एक घर का दूसरा स्कूल का, आपने एक महीने में मेरे आठ नाम रख दिये।'

'दरवाजा बन्द कर।'

कौशिक जी ने दरवाजा बन्द कर दिया।

'हाँ साब।'

'वो लौंडिया का क्या चक्कर है?'

'क...क...क.....कौन....लौं....डि....या.....' कौशिक जी हकलाये।

'मधु।'

'कुछ नहीं साब, विधवा की बेटी है, बड़ा परिवार है उसका चाचा मेरे सुपुर्द कर गया, मैं तो वही परोपकार धर्म निभा रहा हूँ।'

'परोपकार? फोकट में? अबे पंडत, पंडत की जात तेरवीं में दक्षिणा के लिए कुश्ती लड़े हो...हो...हो...'

'अब साब कैसे समझाऊँ? मेरी तो बेटी जैसी है।'

'अबे छोड़ यार, ठीक है तू माने मानता रह पर हम तो नहीं मानते हा....हा...हा...'

'ठीक है साब मत मानिये।'

'तो हमारा खेल.......? ही....ही...ही...'

'आपको जो करना है कीजिए'

'अबे हमारी तो बातचीत भी नहीं, तू करवा जुगाड़।'

'साब मैंने कहा मेरी बेटी जैसी...'

'अब छोड़ पंडत अगर बेटी जैसी समझता तो अब तक हमारे गाल पर काँग्रेस का चुनाव चिह्न चिपका चुका होता हा....हा...हा...., सीधा चल तेरा फायदा ही है, ठीकठाक सीट दिलवा दूँगा, वरना रोज गाली खायेगा।'

'अब साब उससे तो कहने की हिम्मत नहीं।'

'ठीक है हमारी तारीफ तो कर सकता है उससे, झूठी तारीफ में तो पंडत माहिर होते हैं, कानी लौंडिया का फर्जी नाम सुलोचना रखकर अच्छे घर में ब्याह करा दें– कैसी बात करते हो यजमान कन्या सुलोचना है।'

'देखता हूँ साब।'

कौशिक जी कहकर चले आये, और शाम को ही नायिका को बता दिया कि यादव से सावधान रहना है।

तीन-चार दिन तक कुछ आशातीत नहीं हुआ तो यादव जी ने कौशिक जी को फिर रगड़ दिया–

'क्यों बे केकड़े कुछ कहा कि नहीं? हे....हे....हे...'

'कह दिया साब जितना कह सकता था, अब बामन से दलाल तो न बनाओ।'

'फिर?'

'फिर क्या साब? अब उससे आपके स्वभाव की ही तारीफ की है बाकी तो आप को ही करना है।'

'अरे हाँ यार हम भी कितने चूतिये हैं हो....हो....हो.....पंडत तो तारीफ ही करेगा ब्याह तो लौंडे लौंडिया का ही होता है, ठीक है जा, वो कम्प्यूटर सप्लायर दिखे तो घेर लाना तेरा भी खेल करा दूँगा।'

'जी साब।'

यादव जी ने तरकीब लड़ाई, पता चला नायिका बाहर से आने के कारण अक्सर देर से आती है, बस हाजिरी रजिस्टर अन्दर मँगाना शुरू कर दिया, अगले दिन ही नायिका देरी से आयी तो उसे यादव जी के पास आना पड़ा।

'गुड मार्निंग सर।'

'हलो नमस्ते मधु, तुम्हारा नाम मधु ही है ना हा....हा....हा....'

'जी सर।'

'अब बताओ इसी दफ़्तर में हो आज तक हमसे मुलाकात ही नहीं की हे... हे...हे...'

'वो सर जरूरत ही नहीं पड़ी।'

'अरे अफसर से मिलने में काहे की जरूरत? ये तो शिष्टाचार है कि मातहत अफसर से मिले हो....हो....हो...'

'ठीक है सर ध्यान रखेंगे।'

'वैरी गुड हा....हा...हा... हम तो पहले से ध्यान रखे हैं, देखा हमने रजिस्टर क्लोज नहीं किया, कर दो साइन।'

नायिका ने साइन कर दिये।

'चाय पीओगी'

'जी रहने दीजिए।'

'क्यों रहने दीजिए भाई, बैठो।' यादव जी ने मजबूती से नायिका का हाथ पकड़ कर कुर्सी पर बैठा दिया।

नायिका का हाथ दुखने लगा, वह दूसरे हाथ से उसे सहलाने लगी, यादव जी को गर्व की अनुभूति हुई।

'सॉरी लग गयी क्या? अब हमारा हाथ थोड़ा मर्दाना है, मच्छर कौशिक जैसा नहीं हा...हा....हा....' यादव जी ने कौशिक जी को जुबानी पटक मारी।

'नहीं सर वैसे भी मैं बैठ सकती थी पर इस तरह...'

'तो क्या हो गया, हम तुम्हारे अफसर हैं, तुम्हारा भला भी तो हम ही करेंगे।'

'सर माफ कीजिए, मैं अकेली देर से नहीं आती।'

'अरे ये नहीं हम तुम्हारा प्रमोशन करवा सकते हैं।'

'भले ही ऊपर पोस्ट खाली न हो?'

'नहीं पोस्ट तो होनी चाहिए।'

'तीन साल बाद एक रिटायरमेंट है, यानी तीन साल बाद तीन आदमियों को

परीक्षा के लिए बुलाया जायेगा मेरा नम्बर सातवाँ है।'

'अरे छोड़ो अपनी जुगाड़ आर.आर.बी. में है, तुम ग्रेजुएट हो बड़ी पोस्ट पर करवा देंगे खी...खी....खी....'

'वो सर कौशिक जी आपकी तारीफ तो कर रहे थे लेकिन आपकी मेहरबानी की वजह समझ नहीं आ रही।'

'व....ज....ह......अरे तुम अच्छी हो, सुन्दर हो, मेहनती हो।'

'मुझे पता है सर कि मैं सुन्दर नहीं हूँ, मेरी मेहनत आपने देखी नहीं।'

'अरे लो चाय लो, वजह चाहे जो हो आम खाओ पेड़ न गिनो।'

'पेड़ देखना भी जरूरी है सर, क्या पता किस पेड़ का आम है कि पाँच का आम खाकर पचास भरना पड़ जाय।'

'काफी समझदार हो, चलो बता देंगे कि किस पेड़ का आम है, पर आती रहा करो।'

नायिका ने यादव जी के पास आने के बजाय समय से आना शुरू कर दिया, यादव जी रजिस्टर देखते तो नायिका के साइन बराबर होते, यादव जी ने एकाध बार बुलाया भी पर नायिका नहीं आयी, आखिर एक दिन यादव जी को मौका मिला जब रजिस्टर में नायिका के दस्तखत नहीं थे, यादव जी ने गुस्से में बड़ा सा क्रास मारा, आधा घंटा इन्तजार किया पर नायिका नहीं आयी, यादव जी ने पता कराया तो पता चला नायिका दफ़्तर में ही थी, आश्चर्यचकित यादव जी का आश्चर्य पाँच मिनट में समाप्त हो गया जब उनसे बड़े अफसर छोटे मिसराजी ने बुला भेजा।

'भई जादब जी ए क्रास व्रास काहे लगाते हैं आप?'

'सर वो ऑफिस में पंक्चुअल्टी होनी चाहिए।'

'हम देख रहा हूँ कि आपको ए पक्चुअल्टी एक महीना से ज्यादा याद आ रहा है, पहले तो आप ही दुइ ठो घंटा लेट आते थे।'

'सर वो पंक्चुअल्टी जब शुरू हो जाय।'

'ज्यादा मुँह न खुलवाइये जादब जी, आप क्या-क्या गुल खिलाया है पहले, मुम्बई से लेकर इलाहाबाद तक बच्चा-बच्चा जानता है, अभी ओ लरकी आपसे कस के हाथ पकरवा ले, आप उसका एक हफ्ते का छुट्टी माफ कर देंगे, कुछ और कर दे तो आप तो उसे रेलभे बोर्ड का चेयरमैन बना देंगे।'

'आप गलत समझ रहे हैं सर।'

'देखिये जादब जी हम सब सही समझ रहा हूँ, अभी ओ लरकी छोटा मिसरा तक आया है बस, कहीं बरा मिसरा जी तक चला गया तो बवाल हो जायेगा ओ साला आपको छोरिये हमरा भी यूरेन सैंपल भरा देगा।'

'उसकी हिम्मत? एक तो लेट आती है ऊपर से...' यादव जी ने दाँत पीसे।

'लेट आती है तो? आपका काम करती है का? हमारा काम करती है, लरकी काम का है मेहनती है, आप उसका क्रास मारा ओ हमारा सामने सी.एल. धर दिया,

आज टेंडर है ओ तो भाग जायेगा फिर टेंडर आप बेचेंगे क्या? आपको उससे कोई काम नहीं लेना पर हमें लेना है ठीक, अब जाके उसका हाजिरी ठीक करो, नहीं आज टेंडर आपको ही बेचना है।'

'सर आप...'

'सोच लो जादब बाबू, टेंडर हम तो नहीं बेचूँगा, टेंडर बिकना है ऐ भी तय है, नहीं बिका तो ठेकेदार बरा मिसरा जी का पास जायेगा, फिर आप कहाँ जाइयेगा आप जानिये।'

'ठीक है सर' यादव जी चले आये वे समझ चुके थे कि लड़की समझदार हो चुकी थी पर कैसे विधवा की जरूरतमन्द बेटी इतनी जल्दी? कौशिक तो इतना समझदार नहीं फिर?......सिन्दल.....उदय........कटारे......या राजा सिंह जी......बस चोर पकड़ आया साले की माँ.......... शायद वे नहीं जानते कि गरीब की बेटी जल्दी समझदार अपने आप ही होती है, कर्ता तो निमित्त मात्र हैं।

# मीणा जी

जी हाँ ये वो शै है जो न नायक है न उम्मीदवार, इसे अर्धनायक कहा जा सकता है, इसे परिभाषित करने के लिए हमें एक चुटकले का सहारा लेना पड़ेगा, एक होटल में एक अमेरिकी, एक चीनी और एक हिन्दुस्तानी चाय पी रहे थे, चाय खत्म होने पर अमेरिकी ने प्याला उल्टा रख दिया, चीनी ने सीधा, हिन्दुस्तानी ने दोनों को देखा और प्याला लिटा दिया, बेयरा आया उसने तीनों से प्याले को अलग स्थिति में रखने का कारण पूछा, अमेरिकी ने कहा उसे चाय और नहीं चाहिए, चीनी ने कहा उसे चाय और चाहिए, हिन्दुस्तानी ने दोनों की ओर देखा और धीमे से बोला– 'भइया जी मिल जाय तो ठीक और ना मिले तो ठीक, पर कहेंगे किसी से नहीं।'

अर्धनायक इसी शुद्ध भारतीयता का पोषक है, ये कम्पटीशन के चक्कर में नहीं पड़ते जिस कारण इन्हें कोई आरोपित भी नहीं कर सकता, दुनिया की निगाह में भी नहीं आते, हार का डर भी नहीं सताता, कोई भी जीते दिल खट्टा भी नहीं होता। इसी श्रेणी में आते हैं हमारे अर्धनायक जिले सिंह मीणा, चेहरे मोहरे से खास नहीं, उम्र छियालीस, कद मझोला, प्रधान नक्शानवीस हैं। बेहद हाज़िर जवाब, उदय जी और भीखा से कुछ कम, इन्हें रायता बघराने में विशेष आनन्द की अनुभूति होती है, बाबा रामदेव के भक्त, उनके हर क्रिया या कर्म में आस्था और विश्वास रखने वाले, कभी कोई बाबा के आँख मारने के अन्दाज पर व्यंग्य करता है तो जोर से कहते हैं–

'भइया बाबा ईमानदार है, वो चाहता तो इस कमी को चक्षु भाटी आसन घोषित कर सकता था, तब आधा हिन्दुस्तान आँख मार रहा होता।'

पकी उम्र में भी दफ़्तर के सबसे शरारती जीव, दफ़्तर में अगर कोई क्रिया हो तो पहली प्रतिक्रिया जिले सिंह की ओर से ही आती है जो कि भरपूर शरारती होती है, मसलन विजीलेंस वीक में शपथ लेते में एक वाक्य आता है–

'हम सभी लोक सेवक शपथ लेते हैं कि अपने सभी क्रियाकलाप में पूरी ईमानदारी और पारदर्शिता बरतेंगे।'

जिले सिंह इसे मन ही मन पढ़ते हैं जोर से नहीं कहते फिर शपथ के बाद धीमे से कहते हैं–

'यार भार्गव जी अब सिन्दल साब को सब कुछ खुले में करना पड़ेगा, ये साली

सरकार भी ...अब बताओ जवानी में तो बन्द कमरे में रहे, बुढ़ापे में क्रियाकलापों में पारदर्शिता...?'

'क्या कहा बे मीणा?' सिन्दल साब गुर्राये।

'कुछ नहीं साब मैंने तो इसीलिए उतनी शपथ ली ही नहीं, कौन घरवाली को विजीलेंस वालों के सामने लाये वो भी पारदर्शी।'

'अबे उल्लू के .....वो पैसे पानी के क्रियाकलाप की शपथ है।'

'ऐसा? मतलब विजीलेंस वालों के सामने गिन कर लो? यही पारदर्शिता?'

'अबे ईमानदारी और पारदर्शिता।'

'मतलब रिश्वत सबको दिखा कर लो, जिससे लो उसका काम भी करो, यही है पारदर्शिता और ईमानदारी।'

मतलब हमारे जिले सिंह अर्थ का अनर्थ करना सबसे बेहतर जानते है, जिले सिंह पैदाइशी शरारती हैं, थोड़ा बड़ा होने पर परिवार वालों ने उन्हें बताया था कि पैदा होने के बाद जो सबसे पहला काम उन्होंने किया था वो था दाई के मुँह पर धार मारने का, दाई ने तभी आशीर्वाद दे दिया था–

'बिनड़ी या छोरो तो घणो बदमाश बणै।'

और जिले सिंह आज तक उस दाई के आशीर्वचन को चरितार्थ कर रहे हैं, वे खुद बताते हैं–

'सिन्दल साब इन माई यूथ, अपन तो लौंडिया को ऐसे बखत छेड़ते थे कि वो या तो सर पर मटका रखे हो या आटे का कनस्तर, लौंडिया कराहती ही रहती थी– देख कमीने मान जा, अम्मा से कह दूँगी, पर कर कुछ नहीं सकती थी, दो-चार दिन बाद तो खुद छिड़वाने लगती थी, चार छह दिन न पहुँचो तो घर पर बच्चों को भेजकर पता कराती थी कि जिले सिंह की तबीयत कैसी है।'

जिले सिंह का सांसारिक सामान्य ज्ञान यानी कॉमन सेंस और निगाह खासी तेज है, सिन्दल साब की निगाहों को तो उनके गौरवशाली अतीत के कारण मूढ़मति भी पहचान सकता है लेकिन कौशिक जी के मनोभावों का रेखांकन इन्होंने भीखा से पहले कर दिया था या घोषित पहले कर दिया था–

'यार भार्गव जी एक बात इतने दिनों से नोट कर रहा हूँ, ये बिजूका पंडत भागता हुआ दफ़्तर में घुसता है, हाजिरी रजिस्टर पर साइन करता है और तुरत ही टॉयलेट में घुसता है फिर दस से बारह मिनट में निकलता है।'

'तो?'

'जानते हैं इसका क्या कारण है?'

'..........'

'ये प्रोस्टेट ग्लैन्ड के बढ़ने का परफैक्ट उदाहरण है।'

'जो है सो, ये बीमारी तो उमर के साथ जोर पकड़ती है।'

'बगल में लौंडिया पौन घंटे तक बैठी रहे तो ये ग्लैन्ड तेजी से बढ़ती है।'

'लौंडिया.....ग्लैन्ड...... जो है सो मैं कुछ समझा नहीं।'

'अरे यार भार्गव जी आप भी, ये उस लौंडिया को बगल में बिठाकर लाता है गाड़ी में, मैंने तो बहुत कुछ पता भी कर लिया है, सबसे अलग बिठाके लाता है अकेले में जहाँ स्टाफ के लोग न हों।' मीणा जी फुसफुसाये।

'अच्छा, यार मीणा तू इतना कर कैसे लेता है जो है सो।'

'अपना-अपना ऐकैडमिक इंटरैस्ट है भाई साब, आप तो जानते हैं इन माई यूथ........'

'हाँ हाँ... जो है सो चार दिन बाद तो खुद छिड़वाने लगती थी...छोड़ सात मिनट हो गये निकला नहीं अभी....'

'चलो वहीं चलते हैं।'

मीणा जी भार्गव जी को लेकर यूरेनल में घुस गये, जहाँ कौशिक जी पहले से विद्यमान थे, मीणा जी कौशिक जी के बाजू वाले यूरेनल में शुरू हुए–

'हूँ जोत से जोत जलाते चलो प्रेम की गंगा.....यार कौशिक.....' कहते हुए उसकी निगाहों ने दोनों यूरेनल के बीच की एल.ओ.सी. का अतिक्रमण किया।

'हाँ, पर तू इधर क्यों झाँक रहा है?' जवाब मिला।

'कुछ नहीं, जानना चाह रहा था तू इस अघोर आवेगी कर्म को इतना तसल्लीबख्श तरीके से कैसे निपटाता है।'

'इसमें क्या है, आदत है अपनी-अपनी।'

'अजीब आदत है तू दिन में चार बार जाता है, पहली बार पन्द्रह मिनट बाकी बार दो मिनट दिखा किसी डाक्टर को, तेरा प्रोस्टेट ग्लैन्ड तो नहीं बढ़ रहा।'

'कुछ नहीं बढ़ रहा, वैसे ये होता क्या है।' कौशिक जी ने गुर्राने के बाद कौतूहल प्रकट किया।

'अब तुझे यकीन है तो नहीं बढ़ रहा होगा, पंडत तो वैसे भी पूजा पाठ वाली जात है, हो सकता है पंडतों में होता ही न हो।' मीणा जी ने भी जानबूझ कर नहीं बताया।

'श्री हरि श्री हरि साले मूतने भी नहीं देते...' कहकर कौशिक जी ने जिप बन्द की, इस प्रक्रिया में सफेद पैंट पर पेशाब के कुछ निशान आ गये, कौशिक जी ने जान बूझ कर वॉश बेसिन पर हाथ कुछ ऐसे धोये कि काफी पानी उनके हाथ-पैरों और कपड़ों पर गिर गया इस प्रकार उन्होंने भ्रष्ट हो चुके धर्म और महर्षि कौशिक को वॉश बेसिन के पानी से मूर्ख बना दिया, यज्ञोपवीत ने भी आसानी कान को छोड़ दिया, कहीं महर्षि कौशिक को पता चल जाता तो कान यज्ञोपवीत के बोझ को सहन न कर पाता और टपक ही जाता।

'जो है सो मैंने तो कुछ नहीं कहा भाई, मुझे साला क्यों बना रहा है।' भार्गवजी बोले।

'नहीं भाई साब मैं तो मीणा को...'

'तो एकवचन बोल पंडत, साला' मीणा जी ने फब्ती कसी।

कौशिक जी ने घूरा और बाहर निकल लिए।

'भाई साब शर्त लगाओ अगर लौंडिया ने बायलॉजी पढ़ी हो तो बिजूका की कल से छुट्टी' मीणा जी ने विजयघोष किया।

'मतलब?'

'मतलब ये कि दफ़्तर में तो ये किसी से पूछने वाला है नहीं, जाहिर है लौंडिया से ही पूछेगा, अगर वो प्रोस्टेट ग्लैन्ड के बारे में जानती होगी, तो इसकी बदमाशी ही समझेगी।'

'फिर?'

'फिर इसका पत्ता साफ।'

'जो है सो इसका साफ तो तेरा लगेगा क्या?'

'हरगिज नहीं, हमें लगाना भी कब है? भाई साब इस दुनिया में छह प्रकार के लोग होते हैं, नं. 1 तुम खेलो न खेलो हमें मतलब नहीं जैसे अपना धर्मेश, नं.2 तुम खेलो हम देखकर मजा लेंगे जैसे कि आप, नं.3 तुम खेलो खैरात में हमें भी खिला लो जैसे सिन्दल साब, नं.4 हम ही हम खेलेंगे जैसे कटारे, उदय और राजा नं.5 खिलाओ नहीं तो खेल बिगाड़ेंगे जैसे वो रमेश बघेल नं.6 नहीं खिलाओगे तो खेल बिगाड़ेंगे, खिलाओगे तो भी खेल ही बिगाड़ेंगे जैसे कि आपका छोटा भाई जिले सिंह मीणा आप तो जानते ही हैं इन माई यूथ....'

अनयूज्वल को भाँपना मीणा जी की फितरत में शुमार है, लोगों की छठी इन्द्री साल में एकाध बार ही चेतती है पर मीणा जी की छठी इन्द्री हमेशा प्रत्यक्ष में साथ रहती है, साल में एकाध बार तो उसकी सातवीं इन्द्री चेतती है, जब वो नक्शा बनाते बनाते हकलाते हुए अचानक कहते हैं—

'भ...आयी साब इंडिया में आतंकी अटैक करेंगे तो पक्का बम्बई में, इन माई यूथ'

पता चलता है शाम को ही ताज होटल पर हमला हो जाता है। फिर मीणा जी सबको फोन लगाते हैं 'कहा था ना होगा, देखो हो गया' छठी इन्द्री तो बताती है 'कब मधु उदय के पास आयेगी, कब सिन्दल साब का बायाँ कन्धा किस महिला को देखकर फड़केगा आदि' एक दिन सिन्दल साब को सीढ़ियों पर रुके देख उनकी छठी इन्द्री ने कहा— 'कुछ गड़बड़ है मीणा', मीणा जी ने निगाहें दौड़ाईं तो धाकड़ मैडम दूर से आती दिखीं, मीणा जी ने भी सोच लिया अब तो क्रासिंग के बाद ही हटना है, मीणा जी सिन्दल साब के पीछे स्टॉप डैड एंड प्रोसीड की पोजीशन में आ गये, धाकड़ मैडम वहाँ से गुजरीं, सिन्दल साब ने प्रस्ताव दिया—

'मैडम कैंटीन चलें'

उस दिन शायद धाकड़ मैडम अच्छे मूड में थीं, उन्होंने ऊपर से नीचे तक घूरा–

'बकवास नहीं।'

और तेज कदमों से चली गयीं, मीणा जी ने तान लगायी।

'याद आयी कल की बात तो कल रात की तौबा, फिर दिल ने कहा झूमकर किस बात की तौबा।'

सिन्दल साब ने मुड़कर देखा–

'क्या है?'

'गाना है, साहिर लुधियानवी ने नहीं लिखा, महेन्द्र कपूर ने नहीं गाया।'

'ऐसी की तैसी महेन्द्र कपूर की, माँ की ......साहिर लुधियानवी की।'

'साब उन्होंने कुछ नहीं किया है, मुकेश ने गाया लिखा पता नहीं किस कमबख्त ने है।'

'तो मुझे क्यों सुना रहा है?'

'अब साब मैं तो गा रहा हूँ, कोई सुने न सुने मुझे क्या?'

'भाड़ में जा' सिन्दल साब कुड़कुड़ाये और कैंटीन की ओर चल दिये फिर मीणा जी को जो करना था, कर ही दिया।

कुछ दिन बाद छठी इन्द्री ने उन्हें खबर दी और कन्फर्मेशन के बाद उन्होंने भार्गव जी को।

'भाई साब तीसरा विकेट भी गया।'

'तीसरा विकेट? किसका मैच चल रहा है?'

'समझे नहीं अपना उदय'

'उदय? डिपार्टमेंटल टूर्नामेंट शुरू हुआ क्या, पर उदय तो बॉलर है जो है सो छठे-सातवें नम्बर पर उतरता है, अभी तो इधर ही था और वो राजा तो ओपनर है वो तो सीट पर बैठा है।'

'अरे भाई साब जवानी में कुछ कर लिया होता तो सब समझ जाते इन माई यूथ....'

'अब छोड़ यार तेरी यूथ को, सीधा बोल किस्सा क्या है मुझे लग रहा है तेरी छठी इन्द्री ने फिर कुछ अघ्यारी की है और भाई सातवीं इन्द्री जागी हो तो बताना मत देश का नुकसान होता है, मुम्बई का अटैक मुझे याद है।'

'अपना उदय भी है लाइन में, अब सबकी छुट्टी हो ली।'

'काहे की लाइन?'

'चिम ...चिधु...'

'भाई अब तू इरिटेट कर रहा है जो है सो।'

'क्या यार बारहवीं यू.पी. बोर्ड में रेणु जी की कहानी पंचलाइट नहीं पढ़ी?'

'तेरा कोड समझने के लिए दोबारा परीक्षा दूँगा पचास की उमर में, सीधा बोल।'

'दोनों शब्दों के आगे से चि हटा दो, इन माई यूथ रेणु जी ने लड़कीबाजी में कोडल लैंग्वेज में बहुत मदद की है आशिकों की, इसीलिए उनका नाम याद है।'

'जो है सो....चिम...चिधु....यानी मधु मतलब अपना उदय भी....? नहीं यार उसकी बीवी तो अच्छी है, अच्छी क्या झकास है यार।' भार्गव जी झकास बोलते हुए फुसफुसाये।

'अपना बच्चा दूसरे की लुगाई अपना खर्च दूसरे की कमाई सबको अच्छी लगती है।'

भार्गव जी ने घूरा, मीणा जी ने पाला बदला।

'मैं आपको नहीं उसे...उसे...बात उसी की हो रही है ना।'

'तुझे कैसे पता?'

'अभी वो लौंडिया उसके पास आयी तो उदय फुसफुसा रहा था– 'बताता हूँ वहीं चलो अपनी सीट पर', फिर पन्द्रह मिनट वहाँ बैठा, लौटा तो खुश था और सोम ठाकुर की कविता गुनगुना रहा था– तुम आये नैनों के द्वारे, समथिंग समथिंग मन मेरा।'

'कमाल है तुझे सोम ठाकुर की कविता याद है? मधु के आने के बाद तेरा भी साहित्यिक ज्ञान प्रकट होने लगा है, पहले रेणु अब सोम ठाकुर।'

'अरे काहे का कमाल, आगरे का ही तो है सोम ठाकुर, एक शॉल उढ़ा दो-तीन कविता सुन लो, बीसियों बार सुना है।'

'अच्छा कन्फर्म कर उदय भी...'

'अब कन्फर्म को उदय या लौंडिया तो बतायेंगे नहीं।'

'सुना है अपना उदय झूठ नहीं बोलता।'

'भाई साब की बात, ये मामला तो ऐसा है कि धर्मराज ने भी अपना लँगोट फाड़कर महाराज पांडु के सर से बाँध दिया था द्वापर में, फिर उदय तो कलजुगी उदय है इन माई यूथ....'

कुछ दिन बाद उनकी छठी इन्द्री ने राजा सिंह जी का विकेट गिराया, भार्गव जी को अचरज नहीं हुआ क्योंकि राजा को वे खुद डिजर्बिंग मानते हैं, उनको घोर आश्चर्य तब हुआ जब मीणा जी ने भीखा के रन आउट होने की कमेंट्री की थी।

# भार्गव जी

महेश कुमार भार्गव मुख्य नक्शानवीस, उम्र पचास, चेहरा मोहरा साधारण, 'जो है सो' तकिया कलाम का पेटेंट इन्होंने आत्मविश्वास की कमी के चलते पैंतीस साल पहले स्वर्गीय ताऊजी के भय से करा लिया था, ताऊजी के सामने बोलते में वे जब भी अटकते ' जो है सो' की पूर्ति रिक्त स्थान में कर देते, वही रिक्त स्थान की पूर्ति आज तक करते आ रहे हैं। डाउन टू अर्थ क्या? हैं ही जमीन से, गाँव की पृष्ठभूमि से निकल, अलग-अलग छोटे बड़े शहरों में होते हुए आगरा तक पहुँचे हैं, इसके पहले अधिकतर अपेक्षाकृत बड़े दफ्तरों में रहे, जिनमें नक्शा कार्यालय ही काफी बड़ा और आइसोलेट होता है और आम तौर पर चपरासनों के अलावा महिलाएँ कम ही होती हैं, सो इधर-उधर देखने का अवसर ही नहीं मिला, जबकि यहाँ नक्शा कार्यालय अलग न होकर पूरा दफ़्तर एक साथ है, कुछ बराबरी की महिलाएँ भी हैं। पढ़ाई के दौरान भी गाँव की पृष्ठभूमि की हीन भावना, पारिवारिक संस्कारों या ताऊजी की फेल होने पर पढ़ाई छुड़वाने की धमकी ने उन्हें प्यार मुहब्बत के चक्कर से दूर ही रखा लेकिन ताऊजी के लट्ठ का उनके शरीर पर अधिकार था, मन पर शासन तो अज्ञात और अव्यक्त ही करता है, ये अलग बात है कि कोई उसे 'काम' कहता है तो कोई 'राम' और उदय जी जैसे नास्तिक के शब्दों में 'असल महेश कुमार भार्गव' वही है, इसीलिए दूसरों के किस्सों में रस लेने या सपने में हेमा, मुमताज या शर्मिला टैगोर को देखने से न तब ताऊजी का लट्ठ रोक पाया न अब तीस साल बाद ताऊजी का प्रेत। आज भी कभी-कभी हेमा मालिनी सपनों में आकर कहती है– 'वो जवानी जवानी नहीं जिसकी कोई कहानी न हो......थू तेरी जवानी पर महेश.....' कभी मुमताज कहती है– 'तुमने किसी से कभी प्यार किया है.........तेरा तो जीवन अकारथ गया महेश...' ये सपने उन्हें आज तक परेशान करते रहे हैं, कई बार वे उठकर बैठ जाते हैं और बड़बड़ाते हैं–

'हाँ किया है अपनी तरफ से तो दस बार किया है, छिनालो! मुझसे पूछती हो तो मनोज कुमार और फीरोज खान से भी पूछो कि उनका ताऊ लट्ठधारी था कि नहीं।'

बाजू में सोयी पत्नी उठकर बैठ जाती है–

'क्या हुआ जी क्या ताऊ ताऊ बड़बड़ा रहे थे?'

'कुछ नहीं ताऊजी थे सपने में।'

'अच्छा? कितना प्यार करते थे जी आपसे और आप श्राद्ध तक नहीं करते, इस बार कर देते हैं, फिर नहीं आयेंगे सपने में।'

'अरे मैं अपने बाप का नहीं करता यार, मँझले का किया तो ऐसे भी लगता नहीं, पानी ले के आ।'

पढ़ाई खत्म होने के बाद गाँव से तीन सौ किलोमीटर दूर नौकरी मिली तो लगा कि ताऊजी का आतंक पीछा छोड़ देगा और उन्होंने थोड़ी बहुत निगाहबीनी की शुरुआत की ही थी कि दूसरे महीने ही ताऊजी का खत आ गया–

'तेरह तारीख की सगाई है, उन्नीस कौ बिहा।

पाँच दिन कौ बिदा कौ छेता ऐ, पच्चीस तक की छुट्टी लिआ।'

महेश जी को जाना पड़ा, हालाँकि परिवार में पहली बार किसी ने यानी महेश जी ने दबी जुबान से भावी पत्नी को देखने की जिज्ञासा प्रकट की तो जवाब मिला–

'हम तेरे दुसमन एँ छोरा? बहू देखनी ऐ तौ अपई मइयो कूँ देख लै, सारे तेरौ बाप करूआ, तेरी मइयो हम लाये तौ भूरी, सब कुनबा सुधरि गओ, जादा गबल गबल मति करै, बारह पास ऐ, हमनै देख लई बस, तोय देखिनी ऐ तौ हमें गोली मारि जा।'

ये कहते हुए ताऊजी ने दुनाली उनके हाथ में पकड़ा दी, फिर वही हुआ जो उनके पिताजी के साथ हुआ था, पर महेश जी पत्नी की सुन्दरता या योग्यता के मामले में घाटे में नहीं रहे, बस यही मलाल रहा कि उनकी जवानी कोई कहानी नहीं बना सकी और नतीजतन हेमा, मुमताज और शर्मिला उनके सपनों में बराबर आती रहीं।

महेश भार्गव इस दफ़्तर के फाउंडर मेम्बर हैं सबसे पहली खेप में वे, राधारमण, धाकड़ मैडम, कौशिक, टकला और गुटका शर्मा आदि करीब पन्द्रह लोग ही आयातित हुए, फिर कटारे, उदय, मीणा, धर्मेश, रेवती, मधु, राजा सिंह जी वगैरा वगैरा आते रहे और कारवाँ बढ़ता गया। नायिका के आते तक कोरम लगभग पूरा हो चुका था और दफ़्तर भी नया नहीं रहा था यानी काम भी खासा कम हो चुका था। शुरुआत में काम की अधिकता में दफ़्तर में दूसरों की कथाओं का श्रवण, वाचन, पठन, पाठन सम्भव नहीं रहा हालाँकि गाहे बगाहे कटारे रेवती सम्बन्धों पर परिचर्चा लंच टाइम में हो जाती थीं, लेकिन दो प्रौढ़ हम उम्र विपरीत लिंगियों की कहानी में उतना रस नहीं होता, उतनी उत्तेजना नहीं होती, उत्सुकता नहीं होती।

भार्गव जी के रस के योग्य कहानी तब है जब पुल्लिंग प्रौढ़ हो, स्त्रीलिंग युवा यानी 'चीनी कम' या 'जॉगर्स पार्क'। 'निशब्द' उन्हें पसन्द नहीं आयी उसके पीछे उनका तर्क भी ठोस है– 'निशब्द की नायिका टीन है, दो समझदार लोग आपस में कुछ भी करें, लेकिन एक भी नासमझ है तो समझदार गलती पर है' हालाँकि इसकी

एक वजह ये भी हो सकती है कि अभी उनके खुद के बच्चे टीन एजर्स हैं।

खैर नायिका के आने के बाद भी उन्हें उम्मीद नहीं थी कि कोई कहानी बनेगी, थोड़ी बहुत उम्मीद उन्हें राजा सिंह जी से थी और वो कहानी सामान्य ही होती बच्चे बहलाने वाली– 'एक राजा था एक रानी थी... अन्त में दोनों सुख से रहने लगे' उनके हिसाब से कहानी रसेदार और मसालेदार तब होती– 'एक राजकुमारी थी, एक नौकर था... नौकर ने बहुत संघर्ष के बाद राजकुमारी से शादी कर ली पर दोनों के मरने तक रोज नये नौकर और राजकुमारी कहानी में आते रहे, एंड द स्टोरी कन्टीन्यूज़...' और ऐसी रसेदार कहानी बनना या बनाना गूदे का खेल है भाई साब। मजेदार बात ये कि भार्गव जी ऐसी कथाओं का पात्र अपने संस्कार या ताऊजी के प्रेत के भय से नहीं बनना चाहते हालाँकि उदय जी उनके बारे में स्पष्ट कहते हैं– 'अबे मीणे, महेश भाईसाब को दुनिया का डर न हो तो सिन्दल साब से उम्दा बैटिंग करेंगे, नहीं मानता तो मेरा या कटारे का मुखौटा थमा दे उन्हें।'

जब पहली बार मीणा जी कौशिक जी की कहानी लेकर आये तो भार्गव जी को लगा कहानी रसेदार है और वे टॉयलेट तक मीणा जी के साथ गये, उसके बाद कौशिक के यौन चरित्र को लेकर परिचर्चा सभी बन्धु-बाँधवों के साथ हुई, फिर लंच में गोलमेज कॉफ्रेन्स जिसकी अध्यक्षता सिन्दल साब ने की–

'मैं तो साले बिजूके की नस-नस से वाकिफ हूँ, साला इसीलिए तो सूखता जा रहा है, क्यों उदय?'

'अरे साब आपको इसलिए बुरा लग रहा है कि वो आपके साथ नहीं आ रही, अब महेन्द्र कपूर को कुछ न कहना।'

'ऐसी की तैसी महेन्द्र कपूर की, माँ की ......साहिर लुधियानवी की, बहन का ....इसका, अम्मा की.....उसकी, कौन ......का कहता है, किसकी बहन......मैंने, किसकी माँ.......मैंने, किसकी लुगाई.......मैंने, सारे पंडित एक हैं, सब इन पंडितों का किया धरा है।' सिन्दल साब बलबलाये।

'बात तो ठीक कह रहा है उदय।' भार्गव जी बोले।

'अपनी तरफ देख भार्गव।'

'देख लिया साब अपन तो आज तक इन चक्करों में ताऊजी के डर से नहीं रहे, साथ में बिठा भी लें तो भी बीच में ताऊजी आ कूदेंगे और खुद ही गैप बन जायेगा, लेकिन आपके साथ आयेगी तो आप न लाओगे साथ में।'

'लायेंगे पर आते ही टॉयलेट की तरफ नहीं भागेंगे।'

'भागेंगे तो पन्द्रह मिनट नहीं लगायेंगे।' मीणा जी बोले।

'लगायेंगे तो लगायेंगे छप्पन तक तो प्रोस्टेट ग्लैंड ऐसे भी बढ़ जाता है' राजा सिंह जी फुसफुसाये।

सिन्दल साब ने चारों ओर देखा, दाल की कटोरी पर गुस्सा उतारा एक साँस में

खाली की और हाथ धोने चले गये। भार्गव जी ने उस दिन कहानी का भरपूर आनन्द लिया शाम तक उसी पर कहकहे चलते रहे। रात को बिस्तर पर लेटते ही नींद आ गयी लेकिन आज सपने में फिर हेमा मालिनी थी पर इस बार उसके साथ मनोज कुमार नहीं नाचते हुए कौशिक जी थे– 'वो जवानी जवानी नहीं जिसकी कोई कहानी न हो'...... थू तेरी जवानी पर महेश....., और इस बार तो हेमा की 'थू' के बाद कौशिक जी भी खँखारने लगे थे, फिर मुमताज, उसके साथ भी कौशिक जी गाना वही– 'तुमने किसी से कभी प्यार किया है ...?' वे उठकर बैठ गये और बड़बड़ाने लगे–

'हाँ किया है अपनी तरफ से तो दस बार किया है, छिनालो! मुझसे पूछती हो तो इस मरगिल्ले कौशिक से भी पूछो कि उसका ताऊ लट्ठधारी था कि नहीं।'

पत्नी उठकर बैठ गयी।

'क्या हुआ जी ताऊजी थे?'

'हाँ...'

'लेकिन आज तो मैंने किसी कौशिक का भी नाम सुना।'

'हाँ ताऊजी का दोस्त था।'

'वो भी आपको प्यार करते थे?'

'हाँ बहुत ज्यादा, अबकी बार ताऊजी का हो न हो कौशिक का श्राद्ध जरूर कर देना।'

'मगर आप तो मँझले हो।'

'कौन मेरे खानदान का था, यतीमों और लावारिसों को तो सबका लग जाता है, पानी ले के जल्दी से दूसरे कमरे में आ जा।'

'दूसरे कमरे में.....? अभी पिछले हफ्ते तो गये थे दूसरे कमरे में...? अभी क्या करना है?'

'कौशिक का श्राद्ध, जल्दी आ जा चुपचाप।' उन्होंने घुड़का।

अगले सात मिनट में उन्होंने कौशिक जी का श्राद्ध जोर शोर से पूरी निष्ठा और श्रद्धा के साथ निपटा दिया, श्राद्ध के बाद पत्नी ने बस इतना कहा–

'क्या सचमुच इतने भले थे कौशिक जी कि आप उनका श्राद्ध करोगे?'

'नम्बरी लुगाई बाज....पर तू नहीं समझेगी सो जा।'

पत्नी की समझ कुछ न आया, पहले पहल तो पत्नी भी पड़ोसनों से फख्र से कहती रही–

'हम तो भइया, ज्वाइंट फैमिली में यकीन करते हैं, हमारे 'ये' तो अपने ताऊजी का कितना मान करते हैं, सपनों में उठ-उठ कर बैठ जाते हैं उन्हें देखकर, ताऊजी छोड़ो उनके दोस्तों का भी श्राद्ध करने की कहते हैं।'

लेकिन दिक्कत तब हुई जब उन्होंने अगले हफ्ते सिन्दल साब का श्राद्ध किया फिर उदय जी का, फिर यादव जी का फिर राजा सिंह जी का और असल दिक्कत तो

तब हुई जब उन्होंने सपने में शर्मिला टैगोर के साथ भीखा को 'हम काले हैं तो क्या हुआ दिलवाले हैं' पर नाचते हुए देखा और उठकर भीखा को गालियाँ देने लगे, पत्नी को खीजते हुए कहना पड़ा—

'अब ये कोई भीखा भी ताऊजी का दोस्त निकल आया, चलो दूसरे कमरे में इसका भी श्राद्ध कर देते हैं।'

बात यहीं खत्म नहीं हुई, अब उनके सपनों में उनकी हीरोइनों के साथ रोजाना कोई न कोई आने लगा, तो पत्नी ने एक दिन उनकी सारी जेबें टटोलीं, मुँह सूँघा और प्यार से सर पर हाथ फेरते हुए पूछा—

'क्यों जी कुछ नशा पत्ता या कैप्सूल तो नहीं लेने लगे, मुझे इम्प्रेस करने के लिए ये दवा अवा मत खाना, साइड इफैक्ट होते हैं, अब तो बच्चे भी बड़े हो गये हैं।'

'अरे नहीं यार सिर्फ सपने आते हैं बस।'

'पता नहीं आपके ताऊजी के कितने दोस्त थे? और ये सब तीस तीस साल बाद आपको यहाँ आगरे में ही क्यों याद आ रहे हैं? ताऊजी का नाल आगरे में गढ़ा है क्या? आपके ताऊजी धर्मात्मा उनके दोस्त एक से एक छिनट्टे? और हाँ इस इतवार को ध्यान से ताऊजी के सारे दोस्तों की लिस्ट बना लेना, सबका श्राद्ध एक साथ कर देते हैं।'

अब तो दो-तीन महीने में ये पत्नी की आदत में भी आ गया है, तीन-चार रात भार्गव जी सपने में कुछ न देखें, पत्नी जगाकर धीरे से कहती है—

'सुनो जी ताऊजी दिखे थे सपने में, कह रहे थे गुलाबसिंह का श्राद्ध क्यों नहीं किया? चलें दूसरे कमरे में?'

# बघेल जी

रमेश बघेल! कुछ गलत अन्दाज़ न लगायें, क्योंकि ऐसा ही कुछ नाम उस व्यक्ति का भी है जो 1991 के आसपास बाबरी मस्जिद में डायनामाइट के साथ पकड़ा गया था। लेकिन हमारे रमेश बघेल इस विभाग में जूनियर इंजीनियर हैं, उम्र फोर्टी प्लस, कद, वजन, फोटो बिल्ला ठीकठाक, यूनियन के पदाधिकारी हैं, हालाँकि एक्स्ट्रा क्यूरिकुलर क्रियाकलाप कुछ-कुछ डाइनामाइट लगाने जैसे ही हैं। नायिका के आने के पहले इसी दफ़्तर में थे, खुद की जुगाड़ और मक्खन के अलावा कटारे जी की नजर में खटकने के कारण यहाँ से निकल पाये, अगर उन्हें पता होता कि नायिका आने वाली है तो आजन्म यहीं पड़े रहने का प्रयास करते भले ही कटारे की सीट के नीचे डाइनामाइट बाँधना पड़ता। जैसा कि मीणा जी बताते हैं, ये उस प्रकार के लोगों में से हैं जो 'खिलाओ नहीं तो खेल बिगाड़ेंगे' के सिद्धान्त में विश्वास रखते हैं। जब वे यहाँ मौजूद थे तब सिर्फ दो महिलाएँ थीं दोनों अलब्ध, जिनमें पहली आधी रोटी पर दाल दूसरी पेटेंट शुदा, हालाँकि पेटेंट वायलेशन का इन्होंने भरपूर प्रयास किया लेकिन कटारे जी का पेटेंट मतलब अमेरिकन पेटेंट, उनसे कम्पटीशन इनके वश में नहीं था, थक हार कर दफ़्तर से विदा लेकर फील्ड में चले गये। इनकी आशिक मिजाजी के पीछे के कारण की विवेचना मीणा जी की छठी इन्द्री कुछ इस प्रकार करती है–

'आप तो जानते हो भाई साब जात का गड़ेरिया, खूबसूरती तो वहाँ ऐसे भी नहीं मिलनी थी, सो इसने भी शक्ल नहीं देखी, नौकरी वाली गड़ेरन देख ली, पॉश कॉलोनी में रहता है, जब भी घर से निकलता है तो चारों तरफ कम्पेयर करता हुआ चलता है, अपना आगरा तो ऐसे भी खूबसूरत जगह है, भूखे को पकवान दिखे और लार न टपके? फिर सही बात तो ये ही है भाई साब कि दो बच्चों के बाद तो खूबसूरत घरवाली भी लगेज जैसी दिखने लगती है।'

तबादले के बाद इस दफ़्तर से नाता टूट गया हो ऐसा भी नहीं है, कम से कम एक चक्कर तो सामान्य परिस्थितियों में लग जाया करता था, जबसे नायिका आयी है एकाध चक्कर फालतू लग जाता है। जहाँ तक रेवती का सवाल है, कटारे से हार मान प्रयास तो पहले ही बन्द कर चुके थे लेकिन खुजली का क्या करें? हालाँकि रेवती पद और वेतन के मामले में उनसे छोटी है लेकिन जब भी दफ़्तर में घुसते हैं, नारा

अपने आप लग जाता है–

‘नमस्कार मैडम।’

‘नमस्खार’ रेवती मैडम बिना नजर उठाये जवाब देती है, वो जानती है कि नजर मिलाने का मतलब अपना आधा घंटा खराब करना है, इसके अलावा जो जवाब देना है सोचकर देना है, क्या पता बघेल को कब गलतफहमी हो जाय? शिष्टाचार का गलत मतलब लगाकर पहले भी एक बार उसके सामने बाइक अड़ा चुका है।

‘क्या बात है मैडम? जबसे यहाँ से गये हैं आप देखती भी नहीं।’

‘देकथी थो पइले बी नईं ता, फिर थुम से भात खरने खी मथलभ वन आवर वेस्टेज, थुमारे फास खाम खा भात नईं रेहथी, थैंक्स।’

‘ठीक है मैडम कभी आपको भी काम होगा तब देखेंगे।’

रेवती जवाब नहीं देती, बघेल जी एकाध डायलॉग रेवती के कम्प्यूटर से मुखातिब हो और बोलते हैं फिर उदय जी या सिन्दल साब के पास जाकर बैठ जाते हैं। नायिका जब दफ़्तर में आयी इन्होंने उसे राधारमण के बाजू में बैठा देखा, पहले पहल राधारमण की रिश्तेदार समझ शिष्टाचार में राधारमण से हाथ मिला धीमे से बोले–

‘और राधारमण जी कैसे हैं? भाभी जी बच्चे वगैरा सब अच्छे हैं ना?’

‘हाँ सब बढ़िया’ कहते हुए राधारमण जी को अचरज हुआ क्योंकि दफ़्तर में रहते हुए इतना शिष्ट तरीके से बघेल ने कभी हाल नहीं पूछा, तब तक बघेल जी नारा लगाते हुए रेवती तक पहुँच चुके थे, वहाँ से बेरुखी हासिल कर उदय जी के पास पहुँचे।

‘ये राधारमण की रिश्तेदार है क्या?’ उन्होंने उदय जी से पूछा।

‘वो बुजुर्ग भार्गव जी के जीजाजी हैं, इस तरह हमारे और तुम्हारे भी, जा के पाँव छू लो।’ उदय जी ने भार्गव जी के पास बैठे बुजुर्गवार की ओर इशारा किया।

‘मैंने उनका नहीं पूछा।’

‘मगर मैंने बताया है, सवाल ये है तूने उनका क्यों नहीं पूछा?’

‘अबे मुझे उनसे क्या मतलब?’

‘हाँ साले, बिल्ली को ख्वाब में भी छिछड़े ही दिखते हैं, उनका क्यों नहीं पूछ रहा?’

‘ओ कविराज साले कपड़े न फाड़, कौन है वो लड़की?’

‘पटाना है?’

‘पहले पता तो चले कि कौन है, किसी साथी की रिश्तेदार न हुई तो सोचकर ही काम चला लेंगे, अब पटाने को यहाँ तो आ नहीं सकते, अब तो तुम ही सँभालो।’ बघेल ने उदय जी के नाम वसीयत लिखी।

‘वो किसी की भी रिश्तेदार नहीं है, बाबू है तुम चाहो तो अपनी विल बदल

सकते हो तुम्हारी इंजीनियर बिरादरी से सिन्दल साब यहाँ आ चुके हैं।'

'क्यों सिन्दल साब को बदनाम करते हो यार, बुजुर्ग आदमी हैं' बघेल अपेक्षाकृत जोर से बोले ताकि सिन्दल साब सुन सकें।

'मैंने कब बदनाम किया भाई? सिन्दल साब भले हैं बुजुर्ग हैं तो अपने घर ले जा, एकाध बुजुर्ग घर में रहे तो अच्छा रहता है।'

'तुमसे तो साले बात करना ही बेकार है।' कहते हुए बघेल उठे और नायिका के पास पहुँच गये।

'नमस्कार मैडम।'

'नमस्ते सर।'

'माई सैल्फ रमेश बघेल जे.ई.।'

'बताया था अभी राधारमण सर ने, बैठिये।'

'और कैसी लगी नौकरी?' वह बैठते हुए बोले।

'अभी तो समझ में नहीं आ रहा, कोई कुछ बताता ही नहीं यहाँ, बस कर लो।'

'अच्छा कटारे भी नहीं?'

'कोई नहीं, नमस्ते का जवाब भी नहीं देते।'

'बहुत बुरी बात है पहले मैं था कटारे की जगह, रेवती को काम किसने सिखाया? हमने, हम तो मैडम छोटा बड़ा कुछ नहीं समझते आप उम्र और पद में छोटी हैं फिर भी हमने ही इंट्रोडक्शन दिया ना?, नमस्ते की ना?'

'हाँ वो तो है थैंक्स।'

'नहीं नहीं हमारा फर्ज है भाई जूनियर्स को सिखाना, कभी जरूरत हो तो या यूनियन मैटर हो तो ये ऑफिस का नम्बर है विभागीय फोन लगा लेना, मोबाइल नम्बर दूँ क्या?'

'नहीं नहीं रहने दीजिए, ये ही काफी है।' नायिका पहली मुलाकात में इतना मुखर नहीं होना चाहती थी, क्या भरोसा अपना नम्बर देकर बदले में उसका नम्बर माँग लें।

रमेश जी चले गये साथ में एक अफसोस लेकर, लेकिन हफ्ते में एक के बजाय दो-तीन दिन इधर आने लगे हैं, सरकारी काम न हो तो यूनियन पदाधिकारी को बहाने की क्या जरूरत? लेकिन अपना वो दफ़्तर चलाना भी जरूरी है जो तनख्वाह के अलावा चार पैसे भी देता है, इसीलिए अपनी सीट पर बैठकर डिवीजन से अपने दफ़्तर में आने जाने वाले हर व्यक्ति से पूछते हैं—

'और सुनाओ क्या चल रहा है डिवीजन में।'

'बस सब ठीक ही है।'

'अरे ठीक तो होता ही है, मेरा मतलब कुछ हॉट टॉपिक?'

'ट्रान्सफर वगैरा?'

'अरे वो नहीं हॉट माने हॉट' वे बायीं आँख दबाते हैं।

‘मसलन।’

‘कुहनी से गाजर खोद रहे हो गुरु, रेवती का क्या चल रहा है? बैठो चाय पीओगे? राजू चाय ले के आ बढ़िया।’ वे इस आशा में पूछते हैं कि एक के साथ दो की जानकारी मुफ्त मिल जायेगी, पर डिवीजन का स्टाफ भी छिली रकम होता है, सामने वाले की अन्तरात्मा को मुम्बई के फाकलैंड रोड तक पहुँचा कर ही दम लेता है

‘सबको पता है यार, कटारे का पेटेंट है।’

‘और कोई नयी ताजा?’ वे जल्द से जल्द नायिका के कौमार्य की गारंटी चाहते हैं, लेकिन सामने वाला केवल चाय से सन्तुष्ट नहीं है।

‘हाँ वो धाकड़ मैडम और सिन्दल साब का कुछ सुनने में आया था, वो तुम्हारे दफ़्तर के बाहर चाय वाला पकौड़े भी अच्छे बनाता है।’

‘हाँ, हाँ, राजू दो सौ ग्राम लेते आना.... वो तो सुन चुके हैं यार, सिन्दल साब के फीते उतार दिये धाकड़ मैडम ने, मुँहफट औरत है, वर्मा जी की तो मेरे सामने...छोड़ो यार और कुछ?’

‘और कुछ क्या?’ वो भी कसम खाये है कि नंगा करके ही मानेगा।

‘वो यार नयी लौंडिया क्या नाम है?’

‘मधु...’

‘हाँ वही, उसकी बता क्या चल रहा है?’ वे फुसफुसाते हैं।

‘अच्छी मेहनती लड़की है।’

‘अबे चल क्या रहा है?’

‘कैसा, क्या चल रहा है?’

‘अबे किसी ने हाथ फेरा कि नहीं।’

‘कोशिश में तो बहुत हैं।’

‘कौन कौन?’

‘कौशिक...’

‘हे भगवान....कौशिक.....’ उन्हें अपने तबादले के प्रयास का सख्त अफसोस हो रहा है।

‘सिन्दल साब....’ वह पकौड़े को फूँकता हुआ कहता है।

‘अरे मारा....’ वे बनावटी ठहाका लगाते हैं, असल में इस समय अँधेरे में सिन्दल साब मिल जायें तो उनके लिए आज की तारीख ‘डूम्स डे’ होगी।

‘उदय जी के तो बहुत करीब है आजकल .....उदय जी भी मास्टर आदमी हैं, होशियार हैं, सरल हैं, रोब भी नहीं मारते नया बन्दा या बन्दी तो उन्हीं से सीख सकता है’ वह पकौड़ों का एक चौथाई उदरस्थ कर चुका है।

‘हाँ....यारों का यार है’ उनकी आवाज का जोश गायब हो जाता है, यही वह शख़्श है जिससे वे कम्पटीशन नहीं चाहते।

'आज कल या तो उदय जी उसके पास आधा-आधा घंटा बैठते हैं या वो, कई बार तो पूरा दिन उदय जी की सीट पर बिता देती है।'

'अच्छा और उदय?' वे शंका का समाधान चाहते हैं।

'अरे बघेल साब, उदय जी भी हम आपमें से हैं, ऋषि-मुनि तक नहीं बचे इस खाज से।'

'अच्छा मगर उदय की बीवी तो अच्छी है, आपस में जमती भी है, फिर उदय को तो कवि सम्मेलनों में तमाम...' उन्होंने कहा मानो कवि सम्मेलन का प्राथमिक उद्देश्य यही हो, दरअसल उनकी हार्दिक इच्छा है कि उदय जी रास्ते का पत्थर न बनें।

'अब उनकी वो जानें पूछा तो उनसे भी नहीं है हमने, इधर वो राजा सिंह भी दीक्षा ले चुका है उदय जी से' वह डेढ़ सौ ग्राम पकौड़े निपटा चुका है।

'दी...क्षा...? किस तरह की।'

'हर तरह की काम की भी और का...म की भी' उसने यमक अलंकार से अपने वक्तव्य को सजाया।

'मतलब वो भी ...?'

'हओ' कहते हुए उसने प्लेट में बचे पकौड़े के वंश चिह्न को भी समष्टि में समाहित कर दिया

'मगर वो तो बहुत सीधा....?' वे अन्तिम प्रतिद्वन्द्वी की सामर्थ्य को उसकी सरलता से समाप्त करना चाहते हैं

'अब भाई साब मुहब्बत में टेढ़ा तो कष्ट देता है ना, चलें।' कहते हुए वह चाय को एक साँस में खत्म करता है और निकल लेता है।

लेकिन उनका मन नहीं मानता, इस तरह की शिनाख्त वे डिवीजन के चार-पाँच लोगों से चाय और पकौड़ों की कीमत पर कर चुके हैं, कई बार वे डिवीजन जाकर फब्तियों की मार्फत भी शिनाख्त कर चुके हैं।

'मैडम सुना है, उदय जी को गुरु बना लिया है आजकल।' वे अर्थ पूर्ण ढंग से नायिका से कहते हैं।

'हाँ वो इस लायक हैं भी, आप तो यहाँ से चले ही गये, उदय सर बताते हैं आपने रेवती मैडम की काफी मदद की थी।'

'हाँ हाँ....' वे जबरन मुस्कराकर इस आशंका में उठ लेते हैं, कि कहीं रेवती ने बाइक अड़ाने वाली घटना उदय को तो नहीं बता दी और उदय ने नायिका को, हालाँकि उस घटना को दो के अलावा तीसरे कटारे जी ही जानते हैं, उदय जी ने नायिका को सिर्फ इतना कहा है– 'बघेल हमारे दोस्तों में है पर एकदम फालतू और बड़बोला।'

वे उठकर उदय जी के पास आ जाते हैं

'क्या उदय भाई कहाँ तक पहुँची गाड़ी?'

'गाड़ी माने?'

'अब यार दोस्तों से न छुपाओ हम भौजी से नहीं कहेंगे।'

'क्या नहीं कहोगे?'

'यही कि हमारा चालीसा यार मधु पच्चीसा पढ़ रहा है।'

'तो तुम भी कम्पटीशन में हो? दफ़्तर छूट गया पर रॉडबाजी नहीं छूटी।'

'अपनी बात करो कविवर, वो तुम्हारे पास ही क्यों आती है? सिन्दल साब की हिन्दी कमजोर है क्या? या भार्गव जी शिड्यूल नहीं बनाते या राजा कम्प्यूटर में तुमसे बहुत पीछे है।'

उसके बाद थोड़ी बहुत चुहल हुई, वे बुझे मन से लौट आये, लेकिन नायिका के प्रति सामान्य ज्ञान बढ़ाने की आदत में कोई कमी नहीं आयी है और अपने इन्हीं प्रयासों के दम पर वे नायिका के विरुद्ध डायनामाइट हासिल कर चुके हैं, जब एक बाहरी व्यक्ति ने बिना चाय पकौड़े के उन्हें एक दुर्लभ सूचना दी तो उनका गणित का पर्चा मानो बिगड़ गया–

'ऐसा...? पक्का....? अपनी आँखों से....?'

'अरे बघेल साब आप से झूठ बोलेंगे? सोचिये अपना क्या नफा नुकसान है, उस छोरी से हमारा क्या मतलब? जो देखा सो बताया।'

'अब तुमने देखा है तो.....पर गुरु मान गये लाये दूर की कौड़ी।' उन्होंने प्रशंसा में कहा और उस व्यक्ति के जाने के बाद उनका चेहरा उतर गया, थोड़ी देर के विचार के बाद निश्चयात्मक विद्रूपता आ गयी–

'अब तो खेल ही बिगाड़ना पड़ेगा।'

# राधारमण जी

प्रेक्षक यानी तमाशबीन, किसी भी कहानी में सभी पात्र सक्रिय भूमिका में हों तो लगता है कहानी बनाई जा रही है, बन नहीं रही, वास्तविक जीवन की कहानियों में भी सभी पात्र सक्रिय नहीं होते, कुछ निष्क्रिय पात्र भी होते हैं, जो घटनाओं को होते हुए देखते हैं हथेली रोप कर सक्रिय होने का प्रयास नहीं करते, प्रयास करें तो भी कहानी के प्रारब्ध को नहीं बदल सकते, जैसे क्रिकेट मैच का आम दर्शक लाख जोर लगाये, जसदेव सिंह या सुशील दोषी भी लाख उत्तेजना पैदा करें, मैच के परिणाम को प्रभावित तो अजहर या जडेजा ही कर सकते हैं या अपने दम पर सचिन तेन्दुलकर। बहरहाल किसी भी कहानी में यही निष्क्रिय पात्र उसके हिसाब से सबसे अधिक लाभ में रहता है, घटनाओं के दुखद पहलुओं को देखता है और भविष्य के लिए सावधान होता रहता है, गोया बस सावधान ही होता रहता है, सावधानी बरतते-बरतते एक दिन निकल भी लेता है, निकलते सक्रिय पात्र भी हैं, पर वे अपने पीछे दुखद या सुखद कहानी छोड़ जाते हैं, नेकनामी या बदनामी छोड़ जाते हैं, उदाहरण के लिए महाभारत के तीन नियोगी भाइयों में से निष्क्रिय भाई विदुर, न नाम लेवा न पानी देवा, जबकि कौरवों और पांडवों का नाम भी है और वंश भी। इस बात की पक्की गारंटी है कि जब तक सूरज चाँद रहेगा, सिन्दल साब का नाम रहेगा, लेकिन राधारमण जी एक दिन खाँसते हुए इस दफ़्तर से विदा ले लेंगे, तब पैंतालीस की हो चुकी नायिका (या हो सकता है तब कोई और युवा नायिका आ जाय) एक गुलदस्ता थमायेगी, उदय जी खँखारते हुए दफ़्तर में अपनी आखिरी कविता सुनायेंगे–

'रेल गाड़ी के ठसाठस भरे डिब्बे में जाना हो खड़ा होकर और पूछ ले सीट पर बैठा कोई आदमी– कहाँ तक जायेंगे आप?...और कुछ खास लोग वाकई आदमी होते हैं।'

दो-चार भाषण होंगे, सात-आठ मालाएँ पड़ेंगी, दो-चार बार तालियों की पट-पट होगी, चाय-नाश्ता और नमस्ते। तीन दिन बाद कोई आगन्तुक हमारी नायिका से पूछेगा–

'मैडम ये राधारमण जी कहाँ......'

'कौन राधारमण? अच्छा.... हाँ.... तीन दिन पहले ही तो रिटायर हुए हैं, गये भइया पता नहीं कहाँ मिलेंगे।'

'कमाल है, आपके साथ बाईस साल रहे आप भूल भी गयीं।'

'अरे भइया आउट ऑफ साइट आउट ऑफ माइंड, उनमें याद रखने लायक रखा क्या था? आप भी काम बताओ और निकल लो।'

उधर इस बात की पक्की गारंटी है कि हमारी नायिका भले साठ साल की, पूतों वाली, पोते-पोतियों वाली हो जाय और कोई पूछे—

'मैडम इसी दफ़्तर में चौंतीस साल पहले एक सिन्दल साब हुआ करते थे?'

नायिका के गालों पर लाली उभर आयेगी।

'उन्हें कौन भूल सकता है, कल की सी बात लगती है, रसिया आदमी थे सिर्फ मुझसे बात करने के चक्कर में पता नहीं अपने भतीजे को कितने टेंडर खरीदवा दिये, जिनमें आधे तो बक्से में ही नहीं पड़े।'

'और उदय जी?'

'उनकी न पूछो...' वह साठ साल की उम्र में भी शरमा जायेगी, फ्लैश बैक शुरू हो जायेगा, फिर एकटक सामने की दीवार पर लटकी गाँधी जी की तस्वीर के काँच में अपने धुँधले अक्स को देखती हुई बैरागन सी बोलती जायेगी—

'बहुत रहस्यमय व्यक्ति थे, लेकिन हमेशा खुद को खुली किताब कहते थे, हो सकता है मेरी समझ का फेर रहा हो, लेकिन कभी प्रेमी जैसा व्यवहार करते थे कभी पिता जैसा, कभी टीचर जैसा तो कभी बच्चों जैसा, कुछ कनफ्यूजन तो था, या तो इधर या तो उधर, जो भी हो मैंने उनसे बहुत कुछ सीखा, अच्छे व्यक्ति थे, जो बोलना हो बोलते थे, डरते नहीं थे, तभी तो उल्टा-सीधा लिखने पर पिछले साल कहीं पिटे, बुढ़ापे का शरीर, महीने भर बाद ही निकल लिए, खैर आइये बैठिये, कहाँ से आये हैं आप?' कहते हुए वह चश्मा उतारेगी, चश्मा साफ करते-करते नजर बचाकर आँखों को भी पोंछ लेगी।

बाप रे! प्रेक्षक को परिभाषित करने में पूरा पन्ना निपट लिया। खैर ये हैं हमारे प्रेक्षक सं. 1 राधारमण सूर्यवंशी, उम्र बयालीस, पद हैड क्लर्क, ठेका सैल में नायिका के बाजू में ही बैठते हैं, बहुत ईमानदारी की बात है कि नायिका की ओर देखते भी नहीं, केवल तभी उत्तर देते हैं जब नायिका प्रश्न करे, कई बार तो धीमे से कहते हैं— 'उदय से पूछ लो, वही बता पायेगा'। 'कुचेत खल्वाट भवेत निर्धनम' की कहावत इनके ऊपर चरितार्थ है, ये कहना शायद गलत है, ये पैदाइशी गंजे नहीं हैं, पैदाइशी पैसे वाले अवश्य हैं, खानदानी रईस हैं, हिस्से में चालीस बीघा जमीन आती है, नेशनल हाइवे पर छह सौ गज का प्लॉट है, छोटे मोटे पाँच छह प्लॉट दो-तीन शहरों में हैं, भाइयों के स्टोन क्रशर के व्यापार में बराबर के साझीदार, पत्नी डिग्री कालेज में एडहॉक लेक्चरर, कुल मिलाकर पैसे की कोई कमी नहीं लेकिन कमी पैसा पाने की चाह में भी नहीं है। घर में यूँ ही पड़ा पैसा इन्हें काट खाने को दौड़ता है, रहीमदास के दोहे का आधुनिकीकरण ये कुछ इस तरह करते हैं।

'पैसा और पानी रुकते हैं तो सन्तुलन बिगड़ता है, पैसे से समाज का, पानी से प्रकृति का, इसलिए उसे गतिमान रखकर कुछ कमा लेना चाहिए।'

इसीलिए उन्होंने अपने खेतों के चार कोनों पर चार ट्यूबवैल लगवा दिये हैं, अपने खेतों में पानी लगवाने के बाद पड़ोसियों को बेच भी लेते हैं, रहा पैसा, कई बार तो दफ़्तर से ही पूरी तनख्वाह दो रुपया सैकड़ा पर उठा कर घर पहुँचते हैं। इस तरह वे रहीमदास जी को श्रद्धांजलि देते हुए अपने सामाजिक कर्तव्य का निर्वाह कर देते हैं। भरपूर ठाकुर होने के बाद भी वैश्य वृत्ति उन्हें कहाँ से मिली पता नहीं, स्वभाव में विनम्रता, द्रव्य से मोह, स्त्रियों से अनासक्ति उनके वैश्य होने की चुगली करती है, हाँ कभी कोई ताव की बात करे, या पैसा वक्त पर न लौटाये, तो अन्दर का क्षत्रिय जाग जाता है–

'बनिया बक्काड़ा मत समझियो, एक फोन की देर है, दस ट्रैक्टर भर के आदमी आ जायेंगे।'

लेकिन कुछ खास लोगों के लिए इनका ट्रीटमेंट अलग है और उसकी वजह अज्ञात है या हो सकता है, द्रव्य के प्रति आसक्ति के बाद भी अन्दर का आदमी जीवित हो मसलन–

'उदय के लिए तो जान हाजिर है, उदय भइया बता देना जब जरूरत हो लाख दो लाख, तू ब्याज की सोचना भी मत।'

हालाँकि न उदय जी को जरूरत पड़ी न इन्होंने दिये, पर इस भावना का सम्मान उदय जी भी करते हैं, कटारे के सामने तन के खड़ा रहने में उदय जी इनकी भरपूर मदद करते हैं, राधारमण कभी मदद को पुकारें उदय जी हाजिर रहते हैं, इसके दो कारण और भी हो सकते हैं, पहला ये कि राधारमण की सीट नायिका के बाजू में है, राधारमण बुलायेंगे तो बिना चाय के नहीं आने देंगे मतलब बीस मिनट नायिका का सान्निध्य राधारमण एकाउंट पर मिल सकता है, दूसरा ये कि कटारे के केवल नायिका की मदद के आरोप को साफ तौर पर नकारा जा सकता है। प्रेक्षक से ये छुपना आसान नहीं, राधारमण जी उदय जी के विचलन को समझते हैं, लेकिन न अपनी जुबान से कहते न किसी को आरोप लगाने देते–

'अपना उदय भइया ऐसा आदमी नहीं है, किसी की भी मदद हो तैयार रहता है, राजा भी अच्छा लड़का है, सेम टू सेम।'

अगर 'सेम टू सेम' को वे महसूस कर बोलते हैं तो साफ है कि वे जितना उदय जी के विचलन से परिचित हैं उतना राजा से भी, लेकिन जब सिन्दल साब आकर नायिका के बाजू में बैठते हैं, तो उन्हें कुढ़न होने लग जाती है, वे स्पष्ट तो नहीं कहते, पर कहते हैं–

'क्या सिन्दल साब? आपके सेक्शन में ही तो बनता है शिड्यूल आपको नहीं पता?'

'अरे यार सूर्यवंशी किसी को चार पैसे मिल जायें तो क्या हर्ज है, तनख्वाह

कितनी है बेचारी की? अब वो उदय लेनदेन वाला नहीं सो नखरे करता है, भार्गव भरे पेट वाला उसे क्यों दिलवायें? अब तुम लोग तो इसे कुछ देते नहीं, दूसरा दिलवाये तो मिर्च....'

थोड़ी देर और बिताकर अपने हिसाब से कुछ नम्बर कमाकर सिन्दल साब चले आते हैं, राधारमण धीरे से पूछते हैं—

'कुछ दे जाता है?'

'हाँ कुछ ही दे जाते हैं।' नायिका कहती है।

'चलो, तब ठीक है।'

राधारमण जी किसी को पैसा न लेने की सलाह नहीं दे सकते, उनके हिसाब से भले सिन्दल साब की मंशा ठीक न हो, लेकिन सिर्फ मंशा ही तो है, प्रकट में कुछ नहीं कर रहे, कुछ दे ही रहे हैं, तब ठीक है।

स्टाफ के अलावा उन्हें ठेकेदारों की मंशा का भी ध्यान है, अधिकतर ठेकेदारों की कोशिश जितना टेंडर लेने में होती है लगभग उतना ही टेंडर बेचने वाली में, कुछ सिर्फ टाइम पास करते हैं, कुछ नायिका के बारे में सामान्य ज्ञान बढ़ाना चाहते हैं, कुछ नायिका की नैतिकता का स्तर जानना चाहते हैं।

'मैडम, टेंडर कितने बजे तक मिलेगा?'

'डेढ़ बजे तक।'

'दो बजे आयें तो?

'तो आपको अवार्ड कर देंगे।' राधारमण मन ही मन कहते हैं।

'देखिये अखबार में पढ़कर आया कीजिए प्लीज़।' नायिका कहती है।

'अच्छा मैडम आपकी तनख्वाह बीस हजार तो होगी।'

'नहीं होगी तो बीस हजार रुपये महीने ये दे देगा।' राधारमण बुदबुदाते हैं।

'मैडम आप तो साक्षात लक्ष्मी का अवतार हैं।'

'घर की लक्ष्मी को पूजे तो ये चिरकुटों जैसे तीन-तीन लाख के टेंडर न डालें हरामखोर।' राधारमण जी बड़बड़ाते हैं।

कुछ पुराने ठेकेदार नायिका के बाजू में आकर बैठ जाते हैं, कई बार राधारमण जी की कुर्सी पर भी कब्जा कर लेते हैं, इनमें से एक सिसौदिया जी कुछ ज्यादा आशिक मिजाज हैं। उस दिन उन्होंने एज़ यूज्वल राधारमण जी की कुर्सी पर कब्जा जमाया हुआ था।

'हाँ तो मैडम कैसी हैं आप?'

'अच्छी हूँ।'

'कहाँ अच्छी हैं, कुम्हला गयी हैं, पहले से आधी भी नहीं रहीं तीन दिन से देख रहा हूँ, नाक से रूमाल ही नहीं हट रहा।' सिसौदिया जी का बस चले या नायिका परमिट कर दे तो नाक को चाट-चाट कर सारा नजला उतार दें।

‘हाँ जुकाम है, खाना-पीना भी ठीक नहीं चल रहा।’

‘पहले अच्छी हो जाओ मैडम, ये लो।’ उन्होंने सीट के नीचे से पाँच सौ का पत्ता नायिका के हाथ में जबरन रख मुट्ठी बन्द की।

‘य...य...ये क्या बद...त...?’ नायिका को उनके स्पर्श से ऐतराज है।

‘बदतमीजी नहीं मुट्ठी बन्द कर दिया है रख लो।’

नायिका मुट्ठी खोलकर देखती है, आम ठेकेदार उसे टेंडर पर दो सौ देते हैं, पाँच सौ देखकर उसका ऐतराज कम हो जाता है।

‘मगर ये तो...’

‘कम हैं?’

‘नहीं ज्यादा हैं।’

‘अरे मैडम हमारे साथ रहोगी तो ऐसे ही मजे करोगी, हमें जो अच्छा लग जाय बस जान हाजिर, कभी आधी रात कोई काम हो याद कर लेना सिसौदिया हूँ, राणा प्रताप का खून।’

सिसौदिया जी ने सिक्का जमाया और नायिका को डराया भी, लेकिन दूर से भगवान राम का वंशज यानी राधारमण सूर्यवंशी उन्हें नायिका का हाथ दबाते हुए देख चुका है, पास आते तक राधारमण जी ने पूरा डॉयलॉग भी सुन लिया, इसके अलावा राधारमण जी का कुछ हिसाब वो छह महीने से लटकाये हुए हैं।

‘कुर्सी....’ राधारमण जी ने बिना सावधान किये कुर्सी को खींचा।

‘अरै यार सूर्यवंशी, उठ रिया हूँ ना, तम तो ऐसे खींच्चौ जैसे कदी प्रधान मंत्री की कुर्सी होय थारी।’ उन्होंने नायिका की ओर मुस्कराकर खीज मिटाने का प्रयास किया।

‘उस पर बैठ सकता है, लेकिन इस कुर्सी को पाने के लिए आर.आर.बी. का एक्जाम देना पड़ता है, उसमें फेल होने वाले तेरी तरह ठेकेदारी करते हैं, पास होने वाले मेरी तरह इस पर बैठते हैं।’

‘मैं तो तमनै बहुत सीधा समझै था।’

‘सीधा हूँ पर बनिया बक्काड़ा मत समझियो, एक फोन की देर है, दस ट्रैक्टर भर के आदमी आ जायेंगे ’

‘तम तो यार पता नायं कहाँ का गुस्सा काढने लाग रे, इब चालूँ मैडम।’ वह खिसियाकर चले गये।

सिसौदिया जी अपनी फजीहत नायिका के सामने नहीं करवाना चाहते इसलिए नायिका के इधर-उधर होने पर धीरे से आकर सूर्यवंशी के पास बैठ गये।

‘का यार ठाकुर साब बिरादरी का तो तनी लिहाज कर लेते, लौंडिया के आग्गे तार दी, कम से कम गलती तो बता दो भाई।’

'गलती तुझे पता है, उस लड़की का हाथ क्यों पकड़ा?'

'पकड़ा कहाँ भाई? पाँच सौ का पत्ता पकड़ाया, जैसे तन्नै पकड़ाऊँ।'

'लेडीज को उस तरह नहीं पकड़ाया जाता।'

'अब पिच्छै कदी लेडीज नै ना पकड़ाया भाई, बस यासूँ बुरा मान गया ठाकुर? अरे हम भी ठाकुर हैं यार, तेरा कदी चक्कर हो तो बता दे भाई, कसम से आज ही छोटी भाभी मान लेंवगे।'

'बकवास नहीं, मेरी सोच वैसी नहीं है, सोलह साल छोटी है मुझसे, तुझसे अठारह बीस, जब मैंने हाईस्कूल पास किया था, तब पैदा हुई होगी, कह क्या रहा था तू– हमें जो अच्छा लग जाय बस जान हाजिर?'

'भाई गलती हो गयी, पर उसे ऐतराज नाहें तौ तन्नै के मतलब भाई?

'चाहे जो भी हो मेरी सीट पर लड़कीबाजी नहीं होगी, उसे ऐतराज नहीं तो घर ले जा।'

'अरे छोड़ यार, थारा हिसाब बाकी था।' घुटा ठेकेदार सरकारी कर्मचारी की कमजोरी बखूबी जानता है।

'हाँ दे कहाँ रहा है तू, इतने दिन हो गये।' राधारमण जी नरम हुए।

'वा ही त देण आया था, तू कपड़े फाड़ने लग्या।' कहते हुए उन्होंने बैग में से पचास के नोटों की गड्डी निकाली।

'हिसाब कुछ तीन हजार सात सौ का है।' सूर्यवंशी गड्डी को देखते हुए बोले।

'रख ले यार, हिसाब बाद में होता रैवगा, न हम ठेकेदारी छोड़न लाग रे ना तू नौकरी, राणा जी की सौं हमनैं जो अच्छा लग जाय बएस जान हाजिर' कहकर उन्होंने सूर्यवंशी का हाथ वैसे ही दबाया जैसे नायिका का।

अन्तिम वाक्य वही था जो नायिका को बोला गया था, सूर्यवंशी को ऐतराज हुआ पर अतिरिक्त मिले एक हजार तीन सौ ने मुँह न खोलने दिया, पर इतना तो बोल ही दिया–

'मेरी सीट पर लड़कीबाजी नहीं होगी।'

'नाय होगी भाई, घर से कुर्सी ले आवॅगा पर थारी कुर्सी पै बैठकै बोलूँगा भी ना, खुश...?'

उसके बाद से सिसौदिया जी आते हैं, सूर्यवंशी को हिसाब से कुछ फालतू दे जाते हैं, चपरासी को दस रुपये देकर दूसरी कुर्सी मँगा लेते हैं, नायिका को इम्प्रेस करने के लिए तरह-तरह के हथियार चलाते हैं, सूर्यवंशी के अन्दर का ठाकुर जोर मारता है पर ठाकुर की पीठ पर सवार बनिया सक्रिय होने से रोक कर समझाता है–

'तेरा क्या ले रहा है राधारमण, कुछ दे के ही जा रहा है, बस प्रेक्षक बना रह

असल आनन्द उसी में है, सक्रिय होने में कौशिक, सिन्दल, उदय और राजा क्या ले पाये?'

सूर्यवंशी उठकर साहब के चेम्बर में चले जाते हैं और सिसौदिया जी के 'फालतू' को इस तरह बराबर कर हिसाब पटाने की कोशिश करते हैं, पर शायद वे नहीं जानते कि सिसौदिया जी सारा फालतू अपनी डायरी में नोट कर रहे हैं, जिस दिन उनकी उम्मीदें खत्म होंगी, पूरा हिसाब कर लेंगे आना पाई का, उनसे भी और नायिका से भी। क्योंकि ठेकेदार की जात बामन बनिया या ठाकुर नहीं होती, ठेकेदार की एक ही जात है—ठेकेदार और सगा तो वो जात क्या बाप का भी नहीं होता।

# धर्मेश जी

धर्मेश शर्मा, वरिष्ठ नक्शानवीस, उम्र उदय जी के बराबर, आकार उदय जी के बराबर, हालाँकि जो आकार उदय जी ने चालीस की उम्र तक आते-आते प्राप्त किया, वही आकार ये पैदाइश से पाये हुए हैं, इसीलिए परिवार में इनका नाम पप्पू है। विभागीय जानकारी उदय जी से कुछ ज्यादा है, सामान्य और साहित्यिक ज्ञान उनसे कुछ कम, तुकबन्दी करने का शौक पिताजी से विरासत में मिला है, पर उस स्तर पर न ये पहुँच पाये न इनके पिताजी, जहाँ उदय जी पहुँच चुके हैं, शायद इसीलिए उदय जी की साहित्यिक क्षमताओं के प्रशंसक भी हैं। अब सवाल ये कि हम उनकी तुलना उदय जी से ही क्यों कर रहे हैं? जवाब ये कि उदय जी नौकरी के प्रारम्भ से इनके साथ हैं और उत्तरी और दक्षिणी ध्रुवों के समान होने के बावजूद दोनों अच्छे मित्रों में से हैं। जहाँ उदय जी नाम और प्रशंसा के भूखे, वहाँ शर्मा जी को नाम से कोई लेना-देना नहीं, जहाँ उदय जी आक्रामक वहीं शर्मा जी धीर-गम्भीर, उदय जी कविगत दुर्गुण यानी कच्चे लँगोट के शिकार वहीं शर्मा जी परत-दर-परत तीन लँगोट (एक मम्मी का दिया, दूसरा पापा का और तीसरा पत्नी का) बाँध बाहर की हवा को भी अगम्य बनाये हुए। मतलब ये कि यदि मनुष्य के अस्तित्व की सौ पहचान हों तो उनमें से साठ इन दोनों में कॉमन नहीं, फिर भी पिछले पन्द्रह सालों में एक भी अवसर ऐसा नहीं जब दोनों में मन भेद हुआ हो, इसका पहला खास कारण है, गुणों के सम्मान की भावना दोनों में है, दूसरा और मुख्य कारण है इन दोनों की पत्नियाँ, वजह दोनों की पत्नियाँ एक-दूसरे के पुश्तैनी शहर से हैं, यानी श्रीमती शर्मा उदय जी के शहर से, मिसेज उदय धर्मेश जी के शहर से। जड़ से सात सौ किलोमीटर दूर जब पहली मुलाकात दोनों महिलाओं की हुई तो एक दूसरी की ननद बन गयीं, अब शर्मा जी की पत्नी अपने भाई की बुराई नहीं सुन सकती और उदय जी की पत्नी अपने भाई की। हालाँकि शुरू में दोनों एक-दूसरे के गुणों के साथ दुर्गुण भी देखते थे जैसे—

'उदय भी अजीब दादागिरी करता है, बताओ दफ़्तर में आज एक साथी को ही पीट दिया, ऐसा कहीं चलता है नौकरी में? जानता नहीं मिट्टी खराब कर देगा प्रशासन, सरकारी नौकरी ऐसे ही नहीं मिल जाती।' शर्मा जी ने कहा।

'देखो जी उसने भी गलत ही किया होगा तभी पिटा, उदय भइया समझदार हैं,

लेकिन दिल में आये उसे निकालना भी जरूरी होता है, तुम्हारी तरह नहीं कि पच्चीस के हो गये अब भी मम्मी-पापा की तरफ देखते हो और वो तो तुम्हें पचास में भी पप्पू ही समझेंगे, कुछ सीखो उदय भइया से।' जवाब मिला।

'हाँ तुम्हारे गाँव का है, जुड़वाँ भाई है तुम्हारा, वो वहाँ दफ़्तर में आतंक फैलाता है तुम यहाँ घर में।'

'देखो जी इसके आगे...'

'अच्छा... अच्छा ठीक है।' धर्मेश जी युद्ध की घोषणा के पूर्व युद्ध विराम की घोषणा कर देते–

उधर उदय जी–

'...ये धर्मेश भी झेलू किसम का आदमी है, बताओ इंचार्ज ने हड़काया और हड़क गया, मैं होता तो...'

'पता है या तो मुँह चलाते या हाथ, तुम्हारा तो पूरा कस्बा इसी के लिए बदनाम है, एक से एक जंगली पड़ा है वहाँ, मुश्किल से सौ दो सौ होंगे नौकरी में, सरकारी नौकरी ऐसे ही नहीं मिल जाती, धर्मेश भइया समझदार हैं, कितना सम्मान करते हैं बुजुर्गों का, सीनियर भी बुजुर्ग ही होते हैं, कुछ सीखो धर्मेश भइया से।' जवाब मिलता

'तेरे शहर का है ना, एक तो तू सम्मान करती है एक वो, तभी तो शादी के दो महीने बाद ही चिचियाने लगी थी, मुझे तो साथ ले चलो नौकरी पर, क्यों फड़फड़ाई? सम्मान करती बुजुर्गों का।'

'देखो जी इसके आगे....'

'इसके आगे क्या? तू और तेरा भाई धर्मेश क्या उखाड़ेंगे मेरा?' उदय जी पांचजन्य में फूँक मार कर युद्ध की घोषणा कर देते।

'ठीक है मैं भी देखती हूँ।'

और बोलचाल बन्द, तीन दिन बाद तब शुरू होती जब शर्मा जी का सपत्नीक आगमन उनके यहाँ होता, वहाँ से लौटकर श्रीमती शर्मा बतातीं–

'भइया भाभी की बोलचाल बन्द थी, हमारी वजह से शुरू हो गयी।'

'क्यों?'

'तुम्हारे कारण, भइया तुम्हें झेलू कह रहे थे भाभी को सहन न हुआ।'

'अच्छा? बहन है हमारी कैसे सुन लेगी, पर तुमने तो नहीं बता दिया कि मैं उदय को क्या कह रहा था?'

'हाँ बताया।'

'अरे यार, तुम औरतों को कोई बात पचती नहीं, क्या जरूरत थी?'

'लो जी लो वो तो तुम्हारी बहन है, मैं उदय भइया की कुछ नहीं।'

'जुड़वाँ हो जैसा वो वैसी तुम, वो दफ़्तर में आतंक...'

'बात नहीं करनी तुमसे...'

और बोलचाल बन्द, दो दिन बाद तब शुरू होती जब उदय जी का सपत्नीक आगमन उनके यहाँ होता और उदय जी दरवाजे से ही बोल देते–

'देखो भाई जिसकी भी बोलचाल बन्द हो, वो शुरू कर ले, वरना हमारे शहर के लोग जंगली होते हैं, मारते कम घसीटते ज्यादा हैं।'

और चारों खिलखिलाकर हँस पड़ते, बहरहाल उन ननदों के आपसी लगाव ने रिश्तेदारी तो मजबूत की, साथ ही अवगुणों की बुराई के बजाय एक-दूसरे के गुणों के सम्मान की भावना भी पैदा की, आज पन्द्रह साल बाद हालत ये कि एक-दूसरे को बताये बिना इनके घरों में शुभ कार्य नहीं होते, बच्चों का जन्म दिन हो या शादी की सालगिरह, पहली बधाई या तोहफा इन घरों में एक-दूसरे के यहाँ से ही आता है। पत्नियों की एक-दूसरे से सीखने की सीख ने उदय जी पर खास काम नहीं किया सिवाय पत्नी को मामूली सम्मान देने के, पर धर्मेश जी ने विरोध प्रकट करना, कभी कभार गालियाँ बक देना, जरूरत पर जरूरत से ज्यादा आक्रामक हो जाना उदय जी से सीख लिया है, पन्द्रह साल पहले यदि कोई आकर कहता–

'इस महीने आधी तनख्वाह मिलेगी धर्मेश।'

तो धर्मेश जी कारण जानने की कोशिश न कर धीमे से कहते–

'सबको मिल रही है ना आधी, ठीक है दाल में पानी बढ़ा लेंगे।'

इसी वाक्य को कोई आज कहे तो धर्मेश जी कहेंगे।

'उसकी माँ की.......बाप का राज है ......वालों का, दुअन्नी कम नहीं लेंगे।'

'मगर मन्दी है भांई सबको मिल रही है आधी।'

'मन्दी है तो मन्त्री जी अपनी लुगाई को धर जायें अंबानी के यहाँ, मैं तो नहीं रख सकता।'

दो साल पहले का एक वाकया तो उदय जी को ऐसा भी याद है जब चलती ट्रेन में इंजीनियरिंग कॉलेज के बीस लड़कों के बीच धर्मेश जी ने ऐसा आक्रामक वाक्य बोला था कि आक्रामक उदय जी के भी प्राण सूख गये थे और वे गाड़ी की रफ्तार का अनुमान इस आशय से लगाने लग गये थे कि यदि इस रफ्तार पर चलती गाड़ी में से किसी मानव शरीर को बीस इंजीनियरिंग छात्र अच्छे से कूट पीट कर फेंकें तो किस ब्लॉक सेक्शन में उस शरीर का कितना हिस्सा मिलेगा और इस गाड़ी में कितने डी.एन.ए. पार्टीकल।

धर्मेश जी प्रेक्षक हैं पर पहले प्रेक्षक से बिल्कुल अलग, पहला प्रेक्षक कहानी में क्रिकेट मैच के उस टी.वी. दर्शक की तरह है, जो देखते-देखते उछलता है– 'अबे कहाँ मार रहा है, क्रास बैट नहीं, सीधे बल्ले से।'

'अबे सीधा मिडल पर, लैग पर अटैक मत कर।' फिर विचार करता है कि ये मगजमारी परिणाम को नहीं बदल सकती, बेहतर है देखते-देखते इंडिया की हार पर ही कुछ कमा लिया जाय, धर्मेश जी टी.वी. दर्शक की वर्जनाओं को जानते हैं, इसलिए

चुपचाप मैच देखते हैं, भारत की जीत पर पटाखे नहीं फोड़ते, पाकिस्तान की जीत पर घरवाली से नहीं लड़ते, देखते वक्त सिर्फ देखते हैं कमाई की योजना नहीं बनाते। किसी भी घटना पर कोई राय या बिना माँगे कोई सलाह नहीं देते, सलाह भी कोई तीन बार माँगे तब एक बार। हाँ, घर जाकर पत्नी को रनिंग कमेंट्री अवश्य सुनाते हैं, समीक्षा भी करते हैं कि अमुक व्यक्ति के साथ क्या हुआ? क्यों हुआ? वो क्या नहीं करता तो क्या हो सकता था, क्या करता तो क्या नहीं होता। पत्नी कहती है–

'तो बताया क्यों नहीं?'

'बिना माँगे सलाह और उधारी बाँटना, आर्थिक और बौद्धिक सम्पन्नता के लक्षण नहीं, शुद्ध मूर्खता के लक्षण हैं, फिर जब तक आप सिचुएशन में खुद नहीं है, आप ऐनश्योर नहीं कर सकते कि आपके बताये काम को वो किस तरह करेगा, अपने मॉडस आपरेन्डी को आप ही बेहतर जानते हैं।'

'फिर आप खुद ही करवा देते।'

'देखो किसी के बच्चे को खिलाने में यश नहीं मिलता पर खिलाते-खिलाते पटक देने पर गालियाँ पड़ती हैं।'

हमारी नायिका जब दफ़्तर में आयी तो कुछ दिन बाद धर्मेश जी ने घर में बताया।

'नयी लड़की आयी है दफ़्तर में।'

'आपके सेक्शन में? कैसी है?'

'कैसी क्या ठीक है, मुझे तो वैसे भी सारी औरतें एक जैसी दिखती हैं, हाँ एम.एससी. है, मेरे सेक्शन में तो नहीं पर बुरी फँसी है बेचारी कटारे के साथ।'

'फँसी है तो निकालिए।'

'अपने बस का नहीं, उदय कर सकता है, कटारे के बाद वही नम्बर दो है।'

'तो कहिये उनसे।'

'क्यों?'

'इंसानियत की बात है।'

'हाँ है तो, पर नहीं, किसी के बच्चे को खिलाने में यश नहीं मिलता पर खिलाते-खिलाते पटक देने पर गालियाँ पड़ती हैं।'

'पर उदय भइया तो अपने हैं।'

'तभी तो, मान लो मैं उदय से कहूँ, उदय कुछ करे और कटारे का बुरा बन जाये कटारे तो है ही बदमाश, उदय का कुछ नुकसान करवा दे, फिर उदय उसे पीट दे नौकरी पर आ जायेगी।'

'फिर?'

'कुछ नहीं लड़की खुद हिम्मत दिखाये तो क्या उखाड़ेगा कटारे मादर....'

'अरे आप गाली?'

'सॉरी....मैं...वो उदय की तरह सोचने लगा था।'

'फिर उसे बताइये ना'

'देखो बिना माँगे सलाह और उधारी बाँटना, आर्थिक और बौद्धिक सम्पन्नता के लक्षण नहीं, शुद्ध मूर्खता के लक्षण हैं।'

'फिर...?'

'हो सकता है उदय को कटारे का व्यवहार पता चल जाय तो ये राय वो खुद बाँट देगा।'

'मतलब उदय भइया का नुकसान तो तब भी हो सकता है?'

'हाँ, लेकिन तब उदय के बच्चे को खिलाते-खिलाते मैं नहीं पटकूँगा, उदय खुद पटकेगा।'

'कमाल है, उदय भइया के बच्चे को आप पटको या वो पटकें चोट तो दोनों सूरत में लगेगी, आप उदय भइया को समझाइये ना कि वो इस चक्कर में न उलझें।'

'कमाल है अभी तुम मुझे उलझने की राय दे रही थीं अब उदय को न उलझने की, इसीलिए कहता हूँ, प्रेक्षक बने रहना ठीक है ये उलझाव के मामले हैं।'

कुछ दिन बाद कौशिक जी की भावनाएँ मीणा जी के मार्फत आम हुई, गोल मेज कॉन्फ्रेन्स में सिन्दल साब के बहिष्कार के बाद, मुख्य वक्ता के रूप में भार्गव जी ने धर्मेश जी को आगे किया–

'हाँ धर्मेश तुम्हारी क्या राय है?'

'कुछ नहीं।'

'कुछ तो' राजा सिंह जी बोले।

'नहीं वाकई।'

उदय जी धर्मेश जी के व्यवहार को जानते हैं, उन्होंने गिना, दो बार राय माँगी जा चुकी है और आदतन धर्मेश जी तीसरी बार में देते हैं।

'कुछ तो बोलो यार, लोग एक्सपर्ट कमेंट माँग रहे हैं।'

'अच्छा, मेरे विचार से कम्पनसेशन पर लड़की की माँ को नौकरी खुद लेना चाहिए थी, लड़की तो ब्याह कर अपने घर चली जायेगी, फिर बाकी छोटे बच्चों का क्या होगा...'

'अबे यार मुद्दे पर आ.....' मीणा जी बोले।

'वही कर रहा हूँ भाई, एक्सपर्ट कमेंट ऐसे ही होते हैं, कभी चन्दू सरवटे को सुना है....'

'अबे ये मारेगा....मुद्दा....मुद्दा भाई।'

'वही भाई वही...मुद्दे से पहले मुद्दई उससे पहले उसका इतिहास, लड़की की माँ नौकरी लेती तो उसे संरक्षण के लिए कौशिक जी की जरूरत न पड़ती तो जाहिर है कौशिक जी भी किसी कोमलांगी के स्पर्श का सुख न ले पाते, तब मीणा भी उनके

प्रोस्टेट ग्लैन्ड को डाइग्नोज नहीं कर पाता।'

'पका रहा है यार...छोड़ अब क्या हो।'

'अब किसका?'

'कौशिक का।'

'कौशिक क्या किसी का कुछ नहीं होना राजा का नम्बर लग सकता है, लेकिन घर पर खबर पहुँचते ही राजा को भी राखी बँधवानी पड़ेगी।'

'तो कौशिक क्या करे?'

'मेरे विचार से कौशिक जी या तो राम की शरण लें या काम की।'

'मतलब?'

'या तो खुद गीता पढ़नी चाहिए या पत्नी को मस्तराम साहित्य गिफ्ट कर देना चाहिए, या फिर इंटरनेट लगा कर पत्नी को भी गूगल सर्च में पीओआरएन टाइप करना सिखा देना चाहिए।'

फिर घर जाकर पूरे वृत्तान्त की कमेंट्री पत्नी के सामने की, पत्नी ने पूरा सुनने के बाद कहा--

'बताओ कैसा जमाना है? पर ये प्रोस्टेट क्या होता है?'

'एनॉटॉमी को मार गोली, सीधी बात एक बीमारी होती है जिसमें कामुकता बढ़ जाती है, और ये बीमार सिर्फ दो जानवरों में होती है, आदमी और सूअर।'

'पर आप तो कहते हैं हमारे पूर्वज बन्दर थे।'

'हाँ हमारे, कौशिक जी के नहीं।'

'ऐसे कैसे?'

'प्रोस्टेट ग्लैन्ड सभी आदमियों का नहीं बढ़ता ना इसलिए।'

'अच्छा ये पीओआरएन?'

'दवा का नाम है, जिन लोगों की प्रोस्टेट ग्लैन्ड बढ़े या सम्भावना दिखे उनकी बीवियाँ इस दवा को लें तो बचाव हो सकता है।'

'कमाल है? पत्नी दवा ले पति का इलाज हो।'

'खास उम्र पर अर्धनारीश्वर का रूप ले लेते हैं पति-पत्नी, अब सो जाओ यार।'

कुछ दिन बाद उन्होंने नायिका को कटारे से जुबानदराजी करते सुना, उन्हें अच्छा लगा पर फिर अनुमान लगाया कि नायिका के सामान्य ज्ञान की वृद्धि हो न हो उदय जी के ही कारण हुई है, वे दो घंटे बाद उदय जी के पास गये--

'आज तो मधु ने कटारे को हड़का दिया।'

'हाँ बता गयी है।'

'मतलब तुझे?'

'क्यों? मैंने ही तो ज्ञान दिया था उसे।'

'मतलब तूने?'

'भाई तुम्हारी इच्छा नहीं हुई क्या कभी? कटारे की पूजा कराने की।'

'हाँ पर कटारे बदमाश है।'

'कौन परवाह करता है धर्मेश जी।'

'ध्यान रखना।'

वे कहकर चले आते हैं, उदय जी की बात अलग है, धर्मेश जी सिर्फ उन्हें बिना माँगे पैसा और सलाह दे देते हैं, हालाँकि उसकी मिकदार काफी कम ही होती है, यानी सलाह में अधिकतम दो शब्द– 'ध्यान रखना' पैसे अधिकतम दो हजार बस, उससे ज्यादा माँगने पर। एक दिन सिन्दल साब को नायिका से शिड्यूल लेकर अपनी सीट पर आ फाड़कर फेंकते हुए देखा, उनके जाने के बाद प्रेक्षक धर्म का पालन करते हुए कागज के टुकड़ों को जोड़ वापस शिड्यूल बनाया और उदय जी के सामने रख दिया–

'क्या है?'

'जॉगर्स पार्क।'

'मगर ये तो शिड्यूल है, मैंने बनाया था मधु को दिया था।'

'हाँ मगर मिला सिन्दल साब की टोकरी से।'

'ओह ....मतलब बुजुर्गवार...?'

'हाँ जॉगर्स पार्क देख ली उन्होंने।'

प्रेक्षक यानी निष्क्रिय चरित्र ने सिर्फ उतनी ही सक्रियता दिखाई जितनी महाभारत में विदुर ने, लाक्षागृह कांड के समय न दुर्योधन को रोका, न पांडवों को बताया, बस इतना कह दिया कि भोजन पहले बामनी और उसके पाँच बेटों को खिलाना है। और अगले पन्द्रह मिनट में शिड्यूल सीट टू सीट दस सीटों पर घूम आया। कुछ दिनों बाद उन्होंने उदय जी को भी नायिका से गुपचुप बातें करते सुना, फिर नायिका को टेबल पर सिर टिकाते, उदय जी को गुनगुनाते, उदय जी के बाद नायिका को हँसकर किसी से बातें करते और फिर मीणा जी को उदय जी के बारे में बोलते सुना तो उन्हें अपनी बहन का खयाल आया, लेकिन इस मसले पर बिना माँगे दी जाने वाली सलाह लम्बी ही होती और इतनी लम्बी सलाह बिना माँगे कभी पत्नी को नहीं दी, लेकिन आदतन पत्नी के सामने समीक्षा अवश्य की–

'अब तो लग रहा है उदय का भी प्रोस्टेट ....'

'देखो जी बात कौशिक, सिन्दल, कटारे या किसी ऐरे-गैरे की हो तो ठीक है, पर मेरे भइया के पूर्वज तो बन्दर ही थे।'

'मेरा वो मतलब नहीं यार और बन्दर और सुअर वाले विचार भी मेरे नहीं डार्बिन और तस्लीमा नसरीन के हैं, पर उदय अच्छा तो नहीं कर रहा।'

'उस दिन तो कह रहे थे अच्छा किया कटारे की...'

'याद है उससे पहले क्या कहा था ये उलझाव की चीजें हैं, अब उसने पटक लिया ना अपना बच्चा, चालीस की उमर, दो बच्चे और वो लगा है--तुम आये नैनों के द्वारे...'

'छोड़ो, अब क्या करना है?'

'मेरे विचार से मैं होता तो...'

'हाँ अब तुम और हो लो, पाँच पहले से मरे पड़े हैं उस अखाड़े में।'

'नहीं मेरे विचार से हमें उदय से कुछ नहीं कहना चाहिए, वो भी गोता ही देगा—अरे नहीं धर्मेश जी गरीब लड़की है, कटारे से दुखी है बस मदद कर रहा हूँ।'

'फिर भाभी से बोलूँ?'

'हाँ पर उदय को पता चला तो...?'

'नहीं ना पता कैसे चलेगा? आप उस दिन बता रहे थे ना इंटरनेट...पीओआरएन।'

'तुम मरवाओगी.... उसे सब पता है, तुरत समझ जायेगा।'

'अरे तुम देखो तो...' कहते हुए श्रीमती शर्मा ने फोन लगाया।

'हाँ भाभी मैं बोल रही हूँ.....वो तुम्हारे यहाँ इंटरनेट है? ....नहीं....तो लगवा लो, आज पढ़ा था अखबार में उसमें कोई गूगल होता है, उसमें पत्नी पीओआरएन टाइप करे तो पति का स्वास्थ्य सुधरता है........हमने? .....नहीं अभी कम्प्यूटर लायेंगे फिर लगवायेंगे.......और अब हमारे ये भी इस खबर को पढ़ चुके हैं.......कह रहे थे मुझे जरूरत नहीं........उदय की तबीयत ठीक नहीं रहती आजकल कुछ बुझा-बुझा सा रहता है............खयाल?......तुम्हारे भइया हैं......कैसे न रखेंगे जीजा का खयाल.... .पर भइया को न बताना वो भी कहेंगे धर्मेश जी की तबीयत ठीक नहीं रहती, बच्चों को भी न बताना.........पति-पत्नी के बीच की चीज है, ......कैसे कहोगी?.......कहना बच्चों को जरूरत पड़ती है, होना चाहिए.......हाँ कैसे भी पता न चले, नहीं तो हरगिज न लगवायेंगे.....अच्छा रखती हूँ।'

अगले ही दिन उदय जी के यहाँ फरमाइश हो गयी—

'सुनो जी इंटरनेट लगवा लेते हैं कम्प्यूटर में।'

'चैटिंग करोगी?'

'जवानी में की नहीं अब अड़तीस में सैटिंग करूँगी?'

'चैटिंग बावली चैटिंग, अमरीका वालों से बातचीत।'

'नहीं बच्चों को जरूरत पड़ती है।'

'बच्चों को? यार लड़का दूसरी में है लड़की छठवीं में किसे जरूरत पड़ेगी? अच्छा ठहरो।'

उदय जी ने बच्चों को बुलाकर शिनाख्त की, बेटी बोली।

'ऐसी तो जरूरत नहीं पड़ती पापा, प्रोजेक्ट में फोटो या एनसाइक्लोपीडिया लगते हैं, मेरी फ्रेंड ला देती है मेरे लिए, पर कल रात जब से शर्मा बुआ का फोन आया है तभी से मम्मी इंटरनेट लगवाने की कह रही हैं।'

उदय जी समझ गये कि प्रेक्षक ने विदुर नीति या प्रेक्षक धर्म का पालन कर दिया वे मुस्कराये, घर के बाहर आये और मोबाइल निकाल कर धर्मेश जी का नम्बर डायल

किया, धीमे से बोले—

'मेरा प्रोस्टेट सलामत है जीजाजी, जिस चीज से तुम डर रहे हो उसका कारण सिर्फ प्रोस्टेट ग्लैन्ड नहीं होता, एकाध वजह और भी है, बिना माँगे राय देते वक्त आप भूल गये कि आपकी बहन जी शायद ज्यादा धार्मिक किस्म की हैं, मोबाइल में चोरी से बेंडिट क्वीन का सीन जो हमने डालकर रखा है, उनके हाथ लग गया, हमारे तो प्राण सूख गये, तसल्ली तब हुई जब देखने के बाद श्रद्धा से नागा माता की जय करने लगी, लेकिन सोच लो जीजा अगर मेरी जीजी को पीओआरएन का मतलब पता चला तो रामगढ़ तबाह हो जायेगा वैसे भी हमारे शहर के लोग जंगली होते हैं, मारते कम घसीटते ज्यादा हैं।'

शर्मा जी फोन रखकर बड़बड़ाये।

'पहले ही कहा था बिना माँगे सलाह और उधारी बाँटना आर्थिक और बौद्धिक सम्पन्नता के लक्षण नहीं, शुद्ध मूर्खता के लक्षण हैं, अब पटक लिया ना बच्चा...'

# सिसौदिया जी

साहित्यकार समाज कहता है कि ये युग आदर्शों का नहीं, नायकत्व का नहीं, यथार्थ का है, अर्ध नायकत्व का है, यानी अब न तो कोई सम्पूर्ण राम होता है न रावण, न सम्पूर्ण हुसैन न यजीद, एक ही व्यक्ति में राम और रावण दोनों पाये जाते हैं, हमारा भी लगभग यही निजी विचार है, कि नायक, अर्धनायक या खलनायक सब सापेक्ष चरित्र हैं, माने नायक खलनायक को गलत समझता है, खलनायक नायक को और अर्धनायक दोनों को। भारत एक लोकतांत्रिक देश है, अब से नहीं राजा राम के समय से, मतलब बहुमत जिसके पक्ष में हो वही सही, यानी त्रेता में एक तपस्वी शूद्र के पीछे बहुसंख्यक बामन पड़े तो मर्यादा पुरुषोत्तम ने सीधे-सादे तपस्वी शम्बूक की लालटेन बुझा दी, आज कलयुग में विधान सभा में सवा दो सौ कमल दिखें तो शराब गैरकानूनी, पाँच साल बाद दो सौ छब्बीस पंजे दिखे तो कानूनी। मतलब ये कि सिन्दल साब, कटारे जी, कौशिक जी और राजा सिंह जी मिलकर उदय जी के विरुद्ध अविश्वास प्रस्ताव रख दें तो वे ही खलनायक। इसीलिए हम इस चरित्र को खलनायक कह रहे हैं क्योंकि यदि दफ़्तर के लोगों को कहानी में इनकी उपस्थिति का भान भी हो गया तो इनके विरुद्ध अविश्वास प्रस्ताव तय है, क्योंकि ये आगरा-पलवल पैसेंजर में हाथ उठाकर स्टाफ कहने वालों में से नहीं हैं, यानी ये इस विभाग के कर्मचारी नहीं हैं।

ये हैं जगवीर सिंह सिसौदिया, गवर्नमेंट कॉन्ट्रेक्टर एंड सप्लायर, ग्रामीण परिवेश, गाँव नायिका के शहर की दिशा में चालीस किलोमीटर आगे, उम्र छियालीस, शक्ल ठेकेदारों जैसी, बायीं आँख अभीष्ट पर दो मिनट टिकने के बाद अपने आप घूम जाती है, चौबीस साल ठेकेदारी करने के बाद भी खड़ी हिन्दी में ज्यादा वार्तालाप नहीं कर पाते, दूसरी लाइन शुरू होते तक उ.प्र. हरियाणा के बार्डर पर कोटवन पहुँच जाते हैं, हालाँकि घर से ठीकठाक थे, लेकिन दारू के नशे में और अधिक दारू पीने के लिए अठारह साल की उम्र में चार साथियों के साथ लूट का प्रयास किया था, जिसमें इनके एक साथी ने बनिये के पुट्ठे पर चाकू मार दिया, लूट वूट तो क्या हुई, ज्यादा नशे में होने की वजह से ऐन मौके पर यही दबोच में आये बनिये ने भी कह दिया इसी ने मारा है, केस चला घरवालों ने बनिये को इलाज का खर्चा और दो हजार नकद देकर कोर्ट में गवाही बदलवा दी, सन्देह के लाभ में बरी हुए और इनके पास भी कहने के

लिए हो गया कि ये राणा प्रताप के प्रमाणपत्रित वंशज हैं। बहरहाल पिताजी ने सोचा कि इससे पहले छोरा राणा प्रताप के प्रमाणपत्रित वंशज से राजपत्रित वंशज बनने का प्रयास करे, ब्याह कर कहीं काम धंधे में लगा दो वरना खेती में तो बाकी दो भाइयों को भी घास की रोटियाँ खिलवा देगा। दूर के एक रिश्तेदार इस विभाग में सुपरवाइजर थे, उन्हीं के साथ पार्टनरशिप में लगवा दिया, यानी नाम सिसौदिया जी का कमाई आधी-आधी, सिसौदिया जी तो पैदा ही ठगी और लूट यानी ठेकेदारी के लिए हुए थे, ठेकेदार नाम को चरितार्थ कर दूसरे साल ही पार्टनरशिप को भंग कर पूरा फाइनल पेमेंट डकार लिया और रिश्तेदार जी के अंग्रेजी पढ़ने पर पहले तो उन्हें राणा प्रताप के वंशज वाला प्रमाणपत्र दिखाया और न मानने पर विजीलेंस को 'टॉमी-छू' कर दी। उसके बाद इन्होंने मुड़कर नहीं देखा, चार-पाँच पार्टनरशिप ब्रेक कीं, चार-पाँच बार पिटे, छह सात बार लोगों को पीटा भी, कुल मिलाकर आज इस विभाग के सफलतम ठेकेदारों में से एक हैं, परिवार में भी तरक्की खासी की, आज स्थिति ये है कि इनके बड़े भाई इनके सुपरवाइजर हैं, वे इन्हें पीठ पीछे भी भाई साब कहते हैं और ये उनका नाम उनके सामने लेते हैं।

सिसौदिया जी के फंडे सरकारी कर्मचारियों के बारे में पूरी तरह साफ हैं, उनके हिसाब से हर सरकारी आदमी बिकाऊ है न सिर्फ उसकी आत्मा बल्कि उसका शरीर भी, जी हाँ शरीर भी, एंड ही मीन इट.....। उनके हिसाब से सभी सरकार पुरुष भड़वे हैं, सभी सरकारी महिलाएँ वेश्याएँ, बस थोड़ा सॉफिस्टिकेटिड या हाई प्रोफाइल और ठेकेदार खरीदार है, ग्राहक है जो किसी भी कीमत पर इन्हें खरीद सकता है। हालाँकि सॉफिस्टिकेटिड या हाई प्रोफाइल जैसे शब्द उनकी डायरी में नहीं हैं (डिक्शनरी को वे डायरी कहते हैं) लेकिन यहाँ हमने उनकी भावनाओं का अनुवाद किया है। वैसे तो रंडी भड़वे वाली सोच उनकी है हमारी नहीं फिर भी कुछ सरकारी कर्मचारी आपत्ति कर सकते हैं, सच को ज्यों का त्यों कहने के लिए हम क्षमा चाहते हैं, लेकिन हमें कोई ताज्जुब नहीं होगा कि आत्मा के बिकाऊ होने के मसले पर कोई आपत्ति न मिले, आत्मा बची ही कहाँ भाई साब?

प्रभावहीन व्यक्तित्व, गँवई अन्दाज़, बदतमीजी और खराब शब्दकोश के बावजूद सिसौदिया जी में आत्मविश्वास ग़ज़ब का है, झाँसी से लेकर मुम्बई, आगरा से लेकर इलाहाबाद तक बड़े से बड़े अधिकारियों के चेम्बर में सरेआम अटैची खोलने में कभी डर नहीं लगा और आज तक कभी ऐसा नहीं हुआ कि किसी अधिकारी ने आपत्ति की हो, चौथाई बार अटैची के नोट गिने गये, चौथाई बार बिना गिने 'ठीक है' कहकर अटैची रख ली गयी, और आधी बार–

'तू मरवायेगा सिसौदिया, आने से पहले फोन तो कर लिया कर।'

सिसौदिया जी हँसते हैं–

'अरे साब राणा प्रताप का खून है, जो अच्छा लग जाय बस जान हाजिर।'

और बाहर चले आ जाते हैं, बाहर खड़े उनके बड़े भाई पूछते हैं।

'हो गया भाई साब?'

'हओ।'

'आपको डर नहीं लगता, कोई कड़क मिल गया तो?'

'देख यदुवीर, डर के ठेकेदारी ना होत्ती, जद बानिये वाले केस में डर के भाग गया होत्ता तो म्हारा बाप मनैं ठेकेदारी ना करात्ता, फेर मैं भी तेरी नाईं कदी किसी का सुपरवाइजर ही होत्ता, पलवल वाले जिज्जा सूँ डर कें माल ना डकारा होत्ता तो पहुँचै था कदी यहाँ तक? रिसक तो हर चीज में है भाई, घर सूँ निकलने में भी सड़क पै कुचलने का डर होवै है, फिर भी निकलना पड़ै है ना?।'

'मान लो भाई साब कोई कड़क मिल जाय तो?'

'अच्छा? फेर ठेकेदार नैं राणाप्रताप से भामाशाह का पोता बणने में कित्ती देर लागै?' वे ठहाका लगाते हैं।

औरतें इनकी ख़ास कमजोरी है, ख़ास तौर पर आगरा की लड़कियाँ उसकी खास वजह अठारह साल की बाली उमर में मिली गँवारन पत्नी का साथ, हालाँकि ये भी निपट गँवार हैं लेकिन आगरा शहर की खूबसूरती, बेबाक कल्चर, पर्स लटका कर मराली चाल चलने की अदा, हाय-बाय, बात-बात पर 'जा निपूते' की जगह 'ओ शिट' ने इन्हें ख़ासा आकर्षित किया है, इसीलिए हफ्ते में एक-दो बार आगरा में रुक कर किसी रड़वे ठेकेदार के कमरे पर पेड कॉलेज गर्ल बुलाकर पहले पाँच मिनट उसके ख़ुशबूदार रूमाल से खेलते हैं, पाँच मिनट उसके पर्स में पड़े सौन्दर्य प्रसाधन और कंडोम के पैकेट से, चार मिनट उसे अंग्रेजी में भाषण देने का आग्रह करते हैं और कमाल है हर लड़की इन चार मिनट में पौने चार मिनट ब्लडी, रास्कल, स्वाइन, इंपोटैन्ट, बगर जैसे उनवान उन्हें नवाजती है, बीस मिनट पेग बनवाते हैं, कई बार तो सिसौदिया जी के पास दो ढाई मिनट ही बचता है, लेकिन इतना सब होने के बाद तो ये समय उनके लिए पर्याप्त है, कई बार तो कार्यक्रम के बीच में ही वे फरमाइश कर बैठते हैं–

'एक बार ओ शिट तो बोल दे जानेमन।'

लड़की के जाने के बाद फोकट की दारू, मुर्गा और शबाब उड़ा चुका उनका बिहारी ठेकेदार साथी कहता है–

'का यार सिसौदिया जी आपका इंगरेजी बहुत खराब लगता है, ओ लरकी आपको बहुतई गालियाँ देके गया रहा, आप कौनौ कुछ बोला ही नहीं।'

'तो? अरे बावड़ी पूँछ, ठेकेदार के लिए तो राष्ट्रपति पदक नाईं होवै गाली, पेग बणा, यार मजा आ गया, अगली बार खाला कूँ फोन करियो, कोई बढ़िया स्कूल और कालौनी की होवै सदर वदर साइड, पीसे हजार पाँच सौ देख लेंवगे।'

जब ये दफ़्तर नया खुला तो पहले धाकड़ मैडम टेंडर बेचा करती थीं, जैसा कि

बताया गया है उनकी देहयष्टि पुरुषों के आसपास ही है, उसमें स्वभाव की आक्रामकता, साथ में हरिजन और महिला एक्ट की तोप, लेकिन पर्स, हाय-बाय, कैट वॉक, ओ शिट उनके पास भी थे। इसीलिए सिसौदिया जी ने मामूली मजाक से उनकी नैतिकता का मूल्यांकन करने का प्रयास किया और पहले प्रयास में ही मूल्यांकन ठीकठीक हो गया–

'और मैडम का हाल हैं, हम तो थारे इन्तजार में आधे हो लिए।'

'सुन रे सिसौदिये, इन्तजार में आधा हो गया है तो वापस घर चला जा पूरा हो के लौटना, कहीं ज्यादा इन्तजार हो गया तो चौथाई भी न बचेगा एक कंपलेंट में।'

'नहीं मैडम मैं तो ऐसे ही.....टेंडर खरीदणा था....इसलिए.......इन्तजार।'

'मान ले मैं नहीं आयी आज, अब.....?'

'चलो छोड़ो मैडम....और सुनाओ....' वह बैठते हुए बोले।

'लगता है तेरी समझ में नहीं आया अभी जो सुना कम था? सारी सरकारी औरतों को बिकाऊ मत समझ, जो सौ दो सौ देता है, अपने बच्चों के लिए सँभाल के रख, अब सामने से आ जा.....कुर्सी ठेकेदारों के लिए नहीं रखी।'

'अरे मैडम तम तो ज्यादा बुरा मान गयीं, मैं तो तन्नै बड़ी मैन......' अब वे कोटवन पहुँच गये।

'रिश्तेदारी छोड़ सिसौदिया, टेंडर ले और निकल ले आगे से याद रखना।' धाकड़ मैडम को बहन में बुरा नहीं लगा लेकिन 'बड़ी' तो हाईली ऑब्जैक्शनेबल है।

'ठीक है, या लो मैडम' सिसौदिया ने दो सौ रुपये निकाले।

'रहने दे दो सौ लेकर मुझे इन्तजार नहीं कराना इस उमर में।'

'के बात सै मैडम? कदी माफी भी नायं दोगी मैडम....'

'हाँ हाँ दे दी जा।'

'जो तम नहीं लोगी, तो मैं समझूँगो माफी नाय मिली।' कहते हुए सिसौदिया ने दो सौ रुपये टेबल पर रखे और निकल लिए, ठेकेदारों के कमरे में पहुँचकर बड़बड़ाये–

'यो साली हाई लेबिल की रंडियाँ....'

फिर रेवती का आगमन इस सीट पर हुआ, अपेक्षाकृत कम उम्र और मोर कल्चर्ड लेकिन पेटेंट शुदा जो कि सिसौदिया को पता था, लेकिन सिसौदिया जी राणा प्रताप के वंशज, यूँ ही हार मानने का सवाल नहीं, प्रयास किया–

'और मैडम क्या हाल हैं, हम तो आपके इन्तजार में आधे हो लिए।'

'टीक ऐ खाम खा भात भोलने खी इदुर।'

'काम की ही बात तो कर रहे हैं मैडम, टेंडर लेना था' सिसौदिया की बायीं आँख ने अपनी धुरी पर परिक्रमा की।

'टीक ...मनी रिसीट देने खा...'

उन्होंने रसीद देते में सायास रेवती की उँगली को छुआ, लेकिन रेवती ने नोट नहीं किया, उनकी हिम्मत बढ़ी और बाजू में बैठ गये–

'मैडम आपके हसबैंड...?'

'हइ अबी, पन इदुर नयी रहथी' वह टेंडर पर नाम लिखती हुई बोली–

'फिर ....कहाँ..?'

'बेंगलौर....'

'अरे ...? फिर आप तो महीनों में .....'

'ओ मेरा प्राब्लम, ओ.खे....ए तेरी टेंडर...'

'नहीं वो तो है पर तकलीफ होती होगी यहाँ....मेरे लायक सेवा हो तो बताना... राणा प्रताप का खून हूँ, जो अच्छा लग जाय जान हाजिर।'

'मईं थेरे कूँ अच्ची लगथी..?' वह मुस्करायी।

'बहुत.....' उनका दिल उछला।

'कइसे? मेरा अन्दर ख्या अलग होना कॉमन लेडीज से?' उसका स्वर बदला।

'तम.....तम.... भौत मेहनती हैं, गुड हैं, गुड गुड बोलती हैं।' वे कोटवन पहुँच गये।

'अबी थू बोली कि थू ओ राना आना खा ब्लड हय, अबी मईं बथाथी मईं छेलम्मा खा डायनेस्टी खो बिलाँग करथी, जानथी उसे...?'

'नहीं।' लेकिन उन्हें यकीन हो चला कि चेलम्मा भी कुछ राणा प्रताप जैसा ही रहा होगा, डायनेस्टी माने कुनबा क्यों कि डाय मानै मरा हुआ, नेस्ट माने घोंसला ....उन्होंने दो सौ रुपये टेबल पर रखे और निकल लिए, ठेकेदारों के कमरे में पहुँचकर बड़बड़ाये–

'यदुवीर....'

'हाँ भाई साब'

'चेलम्मा नै जाणै?'

'पता नहीं अपनी लेबर में तो कोई नहीं....मनसुखानी ठेकेदार से पूछूँ?'

'रहन दे बिहारी से पूछ लूँगा? आज अकेला ही निकल लियो, मनैं बिहारी कनैं काम सै।'

उस रात को बिहारी के कमरे पर रुक कर, सदर वाली पेड कालेज गर्ल से भरपूर गालियाँ सुनने के बाद हँसते हुए पूछा–

'जानेमन, नो चेलम्मा?'

'यस आयी नो, शी वाज़ ए ब्रेव क्वीन ऑफ साउथ लाइक लक्समी बाई ऑफ झाँसी।'

उनकी समझ में झाँसी और क्यू फॉर क्वीन से आ गया, वे बड़बड़ाये–

'यो साली हाई लेबिल की रंडियाँ...'

'हाउ डेयर यू? ब्लडी सन ऑफ ए बिच।' वह गुर्राई।

'कुछ नहीं, एक बार ओ शिट तो बोल दे जानेमन.........'

जब हमारी नायिका उस सीट पर आयी तो सिसौदिया जी की मुराद पूरी हो गयी, लेकिन दो बार ख़ता खा चुकने के कारण एकदम हिम्मत नहीं हुई और वो जान भी चुके थे कि सरकारी आदमी आत्मा को तो आसानी से बेच सकता है, क्योंकि वो तो कहीं है ही नहीं, है भी तो ईश्वर की अमानत है, बेचने में हमारे बाप का क्या? कष्ट होगा तो ईश्वर को, पड़ा होता रहे, शरीर को मुफ्त के दाम मिल रहे हैं। लेकिन शरीर पर आदमी इतनी आसानी से हाथ नहीं धरने देता क्योकि शरीर लौकिक है, उसका अपना है, कष्ट को आसानी से झेल भी नहीं सकता। फिर भी आँखों में आँखें डालकर, बायीं आँख को घुमाते हुए खुद को सभ्य फिकराकशी से रोक नहीं पाये–

'नमस्कार मैडम, आज कल तो पंजाब लेट आ रही है, जल्दी जा रही है।'

'क्या करें सिसौदिया जी, इस विभाग वाला बस से तो आयेगा नहीं।' वह मुस्कराकर कहती।

'नहीं जी आना चाहे तो कार से भी आ सकता है, हम तो रोज आते हैं कार से।'

'लेकिन आप तो ठेकेदार हैं, हमारी इतनी औकात कहाँ?' वह गहरी साँस छोड़कर कहती।

'अजी कैसी बात कर दी? कार में हम अकेले आयें या चार आदमी तेल तो उतना ही लगना है, आपके घर के सामने से निकलते हैं रोज।' उन्होंने प्रस्ताव दिया।

'जी शुक्रिया....बताइये कौन सा टेंडर चाहिए।'

सिसौदिया जी इस बार जल्दबाजी में रायता नहीं बघराना चाहते बल्कि तय कर लिया है कि नायिका के हर नैतिक आयाम का मूल्यांकन करके ही बात बढ़ायेंगे, वे टेंडर लेते हैं, दो सौ रुपये देते हैं, बायीं आँख घुमाते हैं और निकल लेते हैं। जब उन्होंने भीखा द्वारा नायिका को नये ठेकेदार से पाँच सौ दिलाकर साथ में लिम्का पीते देखा तो पहले तो तन बदन में आग लगी, लेकिन बड़े साब का चपरासी होने के कारण उसे बिना माफी माँगे ही माफ कर दिया, लेकिन उस घटना से उन्हें नायिका की नैतिक सीमाओं का भी अन्दाज़ हो गया। भीखा के जाने के बाद वे नायिका के पास पहुँचे–

'और मैडम क्या हाल हैं, हम तो आपके इन्तजार में आधे हो लिए।'

'इन्तजार? आज तो मैं राइट आयी हूँ, नाइन थर्टी।' वह मुस्कराकर बोली।

'लेकिन हम तो जल्दी आ लिए।' वह हँसे।

'आप कार वाले हैं हम बेकार, काम बतायें।' उसने साँस छोड़ी।

'काम के है, थारी गैल बैठना था बस, लेकिन तम तो चपरासियों नैं पास में बिठाओ।' वे कोटवन पहुँचते हुए हुए बिना नायिका की प्रतिक्रिया जाने अपने आत्मविश्वास के चलते राधारमण जी की कुर्सी पर बैठ गये।

'नहीं अच्छा बन्दा है, काहे का चपरासी हमसे ज्यादा पेमेंट ले रहा है।'

'तो औकात तो चपरासी रही ना? तन्नै पाँच सौ दिलवा दिये तो बड़ा थोड़ी हो जावेगा।'

'सिसौदिया जी.....' उसने प्रतिवाद किया।

'बुरा मत मानो मैडम तम बतातीं तो सही, हम तो ठेकेदार यूनियन से बात करके फिक्स करवा देवैं, हर टेंडर पर दो सौ।'

नायिका का प्रतिवाद जाता रहा।

'बुरा कहाँ माना? आपके साथ तो रोजाना काम पड़ना है, लेकिन ये पैसे पानी की बातें इतना जोर से नहीं की जातीं।' उसने उदय जी की सीट की ओर झाँकते हुए कहा।

'हाँ वो तो ठीक है, मैं करूँ सूँ कुछ।'

आठ दिन बाद ही हर टेंडर पर दो सौ रुपये नायिका के लिए फिक्स हो गये, सिसौदिया जी के हिसाब से उनका कद भी बढ़ गया, लेकिन जब हर ठेकेदार दो सौ दे रहा है तब सिसौदिया जी सबसे अलग दिखने चाहिए, यही सोचकर उन्होंने एक दिन नायिका की मुट्ठी में पाँच सौ का पत्ता रख हाथ को दबा– 'ओ शिष्ट' का आनन्द ले लिया, लेकिन राधारमण जी ने फजीहत कर दी, राणा जी के खून ने जोर तो मारा लेकिन सामने वाला भी कमजोर नहीं भगवान राम के वंश से था, किसी तरह कम नहीं न पैसे में न ताकत में बल्कि उसके संयुक्त परिवार को शामिल कर लें तो बहुत भारी, इसीलिए भामाशाह की आत्मा ने कहा–

'खम्मा घणी मराज जी, रहण दो राणा जी माफ कर दो आपजी नी बिरादरी नो ठाकुर है।'

उसके बाद भामाशाह ने राधारमण जी को भी साध लिया अब वे बेखटके नायिका के पास बैठने लगे।

'मैडम आपने शायद अपना कांटेक्ट नम्बर दिया था?'

'नहीं मुझे तो याद नहीं।'

'नहीं क्या है कभी-कभी जरूरत पड़ जाती है।'

'जैसे...?'

'कभी टेंडर डालना हो समय की कमी हो तो आप टेंडर खरीद कर रख लो, हमारे दो-तीन घंटे बचेंगे।'

'नहीं ये गलत है...'

'मैडम बताओ सब दो सौ देते हैं हम पाँच सौ फिर भी?'

'मैंने तो दो सौ भी नहीं माँगे कभी।'

'लेकिन बात इंसानियत की करो मैडम हमने आपका खयाल किया आप हमारा करो।'

'ठीक है, उसका अलग लगेगा।'

'ठीक है सात सौ।'

'नम्बर लिखो जीरो फाइव...सिक्स...'

'मगर ये तो फोन नम्बर है....'

'तो आपने कब मेरा पी.एफ. नम्बर माँगा था?'

'वो मोबाइल ...थारे कनैं है ना.....नायं देना तो छोडो......म्हारा काम तो या सूँ भी चल जावेगा, अच्छा ये थारा कौन सा मोबाइल है.....नोकिया....अठारह सौ सत्तावन वाला...अरे मैडम बदलो इसने...आजकल तो यो लड़ाई झगड़ों में पत्थर की जगह इस्तेमाल होवै।' वे औकात पर आये।

'क्या करें हमें तो कोई पूछता नहीं, ठेकेदार तो कटारे, रेवती या राधारमण को ही गिफ्ट देते हैं, वरना तनख्वाह में बाबू रख पायेंगे दस हजार का मोबाइल?'

'चिन्ता मत करो थारा भी बखत आवैगा।'

दस हजार सुनकर राणा जी भामाशाह से कैलकुलेशन कराने लगे, घर में बिस्तर पर लेटकर भामाशाह ने हिसाब लगाया कि दस नहीं तो तीन-चार का तो दिया जा सकता है, ख़ास तौर पर उस कम्पनी का जो सिम के साथ ही देती हैं, उस सूरत में नायिका का मोबाइल नम्बर उनके पास हमेशा रहेगा, अगले ही दिन, दोपहर में ही उन्होंने चार बीयर पीकर टाटा की सिम के साथ साढ़े तीन हजार का कैमरा वाला मोबाइल गिफ्ट पैक कराया, डायरी में मधु के खाते में तीन हजार नौ सौ चढ़ाये (चार बीयर के चार सौ भी, दिन में बीयर उन्होंने नायिका के कारण पी थी) और दूकानदार से कहा–

'ऊपर लिख दे अंग्रेजी में– म्हारी महबूबा को आशिक जगवीर सिंह सिसौदिया का छोट्टा सा तोहफा।'

दूकानदार की अंग्रेजी उतनी अच्छी नहीं थी, उसने वही लिखा जो हर गिफ्ट पर लिखता है–

'विद लव फ्राम जे.एस.सिसौदिया'

ये पैकेट उन्होंने बड़े भाई की मार्फत पहुँचाया और दो घंटे बाद फोन किया–

'मैडम मैं बोल रहा हूँ सिसौदिया।'

'हाँ अभी तक ये नम्बर आप ही के पास है बस, लेकिन मैंने सीरियसली नहीं कहा था, इतना महँगा? कितने का है?'

'तोहफे की कीमत नहीं पूछी जाती, पैकेट पर जो लिखा था सो पढ़ लिया?'

'हाँ।'

'मतलब आपको कोई दिक्कत नहीं?' वे जानना चाहते थे कि नायिका ने उनके प्रेम को स्वीकार किया कि नहीं।

'उसमें दिक्कत को क्या है? ऐसा तो हर गिफ्ट पर लिखा जाता है, विद लव फ्राम सो एंड सो यानी प्यार के साथ।'

'अच्छा यो ई लिखा था बस?' वे मायूस हुए, साले दूकानदार की खैर नहीं।

'आपने नहीं लिखा?'

'नहीं वो यदुवीर....खैर.....चोखा लग्या?'

'बहुत अच्छा है।'

'लेकिन याका नम्बर नहीं बदलै.....'

'चलेगा, लेकिन ऑफिस के बाद लैंड लाइन पर ही फोन कीजियेगा, जब वाकई जरूरत हो, घर पर मम्मी चैक करती हैं।'

सिसौदिया जी का दिल बल्लियों उछलने लगा, मतलब ऑफिस में बिना मतलब भी किया जा सकता है, मम्मी से भी छुपा रही है मतलब किला फतह।

'जी...जी...बिल्कुल हम तन्नै क्यूकर परेशान करेंगे, चाहने वाले कहीं परेशान करैं?' उन्होंने फिर इजहार किया।

'हाँ वैल विशर्स को यही चाहिए।'

'हाँ' मतलब 'हाँ' यानी तैयार, पर ये बिहारी के कमरे पर नहीं आयेगी, लड़की के शहर में ही जगह ढूँढ़नी पड़ेगी, उन्होंने सोचा, हालाँकि नायिका ने उन्हें सिर्फ वैल विशर ही माना था, उफ! ये अंग्रेज और अंग्रेजी हिन्दुस्तानियों को धोखा क्यों देते हैं?

उसके बाद वे जब भी अपनी साइट पर होते लंच टाइम में आधा घंटे से पौना घंटे नायिका को चाटते, नायिका भी हूँ, हाँ में जवाब देती और हर बार उनके प्रणय निवेदन को अंग्रेजी के शब्दों से मूर्ख बना देती, दफ़्तर में अधिकारी से मिलने आते, नायिका से मिलने में इतना समय लग जाता साहब लोग उठकर चले जाते, कुल मिलाकर पिछले एक साल में उनके तीन ठेके टर्मिनेट हो चुके हैं, हालाँकि बड़े भाई से उनका कहना है–

'यदुवीर, महँगाई अचानक बढ़ी है, काम करने से ज्यादा न करने में फायदा है, चौबीस साल से ठेकेदारी कर रहा हूँ।'

'मगर भाई साब मनसुखानी कैसे.......'

'वो सिन्धी है भाई, बारदाने पर बिजनिस कर सकता है?'

'ठीक है आप कहते हो तो.......'

उस दिन सुबह के छह बजे थे, सिसौदिया जी गाँव में थे, मोबाइल की घंटी बजी, स्क्रीन देखा तो देखते रह गये, डिसप्ले हो रहा था........'मधु मैडम' उन्हें लगा छप्पर फट गया, क्योंकि अब तक वे ही नायिका के ख़ून पीते आये थे, ऐसा पहली बार हुआ था कि नायिका ने उन्हें फोन किया था, वे ख़ुशी में चिल्लाये–

'नमस्ते मैडम नमस्ते मैडम ....'

'कौन? सिसौदिया जी....? अरे आपको लग गया?'

वे मायूस हुए–

'मतलब किसी और को लगाया था?'

'नहीं घर पर लगाया था।'

'घर पर? मतलब आप घर पर नहीं हैं?'

'अरे कहाँ हाथरस स्टेशन पर पड़े हैं, इलाहाबाद बहन को परीक्षा दिलाने ले गयी थी, टिकट टूंडला तक थी, ओवरशूट हो गये, अब पड़े हैं, ऑफिस भी छूटेगा लगता है, घर पर बता रही थी कि चिन्ता न करें।'

'तो के हुआ? तम घर भी पहुँचोगी और ऑफिस भी, स्टेशन के बाहर पहुँचो पन्द्रह मिनट में गाड़ी आ जावेगी।'

'यहाँ हाथरस में....?'

'अरे मधु राणा प्रताप का खून हैं जो पसन्द आ जाय बस जान हाजिर, तुम बाहर पहुँचो।'

सिसौदिया जी ने आख़िरकार मधु और तुम का इस्तेमाल कर सम्बन्ध बढ़ा ही लिया, हाथरस के ठेकेदार यादव को बोलकर इंडिका भिजवा दी, यादव ने सात सौ रुपये सिसौदिया के नाम डाले, सिसौदिया ने डायरी में लिखा– 'मधू मैडम– सात सौ चार रुपये' और अगले डेढ़ घंटे में नायिका घर पर थी। इस घटना के बाद सिसौदिया जी ने नायिका पर अधिकार मानना शुरू कर दिया है, आजकल वे नायिका के शहर में मुसाफे के लिए जगह ढूँढ़ रहे हैं, पर वे शायद अंग्रेजी की कहावत नहीं जानते–'मैन प्रपोजेज गॉड डिस्पोजेज' उफ ये अंग्रेज और उनकी अंग्रेजी! हाथरस का ठेकेदार यादव आजकल रमेश बघेल के पास काम कर रहा है।

## 1

'मम्मी मेरा टिफिन तैयार हो गया? रोटी तीन ही रखना।' मधु ने कहा।

'अरे बेटा ठीक से खाया कर, अकेली कमाने वाली तू बीमार पड़ गयी तो?' माँ ने कहा।

'ज्यादा खाकर भी पड़ सकती हूँ, कमाने वाली बनाया तो तुमने, नौकरी कौन मेरी काबिलियत पर मिली है, दया आधार कम्पनसेशन, वैसे मम्मी मेरी समझ में नहीं आया कि नौकरी तुमने मुझे क्यों दिलाई? खुद क्यों न ली?'

'अब बेटा मैं कहाँ परीक्षा पास कर पाती? चपरासन में रखते मुझे तो।'

'तो मैं ही कौन सी थानेदार हूँ, जूनियर क्लर्क, कई चपरासी मुझसे ज्यादा पेमेंट पाते हैं।'

'मगर बाबुओं की ऊपर की भी तो पैदा होती है।'

'इसी ऊपर नीचे के चक्कर ने मेरा सत्यानाश कर दिया, परीक्षा नियम से ली ही कब कमबख्त बाबुओं ने और मुझे भी बनाया तो बाबू, उदय जी बताते हैं कि.....'

'कौन उदय?'

'साथ में हैं।'

'उमर क्या है? कौन जात हैं?' माँ को एक जैनुइन सी शंका हुई, कहीं लड़की आधे रास्ते पर छोड़कर भागने के मूड में तो नहीं है।

'चालीस से ऊपर हैं पंडित हैं, मगर जब भी मैं किसी का नाम लेती हूँ तुम उसका इतिहास जानना क्यों शुरू कर देती हो?'

'चालीस हैं तब ठीक है, तीन बेटियों की माँ हूँ बेटा, सोचना पड़ता है, अब तो तू ही बड़ा बेटा है तू ही बड़ी बेटी।'

'बड़ी तो दीदी है।'

'जो कमाये सो बड़ा, उसका ब्याह भी तुझे ही करना है, तू मँझली थी फिर भी नौकरी तुझे दिलवाई, यही सोचकर तू बड़ी के काम भी आयेगी छोटे भाई बहनों के भी, देख कोई अच्छा सा लड़का उसके लिए इस विभाग में ही, हाँ वो क्या कह रहे थे....कौन हैं वो....'

'हाँ उदय जी कह रहे थे कि मैं तो ओ.एस. के लिए एलिजिबिल मतलब काबिल थी फिर ये छोटी पोस्ट क्यों ली? एक दो लेडीज तो कम्पनसेशन में ओ.एस. लगी भी हैं।'

'अच्छा? तब कितनी तनखा होती?'

'पच्चीस हजार...'

'पच्चीस?'

'हाँ, बता रहे थे, कम्पनसेशन वालों से फार्म भरवाया जाता है कि उन्हें योग्यता के अनुसार क्या नौकरी चाहिए? उसके बाद परीक्षा होती है, उसमें फेल होने पर उससे छोटी परीक्षा, उसमें फेल होने पर उससे छोटी यानी जिस पोस्ट पर मैं हूँ की परीक्षा होती है, अगर आप खुद ही छोटी पोस्ट माँग लो तो छोटी परीक्षा ही दोगे, मैंने अपनी योग्यता से नीचे की परीक्षा दी, यानी हमने खुद छोटी पोस्ट माँगी थी।'

'अब रामरतन लाला जितना जानते थे, उतना कर पाये।'

'मम्मी तुम्हें चपरासी ही मिला था साथ ले जाने को? वहाँ दिल्ली में तुम्हें और मुझे लेकर सीट-सीट पर हाथ जोड़ते हुए घूमते रहे, एम.एससी. करने के बाद मैं भी चपरासन बन गयी थी उनके साथ में।'

'ऐसा न कह बेटी, चाचा हैं तेरे, सगे काम न आये वो तो खानदानी होकर भी आज तक...'

'अब छोड़ो मम्मी पता है क्या-क्या काम आये हैं...'

बेटी ने घुड़का माँ के चेहरे पर कायली के भाव आये और चले गये, थोड़ी देर चुप्पी रही।

'पापा के दोस्त नहीं थे दिल्ली में? वो शर्मा अंकल, अरोरा अंकल, चक्रवर्ती अंकल, खान अंकल.....कम से कम अधिकार से तो बात करते, जानती हो जब पहली बार नौकरी के लिए दिल्ली में अफसर के पास ले गये तो कमबख्त कहने लगा, लड़की

को इधर ही छोड़ो घूम फिर कर आधे घंटे में आ जाओ।' मधु चुप्पी तोड़ती हुई बोली।

'हाँ बताया था उन्होंने, पर तुझे अकेला छोड़कर गये तो नहीं कहीं?'

'नहीं गये पर हाथ जोड़कर खड़े भी तो हो गये थे, मालिक....बहुत दुखियारी है बालकन की माँ, फिर वही हुआ, उसने दोनों को बाहर कर दिया, बाहर बाबू ने दस हजार माँगे, नहीं दिये तो बना दिया जूनियर क्लर्क, पन्द्रह हजार रुपये महीने का नुकसान करवा दिया। उनकी जगह पढ़े-लिखे शर्मा अंकल, अरोरा अंकल, खान अंकल होते तो वो ये फरमाइश कर पाता? न नियम की जानकारी मुझे न रामरतन चाचा को जहाँ कहा वहाँ साइन कर दिये, बताओ अगर एक भी जानकार होता तो आज घर में हर महीने पन्द्रह हजार ज्यादा आ रहे होते।'

'ठीक बात है बेटा, मगर नौकरी के यार दोस्त नौकरी तक होते हैं, हम नौकरी माँगने भी छह साल बाद पहुँचे थे, क्या पता कौन कहाँ रहा हो, छह साल बाद?'

'तुमने ढूँढ़ा भी कहाँ था? बस रामरतन चाचा के भरोसे रहीं, जैसे बहुत बड़े ज्ञानी हों।'

'हाँ चल ठीक है, कुछ खा ले तेरी गाड़ी का भी वक्त हो गया।'

'मूड खराब कर दिया मम्मी, मेरी तो लाइफ ही चौपट हो गयी, दूसरी नौकरी की तैयारी के लिए वक्त नहीं मिलता, इस नौकरी में कोई चार्म है नहीं।'

'नाराज न हो बेटा, मेरी अच्छी बेटी।' माँ ने प्यार से सिर पर हाथ फेरा।

मधु नाश्ता करके, पर्स उठाकर चल दी, उसने जमीन पर सोये पड़े अपने छोटे भाई बहन की तरफ देखा, बड़ी दीदी शायद उठकर आँगन में जा चुकी थी।

'अच्छा माँ चलती हूँ, इनकी आदत सुधारो, इस गधे के तो एक्ज़ाम हैं, पढ़ता ही नहीं हरामखोर।' उसने सबसे छोटे भाई की ओर इशारा किया।

डाँट सुनकर शायद सत्तरह बरस के भाई की नींद खुल गयी।

'हैप्पी बर्थ डे दीदी' उसने नारा दिया और कान पर तकिया लगा लिया, वह प्रवचन नहीं सुनना चाहता।

'थैंक्यू, मक्खन लगा रहा है हरामखोर।'

'हाँ बिट्टो, समझाती हूँ, लौट के तू भी डाँटना, अभी तेरी गाड़ी का टाइम है।' माँ ने कहा।

'हाँ...' कहती वह बाहर आयी।

'राम राम बाबा.....' उसने बाहर गली में खाट पर बीड़ी फूँकने के बाद खाँसते हुए अपने दादा को अभिवादन किया।

'भगवान खुस रखै, जाय रई ऐ बिटिया नौकरी पै?'

'हाँ बाबा' कहकर उसने दादा के अगले वाक्य की प्रतीक्षा नहीं की, तेजी से गली के बाहर निकल आयी।

पौने आठ बज चुके थे, सड़क पर चाय, नाश्ता, पान की दूकानें खुल चुकी थीं, हालाँकि स्टेशन का रास्ता पाँच मिनट का है गाड़ी में अभी पन्द्रह मिनट, पहले नौ

वाली गाड़ी से जाती थी लेकिन आजकल यादव जी को पंक्चुअल्टी ज्यादा याद आ रही है। आप गाड़ी का इन्तजार कर सकते हैं गाड़ी आपका इन्तजार नहीं करती, इसलिए वह जल्दी में है।

'गोरी के नखरे सोंणे लगदे मैंनूँ, गोरी के नखरे सोंणे लगदे ओ तेरी पों तेरी पों.....पलट तेरा ध्यान किधर है, ओ आगरे वाली शताब्दी।'

पता नहीं किस दूकान से फिकरा आया, वह जानती है कि वह निगाह घुमायेगी तो शोहदा मुँह फेर लेगा, शोहदे की शिनाख़्त में वक्त बरबाद करना मूर्खता है, शुरू में उसे बुरा लगता था, उसने कोशिश भी की, रामरतन चाचा भी इस नामुराद काम पर लगे पर नतीजा सिफर, पिछले एक साल में वह अभ्यस्त हो चुकी है, रोज जुमले बदलते हैं, रोज शोहदे बदलते हैं, नहीं बदलती तो पुरुष की स्त्री भोगने की इच्छा, वह बुदबुदाती है–

'सुबह पौने आठ बजे से लड़की चाहिए हरामखोरों को।'

लेकिन रुककर वक्त बरबाद नहीं करती, उसी गति से प्लेटफॉर्म पर आ जाती है, विभाग के तमाम लोग मौजूद हैं–

'नमस्ते भारद्वाज सर।'

'नमस्ते बिटिया, आज तो टाइम पर हो।' भारद्वाज जी ने पूरब दिशा में देखते हुए उत्तर दिशा में जवाब दिया।

'रजिस्टर जल्दी उठने लगा है, नमस्ते दीदी...नमस्ते भाई साब....नमस्ते अंकल ...नमस्ते सर...'

वह कुछ अपनापन सा महसूस करती है, कौशिक जी भागते हुए से आते हैं

'पं..जा..ब....गयी हम्फ...तो नहीं...हम्फ'

'नमस्ते अंकल इतने लोग खड़े तो हैं।'

'हम्फ....नमस्ते....कैसी हो मधु...मकान बनवा रहा हूँ ना उसके चक्कर में.... दौड़ लगाना पड़ी...हम्फ'

'मगर आपका तो मुकदमा...?'

'काहे का मुकदमा जानती नहीं मेरे भाई को पूरा दुर्योधन है, वसीयत करा ली थी बाप से, कहता है कोठरी क्या पाखाना भी नहीं दूँगा।'

'मतलब आपके पिताजी धृतराष्ट्र कैसे हो गये?'

'हाँ आखिरी वक्त में तो हो ही गये थे, बीमार थे, धोखे से अँगूठा टिकवा लिया हरामी ने, मुकदमा तो हम हारेंगे।'

'फिर?'

'अरे तुम ब्याहता औरतों को नहीं जानतीं, मेरी से तुम मिल ही चुकी हो, बहुत क्लेशी है, उसी की खातिर लड़ रहा हूँ, नहीं तो मेरा जीना हराम कर देगी, चलो गाड़ी आ गयी।'

कहते हुए कौशिक जी मधु को सेफ गार्ड करने के लिए पीछे आ गये, मधु ने नोट किया, तभी महिला मंडल से एक महिला की आवाज आयी।

'मधु इधर आ जाओ पीछे बैठेंगे।'

मधु ने पीछे मुड़कर कौशिक जी की ओर देखा--

'आगे आ जाइये अंकल.... मैं लेडीज के साथ आती हूँ।'

'नहीं मैं तो तुम्हारे कारण... चढ़ने ही नहीं देते कमबख़्त...ठीक है अपने आप चढ़ जाओ।' वे मायूस हुए।

मधु को दया आयी, वह महिला मंडल से मुस्कराकर मुखातिब हुई।

'कौशिक अंकल से बात करना थीं कुछ, आज इनके साथ ही....'

कौशिक जी को दया आधार पर सान्निध्य मिल ही गया।

## 2

गाड़ी चल पड़ी, भीड़ कम थी इसलिए कौशिक जी को थोड़ा हट के बैठना पड़ा, मधु ने खिड़की खोल ली और बाहर देखने लगी, कल ही उदय जी ने उसे नियम बताया था, तभी से उसका मूड उखड़ गया था, आज माँ से चख चख भी हो गयी। बाहर घूमते दरख़्तों को देखते-देखते वह दयाधार नियुक्ति की जड़ यानी पापा तक पहुँच गयी उनके साथ अपने तब के सराय रोहिल्ला वाले क्वार्टर पर। बलराम चौधरी, चीफ रिर्वेशन सुपरवाइजर, 312/III, विभागीय कॉलोनी सराय रोहिल्ला, नयी दिल्ली, यही नेम प्लेट पापा ने बड़ी हसरत से बनवाई थी अपनी मौत के महीना भर पहले। तब वह दसवीं कर रही थी, दीदी बारहवीं, सोनम आठवीं और राजू तो आठ साल का था। उसने नेम प्लेट को पढ़ा बलराम चौधरी......लिखा तो पहले भी यही था, लेकिन चार दिन पहले एक भैंस उससे पीठ रगड़ गयी थी और चौधरी का 'धरी' साफ हो गया था, अब चौ को तो चौबे, चौरसिया, चौथा, चौरंगी, चौहान कुछ भी पढ़ा जा सकता था, इसीलिए पापा ने पीतल की नेम प्लेट बनवाई थी, उसे अब भी साफ-साफ दिख रहा था जब पापा ने वो नेम प्लेट घर के बाहर टाँगी थी, काले रंग की पट्‌टी पर पीतल के जगमगाते अक्षरों के कारण उसे वह नेम प्लेट ख़ासी वजनदार लगी थी, चमचमाते बल...राम...के साथ में तमतमाता चौधरी ... पापा उस पर हाथ फेर कर ऐसे देख रहे थे मानो नेम प्लेट में तुर्रेदार मूँछें उग आयी हों। माँ ने धीमे से पापा से पूछा भी था--

'क्यों जी? काफी महँगी होगी?'

'नहीं, सौ रुपये की है।'

'ऐसा ही अच्छा था, तीन साल पहले इस विभाग का पुतैया लिखकर गया था, पिछले साल उसी पर मधु ने पोता फेर दिया था, पता बताने के लिए ठीक था।'

'हाँ, फिर उस पर भैंस पूँछ मार जाये तो चौधरी साफ।'

'चौधरी बताना जरूरी है?'

'हाँ, लड़कियाँ जवान हो रही हैं।'

'लड़कियों का चौधरी से क्या मतलब?'

'देख बावली अगर दिल्ली के गुंडे लड़कों को मालूम चल जाय कि हम कहार हैं, तो घर के सामने ही महफिलें जमेंगी हरामियों की, रोज लड़ो, झगड़ो, नौकरी करोगे कि थाना कचहरी।'

'तो लोगों को मालूम नहीं कि हम कहार हैं?'

'मालूम है मगर अच्छे लोगों को, साथियों को, बाकी तो हमें जाट समझते हैं, दिल्ली में जाटों से पंगा जाट ही ले सकते हैं बस।'

किशोरी मधु से रहा न गया–

'पापा....हम चौधरी नहीं हैं?'

'हैं ना।'

'मतलब? आप तो कह रहे थे चौधरी से हमें लोग जाट समझते हैं।'

'बेटा चौधरी जात नहीं होती, हर जात में चौधरी होते हैं, जाटों में भी, पंडितों में भी, जाटवों में भी, चौधरी माने जात का मुखिया, हमारे परदादा कहारों के चौधरी थे, इसलिए हम लगाते हैं, लेकिन दिल्ली वाले चौधरी का मतलब जाट ही समझते हैं।'

'मकान बनाना मुश्किल काम है।' कौशिक जी मधु की चुप्पी को बर्दाश्त नहीं कर पाये।

'हूँ' उसने निगाहें कौशिक जी की ओर घुमाकर फिर वापस घूमते हुए दरख़्तों की ओर कर लीं–

'मुश्किल काम? सबसे मुश्किल काम लड़की का बाप होना है, उससे भी मुश्किल खुद लड़की होना' उसने सोचा और फिर वापस सराय रोहिल्ला पहुँच गयी, पापा को कितनी चिन्ता थी जवान होती लड़कियों की? फिर भी बीस साल के वैवाहिक जीवन में एक लड़के के लिए एक के बाद एक तीन लड़कियाँ पैदा कीं, तब ही माने जब चौथी बार में बेटा हो गया, वो भी न होता तब ...? शायद तब मधु की छाती पर चार-पाँच-छह लड़कियाँ और बैठी होतीं। उसकी समझ न आया जब जवान होती लड़कियों की चिन्ता थी तब दो के बाद ही नमस्ते क्यों न की? हाँ..... लड़कियाँ जवान पैदा नहीं होतीं शायद इसलिए। चौधरी साहब नेम प्लेट के कवच को घर के बाहर जड़ कर महीने भर में लड़कियों की जवानी से मुक्ति पा गये और अपने बुढ़ापे से भी, कैंसर की रिपोर्ट आने के महीने भर बाद हार्ट अटैक आया था, पता नहीं कैंसर से गये कि दिल की बीमारी से या लड़कियों के बोझ से, चले गये, रही नेम प्लेट उसे तो छह महीने बाद ही इस विभाग ने उखाड़ दिया।

सराय रोहिल्ला, यहाँ कुछ और भी था मधु का, पूरा होश, पूरा बचपन, बस पापा के प्रमोशन से दो-तीन मकान बदले थे, पर कॉलोनी वही रही, सिर्फ यही वक्त का वो

वक़्फ़ा है जिसे मधु याद रखना चाहती है।

'एँ'...., सुजय 'एँ', 'एँ' उसका सरनेम नहीं निकनेम था, सुजय चक्रवर्ती .... चक्रवर्ती अंकल का इकलौता बेटा, उसका ये निकनेम मधु का ही दिया था, फिर तो पूरी कॉलोनी उसे 'एँ' कहने लगी। उसे अभी भी याद है, बचपन से ही न वो आकर्षक था और न होशियार, बात-बात पर 'एँ' करने वाला सुजय, पूरी कॉलोनी में मधु जब किसी को बुद्धू न बना पाती तो सुजय का बना देती, सहज ही बुद्धू बन कर मधु की खुशी मे खुश रहने वाला सुजय। जब मधु उससे कहती—

'तू तो निरा बुद्धू है सुजय।'

'एँ ...'

'और क्या? सड़क पर रेलगाड़ी चलती है कहीं? और तू सड़क पर देखने चला गया?'

'तुझे अच्छा लगा ना बस... वैसे एक बात बताऊँ, डैडी कहते हैं हमारे कैलकटा में सड़क पर चलती है रेलगाड़ी।'

'एँ...' अब मधु अचरज से कहती।

वो आकर्षक नहीं था, यूँ आकर्षक मधु खुद भी नहीं, लेकिन अब मधु को लगता है, आकर्षण के बजाय समर्पण ज्यादा जरूरी है और वो सुजय में था, होश सँभालने से ही उसने सुजय को अपने नजदीक पाया, साथ में स्कूल जाना, हाथ पकड़ सड़क पार करना, हमेशा ढाल बनकर सामने खड़े रहना, सड़क पर किसी गाड़ी के आगे आने पर झट से उसे अपने पीछे कर देना, होम वर्क पूरा कराने में मदद करना, एक बार तो मधु के किताब घर पर भूल जाने पर अपनी किताब उसे पकड़ा कर पूरे घंटे बेंच पर खड़ा रहा था सुजय, बाद में मधु की हमदर्दी पर हँसकर बोला था—

'अ फ्रेंड इन नीड, इज अ फ्रेंड इन्डीड'

चुपके से आ के उसकी आँखें बन्द कर लेता तो मधु भी जान बूझ कर पूरी कॉलोनी की लड़कियों के नाम लेने के बाद उसका नाम पुकारती, तब वह विजेता भाव से चॉकलेट निकालकर उसे थमाता—

'ये ले चॉकलेट, हार गयी ना।'

वो दोनों न आकर्षक थे न होशियार फिर भी उनकी इस घनिष्ठता से स्कूल के साथी जलते थे और मजाक में जो नाम उसने सुजय का रखा था, वही उसके लिए मजाक का कारण बन गया, साथ के बच्चे उस जोड़े को चिढ़ाते 'मधु-एँ', सुजय कभी नहीं चिढ़ा, शुरू में मधु चिढ़ी पर बाद में बिना 'एँ' के उसे भी अच्छा नहीं लगता था, लेकिन इससे पहले कि दोनों को समझदारी आती और वे अपने सम्बन्धों का अर्थ समझते पापा ने मम्मी को समझाया—

'लड़कियाँ जवान हो गयी हैं, अभी भी लड़कों के साथ धाई मिचक्का अच्छा नहीं।'

'अरे कहाँ? बच्चियाँ हैं अभी।'

'कैसी माँ है यार, मेरी माँ तो इनकी उमर में माँ बन गयी थी, ऊँच-नीच न हो ध्यान रखना पड़ता है, बहुत बदमाश लौंडे हैं दिल्ली के, मधु तो अभी भी चक्रवर्ती के लड़के का हाथ पकड़कर स्कूल जाती है, बता रेखें आ रही हैं उसकी, पलँग पर एक तरफ वो लेटा है तूसरी तरफ तेरी बेटी...तीसरी गली में क्वार्टर है चक्रवर्ती का...यहाँ से वहाँ तक लूडो, साँप सीढ़ी क्या इसी घर में रहते हैं?'

'जहाँ प्यार मिलेगा वहीं जायेगा ना बच्चा, बहुत सीधा लड़का है सुजय, भोंदू बिल्कुल।'

'होगा, पर लड़की का बाप होना बहुत टेढ़ा है, सावधानी रखना पड़ती है, हर वक्त घर में घुसा रहता है, लड़की भी उसी के साथ ज्यादा रहती है, मुझे अच्छा नहीं लगता।'

उसके बाद माँ ने उसे समझाया, साथ ही जब भी सुजय आता माँ मधु को काम में लगा देती और सुजय को पढ़ने की हिदायत देकर वापस भेज देती, स्कूल छोड़ने पापा जाने लगे, सुजय तीन दिन स्कूल के वक्त आया, वापस लौट गया तो फिर अकेला ही जाने लगा, बस एक दिन खिड़की खटकाकर धीरे से आइसक्रीम देकर बोला–

'मधु अभी अंकल आंटी को हुआ क्या है ऐं? मैंने कुछ गलत किया क्या? मैं जब भी आता हूँ, आंटी पढ़ने की कहती है, अब हर वक्त तो बच्चा पढ़ नहीं सकता ना? बच्चे की जान लेगी तेरी मम्मी एँ, इतना तो मेरी मम्मी भी नहीं कहती, अंकल भी आज कल बाहर तो अच्छा बोलते हैं, पर जब भी तू साथ में हो तो तेरे पे गुस्सा हो जाते हैं एँ।'

'पता नहीं, मम्मी कहती है हम बच्चे नहीं रहे अब।'

'तो? तब भी तू मधु है मैं सुजय, तेरा बेस्ट फ्रेंड।'

'तू नहीं समझेगा, अब तू जा।'

'एँ...'

सुजय उसके पास फिर नहीं आया, क्लास में भी दूर बैठने लगा, एकाध बार उसने सुजय से बोलना चाहा पर वह नहीं बोला तीसरी बार तो तंग आकर मधु ने कह दिया 'नहीं बोलता तो मर', सुजय मानो अनसुना करके चला गया।

सुजय चला गया, चला गया अनाकर्षक, बुद्धू सा सुजय लेकिन छप गया है मधु के अन्तर में कहीं, वो प्रेम था? नहीं शायद प्रेम नहीं, प्रेम से भी कोमल कोई भावना है, निर्दोष समर्पण। सुजय! जिसे मधु सबसे बचाकर सबसे छुपाकर सहेजकर रखती रही है और रखना चाहती है, वह व्यक्ति नहीं अनुभूति है, हालाँकि इन भारी भरकम शब्दों या परिभाषाओं को मधु भी नहीं जानती। सिवा दीदी के कोई नहीं जानता कि मधु सुजय को आज भी सहेजे हुए है अपनी स्मृति में। आज भी उसे मलाल है कि क्यों उसने सुजय को यूँ ही चले जाने दिया? क्यों नहीं रोका उसे? जवाब भी मिलता

है कि समझ नहीं थी उस वक्त, काश उससे वो तीन शब्द वह बोल पाती ये आज महसूस करती है मधु, आज कहीं उसे सुजय मिल जाये काश...वह लिपट जायेगी पर जाने न देगी उसे। पर इस सुजय ने नुकसान भी बहुत पहुँचाया है उसे, जहाँ भी थोड़ा प्यार मिलता है अपनापन मिलता है वह सुजय को देखने लग जाती है, बहुत जल्दी पता चल जाता है सुजय हर जगह मौजूद नहीं, वह धड़ाम से गिर पड़ती है।

'वो सचमुच बहुत अच्छा था, पापा ने ठीक नहीं किया था, सिर्फ अनहोनी के डर से उस निर्दोष को दंड दिया। तब क्या कर पाये थे पापा जब चेम्बर में बैठा अफसर उसके साथ अकेले में आधा घंटा बिताना चाहता था, या अब क्या कर पा रहे हैं पापा? जब पान की दूकान से शोहदा फिकरे कसता है, या कौशिक जी चिपक कर बैठना चाहते हैं। लड़कियों के साथ इतना डर था तो पैदा क्यों कर लीं एक लड़के के लिए तीन लड़कियाँ?'

उसने सोचा।

'ये मिस्त्री लोग भी एक बार में बता के नहीं देते क्या और कितना सामान चाहिए, गलती कर ली मकान बनाके तो, आओ गुसाईजी बैठो।' कहकर कौशिक जी ने गैलरी से गुजरते गुसाईं जी को वामांग बिठाकर मधु से दूरी कम करने का प्रयास किया।

'नहीं बैठो कौशिक जी हम तो आगे जा रहे हैं।' गुसाई जी कौशिक जी के वामांग नहीं आ सकते, पर कौशिक जी कम हो चुकी दूरी को बढ़ायेंगे नहीं, नायिका का ध्यान भंग हो चुका है।

'अंकल, आपके दो बेटी एक बेटा है ना?' मधु ने पूछा।

'हाँ।'

'बेटियाँ बड़ी ही होंगी?'

'हाँ हाँ।'

'मतलब जब तक बेटा न होता तब तक बेटियाँ होती रहतीं।'

'अरे इसमें क्या है? वंश चलाना है।'

'दो बेटियों के बाद आपको कैंसर हो जाता तब? चल जाता वंश।'

'हरामखोर उदय की भाषा बोल रही हो तुम, उसे तो भगवान का भी डर नहीं नास्तिक है कमबख्त, शूद्रों, मुसल्लों और महिलाओं का पक्ष लेता है, मालूम किसलिए? ताकि उनका उपयोग कर सके पता नहीं कैसा ब्राह्मण है कमबख्त।'

'अच्छा मान लो आज आपको कैंसर हो जाय तब आपके परिवार को कौन चलायेगा, आपका बेटा देखभाल कर पायेगा बहनों की?'

'तुम मुझे कैंसर क्यों कराना चाहती हो?'

'मेरे पापा भी कैंसर से ही मरे थे, वारिस पैदा करने के बाद, आपसे भी कम उम्र में।'

कौशिक जी ने जब नायिका के पिता से अपनी तुलना सुनी तो बीच की दूरी स्वयमेव बढ़ गयी, उत्तर दिशा में खिसकते हुए धीमे से बोले–

'प्रभु इच्छा है, सब उसी की देन है। लड़का भी लड़की भी, तुम्हारी तबीयत.. ..खैर छोड़ो।'

मधु फिर बाहर की ओर देखने लगी, सराय रोहिल्ला....वह नहीं आना चाहती थी वहाँ से, पर बाबा ले आये पुश्तैनी घर। छूट गयी दिल्ली, सराय रोहिल्ला, विभागीय क्वाटर, उसका बचपन, उसका सुजय...... नहीं सुजय नहीं छूटा....उसे ले आयी वह अपने मन मस्तिष्क में सबसे छिपाकर अपने साथ।

रामरतन चाचा! इस विभाग में चपरासी, कुनबे के दूसरे सरकारी नौकरी वाले, कुनबे के हिसाब से तो पापा नौकरी में बहुत आगे थे, लेकिन अब इकलौते रामरतन चाचा गौरमैन्ट सरवैन्ट, ब्रजभाषा में अंग्रेजी के शब्दों को मिला गौरमैन्ट सरवैन्ट का परिचय देने वाले रामरतन चाचा से कुनबे में सब बौद्धिक मदद माँगते, पर चूँकि पापा बड़े थे बड़े पद पर थे इसलिए उनके परिवार की मदद को चाचा खुद आगे आये, बाबा के साथ दिल्ली तक गये बच्चों को लेने। उसके बाद बच्चों का एडमीशन हो या पापा की पेंशन हर काम रामरतन चाचा ने किया, बिल्कुल अपना समझकर, मम्मी को लेकर कई बार दिल्ली के चक्कर काटे, गली में खड़ा होकर बाबा की एक पुकार होती–

'ओ रमरतना हो।'

'आयौ चाचा।'

सगे बेटों पर भरोसा नहीं था बाबा को पर रामरतन चाचा पर था।

'या फेन्ड के पइसा कूँ छोरीन के नाम फिक्स करवाइ दै रमरतना, बहू तो बावरी ऐ, कै तौ जि हरामी छीन लेंगे बहानेन तै, नईं तो याके पीहर वारे लै जामेंगे।'

'हओ चाचा।'

रामरतन चाचा ने बहुत मदद की लेकिन उनके घर में कभी खाना भी नहीं खाया, अलबत्ता एक चपरासी जो ला सकता था लाते थे, एकाध बार चाची भी उनसे लड़ी थी, तो मम्मी ने कहा था–

'लाला, अपने घर कूँ देखौ, हमारौ तो जो होनौ ऐ सो होय लेगौ, बन्दना कूँ दो साल पढ़ाय लैं फिर याही कूँ नौकरी मिल जायेगी।'

'अब कही सो कही फिर मत कहियो भौजी, भइया हमते बड़े हते, पढ़ाई में हमारी मदद करत थे, हम नहीं पढ़ पाये भगवान की मर्जी, हमें कछु है जातो तो बे नईं करते हमारे बालकन कूँ? नौकरी बन्दना कूँ नाय मधु कूँ करामनी है, साइन्स पढ़ रही है, सबन ते हुशियार है, खूब कही तुमनै अपने घर कूँ देखौ? जरूरत पै काम न आवै काहे कौ कुनबा।'

मधु ने सुना, सुजय बोला कहीं से– 'अ फ्रेंड इन नीड, इज अ फ्रेंड इन्डीड'

सुजय...रामरतन चाचा, रामरतन चाचा...सुजय क्या फर्क था दोनों में? कुछ भी

तो नहीं, सुजय वापस आ गया, उसका सुजय......सराय रोहिल्ला से कहार पाड़े की सँकरी गलियों में, इज्जत बढ़ गयी उसकी नजरों में रामरतन चाचा की, पापा की तरह मानने लगी उन्हें, कुछ लाना हो तो रामरतन चाचा, कहीं जाना हो तो रामरतन चाचा, कोई शिकायत हो तो रामरतन चाचा कहीं अदावत हो तो भी रामरतन चाचा। चार साल तक यही मानती रही लेकिन एक दिन कॉलेज से घर जल्दी लौट आयी, घर के दरवाजे की अन्दर की कुंडी उसने बाहर से ही हाथ डाल कर खोल ली, ज्यादा कुछ तो न देख पायी बस पसीना-पसीना चाचा, घबराई मम्मी, जो कुंडी खुलने की आवाज से सावधान तो हो गये थे लेकिन चेहरे की कायली को न मिटा पाये, रामरतन चाचा कुर्ते को पहनते हुए तेजी से बाहर चले भी गये।

सुजय....रामरतन चाचा, रामरतन चाचा...सुजय, नहीं सुजय सुजय.....रामरतन रामरतन, सुजय चला गया वापस सराय रोहिल्ला, वह वहीं है, नहीं आ सकता यहाँ, सर्वव्यापी नहीं है सुजय...

पूरे दिन माँ से नहीं बोली, रात को खुली छत पर सोते वक्त दीदी ने पूछा–

'कुछ हुआ मधु?'

'कुछ नहीं।'

'खाना ठीक से नहीं खाया तूने।'

'हाँ....ये रामरतन क्यों घुसा रहता है घर में?'

'ओह .... लगता है तूने कुछ देख लिया?'

'मतलब तुमने भी देखा?'

'हाँ पापा के साल भर बाद।'

'तुम्हें बुरा नहीं लगा?'

'तब तो लगा था, लेकिन फिर लगा मम्मी की मजबूरी है।'

'मजबूरी? अपने पापा की पेंशन खा रहे हैं हम, या थोड़ा बहुत बाबा का।'

'तू नहीं समझेगी, खाने के अलावा भी बहुत काम ऐसे हैं जिनमें बाप की जरूरत है, वो तो किये हैं रामरतन चाचा ने, फिर अकेली औरत को सहारे की जरूरत हमेशा रहती है, रामरतन चाचा की ढाल रही तो न माँ को परेशान किया लोगों ने न हमें, माँ से चाहे जो रहा हो, हमें तो हमेशा बेटी ही समझा है उन्होंने, फिर हमें नहीं मालूम कि सब क्यों हुआ कैसे हुआ, उन्होंने पहल की या माँ ने की, इसलिए उन्हें ही दोशी समझना गलत है।'

'हाँ माँ की भी गलती है।'

'क्यों? चालीस की उमर में पापा रड़वे हो जाते तब क्या दूसरी शादी न करते, बहाना चाहे बच्चों की देखभाल होता पर करते, माँ की उमर तो छत्तीस थी तब।'

'तो माँ भी कर लेती।'

'आसान है कहना, चार बच्चों की माँ की शादी आसान नहीं होती, मिलता कोई

शराबी कबाड़ी, क्या पता बेटियों को बेटी भी समझता कि नहीं, सारे फंड को पीकर बराबर कर देता पेंशन तो बन्द हो ही जाती, अब तू करवा ले माँ की शादी, हैं चार-पाँच रड़वे मुहल्ले में, रामरतन चाचा न होते तो वही जीना दूभर कर देते।'

'मगर...'

'मगर क्या? तू औरत है मधु औरत की तरह सोच, माँ ने गलत नहीं किया, इसलिए रामरतन चाचा ने भी।'

'मगर मुहल्ले में पता चला तो?'

'अगर चाचा मम्मी का चरणामृत भी पी रहे होते, मुहल्ला तो तब भी नहीं मानता, अच्छी बात ये है कि वो हमारी शरम करते हैं बस।'

'जो भी हो अब हम पर रामरतन का कोई अहसान नहीं वो भला तो नहीं कम से कम।'

'ठीक है, वो ही कब कह रहे हैं, पर दुनिया दिखाने के लिए ही सही पर चाचा ही कहाकर बाबा को पता चला तो ठीक नहीं रहेगा।'

और उसने मान लिया, तब से वह न सिर्फ रामरतन को चाचा कहती रही बल्कि चाचा से पिता होने की कीमत भी वसूलती रही, अब उसकी फ़रमाइशें मम्मी से न होकर चाचा से होतीं, माँ बहुत खुश थी, चाचा भी लेकिन वे नहीं जानते थे कि ये उसका विद्रोह था। कई बार उसका विद्रोह दबे स्वर में सामने भी आ जाता सिर्फ तब जब माँ रामरतन चाचा के अहसानों का जिक्र करती और वह शान्त स्वर में कह उठती– 'कोई अहसान नहीं माँ, उन्हें करना चाहिए ऐसा'। लेकिन अब जब वह कमाती है तो उसका विद्रोह खुलकर भी सामने आ जाता है, वही आज हुआ था, उसे बुरा लगा था उस नंगे सच को एक बार फिर खँगालने में, वह माँ की मजबूरी समझती है, लेकिन किसी समझौते के बाद अहसान का जिक्र उसे न्यायसंगत नहीं लगता, समझौते में कोई किसी पर अहसान तो नहीं करता कम से कम।

गाड़ी रुक गयी, कौशिक जी बड़बड़ाये।

'फरह नहीं निकला अभी, क्या पता आज भी गाली खाना पड़ें?'

'हाँ अंकल।' वह जागी।

'पता नहीं, क्यों रुकी है गाड़ी, देखता हूँ।' कहते हुए कौशिक जी उठे।

'हाँ' आज उसकी रुचि गाड़ी की गति में नहीं है, वह सुजय को देखना चाहती है।

सुजय....उसे फिर एक बार दिखा था तीन साल पहले अमित सर की क्लास में, अमित सर फिजिक्स के एडहॉक लेक्चरर, उम्र लगभग तीस साल वेतन पाँच हजार, मुख्य व्यवसाय ट्यूशन, अनाकर्षक, दुबला शरीर, मोटा चश्मा, खुरदरी आवाज, हाथ में नोट्स लेकर पढ़ाना, खुरदरी आवाज और नोट्स वाली पढ़ाई के कारण उनका नाम शरारती छात्रों ने अमित खर्रा रख दिया।

'मधु' अमित सर ने खरखराती आवाज में पीरियड के बाद बाहर लॉन में कहा।

'यस सर।'

'इस तरह नहीं चलेगा, तुम ट्यूशन लो, मेरा मतलब है मुझसे नहीं जिससे तुम चाहो, वरना अच्छे नम्बर नहीं आयेंगे।'

'आपको पता नहीं सर मेरी हैसियत नहीं।'

'क्यों क्या हुआ?'

'मेरे फादर नहीं हैं पेंशन से गुजारा होता है।'

'ओह सॉरी.... लेकिन पढ़ना तो होगा, ऐसा करो तुम आधे पैसे देना।'

'पूछ कर बताती हूँ।'

ट्यूशन के लिए उसने रामरतन चाचा से ही कहा, फीस आधी थी अगर पूरी भी होती तो भी चाचा तैयार ही होते, अमित सर उसका खास ध्यान रखते, आधी फीस तय करके दो गुना पढ़ाते, एक बैच के छात्र-छात्राएँ चले जाते, फिर भी उसे दूसरे बैच में रोक लेते और कभी कल पढ़ाये गये पाठ को पढ़ाते, कभी कल पढ़ाये जाने वाले पाठ को, वह जाते वक्त धीमे से कहती–

'आप इतना क्यों करते हैं सर?'

'अच्छा लगता है।'

'अच्छा?'

'तुम कहीं ये न समझो कि सर कम पैसे लेकर कम ही पढ़ा रहे हैं, पैसे लेकर तो बहुत बच्चे पढ़ाये मधु, लेकिन तुम्हें वाकई जरूरत है, माँ भी कमजोर बच्चे का ही ध्यान ज्यादा रखती है, टीचर कमजोर स्टूडेंट का, बच्चे के काम न आये काहे का टीचर।'

सुजय....बोला कहीं दूर से, मधु ने सुना–'अ फ्रेंड इन नीड, इज अ फ्रेंड इन्डीड।'

सुजय...वापस आ गया उसका सुजय .....सराय रोहिल्ला से डेम्पियर में, बी.एस.ए. कालेज में, इज्जत करने लगी अमित सर की, क्लास में उनसे ट्यूशन न पढ़ने वाला कोई छात्र उनकी बुराई करता तो वह लड़ने को आ जाती परिणाम ये कि एक महीना ही पूरा हुआ, किसी शरारती ने ब्लैक बोर्ड पर–'मधु-खर्रा' लिख दिया, मधु ने भी पढ़ा, उसे लगा– 'मधु-एँ ' यानी 'मधु-सुजय' उसे बुरा नहीं लगा, वह बार-बार मन ही मन उसे पढ़ती रही। उसने किसी ने कुछ न कहा, साथी मुँह दबाकर हँसते रहे, लेकिन उसने न तो कोई प्रतिक्रिया दी न मिटाने का प्रयास किया, साथ की लड़कियों ने अज्ञात लिखने वाले को लानत भेजते हुए मिटा दिया। अगले घंटे में वह फीस देने के लिए स्टाफ रूम में गयी, अमित सर अकेले ही थे।

'हाँ मधु आओ' वे खरखराती आवाज में बोले।

'वो सर फीस...'

'नहीं, कालेज में मैं फीस नहीं लेता, हाँ क्लास में कुछ ऊधम हुआ आज?'

'कुछ नहीं अंट शंट लिख देते हैं लड़के।'

'क्या?'

'आपको नहीं पता?'

'नहीं, कुछ हुआ यही पता है।'

'वो आपके साथ मेरा नाम ब्लैक बोर्ड पर लिख दिया था।'

'ओह ...सॉरी....तुम्हें बुरा लगा होगा?'

'नहीं.... वो जितना सोच सकते हैं उतना लिख दिया।'

'तुम कहो तो मैं इन्क्वारी करा दूँ?'

'नहीं उसकी क्या जरूरत है, ये सर फीस?'

'फीस तो मैं घर पर ही लेता हूँ, आज शाम को आ जाना, सात बजे।'

'मगर मैं तो सुबह के बैच में...'

'तुमसे बात भी करना थीं।'

'जी...'

वह खुश थी, उसका सुजय वापस आ गया था, उससे बात करना चाह रहा था, क्या बात? पता नहीं, उस दिन शाम बहुत देर में हुई थी, सात बजने के कुछ पहले ही वह अमित सर के घर पहुँच गयी थी, अमित सर बैठक में ही पढ़ाते थे, जब भी चाय आती मम्मी ही लाती थीं, उसे याद है, उस दिन घर में घुसते ही अमित सर ने उसे बैठक में बिठाया था।

'जरा ठहरो चाय लाता हूँ, फिर चाय के साथ बातें करेंगे।'

फिर पाँच मिनट में अमित सर खुद चाय लेकर आये।

'लो चाय पीओ' वे टेबल पर रखते हुए बोले।

'मम्मी...?'

'मम्मी नहीं हैं आज, मम्मी-पापा शादी में गये हैं, रात तक लौटेंगे, फिर मैं तुम्हें खुद चाय बनाकर पिलाना चाहता था' उनकी आवाज में कम्पन था।

वह सोच रही थी कि क्या कहे, वे फिर बोले।

'तुम्हारे पास वक्त हो तो खाना भी खाकर जाना, मैं अच्छा बना लेता हूँ' वे थोड़ा मुखर हुए।

'नहीं खाना तो...'

'मुझे अच्छा लगेगा... घर से एक घंटे की छूट तो होगी ना?'

सुजय.....मधु की खुशी में खुश रहने वाला सुजय कह रहा था– 'तुझे अच्छा लगा ना बस....'

'मैं साथ में बनवाऊँगी......' वह बोली।

'डन...'

'पर बात क्या करना थी सर?'

'बात...' उनके होंठ सूखे, होंठ पर जुबान फेरते हुए बोले, 'वो...आज जो कुछ हुआ....तुम्हें बुरा तो नहीं लगा?'

'नहीं।'

'मु...झे भी बुरा नहीं लगा।' वे धीमे से मधु के पास आकर बोले, मधु को लगा सुजय उसकी ओर बढ़ रहा है।

'बल्कि मुझे तो अच्छा लगा.....' वह बोली।

'मुझे भी, पहले भी कहना चाहता था, मगर झिझक होती थी कि कहीं तुम गलत न समझो, मैं तुमसे बहुत प्यार...' उनके होंठ कहते हुए काँपे।

सुजय....उसकी ओर बढ़ रहा था, उसका सुजय जिसे छोड़कर आ गयी थी सराय रोहिल्ला में, सुजय की साँसों को वह महसूस कर रही थी, उसने आँखें बन्द कर लीं, अमित सर के काँपते होंठ उसके काँपते होंठों को सम्बल देने लगे, उसने छोड़ दिया अपने शरीर को ......कमरे में गर्म हवाओं का तूफान आया और भूचाल के बाद शान्त हो गया, उसे पता ही न चला कि कब वह सोफे से दीवान पर आ गयी।

'कपड़े पहन लो, खाना बनाना है, तुम्हें भी जाना है जल्दी।' अमित सर की इस आवाज के बाद उसने आँखें खोलीं, अमित सर बाथरूम में चले गये वह उठी और व्यवस्थित होने लगी, बिखरे हुए बालों को बाँधते हुए उसने दीवार पर टँगे हुए आईने में अपने अक्स को देखा, उसके चेहरे पर शर्म नहीं थी, खुशी थी, अपने सुजय के मिलने की, वह वापस दीवान पर आयी जहाँ शायद उसकी हेयर क्लिप गिर गयी थीं, उसने आईने की ओर देखते हुए ही हाथ से दीवान पर टटोला, उसके हाथ में क्लिप के साथ एक रैपर भी आ गया, उसने देखा कंडोम का रैपर.............

'मतलब...?...सुजय...? नहीं मेरा सुजय ऐसा नहीं था, ये अमित ही है, इसका समर्पण, भोलापन, प्रेम, सब दिखावा है, जो कुछ हुआ वह प्रेम में हो सकता है, मगर यहाँ तो इसी की तैयारी थी' उसने सोचा।

'अमित...' उसके अन्दर की विद्रोहिणी बोली।

'आया....हाँ....' अमित को इस सम्बोधन पर अचरज हुआ लेकिन उसे लगा कि अब ये एकाकार होने का अपनापन है।

'ये क्या है?' उसने रैपर दिखाया।

'कंडोम है, प्रीकॉशन के लिए।'

'ये तुमने ठीक नहीं किया।'

'क्या ठीक नहीं किया? जरूरी है मैं तो तुम्हारा खयाल करके लाया था, तुम्हें अच्छा नहीं लगा तो आगे ध्यान रखूँगा, मुझे तुम पर यकीन है, अपने प्यार पर यकीन है।'

'प्यार व्यार कुछ नहीं अमित तुमने मुझे इसी के लिए बुलाया था।'

'ऐसा नहीं है मधु मैं तुम्हें प्यार करता हूँ, ये भी प्यार का हिस्सा है।'

'है, और प्यार की बेध्यानी में हो भी जाता है मेरी ओर से ऐसा ही हुआ है,

लेकिन तुमने तो प्यार का नहीं इसी का इंतजाम पहले से करके रखा था।'

'तुम मना कर सकती थीं।'

'मैं तो अपने प्यार को पाने की खुशी में पागल हो गयी थी, सुधबुध भूल गयी थी, मैं तो उसके बाद भी खुश थी, पर तुम्हारे रैपर ने मुझे सब कुछ बता दिया, तुम वो नहीं हो जिसे मैं पाना चाहती थी, अब मुझे शर्म महसूस हो रही है।'

'तुम्हारा गिल्टी कांशस है ये, पहली बार में लगता है ऐसा।'

'तुम्हें भी लगा होगा पहली बार में, ये पता नहीं तुम्हारा कौन सी बार है, मैं जा रही हूँ।'

'मगर खाना...?'

'खा लेना तुम ही' कहकर वह चली आयी, नीचे सर झुकाकर पूरे रास्ते आयी लेकिन उसने ट्यूशन के पैसे नहीं दिये बल्कि पूरे दो साल तक नहीं दिये, अमित ने माँगे भी नहीं, माँगे क्या वो अगले ही दिन मधु के घर पहुँच गया और मम्मी के सामने मधु की नाराजगी की वजह में अपनी महानता ढूँढ़ ली।

'मम्मी जी, मैंने इसे पहले आधे पैसों के लिए कहा था, अब मैंने वो भी नहीं लिए तो कहने लगी—भूखे नहीं मर रहे, अब बताओ मेरे पास तीस-चालीस आते हैं, एक से न लूँगा तो मैं भूखा मर जाऊँगा? सही तो यही है कि आपके ऊपर फालतू का खर्चा है ट्यूशन।'

मम्मी उसकी महानता से प्रभावित हुए बिना न रह सकी, नतीजतन पिछले तीन साल में उसने मधु के घर में अच्छी पैठ बना ली है, अगर एक हफ्ते अमित या उसका जिक्र न आये तो माँ कह उठती—

'मधु, सर नहीं आये बहुत दिन से।'

मधु को भी जरूरत थी उसने समझौता कर लिया, नाराजगी भी कितने दिन चलती, आखिर अमित ने मना ही लिया, जिसके चलते दो साल में अमित मम्मी-पापा की गैर-मौजूदगी में वही सब भी करीब बीस बार कर चुका है जिस पर मधु की नाराजगी थी, मधु को लेकर वह बहुत पजैसिव है, खास तौर से जब से उसकी नौकरी लगी है, वह मधु के आसपास साया बर्दाश्त नहीं कर पाता, मधु के मुँह से किसी और का नाम नहीं सुनना चाहता, मधु के मोबाइल को चैक करता है, कई बार संदिग्ध नम्बरों पर पी.सी.ओ. से बात भी करता है, नौकरी वाली बीवी, ऐडहॉक वाले को आसानी से नहीं मिलती, लेकिन मधु के लिए पहले परिवार है, फिर सुजय...... वो न मिले तो कोई भी ....अमित भी...

'रेल फ्रेक्चर है, बीस मिनट तो हो गये।' कौशिक जी बोले।

'हाँ....' उसने कौशिक जी की ओर देखा और उनके चेहरे पर निगाह गढ़ा दी।

'ये भी तो सुजय बने थे शुरू में......' उसने सोचा और उनके चेहरे को घूरती रही, कौशिक जी घबरा गये।

'क...कुछ हुआ मधु...?' वे घबराते हुए बोले।

'नहीं कुछ नहीं यूँ ही...' उसने निगाह वापस कर ली।

कौशिक जी.....उसे याद आया, जब रामरतन चाचा ने कौशिक जी से मिलवाया था।

'पंडित जी राम राम....'

'राम राम....कैसे हो चौधरी?' कौशिक जी ने पीछे हटते हुए कहा और मधु के ऊपर निगाह डाली।

'आशीर्वाद है पंडित जी कौ, जे मेरी भतीजी है पंडित जी, भइया कौमर्शियल डिपार्ट में हते दिल्ली में, उनकी जगह पै तिहारे डिपार्ट में लगी है, अब तिहारी सरन में लायौ हूँ।'

'मैं क्या कर पाऊँगा भाई, खुद का तबादला नहीं करा पा रहा।'

'अपने संग रखौ पंडित जी, कै तो मथुरा करवाय देओ नईं तौ अपने ही दफ़्तर में रखवा देओ, तिहारे दफ़्तर में जगह हू हतै, यहीं ते अप-डाउन कर लेगी, ब्याना बाँदीकुई कर दई तौ परेसान है लेगी।'

'देखो चौधरी अप-डाउन के चक्कर में हम दफ़्तर में ज्यादा टाइम नहीं देते सो अपनी चलती भी नहीं है, हाँ जगह तो हैं, बड़े बाबू से कह देंगे, हो गया तो अच्छा है।' कहकर ऊपर से नीचे तक मधु को देखा।

'कछु खर्चा पानी?'

'बड़ा बाबू जाने, हमें तो लालच है नहीं, बस हाथों से कोई परोपकार हो जाय तो अच्छा है, अपने हाथ से देना।'

'बिसवास है मालिक, अब तौ जे तिहारी जिम्मेदारी है, संग आवैगी संग जावैगी, सुनी मधु।'

मधु ने सिर हिलाया।

'परमारथ के कारनैं साधुन धर्यौ शरीर, कैसी बात करते हो चौधरी तुम्हारी भतीजी है तो हमारी भी कुछ है।'

कौशिक जी की परमार्थ भावना ने उसे प्रभावित किया, उसके बाद बड़े बाबू को कैंटीन में ले जाकर मधु के सामने ही चाय पानी कराया, उसकी पास्टिंग अपने साथ ही करवा ली, लौटते में मधु ने पूछा--

'कितने पैसे खर्च हुए अंकल?'

'पागल हो? तुमसे पैसे लूँगा?' कहते हुए कौशिक जी ने उसके सर पर हाथ फेरा, वह अभिभूत हो गयी।

उसके बाद वह कौशिक जी के साथ आने लगी, कौशिक जी को चाहे तीन गाड़ी निकालना पड़ें, पर उसे लेकर ही निकलते, चाहे देर से पहुँचने पर अफसर की गाली खाना पड़ें। एक दिन यादव जी ने उन्हें बहुत झाड़ा तो वह धीमे से बोली--

'आप तो वक्त से आ सकते थे अंकल, मेरे चक्कर में...'

'श्रीहरि श्रीहरि, मधु वचन दिया है, तो पूरा भी करना है, अब इससे तभी मुक्ति है जब तुम मना करो या तुम्हारा चाचा।'

'हम क्यों मना करेंगे?' वह मासूमियत से कहती।

कौशिक जी उसे बुरे स्टाफ से सावधान कर उसके कन्धे को थपथपाते तो उसे अपने पिता का हाथ अपने कन्धे पर महसूस होता, वह भी चाहती कि यह हाथ इसी तरह रखा रहे। उसे याद है एक दिन जब वह जल्दी में घर से खाना नहीं ला पाई थी, उसने गाड़ी में कौशिक जी को बताया, कौशिक जी ने 'कोई बात नहीं' कहते हुए, अपनी जेब पर निगाह मारी थी और लंच में आकर धीमे से बोले–

'चलो मधु।'

'कहाँ।'

'खाना नहीं खाना?'

'मँगवाती हूँ कैंटीन से।'

'बेकार है कैंटीन में, चलो बाहर चलते हैं।'

'मगर आप तो लाये थे ना।'

'दे दिया किसी को, चलो अब।'

कौशिक जी उसे पचास रुपये थाली वाले होटल में ले आये, उसने खाते हुए पूछा–

'अंकल आपने अपना खाना किसी और को क्यों...?'

'तुम भूखी रहतीं मुझे अच्छा लगता?'

उसने अस्पष्ट स्वर में सुना– 'अ फ्रेंड इन नीड, इज अ फ्रेंड इन्डीड'

सुजय.... हल्का सा चित्र बन रहा था, सुजय..... कौशिक जी.....नहीं अभी कुछ कहना सम्भव नहीं, दो बार धोखा खाने के बाद सुजय आसानी से सराय रोहिल्ला नहीं छोड़ता, उसके बाद कौशिक जी खुद दो बार खाना नहीं लाये और उसे होटल में ले गये और मधु ने लौटते में अपना खाना भिखारियों को दे दिया। मधु को इसमें कौशिक जी की किसी दुर्भावना का गुमान नहीं था उसे लगा कि कौशिक जी उसे खुश देखना चाहते हैं, वही जो सुजय चाहता था। लेकिन उसे तब हल्का सा अहसास हुआ जब कौशिक जी ने लंच में फिल्म देखने का ऑफर दिया–

'मधु हॉल में फिल्म कब से नहीं देखी?'

'काफी समय हो गया, घर में केबल है।'

'मैंने तो काफी समय से नहीं देखी, दसेक साल हो गये।'

'अच्छा? एक साल तो मुझे भी हो गया।'

'आज चलें मैटिनी? हाफ डे मार देते हैं, सीधा राजा मंडी से पकड़ लेंगे गाड़ी।'

'अंकल...?'

'क्यों क्या हुआ? साथ में आते हैं, होटल में खाना भी खाते हैं फिल्म में क्या...?'

'नहीं होने को तो कुछ नहीं, पर इस तरह दफ़्तर से अच्छा नहीं, सन डे को वहीं

देख लेंगे घर पर भी बता दूँगी।'

'घर पर.... नहीं रहने दो।'

घर के नाम पर कौशिक जी का घबराना शंका उत्पन्न कर गया, सुजय...... तो मम्मी के सामने ही आँखें बन्द कर देता था, चाकलेट देता था अब मधु को लगा कि कौशिक जी सुजय का भ्रम ही पैदा कर रहे हैं।

और उस दिन.....उस दिन भी वह भागती दौड़ती स्टेशन आयी थी, अक्सर कौशिक जी उसे देखकर उसके ध्यानाकर्षण के लिए कोई न कोई हरकत करते थे, लेकिन कौशिक जी नहीं दिखे उसने निगाहों से तलाशा कहीं नजर नहीं आये, गुसाईं जी दिखे, खुद ही बोले–

'आज नहीं आयेगा कौशिक, बीमार है, अर्जी दे गया उधर लेडीज खड़ी हैं उनके साथ चली जाओ आज, पास हो तो कहीं भी बैठ जाओ।'

वह महिला मंडल के पास पहुँची, महिलाओं ने उसका स्वागत किया–

'आऔ मैडम, आज कौशिक जी नाय आये का?' कमला बाई बोली।

'हाँ, बीमार हैं।'

'अभी तक तुम लेडीज के साथ क्यों नहीं आयीं?' खुर्राट सक्सेना मैडम बोलीं।

'चाचा के परिचित हैं कौशिक जी, बाकी किसी को मैं जानती नहीं।'

'अरे लेडीज से जानकारी में क्या था, मैं तो खुद तुम्हें बुलाने वाली थी, चलो किसी के भी साथ लेकिन गुट में, ऐसे किसी एक मर्द के साथ चलने में अच्छा नहीं रहता, बदनामी भी हो सकती है।' सक्सेना मैडम बोलीं।

'मैडम वो तो मेरे पिता समान हैं।'

'ठीक है, हमें भी तजुर्बा है बेटी, हम भी तुम्हारी माँ समान हैं, मर्द चाहे जैसा भी हो अगर भाई या बाप नहीं तो भाई या बाप है ही नहीं, चलो गाड़ी आ गयी, अन्दर बात करेंगे'

अन्दर बैठकर सक्सेना मैडम बोलीं–

'देखो मधु लोग अच्छे भी होते हैं बुरे भी, अच्छे से दूर रहो तो कोई बुराई नहीं, लेकिन बुरे के नजदीक जाने में हर तरह से बुराई है, तीस साल नौकरी मैंने भी कर ली, तजुर्बा भी कुछ होता है, तुम तो बच्ची हो, अब सवाल ये कि वो तुम्हें लेकर सबसे अलग क्यों बैठता है? चलो बैठ गया तो भीड़ वाला डिब्बा क्यों खोजता है? तुम उसे पिता समान समझती हो पर वो तो ढलती उम्र के आनन्द में है।'

'नहीं मैडम ऐसा नहीं है शायद, वो कहते हैं कम भीड़ में टी.टी. पास माँग लेता है।'

'देखो तीन से चौथी गाड़ी से नहीं जाते अप डाउनर, हर टी.टी. चेहरा पहचान लेता है स्टाफ वालों का, तुम अकेली भी आओ तो तुम्हें कुछ नहीं कहेंगे टी.टी. सही बात ये है कि अगर वो तुम्हें अपना समझता तो इस तरह अलग न बिठा के ग्रुप में लाता, मर्दों वाले ग्रुप में तो चलो कुछ मर्दों वाली बातें होती होंगी, लेकिन खुद उसे तुम्हें

लेडीज के साथ बिठाना था पहले दिन से, तुम्हें शायद नहीं मालूम ये रूपल प्राइवेट जॉब करती है इसके चाचा इस विभाग में वो भी इसी गाड़ी में हैं, लेकिन वो मर्दों के साथ हैं ये यहाँ लेडीज ग्रुप में।'

'मगर वो तो कह रहे थे ....खैर छोड़िये।'

'नहीं बताओ....'

'लेडीज अच्छी नहीं हैं।'

'जे कही निपूते नै, वो भौत धर्मात्मा है, मूतत में धार ऐ नायं देखे हीरोननी के फोटून नै देखै मोंह उँचौ करिकैं, मैडम जी करूँ हिरन जा कौशिक के मूत कूँ।' चपरासन कमलाबाई ने आन्दोलन की भूमिका बनायी।

'नहीं कमला ऐसा नहीं कहते वो लम्पट है तो हम मूर्ख बनें क्या?' सक्सेना मैडम ने डाँटा।

'अच्छा तुम बताओ मधु तुम्हें क्या लगता है? हमारे बाप, भाई, पति, बेटे कुछ भी नहीं, तनख्वाह अच्छी मिलती है फिर हम बुरी क्यों होंगी, हाँ जवानी में किसने क्या किया क्या मतलब एकाध अपने साथ में भी होगी, लेकिन सारी तो बुरी नहीं, फिर पौन घंटे के सफर में जितना बुरा वो कर सकता है उतना हम तो नहीं कर सकतीं, हाँ उसके साथ कुछ और दिन चलीं तो शायद बदनामी हो जाय, वो भी यही चाहता है।' सरोज मैडम बोलीं।

'हाँ, आप ठीक कह रही हैं शायद, लेकिन उन्हें बदनामी से क्या फायदा? बदनाम तो वो भी होंगे।'

'देखो ढलती उम्र के आदमी का नाम जवान लड़की से जुड़ना, इन मर्दों के लिए तमगा होता है, बदनामी घर तो जा नहीं रही, हो सकता है बदनामी के बाद तुम उसे पसन्द कर लो मजबूरी में, यही फायदा है, ढलती उम्र के मर्दों को मैं जानती हूँ, एकाध बार होटल में खाने की कहेगा, फिर फिल्म देखने की।'

'ये सरोज मैडम को कैसे पता...? उसने सोचा फिर बोली, 'आप कैसे कह सकती हैं?'

'हम भी जवान हुए थे मधु, ऐसे अधबूढ़े हमें भी मिले हैं, थोड़ी हमदर्दी दिखायेंगे, थोड़ा समर्पण फिर धीरे से हिसाब चुकता, हिसाब बराबर न हो औरत छिनाल, अच्छा यही है कि जैसे ये हम औरतों को बनाते हैं, वैसे ही इन्हें बनाया जाय, आगे से ध्यान रखना खिला रहा है खा लो, कुछ दे रहा है ले लो लेकिन किसी एक में इंटरेस्ट मत दिखाओ, जिसके साथ आना है आओ।'

'जी मैडम' उसे समझ आ गया समझदार औरत का एक मतलब 'खिलाड़िन' क्यों होता है।

असली कौशिक जी को जानकर उसे बहुत दुख हुआ था, हल्की सी झलक सुजय की दिखाई थी उन्होंने, पर उस दिन सब साफ हो गया, सुजय फिर उसकी

नजरों से गायब हो गया था, प्रतिशोध में उसने कुछ दिन बाद कौशिक जी की मजम्मत उनकी पत्नी के हाथों करवा दी, लेकिन सम्बन्ध ख़त्म नहीं किये, उससे कोई लाभ भी नहीं, इसके अलावा सरोज मैडम से भी उसे ज्ञान मिल गया था 'खिला रहा है खा लो, कुछ दे रहा है ले लो लेकिन किसी एक में इंटरेस्ट मत दिखाओ' कौशिक जी उसे अब भी खुश देखने के लिए कुछ भी कर गुजरने को तैयार हैं और अब वह सावधान है।

'चलो चली तो सही, नौ बज गये यहीं पर' कौशिक जी ने साँस छोड़ी।

'हाँ...'

'कुछ तबीयत खराब है मधु....'

'नहीं आपको कैसे लगा?'

'बोल नहीं रहीं आज।'

'टेंशन है...'

'बताओ शायद मैं मदद कर सकूँ।'

'नहीं अब कोई कुछ नहीं कर सकता...'

'फिर भी...'

'वो उदय जी बता रहे थे...'

'कुछ बोला क्या? वो तो टेन्शन ही देता है।'

'कह रहे थे योग्यता के हिसाब से मुझे ओ.एस. की पोस्ट मिलना चाहिए थी।'

'हाँ कह तो ठीक रहा था।' कौशिक जी को अहसास हुआ कि उदय से पहले उन्हें ये खयाल क्यों न आया।

'उसी को ले के टेंशन था।'

'तो उदय से कहो कि अब दिलवा दे।'

'कह रहे थे वो कागजात लेकर आओ जो उस वक्त भरे गये थे, जिससे पता चलेगा कि मैंने क्या पोस्ट माँगी थी, अगर मैंने ही जूनियर क्लर्क की नौकरी माँगी है तो कुछ नहीं हो सकता।'

'तो दिखा दो उसे।' वे कुढ़ते हुए बोले।

'कहाँ से दिखा दें, रामरतन चाचा ने कुछ नहीं रखा।'

'हाँ चपरासी है बेचारा उसे कहाँ नॉलेज।'

'आपसे भी मुलाकात नहीं थी तब तक' उसने कहा और बाहर की ओर देखने लगी।

उदय जी......सुजय की हल्की सी झलक यहाँ भी मिली थी उसे, शुरू के दो महीने तो उदय जी से सिवा शिड्यूल के कोई बात तक नहीं हुई थी, कटारे से परेशान जब उसने कौशिक जी से बात की तो गंजे शर्मा जी ने उदय जी का नाम लिया। वह झिझकती सी उदय जी के पास गयी थी, कहाँ कटारे कहाँ उदय जी, ज्ञानी लोग सरल होते हैं, ये उदय जी ने ही प्रमाणित किया, न सिर्फ मदद की बल्कि समझाया भी, हालाँकि जो ज्ञान और दर्शन उदय जी झाड़ते वो मधु के हिसाब से प्रक्टीकेबल नहीं,

नैतिकता, आदर्श, इथिक्स महत्वाकांक्षा हीन व्यक्तित्व की निशानियाँ हैं। असल मदद तो उसे हिम्मत देने में की जिससे उसने कटारे को लताड़ा था। उसके बाद तो छोटी-छोटी मदद के लिए उदय जी के पास पहुँचना उसकी आदत में आ गया, लम्बे-लम्बे ट्रांसलेशन भी उदय जी अपना काम छोड़कर उसके लिए करते, वह जब माफी के अन्दाज में कहती—

'आपका बहुत टाइम खाती हूँ सर।'

'कोई बात नहीं मेहनती लोगों की मदद करने में मुझे मजा आता है, तुम, राजा, रेवती, सब मेहनती और कॉपरेटिव लोग हो, तभी मदद माँगते हो जब जरूरत हो, बाकी तो यहाँ ऐसे-ऐसे हरामखोर हैं जो चाहते हैं कि उनका पूरा काम कोई दूसरा कर दे।'

'मगर आपका काम...'

'हम तो यहीं आगरा में हैं, घंटा भर लेट चले जायेंगे, तुझे तो पंजाब पकड़नी है बावली।'

तब उसे हल्की सी झलक दिखाई देती सुजय की, मधु के पास अपना कम्प्यूटर नहीं, साहब के कम्प्यूटर पर काम करना पड़ता है, वो ख़राब हो जाय या साहब बिजी हों तब अकेले उदय जी हैं जो उसके आते ही अपना कम्प्यूटर छोड़ देते हैं, या बहुत जरूरी हो तो 'बस पाँच मिनट बैठो, अभी देता हूँ' मधु पूरा दिन काम करती रहती है, उठते समय कहती है—

'थैंक्यू सर....आपका तो कुछ काम नहीं हुआ आज।'

'ठीक है गाली खा लेंगे पर तुम्हें नहीं खाने देंगे, रिश्वत खाने से तुम्हें रोकेंगे नहीं।'

'आपके मुँह में घी शक्कर पहले रिश्वत मिले तो सही सर...'

'ठीक है जब मिलेगी तब भी नहीं रोकेंगे' दोनों हँसते हैं।

कई बार कह चुके हैं उदय जी—

'तुम पी.सी.एस. क्यों नहीं करतीं, तुम तो ओ.बी.सी. हो, निकल सकती हो।' उसे ओ.बी.सी. का जिक्र बुरा लगता है, लेकिन सत्य तो है, जब सर्टीफिकेट ले रखा है तो कहेंगे ही।

'आप भी सर, वैसे तो मैं इतनी होशियार नहीं, फिर वक्त ही नहीं मिलता, इसके अलावा हमारे परिवार में पढ़े-लिखे भी तो नहीं, हम ओ.बी.सी. हैं ना।'

'अरे हम हैं ना, राजा है, होशियार लड़का है, तुम्हारी जी.के. थोड़ी ठीक नहीं बाकी तो चलेगा, देख लेना जब यहाँ से जाओगी तो याद करोगी था कोई पागल कवि।'

'मैं तो अभी भी आपको याद करती हूँ, आप न होते तो कटारे नौकरी नहीं करने देता।'

'चलता है, चलता है, अलग-अलग फूल अलग-अलग खुशबू, फूल भी यहाँ, काँटे भी यहाँ, इसी का नाम दुनिया है, खैर.... तुम तैयारी करो, उलझो मत, तुम्हें यहाँ

से निकलना है ये ठान लो, तुम्हारे परिवार को तुम्हारी जरूरत है, तुम किसी अच्छी जगह जाती हो तो मुझे खुशी होगी।'

सुजय... 'तुझे अच्छा लगा ना बस...' हल्का सा चित्र बन रहा था सुजय का...

'मैं कोशिश करूँगी...'

'अच्छा है, देखो जिस दिन तुम यहाँ से जाओगी, पूरे दफ़्तर को पार्टी दूँगा मैं।'

'सर आप? मेरे लिए इतना क्यों सोचते हैं?' वह भावुक हुई।

'देखो मधु तजुर्बे की चीज है, जो बच्चा बचपन में पिटा होता है, पिता बनने पर अपने बच्चों को नहीं पीटता, बल्कि बच्चों को पिटते हुए भी नहीं देख सकता, वही मेरे साथ है, उम्र चालीस हो चुकी अब जो कुछ है इसी नौकरी में है, ये तो तुम्हें भी लगता होगा कि मैं अपनी योग्यता से कम पा रहा हूँ...'

'हाँ लगता तो है।'

'अब उसी पिटे हुए बच्चे की तरह मैं भी नहीं चाहता कि कोई बच्चा पिटे बस, मैं नहीं चाहता कि तुम इस अपनी योग्यता से कम की नौकरी करो, राजा भी छोटी जगह पर है लेकिन हमारी तरह, सब्र किया जा सकता है और वो निकलेगा भी, लेकिन तुम तो पोस्ट ग्रेजुएट फिजिक्स में वो भी लड़की बाप रे......सौ में चौवन नम्बर थे बारहवीं में मेरे। लड़कियाँ साइंस पढ़ती हैं, जूलॉजी, बॉटनी, ज्यादा से ज्यादा कैमिस्ट्री, आज जब यहाँ मजाक में ही सही लोग मुझे तुम्हारा टीचर कहते हैं मुझे बहुत अच्छा लगता है।'

'आप भी सर, आप बहुत ब्रिलिऐंट हैं सर, पता नहीं आप यहाँ कैसे.....?'

'अब ज्यादा सिम्पैथी दिखाई तो रो पड़ूँगा मधु।' दोनों हँसने लग जाते।

उस दिन उसे याद है, एक दिन जब वह कुछ पूछने गयी तो उनका व्यवहार कुछ रूखा था, बहुत पूछने पर नहीं बताया, उसने कसम दी तब धीमे से बोले–

'सीट पर पहुँचो आता हूँ।' उसके बाद खुद उसके पास आये तब काम के बाद उसने पूछा, तो बताया कटारे उनके बारे में क्या प्रचार कर रहा है, काफी बहस के बाद उसने कहा–

'मैं समझती हूँ सर, आप जैसे अच्छे इनसान पर आरोप लगे, बात घर तक पहुँचे तो फैमिली लाइफ भी डिस्टर्ब होती है।'

'वो छोड़ो मेरी फेमिली के बारे में मैं ज्यादा जानता हूँ, हाउस वाइफ है, गुजारे के लाले पड़ जायेंगे मेरे बिना, वो कहीं नहीं जाने की, पर सच ये है कि मैं भले धर्मात्मा न सही पर बिना कुछ किये मैं बदनाम भी नहीं होना चाहता।'

ये सच्चे आदमी की खीज भी हो सकती थी, और घुटे आदमी का निमन्त्रण भी, खुद उदय जी भी कहा करते हैं– 'अच्छे और बुरे में फर्क आसान है लेकिन बहुत अच्छे और बहुत बुरे आदमी में बहुत मुश्किल।'

सुजय... नहीं ये सुजय तो नहीं......तो क्या उदय जी भी कौशिक जी .....उदय कौशिक...कौशिक उदय.....नहीं अभी कुछ कहना ठीक नहीं, उदय जी ने अभी तक उँगली छूने की भी कोशिश नहीं की, कौशिक जी तो पिता बनकर भी.....? हो सकता है उदय जी ने अभी गुस्से में ऐसा बोला हो, अच्छे इनसान को बुराई मिलने पर कुछ भी रिएक्शन हो सकता है। तभी बेवकूफ सिसौदिया का फोन आ गया, उसकी बेवकूफियों पर तो हँसी आ सकती है बस।

उसके बाद उदय जी फिर सामान्य हो गये, वही हँसी-मजाक, वही मदद, उसे याद है उदय जी के पास दफ़्तर का पहला पेन ड्राइव था, वह माँगने जाती तो वे उसे सरकारी पैसे से खरीदने की राय देते लेकिन मधु की हिम्मत न होती, सरकारी पैसा मिलेगा या नहीं। एक दिन उदय जी बोले—

'तुम्हारा बर्थ डे कब पड़ता है?'

'बर्थ डे?'

'चिन्ता मत करो ईयर मत बताना।'

'पाँच सितम्बर...पर आप क्यों?'

'पेन ड्राइव गिफ्ट करूँगा, जन्म दिन भी अच्छा है, हम दोनों एक-दूसरे को गिफ्ट कर सकते हैं।'

'मैं क्यों?'

'टीचर्स डे भी वही पड़ता है।' दोनों हँसे, अगले ही दिन उदय जी ने उसे पेन ड्राइव और रसीद लाकर दे दी।

'बिल पास न हो तो कहना गुटके शर्मा से उदय क्या तेरा बाप लगता है? उसका हो गया तो मेरा भी कर।'

'पर सर पैसे आपने?'

'जेब से दिये हैं जब मिल जायें तो दे देना।'

'सर आप इतना..? आपका अहसान मैं कैसे...?'

'बस अंकल न कहना, हमारा अहसान उतर जायेगा।'

'आप भी सर....' दोनों हँसने लगे।

'कीठम गया....' कौशिक जी मधु की खिड़की में उसके कन्धे से कन्धा रगड़ते हुए झाँके।

'हाँ....अंकल आज तारीख क्या है?'

'पाँच सितम्बर....'

'ओह...' उसे याद आया आज ही छोटे भाई ने उसे विश किया था, लेकिन तब से अब तक पता नहीं कितने साल बीत गये।

'क्यों ...क्या हुआ?'

'आज राधाकृष्णन जी का जन्म दिन है।'

'कौन राधाकिशन? तुम्हारा चपरासी? वो जी कैसे हो गया?'

'राधाकृष्णन जी, सैकंड प्रेसीडेंट, टीचर्स डे है आज?'

'तो तुम्हें क्या?'

'मुझे हो न हो आपको वाकई कुछ नहीं।' कहते हुए उसने पर्स में झाँका पचहत्तर रुपये, कहीं उदय जी कुछ वाकई ले आये तब? उसने तय किया वह पहले से विश नहीं करेगी, अगर उदय जी ने कर दिया तो...? तो कौशिक अंकल कब काम आयेंगे? उसके होठों पर मुस्कान आ गयी।

## 3

गाड़ी रुक गयी, कौशिक जी चिल्लाये–

'चलो मधु, आज तो आधा घंटा ऊपर हो गया' और बिना पीछे देखे हाथ पकड़ लिया, पीछे से मधु की आवाज न आयी फिर भी वे हाथ पकड़ कर भागने के अन्दाज में चलने लगे, फिर उन्हें अहसास हुआ हाथ में वह गुदगुदापन न था जो कल तक हुआ करता था।

'तुम्हारी तबीयत ठीक नहीं आज।' वे उसी अन्दाज में भागते हुए बोले।

'हमारी तबीयत कूँ का भयौ कौशिक जी हमें तौ तिहारी खराब लग रई ऐ' पीछे से कमला बाई का स्वर आया कौशिक जी ने पीछे मुड़कर देखा, तो कमला बाई का जो हाथ उनके हाथ में था खुद ही छूट गया।

'तुम...'

'अब छोड़ौ मती, पकरै रहौ पंडित जी, आठ साल ते हमहुँ ढूँढ़ रये कै कोई पकरै, तेलीन में न मिलो पंडित मिल गयौ, मकान बनवाय रहे हौ, ऊपर हमकूँ एक कमरा बनवाय दियौं परे रहेंगे, संग ई संग आमेंगे संगई संग जामेंगे ऐसे ई हाथ पकरि कैं, सबन ते अलग बैठेंगे।'

'श्री हरि श्री हरि गलती हो गयी मैं तो मधु समझ रहा था।'

'पंडित जी उमर कौ हिसाब देखौ, ज्वान छोरी ऐ तुमन ते आगै निकस गयी, बाके संग न चल पाओगे।'

'छोड़ो गलती हो गयी भाई।' कहते हुए कौशिक जी ने विदा ली।

दफ़्तर पहुँचकर वे मधु के पास पहुँचे–

'तुम तो आगे निकल आयीं?'

'तो क्या खड़ी रहती प्लेटफॉर्म पर, साइन मुझे भी करने थे।'

'कर दिये?'

'कहाँ कर दिये? उठ गया रजिस्टर।'

'चलो कर आयें?'

'मैं नहीं जाती उस हरामखोर के पास, हाथ पकड़कर साइन कराता है।'

'अच्छा मैं ही गाली खा लेता हूँ।' कहते हुए वे चेम्बर में घुसे।

'क्यों रे लकड़बग्घे? आज अकेला आया है, छमिया को नहीं लाया हे हे हे।' यादव जी बोले।

'मैं तो आज कल अकेला आता हूँ सर।'

'क्यों खटपट हो गयी क्या? हू....हू...हू....'

'नहीं सर, अब तो आपके अलावा भी लोग नाम रखने लगे हैं।'

'अच्छा? हो...हो...हो...मजा तो आता होगा?'

'अब काहे का मजा सर हम तो परमारथ में फँस गये साब।'

'ठीक है ...कर दे साइन परमारथ की पूँछ खी....खी....खी..... हमारा नाम उसके साथ जुड़वा दे हमें तो मजा आयेगा।'

मधु उदय जी के पास पहुँची–

'नमस्ते सर...'

'नमस्ते आज कुछ ख़ास है मधु...'

'क्या...?'

'याद करो....'

'हे भगवान इन्हें तो सब याद है।' उसने सोचा पर बोली 'मुझे तो हाजिरी रजिस्टर याद है बस।'

'तो चली जाओ अन्दर...'

'नहीं वो बदतमीज है।'

'ठीक है रहने दो आधा घंटे में बाहर आ जाय तो दस बजे लिखकर साइन ठोक देना, तीन लेट तो माफ हैं, नियम से भी, पर टॉपिक मत छोड़ो।'

'टॉपिक....मैं सीट पर जाकर याद करती हूँ।'

'अपना मेल बॉकस खोलना मत भूलना।'

उसने मेल बॉक्स खोला तो उदय जी का भेजा ऐनीमेटिड ग्रीटिंग कार्ड मिल गया, जिसमें हैप्पी बर्थ डे की धुन थी, नाचते हुए गुब्बारे, जो बार-बार मधु शब्द की संरचना कर रहे थे, उसे अच्छा लगा, उसने वापस मेल किया–'हैप्पी टीचर्स डे' फिर पर्स खोल कर देखा, पचहत्तर रुपये ....उदय जी कहीं दो ढाई सौ का गिफ्ट ले आये हों तो? वह वापस उदय जी की सीट पर आयी।

'थैंक्स ए लॉट, पर किसी और को तो नहीं बताया?'

'हाँ अपनी घरवाली को।'

'यहाँ तो किसी को नहीं?'

'अभी तो नहीं, तुमने विश नहीं किया तो सबको बताऊँगा बहुत बेईमान लड़की है, बधाई भी सिर्फ लेती है देती नहीं।'

'मेल बॉक्स खोला?'

'हाँ अभी दिया होगा जवाब, एक गेंदे का भी फूल ले आतीं तो अच्छा लगता।'

'और आप लाये कुछ?' उसने ताने का जवाब दिया।

'ये लो...' कहकर उदय जी ने काँपते हाथों से दराज में से पैकेट निकाला।

'क्या है इसमें?'

'टीचर के पास क्या होगा देने के लिए?'

'नॉलेज?'

'नहीं जनरल नॉलेज, मेरी निगाह में ये बुक उतनी अच्छी है, जितनी तुम्हारी खराब जी.के.।'

'महँगी होगी?'

'कुछ खास नहीं डेढ़ सौ की है।'

'मैं तो मजाक कर रही थी।'

'मगर मैं नहीं कर रहा, ले आओ गेंदे का फूल।'

'ये भी आपने वाइफ को बताया।'

'अरे यार घर में घुसने के बाद तनख्वाह घरवाली की हो जाती है, बीड़ी तम्बाकू के लिए भी माँगने पड़ते हैं, तुम्हारी शादी हो जायेगी तब तुम भी उसे मुर्गा बनाकर ही रखोगी, तुम तो कमाऊ भी हो।'

'उन्होंने कुछ नहीं कहा?' वह शर्माते हुए बोली।

'क्यों? भाई मेरी कोलीग हो, जूनियर हो, एंड आफ कोर्स शी इज अ नाइस लेडी, कभी मिलवाता हूँ।'

'अच्छा चलती हूँ मुझे भी...'

'क्या तुझे भी, पागल न बन मधु, तूने कहा मेरा गिफ्ट हो गया, लाना भी मत मैं नहीं लेने वाला।'

'फिर कहोगे बेईमान लड़की...'

'नहीं कहूँगा बरफी का एक टुकड़ा खिला देना बस...'

मधु उठकर चली गयी, उदय जी का दिल धड़का लेकिन आदर्श ने जोर मारा—

'तुमने उसे शिष्या के रूप में स्वीकारा है उदय, उसके बारे में सोचना अनुचित है।'

उन्होंने तसल्ली दी।

'गुरु-शिष्या, पिता-पुत्री, सब पुरानी बातें हैं तब की जब गुरु श्मशान मुखी होते थे, पैर कब्र में लटके हों तो पिता के अलावा बन भी क्या सकते थे? अब तो गुरु शिष्या में अन्तर ही नहीं होता, लोग भी शिष्या सत्संग के लिए बनाते हैं, कवि सम्मेलनों में क्या होता है? तीन साल तक शिष्या रहती है फिर अचानक आयोजक की शिष्या बन जाये तो छिनाल, कालेजों में क्या हो रहा है? पैंतीस साल के गुरुजी पन्द्रह साल की शिष्या को लेकर फरार, मैं तो टैक्नीकल गुरु हूँ भाई, इसका क्या पूरे दफ़्तर का, ऐसे तो मैंने

अपनी घरवाली को भी बहुत कुछ सिखाया है, अबे आदर्श कुमार भारद्वाज! तेरी मानूँ तो मेरा वंश भी आगे न चले, फिर भी विश्वास कर मैं पहल नहीं करूँगा।'

'उम्र तो देख उदय?' आदर्श ने बायीं ओर से ओवरटेक किया।

'जाके कौशिक को बता, मुझसे भी सात साल बड़ा है, साथ चलते में भी चिपकता है, सिन्दल? इसके दादा की उमर का है, मैं तो अंकल के ही आसपास हूँ, आज तक उँगली भी नहीं छुई।'

'मगर तुम्हारी पत्नी? जब तुमने किताब खरीदने के लिए पैसे माँगे तो चूँ नहीं की उसने, बल्कि कह रही थी, कपड़ा लत्ता दे दो जी गरीब लड़की है, तुम उसका विश्वास तोड़ रहे हो उदय।' आदर्श ने कहा।

'किसने कहा था भगतन बनने को? पास बुलाओ तो कभी सोमवार कभी मंगलवार, कभी दुर्गा जी, कभी संतोषी माता, कभी भोले शंकर तो कभी भैरों बाबा, फिर मनु स्मृति के श्लोकों को वही पढ़ती है जिनमें लिखा है कामी, गुणहीन, शील रहित पति की भी पूजा देवता के समान करनी चाहिए, माने मैं लँगोट फाड़ कर संजय प्लेस के स्काई टॉवर पर सुखा डालूँ तो भी वह मेरी पूजा ही करेगी, यह उसका शास्त्र सम्मत कर्तव्य है।'

'मगर इथिक्स, मॉरल, तुम्हारी सोशल रेस्पॉन्सिबिल्टी?'

'हाँ दुनिया भर के इथिक्स, मॉरल, सोशल रेस्पॉन्सिबिल्टी सब साले मेरे हिस्से में आ गये हैं, रिश्वत मैं न लूँ, झूठ मैं न बोलूँ, ईमानदार मैं रहूँ, राजनीति मैं न करूँ, क्या दिया तूने मुझे? मेहनत मैं करूँ चार प्रमोशन कटारे ले, कविता लिखूँ तो चुराने को पचास तैयार सुनने को एक नहीं, उपन्यास लिखूँ प्रकाशक कहता है बीस हजार ले लो बेच दो, उसे अपनी जुगाड़ के नाम से छपवाना है, खुद छपवा लूँ तो आलोचक हग देंगे उस पर, जिन्दगी में चौथाई कहानी नहीं लिखी पर ऑपरेशन टॉलस्टॉय का भी करेंगे, अब इस लँगोट को भी मेरे गले में बाँध के लटका दे चेतन भगत के बँगले की सुर्री पर, भैन के....'

'देख उदय...ये अच्छी बात....'

'ठीक है यार, कह तो दिया पहले से नहीं कहूँगा, अब आगे आके कोई लेट जाय तो....'

आदर्श भी आश्वस्त होकर लौट गया– 'मधु क्या कोई लड़की पहले से नहीं कहेगी।'

लेकिन मीणा जी की छठी इन्द्री हरकत में है, वह सुन तो नहीं पाये लेकिन उदय जी द्वारा पैकेट मधु को देता हुआ देख चुके हैं, अर्ध नायक फड़फड़ाने लगा– 'नीले पीले पैकेट तेरे अन्दर में क्या है, अन्दर बँधी है तकदीर हमारी......'

वे गाते हुआ उदय जी के पास आये और प्रश्नवाचक चिह्न उदय जी के सोचमग्न मुख के सामने सीमान्त सन्तुलन की स्थिति में खड़ा कर दिया–

'हूँ...हूँ..., नीले पीले पैकेट तेरे....'

'किताब है, मस्तराम ने नहीं लिखी, हसीना कानपुरी ने भी नहीं, डेढ़ सौ रुपये की आयी थी, गिफ्ट करना हो तो बता दे, तेरा नाम लिख दूँगा अभी तक किसी का नाम नहीं लिखा है।' उदय जी ने प्रश्नवाचक चिह्न का निचला सिरा पकड़ ऊपरी भाग को वापस मीणा जी के मत्थे मार दिया।

'अरे नहीं ऐसे ही पूछ रहा था, जी.के. के लिए, आयी नो वैरी वैल उदय ऐसी ओछी हरकत नहीं करता इन माई यूथ।'

'गिफ्ट देना ओछी हरकत नहीं होता, डेढ़ सौ निकाल अभी लिखता हूँ– विद लव फ्राम मीणा अंकल।'

'इन माई यूथ...तब तो ओछी हरकत ही होती थी, खैर अभी अंकल न बना भाई, कुछ दिन और होप फुली रह लेने दे, फाइनल रिजल्ट आने तक, फिर बाकी लोगों को तो अंकल बनना है अपने राजा को छोड़कर।' उन्होंने राजा की ओर देखा।

'हमें क्यों छोड़ रहे हो मीणा जी, कुछ देख लिया क्या?' राजा ने गर्व से पूछा।

'नहीं देखा तो कुछ नहीं पर तेरी उमर तो भइया बनने की है ना।'

'धत् तेरे की....अपन मुफ्त में...'

'तो अभी रिजल्ट आया कहाँ? तब तक तो अपना भीखा भी उम्मीद से रह सकता है।'

कहते हुए मीणा जी, मधु की टेबल तक पहुँचे–

'कौन सी बुक है मधु?'

'जी.के. की है, उदय सर से मँगाई थी।'

'अच्छा दिखाओ तो' कहते हुए खुद ही उसके हाथ से किताब छीन ली।

'अच्छी है' कहते हुए चार-पाँच पन्ने पलटे और 'विद लव फ्राम' ढूँढ़ने की कोशिश की, लेकिन वे उदय जी तक नहीं पहुँच सकते, उदय जी ने हालाँकि कौशिक जी के कारण अपना नाम नहीं लिखा था, पर मीणा की छठी इन्द्री को भी इग्नोर नहीं किया जा सकता।

'कितने की है?'

'डेढ़ सौ की, तीसरी बार कौशिक जी से कन्फर्म करना, शायद कम की मिल जाय।' पीछे से उदय जी की आवाज आयी।

'अरे मैं तो.....'

'बाज आजा मीणे किसी दिन तेरी छठी इन्द्री तुझे पिटवा न दे लड़कियों से।'

'कैसी बात करता है यार? मैं सिन्दल साब की तरह नहीं हूँ, ले मधु।' मीणा जी ने किताब मधु को दी और सीट पर चले गये।

'एक किलो मिठाई भी डेढ़ सौ की आती है....पर्स में पचहत्तर.....हाँ कौशिक अंकल....' मधु ने सोचा और कौशिक जी की सीट पर चली गयी।

'हाँ मधु आओ।' कौशिक जी ने कुर्सी पर हाथ फेरते हुए कुर्सी के ठंडेपन का अहसास किया, मधु के जाने के बाद इसी प्रकार हाथ फेर गर्मी का तुलनात्मक अध्ययन अक्सर वे करते हैं।

'हाँ अंकल...साइन तो कर दिये होंगे?'

'हाँ....तुमने?'

'कर देंगे ....उदय सर कह रहे थे क्रास लग जाय तो टाइम डाल कर महीने में तीन दिन चलता है।'

'कमबख्त उदय....ये सारी सूचनाएँ उनके पास होते हुए भी मधु को बताना उसी के हिस्से में क्यों आ जाता है?' उन्होंने सोचा।

'हाँ चल तो जाता है....पर ये तीन दिन बचाकर रखने चाहिए हम लोग तो बाहर से....'

'छोड़ो अंकल.....आज मैंने ट्रेन में तारीख पूछी थी....'

'हाँ, पूछी तो थी, पाँच सितम्बर, टीचर्स डे, तुम्हारे राधाकिशन जी का जन्म दिन।'

'मेरा भी...'

'नहीं....' वे उछले।

'क्या अंकल आपने सारे सर्टीफिकेट देखे थे....फिर भी....'

'श्री हरि...श्री हरि...वो असली थी? यहाँ आधे लोगों की फर्जी लिखी है, मैंने तो इसीलिए ....' हालाँकि कौशिक जी को याद नहीं।

'क्या अंकल, नकली समझकर विश कर देते असली तो फिर मैं बता ही देती, अकेले आप ही अपने हो दफ़्तर में, आपने विश तक नहीं किया, अभी राजा सिंह जी ने तो विश कर भी दिया बाहर का होकर भी।'

'श्री हरि.... श्री हरि.....कर दिया होगा, विश तो जुबानी जमा खर्च है, गिफ्ट इफ्ट देकर दिखाये।'

'आप मुझे ऐसी वैसी समझते हैं अंकल जो हर किसी से.....?'

'सही बात है, बताओ क्या लोगी....?' कहते हुए कौशिक जी ने पर्स खोला हालाँकि उनके खयालों में सदर के मलकानी फैशन स्टोर के शो केस में टँगे गुलाबी ब्रा और पेन्टीज आये, जिन्हें वे सपने में कई बार अपने हाथों से मधु को पहना चुके हैं।

'नहीं अंकल मैं तो यूँ ही...'

'नहीं नहीं अपनों से इस तरह नहीं, अच्छा ऐसा करो तुम ख़ुद ही कुछ ले लेना।' कहते हुए वे दो सौ रुपये मधु के हाथ में रखे, जो कम्प्यूटर सप्लायर देके गया था।

'नहीं अंकल।'

'अरे...' कहते हुए उन्होंने हाथ को दबाया। फिर बोले—

'बहुत ज्यादा तो नहीं हैं....वो सदर बाजार में मलकानी फैशन स्टोर वाला लेडीज का अच्छा सामान बेचता है, देख लेना कभी.....'

'हाँ अंकल....देखती हूँ किधर है सदर में...? ' वह उठती हुई बोली असल में मधु बीसों बार उसके सामने से निकली है।

'वहीं...जूते की दूकान के सामने।' कहते हुए उन्होंने कुर्सी पर हाथ फेर कर गर्मी का अहसास किया।

मधु लंच में मिठाई लेकर आयी, उदय जी खाना खाकर डकार लेते हुए उसकी सीट के सामने से गुजरे वह धीमे से बोली—

'मिठाई रखी है चुपचाप आकर खा लेना थोड़ी देर में।'

'चुपचाप क्यों?' वे फुसफुसाते हुए बोले।

'क्योंकि पूरा दफ़्तर मेरा टीचर नहीं।'

'अभी लाओ।'

मधु ने इधर-उधर देख, डिब्बा खोल दिया, उदय जी ने एक पीस उठाया, वह बोली—

'ठीक से लो गुरु जी।'

'गुरु जी इतने में खुश हैं, अब बन्द कर लो वरना कटारे भी ट्यूशन देने लगेगा।'

फिर संजीदा होकर बोले—

'क्यों लायी? डेढ़ सौ की आती है।'

'भूखे नहीं मर रहे, घर में मिठाई भी न जायेगी मेरे बर्थ डे पर।'

'फिर ठीक है, घर ही ले जाना, रास्ते में उस बिजूके को न खिला देना।'

कहते हुए उदय जी आगे बढ़ लिए, उनका मन प्रफुल्लित था। टॉयलेट तक पहुँचने तक वे सोम ठाकुर का गीत गुनगुनाने लगे—

'तुम आये साँसों के द्वारे चंदन चंदन मन मेरा...'

मधु ने हिसाब लगाया—

'उदय जी का तो अभी कन्फर्म नहीं, हो सकता है वाकई गुरु का भाव हो, लेकिन उम्र चालीस रुपये डेढ़ सौ, उम्र छियालीस रुपये दो सौ, उम्र छप्पन तो.......'

उसने निगाहों से सिन्दल साब को तलाशा, उसे सिन्दल साब दिखाई दिये, उसकी ओर ही आ रहे थे।

'सर....' वह फुसफुसायी।

सिन्दल साब ने इधर-उधर देखा कहीं ये फुसफुसाहट उदय के लिए तो नहीं पर उदय जी की छाया भी न दिखी।

'म...मैं' वे हिचकते हुए बोले—

'चुपचाप इधर आइये सर....'

सिन्दल साब की खुशी का ठिकाना न रहा, इस वक्त वे चीनी कम के अमिताभ रहे होते तो अपने कलेजे को तन्दूर में डालकर 'कोल्हापुरी कलेजा तन्दूरी' बना डालते

'क्या है?' वे फुसफुसाये।

'धीमे बोलिए सर...' कहते हुए उसने टेबल को दरीचा बना मिठाई का डिब्बा खोला।

'जल्दी लीजिए सर, कोई देख लेगा।'

'कोई देख लेगा' ने ऐसा जादू किया कि बरफी का टुकड़ा डिब्बे से सीधा सिन्दल साब के मुँह में गया।

'क्या बात है? सगाई वगाई हो गयी क्या?' धीमे-धीमे सावधानी से मुँह चलाते हुए सिन्दल साब ने शंका का निवारण किया।

'नहीं, अभी तो बड़ी बैठी है।' वह शर्माते हुए बोली।

'फिर?' सिन्दल साब ने उँगली मुँह में डालकर उखड़ चुकी दाढ़ के वीराने में फँसे खोवे को निकाल जीभ की मार्फत वापस प्रारब्ध तक पहुँचाया, मधु को घिन आयी, वह मुँह फेरती हुई बोली–

'आप बस मुँह मीठा कीजिए सर।'

'नहीं बताना तो पड़ेगा।'

'वैसी मिठाई है, जैसी आपने बुलाकर खिलाई थी।'

सिन्दल साब को राजा सिंह जी मुँह ऊपर कर 'ह...हू...' कहते दिखाई दिये।

'यानी...? बर्थ डे...हैप्पी बर्थ डे ...पर ये तो गलत बात है मधु....'

'मिठाई खिलाना गलत बात है?'

'नहीं बर्थ डे छुपाना, अच्छा...और किसने विश किया...?' उन्होंने प्रतिद्वन्द्वियों की तादाद और ताकत का अनुमान चाहा।

'आप भी सर...आप मुझे ऐसी वैसी समझते हैं सर....मैं किसी को क्यों बताऊँ? वो तो आपने अपने जन्म दिन की मिठाई खिलाई थी इसलिए मुझे लगा कि....'

'नहीं नहीं...मैं तो यूँ ही....तो क्या उदय ने भी न...हीं....' उन्हें उदय जी की नजदीकी का अहसास ज्यादा है।

'क्या मतलब है उदय सर का? ठीक है अच्छे हैं होशियार हैं मदद भी करते हैं पर ये तो व्यवहार वाली बात है, वो अपने जन्मदिन पर खिलाते तो मैं भी......'

'सही बात है...सही बात है...पर पहले बताना था, कुछ ले आता गिफ्ट विफ्ट...'

'नहीं सर आपकी दुआ चाहिए बस.....'

'नहीं ऐसे तो सही नहीं हमारी जूनियर हो, बहुत छोटी हो।' कहते हुए उन्होंने भी टेबल को दरीचा बना पर्स को खोला, मधु ने हिसाब लगाया कि उम्र के हिसाब से तीन सौ तो बनते हैं।

'ये लो...बढ़िया सा सूट सिलवा लेना।' कहते हुए सिन्दल साब ने पाँच सौ का पत्ता उसकी मुट्ठी में दबाया।

'नहीं सर...' वह कसमसायी।

'धीरे बोलो, मीणा आ रहा है।' कहते हुए सिन्दल साब उठे।

मधु मुस्करायी और बुदबुदायी।

'जन्म दिन किश्तों में मनाया जाय तो बुरा नहीं, अभी राजा और सिसौदिया बचे हैं, भीखा तो खैर खुद भिखारी है।'

और किश्तों के बजाय उसका जन्म दिन उसी दिन पचासी फीसद मन गया, वाकई लौटते में प्लेटफार्म पर सिसौदिया जी भी दिख गये, मधु ने कौशिक जी को डॉज दिया, नजरों में सिसौदिया जी से बात हुई और सबसे अलग जाकर बैठ गयी, गाड़ी चली और सिसौदिया जी खुद वहाँ आ गये।

'बहुत दिनों से मुलाकात नहीं हुई मधु, आज तो काम में ऐसा फँसा कि दफ़्तर भी न आ पाया।'

'गाड़ी कहाँ है आपकी?'

'खराब हो गयी....'

'आज ही न आ पाये आप?'

'कुछ खास था आज?'

'कुछ नहीं ये मिठाई लो.....'

और उस वार्तालाप के अन्त में मधु की मुट्ठी में भारतीय रिजर्व बैंक के गवर्नर का सबसे बड़ा वचन आ चुका था। लेकिन मधु के गाड़ी से उतरने के बाद सिसौदिया ने डायरी निकाली और ऐंट्री की– 'मधू मैडम...नौ सौ छियानवे रुपये।'

## 4

मधु घर लौटी तो उसने दो कोठरी वाले अपने मकान में अजब रौनक देखी, छोटे भाई बहन गुब्बारे फुलाने में लगे थे, पतंगी कागज की झालरें पोलर कम्पनी के पुराने सीलिंग फैन से बाँधकर लटका दी गयी थीं। मधु का दिल अपने सहोदरों पर कुर्बान होने को हुआ, पर बनावटी गुस्से में बोली–

'क्या है रे? ये फालतू कामों के अलावा पढ़ाई वढ़ाई कुछ है कि नहीं।'

'हैप्पी बर्थ डे टू यू हैप्पी बर्थ डे टू डियर मधु दीदी' वह ताली बजाता हुआ बोला।

'ठीक है हो गया मक्खन, किसी और का भी जन्म दिन मनाता है इस तरह?'

'इस तरह न मनाऊँगा तो मेरा भी न मनेगा, तुम प्रधानमन्त्री, वित्तमन्त्री हो हमारे देश की।' उसने सच बोला।

'और मम्मी?' वह मुस्कराकर बोली।

'राष्ट्रपति, रबर स्टाम्प।' उसने ठहाका लगाया।

'बदमाश...' उसने कान खींचा।

'अरे अपने जन्मदिन पर मेरा कान लोगी गिफ्ट में?'

'आज मैं तुझे डाँटने वाली थी।'

'कल...कल...आज तो मस्ती, कुछ पैसे दो।'

'पैसे मम्मी से क्यों नहीं लेता? मैं तो पूरी पेमेंट मम्मी को पे स्लिप के साथ पकड़ा देती हूँ।'

'हा हा हा।'

'कैसा हा हा, पूछ ले मम्मी से।'

'सरकारी नौकरी में केवल पे स्लिप से पेमेंट नहीं मिलती, बच्चे भी जानते हैं दीदी।'

'मतलब?'

'मतलब को गोली मारो अपने पर्स का ठेका पाँच सौ में देती हो?' उसने पर्स की ओर हाथ बढ़ाया।

'खबरदार छूना भी मत टाँग तोड़ दूँगी, मेरा पर्स और मोबाइल किसी ने भी छुआ तो ...'

'ठीक है लाओ सौ रुपये।'

'ले मर ....' उसने सौ का नोट पर्स में से निकाला।

'अरी तेरा जन्मदिन है तो इकलौते भाई को बद्दुआ तो न दे, सुबह से लगा है तुझे खुश करने में, कैसा बड़ी बहन है री, बिल्कुल लड़कों जैसा दिल है तेरा।' माँ ने हस्तक्षेप किया।

'तुम भी ना मम्मी, चंटपना मत किया करो, लड़कों वाले सारे काम कराके दिल लड़कियों जैसा क्यों चाहती हो?'

'अरी बिटिया क्या चंटपना कर दिया मैंने।'

'पूरी तनखा लेने के बाद अपने बेटी बेटों को मुझसे क्यों चिपकाती हो? लड़का सुबह से तुमसे माँग रहा होगा फिर भी देने मुझे ही पड़े।'

'तो क्या हो गया तेरा भाई नहीं है?'

'भाई है तो अपनी मर्जी से दूँगी ना, होगा तो ही दूँगी ना, बीस बार बात आयी है तुम इहें मेरे पीछे लगाती हो, तनखा तुम्हारे पास, मैं क्या तीन जगह नौकरी करती हूँ?'

'सब जानते हैं बेटी सरकारी नौकरी में....'

'पता नहीं क्या समझते हैं लोग सरकारी नौकरी को? हर सीट पर नहीं होता, फिर कितना नीचे तक गिरना पड़ता है मालूम है।'

'काहे का गिरना ये सब तो चलता है।'

'चलो चलता है पर फिक्स तो नहीं कि इतना मिल ही जायेगा कल को न मिले तब भी तुम और तुम्हारे बच्चे तो यही समझेंगे कि मैं छिपा रही हूँ, मैं जानती हूँ तुम्हारे खर्चों के लिए मुझे क्या-क्या झेलना पड़ता है।'

'जो भी ऊपर से मिलता है, खर्च भी तो तू ही करती है, साढ़े तीन हजार का

मोबाइल लायी किसी ने टोका तुझे? लड़के को सौ रुपये में आफत आ गयी।' यहाँ बात उस मोबाइल की हो रही है जो विद लव फ्राम सिसौदिया हासिल हुआ था।

'तो? तनखा में से चिन्दी भी ली हो तो बताओ, तुम भी मम्मी मुझे ही खँगालने में लगी रहती हो, पाप मैं कमाती हूँ मजे सब लेते हैं, फरमाइशें देखी हैं अपनी औलादों की, सामने वाले हलवाई की मिठाई और समोसे तो गले नहीं उतरते, ब्रजवासी चाहिए, कपड़े होली गेट से नहीं सदर के मलकानी के यहाँ से लाओ।'

'तू कम पड़ती है? तुझे भी तो आगरा का बच्चूमल चाहिए।'

'हाँ चाहिए, दिन भर घर से बाहर रहती हूँ, मुझे जरूरत है, स्कूल मैं भी गयी थी ठेले से खरीदे कपड़ों में, रिजल्ट भी अच्छा दिया था, फिर इस सबको छोड़ो मैं उलटा सीधा करके कमाऊँगी तो अपनी तरह खर्च भी करूँगी।'

'अच्छी नौकरी दिलाई तुझे? हम पर ही अहसान जताने लगी।'

'नहीं दिलातीं तो ज्यादा अच्छा था, रोज के खटने के बाद मुझे भी अहसान नहीं सुनना पड़ता।'

'मम्मी चुप हो जाओ प्लीज, मधु तू भी, आज तेरा जन्मदिन है।' वन्दना बीच में आयी।

'ये इन्हें समझा दीदी, हर वक्त मुझे ही खँगालने में लगी रहती हैं, तुझे नहीं पता मेरे पीछे कई बार मेरा पर्स टटोला गया है, देखा नहीं कैसे विश्वास से पाँच सौ में ठेका ले रहा था राजू?'

'चल ठीक है, सोनम चाय ला दीदी के लिए।' वन्दना ने मुद्दे को भटकाते हुए बोलने को आतुर माँ की ओर जाने का इशारा किया, माँ असन्तुष्ट सी चली गयी।

मधु फिर धीमे से बोली।

'मुझे तकलीफ होती है दीदी ये सब बोलने में, मैं इन सब के लिए मरने को भी तैयार हूँ, अपने परिवार के लिए करना मुझे अच्छा लगता है पर चतुराई मुझे अच्छी नहीं लगती, मेरी माँ ही मेरा विश्वास नहीं करती, मैं कैसे-कैसे कमाती हूँ मैं जानती हूँ, मम्मी की इन्हीं आदतों ने बिगाड़ा है राजू को, बारहवीं में फेल, दिन भर घर में घुसे रहना, केबल देखना, नये-नये सपने पालना, स्कूल तो बन्द कर ही दिया, आगे क्या करेगा इसकी नहीं सोचती मम्मी, बस दीदी का पर्स तलाशने का काम सिखा रही है।'

'ठीक है अब छोड़, बाद में बातें करेंगे पूरी रात पड़ी है, अभी चाय पी फिर तेरा केक काटना है।'

'पर्स में मिठाई का डिब्बा रखा है, तेरे लिए एक किताब भी, निकाल लेना।'

केक कट गया, मिठाई बँट गयी, छत पर बिस्तर हो गया, वन्दना उसके पास में लेट गयी, उसके सर पर हाथ फिराने लगी।

'अब सुना ले जो सुनाना है, इस तरह अच्छा लगता है, तुझे जब भी गुस्सा आये मुझ पर निकाल लिया कर।'

'तुझ पर क्यों?'

'फिलहाल तेरी सबसे बड़ी परेशानी मैं हूँ, मेरी शादी की चिन्ता होगी तुझे, अट्ठाईस की हो गयी तेरी बड़ी बेटी।' वह दर्द के साथ मुस्करायी, मधु अँधेरे के कारण देख तो नहीं पायी, पर एक स्त्री दूसरी स्त्री की भावना समझ गयी।

'नहीं, इतना सोचने की फुर्सत कहाँ है, वहाँ दिन भर काम, सफर की थकान, कमाने के लिए नयी-नयी स्कीम सोचने में ध्यान ही नहीं रहता तेरा, हाँ छुट्टी वाले दिन बुआ, चाची, मौसी ध्यान दिला देती हैं, फिर रुटीन लाइफ' उसने थकी सी मुस्कान फेंकी।

'तू इतना टेंशन मत ले, कुछ दिन इन्तजार करूँगी नहीं तो किसी को पटा के भाग जाऊँगी।'

'जैसे स्कूल वाला राकेश? जब तक मजा आया तब तक मजा लिया, सरकारी नौकरी मिली तो माँ-बाप की इज्जत, अपनी बिरादरी, दहेज सब याद आ जाता है।' उसने दीदी को उसकी असफल प्रेम कहानी याद दिलाई।

'उसे छोड़ जिन्दगी खत्म नहीं हो गयी उसके साथ।'

'कैसे छोड़, जीजाजी कहती थी उसे, तुम दोनों की चौकीदारी भी की कई बार क्या मिला? धोखा ना, मुझे भरोसा नहीं रहा मर्दों पर, औरत जब तक न मिले हजार नखरे उठायेंगे मिलने पर इनसे बड़ा कमीना कोई नहीं।'

'फोन आ रहा है तेरा, लाइट जल रही है।'

'देख कमीने का नाम लिया फोन आ गया, सिर उठा कर देखती रह मम्मी आये तो बताना।'

'कौन है?'

'सिसौदिया।'

'वही जिसने गाड़ी भिजवाई थी हाथरस?'

'हाँ, वही, तू माँ को देख, हलो...कैसे हैं सिसौदिया जी।'

'बढ़िया हैं मधु, तोहफा कैसा लगा?'

'तोहफा..?'

'हाँ गाँधी मार्का लाल पत्ता।'

'हजार का नोट? वो तो हमेशा एक जैसा ही रहता है, तोहफा तोहफा होता है।'

'सब फिजूल बात हैं, तोहफे के लिए पत्ता जरूरी है मधु, और लोगों ने भी दिये होंगे।'

'हाँ, कौशिक जी, उदय जी, सिन्दल साब।' उसने जान बूझकर जलाया।

'सब साले सरकारी भड़वे, सौ पचास के काजल बिन्दी ले आये होंगे? था किसी का हजार का।'

'अब जेब देखकर देते हैं सब, आपकी जेब बड़ी है।'

'जेब भी बड़ी सै अर दिल भी, यो साले सरकारी भड़वे सौ पचास पर चड्डी खोल दें, लेना जानैं देना त सीक्खा ही ना।' वे अपनी आसान जुबान पर आये।

'आप गाली वाली मत बकिये, अच्छा नहीं लगता, लेती तो मैं भी हूँ, आपने ही शुरू कराया था।'

'थारी बात अलग सै मधु, म्हारा थारा मन प्रेम सै, कुछ भी लो कुछ भी दो म्हारी थारी सरकारी ठेकेदारी बातें नाहें।' सिसौदिया जी ने मन के साथ प्रेम जोड़कर प्रेम का इजहार किया।

'तो मन प्रेम की बातें ही करो, फालतू अपना दिल क्यों जला रहे हो?'

'त मुलाकात कब होरी सै?'

'किसलिए?'

'बस मिलणे के लिए, थोड़ा वक्त बितावेंगे थारे साथ।'

'मेरे घरवाले बिताने देंगे?'

'अरे कुछ भी बोल देना, दीदी को साथ ले आना वो तो सब जानै म्हारे बारे में।' सिसौदिया जी और आगे बढ़े।

'क्या जानती है दीदी?' उसने फर्जी गुस्सा दिखाया।

'य...यो ही कि म्हारे सम्बन्ध अच्छे हैं, हमें जो बस एक बार कोई पसन्द आ जाय जान हाजिर राणा प्रताप का खून सै मधु।'

'ठीक है पर दीदी के सामने ऐसी बात नहीं करना।'

'ठाकुर हैं मधु, लेकिन चूतिये नाहें, वैसे दीदी करती क्या है थारी?'

'कुछ नहीं अभी तक स्कूल में थी, छोड़ दिया।'

'अरे बताया नायं तमने, पाँच हजार तक तो दिलवा देंवगे।' सिसौदिया जी ने दूसरा विकल्प भी तैयार किया।

'बात करूँगी...'

'मधु मम्मी...' वन्दना फुसफुसायी।

'मम्मी आ रही है बाय।' उसने फोन काट दिया।

माँ पास आ गयी, धीमे से मधु के सर पर हाथ फेरा।

'गुस्सा मत हुआ कर बेटी, घर के लिए तू ही कर रही है तू ही करेगी।'

'ठीक है मम्मी, मैं भी करना चाहती हूँ, जितना बेटा करे उससे भी ज्यादा, लेकिन मुझे मेरे हिसाब से करने दो बस, पर्स में पैसे हैं सुबह ले लेना, तलाशी या शक मुझे अच्छा नहीं लगता, अब सो जाओ।'

माँ चली गयी।

'अब मम्मी को नींद अच्छी आयेगी, सुबह पैसे मिल जायेंगे।' वह बोली।

'ऐसे न बोल मधु, माँ की मजबूरी है, ये उसका डर है और कुछ नहीं, कई बार दो-दो सौ रुपये भी जमा करके आती है बैंक में, पर छोड़ ये सिसौदिया क्या कह रहा था?'

'कुछ नहीं वही फालतू बातें हैं, कुल मिलाकर औरत चाहिए बस।'

'तू बातें क्यों करती है?'

'बातें न करूँ तो हजार का नोट कौन देगा, मम्मी के खाते में पैसे कैसे जमा होंगे, सौ दो सौ मिलते हैं टेंडर में, वो पाउडर लिपस्टिक में चले जाते हैं, आज केवल इसने नहीं, सिन्दल, कौशिक ने भी दिये, उदय जी ने किताब, ये सब करना पड़ता है मुझे।'

'क्या चाहते हैं ये सब?'

'लड़की।'

'सब?'

'उदय जी का अभी नहीं पता।'

'इनमें से कोई तुझे प्यार कर बैठे तब?'

'कोई नहीं करना, सब फोर्टी प्लस हैं, लुगाइयाँ मर गयीं क्या इनकी प्यार के लिए, और ये प्यार व्यार कुछ नहीं होता मुफ्त में औरत को भोगने का बहाना है जैसे तुझे राकेश ने भोगा, मुझे अमित ने बस।'

'तू अमित को छोड़ क्यों नहीं देती?'

'उससे अच्छा तो मिले, अभी देख फोन आयेगा उसका भी, खुद क्या करता है पता नहीं, पर मुझसे शिनाख्त जरूर करेगा।'

फोन वाइब्रेट हुआ।

'हाँ' वह बोली।

'किससे बातें कर रही थी, एन्गेज जा रहा था।' अमित की आवाज आयी।

'मौसी का फोन आया था, आज मेरा जन्म दिन है ना, लोग विश कर रहे हैं और तुम जासूसी।'

'सॉरी, मैंने फोन किया था उसी लिए, एन्गेज गया तो जलन हुई, मैं तुमसे बहुत प्यार करता हूँ मधु।'

'मतलब हैप्पी बर्थ डे अभी भी नहीं'

'सॉरी, मैनी हैप्पी रिटर्न्स ऑफ द डे, आयी लव यू।'

'आयी लव यू टू, पार्टी कब?'

'इस सन डे।'

'ठीक है रखती हूँ।'

'अरे रुको, वो तुमने टाटा का सैट कहाँ से लिया था?'

'क्यों? जासूसी करना है कि खरीदा है या कहीं से गिफ्ट में मिला?'

'नहीं, खरीदना है, मेरा वोडा है ना, टाटा से फ्री बातें होंगी, वैसे जासूसी भी करूँ तो क्या बुराई है, हम कमिटेड रिलेशनशिप में हैं।'

'कमिटेड....? खैर छोड़ो मैंने तो कभी जासूसी नहीं की।'

'तो करो।'

'मेरे पास फुर्सत नहीं।'

'मतलब मैं कतई फालतू हूँ? मेरे पास तुम्हारे अलावा कोई काम नहीं?'

'मैं फोन रखती हूँ, वरना झगड़ा हो जायेगा।'

उसने फोन काट दिया, दो बार वाइब्रेट हुआ फिर चुप हो गया।

'वो कमिटेड नहीं है?' वन्दना धीमे से बोली।

'क्या पता? कमिटेड आशिक दायें हाथ में गुलाब और बायें हाथ में कंडोम लेकर भी नहीं घूमते।'

'उसने रेप किया था क्या?'

'नहीं पर उस वक्त शायद मैं उसकी महानता से दबी थी, मुझे लगा था कि मैं वाकई प्यार करती थी उससे, सब सुधबुध भूल गयी थी उस वक्त तो।'

'और उसके बाद? उसके बाद भी हुआ है ना वही सब कई बार?'

'हाँ, कई बार... मुझे कीमत भी तो वसूलनी थी उससे।'

'कीमत...?'

'हाँ, बी.एससी. और एम.एससी. की डिग्री, अमित के बिना नहीं मिलतीं, उस वक्त पता होता कि दसवीं पास की नौकरी मिलनी है तो अगले ही दिन सर जी को गुड बाय कर देती।'

'तेरी बातें समझ नहीं आतीं, जो पसन्द नहीं उससे रिलेशन का क्या मतलब?'

'पसन्द तो मुझे राम रतन भी नहीं फिर भी चाचा कहती हूँ ना, जिन्दगी में बहुत कुछ नापसन्द होता है, जिन्दगी फिर भी जीनी पड़ती है।'

'ठीक है अब तो उससे काम निकल गया ना, फटा ढोल गले में लटकाने का क्या मतलब?'

'अभी पूरी तरह नहीं फटा' वह खिलखिलाने को हुई पर नीचे आँगन में सोयी माँ के कारण उसने खुद को रोका, फिर बोली।

'देख अभी उससे मेरा कोई नुकसान नहीं हो रहा, लोगों की निगाह में उसके अहसान हैं मुझ पर, यूँ ही अचानक नहीं छोड़ा जा सकता, फिर मेरी उमर सत्ताईस होने को है, अपनी बिरादरी में मेरी उमर की लड़कियाँ तीन-तीन बार अम्मा बन गयीं, मुझे भी महीने में एकाध बार तो कोई चाहिए, वही सही, उसका टच भी अब अजनबी सा नहीं लगता बस।'

'हाय राम, कितनी बेशर्म हो गयी है तू।'

'क्यों राकेश और तू बन्द कमरे में भजन गाते थे।'

'मैं तो उससे प्यार...'

'प्यार? फिर क्या हुआ..? दीदी कुछ नहीं होता प्यार व्यार, मुफ्तखोरी की अय्याशी है प्यार, तूने भी प्रक्टिकल कर लिया मैंने भी।'

'अच्छा वो तेरा सुजय...दिल्ली वाला?'

'उसकी बात मत कर इन लुच्चों के साथ।'

'अभी अमित लुच्चा साबित कहाँ हुआ है?'

'जिस तरह वो मेरी जासूसी करता है, मैं करने लगूँ तीन दिन में चार जगह पकड़ लूँ।'

'और तू?'

'उसके अलावा किसी के साथ नहीं सोयी तेरी कसम।' वह चिढ़ाने के अन्दाज में बोली।

'ये कौशिक, सिन्दल, उदय, सिसौदिया क्या हैं ये सब?'

'उदय जी का तो क्लीयर नहीं अभी, बाकी तो सट्टा लगा रहे हैं, जिसमें लगाने वाला कभी जीतता ही नहीं।'

'तू उन्हें शह क्यों दे रही है।'

'जैसे अमित को, पहले पापा जी की गिरस्थी के लिए, सौ लाओ तो घर को दो सौ चाहिए, दो सौ लाओ तो पाँच सौ, खैर अब मजा आता है, दिन में एकाध को बुद्धू न बनाओ तो अपच सी होने लगती है।'

'देखते ही देखते कितनी जल्दी सयानी हो गयी तू।'

'कमीनी बोल, पर दीदी घर के बाहर की दुनिया इतनी आसान नहीं होती, बाहर निकलो तो पता चलता है, जैसा दिखता है वैसा तो हरगिज नहीं होता, अभी तक तो मैंने किसी भले आदमी का बुरा नहीं किया, आगे की गारंटी नहीं लेती पर ऐसा मौका आयेगा नहीं।'

'चल ये भी ठीक है।'

'ये इसलिए भी ठीक है कि भले आदमी हैं कहाँ धरती पर, अब सो जा, गुड नाइट।'

## 5

उदय जी आज सुबह से ही प्रफुल्लित नजर आ रहे थे, कल नायिका ने भेंट भी स्वीकार की थी बल्कि मिठाई भी खिला दी थी, बल्कि उदय जी कल शाम से ही खुश थे, मीठी नींद सोये थे, वैसे अमूमन उनके सपनों में प्रकाशक हुआ करते थे, जो पान चबाते हुए कहा करते थे– 'कान्टेंट वान्टेंट सब बाद की बात है, वो तो एडिटोरियल वाले देखेंगे, पहले फाइनेंस देखना है, अंटी में है कुछ?' एकाध बार सपने में वे किताब छपाने में सफल भी हो गये थे पर आलोचक मान्यवर जी ने जमकर रेड़ कूटी थी– 'मेरा मानना है कि ये घोर निराशावादी उपन्यास है, केवल स्टोरी टैलिंग से नहीं बनता उपन्यास, कथानक भी नया नहीं है, कथ्य भी नहीं, इस तरह की बातें पहले भी तसलीमा, रश्दी, या राही मासूम रज़ा कह चुके हैं, कहना नहीं चाहिए कि पहले कहने वाले लोग मुस्लिम थे और ये लेखक क्या नाम है? जाने दो, हिन्दू है, ऐसा लगता है कि इस उपन्यास को भाजपा ने फाइनेंस किया है, इसके अलावा लेखक ने सभी वादों

का अन्त अपने उपन्यास में दिखाया है, लेकिन निदान नहीं दिया, इससे लेखक की नेगेटिविटी झलकती है।' एकाध बार तंग आकर उन्होंने सपने को एक्सटेंड कर मान्यवर जी से कहा भी है– 'प्रभो कथानक और कथ्य पर आप कुछ भी हगो लेकिन भाजपा का कुत्ता भी मेरे घर के सामने गुजरने में डरता है कि कहीं ईंट न मार दूँ, आशावाद में आपने अब तक क्या उखाड़ा है? रिश्वत हजार से हजार करोड़ हो ली आशावाद में, निदान देने के लिए मैं मार्क्स और गाँधी भी नहीं हूँ, उपन्यासकारों ने कब-कब निदान दिये हैं महाराज? निदान वालों ने कब-कब उपन्यास लिखे हैं मूसलचंद जी?' तब मान्यवर जी मुस्कराकर कहते–'अच्छा लिखते हो बेटा पर बैक डोर एंट्री क्यों मारते हो, हमें नहीं यादव जी को ही तेल मलते, या किसी अन्य मान्यवर को, पर बिना गॉड फादर के साहित्य में एंट्री? ये तो इथिक्स के खिलाफ है ना, फिर तो हम भी मर्शिया ही पढ़ेंगे।' इसी जद्दो जहद में उदय जी ठीक से नहीं सो पाते। उस रात वे प्रेम के क्षेत्र में मिली शुरुआती सफलता पर खुश थे, सपने में नायिका तो नहीं आयी, लेकिन आये मान्यवर भी नहीं इसलिए नींद बड़ी आरामदायक थी। रोजाना सूरज चढ़ने पर पत्नी की मीठी आवाज से उनकी सुबह होती थी, पत्नी चाय का प्याला बैड के बाजू में रखे स्टूल पर रखकर उनके बालों में अपनी लेडी फिंगर जैसी उँगलियाँ घुमाकर कहती–

'गुड मार्निंग कर लो जी, सुबह हो गयी।'

या आठ साल के बेटे को सिखा-पढ़ा के लाती और वह लय के साथ कान के पास बैठकर गुनगुनाता–

'उठो बाप अब आँखें खोलो, चाय आ गयी गट गट ढोलो'

उदय जी उँ आँ कर सात-आठ मिनट लगा देते, आज ग़ज़ब हुआ था उदय जी आज अपने वक्त से एक घंटा पहले उठ कर खुद ही बर्तन धोती पत्नी के पास जाकर बोले–

'अंजू चाय बना दे।'

अचानक पीछे से आवाज सुनकर उदय पत्नी अंजना उर्फ अंजू हड़बड़ा गयी उसके हाथ से तवा छूटकर सिंक में जा गिरा।

'त...तुम...? डरा ही दिया, आज इतनी जल्दी कैसे?'

'पता नहीं कुछ गलत किया?'

'नहीं नहीं अच्छा किया, मैं तो हमेशा से कहती हूँ, सुबह चार बजे उठो, चाय पीकर फारिग होओ, फिर एकाध घंटा टहलो, कपाल भाटी और अनुलोम विलोम करो, फिर नहा-धोकर पूजा, सुन्दर कांड का पाठ करो, सूर्यदेव को अर्घ्य दो, टीका वीका लगाओ तब दफ़्तर जाओ यही बामनों का धर्म है।'

'फिर शाम को सन्ध्या करो यज्ञ करो?'

'हाँ ये तो बहुत अच्छी बात है, इससे बरकत मिलती है।' वह मुस्करायी।

'जनेऊ धारण करो, छह महीने में एकाध बार उतारो? तब और बरकत होती होगी।' उदय जी ने उस धार्मिक विश्वास का मखौल उड़ाया जिसके अनुसार यज्ञोपवीत पहनकर संसर्ग नहीं होता।

'छह नहीं, महीने में एकाध बार उतार लो।' पत्नी ने शरारत की।

'बाकी के उन्तीस दिन किन्नर पार्टी के साथ जाकर घर-घर बधाइयाँ दो, कमाई भी होगी कुछ, टाइम तो पास होना ही है, वैसे भी इस घर में तनख्वाह के अलावा कुछ आता भी नहीं।' उदय जी हँसी के साथ खीजे।

'आयडिया तो बढ़िया है, कविता कहानी से तो कुछ उम्मीद नहीं।' आह.... मजाक-मजाक में पत्नी ने कुत्ते की पूँछ पर पाँव रख दिया और आधी रोटी पर रखी दाल लुढ़क कर नीचे आ गयी।

'देख अंजू मूड की माँ बहन मत कर, चाय बना दे, मेरा बस लिखने पर है, लिखने में कोई कमी निकाले, प्रकाशक, सम्पादक या आयोजक को कैसे खुश करना है, मुझे नहीं आता, जो स्साले राजनीति उठाईगीरी से टॉप पर पहुँच गये, ऊपर पहुँच कर लातें चलाते हैं कि कहीं नीचे वाला पकड़कर खींच न ले, चाहे मंचीय कवि हों या बड़े साहित्यकार, कुछ नहीं है इनके पास सिवाय राजनैतिक कारीगरी के, सबसे ज्यादा राजनीति को यही कोसते हैं, पता है अगर इनको देश पकड़ा दिया तो पाँच साल के पहले ही देश बेच देंगे और फिर वापस आकर मंच पर खड़े हो जायेंगे या उपन्यास लिखेंगे या समीक्षा, या तो इन ससुरों का हुक्का भरो या आपके पास पैसा हो जैसे वो ईडियट राइटर क्या लिखा है उसने? कचरा एकदम कचरा, पर पैसे के दम पर चल गया, तुझे अगर मेरी असफलता पसन्द नहीं तो पकड़ ले किसी ए ग्रेड कवि या साहित्यकार को ये तो हर वक्त तैयार रहते हैं महिला उत्थान के लियें।' वे गुर्राये।

'राम राम, हे देवी मइया, तुमने मुझे समझा क्या है?'

'एक नास्तिक की असफलताओं पर खुश होने वाली एक भयानकतम आस्तिक महिला, हम नास्तिक कभी किसी हरामी आस्तिक से नहीं कहते कि आओ नास्तिक बनो, पर ये आस्तिक हमेशा लट्ठ लेकर हमारे पीछे रहते हैं आस्तिक बनो, आस्तिक बनो, मियाँ बन जाओ, ईसाई बन जाओ सब भला, बस नास्तिक ही अछूत है, घर में, दफ़्तर में, गली में, चौराहे पर, हर वक्त, मैंने तेरी पूजा रोकी कभी? सत्य नारायण की कथा में दो घंटे तुझसे गाँठ बाँधकर, हाथ जोड़कर चुपचाप बैठता हूँ, यज्ञ में जितनी बार पंडित गोत्र का उच्चारण कराता है करता हूँ, श्लोक भी बोलता हूँ, जगराते में तेरे साथ नाचता भी हूँ, हर बार तुम आस्तिकों का साथ देता हूँ, क्योंकि हम नास्तिक मानते हैं कि आस्तिकता, नास्तिकता, जाति, धर्म के अलावा हम एक समाज भी हैं, हमें साथ-साथ रहना है, जब मैं मुल्ला जी को सलाम कर सकता हूँ, तो सत्यनारायण ने मेरा क्या बिगाड़ा है? अगर मैं किसी दिन ईश निन्दा का कार्यक्रम रखूँ लाउड स्पीकर लगा कर चिल्लाऊँ– भगवान तेरी माँ ....अल्ला तेरी बहन..., जीसस तेरी

बुआ.... तो मेरा साथ देने के बजाय तुम सब मिलकर मुझे काट दोगे, मैं तुम लोगों को दुख देने जैसा कुछ नहीं करता फिर भी तुम लोग हमें अहसास कराते हो कि हमारी असफलताओं की वजह हमारी नास्तिकता है, मेरी असफलता की वजह मेरी ईमानदारी है, सच्चाई है, इन्सानियत है, मैं तिलक लगाकर रिश्वत नहीं लेता, मैं गले में जनेऊ लटकाकर औरतें नहीं छेड़ता, मैं चोरी में वैष्णो माता को पार्टनर नहीं बनाता, मैं आदर्श लिखता नहीं जीता हूँ, यही गलती है ना मेरी।'

अंजू की आँखों में आँसू आ गये।

'मैंने तो ऐसा कुछ नहीं कहा, बस मजाक चल रहा था।'

उदय जी नरम हुए, लेकिन कठोर स्वर में ही बोले–

'तुम जानती हो, मुझे अपने साहित्य से मजाक पसन्द नहीं, मैंने किन्नर पार्टी तक कुछ नहीं कहा, लेकिन जब बात मेरे साहित्य पर आयेगी मैं बर्दाश्त नहीं करूँगा, मेरे पास इसके अलावा कुछ नहीं।'

'गलती हो गयी, मैं चाय बनाती हूँ।'

दफ़्तर के लिए निकलने तक दोनों में से कोई कुछ न बोला, दोनों यही सोच रहे थे कि उदय जी आज एक घंटा पहले क्यों उठ गये, निकलते वक्त अंजू ने टिफिन, बैग, मोबाइल, रूमाल लाकर रखा, उदय जी ने चुपचाप उठाया, बैग और टिफिन को बाइक पर टाँग लिया, अंजू धीमे से बोली–

'अभी तक माफ नहीं किया?'

'माफी माँगी किसने?'

'चलो अब माँग ली।'

'तभी क्यों नहीं?' उदय जी मुस्कराये, उदय जी की मुस्कान से अंजू को हिम्मत मिली।

'माँगती तो बिल्कुल नहीं अगर घर में रहते तो, पर अब जा रहे हो शाम तक लौटोगे, चिन्ता बनी रहेगी, अच्छा नहीं लगता कि तुम रूठकर घर से निकलो।'

'हाँ जिन्दगी का क्या भरोसा?'

'हे भगवान, हे देवी मइया, जब बोलते हो अशुभ ही बोलते हो, जाओ अब।'

'बाय' उदय जी ने हाथ हिलाया।

उधर कल की घटना का सिन्दल साब पर इतना प्रभाव पड़ा था कि उन्होंने कल रात बेटे के लैपटॉप पर 'जॉगर्स पार्क' देख डाली थी, रात भर कथा नायक विक्टर बनर्जी के लिए परेशान भी रहे थे, हालाँकि विक्टर बनर्जी को उन्होंने इसके पहले देखा और सुना नहीं था पर कल रात से विक्टर बनर्जी के सबसे बड़े हमदर्द वही थे, विक्टर तो फिल्म करके भूल भी गये होंगे, पर अगर कहीं साक्षात विक्टर सिन्दल साब को मिल जाते तो सिन्दल साब विक्टर के दर्द पर फूटफूट कर रो पड़ते, रात में दो बजे सोने के बाद भी सात बजे तक, पाँच बार पेशाब के लिए उठे, दरअसल बार-बार उन्हें

नायिका की जगह मधु और विक्टर की जगह वे स्वयं दिखते और नायक के दुखद भविष्य का ख़याल आते ही हाजत उठ जाती, सिन्दल साब की आँखें उनकी अनिद्रा की शिकायत कर रही थीं।

कौशिक जी के साथ कुछ नया नहीं हुआ, नायिका को दो सौ देने के बाद चौदह रुपये जेब में बचे थे, घर पहुँच कर बेटे ने प्रोजेक्ट के लिए बटर पेपर और कुछ चित्रों के लिए पैसे माँग लिए, कौशिक जी गुर्राये–

'कैसा बटर पेपर, काहे के फोटू? साइन्स पढ़ रहा है कि पुस्तक कला? रोज प्रोजेक्ट, कभी ये कभी वो, हमने भी एजूकेशन में एम.ए. किया था।'

'आप नहीं समझोगे पापा अब पढ़ाई अलग होती है।'

'अब दो दूनी आठ होता है क्या।'

'पइसे दे दो, पहाड़े मत पढ़ाओ तुम्हारी ही औलाद है, तुम्हारा तो खानदान ही...' बजाय बेटे के पत्नी गुर्रायी।

'प...इ...से... कहाँ हैं मेरे पास, सोमवार को तो सौ का नोट दिया था तुमने।'

'तुम्हारा तो खानदान ही नीचों, मक्कारों, चार सौ बीसों और जनखों का है, तुम्हें तो एक रुपया भी नहीं मिलना चाहिए, वो जो मेज के नीचे से लेते हो या पेशाबघर में जा के, उसका जिकर भी नहीं करते।'

'अरे भागवान अब मैं धन्धे की सीट पर नहीं हूँ।'

'अरे तुम महाझूठे खानदानी, सब इनकुआरी है मेरे पास, बड़े दफ़्तर में सौ दो सौ तो हर सीट पर हैं रोजाना।'

'कैसे समझाऊँ देवी।'

'मत समझाओ, उसे समझाओ जिसे चटा कर आते हो।'

'बच्चों की शरम तो करो।'

'बच्चों की ही शरम है वरना तुम्हारे गुलछर्रे एक दिन न चलें, बच्चों की आड़ लेते में हाथ फैलाये बच्चे नहीं दिखते तुम्हें?'

'मैं हारा, चौदह रुपये में जो आता हो सो ले आ बेटा।' ये कहकर उन्होंने बची जमा पूँजी भी निकाल दी।

लेकिन उनकी आशाओं में कोई कमी नहीं आयी, रात में बिस्तर में चित लेटकर उन्होंने मधु का स्मरण किया, दोनों हाथों को वे जहाँ तक ले जा सकते थे, ले गये, धीमे से बुदबुदाये 'श्री हरि' और बिना देरी किये सदर के मलकानी फैशन स्टोर पहुँच गये, जहाँ मधु उनके इन्तजार में थी, मलकानी के चेंज रूम में अपने हाथों से मधु को तीन-चार डिजाइन के ब्रा और पेंटीज पहनाये और सो गये। सुबह गाड़ी पर मधु की मुस्कराहट ने उनका स्वागत किया और गाड़ी में धीमे से उन्होंने पूछ ही लिया–

'गयी थीं क्या मलकानी के यहाँ?'

'कौन मलकानी?'

'मलकानी फैशन स्टोर सदर वाला।'

मधु की निगाहों में मलकानी फैशन स्टोर के शो केस में टँगे गुलाबी ब्रा और पेंटीज़ आ गये।

'क्यों?' वह अन्जान बनी।

'वो मैंने कहा था ना कल।'

'अच्छा हाँ आपने दो सौ रुपये दिये थे, ये लीजिए।' कहते हुए उसने पर्स खोला।

'अरे...अरे तुम तो नाराज......' कहते हुए उन्होंने हाथ पकड़ा।

'नहीं अंकल आपने पैसे दिये थे आपका हक है जानने का कि जो आपने मँगाया वो आया कि नहीं, आप पैसे ले लीजिए जो चाहे ले आना, मुझे तो फुर्सत नहीं मिल सकती संडे के पहले।'

'अरे श्री हरि श्री हरि मैं कहाँ जाऊँगा लेडीज सामान की दूकान पर? तुम पैसे ही रख लो तुम्हारी मर्जी, कुछ खा-पी लेना।' उन्होंने हथियार डाल दिये।

दफ़्तर का माहौल आज ख़ुशनुमा था, लेकिन प्रारब्ध को कौन पढ़ पाया है भला? देखते हैं कितनी देर ख़ुशनुमा रहता है, उदय जी पत्नी की जिरह घर पर ही ख़त्म कर आये थे, दफ़्तर तक आते-आते सब साफ था, उन्होंने अपना झोला डंडा मेज पर रखा, सिन्दल साब की ओर देखा।

'नमस्ते सर, लगता है रात को सोये नहीं, नैना रतनारे हो रहे हैं गुरुजी, लेकिन ख़ुशी में भी कोई कमी नहीं, ऐसा प्रेम में सफलता की आशा में होता है अक्सर।'

सिन्दल साब के पहले ही मीणा जी की छठी इन्द्री बीच में आयी।

'इसका मतलब अंकल ने जॉगर्स पार्क देखी है रात को।'

'जो है सो तेरी सिक्स्थ सैंस का जवाब नहीं मीणा और उदय की फेस रीडिंग का।' महेश जी बोले।

'तुम्हारे पास काम नहीं कोई, दिन भर फालतू चोंचबाजी करते रहते हो।' सिन्दल साब बोले।

'जिसके पास जैसी प्रतिभा होती है वो दिखाता है आपकी प्रतिभा यूनिक है सर जी, अब बताओ हमें न खिला दे कोई मिठाई।' मीणा जी बोले।

बाप रे कितना फूल प्रूफ काम किया था पर मीणा के कमीनेपन में भी कहीं कमी नहीं, सिन्दल साब ने सोचा।

'तो क्या हुआ? सामने वाले की इज्जत होती है, हरेक को नहीं मिलती मिठाई।' वे बोले।

'पाँच सौ की पत्ती में तो कुनबे के साथ पड़ोसी भी मिठाई खा लें, मीणा इतना चूतियाई की इज्जत नहीं लेता साब।'

'औकात में रह मीणा, बच्चे के जैसी है वो।'

'जॉगर्स पार्क में बच्ची के जैसी थी साब।'

'भाड़ में गया जॉगर्स पार्क' सिन्दल साब सीट से उठ गये, बाकी लोग काम में लग गये।

'नमस्कार मैडम, कैसी हैं मैडम।' कहते हुए रमेश बघेल का प्रवेश दफ़्तर में लंच के कुछ पहले हुआ, उन्होंने मधु को विश किया।

'ठीक हूँ सर।'

'बस ठीक ही हो?' कहते हुए रमेश जी ने ऊपर से नीचे तक नजरें चलाते हुए अनावृत स्थानों को तलाशने का प्रयास किया, उनके पास जो सूचना थी उस लिहाज से उनके पास यह करने का अधिकार था, उनकी निगाहें रेवती से मिलीं।

'नमस्कार मैडम।'

'नमस्खार' उसने सिर नहीं उठाया।

'अरे देख तो लो मैडम, अब तो देखतीं भी नहीं आप, कितनी दूर से आये हैं।'

'देखथी तो पहले बी नहीं ता, इदुर मेरी वजह से आयी तो थैंक्स, अबी जाने खा, मईं नयी बुलाई।'

'दिल तोड़ देती हो मैडम।'

'मेरे पास इतना पुर्सत नहीं होना, स्साला टाइम से रोटी नईं तोड़ पाता इदुर, तेरा दिल किदुर तोड़ेगी, थैंक्स, बोत खाम इदुर, बाय।' रेवती ने पीछा छुड़ाया।

रमेश जी उदय जी की टेबल तक आ गये।

'और कविराज?'

'नमस्कार तो मैडम लोगों के लिए रिजर्व है नहीं? हम तो जबरन इस दफ़्तर में आ गये, तेरा बस चले तो बस लुगाइयों को ही रहने दे दफ्तरों में।'

'कपड़े अभी मत फाड़ कविराज, वो खबर दूँगा कि तेरे साथ में सिन्दल साब, राजा, कौशिक, भीखा, महेश भाई साब, मीणा सब कपड़े फाड़ कर लैला लैला चिल्लाओगे।' वे फुसफुसाये।

'क्यों अभी-अभी मधु ने अपना मोबाइल नम्बर तुझे दे दिया क्या?'

'ये कोई खबर हुई भला?'

'तेरे लिए तो इतना ही बहुत है मेरे भाई।'

'तेरे लिए कांड होना जरूरी है? तो मान ले कि हो गया।'

'यहीं दफ़्तर में? नजरों से? वो तो तू ऐश्वर्या का भी कर दे टी.वी. पर ही'

'नजरों से नहीं बाकायदा कन्वेंशनल मैथड से, पर मैंने भी नहीं।'

'तो?'

'यही तो राज है पहले कुछ चाय नाश्ता.....'

'जैसे तू डिवीजन के हर बन्दे को कराता है मुझे इतनी खुजली नहीं, मत बता।'

'अबे तू सीरियस नहीं है, तेरी लंका लुट गयी कवि, ऐसे ही चाय मँगा ले चल।'

'ऐसे ही तो ठीक है।' उदय जी ने समझौता किया वे भी अपने नये प्रतिद्वन्द्वी

को जानने के ख्वाहिशमन्द थे।

'अन्दाज नहीं लगा सकते गुरु ऐसे आदमी ने खेल किया है।' रमेश जी ने उदय जी को उस आग में जलाया जिसमें वे खुद जल रहे थे।

'कौन?'

'अन्दाज लगाओ।'

'पहेली मत बुझा यार... सीधे बोल, क्या लाया है और कितना दम है खबर में।'

'चौबीस कैरट प्योर, सही सूचना है।'

'तो बता।'

'सिसौदिया.....'

'कौन सिसौदिया?' उदय जी इस प्रतिद्वन्द्वी और जैसा कि रमेश जी का दावा था सफल प्रतिद्वन्द्वी के रूप में सपने में भी नहीं सोच सकते थे।

'ठेकेदार...'

'बकवास.. घेर के तो बीस ठेकेदार बैठे रहते हैं, पैसा पानी भी लेती है, हँसती बोलती भी है, इसका ये मतलब नहीं... अब तो चाय भी कैंसल।' उदय जी ने दिल को तसल्ली देने की कोशिश की।

'सुबूत हैं।'

'साथ में सोने के?'

'अब साथ में तो अपन अपने घर में घरवाली के साथ रोज सोते हैं किसी को सुबूत मिला? क्या बात करते हो कवि जी, सोने के सुबूत मिल जायें तो पूरा दफ़्तर गंगा में हाथ धो ले।'

'फिर?'

'आज तुझे नाम बता दिया किसी को मत बता कल से नजर रख, खुद मिल जायेगा कुछ न कुछ।'

'सुबूत बता।'

'सुबूत...लौंडिया सिसौदिया की गाड़ी में घूम रही है, जब-जब सिसौदिया आगरा आता है, जाते में लौंडिया उसी के साथ जाती है।'

'किसने देखा? तूने?'

'नहीं सुना है।'

'तो छोड़ उस हिसाब से तो कौशिक, सिन्दल और मैं भी कामयाब हो चुके, मुझे मेरी मालूम है कि कुछ नहीं हुआ।'

'नहीं मानेगा भाई, इश्क में यही होता है, माशूक की हर कमी अच्छाई दिखती है, यारों में कमियाँ दिखने लगती हैं।'

'फिल्मी डायलॉग छोड़, कुछ और है।'

'है भइया सुबूत भी गवाह भी, अभी पिछले हफ्ते लौंडिया बहन के साथ

इलाहाबाद से लौटी, ओवरशूट होकर हाथरस पहुँच गयी, तब सिसौदिया ने यादव ठेकेदार की मार्फत गाड़ी भिजवाई। यादव का लौंडा इन्हें घर के पास तक छोड़के आया।'

उदय जी निराश हुए, लेकिन प्रकट नहीं होने दिया।

'यादव बड़ा धर्मात्मा है?'

'बिल्कुल सिसौदिया के गोत्र का है, अब वो भी लौंडिया से नजदीकी बढ़ा रहा है।'

'ठीक है हुआ होगा, अकेली लड़कियाँ अनजान जगह पर हों तो मदद माँग सकती हैं।'

'बिल्कुल, पर सवाल ये है कि मदद पहले घर में अपनों से माँगी जाती है, फिर दफ़्तर के दोस्तों से, फिर ठेकेदारों से, अब उसने मदद घर में नहीं माँगी, दफ़्तर में कौशिक, सिन्दल या तुझसे नहीं माँगी, ठेकेदारों में भी ऐसे ठेकेदार से माँगी जो मुफ्त में उधार तो क्या बुखार भी न दे, सवाल ये कि उसके पास सिसौदिया का नम्बर है ही क्यों?'

तर्क में दम था फिर भी उदय जी ने ख़ुद को दिलासा दी।

'होगा कुछ, ठेकेदारों से काम रहता है इसलिए नम्बर होगा।'

'सबसे ज्यादा तो तुझसे काम रहता है उसे, आधे दिन तेरी सीट पर रहती है, तेरा नम्बर है उसके पास?'

उदय जी को तर्क मानना पड़ा।

'मगर सिसौदिया में है क्या ऐसा जो उसे कोई लड़की पसन्द करे? बात करने तक की तमीज नहीं उसे, पढ़ा न लिखा, आँख अलग घूमती है।'

'पैसा तो भरपूर है, तू घुमा सकता है गाड़ी में?'

उदय जी चुप हो गये, रमेश जी फिर बोले—

'मान लो कविराज, लंका लुट गयी।'

'हाँ दुख तो हुआ है, अपने दफ़्तर की लड़की गलत आदमी के कॉन्टेक्ट में है, एक तरह से शिष्या भी है।'

'केवल शिष्या?'

'हाँ, उससे ज्यादा सोचा नहीं कभी, लेकिन इस तरह कुएँ में नहीं गिरने दूँगा उसे।'

'क्या करेगा?'

'वो लड़की गरीब है, बहक गयी होगी, सही रास्ते पर लाना है'

'अबे छोड़, अब उसका करेक्टर पता चल ही गया, पटा उसे, बहती गंगा में हाथ धो लेते हैं दोनों भाई, रास्ते वास्ते सब पता हैं, उसे तुझे क्या लेना? फोकट में बदनामी मिलेगी।'

'क्यों देश की आजादी से गाँधी को क्या लेना था, बाबा आम्टे को कोढ़ियों से क्या लेना था, मदर टेरेसा...विनोबा सब दूसरों के लिए करते रहे उन्हें भी क्या लेना था, बदनामी की चिन्ता हम जैसे लोग नहीं करते।'

'ओह....हमने पार्टनरशिप माँगी तो महानता पर आ गये वाह कविराज, तू उस महानता तक नहीं पहुँच सकता भाई।'

'बिल्कुल तभी तो वे नेशनल लेवल पर थे, मैं दफ़्तर लेवल पर कर रहा हूँ।'

'तेरी मर्जी, विचार बदले तो बता दियो।'

'अबे चाय पी साले...'

रमेश जी चले गये, पर घाव दे गये, स्टाफ होते हुए, स्मार्ट, आदर्शवादी, संवेदनशील, बुद्धिमान और योग्य होकर भी वे वहाँ तक न पहुँच पाये थे जहाँ एक निहायत घटिया, नाकाबिल, नालायक, आपराधिक वृत्ति का व्यक्ति पहुँच चुका था। उनका मन उदास था, राजा सिंह जी को जैसे ही फुर्सत हुई, उसने उदय जी की मायूसी नोट की–

'क्या हुआ उदय भाई? आज मामला कुछ नरम है।'

'कुछ नहीं ऐसे ही शायद बी.पी. लो है।'

'हॉस्पिटल चलें?'

'अरे नहीं ऐसे ही हो जायेगा।'

'कमाल है, आप तो दूसरों का बी.पी. अप-डाउन करते हो।'

'हो जाता है भाई, तैराक की मौत नदी में ही होती है।' वे साँस खींचते हुए बोले।

'कनैक्ट नहीं हुआ।'

'चल छोड़ राजा, यार ये पैसा इतनी बड़ी चीज होती है?'

'कितनी बड़ी?'

'इतनी बड़ी कि अच्छा-बुरा कुछ दिखाई न दे।'

'सन्दर्भ बताइये।'

'यार ये साहित्यिक पाठक होना भी अच्छा नहीं है, आदमी हर बात में पेंच ठोंकता है।'

'नहीं मेरा मतलब है, अच्छे-बुरे की भी कैटेगरी हैं, हर आदमी के पास कैटेगरी और जस्टिफिकेशन होते हैं, हम इतना करते हैं बस, ये तो चलता है सब करते हैं वगैरा, आप क्लीयर कीजिए कैटेगरी क्या है, जस्टिफिकेशन क्या है?'

'कैटेगरी...? मान लो ठेकेदार से अपनी ही ड्यूटी के लिए पैसे लेना?'

'चल रहा है, इस मुद्दे पर पहले भी चर्चा हुई है।'

'उसे अपने घर बुलाना, उठना-बैठना।'

'ये भी चल सकता है।'

'वो आपसे, आपकी बीवी से हँसी-मजाक करे, बदले में पैसे या गिफ्ट से आपका मुँह बन्द करने की कोशिश करे?'

'ये वल्नरेबल है।'

'वो आपकी बीवी के साथ सोना चाहे?'

'हाईली ऑबजैक्शनेबल, बाँध के मारना चाहिए स्साले ठेकेदार को, सिर्फ सोचने पर ही।' उनकी विनम्रता जाती रही।

'फिर भी बाज लोग रजामन्द हो जाते हैं राजा।'

'ऐसे लोगों का सोशल बायकाट होना चाहिए, वैसे है कौन? इसी ने बी.पी. लो किया आपका?'

'इसीलिए कहता हूँ राजा इन ठेकेदारों से दूर रहो, ये पैसे देकर तुम्हारी आत्मा, तुम्हारा शरीर, तुम्हारा सम्मान सब लेना चाहते हैं, सही बताऊँ तो ये कौम एक कॉम्पलैक्स का शिकार है, ये सारे के सारे पढ़ाई-लिखाई में निल बटा सन्नाटा होते हैं, ये वो लोग हैं जो पढ़ाई-लिखाई में हमसे कम्पीट नहीं कर पाये, हम क्लास में तारीफ पाते थे ये सब डंडे खाते थे, अब इनके पास हराम का पैसा है, ये सारे बदले हमसे लेना चाहते हैं, हमें नीचा दिखाना चाहते हैं। ये धीरे-धीरे आपसे नैतिक सीमाओं का उल्लंघन कराते हैं, फिर ऐसी स्थिति में पहुँचा देते हैं कि आपको सब बर्दाश्त करना पड़ता है, इसका दूसरा तरीका कटारे वाला है कि सालों को जूते के नीचे रखो, वक्त-वक्त पर औकात बताते रहो, लेकिन तब आप में अच्छे-बुरे का फर्क नहीं रह जाता आप अच्छे लोगों से, अपने साथियों से, सम्बन्धियों से भी न्याय नहीं कर पाते इसलिए इनसे हरामियों से दूर ही रहो।'

'दिमाग का फिलोस्फिकल दही बना दिया भाई साब, पर बीवी परोसने वाले का नाम नहीं बताया जो कि मेन कॉन्टेन्ट था।'

'बता दूँगा, पहले कन्फर्म कर लूँ।'

'मतलब है कुछ...मसालेदार? चलो इन्तजार करते हैं पर बताना जरूर।'

## 6

उदय जी बहुत आहत थे, हालाँकि वे सुनिश्चित करना चाहते थे, लेकिन मन में कहीं न कहीं अपनी असफलता का बोध था, वे मान चुके थे कि उनके आदर्श सिसौदिया के पैसे का मुकाबला कम से कम इस समाज में तो नहीं कर सकते, कन्फर्मेशन बस दिल को तसल्ली देने वाली बात थी, जैसे अखबार में नम्बर न छपा होने पर भी आशावादी परीक्षार्थी मार्क शीट का इन्तजार करता है और हजार में एकाध मार्कशीट में पास हो भी जाता है, मन कुंद हो चला था, उस रात वे देर तक जागे और आहत मन से पूरी कलाकारी लगाकर वक्त आने पर नायिका को समझाने के लिए एक कविता लिख दी, समझाने का मौका न मिलने की सूरत में अपने कलैक्शन में इस कविता को शामिल करने का निश्चय वे कर चुके थे, हालाँकि पहली बार उस कविता की एक लाइन उन्होंने किसी कवि से प्रेरणा लेकर लिखी थी, लेकिन भोगा हुआ यथार्थ

था, आदर्श की लड़ाई थी आखिर, अब तो उनके लिहाज से एक भविष्य भी बचाना था, इसलिए कुल मिलाकर बहुत अच्छी बल्कि प्रेरणास्रोत से भी अच्छी कविता लिख दी जो कुछ इस तरह थी–

बहुत याद आयेगी लेकिन वो लड़की
वो लड़की वो लड़की वो लड़की वो लड़की
वो दुनिया के मेले में पगली सी लड़की, श्यामल सी कोमल सी बदली सी लड़की
कभी जो प्रफुल्लित कभी जो डरी सी, प्रथम बार विचरण को निकली मृगी सी
न गोरी थी रंगत न गालों पे तिल था, न थी खूबसूरत मगर प्यारा दिल था
बुरा होगा कहना कि मोटी सी लड़की, वो छोटे से कन्धों की छोटी सी लड़की
जो कन्धों पे पूरी गृहस्थी उठाये, लगा डर ये रहता कहीं गिर न जाये
वो हिलती सी डुलती सी आमूल लड़की, वो नट जैसी कोशिश में मशगूल लड़की
जो हाथों में थामे थी विश्वास घर का, वही सन्तुलन बस बनाता डगर का
कोई देखकर के मजा ले रहा था, कहीं कोई इंसाँ दुआ दे रहा था
न था कोई रिश्ता यूँ खुद को भी रोका, उसे देखकर के कई बार सोचा–
छोटी सी लड़की बड़ी जिन्दगी है, रस्सी पे नट की मदद किसने की है
मगर पार जायेगी लेकिन वो लड़की, बहुत याद आयेगी लेकिन वो लड़की
वो लड़की वो लड़की वो लड़की वो लड़की
वो लड़की मुझे बस यहीं पर मिली थी, सफलता के घर का पता खोजती सी
था कागज का जंगल सियाही का दरिया, दफ़्तर जिसे खूब कहती है दुनिया
सफलता का उसमें पता कैसे चलता, हर इक रहगुजर की थी अपनी सफलता
किसी की सफलता बड़ा दाम पाना, जैसे भी चाहे बहुत सा कमाना
किसी की सफलता बड़ा नाम शायद, किसी की सफलता बड़ा काम शायद
किसी की सफलता बड़ी सी प्रतिष्ठा, किसी की सफलता रही सत्य निष्ठा
उसने कई बार सकुची नजर से, मुझसे भी पूछा था थोड़ा सँभल के
मैं खुद एक कवि मन भला क्या बताता, कवि का सफलता से ना कोई नाता
है मुमकिन बहुत कि कहीं हो ठिकाना, यहीं पे कहीं या पड़े दूर जाना
क्या खुद ढूँढ़ पायेगी लेकिन वो लड़की, बहुत याद आयेगी लेकिन वो लड़की
वो लड़की वो लड़की वो लड़की वो लड़की
बहती हवा में पतंग जैसी लड़की, भटकती वो तितली के रंग जैसी लड़की
बिना देखे आगे चली जा रही थी, ना खतरों की आहट उसे आ रही थी
वो लड़की बहुत कुछ बदलने लगी थी, बिना बाँस रस्सी पे चलने लगी थी
कन्धों पे पहले वजन जो लदा था, जो अब मैंने देखा तो वो लापता था
अपनी समझ से समझदार लड़की, बहुत बेखबर थी खबरदार लड़की
फाजिल तिजारत में ताजिर सी लड़की, ग़ज़ब दुनियादारी में माहिर सी लड़की

बना मूक दर्शक उसे देखता था, बहुत चाहकर भी नहीं रोकता था
होता अचम्भा था उसके यकीं पर, मुझे डर लगा अब गिरेगी जमीं पर
कई बार सोचा कि उसको बता दूँ, या हाथों में उसके मैं कुछ तो थमा दूँ
तमाशाई बोले कि रिश्ता भी क्या है, चलने दो भाई मजा आ रहा है
तमाशा दिखायेगी लेकिन वो लड़की, बहुत याद आयेगी लेकिन वो लड़की
वो लड़की वो लड़की वो लड़की वो लड़की
वो लड़की अचानक से गिर ही पड़ी थी, कहीं चोट शायद इधर भी लगी थी
सोचा कि जाकर के उसको उठा दूँ, बहुत दुख हुआ है ये उसको बता दूँ
तमाशाई बोले ग़ज़ब के गधे हो, नटनी के रस्से से तुम क्यों बँधे हो
गिरेगी उठेगी उठेगी गिरेगी, है दुनिया कवि जी ये यूँ ही चलेगी
बेगाने गम में मरा जा रहा है, चलने दे भाई मजा आ रहा है
जो चाहे उठाना तो जाकर उठा दे, मगर क्या है रिश्ता तू हमको बता दे
कैसे पला अनसुना एक रिश्ता, पीड़ा के धागे बुना एक रिश्ता
रिश्ते को बिल्कुल निभा मैं न पाया, हूँ शर्मिन्दा, रोका न जाकर उठाया
शायद उसे ये पता भी नहीं है, कि मेरी नजर में वो नीचे गिरी है
अब भी खयालों में आती वो लड़की, रातों में मुझको जगाती वो लड़की
वो मामूली लेकिन वो मासूम लड़की, तिजारत में मशगूल मजलूम लड़की
मुझको यकीं है वो फिर से उठेगी, वजन लेके कन्धों पे फिर से चलेगी
आगे भी जायेगी लेकिन वो लड़की, बहुत याद आयेगी.........

सुबह पत्नी के झँझोड़ने पर वे जागे।

'चाय ठंडी हो गयी जी, तीन बार जगा चुके हैं माँ बेटे, रात को कुछ किया था क्या?'

'कुछ करता तो तुझे पता न चलता, इतनी शरीफ नहीं भगतानी, नींद का बहाना करके लातें चलाती है।' वे धीमे से बोले।

'हर वक्त मजाक रहता है, फिर बुरा भी मानते हो, मेरा मतलब कुछ लिखा-पढ़ी की थी?'

'हाँ कविता लिखी थी।'

'किस विषय पर?'

'भोले बाबा का ब्याह, प्रिंट निकाल लाऊँगा, फोटो कॉपी कराके चार कॉपी मायके भिजवा दियो, बाकी मुहल्ले में बँटवा दियो'

'देखो जी सुबह-सुबह मायके तक मत पहुँचो।' अंजू ने आपत्ति की।

'फिर यार? तू कितनी बड़ी साहित्यप्रेमी है मुझे तब ही पता चल गया था जब सुहागरात के दूसरे दिन तेरे प्रेम में डूबकर कितने अच्छे गीत लिखे थे और तू पहले गीत का पहला बंध सुनते ही सो गयी थी।'

'तुमने भी तो कितने भारी-भारी शब्द डाले थे मुझे इंप्रेस करने के लिए, मतलब ही समझ न आये तो काहे का प्यार? वो क्या था– प्रहरों की चाल रुक गयी, पुरवा के पाँव थम गये, सीधे सीधे कहते प्यार में दीवाना हो गया, पागल हो गया वगैरा वगैरा।' अंजू ने चिकोटी काटी।

'तभी तो कहता हूँ तेरे पल्ले तो भोले बाबा का ब्याह ही पड़ेगा, शिवजी बिहाने चले भँगिया रमायके, भभूति लगायके, पल्ले तो तेरे तुलसीदास भी नहीं पड़ते पर उन्होंने जो कहा होगा श्रद्धा योग्य कहा होगा करके हाथ जोड़ देती है।'

'मैं कवि थोड़ी हूँ जितनी बुद्धि है उतना समझती हूँ, तुमको भी तो नाचना नहीं आता फिर भी जब तब बुरे तरीके से बच्चों के साथ नाचने लग जाते हो, तुम नाचना नहीं जानते फिर भी नाचना चाहते हो, मैं भी साहित्य नहीं जानती पर जानना चाहती हूँ, ताकि जब तुमको नोबल पुरस्कार मिले तो मैं भी तुम्हारे साहित्य पर दो शब्द बोल सकूँ।'

'तब मैं लिखकर दे दूँगा रट लेना जैसे बारहवीं में साहित्य समाज का दर्पण है पर निबन्ध रटा था, वैसे भी नोबल पुरस्कार हिन्दी वालों को नहीं मिलता।'

'तब क्या नाम है उनका...? शर्मिला टैगोर के पिताजी को कैसे मिला था?'

'अमिताभ बच्चन के पिताजी अंग्रेजी के प्रोफेसर थे तब, उन्होंने बांग्ला की अंग्रेजी की और मिल गया।'

'बीच वाले जेठ जी तो बहुत अंग्रेजी फुरकते हैं, आप उनसे करा लेना।' वह मासूमियत से बोली।

उदय जी को लाड़ आया, उन्होंने धीमे से उसके गालों पर हाथ फेरा–

'बड़ी भोली है तू।'

वह लढ़िया गयी।

'नहीं करेंगे जेठ जी हिन्दी की अंग्रेजी?'

'अरी बावली मैं तेरी खींच रहा था, रवीन्द्रनाथ टैगोर शर्मिला के पिता नहीं थे, कुछ लोगों को ये गलतफहमी है जरूर, और इतनी भोली होकर मेरी तरक्की मत सोचा कर, कुछ सीमाएँ होती हैं तरक्की की।'

'भोले तो तुम हो, मैं भी सिर्फ बहस कर रही थी, कौन तुम्हें पुरस्कार दे दिया।' वह खिलखिलायी।

उदय जी भी हँसे, एक क्षण वे नायिका सम्बन्धी दुख को भूल गये, लेकिन दफ़्तर पहुँच कर वह फिर शुरू हो गया, लेकिन वे इस दुख को किसी को महसूस नहीं होने देना चाहते थे। अब उनकी निगाहें लगातार नायिका की सीट पर थीं, वहाँ आने वाला हर ठेकेदार उन्हें प्रतिद्वन्द्वी लग रहा था, जो राधारमण की कुर्सी खींच कर बैठ जाय वह ख़ास तौर पर। उनकी निगाहें लगातार सिसौदिया को तलाश कर रही थीं, बिहारी आया, कुछ देर बैठा नायिका को लक्ष्मी और दुर्गा का अवतार घोषित किया और चला गया। यादव

आया, बैठा, फुसफुसाने के अन्दाज में बोला, उदय जी ने कान लगाये–

'और मैडम क्या हाल हैं।'

'इतना धीमे क्यों बोल रहे हैं यादव जी, तबीयत तो ठीक है।'

'नहीं, नहीं, मैं तो ये कह रहा था कि कभी सेवा का अवसर हमें भी दें।' वह फुसफुसाया मगर उदय जी के कान बहुत पैने हैं आजकल।

'कैसी सेवा?' वह भी फुसफुसायी।

'अरे वही सिसौदिया वाली, सीधा हमें ही फोन कर देतीं।'

'मैं समझी नहीं' वह फिर फुसफुसायी क्योंकि वह समझ चुकी थी।

'गाड़ी तो हमारी ही थी उस रोज, उसने बताया नहीं?'

'बाद में बात करेंगे, यहाँ बहुत लोग हैं।' कहते हुए उसने कनखियों से उदय जी की सीट की ओर देखा, यह देखकर यादव ने भी, उदय जी ने निगाह घुमाई मगर नायिका ने देख लिया।

'और सब ठीक है? कोई दिक्कत हो तो बताना मैडम।' कहते हुए यादव उठ गया

मतलब रमेश की सूचना सही थी, उदय जी ने सोचा, मगर सिसौदिया कहाँ तक है ये सिसौदिया ही बता पायेगा, सिसौदिया नहीं आया, थोड़ी देर में नायिका आयी–

'कैसे हैं सर?'

'ठीक हूँ।' उदय जी ने कम्प्यूटर पर निगाह गढ़ा ली।

'ये सर कुछ हिन्दी करानी थी।'

'रख दो' उन्होंने पूर्ववत कहा।

'आप नाराज हैं?'

'बिल्कुल नहीं।'

'अरे ये कमबख्त ठेकेदार तो पता नहीं क्या-क्या बकते हैं, टेंडर सैल में तो लड़की को होना ही नहीं चाहिए।'

'मुझसे कुछ कहा तुमने?' उदय जी पूर्ववत ही बोले।

'आप वाकई नाराज हैं, यादव कुछ भी बके मेरी क्या गलती? उसने ऐसा कुछ कहा भी नहीं खास।' उसने सफाई दी।

'बहन या बेटी नहीं हो मेरी, सफाई मत दो अपना काम करो प्लीज।'

वह चली गयी, इधर उदय जी सिसौदिया का इन्तजार कर रहे थे, उधर नायिका ने सीट पर पहुँचकर फोन निकाला, उदय जी के कान खड़े हुए पर बातचीत इतनी धीमी थी कि खड़े कान लेटने तक भी कुछ न सुन पाये, उदय जी का अनुमान अवश्य सत्य था, वार्तालाप सिसौदिया से ही हो रहा था।

'आपसे इतनी बेवकूफी की उम्मीद नहीं थी।' नायिका प्वाइंट जीरो फाइव डेसीबल के स्केल पर बोली।

'के हो गया मधू?' सिसौदिया की आवाज आयी।

'अच्छी गाड़ी भेजी आपने, यादव विज्ञापन करता घूम रहा है।'

'किससे कही वानै?'

'पता नहीं किस-किस से रोया होगा? वो तो मुझसे ही कह गया, मैडम हमें भी सेवा का अवसर दो।'

'कैसी सेवा?' सिसौदिया को गुस्सा आया स्साला यादव उन्हीं की थाली जूठी करने की जुगत कर रहा है।

'क्या पता, कह रहा था गाड़ी तो उसी की थी, पैसे नहीं दिये क्या आपने?'

'अरे गिण के दिये सै, एक पाँच सौ, दो सौ सौ के, उसकी माँ की...' वे स्वभाव पर आये।

'गाली यहाँ मत दो, उसे दो, मैंने क्या बिगाड़ा है आपका, बदनामी भी लो गाली भी सुनो।'

'नाय मधु नाराज ना होत्ते, तन्नै गारी थोरी देत्ता, बदनामी क्यूँकर होण लागी, के हो ग्या जो तम म्हारी गाड्डी में बैठ ली।'

'क्यों? आपकी बहन बेटी किसी ठेकेदार की गाड़ी में बैठे तो।'

ओ त्तेरी..... या तो भैंण बेट्टी कनैं प्हौंच ली, सिसौदिया क़ो गुस्सा आया।

'काट के ना रख दूँगो, राणा जी की कसम दोबारा ना बोलिए मधू।' वे बोले।

'गुस्सा आया? मैं भी किसी की भैंण बेट्टी हूँ, कोई मुझे भी काट सकता है।'

'ओ त्तेरी सरकारी रंडी? या मजाल? सरकारी लुगाई त बस लुगाई होवै सै, किसकी भैंण किसकी बेट्टी? छोरियों नै नौकरी करावैं त स्साले काहे के मरद, छोरी घर ते बाहर निकसी त वा हो ली पब्लिक प्रापर्टी, काहे की बदणामी, अरे घर वालौं ने पता चल जावै त हजार पाँच सौ और देद्दो या ही औकात सै सरकारी औरत की।' उन्होंने सोचा, पर तभी भामाशाह ने हिसाब लगाया—'खम्मा घणी, मराज जी, कुल बाईस हजार सात सौ सोलह का हिसाब है छोरी ने खात्ते मा, थारी एक बोली में गड़ासा फिर जावैगा रकम पै, सोच लो ठाकर सा।'

'यो बात ना सै, गुस्सा आवै मधु, वा स्साला यादव, क्या समझै मनैं और तन्नै' वे संयत होकर बोले।

'ठीक है, आप देखो पर ये बात दोबारा किसी की जुबान पर न आये।'

'मैं देख लूँगो स्साले नै, आज का त दिन ही खराब सै, प्यार मुहब्बत की जगै या बात होली।'

'ठीक है, देखिये दफ़्तर में इस तरह अच्छा नहीं रहता, उदय इधर ही कान लगाता है, उसने यादव का कुछ देख लिया लगता है।'

'तमसे तो कुछ ना कैरा सै? जो कैवै त बत्ता दो, उठवा लेंगे उस कबी की पूँछ नै।'

'नहीं मुझसे क्या कहेगा, सीधा-सादा आदमी है, वो तो यादव ही चिपक रहा था।'

'चिन्ता ना कर मधु उसका काम भी हो लेग्गा।'

'अच्छा बाय।'

उदय जी को अफसोस हो रहा था कि उन्होंने लिप रीडिंग का कोर्स क्यों नहीं किया? नायिका के हावभाव से लग रहा था कि वो शिकायत कर रही है, क्या और किससे पता न चला, तभी राजा सिंह जी ने टोका—

'भाई साब कल से बी.पी. का तो पता नहीं पर आपकी निगाह मधु की तरफ बराबर है।'

'ये तुझे पहली बार लगा राजा?'

'नहीं पर शिद्दत पहली बार दिखी।'

'तो अनुमान लगाया कुछ?'

'हाँ कल आप किसी बीवी परोसने वाले का जिक्र कर रहे थे।'

'तो?'

'तो मधु का बीवी शब्द से जेंडर मिसमैच है, उस दिशा में दूसरा राधारमण, लेकिन वो पैसे वाला है जात का ठाकुर।'

'तो पैसे से पाप धुल जाते हैं? पैसे पर सबसे ज्यादा मरने वाला भी राधारमण ही है, ठाकुर? आ गयी बिरादरी बीच में? घुस गया लोकतंत्र गधी के मुँह में? पढ़े-लिखे लोग जाति पर वोट देते हैं उसका एक प्रमाण तुम भी हो राजा।'

'आपकी जल्दबाजी है भाई साब, मेरा कहना जातिगत दम्भ पर था, ठाकुर कितना गिरकर भी इतना नहीं कर सकता, ये बात मैं ठाकुर न होता तब भी कहता।' राजा सिंह जी हँसकर बोले।

'तेरा तुक्का ठीक है पर विचार गलत, राधारमण वो नहीं।'

'तब? ओह....बीवी वाली बात सांकेतिक भी हो सकती है, तब निश्चित रूप से मुद्दई मधु है, एम आयी राइट?'

सत्यवादी उदय जी झूठ कैसे बोलें?

'हाँ।'

'अब तो बता ही दो, इतना तो तय है कि वो ठेकेदार है, नाम ही तो बताना है।'

'पर पहले कन्फर्मेशन?'

'काहे का कन्फर्मेशन? कितने लोगों की मेहनत पर पानी फिरा है आपको कन्फर्मेशन की पड़ी है।'

'नहीं ये इथिक्स के खिलाफ है।'

'चूल्हे में गये इथिक्स, आप अपने इथिक्स पकड़ के बैठे रहे, हम विनम्रता, सिन्दल साब अपराध बोध, भीखा औकात, कौशिक इन्फिरियरिटी, कोई महमूद गजनवी काम लगाके चला भी गया, आप सोमनाथ के पुजारियों की तरह मुहूर्त पर अटके हो।'

'देख राजा सब मजाक की बातें हैं, असल बात ये कि ये उसका पर्सनल मैटर है।'

'तो? उसके वार्तालाप पर कान लगाना इथिकल है? ये इथिकल कतई न हो पर मानव स्वभाव तो है।'

'नहीं केवल वो नहीं राजा, तुम मेरे जितना करीब हो उतनी वो भी है, बीस बार फोकट की बिना माँगी सलाहें मैंने तुम्हें भी दी हैं, तो तीस बार उसे भी, फिर वो मुझे गुरु भी स्वीकार कर चुकी है टीचर्स डे पर मिठाई खिलाके।'

'अच्छा जी, उस दिन मिठाई आपके लिए आयी थी? सिन्दल साब से तो कीमत वसूली गयी थी।'

'जो भी हो, मुझे अच्छा नहीं लगा ठीक वैसे ही तुम्हारे बारे में भी कुछ सुनूँगा तो अच्छा नहीं लगेगा।'

'अच्छा तो हमें भी नहीं लग रहा, मरगिल्ला बिजूका कामयाब होता तो भी सन्तोष था, स्साली सानिया मिर्जा को भी पाकिस्तानी ही पसन्द आया तो कोई क्या करे? पर अब अपच हो रही है, चलिए कन्फर्मेशन अब हम दोनों भाई करेंगे, आपका भी वजन कम होगा, तब तक बात हम दोनों तक रहेगी।'

'देख राजा वो चाहे जैसी हो हम लोग तो संवेदनशील हैं, लड़की गरीब है, बहकी हो सकती है, रास्ते पर आ सकती है, इसलिए....'

'आप तो ऐसे कह रहे हैं कि देश में संवेदना के इकलौते ठेकेदार आप ही हैं, नाम बताओ जल्दी।'

'सिसौदिया' उदय जी मायूसी से बोले।

'सि...सौ...दि...या...वो बदतमीज, आवारा, दृष्टिभंग जीव।'

'जब मैंने सुना था तो मुँह से पन्द्रह विशेषण और निकले थे।'

'कमाल है, इससे अच्छा तो हमारा भीखा था' राजा सिंह जी ने क्विट किया।

'क्या करोगे?' उन्होंने साँस छोड़ी।

'त्रिया चरित्रम पुरुषस्य भाग्यम.....बुजुर्गों का कहा कैसा चरितार्थ हुआ है, दोनों रेफरेन्स में।'

'क्या करोगे?' उन्होंने फिर साँस छोड़ी।

राजा सिंह जी अपनी सीट पर चले गये, मन उनका भी खराब हो चला था।

'स्साले विनम्रता में मारे गये हम तो, वो तो आवारा है न गालियों का डर न पिटाई का, वो तो धाकड़ मैडम से भी इज़हार कर सकता है, ये हरामिन तो उधार ही बैठी थी, कितना गन्दा टेस्ट निकला इसका, बाप की उमर का आदमी, चलो उम्र की सीमा खत्म करो लेकिन उसे खत्म करने के लिए सामने वाले के पास कुछ तो क्वालिटी होती है, ये एम.एससी. फर्स्ट क्लास वो दसवीं फेल, ये जवान वो बूढ़ा, एक भी गुण नहीं उसमें फिर भी? उदय जी ठीक कहते हैं कि ये कमीने हमसे बदला लेते हैं, बचपन की असफलताओं का।'

सोचते हुए उन्होंने नायिका की ओर घूरा, इस घूरने में हिकारत शामिल थी,

निगाह मिली, मृदु भाषी राजा सिंह जी का इस तरह घूरना उसे अजीब सा लगा, वह काँप सी गयी–

'हे भगवान इसने भी तो यादव की बातें नहीं सुन लीं' उसकी निगाहें ख़ुद ब ख़ुद हट गयीं।

इससे राजा सिंह जी को हिम्मत मिली– 'अब साली निगाहें मिलाकर ही बात करनी हैं, चाहे ये लौंडिया हो घरवाली हो या बॉस।'

थोड़ी देर बाद हिम्मत कर वह राजा सिंह जी के पास आयी।

'राजा सिंह जी कैसे हैं?'

'ठीक हूँ दिख नहीं रहा?' उन्होंने निगाहें मिलाने की कोशिश की, पहली बार सफल नहीं हुए फिर याद आते ही इरादतन निगाहें जमा लीं।

अति विनम्र व्यक्ति से ऐसा जवाब पाने के बाद उसे लगा कि दाल में काला मिल गया राजा सिंह जी को भी।

'तबीयत ठीक है आपकी?' वह बोली।

'मेरी तबीयत खराब है ऐसा अखबार में छपा क्या?'

'न...नहीं वो तो ऐसे ही।' अप्रत्याशित जवाब पर वह हड़बड़ाई।

'नहीं मैडम आपने इस तरह कभी पूछा नहीं ना, खैर बतायें।'

'वो कुछ काम था आपसे।' वह बैठी।

'गुरुजी आये हैं आज' वैसे वे कहना चाहते थे, 'सिसौदिया से पूछ ले हरामिन।'

'उनकी तबीयत खराब लगती है।'

'हाँ बी.पी. लो है कल से।' वे अर्थपूर्ण ढंग से बोले, नायिका सहमी पर वह जानना चाहती है कि राजा सिंह जी कितना जानते हैं।

'कल से...?'

'कल से ऐसा लगता है कुछ अनवान्टेड देख, सुन लिया है।'

'हे भगवान कमबख्त ने इसे भी बता दिया...?' उसने सोचा पर प्रकट में बोली–

'आपसे कह रहे थे कुछ...?'

'नहीं पर आप क्यों जानना चाहती हैं?'

वह फिर सकपकायी, पर वह बहुत तेज है कम से कम जवाब सोचने में।

'अभी आपने ही तो गुरुजी बनाया है, चेली को चिन्ता न होगी गुरुजी की।'

'बहुत तेज है हरामिन...' उन्होंने सोचा, फिर बोले।

'मुझे तो नहीं बताया, अब घरवाली की तरह पीछे तो पड़ नहीं सकता, उनकी मर्जी अकेले ही गम उठाना चाहें उठायें हमारा क्या? आप पूछना चाहो तो पूछ लो'

'गम...?'

'गम ही होगा।'

'ठीक है मैं जाती हूँ।'

'बस यही काम था...?'

'अब छोड़िये आप भी तो ठीक से नहीं बोल रहे।' उसने कामिनी मुद्रा राजा सिंह जी की ओर फेंकी।

'कैसा जाल फेंकती है छिनाल, इसी कामिनी मुद्रा ने तो अपने भाई की ये हालत की है, अपना क्या अपन तो पिक्चर में भी नहीं थे, कुछ शेयर भी नहीं किया किसी से, ज्यादा इन्वॉल्व भी नहीं हुए अच्छा रहा, स्साली की औकात पता चल गयी, मेरी तो इससे कितनी अच्छी है, कितनी सुन्दर, कितनी सुशील, प्रेममयी, ममतामयी, संवेदनशील, केयरिंग, उमर एकाध साल इससे ज्यादा है तो क्या, अब तो सोने में मढ़ के आ जाय ससुरी को घास नहीं डालना।' उन्होंने सोचा फिर बोले।

'बुरा मत मानिये जितनी तनखा उतना काम, मैं उदय जी की तरह उदारता कमाकर डिप्रेशन में भी नहीं जाना चाहता।'

नायिका को गुस्सा आया, 'सीधा-सीधा क्यों नहीं मरता कमबख्त कि उस भोंपू ने तुझे सब कुछ बता दिया है, अब खैर नहीं यादव की।'

पर प्रकट में कुछ न बोली, मुस्करायी और चली गयी, राजा सिंह जी ने जेब से चाबी का छल्ला निकाला, उसे चूमा और धीमे से बोले—

'तेरे पतिव्रत ने बचा दिया ठकुरानी, वरना उदय जी की तरह......, मैं आ रहा हूँ शोभा।'

राजा सिंह जी को आज पत्नी पर अतिशय लाड़ आ रहा था, आज समय से ही निकल लिए, देवीराम के यहाँ से समोसे और रसमलाई भी खरीदे, घर पर पत्नी ने देखा तो खुशी से बोली—

'क्यों जी लेना शुरू कर दिया क्या?'

'क्या लेना? शराब या भाँग?'

'अरे नहीं, उतनी हिम्मत आप में कहाँ? लेने वाली चीज के तो सब जगह अलग-अलग नाम हैं, पर सबसे प्रचलित ऊपल्ली कमाई है।'

'फालतू की बात न करो, वैसे भी उदय जी कहते हैं कि लेन-देन के चक्कर में रहे तो जिन्दगी भर फाइलें ही पीटोगे, तुम्हें अच्छे लगते हैं समोसे और रसमलाई सो ले आया, ब्याहता औरतें कितनी शक्की होती हैं? आदमी का प्यार दिखता ही नहीं।'

'आप तो नाराज हो गये।'

'मैं कभी नाराज होता हूँ?'

'कभी तो हुआ करो अच्छे लगते हो।'

'अच्छा आज फिल्म चलें?'

'आज क्या हुआ सच-सच बताओ, अब ये मुहब्बत तो है पर अकारण नहीं है।'

'मुहब्बत रास नहीं आती तुम लोगों को।'

‘भले न आये पर कुछ तो है।’

‘कुछ खास नहीं।’

‘तो बताओ।’

‘वो मधु को देखा है।’

‘कौन मधु।’

‘अरे वही जो उस दिन ट्रेन में मिली थी।’

‘हाँ तो?’

‘उसकी कुछ कहानी खुली है दफ़्तर में, किसी भैंगे, आवारा, नालायक ठेकेदार के साथ में।’

‘तो उससे आपको क्या?’

‘मुझे नहीं उदय भाई खासे नजदीक थे लौंडिया के, अब उनका बी.पी. लो हुआ पड़ा है।’

‘तो भी आपसे क्या मतलब?’ स्त्रैण शंका सामने आयी।

‘अरे भाई उदय जी की जगह हम भी तो हो सकते थे।’

‘आप कैसे होते भला?’

‘जैसे उदय जी थे, भाई मैंने ये तो नहीं कहा कि उदय जी का कुछ चक्कर था, वो तो उनके हिसाब से इनसानियत में इन्वॉल्व हुए थे, अब थोड़ी बहुत इनसानियत हममें भी है।’

‘जितनी भी है अपने बीवी बच्चों के लिए बचाकर रखो।’

‘वो ही तो कर रहा हूँ।’

‘हाँ, मगर एक बात बताओ उदय जी वाली भाभी जी तो उससे बहुत सुन्दर हैं?’

‘तो इनसानियत का सुन्दरता से क्या लेना? भाई ये उनका स्वभाव है, ये तो लड़की है वो इस तरह से मर्दों से भी इन्वॉल्व हुए हैं फिर परेशान भी हुए हैं।’

‘मर्दों से भी? ये ऐमाल भी है उन्हें? लगते तो नहीं।’

‘तुम सास बहू के सीरियल ही देखा करो, ये बिन्दास विन्दास मत देखा करो यार, एक ही मतलब समझ में आता है, भाई मेरा कहना है उदय जी दोस्तियाँ करते हैं फिर ज्यादा साफ भी बोलते हैं, हरेक से अपने जैसे व्यवहार की उम्मीद करते हैं, हालाँकि उनका व्यवहार अच्छा है पर हरेक वैसा नहीं होता नतीजतन दोस्तियाँ टूटती हैं और भाई जी दुखी होते हैं।’

‘भाड़ में गये उदय जी, बताओ क्या पहनूँ?’

और राजा सिंह जी ने फिल्म देखकर अपनी असफलता सेलीब्रेट कर ली, लौटते में स्कूटर की पिछली सीट पर बैठी उनकी पत्नी का सिर उनकी पीठ से टिका था और राजा सिंह जी धीमे-धीमे गुनगुना रहे थे–

‘आज जाने की जिद ना करो, यूँ ही पहलू में बैठे रहो।’

पीछे से पत्नी की आवाज आयी–

'जरा जोर से गाओ जी मुझे भी सुनना है, एक यही गाना तो आप गा पाते हो।'

## 7

सिसौदिया दो दिन बहुत परेशान रहे थे, नायिका ने फोन तो उठाया था पर प्यार मुहब्बत की कोई बात नहीं की थी बल्कि अपनी इज्ज़त की दुहाई देकर उन्हें फटकारते हुए, यादव की बढ़ती औकात पर सक्रिय प्रतिक्रिया व्यक्त करने की प्रेरणा भी दी थी। आज वे यादव से दो-दो हाथ करने के लिए ही दफ़्तर आये थे, काम तो सारे बन्द पड़े थे कोई टर्मिनेट कहीं पेनल्टी, वो तो भला हो बड़े भाई का जिसने इस विभाग के बाहर भी दूकान फैला ली थी, जिसके कारण आज भी कार के तेल पानी की चिन्ता नहीं थी। पर यादव आज दफ़्तर ही नहीं आया, वे आये राधारमण जी से राम राम की तो राधारमण जी को उनके दिये अब तक के साढ़े तीन हजार फालतू याद आ गये, वे 'आ बैठ भाई सिसौदिया' कह कर खुद उठ गये, राधारमण जी के उठते ही वे फुसफुसाये–

'अजी मन्नै कही राम राम।'

नायिका ने इधर-उधर देखा, उदय जी सीट पर नहीं थे। वह आश्वस्त हुई कदाचित वह भूल गयी थी कि उदय जी अपना चार्ज राजा सिंह जी को दे गये थे।

'यादव का क्या हुआ?' वह फुसफुसायी।

'अरै उसी के लिए आया था, सौरा आया ही नाहें, पर तम फिकर ना करो आज के बाद बात भी ना करैगा जी' कह कर उन्होंने फोन निकाला।

'हाँ भाई सिसौदिया बोलूँ काहे की राम राम, थारे तौ दिमाग ही खराब हो रहे हैं......नहीं सेवा का अवसर क्यूँकर माँगै भाई तू......पैसे ना दिये तुझे.....पूल नहीं होगा यादव ल्हाशें बिछ जावेंगी......देख भाई अच्छे से समझ लै टेंडर डालना था तो बखत सूँ डालता, ऐक्सेप्ट होने के बाद दोबारा ना टेंडर डलै ना पूल होवै, अब जो तू कुछ करैगा तो वा होगी म्हारा काम बिगाड़ने वाली बात.....यो तौ सै भाई बन्दी की बात....क्या करूँगा?.....दफ़्तर में बैठा हूँ आजा आज ही फैसला हो जावगा.....'

फोन कट गया पर उन्होंने कान से नहीं हटाया।

'अरै थारी भैन की...थारी माँ की ....क्या समझै यादव....काट के रख देंगे..... अरै राणा जी का खून सै यादव पंगा मत ले, थारे से तो आमने-सामने बात होवगी।'

कहकर उन्होंने फोन कान से हटा लिया, विजयी मुस्कान से उन्होंने नायिका की ओर देखा–

'खुश..?'

'नादान की दोस्ती जी का जंजाल, सब को बता दोगे तुम तो, जरा चारों ओर

देख लो' नायिका ने नीचे सर झुकाते हुए धीमे से कहा।

सिसौदिया जी ने देखा, सभी की निगाहें उन्हीं की तरफ थीं, कटारे जी उठकर उनके पास तक आ गये थे।

'किसे डरा रहे थे सिसौदिया?' कहकर उन्होंने नायिका की ओर देखा।

'नहीं ऐसे ही किसी ठेकेदार से बात हो रही थी, साला बने काम में रोड़ा अटकावै था, इस विभाग का नाहैं।'

कहकर उन्होंने जस्टीफिकेशन बनाया और नायिका की ओर देखकर अपनी होशियारी पर प्रशंसा माँगी जो कि नहीं मिली, क्योंकि उनकी हरकत कतई मूर्खतापूर्ण थी।

'देख भाई सिसौदिया ये तेरा दफ़्तर नहीं है, हमारे विभाग का है इसके कुछ कायदे हैं, ये चिल्लपों, गाली-गलौज यहाँ नहीं चलेगा, लेडीज को दिक्कत न हो तो भी हम नहीं चाहेंगे कि तेरी गालियाँ लेडीज तक पहुँचें।' कहकर उन्होंने नायिका को घूरा, वह सकपकायी पर बोली–

'आप इस तरह क्यों कह रहे हैं सर? मैंने इन्हें गाली बकने को नहीं बोला।'

'मुझे नहीं पता कि किसने बोला, पर तुमने गालियाँ सुनी तो हैं, इसका मुँह तुम्हें बन्द करना था जो तुमने नहीं किया, मुझे सीट से यहाँ तक आना पड़ा।'

'मैं क्या लड़ूँगी ठेकेदारों से?'

'मुझसे लड़ने में तो कभी डर नहीं लगा।'

'अरे बड़े बाबू, गल्ती म्हारी सै, हमसूँ बोलो जो बोलना सै, इस बेचारी कूँ काहे....' सिसौदिया जी बोले।

'देख भाई मैं तो तुझसे ही बोल रहा था, ये ही बीच में घुसी है।'

'चलो गलती हुई, खतम करो आगे से ध्यान रखेंगे।'

'ध्यान रखना ही।' कहते हुए कटारे जी चले गये।

'यो साला सरकारी भड़वा, देखना पड़ैगा इसनै भी....' सिसौदिया जी फुसफुसाये।

'अभी क्या इज्जत का फालूदा बना के निकलोगे? नादान की दोस्ती जी का जंजाल' नायिका फुसफुसायी और सीट से उठकर बाहर निकल गयी, मजबूरन सिसौदिया जी भी उठे और उदय जी की सीट के पीछे पड़ी मीणा जी की खाली सीट पर जा बैठे, उदय जी बाहर से अन्दर आये, राजा सिंह जी ने आवाज लगायी।

'उदय भाई जरा इधर आइये कुछ काम है।'

'हाँ बोलो' उदय जी सीट पर पहुँचकर बोले।

'बैठिये ...स्क्रीन पर निगाह रखिये, कुछ इन्फॉर्मेशन है।'

'हाँ बोलो..' उदय जी ने माउस सँभाला।

'रकीब आया है आज।'

'रकीब...?'

'हाँ सिसौदिया।'

'वो मेरा रकीब है...?' उदय जी ने मुँह बनाया।

'नहीं मेरा मतलब है पूरे दफ़्तर का।'

'फिर...?'

'कन्फर्म है आपकी रिपोर्ट।'

'ऐसा...?' वे मायूस हुए।

'जी, आते ही मधु के पास गया, राधारमण भी मुझे लगता है इससे मिला है, इसके पहुँचते ही फाइल उठाकर निकल लिया, फिर ये कुछ फुसफुसाया, मधु भी उसी तरह फुसफुसायी फिर इसने फोन पर किसी को गालियाँ दीं '

'यादव को दी होंगी।'

'आपको कैसे पता..? हाँ इसने यादव का नाम लिया था।'

'उसी ने खबर लीक की है इनके इश्क की, कल वो लड़की को लाइन दे रहा था, मैंने सुन लिया तब लौंडिया ने आशिक अली को बताया होगा और ये आज आ कूदा।'

'स्साला यादव भी आज आया नहीं, नहीं तो आज ही भाँडा फूट लेता।'

'कुछ नहीं होता, सिसौदिया बहुत हरामी है, गालियाँ लौंडिया को दिखाने को बकी हैं, और क्या पता किसको बकी हैं, या फोन कान पर लगाके नाटक किया है, यादव से ये कुछ नहीं कहेगा, भाँडा फूटने पर इसे क्या मिलना है?'

'हाँ है तो, पर कटारे ने हड़का दिया स्साले को।'

'ठीक किया, मैं होता तो मैं भी हड़काता, लौंडिया का जो करना है सो कर, दफ़्तर में गालियाँ नहीं बकेगा।'

'अब मीणा की सीट पर बैठा है आपके पीछे, अरे फोन निकाल रहा है, लौंडिया भी गायब है उदय भाई अपनी सीट पर जा के सुनिये।'

उदय जी ने सीट पर आकर सिसौदिया पर कान लगाये।

'सिसौदिया बोलूँ जी....नाम फीड है?....और किस किस का नाम फीड है भाई म्हारे अलावै..... और भाई के करूँ.....दफ़्तर के बाहिर..? हाँ निपट सकै था...पर तन्नै भी तौ बताना था इसीलिए थारे सामणैं.....हाँ बिसवास तो करौ जी तम ....इब गुस्सा थूक भी देओ.... गलती हुई भाई....माफी से जादा और के है....गला काटणा हो तो वा भी कर लो जी पर यो बेरुखी ना झेली जाती....ठीक है ध्यान रखेंगे जी...और के चल रिया सै....अच्छी नौकरी की त्यारी... करौ जी हम तो यो ही चाहें....वैसै तम अफसर बण गये तौ म्हारा पत्ता तौ कट जावगा...पर हम तौ थारे सुख में खुस हैं जी....वा?...वा तौ जी हो जावगा...पाँच छह हजार की नौकरी तो हम ही लगवा देंवगे ...अच्छा जी राम राम...'

उदय जी के सीने पर साँप लोट रहे थे अभी तक सुनी सुनाई थी अब सब कन्फर्म हो चुका था, सिसौदिया ने फिर फोन निकाला—

'हाँ राम राम भाई यादव जी, बुरा मान गया के?.....देख भाई शेर अपना शिकार खुद करै मरा मराया तौ लकड़बग्घे खावें मन्नै पता म्हारा भाई शेर सै.......देख हमने कभी तेरे टेंडर की तरफ देखा हो तो बता दे....टोन..? अरे यो तौ करना पड़ै यादव तू भी ठेकेदार सै सब जाणैं.....अब उसनै थारी शिकायत हमसूँ लगादी तौ समझ जा भाई ...कहीं और देख या प्लॉट की रजिस्टरी तौ होल्ली....कल बैठैं साँझ कूँ ...हओ डन।'

उदय जी बर्दाश्त नहीं कर पाये वापस राजा सिंह जी के पास जाकर बैठ गये।

'क्या हुआ भाई साब?'

'हाँ पहले लौंडिया से बात की उसने फिर यादव को माफीनामा भेजा।'

'मतलब डैप कन्फर्म्ड।'

'हाँ, देख बात खतम और लौंडिया भी आ ली।'

'ये इतनी कमीनी निकलेगी पता नहीं था, कोलीग के साथ तो रिलेशन चलते हैं पर ठेकेदार? वो भी सबसे बुरों में से एक? सिर्फ पैसे के लिए? जस्ट लाइक ए प्रोस्टीट्यूट।'

'गरीबी राजा गरीबी।'

'मतलब? मैंने सुना है आप भी बहुत गरीब परिवार से थे, आज आप भी ठीकठाक हैं आपके भाई तो करोड़पति हैं, सब अच्छे बड़े ओहदों पर।'

'हाँ हमारे पास एक पिता भी था, एक आदर्शजीवी पिता, इसके पास तो अच्छा-बुरा कैसा भी नहीं है, पिता कितना भी बुरा होता बेटियों को नहीं भटकने देता, हमारे वक्त में इतने सपने भी नहीं थे राजा, डिश छोड़ो टी.वी. ही नहीं था, खाने में भल्ले चीले से बड़ी लक्ज़री नहीं थी अब तो पिज्जा, बर्गर, वो साली स्टार्च की सिवइयाँ ...पता नहीं क्या क्या? कपड़ों के विज्ञापन नहीं थे, पैंट-शर्ट कुर्ता-पाजामा बस, अब तो कैप्री, नाइटी, दस तरह की जीन्स, अपर, लोअर पता नहीं क्या-क्या बवाल हैं, मटके का पानी था फ्रिज, ए.सी. मुहल्ले में नहीं थे, वैलेंटाइन, फ्रेंडशिप डे वगैरा कुछ भी नहीं, अब तो सपने पचहत्तर रुपये महीने में घर बैठे पूरी फैमिली देख लेती है, चैटिंग सैटिंग, एस.एम.एस. एम.एम.एस सब है अब तो।'

'मैं नहीं मानता, क्या आपके सारे साथी आपकी तरह बने? नहीं ना, आपने भविष्य के लिए वर्तमान के मजे छोड़े बस, आप तो आज भी रिश्वत नहीं लेते भले ही कितनी जरूरत हो या महीने का आखिर हो, बिगड़ने वाली चीजें तब भी थीं, ये मैन टू मैन डिफर करता है, व्यक्ति में कितना पेशेन्स है, पढ़ाई तो इसने भी अच्छी की एम. एससी. फिजिक्स फर्स्ट क्लास, ओ.बी.सी. है, मेहनत करे तो कलक्टर भी बन सकती है, लेकिन मेहनत और पेशेन्स चाहिए, आप ठीक कहते थे ये सौ दो सौ का झँझट बहुत बुरा है, ये उसी में फँसी और लगातार नैतिक हनन होता गया परिणाम सामने है।'

'बात तुम्हारी भी ठीक है, लेकिन ये हमारी कोलीग है तुम्हें नहीं लगता कि हमें कुछ करना चाहिए।'

'हमें नहीं, आपको करना है तो करो, मैंने तो क्विट कर दिया एक कलम, न अच्छा न बुरा मैं इसे जानता भी नहीं, भाड़ में जाये, मैंने तो जो थोड़ा बहुत सोचा भी था उसका प्रायश्चित्त कल कर दिया।'

'प्रायश्चित्त?'

'हाँ कल घरवाली को समोसे और रसमलाई खिलाये, मॉल में फिल्म दिखाई, थोड़ी शापिंग फिर सुहागरात तो मननी ही थी, बीवी खुश हम खुश अपनी मंजिल अब वही है तय हो गया।'

'अरे तो मैं कब इसके साथ सुहागरात मनाने को बोल रहा हूँ।'

'अब कुछ नहीं बस चर्चा कर सकता हूँ आपके साथ।'

'भाई कोलीग है अपनी, उसे समझाना...'

'देखो भाई साब पहली बात वो सीता के लिबास को उतारने वाली नहीं उल्टे अपन और फँस लेंगे, फिर इस तरह की समझाइश के लिए कोई अधिकार चाहिए होता है, अब कोई मर्द होता तो कैसे भी समझा लेते, पर इसके लफड़े में पड़ना ही नहीं, आप भी हाथ वापस खींच लो।'

'हाँ लगता है तुम ठीक कहते हो, वैसे मैं भी उससे ज्यादा बात नहीं कर रहा।'

'ठीक कर रहे हो।'

उदय जी सीट पर आ गये पर मन नहीं लगा, उन्हें अपने सारे आदर्श अब बेकार लग रहे थे, सारा ज्ञान, सारी विद्वत्ता, स्मार्टनैस पैसे के आगे सब धरा रह गया था, उन्हें लगा कि पिछले पन्द्रह सालों में बाकी लोगों की तरह रिश्वत ली होती तो लड़कियों पर खर्च करने लायक तो कमा ही सकते थे, अब उन्हें रिश्वत लेना शुरू कर देना चाहिए, पर अब क्या फायदा? जब तक खर्चने लायक कमायेंगे, लड़कियाँ देखना बन्द कर देंगी, गुजरा हुआ जमाना आता नहीं दुबारा। उनकी निगाहें बार-बार घड़ी की तरफ जातीं कि कब पौने छह बजें, नायिका निकले और वे उसे सिसौदिया के साथ उसकी कार में दबोच लें और जितनी लानतें भेज सकते हों भेजें। पौने छह बजे, अक्सर फोन पर गाड़ी की पोजीशन पूछने वाली नायिका ने फोन पर कुछ न किया, उदय जी को तय हुआ कि नायिका निश्चित रूप से आज सिसौदिया के साथ ही जायेगी, रास्ते में तमाम ढाबे और होटल 'पाकीजा' और 'ब्लू मून'....उदय जी कल्पना करने लगे कि सिसौदिया चूमता हुआ कैसा लगेगा? उसकी बाँहों में नायिका कैसी लग रही होगी फिर... दोनों...छिः...कितना वीभत्स होगा उनके एकाकार होने का दृश्य...

वे नायिका के निकलते ही उठे, राजा सिंह जी ने भौंहे चलाकर प्रश्न किया उन्होंने आँख बन्द कर प्रतीक्षा करने की सलाह दी, नायिका से उचित दूरी बनाते हुए वे नायिका का पीछा करने लगे। इधर उदय जी के जाते ही मीणा जी की छठी इन्द्री ने जोर मारा, वे राजा सिंह जी के पास आये–

'कहाँ गया अपना हीरो?'

'कौन?'

'गाजर मत खोद राजा, इन माई यूथ हमने भी बड़े-बड़े कांड किये हैं, राजदार भी रखे हैं, अभी क्या इशारेबाजी हुई तुम दोनों की?'

'भाई साब आप अपनी छठी इन्द्री को गलत जगह पर लगाते हो, उदय भाई और मैं तो दिख गये जो आसपास भी नहीं, असली कांडकर्ता आज तक किसी को न दिखा।' वे खीजे।

'बात निकलेगी तो दूर तलक जायेगी इन माई यूथ, कुछ तो पता चला इस बहाने, क...क...कौन है वो?'

'अपने आप खोजो, आपके पास सात इन्द्रियाँ हैं।'

'हिंट तो दे।'

'इस विभाग वाला नहीं।'

'हूँ.....' उन्होंने आँख बन्द कर आज के सारे अनयूज्वल की फिल्म चलाई।

'सिसौदिया....? वो साला भैंगा बदतमीज ...नहीं वो नहीं हो सकता, पर आज कोई ऐसा अनयूज्वल हुआ भी नहीं, यादव....? हो सकता है क्योंकि सिसौदिया उसको गालियाँ दे रहा था, पर गालियाँ तो पट्टेदार देता है कब्जे की कोशिश करने वाले को...थोड़ा झोल है लेकिन..... राइट वो सिसौदिया ही है, उदय लौंडिया से मिलने नहीं मौके पर दबोचने गया है, पर सक्सैज़ नहीं मिलना क्योंकि लौंडिया महाचालू और सिसौदिया हद दर्जे का कमीना है, लौंडिया उदय के सामने गाड़ी में चढ़ेगी चार किलोमीटर बाद अगले स्टेशन पर उतर कर सिसौदिया के साथ बैठ जायेगी फिर ब्लू मून में सन सननन साँय साँय... उदय भइया खुश हो लेगा कि ताला ठीक से लगा है।'

'बाप रे वाकई कोई जवाब नहीं मीणा की छठी इन्द्री का...ये सारी समझ हमें या उदय भाई को क्यों नहीं?'

राजा सिंह जी ने सोचा फिर प्रकट में बोले—

'उदय जी कहीं नहीं गये, पर आप ऐसे ही अन्दाज लगाते रहे तो सही जगह पहुँच जाओगे।'

'मतलब वो सिसौदिया नहीं ...?'

'जैसे हमने अपनी मेहनत से खोजा है आप भी खोजो।'

'ठीक है नाम मत ले पर बताने का शुक्रिया, पता नहीं कितने दिल टूटेंगे आज...'

'आपका नहीं टूटा?'

'मामूली... दो को तो हार्ट अटैक का खतरा है, एक को डिप्रेशन का, चार-पाँच को जलन का, चलो सिन्दल साब को उनके दामाद की फोटो दिखा के आते हैं।'

'दामाद...?'

'फिर? पकड़े जाने पर वो उसे बेटी ही तो बताते हैं, चल आज साँस रोकते हैं पापाजी की।'

'आप जाओ और याद रखो मैंने किसी का नाम आपको नहीं बताया।'

'दिल टूटा है राजा...?'

'मेरा क्यों टूटेगा मेरी घरवाली नहीं है, इससे सुन्दर इससे योग्य, ये साली गन्दगी का ढेर...'

'हाँ वो तो है, अरे बिजूका इतने दिन से रखवाली कर रहा था, अपना उदय तो उसका आधा काम कराता था, सिन्दल मिठाई बचाके रखता था, भीखा...'

'मुझे मत सुनाओ' राजा सिंह जी खीजे क्योंकि अगला नम्बर उन्हीं का था।

'नहीं बुरा तो लगता है बट नेचुरल सी बात है, जाता हूँ राजा उदय का ध्यान रखना, तुम आये नैनों के द्वारे दरपन दरपन मन मेरा....' वे उदय जी का मखौल उड़ाते हुए चले गये।

उदय जी नायिका को गाड़ी में चढ़ता देख आश्वस्त होकर वापस लौट आये, राजा सिंह जी ने निगाहों से बुलाया–

'चढ़ा के आ गये मधु को गाड़ी में?' उन्होंने धीमे से पूछा।

'कमाल है मीणा की छठी इन्द्री तेरे पास कैसे आयी?'

'ये मीणा की ही रिसर्च है उदय भाई, आपके जाने के बाद आया था, कह रहा था उदय लौंडिया को मौके पर दबोचने गया है, पर सक्सैज़ नहीं मिलना क्योंकि लौंडिया महाचालू और सिसौदिया हद दर्जे का कमीना है, लौंडिया उदय के सामने गाड़ी में चढ़ेगी चार किलोमीटर बाद अगले स्टेशन पर उतर कर सिसौदिया के साथ बैठ जायेगी फिर ब्लू मून में सन सननन साँय साँय... उदय खुश हो जायेगा ताला बराबर लगा है।'

'ऐसा...? ये तो सोचा ही नहीं, कमाल है राजा हम लोग इतना क्यों नहीं सोच पाते?'

'क्योंकि हमने अपने वक्त में कुछ उखाड़ा जो नहीं, मीणा तो इस फील्ड का महारथी रहा है।'

'लेकिन इसका मतलब उसे भी सिसौदिया वाली कहानी पता है?'

'हाँ कुछ तो गुस्से में मैं बोल गया बाकी उसकी छठी इन्द्री ने किया।'

'तूने कितना बताया?'

'बस ये ही कहा था कि मुझ पर या उदय भाई पर शक करके असली कांडकर्ता को नहीं पकड़ पाओगे।'

'बस इतने में ही सारा पता चल गया उसे? कमाल है यार इस मीणा को डिफेन्स मिनिस्ट्री में होना चाहिए, बता तो भी देगा कि पाकिस्तान हमला कब करेगा?'

'नहीं इतने में तो नहीं, मैंने ये भी कहा था कि मुख्य आरोपी बाहरी है।'

'क्या जरूरत थी यार?'

'क्यों? अकेले आपका ही बी.पी. क्यों लो हो, घर में मौत हो तो पूरे घर को

रोना चाहिए, कौशिक, सिन्दल साब, मीणा, महेश भाई साब, भीखा सबको।'

'नहीं ये उसका पर्सनल मैटर है, इथिक्स...'

'क्या उदय भाई ...पीछा करना इथिकल था?'

'नहीं भाई मुझे तो गुरु कहा था उसने।'

'ठीक है आपको क्या पता किस-किस को क्या-क्या बोला है उसने? कौशिक को अंकल, सिन्दल साब को दादाजी, भीखा को भइया या सिसौदिया को सइयाँ।'

'अच्छा ठीक है, अपनी बता तुझे क्या बोला अब तक?'

'सही बताऊँ अभी तक कुछ नहीं, पर बोल सकती थी कभी भी, बस उसे ये डर रहा होगा कि मैं आपको न बता दूँ, आपकी नजदीकी ने मुझे बचा दिया बाई गॉड, अकल भी आ गयी, पता नहीं उसके प्रपोजल पर मैं कैसे रिएक्ट करता, हो सकता है आपकी तरह मेरा भी बी.पी. लो होता, पर इस छिनाल को देखकर पूरी जिन्दगी का सबक मिल गया, अब तो एक ही कुएँ में गोताखोरी करना है, दूसरे की तरफ देखना भी नहीं, अपनी ठकुरानी सबसे अच्छी, नो लाइफ विद आउट वाइफ, बाल-बाल बचे भाई साब थैंक्स, सही बताऊँ तो मैं आपके लिए अपना दावा छोड़ने को तैयार था।, पर नौबत ही नहीं आयी बल्कि आपने सबक देकर एक गुरुमंत्र और पकड़ा दिया।'

उधर मीणा जी सिन्दल साब के पास पहुँचे, सिन्दल साब के कम्प्यूटर पर शादी डॉट कॉम का विज्ञापन खुला था, मीणा जी जाकर खड़े हुए, विज्ञापन को घूरा, धीमे से बोले—

'किसकी शादी कर रहे हैं सर?'

'किसी की नहीं ये तो ऐसे ही जबरन खुल जाते हैं विज्ञापन है।'

'ऐसे ही नहीं, कुछ तो कोइंसीडेन्स है, मैं भी आपकी धर्मपुत्री के लिए रिश्ता ही लाया था।'

'धर्मपुत्री? तू तो लगता है कुछ हरकत करने आया है।'

'हरकत नहीं सर, शबाब का काम है आप ही तो कहते हैं आपके बच्चे जैसी है, मिठाई बचाके रखते हैं मधु के लिए, उमर भी हो रही है उसकी, टाइम से कुछ हो हवा जाय तो बदनामी बच जायेगी।'

'मुझे क्या मतलब? तुझे क्यों उसकी फिकर हो रही है?'

'मुझे तो आपकी फिकर है सर, जब आपको पता चलेगा कि लौंडिया कहाँ-कहाँ कांड कर रही है तब आप पर क्या बीतेगी?'

'मुझ पर क्यों बीतेगी? भाड़ में जाये मुझे क्या करना?'

'ठीक है, हमें क्या जब आप ही खबर नहीं सुनना चाहते।' कहकर मीणा जी आगे बढ़े, सिन्दल साहब के कौतूहल ने जोर मारा।

'इधर आ, कोई खबर है तो बता पर ये मखौल वाली बातें मत किया कर, बैठ, हाँ...'

'सबका पत्ता साफ सिन्दल साब।' वे फुसफुसाये।

'मतलब?'

'मतलब उदय, राजा, कौशिक, भीखा, आप सब टापते रह गये बाजी विदेशी शक्ति मार गयी।'

'देख मेरा नाम न ले मीणा, मैं बाल बच्चेदार, भगवान से डरने वाला आदमी हूँ, मेरी बेटी इससे थोड़ा ही छोटी है, लड़की गरीब है, जरूरतमन्द है और अपनी जूनियर भी है इसी करके थोड़ा सा उसकी मदद कर देते हैं, घर में भी छोटे और कमजोर बच्चे का ही ध्यान सब रखते हैं, दिल में इनसानियत हो तो दफ़्तर भी परिवार ही होता है, तुम लोग पता नहीं क्या समझते हो, पीछे तो कौशिक था, उदय था, कटारे भी, राजा भी थोड़ा-थोड़ा, भीखा भी खुशबू ले रहा था, पर छोड़ ये विदेशी कौन आ घुसा।'

'हिंट दूँगा बस, नाम मैं भी नहीं बताऊँगा, मुझे भी हिन्ट ही मिली थी।'

'हिंट?'

'जिसकी बायीं आँख बाबा रामदेव से भी ज्यादा घूमती है, जो निहायत बदतमीज है, बीच-बीच में हरियाणवी बोलता है, इससे बड़ा और साफ फोटो मैं नहीं बना सकता।'

'सिसौदिया?'

'नाम आप अपनी मेहनत से खोजो, हमने भी मेहनत की थी।'

'नहीं यार ये नहीं हो सकता, इतना घटिया टेस्ट..? पर तेरी छठी इन्द्री कहती है तो....लेकिन इससे बढ़िया तो दफ़्तर में कई लोग थे।'

'खुद हमारे सिन्दल साब।'

'देख बे मीणा...मेरा नाम न ले, बता उदय के सामने क्या है वो जंगली? राजा...? बिल्कुल फिल्मी हीरो जैसा अगर मुँहासे न हों, अरे उससे अच्छा तो कटारे है, ज्यादा आग थी तो भीखा ही क्या बुरा था, मुहब्बत भी करता तो ड्यू रेस्पेक्ट से करता, वैसे भी बेचारा बिना लुगाई के रहता है कितनी दुआ देता, पर यार ये हुआ कैसे?'

'मुझे क्या पता, मुझसे पूछ के खेल थोड़े हुआ है।'

'छठी इन्द्री तो तेरे ही पास है बता।'

'पैसा गुरु पैसा, इस विभाग वाला तो स्टाफ कहके गाड़ी में चढ़ना चाहता है, गाड़ी में चढ़े तब तक तो ठीक है ये तो साले कोठे पर जाकर भी हाथ उठा देते हैं—स्टाफ, हर जगह स्टाफ नहीं चलता ना, सिम्पल।'

'अरे छिनाल को पैसे पे मरना था तो बताती।'

'आप क्या अपनी कोठी उसके नाम करते?'

'म...म... मैं क्यों करता?'

'अच्छा सब मिलके चंदा करते? सर, जितना वो चटा सकता है इस विभाग वाले

चंदा करके ही कर सकते थे, तब वो पंचायती धर्मशाला बन जाती, इसलिए जो सही तरीका था उसने किया।'

'ये सही तरीका है? ऐसी औरतों को क्या कहते हैं मालूम है।'

'बात तो वही हुई साब बाकी लोग फोकट में वही चाहते हैं, वहाँ पैसे मिले उसे सही लगा बस।'

'जो भी हो ये प्रास्टीट्यूट ऐटीट्यूड है।'

'हाँ साब अंगूर नहीं मिलते तो ही खट्टे होते हैं, औरत साली मिल जाय तो छिनाल, नहीं मिले तो डबल छिनाल।'

'देख बे मीणा....'

'अच्छा साब राम राम छुट्टी हो गयी, अभी कुछ लोग बैठे हैं उनके भी दिल तोड़ दूँ फिर घर भी जाना है।'

वे उठकर महेश जी के पास पहुँच गये, सिन्दल साब ने हनुमान जी और शंकर जी को मत्था टेका और बाहर निकल लिए, वैसे ही वे आधा घंटा लेट हो गये थे।

'क्या बात है मीणा आज सिन्दल साब को क्या सुना दिया जो मायूस होकर निकले हैं।' महेश जी बोले।

'आपको भी सुनाएँगे भ...आयी साब, भीखा को भी बुला लो।'

'भीखा?'

'हाँ चाय भी लायेगा, कहानी भी सुनेगा।'

'कहानी दमदार है?'

'उछल जाओगे।'

'भीखा...' महेश जी ने आवाज लगाई।

'सर...' वह आता हुआ बोला।

'भाई मीणा जी के पास कोई कहानी है, जो है सो कह रहे हैं भीखा को भी बुलाओ, चाय के साथ सुनायेंगे।'

'मिथ्या नहीं कबी की बानी जिव्हा रहत भवानी, हमाए गुरुजी कूँ हू बुलवाय लेओ।'

'गुरुजी को रहने दे वो अपने गम से घायल हैं, चाय ले के आ।' मीणा जी बोले।

थोड़ी देर में भीखा चाय ले आया।

'हाँ मीणा' महेश जी ने चुस्की ली।

'उदय का हाल देखा है, पिछले तीन-चार दिन से?'

'जो है सो ध्यान नहीं किया, अपने पास छठी इन्द्री भी तो नहीं।'

'उसकी लंका लुट गयी, आयी मीन टू से अकेली उसकी नहीं, सबकी सिन्दल, कटारे, उदय, राजा, कौशिक, भीखा सबकी।'

'मौड़ी कौ ब्याह है रओ का सर जी? वैसे सर जी हमनै तो लंका में पाँव धरत ही खींच लओ, अब नईं लुटै लंका फंका।' भीखा बोला।

'अरे ब्याह में तो सब सन्तोष कर लेते भीखा, किसी छुपे रूस्तम ने बाजी मारी है मतलब लिटरली बाजी फतह कर ही ली।'

'कौन...?' महेश जी लगभग उछले।

'देखा भ...आयी साब उछले ना...? बाहरी आदमी है, इन माई यूथ...'

'बाहरी?'

'हाँ आप सब जानते हैं उसे।'

'जो है सो पहेली न बुझा यार।'

'देखिये भाई साब नाम तो लूँगा नहीं हिंट बताऊँगा बस, नाम खोजने के लिए मेहनत करो जैसे मैंने की।'

'ठीक है बता।'

'वो मथुरा साइड का है, थ्रूड टाइप है, खड़ी हिन्दी बोलने में अटकता है।'

'जो है सो...?'

'अरे साब जो लच्छन तौ सिसौदिया ठेकेदार के हैं।' भीखा बोला।

'कहा ना नाम नहीं बताऊँगा, मुझे भी हिंट ही मिली थी।'

'जो है सो सि...सौ...दि...या??? उसमें ऐसा क्या है भाई जो अपने भीखा में नहीं, इसे कम से कम बात करने की तमीज तो है, सेन्स ऑफ ह्यूमर है।'

'भ...आयी साब मुझसे क्यों पूछ रहे हो, मैं ब्रोकर या बुकी थोड़े हूँ।'

'अरे सर जी हमारी का औकात? जात में क्लास फोर, नौकरी में क्लास फोर सब मजा लैवे की बातें थीं हम कहाँ हते कम्पोजीसन में।' भीखा ने कम्पटीशन को कम्पोजीशन बोलते हुए कहा।

'जो है सो फिर भी? हमें क्या पर ये निकली बहुत गलत लड़की, हम तो इसे मजबूर टाइप समझते थे, दफ़्तर में साथियों के गुण-अवगुण देख के आकर्षण हो सकता है, पर सिसौदिया..?' महेश जी बोले।

'भ...आयी साब इनसान का शरीर हाड़ मांस का होता है उसे चलाने के लिए गुन नहीं धन की दरकार होती है, चाहते उससे सब वही थे, इस विभाग वाले फोकट में ठेकेदार पेड सर्विस में, उसे जो सही लगा किया।'

'भइया की बात...पतौ नाय कितेक सिसौदिया होंगे, दिन भर सीट पै दो जा बगल दो वा बगल, हमन नैं तौ भौत पैले गुरुजी और राजा भइया ते कही, जा मौड़ी तौ भौत स्यानी है बच कैं रहनैं, अब और का कहते गुरुजी ते, मरैं कुआ में कूद कैं चेला के पास का संजीवनी धरी।' भीखा बोला।

'ठीक है भीखा दिल टूटता है तो आवाज नहीं होती लेकिन आवाज से पता चल जाता है, अब निकलैं भाई साब।' कहते हुए मीणा जी उठ लिए।

भीखा का दिल तो नहीं टूटा क्योंकि वह तो बहुत पहले ही टूट चुका था, लेकिन सफल प्रतिभागी की तस्वीर उसे परेशान कर रही थी, उसका मन बार-बार विद्रोह कर रहा था, अपनी असफलता का कारण उसे अपनी जाति दिख रही थी। उसने सोचा कि अम्बेडकर ने सिर्फ नौकरियों में ही आरक्षण क्यों लिया उन्हें ये आरक्षण विवाह-शादियों भी माँगना था कि द्विज जातियाँ प्रतिशत के हिसाब से अपनी लड़कियाँ अछूतों को देंगी, उस गरीब को क्या पता कि अम्बेडकर चाहते तो यही थे, आरक्षण की गाजर तो उन्हें जबरन खिलाई गयी थी, बेचारे भीखा को तो ये भी नहीं पता कि उसके बाबा साहब व्यक्तिगत रूप से तो सामाजिक समता पा ही गये थे, पंडितानी सविता से शादी करके। फिर उसने प्रतिज्ञा ली कि एम.बी.ए. पूरी होने के बाद बेटे की शादी अपनी जाति में नहीं करेगा बल्कि बेटे से खुलकर बोलेगा कि किसी बामन या ठाकुर की लड़की को पटाकर उससे शादी करे ताकि आने वाली पीढ़ियाँ इस दर्द को न भुगतें। अगर किसी ने विरोध किया तो वह भी हरिजन एक्ट का इस्तेमाल करने से नहीं चूकेगा। भीखा ने ये सब खाना बनाते हुए सोचा, नतीजतन खाना खाते में पहले कौर पर ही चिल्लाया–

'अरे तेरौ सत्यानाश जाये मौड़ी साग में दो पोत नौन डरवाय दओ'

महेश जी कुछ अनमने से घर पहुँचे, पत्नी ने पूछा–

'कुछ परेशान हो जी, दफ़्तर में अफसर से झड़प हो गयी क्या?'

'नहीं कुछ सर में दर्द है, साला काम बहुत है आजकल।'

'मैं चाय बनाती हूँ तुलसी की, बाम लगा दूँगी फिर खाना खा के सो जाना, दफ़्तर में ज्यादा काम हो तो घर में ज्यादा आराम करना चाहिए।'

'हूँ।'

महेश जी खाना खाकर सो गये करीब दो बजे उन्हें फिर सपना आया। इस बार सपने में हेमा मालिनी थी और उसके साथ नाचता हुआ सिसौदिया, गाना था– तुझे दिल में बन्द कर लूँ दरिया में फेंक दूँ चाभी, गाना खत्म होने के बाद हेमा ने बुरा सा मुँह बनाया– थू तेरी जवानी पर महेश, पीछे से सिसौदिया चिल्लाया– आक्थू ... सरकारी भड़वों इब देख लो म्हारे पीसे का कमाल....थारी माँ थारी भैंण....

महेश जी उठकर बैठ गये।

'मुझ पर क्या थूकती है छिनाल इस उचक्के सिसौदिया से पूछ कि इसका ताऊ लट्ठधारी था कि नहीं।'

पत्नी ने लेटे-लेटे ही पूछा–

'सिसौदिया का श्राद्ध करना है क्या? वैसे आज आपकी तबीयत...'

'कुछ नहीं हुआ तबीयत को, चल अन्दर।' उन्होंने घुड़का।

उसके बाद सिसौदिया का श्राद्ध भी उन्होंने अतिरिक्त मनोयोग से किया, श्राद्ध के बाद पत्नी धीमे से बोली–

'वैसे एक बात बताऊँ जी अब तक का सबसे अच्छा श्राद्ध सिसौदिया जी का ही रहा है, आपके ताऊजी इनसे ज्यादा प्यार करते थे।'

'प्यार व्यार क्या नम्बरी जूताखोर था हरामी, मुकद्दर की बात है कि तुम्हें भी उसी का श्राद्ध ज्यादा जँचा, औरतों को पता नहीं हरामी ही क्यों जँचते हैं।' वे बोले और सो गये।

सिन्दल साब क्या कर सकते थे, उन्होंने लैपटॉप पर पत्नी के साथ 'सात खून माफ' देखी, और जोर से बोले—

'ऐसी हरामिनों पर तो कुत्ते छोड़ने चाहिए, पूरी कल्चर का नाश करके रख दिया।'

फिर सो गये लेकिन सपने में बजाय प्रियंका के विक्टर बनर्जी ही आये, पूरी रात में वे आठ बार पेशाब के लिए उठे।

## 8

मधु आज दफ़्तर आयी तो सब कुछ अजीब था, हालाँकि कल वह सिसौदिया के साथ नहीं बल्कि रेलगाड़ी से ही घर गयी थी, लेकिन जितने लोगों को सिसौदिया की जानकारी थी उनकी निगाह में वह सिसौदिया के साथ ही थी, बल्कि सिन्दल साब की निगाह में वे पूरी रात बिस्तर में तड़पे थे और ये नालायक पूरी रात सिसौदिया के साथ रही थी मानो उसका अपना घर इस धरती पर कहीं है ही नहीं। कौशिक जी और कटारे जी को छोड़ कर सारे नायकों, अर्धनायकों, एक प्रत्याशी और एक प्रेक्षक को पूरी कहानी पता थी बल्कि कुछ को कहानी जितनी थी उससे चार गुना अधिक पता थी। इसीलिए अधिकतर नायक प्रतिक्रियात्मक वितृष्णा से भरे बैठे थे। सुबह-सुबह उसकी ओर देखकर मुस्कराहट से 'और कैसी हो मधु?' कहकर निकलने वाले सिन्दल साब चुपचाप निकले तो उससे रहा न गया, सिन्दल साब तीन कदम आगे जा चुके थे उसने आवाज लगाई—

'नमस्ते सर।'

सिन्दल साब ने न सुना तब तक उसके सामने धर्मेश जी आ चुके थे, उन्हें लगा कि नमस्ते उन्हें हुई है, ऐसा डेढ़ साल में पहली बार हुआ था, वे रुके और आश्चर्य के साथ बोले—

'न...म...स्ते मधु।'

'अ...हाँ नमस्ते सर।'

मधु के इस अन्दाज ने उन्हें चौंका दिया।

'मुझे ही नमस्ते की थी?'

'ज...जी सर।'

‘मुझे लगा कि मैंने किसी और की लपक ली, सब ठीक तो है?’

‘ज...जी सर।’

धर्मेश जी आशंकित से चले गये, कुछ देर में वहाँ से मीणा जी निकले, नायिका ने उनकी प्रतिक्रिया जानने की कोशिश की।

‘मीणा सर नमस्ते’

वे रुके, आँखों में देखकर बोले—

‘अब काहे की नमस्ते अपना-अपना करो अपना-अपना खाओ।’

वह घबराई।

‘क...क... काहे की मतलब?’

‘मतलब पहले कभी की थी जो आज ही नमस्ते।’

‘कुछ बुरा तो नहीं किया?’ उसने मुस्कराने की कोशिश की।

‘अच्छा भी नहीं, हम तो जिससे करते हैं हमेशा करते हैं नहीं करते तो कभी नहीं।’

‘आज कुछ हुआ है क्या?’

‘हाँ बीवी ने तलाक का नोटिस दिया है पर तुम्हें क्यों बताऊँ?’

‘आपकी मर्जी सॉरी।’

‘थैंक्यू’ वे चले गये।

‘हे भगवान, नादान की दोस्ती.....काश उस दिन दीदी को इम्प्रेस करने के लिए सिसौदिया को फोन न किया होता तो आज ये सब न होता, शर्तिया सब सिसौदिया के कल के व्यवहार से खफा हैं, आग में घी कटारे डाल ही गया था।’ उसने सोचा।

उसने कुछ सोचा, कुछ कागज उठाये और उदय जी की सीट पर गयी।

‘नमस्ते सर।’

‘हूँ, कुछ काम है?’

‘ये सर कुछ पूछना है।’

‘बताने के लिए वक्त नहीं, हिन्दी करनी है तो छोड़ जाओ।’

‘इतना भी वक्त नहीं कि बैठने की कह सकें, आप कितने प्यार से बैठाते थे पहले, बताइये ना मैंने किया क्या है?’ वह जानना चाहती है कि उदय जी और बाकी लोग उसके बारे में कितना जानते हैं।

‘प्यार से नहीं महिला को सम्मान और जूनियर को तसल्ली देने वाली बात थी, इसके अलावा मेरे बाप ने भी मुझे कुछ सिखाया था कि कोई आपके दरवाजे पर आये तो पहले उसे बैठाने की व्यवस्था करो।’ वे बोले।

‘अब क्या बाबू जी के विचार बदल गये हैं? अब क्यों नहीं?’

‘मेरे पास वक्त नहीं और बहस के लिए कतई नहीं, नाउ प्लीज़।’

वह चली गयी, ‘कमबख्त कोई मरके नहीं दे रहा कि उसने क्या देख लिया।’ उसने सोचा, वह राजा सिंह जी के पास गयी।

'कैसे हैं राजा सिंह जी?' वह बाजू की कुर्सी पर बैठती हुई बोली।

"ठीक, जरा साहब ने बुलाया है आता हूँ।' कहकर वे खड़े हो गये।

मधु वापस अपनी सीट पर आ गयी, भीखा वहाँ से गुजरा।

'भीखा चाय पीओगे?' उसने पूछा।

'पी लेंगे मँगवाय लेओ।'

'मँगवा लो मतलब? मैं किससे मँगवाऊँगी? तुम ही लाओगे।' कहते हुए उसने पर्स खोला।

'मैडम चपरासी हैं पर पंचायती चपरासी नाहैं, हमारौ काम एकई साब की खिदमत को है, दिन में चार चाय तौ उतै ही मिल जायँ, ज्यादा चाय ते एसटीडी बनै।'

'भीखा ये तुम कैसी बात...?'

'कैसी तौ है मैडम पर वैसी नाहैं, राम राम।'

भीखा भी चला गया, उफ् एक गलती कितना परेशान करेगी? वह कौशिक जी की सीट पर गयी–

'अंकल आज कौन सी गाड़ी से चलें?'

'गाड़ी? आओ बैठो तुम बताओ किससे चलें, वैसे अभी तो वक्त है काफी।'

'आज जल्दी जाना है, सोच रही थी मलकानी के यहाँ से...'

'अच्छा! हाफ डे लगा देते हैं, मैं भी चलता हूँ तुम्हारे साथ।'

'आप...?'

'हाँ...हाँ... कभी-कभी बच्चों के लिए लेना होता है सामान, तजुर्बा हो जायेगा तुम्हारे साथ।'

'नहीं उतनी जल्दी नहीं छत्तीसगढ़ या झेलम...'

'तब नहीं आजकल मलखान बहुत आँख जमाये है मुझ पर।' वे मायूस हुए।

'ठीक है तब मैं अकेली निकल जाती हूँ।'

वह उठी और आश्वस्त हुई कि कम से कम कौशिक जी की निगाह तो नहीं बदली, लेकिन वह क्या जाने कि मीणा जी तो मीणा जी हैं, नहीं खेलेंगे तो खेल बिगाड़ेंगे, खेलेंगे तो भी खेल बिगाड़ेंगे, वे महेश जी के पास आये–

'और भ....आयी साब रात कैसी बीती?'

'जो है सो रात...? बढ़िया एकदम, यादगार बीती।'

'कमाल है मेरे हिसाब से तो बेकार होनी थी, यादगार कैसे।'

'कैसे वैसे क्या जो है सो, पचास के बाद वानप्रस्थी अधेड़ के पास घरवाली रात में दो बजे आ जाये तो वो रात चार-छह साल तक याद रहती है।'

'अच्छा दो बजे के पहले तक?'

'मुझे लगता है तेरी छठी इन्द्री कुछ हरकत कर रही है, सीधा बोल जो है सो।'

'सीधा तो ये है भ...आयी साब, आज लौंडिया से कोई भी दिलजला ठीक से

नहीं बोला है।'

'काम ही ऐसा है, सोशल बायकाट होना चाहिए जो है सो, अब हम लोग नौकरी से तो निकाल नहीं सकते, उसकी रेवड़ी जो है सो किसी को भी बाँटे, लेकिन हमारी मर्जी किसी से भी बात करें ना करें।'

'वही तो भ...आयी साब, इतने लोगों के बीच तीन आदमी हैं जो उससे अभी भी प्यार से बोल रहे हैं, दो तो खैर लाइन में ही नहीं थे।'

'जो है सो क्या मतलब है तेरा मैं लाइन में था? तू लाइन में था?'

'अपने आप कोई आ मरे तो सब लाइन में थे भ...आयी साब, पर ये बहस का मुद्दा नहीं सवाल ये है कि कौशिक इस पर अभी भी लट्टू है, मेरे खयाल से उसे भी मातम मनाने वालों में होना चाहिए।'

'जो है सो उसे बतायेगा? वो मरा रखा है लौंडिया के इश्क में, सीधा उसी को बोलेगा।'

'भाई साब इन माई यूथ, सारे काम किये हैं हमने, कोई नहीं बोलने वाला सिवाय उदय के, मेरी छठी इन्द्री कहती है कि लौंडिया को उदय के अलावा कोई नहीं बतायेगा, बताइये अभी तक किसी ने आशिक का नाम लिया?'

'जो है सो सिसौदिया?'

'बस आपने लिया है अभी।'

'जो है सो बात तो ठीक है।'

'ठीक है देखिये।'

मीणा जी, कौशिक जी के पास जाकर बैठे--

'और सुना भाई पंडत कौन सी गाड़ी से जा रहा है आज?'

'गाड़ी? तू क्या करेगा?'

'मुझे तेरे शहर में काम नहीं हो सकता?'

'हाँ हो तो सकता है।'

'और बता प्रोस्टेट दिखाया किसी को?'

'फोटोस्टेट किसका? किसको?'

'तू असली पंडत है कि इन माई यूथ तेरे पड़ोस में कोई कठछीला भी रहता था?'

'क्या मतलब है तेरा?' उन्होंने उँगली से जनेऊ टटोलते हुए कहा।

'अबे मैंने प्रोस्टेट बताया था पेशाब वाली बीमारी।'

'मुझे कोई बीमारी नहीं है।'

'अब रहेगी भी नहीं, बगल में पेशाब बढ़ाने वाला कैमिकल अब नहीं रहेगा।'

'क्या मतलब है तेरा?'

'अब वो तेरे साथ आने वाली नहीं।'

'कौन?'

'नहीं जानता तो रहने दे।' वे उठे।

'मजाक मत किया कर, कोई बात है तो बता।' वे अतिक्रमणकारी को जानना चाहते हैं।

'कहानी में ट्विस्ट है कौशिक, तू साले एसकॉर्ट करता रहा, उदय ट्यूशन देता रहा लौंडिया मरी तो भैंगे ठेकेदार पर।'

'क...कौन?'

'वही जो उसकी बगल में अक्सर बैठा रहता है, गँवारों जैसा दिखता है, लेकिन कार में घूमता है।'

'सिसौदिया?'

'नाम अपने आप पता कर, मैंने तो न लौंडिया का नाम लिया न उसके आशिक का।'

'श्री हरि श्री हरि, सब फालतू बातें हैं, वो ऐसी लड़की नहीं है, कहाँ ये कहाँ वो।'

'और कहाँ तू? तेरा आयटम है तो सीता, किसी और का हो तो द्रौपदी? वाह पंडत...?'

'मैं नहीं मानता।'

'मुझे भी कौन आग लगी है तुझे मनाने की, पर मान लेगा तो ठीक रहेगा, वरना तेरी प्रोस्टेट सड़ जायेगी, कैंसर भी हो सकता है, मैं चलूँ मेरा काम तो हो लिया।' वे चल दिये।

कौशिक जी एक मात्र नायक थे जिनकी इच्छा नायिका से बातचीत बन्द करने की नहीं हुई बल्कि वे और अधिक व्याकुल हो गये थे नायिका का सान्निध्य प.ने के लिए, वे पहले छत्तीसगढ़ के समय पर नायिका के सामने से गुजरे, नायिका सीट पर मौजूद थी, फिर वे झेलम के समय पर नायिका के सामने से गुजरे, टॉयलेट से लौटकर नायिका के सामने रुके–

'गयी नहीं?'

'हाँ मूड बदल गया।'

'क्यों?'

'मूड में क्यों नहीं होता अंकल' वह तनाव के साथ मुस्करायी।

'अच्छा फिर तो पंजाब से ही ना...?'

'हाँ।'

मीणा जी ने दूर से ही कौशिक जी का अध्ययन किया, उनकी छठी इन्द्री बोली–

'भ...आयी साब, कौशिक का प्रोस्टेट तो और ज्यादा भड़क गया।'

'जो है सो कैसे?'

'तीन-चार बार टॉयलेट गया है, लौंडिया से बात भी ज्यादा कर रहा है।'

'कमाल है जो है सो, बाकी आशिक तो कुट्टी करे बैठे हैं, इस पर रिएक्शन उल्टा कैसे?'

'कुदरत का करिश्मा है भाई साब, कल टी.वी. पर एक बच्ची देखी थी जो दर्द होने पर हँसती है, कहते हैं उसके दिमाग की मैसेजिंग गड़बड़ हो गयी है, गहरा सदमा या चोट पर ऐसा हो जाता है।' मीणा जी हँसे।

'जो है सो मैंने कहा था ना ये सब बता देगा उसे।'

'सवाल ही नहीं भ...आयी साब, इन माई यूथ बहुत खेल किये हैं ऐसे, नाम किसने लिया है किसी का? अब पिटेगा तो ये ही पिटेगा।' वे आत्मविश्वास से बोले।

कौशिक जी ने आज समय नहीं गँवाया, नायिका के सीट छोड़ते ही सीट छोड़ दी और कैम्पस से ही साथ चल दिये, नायिका के मोबाइल की घंटी दो बार बजी, उसने नहीं उठाया धीमे से साथ चल रहे कौशिक जी से बोली–

'अंकल इस तरह साथ-साथ अच्छा नहीं लगता, सब देखते हैं खास तौर पर औरतें, आप तो जानते हो सब खिलाड़िन हैं।'

'पर...'

'गाड़ी में मिलते हैं ना, एस-6 में ठीक?'

'अगर उसमें जगह न हो तो?'

'वैसे तलाश करने में आप कभी फेल हुए हो?'

'मगर तुम्हारा चाचा....'

'भाड़ में गया चाचा' वह दाँत भींचकर बोली।

'नहीं तुम कहती हो तो ठीक....'

कहकर उन्होंने अपनी चाल तेज कर दी, नायिका ने फोन निकाला और मिस काल दी, उधर से घंटी आयी उसने उठाया–

'हाँ बोलो....अच्छा किया सै, भारी अहसान किया सै...... नाराज होने की बात है सिसौदिया जी, कल का रिएक्शन आज देखने को मिल रहा है....एक भी बन्दा मुझसे बात करने को राजी नहीं है, ऐसा फालूदा बनाया है आपने मेरी इज्जत का.. ...वो मेरे कोलीग हैं इस तरह अलग करेंगे तो अच्छा लगेगा क्या? .....क्या पता? किसे पता और किसे नहीं पता...ये आप सोचते हो ना...आप तो फ्री हो मर्द को क्या फर्क पड़ता है....मैं कैसे पता करूँ? एक-एक आदमी से जाकर पूछूँ कि आप मेरे और सिसौदिया के बारे में क्या जानते हो......भगवान करे वो इसी बात पे नाराज हों कि मैंने गाली बकते में आपको टोका नहीं ......ये भी है तो भी आपकी ही गलती है ना बुरी तो मैं बनी...वो कटारे तो वैसे भी मौका ढूँढ़ता है.......जान से मार दो मेरी बला से पर मेरे सामने मत मारना प्लीज़......प्लेटफॉर्म आ रहा है.....नहीं गाड़ी में कौशिक होता है पास में ....रात को...साढ़े नौ।'

गाड़ी आ गयी वह एस-8 में बैठी थी, पाँच मिनट में कौशिक जी आ गये–

'ये है तुम्हारा एस-6?' वे बैठते हुए बोले।

'आपने खोज ही लिया ना?' वह खिड़की की ओर खिसकी।

'क्या बात है, मूड कुछ...'

'अरे कुछ नहीं वो कमबख्त सिसौदिया है, आकर बैठ जाता है वो राधारमण भी उसे बैठने देता है, बताओ राधारमण बैठाता है मेरी क्या गलती?'

'बिल्कुल, तुम्हारी क्या गलती?'

'आपने तो सुना होगा कि कल वो वहाँ बैठकर किसी को गालियाँ दे रहा था, कटारे आया मुझसे लड़ने लगा।'

'श्री हरि श्री हरि चरित्रहीन है, वो तो रेवती ही मुँह नहीं मारने देती वरना...'

'वरना को क्या फकीरचंद गरीबदास पंचायती धरमशाला खुली है इधर? मैंने भी कह दिया कि मैं क्या लड़ूँगी ठेकेदारों से?'

'बिल्कुल...वैसे किसको गालियाँ दे रहा था?'

'या...मेरा मतलब किसी यादव को दे रहा था इस विभाग के बाहर है कोई।' वह फूलो में या...के बाद ठिठकी पर सँभाल गयी

'होगा लेकिन एक बात बताऊँ सिसौदिया भी चरित्रहीन है, आवारा है, सजायाफ्ता है।'

'होगा, सब पता है कहाँ-कहाँ देखता है बात करते में, लेकिन मुझे तो टेंडर बेचना है, टेंडर न बेचो तो साहब पूछता है कि बिके क्यों नहीं? फिर मेरा लेता क्या है? सौ दो सौ देकर जाता है, मैं बदतमीजी से बोलूँ वो इंटरनेट से निकाल लेगा, मेरे सौ दो सौ तो गये...'

'ठीक बात है, सीट की कमाई क्यों छोड़ो, इतनी सी बात थी तिल का ताड़ बनाते हैं इस विभाग वाले तो।' वे आश्वस्त हुए, उनकी इच्छा हुई कि मीणा जी वाली बात मधु को बता दें पर मीणा जी ने किसी का नाम नहीं लिया था, बात बढ़ी तो मीणा जी पक्के हरामी हैं सब उन्हीं के ऊपर लाद देंगे, वे चुप हो गये।

'कुछ सोच रहे हैं अंकल?'

'नहीं सोच रहा हूँ, लोग कितना जलते हैं।'

'फिर? कटारे ने ऐसी हवा बनाई सबके मुँह फूले हैं, फुलाये रहो मेरा क्या खाना नहीं पचेगा?'

'उदय भी?' वे खुशी से बोले।

'हाँ वो भी मर रहा है, वैसे कटारे का दुश्मन बनता है, सही बताऊँ तो कटारे जैसा है वैसा है पर मेरी तो उदय ने ही बजवाई है कटारे से, अब शुरू में कुछ पता नहीं था सो बातों में आकर उल्टा सुल्टा बोल गयी कटारे से बस, उससे बनाकर रखती तो ज्यादा फायदा था ...ये उदय भी कम नहीं।'

'श्री हरि श्री हरि सब एक जैसे हैं, श्री हरि जो करते हैं ठीक करते हैं, भला हो सिसौदिया का असली सूरत तो दिखी।'

वे बल्लियों उछलने लगे, दो प्रतिद्वन्द्वी एक साथ निपट रहे थे। उन्होंने जेब देखी आज कुछ कमाई हो गयी थी, जेब में कुछ दो सौ बहत्तर की पूँजी थी, आज दो नायकों के निपटने की आशा जगी थी, उन्होंने तय किया कि आज वे कंकाली माता पर ग्यारह रुपये का प्रसाद चढ़ायेंगे, दो सौ ...? नहीं सौ रुपये घरवाली के हाथ पर रखेंगे, पच्चीस रुपये के दस समोसे बच्चों के लिए लेंगे और...?

'क्या बात है अंकल, पैसे गिर गये या मिल गये?' उसने मोहिनी मुद्रा में मुद्रा गिनते हुए पूछा।

'न..नहीं दो सौ रुपये का हिसाब क्लियर किया था किसी ने...ये लो सौ तुम...'

'अरे नहीं अंकल...बच्चों के लिए कुछ ले जाना।' उसने कौशिक जी को उनके व्यवहार का इनाम दिया।

'अच्छा तो पचास रख लो।'

'रखने होते तो सौ न रख लेती, आज मेरा जन्म दिन नहीं है।' उसे डिमोशन पर गुस्सा आया।

'अच्छा, तुम कहती हो तो बच्चों के लिए ले जाऊँगा, बताओ क्या ले जाऊँ?' उन्होंने उसे पत्नी के अधिकार समर्पित किये।

'आपके बच्चे हैं अंकल, घर जा के आंटी से पूछना।' उसने कौशिक जी का मजा खराब किया।

'ठीक है मैं ही कुछ...लगता है स्टेशन...'

उन्होंने तय किया कि पत्नी को डेढ़ सौ देकर उसका विश्वास जीतेंगे, समोसे लेकर वे घर में घुसे, पत्नी के हाथ पर समोसे और डेढ़ सौ रखे, उनकी तात्कालिक आशा पर पत्नी की स्थायी प्रवृत्ति भारी पड़ी।

'तुम तो कहते थे इस सीट पर कुछ नहीं?'

'हाँ आज मिल गये।'

'आज नहीं हमेशा मिलते हैं, घर में पहली बार आये हैं, आयी नहीं क्या आज वो कलमुँही?'

'श्री हरि श्री हरि उस बेचारी को क्यों गाली देती हो?'

'हाँ वो बेचारी है मैं कमबख्त, जवानी तो बेचारी ही होती है और बुढ़ापा कमबख्त, अब तो मेरे तो शरीर ने ही बूढ़ा बता दिया मुझे, तुम्हारी भी क्या गलती? अच्छा ये डेढ़ सौ किसने दिये?'

'नाम से तुम्हें क्या?'

'पूछूँगी कमबख्त से कि हिसाब फुटकर में क्यों करता है? या तो सौ दे या दो सौ।'

'अरे भाई दो सौ ही थे पच्चीस के समोसे भी हैं।'

'बाकी के पच्चीस भी निकालो, याद रखना बच्चों का नसीब है, घर में ही लाना है दो सौ रुपये रोज।'

'मैं क्या छापूँगा? कोई न दे तो?' वे खीजे।

'हो ही नहीं सकता, तुम्हारा तो खानदान ही नीचों, मक्कारों, चार सौ बीसों और जनखों का है, कहीं से लाओ, आज कलई खुली है तुम्हारी, एक पैसा कहीं नहीं चटाओगे वरना दफ़्तर में आकर झोंटा पकड़ूँगी कलमुँही का, तब तुम निकालोगे।'

'हे भगवान' वे सर पकड़ कर बैठ गये।

अब एक ही चारा है कि वे एम्पलॉईज़ बैंक से लोन लें और किश्तों में चुकायें, पर ये क्या पता न चलेगा? हर महीने तनख्वाह की थूक लगाकर तीन बार गिनती होती है घर में, एक ही चारा है कि फर्जी चार्जशीट की घोषणा कर तीन इन्क्रिमेंट खुद बन्द कर लें, घी कहाँ गया? खिचड़ी में।

'मधु आज कुछ टेंशन में है?' दीदी ने बिस्तर पर लेटे हुए, सर पर हाथ फेरकर पूछा।

'हाँ, लगता है सिसौदिया का नाम खुल गया है।'

'क्या खुल गया?'

'कुछ तो खुला है, हो सकता है ये भी कि उसने मेरे लिए गाड़ी भेजी।'

'तो इसमें क्या? ठेकेदार गाड़ी नहीं भेज सकता?'

'भेजते हैं अफसरों को, जूनियर क्लर्क को कोई गाड़ी नहीं भेजता, सब जानते हैं कि ठेकेदार मरे बाप की तेरहवीं तब करता है जब बाप उसके लिए कुछ छोड़े।'

'तो भी किसी को क्या मतलब?'

'नहीं है ठीक, पर अब सब के सब तुमसे बात बन्द कर दें, बोलें तो मुँह फुलाकर तब? हर आदमी एक-दूसरे से कहे कि देखो ये है उस आवारा, भैंगे, बदतमीज की लैला तब? यही बात घर तक आ जाये तब? तेरे रिश्ते की बात करने वालों को पता चल जाय तब?'

'ये तो बुरा है, पर तू ये सब करती क्यों है?'

'मम्मी की पास बुक के लिए, तुम सबको पिज्जा, चाउमिन, ढोकला और डोसा खिलाने के लिए, बढ़िया कपड़े पहनाने के लिए।'

'क्यों खिलाती है पिज्जा, बर्गर?'

'क्योंकि तुम खाना चाहते हो, पापा जिन्दा होते तो न खिलाते क्या? मैं पापा की जगह हूँ तो पापा की तरह मैं भी सोचूँगी।'

'तो भी सिसौदिया को गोली मार उसमें ऐसा है भी क्या?'

'उससे ज्यादा पैसा कोई नहीं खर्चता, अब तक पचास से उतर चुका है, पच्चीस नम्बर एक में यानी टेंडर पर, पच्चीस नम्बर दो यानी ऐसे ही, जानती है तेरी नौकरी भी लगवा रहा है यहीं पाँच छह हजार की।'

'छह हजार? यहाँ तो तीन-चार हजार मिल रहे हैं एम.बी.ए. वालों को।'

'बाकी के तीन मुझ पर इनवेस्ट कर रहा है ऐसा बेवकूफ कहाँ मिलेगा? बता?'

'तो मरने दे सबको जब तक घर पर खबर नहीं आती चलने दे।'

'तू भी चालाक होती जा रही है।'

'सीख रही हूँ तुझसे।'

'खबर की बात नहीं, खबर जब आयेगी तब आयेगी, अभी उदय का गुस्सा हजम नहीं हो रहा।'

'क्यों?'

'कुछ अच्छा सा लगा है, काफी मदद की है मेरी।'

'अभी उसकी जरूरत है?'

'बात जरूरत की नहीं, सबसे भला लगा है मुझे, बहुत सच्चा, ईमानदार, विद्वान, डाउन टू अर्थ, नेक आदमी है वाकई।'

'हुआ करे, मत करे बात कौन हमारे कुनबे का है।'

'तू नहीं समझेगी, उसने दबा दिया है अपने व्यवहार से।'

'जैसे अमित ने?'

'नहीं उससे ज्यादा।'

'मतलब इश्क हुआ है?'

'नहीं अब तो नहीं, हाँ उस वक्त मिलता तो शायद हो जाता, अब तो मेरा इश्क करना मुश्किल ही नहीं बहुत मुश्किल है, समझदार लोग इश्क नहीं करते।' वह हँसी।

तभी फोन की घंटी बजी।

'सिसौदिया है, तू मम्मी पर निगाह रख...हाँ सिसौदिया जी काँटा चढ़ा नहीं कि घंटी बज गयी' वह बोली।

'अरै कैसी बात करौ मधु, चैन नांय पड़ता, जिस दिन बात ना होत्ती उस दिना आठ पैग हो जावें, इब तम नाराज होल्लीं, के करूँ मधू बता के करूँ? तू म्हारी मरी सिकल देखणा चावै त बता दे, कट्टा बगल में रखा सै, इबी फैड़ सुण लीज्जो काल के अखबार में खबर पढ़ लीज्जो, भाई गलती होग्गी के करूँ बता दे।' सिसौदिया नशे में था।

'पागलों जैसी बात मत करो, शराब पीकर फोन भी मत करना।'

'अरै तन्नै बणाया पागल, थारी खातिर पी शराब, तू ठीक सूँ ना बोलगी त ल्हाश ही मिलणीं है म्हारी, बावड़ी फेर रोती रहियो कि था कोई सिसौदिया जाण सूँ जादा प्यार करै था।'

'तुम तो शराब पीकर इश्क का इजहार करने लगे, मैं रखती हूँ।'

'ना समझैगी म्हारे प्यार नैं याल्ले...' कहकर उन्होंने हवाई फायर ठोक दिया।

मधु घबरा गयी उसने फोन काट दिया।

'दीदी उसने गोली चला दी, अब? मर मरा गया तो पुलिस यहाँ तक आ लेगी।'

'कहाँ आ लेगी? सिम तो उसी की है, वैसे वो नहीं मरेगा ठेकेदार है, नाटक कर रहा है।'

फोन फिर बजा।

'दीदी तू उठा ये कमबख्त पता नहीं क्या करेगा?'

दीदी ने फोन उठाया, उधर से आवाज आयी—

'एक फैड़ में फाट ली, यो तौ नकली था मधू अगल्ली बेर असली भी हो सकै।'

'मैं उसकी बहन बोल रही हूँ, क्यों परेशान कर रहे हैं उसे आप?'

'राम राम जी तमारी भौत बात करै मधू, भौत प्यार करै जी तमसे, एक हम ही हैं यासूँ नफरत करण लाग री थारी भैण।'

'वो डरी हुई है मुझसे बात करिये आप, मैं बता दूँगी उसे।'

'इब तमसे के बात करैं, चालो तमसे ही कर लेवैं, थारी नौकरी की बात करै थी मधू याही बात बताण खातिर फोन किया वा लागरी मुँह फुलाण।'

'चलिए मुझे बताइये।'

'पैले थारी भैण सूँ पूच्छो जी मन्नै प्यार करै कि नहीं।'

'वो बाद में, पहले आप मेरी नौकरी का बताइये।'

'अच्छा जी, म्हारी मुकालात त हुई ना इब तक, त या बताओ देखणे भालणे में तम कैसी लाग रीं?'

'मतलब?'

'यो बुरा माणने की बात नाहें, आज के टैम में बाणिया भी घर की बाई की सिकल देख कै राखै जी झाड्डू पौंच्छे पे।'

'जब इंटरव्यू हो तो देख लीजियेगा।'

'अरै काहे का इंटरबू? आपणे आदमी का इंटरबू ना होत्ता जी, राणा जी का खूण सै जो पसन्द आ जाय त जाण हाजिर, बस या बता दो देखणे भालणे में मधू जैसी लगें तम?'

'लगभग, लम्बाई दो इंच ज्यादा है उससे।'

'लो जी हो ग्या इंटरबू, काल ते शर्मा बिल्डर अर प्रापर्टी डीलर के यहाँ तम वा रिसपसन पै बैठ रीं तनखा बताओ जी।'

'दस हजार।'

'दस....? हजार...? जी मैं होत्ता तो दे देत्ता पर पार्टी दूसरी है, पूछणी पड़ै जी।' उनका नशा उतरा, शर्मा से तो उनकी तीन की बात हुई थी, वे पाँच मानकर बैठे थे, डिफरेंस का पेमेंट वे करने वाले थे, सात हजार का डिफरेंस तो ज्यादा महँगा है।

'मधू तो बता रहीं थी सात तो मिल ही जायेंगे, अब देखिये कितना प्यार करते हैं उससे आप?'

'प्यार हम करैं जी, शर्मा ना करै, वा छै से ज्यादा ना देन वाड़ा।'

'ठीक है मैं आ जाऊँगी।'

'ठीक है जी पर म्हारा के हुआ?'

'अभी बताया तो कि आप उससे बहुत प्यार करते हैं, लड़की इससे ज्यादा नहीं कहती, आपके प्यार को वो जानती है आप से बात भी कर रही है मतलब नहीं समझे बड़े भोले हैं आप?'

'अरै भोड़े हैं साल्ली जी तभी तो मरे पड़े हैं, इब बात तौ करा दो।'

'वो डरी हुई है कर लेगी बात, अच्छा बाय।'

'राम राम जी।'

दीदी ने फोन रखा, मधु ने आँखें चौड़ाईं।

'बाप रे तू तो?'

'बहन किसकी हूँ?'

'पर इतना ज्यादा? दस हजार?'

'क्या पता? देख रही थी कितना घायल है, पर ये तो चालू ज्यादा है।'

'इश्क भी कुबूल करा दिया मुझे?'

'मैंने कराया ना? वक्त पर तू मुकर जाना, कितना सेफ है उससे बिगड़ी भी नहीं फायदा भी हुआ, ले अब उसका फोन आ गया जिसे तूने कुबूल किया था।'

'अमित..?'

'हाँ ले।'

'हलो...'

और वह अमित के साथ व्यस्त हो गयी।

## 9

अगले दिन सुबह उसने माँ को दीदी की नौकरी के बारे में बताया, माँ बहुत खुश हुई। पास बुक में छह हजार माहवार और बढ़े, माँ ने मधु और रामरतन चाचा की दिल खोल कर प्रशंसा की कि किस तरह रामरतन चाचा ने उसकी प्रतिभा को पहचाना और उसी को नौकरी दिलवाई। फिर वन्दना की पहली तनख्वाह मिलने पर वैष्णो माता का अहसान उतारने की प्रतिज्ञा ली, उसके बाद दोनों बहनें अपने-अपने काम पर निकल लीं। गाड़ी पर मधु को सिसौदिया जी दिखे जो उसकी ओर ही आ रहे थे, वह घबराई 'चारों ओर स्टाफ के लोग? इस पागल का भरोसा नहीं', उसने फोन निकाल कर मिस काल दी, बदले में सिसौदिया ने फोन किया, उसने उठाया—

'राम राम जी' उधर से आवाज आयी।

'क्या चाहते हैं आप?'

'बस तमसे बात करणा चाहें फेर जाण सूँ मार देणा जी, अर आज मैं खाल्ली हाथ ना जाणे का, इब कुछ करके जावंगा या मरके जावंगा।'

'स्टाफ के पचास लोग हैं यहाँ।'

'म्हारा कोई स्टाफ नाहें, थारा स्टाफ है तम सँभालो।'

'ठीक है इस गाड़ी में मत चढ़ना, अगली गाड़ी से चलना, मैं इसमें चढ़कर उतर जाऊँगी।'

'पक्कौ जी?'

'हाँ।'

गाड़ी आयी कौशिक जी उसके पीछे-पीछे चढ़े भी लेकिन वो उन्हें डॉज देकर अगले दरवाजे से उतर भी गयी, कौशिक जी ने आधी गाड़ी छान ली, लेकिन बीच में जनरल डिब्बा आने पर उन्हें मन मसोसना पड़ा, वे वापस लौटकर गुसाईं जी और भारद्वाज जी के बीच में बैठ गये, भैंगे भारद्वाज जी ने गुसाईं जी को घूरते हुए कौशिक जी को टोका—

'कुछ खो गया कौशिक?'

'न....नहीं सोने की जुगाड़ देख रहा था, कहीं खाली नहीं बर्थ।'

'अकेला सोयेगा?'

'तुम भी यार भारद्वाज? रात को खेत में पानी अकेले ने ही लगाया था ना, नींद भी अकेले को ही आ रही है।' गुसाईं जी बोले।

'मजाक करते हो भाई साब' कौशिक जी खिसियाहट के साथ मुस्कराये।

'अबे मजाक तो तू कर रहा है अपने बच्चों के साथ, तेरी छोरी से एकाध साल बड़ी है ये लौंडिया, ऐसे सूँघता फिरता है जैसे क्वार के महीने में मरैली कुतिया को खजैला कुत्ता, कुछ नहीं मिलना कौशिक भूल जा, घर जा के आईना देखना कि तुझमें ऐसा क्या है कि जवान लौंडिया तुझे पसन्द करे? पैसे तेरे पास नहीं, शक्ल तेरे पास नहीं, शरीर तेरे पास नहीं, अक्ल तूने दिखा ही दी उसे, दफ़्तर में तेरी चलती नहीं किसलिए चाहिए तुझे लौंडिया?' अक्सर शान्त रहने वाले गुसाईं जी गुर्राये।

कौशिक जी को गुस्सा आया पर दबाना पड़ा क्योंकि गुसाईं जी लोकल हैं, उनका परिवार खासा दबंग है, इसलिए उनके शहर में और इस रूट पर खासी इज्जत है, उनसे पंगा लेने में सिवा घाटे के कुछ नहीं।

'आपको कुछ गलतफहमी...'

'चोप्प भैन...यहीं थप्पड़ मारूँगा।' वे गुस्साये, भारद्वाज जी ने साधा।

'शान्त गुसाईं शान्त।'

'मुझे क्या भारद्वाज? साला जनरल का डिब्बा तोड़कर लौंडिया में घुस जाये, पर यार ब्राह्मण है, कल को इसके बच्चों की शादी मेरे कुनबे में भी हो सकती है, कहारन के पीछे लगा है हरामखोर, फिर कोई भी जात हो अपना इस विभाग वाला भाई है, इस तरह दीवाना बनेगा तो बच्चों पर क्या बीतेगी? जवानी में सब करते हैं मान लिया, पर अभी तो इसकी जिम्मेदारियाँ शुरू हुई हैं, उन्हें निभाये।'

'म....मैं आपकी इज्जत करता हूँ भाई साब, पर...'

'इज्जत तो करनी पड़ेगी नहीं तो खूँटा न ठोंक दूँगा? इज्जत व्यवहार कराता है कौशिक, वैसा बन कि हम भी तेरी इज्जत करें, अब मेरे सामने मत खोजना उसे, खोजे तो न मिलने पर मेरे पास मत बैठना, दोयम दर्जे का इस विभाग वाला नहीं मैं, कि कोई न मिले तो गुसाईं के पास बैठ लो, इज्जत ही कमाई है तीस साल में।'

कौशिक जी ने बिना देरी किये दूसरा विकल्प चुन लिया—

'आप नाराज हो तो मैं कहीं और बैठ जाता हूँ' और उठकर दूसरे कोच में चले गये।

उधर नायिका गाड़ी से उतरी सिसौदिया जी प्लेटफार्म पर मुस्करा रहे थे

'अजी मन्नै कही राम राम।'

'बताओ क्या बात करनी है?'

'अजी गाड्डी में बात कर लेंगे।'

'वैसे तो चैन नहीं पड़ रहा था अब गाड़ी का भी इन्तजार करोगे?'

'इन्तजार क्यूँकर करण लागे भाई, गाड्डी बाहिर खड़ी जी।'

'बाहर?'

'थारी जैन से जी।'

'कार? एक बार ही अच्छी भेजी अब तक भुगत रही हूँ।'

'म्हारी मुर्गी की तीन टाँग, इतनी माफी कदी बाप सूँ ना माँगी मधू, इब चालो अर बैठ लो, टैम खोट्टा करणे में फायदा नाहें, थारी रेल का भरोसा नाहें, पर मैं टैम सूँ पोंचा दूँगा।'

'चलो... लेकिन गाड़ी में तीसरा कोई नहीं होगा और मैं आगे नहीं बैठूँगी।' उसने अहसान किया हालाँकि वह भी ए.सी. गाड़ी में बैठना ही चाहती थी।

'ना होगा जी, म्हारी भी कहो त हम भी ना बैठें पर चलाण वास्ते डिलैवर तो चहियेगा सरकार नैं।' वे खुश हुए।

सिसौदिया ने दरवाजा खोला, वह बैठी, सिसौदिया ने अन्दर सर घुसाकर, सीट पर से नमकीन साफ की, नीचे पड़े हाफ और बीयर की बोतल को बाहर फेंका, सीट कवर की चेन खोली तमंचा निकालकर अंटी में खोंसा और आगे बैठकर कार चालू की।

'उम्मीद ना थी यादव सूँ कि वा मूँ फाड देग्गा, वाकी भी गलती नाहें इब हम भी त यो ही कर रहे सैं वा ही कोशिश वा किया था, या तो हम उसनै बता देत्ते के भाई या प्लाट की रजिस्टरी तो होल्ली या हम अपनी गाड्डी भेजते।' वे शुरू हुए।

'जो भी हुआ अच्छा नहीं हुआ, बात वहीं तक रहती तो भी ठीक था, आपने तो गाली-गलौज मेरी बगल में बैठकर कर डाली, फिर कटारे...'

'इब धूल डालो जी, होता रहै जी इसी का नाम त प्यार सै।'

'और रात को? शराब पीकर हवाई फायरिंग कर रहे थे वो? अभी भी तमंचा लेकर चल रहे हो वो?'

'माथा खराब किया तमनै जी, ठीक सूँ बात कर लेत्ते तो वा भी ना होत्ता, इब

सब पे धूल डालो जी, अर या कट्टा कुट्टा त रखना पड़ै तम तो जाणों जी ठेकेदारी में कितणे दुशमन।'

'या शराब पीकर फायरिंग करो और लड़कियों को डराओ?'

'ना जी इब ना होग्गा कान पकड़े।'

'अरे गाड़ी लग जायेगी, सामने देखो।'

'अर दीदी गयी नौकरी पै?'

'हाँ मगर वहाँ काम क्या है?'

'कुछ नाहें जी, सुबह से जाके बैठ जाओ, इसमाइल करते रहो जी, गाहक आयें उन्हें पटाओ जी, चाय नाश्ता तम करो गाहकों नै कराओ बस, नाशते सूँ याद आया जी या लो ठंडे की बोतल, या लो जी नाश्ता, रख के लाया जी थारे लिए।'

उन्होंने एक पॉलीथिन पेकिट उसकी तरफ बढ़ाया, उसने पकड़ा फिर उसे सिसौदिया की मंशा पर शक हुआ कि कहीं इसमें कुछ मिला न हो।

'ठंडे का परहेज है आजकल, नाश्ता करके निकली थी।'

'हम त ले आये जी इब तम रख ही लो, लंच में यो लिम्का गरम हो जावै अर नाश्ता ठंडा हो जावै त खा लेणा, इब या बता दो हमारी मुहब्बत कबूल की कि नहीं।'

'आगे देख के गाड़ी चलाओ, फालतू बात मत करो यहीं उतर लूँगी।' वह शरमाई, सिसौदिया खुश हुए।

इसी तरह आगरा आ गया, वह दफ़्तर से एक किलोमीटर पहले उतरी, सिसौदिया ने हजार का नोट निकाल कर उसकी मुट्ठी में बन्द किया।

'फोकट की माफी अच्छी ना लागती, कुछ सूट फूट खरीद लेणा जी, मैं आता हूँ जी दफ़्तर में लेंच के आसपास'

वह ऑटो से दफ़्तर पहुँच गयी, उसने देखा कौशिक जी दफ़्तर के दरवाजे पर ही उसका इन्तजार कर रहे थे।

'कहाँ चली गयीं थी आज?' वे बोले।

'अटैन्डेन्स, पहले अटैन्डेन्स' उसने कौशिक जी का सामना टाला।

पर जिसकी वजह से आज गुसाईं जी से मजम्मत हुई, उसे इतनी आसानी से कौशिक जी नहीं छोड़ने वाले, वह हाजिरी लगाकर सीट पर बैठी, अलमारी से फाइलें निकालकर अपनी दूकान फैलाई, कौशिक जी चमत्कार की तरह प्रकट हुए—

'बताया नहीं...?'

'मैं आगे थी।'

'मगर मैंने तो पूरी गाड़ी खोज ली?'

'अच्छा? तो मैं सिसौदिया के साथ उसकी कार में आयी, ठीक?'

'अरे तुम तो बुरा...'

'नहीं सच...'

'अरे श्री हरि श्री हरि ये तुम कैसी बात...'

'पता नहीं क्या चाहते हैं लोग? सच बोलो तो भी नाराज झूठ बोलो तो भी।'

'नहीं मैं तो बस पूछ रहा था तुम ना...रा...ज...'

'आप ही बताइये अंकल, जनरल के डिब्बे बीच में थे आप आगे कैसे आ सकते थे?'

'अब छोड़ो मैं बहस नहीं...'

'नहीं बताइये।'

'बीच में गाड़ी रुकी थी तुम्हें नहीं पता?'

'बाप रे बुड्ढा पूरा जासूस है, गाड़ी को भी आज ही रुकना था।' उसने सोचा। फिर बोली–

'वो मैं ए.सी. में थी, पता नहीं चला।'

'तुम ए.सी. में? तुम्हारा पास तो...'

'सैकंड क्लास का है, साथ में सक्सेना मैडम थीं वैसे भी अब तो सब जानते हैं गाड़ी में, चाहो तो सक्सेना मैडम से पूछ लेना, और कुछ?'

'नहीं नहीं, पर तुम्हारी वजह से गुसाईं ने बहुत बेइज्जती की आज।'

'क्यों?'

'कह रहा था कि मैं तुम्हें क्यों खोज रहा हूँ।'

'तो बता देते मेरे चाचा ने कहा है आपसे, परोपकार में फँस गये आप तो।'

'मजाक सूझ रहा है तुम्हें? वो तो मुझसे मारपीट पर उतारू हो गया था, वो तो भंगड़ी है इसीलिए मैं ही वहाँ से हट गया, वरना आज कुछ हो जाता।'

'अगली बार कुछ हो ही जाये, इस तरह रोज-रोज कोई टोके तो उसे समझाना ही पड़ता है ना।'

'हाँ हाँ।'

'हाँ हाँ नहीं आगे से मुझे मत बताना, बताओ तो कुछ करके आना।'

कौशिक जी ने बिना देरी किये पहला विकल्प चुन लिया–

'ठ....ठीक है नहीं बताऊँगा।'

और अपनी सीट पर जाकर बैठ गये, उनके बाद उसके सामने से उदय जी, राजा सिंह, महेश जी, मीणा जी, सिन्दल साब, कटारे जी, भीखा सब गुजरे, मीणा जी के अलावा किसी ने देखा भी नहीं, मीणा जी ने हिकारत से देखा, उसने निगाहें चुराईं फिर बुदबुदायी–

'भाड़ में जाओ सब, जितनी इज्जत दो उतना दिमाग खराब होता है सबका, मैं खुलके करूँगी क्या उखाड़ोगे?'

'नमस्ते मधु।'

उसने सर उठाया, धर्मेश जी गुजर रहे थे।

'नमस्ते सर।'

'कुछ परेशान हो।'

'न...नहीं।'

'श्योर?' वे मुस्कराये।

'एक मिनट सर, जरा इधर आके बैठिये।'

वे बैठ गये।

'सर आपको परसों का किस्सा पता है?'

'परसों?'

'हाँ आपने तो सुना होगा कि परसों सिसौदिया यहाँ बैठकर किसी को गालियाँ दे रहा था, कटारे आया मुझसे लड़ने लगा।'

'हाँ सुना तो था।'

'इसमें मेरी गलती क्या है?'

'------' धर्मेश जी प्रेक्षक सिद्धान्त के अनुपालन में चुप रहे, तीसरी बार माँगने पर राय देंगे।

'बताइये।'

'-------'

'नहीं ईमानदारी से बताइये।'

'बताऊँगा तो मानोगी?'

'बिल्कुल।'

'मेरे विचार से गलती तो है, पहले तो टेंडर खरीदने वाला बाजू में नहीं बैठना चाहिए, सामने से रसीद दो टेंडर लो यही प्रैक्टिस होनी चाहिए, पर मेरे विचार से तुम कहोगी कि राधारमण ने बैठाया था, तब तुम्हें गाली बकते समय उसे टोकना चाहिए था, अगर नहीं टोक सकतीं तो उठकर तो जा सकती थीं, कटारे चाहे जैसा हो लेकिन परसों उसने इनाम का काम किया है मेरे विचार से, इस दफ़्तर की इज्जत बचाई है उसने, वो न टोकता तो सिसौदिया कल को हमें ही गालियाँ बक सकता है, या तो कोई किसी का अन्नदाता नहीं, अगर है तो वो हमारा नहीं हम उसके अन्नदाता हैं, ये इन ठेकेदारों को समझना चाहिए।'

'चलो सर मैंने मान लिया कि वहाँ से न उठकर मैंने गलती की लेकिन ये इतनी बड़ी तो नहीं कि पूरा दफ़्तर बात करना बन्द कर दे।'

'हाँ ये तो नहीं पर तुम्हें क्या फर्क पड़ता है?'

'फर्क पड़ता है सर मैं खुद को इनफिरियर महसूस कर रही हूँ।'

'अपना कान्फिडेन्स बढ़ाओ जब कुछ गलत नहीं किया तो।'

'मतलब आप इन लोगों से कुछ नहीं कहेंगे, मैं तो आपको इस दफ़्तर में सबसे बढ़िया इनसान समझती थी।'

'तो मान लो कि मैं सबसे घटिया हूँ, मैं किसी को बिना माँगी राय और बिना

माँगे पैसे नहीं देता।'

'फिर भी पूछ तो सकते हैं।'

'नहीं ये पर्सनल मैटर है, कोई किसी से बात करे न करे।'

'आप तो उदय जी के बहुत...'

'नजदीक तो तुम भी हो खुद पूछ लो, मैं बिचौलियागिरी नहीं करता।'

'तो मर जा कमबख्त' उसने मन में कहा लेकिन मुँह से बोली–

'मैं तो बहुत उम्मीद लगाये थी।'

'मुझसे कोई मदद चाहिए तो बताओ, आगे भी मैं तुमसे बात करता रहूँगा, भले ही सिसौदिया को खुद तुम बैठाओ, ठीक?'

वे मुस्कराये और उठ गये।

'ये कमबख्त भी कम नहीं, जाते-जाते टॉन्टिंग कर ही गया।' उसने दाँत पीसे।

निर्विवाद रूप से मधु का वार्तालाप धर्मेश जी को चोर की दाढ़ी में तिनका वाला ही लगा, मधु का हर वाक्य उन्हें मदद की माँग कम जस्टीफिकेशन ज्यादा लगा, लेकिन अन्दर के प्रेक्षक ने धिक्कारा कि यदि कोई कहानी है और सबको पता है तो उन्हें क्यों नहीं? मन नहीं माना वे थोड़ी देर में उदय जी के पास पहुँचे–

'ये मधु का क्या है?'

'क्या मतलब?'

'पता नहीं मदद माँग रही थी कि बेगुनाही के सुबूत पेशकर रही थी, कह रही थी लोग उससे बात नहीं कर रहे।'

'अच्छा? कमाल है आपकी निगाह तो बहुत सूक्ष्मदर्शी है, आप नहीं पकड़ पाये।'

'मेरी सीट अपोजिट डायरेक्शन में है।'

'मीणा ने भी नहीं बताया, अरे हाँ आप लाइन में कहाँ थे, आप तो चंदू सरवटे की धारा के व्यक्ति हैं।'

'सीधे बता यार।'

'सिसौदिया।'

'सिसौदिया क्या?'

'इसका खसम।'

'वो यहाँ बैठ के गालियाँ बक रहा था बस इसी से?'

'नहीं ये लौंडिया उसकी कार में घूमती है इसलिए।'

'पक्की खबर है?'

'हाँ, यादव ने बीच में घुसने की कोशिश की उसे ही गालियाँ दे रहा था उस दिन, फिर मेरे पीछे बैठ के यादव से माफी भी माँगी, इस लौंडिया से भी बातें कीं।'

'ठीक...इसके जस्टीफिकेशन भी यही साबित कर रहे हैं, पर कमाल है यार इसने

देखा किस एंगल से।'

'ये आप पूछ लेना, एंगल क्या टॉप प्लान देखा होगा, वहाँ से आदमी का पैसा दिखता है बस, बाकी तो सब एक जैसे दिखते हैं।'

'नहीं मुझे क्या? शिक्षाएँ तो तेरी बेकार हुई हैं।'

'सब का कुछ न कुछ बेकार हुआ है, शिक्षा तो फोकट की थी।'

'तभी कहता हूँ उदय, किसी चक्कर में मत पड़ा कर, बाकी लोग तो आठ-दस दिन में भूल जायेंगे पर तू? जब तक ऑबजेक्ट दिखेगा तू परेशान ही रहेगा, याद रख किसी के बच्चे को खिलाने पर इनाम नहीं मिलता, पर खिलाते-खिलाते पटक देने पर गालियाँ जरूर पड़ती हैं, ध्यान रखना।'

मधु ने दोनों को बात करते देखा, धर्मेश जी के जाने के बाद कुछ कागज लेकर उदय जी के पास पहुँची–

'सर ये आपके शिड्यूल में कुछ गलती....'

'छोड़ जाओ, चैक करके दोबारा दे दूँगा।'

'सर देख तो लीजिए।'

'किसे? शिड्यूल को या तुम्हें?' उनकी निगाह कम्प्यूटर से नहीं हटी।

'सर..?' वह रुआँसी हुई।

'नाटक नहीं चाहिए, अभी कम से कम काम में इतनी होशियार नहीं हुई कि मेरे कागज में गलती निकाल सको, नाउ लीव...' उन्होंने कम से कम पर जोर दिया।

'सर...?' उसने सायास आँखें गीली कीं।

'ठीक है मुझे भी साहब बुला रहे थे।' वे उठे।

'मैं जाती हूँ' अब उसके स्वर में गुस्सा आ गया।

उदय जी वापस बैठ गये, वह सीट पर आयी।

'भाड़ में जाओ सब, मर जाओ सालो, हरामियो, सूअरो सब के सब।' वह बड़बड़ायी।

'के हो ग्या जी किसनै कोस रहे सै।' सिसौदिया जी की आवाज आयी।

उसने देखा, सिसौदिया जी उसके बाजू में आकर बैठ चुके थे, उसे गुस्सा आया पर ताजा-ताजा ए.सी. कार की सवारी और हजार के नोट ने चेहरे पर मुस्कराहट लाने पर मजबूर कर दिया–

'कुछ नहीं वही सब, राधारमण जी कहाँ...?'

'वा जी दक्खिना ठीकठाक मिल जावै तौ पंडत भी दुलहन का चेहरा ढाँप के भाँवर डलवा दे करै, गया जी राधारमण आपणे काम पै।'

'अब हमें सावधान रहना होगा, पाँच मिनट बाद उठ जाना, कटारे के पास भी बैठना, मीणा के पास भी, उदय के पास भी, साहब लोगों से भी मिलना।' उसने

साधिकार निर्देश दिया।

'अजी यो उदय से तौ काम ना पड़ता वैसे भी भौत हरामी चीज़ है या कबी की पूँछ, धर्मात्मा बणा फिरै, वा कटारे अर मीणा कूँ तो इबी नाश्ता करवाता, मैं त जाणूँ सूँ कि तरकारी भडवों नै कैसे पटाया जावै।' वे खुश हुए आखिर मधु ने उनसे प्रेमिका की तरह बात की थी।

मधु को भड़वा वाला सम्बोधन बुरा लगा क्योंकि भड़वे का स्त्रीलिंग बहुत बुरा होता है।

'फिर वही गँवारपना? दिल की दिल में नहीं रख सकते?'

'ठेक है जी गुस्सा ना करो।' कहते हुए वे उठे और कटारे जी के पास जाकर चिल्लाये–

'उजी मन्नै कही राम राम बड़े बाबू अर मैडम जी कूँ नमस्ते।'

'रम राम' कटारे जी ने घूरते हुए कहा।

'नमस्खार' रेवती ने बिना देखे ही जवाब दिया।

'अजी बड़े बाबू मन्नै तो लाग रिया सै वा पल्ले दिन की बात इबी तक याद रखे हैं तम तौ जी।'

'सिसौदिया किसके पास वक्त है याद रखने का, उसे याद रखने के बजाय स्टील के रेट याद रखूँगा तो कुछ कमा लूँगा, जा मस्त रह मैंने बुरा नहीं माना।'

'अ नहीं बड़े बाबू हमें तौ लाग रिया सै।'

'मुझे लगता है कि तेरी जेब में सौ का नोट हरकत कर रहा है, तो ठीक है मँगा ले चाय नाश्ता।'

'ये हुई ना बात? अरै सुण रै के नाम सै तेरा? राद्धे! याल्ले अर पूछ ले बडे बाबू सूँ के लाणा सै, अर मीणा बाबू कूँ भी इधर भेज दियो बडे बाबू बुलावें।'

नाश्ता कार्यक्रम के बाद कटारे जी ने तो कुछ न सोचा पर मीणा जी की छठी इन्द्री बोली–

'भ...आयी साब दो सौ टका कन्फर्म।'

'क्या जो है सो?' महेश जी बोले।

'सिसौदिया कांड।'

'कसे जो है सो?'

'सिसौदिया आया, लौंडिया ने समझाया, आशिक ने नाश्ता मँगाया, मुझे और कटारे को खिलाया।'

जो है सो तूने खा लिया?'

क्यों? क्यों नहीं खाता?'

अरे लौंडिया से तो बात नहीं कर रहा जो है सो।'

हाँ तो अपना सिसौदिया ने क्या बिगाड़ा? जो बिगाड़ा लौंडिया ने बिगाड़ा, फिर

बिजनिस रिलेशन खराब नहीं किये जाते, पर्सनल रिलेशन चाहे जब खराब कर लो इन माई यूथ।'

'जो है सो अजीब थ्योरी है।'

'अजीब तो है भ...आयी साब पर सजीव भी है।'

उदय जी के व्यवहार पर मधु खासी कुपित थी क्योंकि उसे अब तक उदय जी से काफी सुरक्षा मिली थी और वह भी उदय जी से खासी प्रभावित थी, वे अब तक के आखिरी व्यक्ति थे जिनमें उसे अपना सुजय दिखा था और दिख भी रहा था हालाँकि उसने उदय जी को सुजय वाला कोई अधिकार नहीं दिया था उनकी सारी सलाहें वहीं तक मानी थीं जहाँ तक अफोर्ड कर सकती थी, कहीं न कहीं उदय जी की यह नाराजगी भी सुजय का ही स्वभाव था। लेकिन बाकी लोग...? उनसे तो उसका कैसा भी सम्बन्ध नहीं, उसके हिसाब से उदय जी ने बताया तो किसी को न होगा लेकिन उन्हें अपना गुस्सा खुद तक रखना चाहिए था, यदि वे अधिकार समझते हैं तो सीधे-सीधे खुद ही पूछ सकते थे, वह सिसौदिया को पहले ही सावधान कर देती फिर धीरे से निजात पा लेती, उन्होंने बात बन्द की सबने जाना फिर सबने बात बन्द कर दी, इस तरह क्या उखाड़ लिया उन्होंने? बल्कि परिस्थितियाँ ऐसी बनीं कि सिसौदिया और नजदीक आ गया। कहीं न कहीं इस सब के जिम्मेदार उदय जी ही थे मधु के अनुसार। वह घर पहुँची, दीदी भी काम से आ चुकी थी।

'और कैसा रहा पहला दिन?' उसने बैग रखते हुए पूछा।

'ठीक था' वह जोर से बोली फिर धीमे से फुसफुसायी 'रात को बात करेंगे।'

'ऐसा? मम्मी ये लो।' उसने हजार का नोट पर्स से निकाला।

'जै हो माता रानी की, कितनी प्यारी है मेरी बिटिया बिल्कुल मातरानी का सरूप, मातारानी ने मुझ पर किरपा की ऐसी बेटी दे के, बहन की नौकरी भी लगवा दी और...'

'अरे मम्मी मस्का मत लगाओ, चाय लाओ बस, मैं मुँह धो के आती हूँ।'

'हाँ हाँ बिटिया' माँ प्रफुल्लित सी चली गयी।

रात को बिस्तर में उसने पूछा—

'हाँ दीदी, क्या बता रही थी?'

'अरे कुछ नहीं है वहाँ तो, न ग्राहक न प्रापर्टी न बिल्डिंग न कॉलोनीकाहे के बिल्डर और प्रापर्टी डीलर हैं?'

'नया दफ़्तर होगा, धीरे-धीरे बढ़ेगा।'

'कुछ नहीं है वहाँ, बाहर के कमरे में एक टेबल, एक कुर्सी, एक सोफा अन्दर के कमरे में एक बैड, एक टी.वी, एक सी.डी.प्लेयर कुछ उल्टी-सीधी सीडियाँ बैड के नीचे खाली बीयर और शराब की बोतलें।'

‘उल्टी-सीधी सी.डी.?’

‘हाँ रैपर तो ऐसे ही थे।’

‘होगा, रात को रुककर पार्टी वार्टी करते होंगे, अब बिल्डर, प्रापर्टी डीलर साधु तो होते नहीं।’

‘मगर जब मैं पहुँची तो एक-एक कर बारह लफंगे टाइप लोग मुझे देखने आये, कोई मोटा, कोई काना, कोई गुंडा सा कोई जेबकट सा, सब ऐंड़े भैंडे ही थे, जो आता मुझे ही इंप्रेस करने की कोशिश करता, फोन नम्बर माँगता।’

‘ये तो अच्छी बात है मुझे तो डेढ़ साल में तीन-चार ही मिले, खैर फिर?’

‘फिर क्या मोबाइल मिल गया, शर्मा जी ने दिया है, ये देख।’ उसने मोबाइल मधु के हाथ पर रखा।

‘इतना महँगा? एक दिन में?’

‘गिफ्ट नहीं किया मालिक ने नौकर को दिया है नौकरी के लिए।’

‘सात-आठ हजार का इतनी आसानी से? सही बता उसने कुछ...?’

‘बहुत कुछ तो नहीं, मोबाइल देते में हाथ दबाया था बस, टेबल के नीचे से पैर का अँगूठा रगड़ा था बस।’

‘पहले दिन? इतना बेसब्रा तो सिसौदिया भी नहीं।’

‘तू सिसौदिया की नौकर थोड़ी है, कैसे कर लेता बिना मर्जी, शर्मा तो बाप का माल समझ रहा है।’

‘तूने कुछ नहीं किया?’

‘नहीं अन्जान बन गयी, पैर हटा लिया था बस।’

‘अब आगे।’

‘तू बता? तू छोटी भले है पर गुरु है मेरी।’

‘देख दीदी सही बात ये है, हम पर ऐसे अधबूढ़े ही आशिक हो सकते हैं, जवान लड़कों के लिए बहुत खूबसूरत लड़कियाँ पड़ी हैं, वो हमारे पीछे टाइम खर्च नहीं करेंगे और उनसे फायदा भी नहीं, वो तो सिक्स ऐब पेक और ब्रेक डांस दिखाकर फोकट में लड़कियाँ फँसाना चाहते हैं। पैसे के लिए तो ये अधबूढ़े सॉफ्ट टारगेट हैं, बाल बच्चेदार हैं हल्ला नहीं करेंगे खुद छुपायेंगे, बीवी बच्चों के कारण ये डरपोक भी होते हैं, माल भी इन्हीं के पास अच्छा होता है लेकिन इनमें खास बात होती है, जब ये बीवी से बोर हो जाते हैं तब दूसरी खोजते हैं, दूसरी के बाद तीसरी फिर चौथी और आगे भी, इन्हें तरसा-तरसा कर पानी पिलाना चाहिए, इसलिए जान लो कि जहाँ इनकी इच्छा पूरी हुई तुम्हारी छुट्टी, जिस दिन लगे कि कीमत पूरी हो गयी तो चाहे तो पानी पिला देना, याद रख सस्ते में तैयार हुई तो आज जितने ऐंड़े भैंड़े आये थे सब में भंडारे का सा प्रसाद बँट जायेगा, फकीर चंद गरीबदास पंचायती धरमशाला बना देंगे तुझे।’

‘वो तो ठीक है, लेकिन वहाँ तो भीड़भाड़ भी नहीं अगर किसी ने जबर...’

'वैसे तो कोई नहीं करेगा क्योंकि पुलिस रिपोर्ट वगैरा का खतरा है, अगर कोई कोशिश करे तो हल्ला मचाना, सर फोड़ लेना अपना या उसका या दोनों का, लेकिन ये नौबत बहुत बाद में आयेगी, उससे पहले ही एडवांस लेकर छुट्टी कर देना सिम्पल।'

'एडवांस मिल जायेगा?'

'कल ही मिलेगा, कल पिछले साल के रिटायर कपड़े पहन के जाना, तुझे जरूरत नहीं पड़ेगी, शर्मा जी अपने आप देगें।'

'ले फोन भी आ लिया शर्मा जी का, जरा मम्मी को देखना।'

'अरे इधर भी सिसौदिया और अमित का फोन आना है, दो मिनट में खतम करना शर्मा को।'

अगले दिन वन्दना पुराने कपड़े पहनकर गयी और शर्मा जी ने खुद-ब-खुद वे तीन हजार जो बतौर डिफरेन्स सिसौदिया ने जमा किये थे बतौर एडवान्स उसे पकड़ा दिये इसके बदले में बल्कि पैसे देने के पहले ही 'ये कैसे कपड़े पहनकर आती हो?' कहते में उसके कन्धे पर चुटकी भर ली थी बदले में वन्दना की 'उई मम्मी' ने उनका पर्स खुलवा दिया था। लेकिन दिक्कत तब हुई जब तीसरे दिन अपनी पत्नी की बीमारियों, मीनोपॉज और बेरुखी का जिक्र करते में शर्मा जी ने वन्दना की सहानुभूति पर 'तुम कितनी अच्छी हो' कहकर उसका गाल चूम लिया, वन्दना ने पर्स उठाया और घर चली आयी। रात को यही बात उसने मधु को बताई, मधु हल सोचने लगी।

'अब बता गुरुमाता' वन्दना ने पूछा।

'फोन तो आया होगा उसका?'

'उठाया नहीं, तेरा इन्तजार था।'

'इतना बेसब्रा मुझे नहीं मिला, ये नौकरियों का अन्तर हो सकता है, भीड़भाड़ का अन्तर भी हो सकता है, मैं सिसौदिया से कभी अकेले में नहीं मिली, खैर उसका फोन आये तो माफ करके माँ की बीमारी की बातें करते हुए कम से कम दस हजार माँग लेना।'

'वो तैयार हो जाये तो?'

'कल चली जाना दफ़्तर के अन्दर के कमरे में बैड तेरा इन्तजार कर रहा है।'

'तू ये कैसी ...? ये तो...'

'प्रास्टीट्यूशन है? सीता मत बन बहन जो कि तू है भी नहीं, बी प्रैक्टिकल, जिस काम को राकेश फोकट में कई बार कर गया उसके दस हजार शर्मा दे रहा है तो वो काम बुरा हो गया? उई मम्मी कहकर सात हजार का मोबाइल, तीन हजार नकद लेना एकादशी का उद्यापन था?'

'अगर मम्मी को पता चला?'

'दस हजार की गड्डी मम्मी नहीं लेगी? खैर पैसे लेते में एक बार भी पूछे तो

दोबारा मत करना, ठीक।'

'अच्छा शर्मा तैयार न हो तो।'

'कल से नमस्ते, नहीं जाना।'

'वो मोबाइल और एडवांस वापस माँगे तो?'

'पप्पी नहीं ली हरामी ने? एक पप्पी की कीमत इतनी तो बनती है यार, उसकी बीमार और बन्द महीने वाली बीवी अभी ज़िन्दा है ये उसे याद दिला देना, इतने में तो फट लेगी उसकी।'

'अच्छा अभी वो हाँ कह दे कल दफ़्तर में पैसे देने के बजाय जबरदस्ती करे तो?'

'वो यही करेगा, तुझसे हाँ करके दफ़्तर में तेरे सामने ही किसी को दस नहीं पचास हजार का पेमेंट कर नंगा हो जायेगा, फिर फोकट में तुझे नंगा करेगा, इसलिए जैसे ही हाँ कहे तभी मेरे खाते का नम्बर दे देना, आज कल इंटरनेट बैकिंग सबके पास है, सुबह तक मेरे पास मैसेज आ जाये तो ही जाना, नहीं तो नमस्ते।'

वही हुआ शर्मा जी का फोन आया, माफी माँगी, वन्दना ने माफ किया और माँ की बीमारी के लिए पन्द्रह हजार माँग लिए, शर्मा जी ने दफ़्तर में देने का वादा किया पर वन्दना ने हॉस्पिटल पेमेंट का वास्ता दे मधु के खाते में डालने की बात कही, शर्मा जी ने तुरन्त वन्दना के रूप का ऑकलन करने के लिए आधा घंटे का समय यह कहते हुए माँग लिया कि उनके घर में इंटरनेट नहीं है कहीं जाना पड़ेगा वैसे दफ़्तर में वह पूरा इन्तजाम कर देंगे, लेकिन सुबह तक उनका फोन न आया। नतीजतन वन्दना सुबह दफ़्तर के लिए तैयार नहीं हुई तो माँ ने पूछा—

'वन्दना तू नहीं जायेगी बेटा?'

'ये नहीं जायेगी।' मधु ने जवाब दिया।

'क्यों?'

'नौकरी छोड़ दी इसने।'

'नौकरी छोड़ दी? ऐसे कैसे छोड़ सकती है ये? जैसे-तैसे छह हजार महीने का इन्तजाम हुआ इसने नौकरी छोड़ दी, घर नहीं दिखता?'

'दिखता है, लेकिन इज्जत भी दिखती है।'

'क्या हुआ?'

'बदतमीजी की मालिक ने।'

'तो मुझे क्यों नहीं बताया?'

'तुम जानती हो दीदी सीधी है मेरी तरह नहीं, ये बातें उन्हीं को बताई जाती हैं जिनसे मन खुला हो, फिर तुम पुलिस वालों की तरह पूछतीं कि कैसे छेड़ा? कहाँ-कहाँ छेड़ा? कितनी देर तक छेड़ा? इसलिए जो हुआ उसने मुझे बता दिया, फिर तुम क्या कर लेतीं? रामरतन चाचा जाते और हाथ जोड़ कर खड़े हो जाते—पंडित जी बड़ी दुखियारी है इन बालकन की माँ, नेंक कम छेड़ लेते।'

छह हजार का नुकसान और रामरतन चाचा पर व्यंग्य ने माँ को गुस्सा दिला दिया।

'तू तो मुकद्दम बन गयी घर की, न चाचा, न बाबा, न माँ, कर लिया फैसला कि बड़ी नहीं जायेगी नौकरी पर, अरे आजकल नौकरी पर जाओ तो हँसी मजाक तो सब जगह होता है, लोग फायदा भी उठाना चाहते हैं, सब अपने ऊपर है आप भले तो जग भला, हो गया नुकसान छह हजार का।'

'क्या कर लेते बाबा, चाचा और माँ? लड़ नहीं सकते उनसे, पैसे वालों के पास हजार गुंडे और पूरी पुलिस, कुछ होने से पहले रोक लिया तुम्हारी बेटी को वरना मुँह दिखाने लायक न रहतीं धरेजा भी नहीं होता बेटी का, जो हुआ था उसका जिक्र ठीक नहीं पर हँसी मजाक से बहुत ज्यादा था, रहे पैसे जो तीन हजार कल मिले हैं तीन दिन की तनख्वाह हो ली, साथ में सात हजार का मोबाइल भी, दो महीने की तनख्वाह तुम्हारी जेब में है तो दो महीने तक मुँह बन्द रखो, बाद की बाद में देखेंगे।'

'वो वापस नहीं माँगेग.?'

'माँगेगा तो मैं दूँगी, ठीक? अब जान छोड़ो बेटी की।'

'कहाँ से देगी तू? जो देगी वो भी तो घर का ही होगा, पता नहीं क्या समझती है खुद को?'

'मातारानी का अवतार' वह मजाक उड़ाने के अन्दाज़ में हँसी और पर्स उठाकर चली गयी।

दफ़्तर में आज माहौल कुछ नरम हो गया था, सिन्दल साब ने नमस्ते का जवाब दिया था, भीखा भी उसकी चाय पी गया था हालाँकि लेकर वह नहीं आया था बल्कि चाय राधे से मँगाकर ही मधु ने उसे पिलाई थी, कौशिक जी को तो ऐतराज था ही नहीं, धर्मेश जी को पर्सनल मैटर से कोई मतलब नहीं, महेश जी से ज्यादा सम्पर्क पहले भी नहीं था, बचे मीणा जी, राजा सिंह जी और उदय जी, उसके हिसाब से उदय जी का अनशन लम्बा चल सकता है साथ में राजा सिंह जी भी जैसे अन्ना के साथ केजरीवाल, मीणा जी लम्बा नहीं खींच पायेंगे। वह आज दफ़्तर के माहौल से खुश थी लंच के बाद सिसौदिया जी का फोन आया—

'अजी मन्नै कही राम राम, का हाल सै सरकार का?'

'अच्छी हूँ।'

'अजी वा थारी दीद्दी ना पौच्चीं नौकरी पै।'

'अच्छा? और अब जायेगी भी नहीं।'

'क्यों जी, के हो ग्या?'

'अभी कहाँ हैं आप?'

'वा जी शर्मा जी कनैं ही बैठ्या।'

'तो वजह उनसे पूछ लो।'

'वा तौ जी हमसूँ पूँछ रिया सै।'

'बाप का माल समझ रहा था आपका शर्मा मेरी दी को।'

'स्वाफ स्वाफ बताओ जी यो बाप और माँ का माल म्हारी समझ में ना आत्ता जी।'

'साफ बताऊँ, उसने मेरी बहन को किस किया।' वह अपेक्षाकृत फुसफुसाकर बोली।

'ऐं जी? के किया?' उन्हें विश्वास नहीं हुआ कि शर्मा जी लक्ष्य पर इस तरह आक्रमण करेंगे।

'पप्पी ली उसने।'

'अच्छौ जी? क्यूँ शर्मा जी? पप्पी ली वा छोरी की?... यो तौ जी नाईं कर रिया सै।'

'अच्छा? कहते में शर्म आती है पर कहना पड़ेगा अब, अच्छा इनसे पूछो कि इनकी बीवी बीमार रहती है, उसका महीना बन्द हो चुका है, वो लड़ाकू भी है, ये मुझे किसने बताया?'

'ओ जी इतनी तक होल्ली बात?... ऐं शर्मा जी या बताओ कि थारी मैडम का महीना बन्द हो गया सै अर वा बीमार भी रहै, अर वा फूलण देवी की भैन सै, या बात किसने बताई उसै?...या कैवै जी यो बात त हुई पर पप्पी सप्पी ना हुई।'

'अच्छा? आपको क्या लगता है?'

'जी मन्नै तौ यो ई लागै, या बात हुई त वा बात भी हुई होग्गी, इंसाफ का तौ यो ई कैदा ऐ जी कै तौ पूरा पूरा सच्च कै तौ पूरा पूरा झूठ, अर तम तौ कदी झूठ बोल्लौ भी ना।' उन्होंने इंसाफ किया।

'अब आप बताओ?'

'ठीक है जी, दूसरी नौकरी देखेंगे, पर जी वा एडवान्स वापस माँग रिया सै।'

'मेरी बहन पप्पी वापस माँग रही है, ये पप्पी का हर्जाना हो गया।'

'अच्छा जी वा मोबाइल की कै रिया सै।'

'वो उसकी महीना बन्द बीवी तक न जाने की कीमत हो गयी कह दो कुछ नहीं मिलेगा।'

'अच्छा जी....हाँ भाई शर्मा जी कुछ ना मिलने का.......हम फँसा दिये तन्नै? .......पप्पी हमनै ली?......वा जा री थारी मैडम कनै या बताण कै वाका महीना बन्द कब हुआ सै, उसनै कौण कौण सी बीमारी लाग री अर वा फूलण की मँझली भैंण सै.........ना जी मैं ना देने का.....ना जी ...........करा दो जी पुलिस में रपट.........के होग्गा? ...जलूस थारा ई निकरैगा...... ना जी कित्तई धर्मात्मा नाहूँ जी मैं, पर शर्मा जी जो पकड़ा जावै वा होवै जी चोर.......एक मिनट....मधू बाद में करूँ फोन।'

मामला अपने पक्ष में निपट जाने से वन्दना को उत्साह मिला और मधु के साथ मन्त्रणा से यह निष्कर्ष निकला कि महीने के तीन हजार लेने के बजाय तीन दिन के दस हजार वाले 'बी प्रैक्टिकल' वाले रास्ते पर चला जाय, लेकिन वह मार्ग घर के

अन्दर से नहीं घर से बाहर और ज्यादा दूरी से निकलता है और तय हुआ कि वह भी मधु के साथ आगरा जाया करेगी जिसका प्रत्यक्ष कारण बैंक परीक्षा की कोचिंग होगा, कोचिंग से नौकरी मिल जाये तो अच्छा वरना रेलगाड़ी और आगरा शहर में बहुत अधबूढ़े, मधु को भी कौशिक जी के अवांछनीय सहयोग से मुक्ति मिलेगी।

## 10

लगभग एक महीना हो चुका था, उदय जी को छोड़कर दफ़्तर के सारे नायक, प्रत्याशी और प्रेक्षक रास्ते पर आ चुके थे उसका एक कारण यह भी था कि उसने सिसौदिया जी को सावधान कर दिया था, सिसौदिया उसके पास आते, राधारमण जी उठते तो हाथ पकड़कर कहते—

'अरै बैठ ठाकुर हम तौ थारे ई कणैं आये, अर राम राम जी मैडम जी।'

वह मुस्कराकर नमस्ते कर लेती पर राधारमण जी को आश्चर्य होता उन्हें भविष्य में अपना हिसाब साफ रहने की आशाओं पर काले बादल मँडराते दिखते, फालतू तो एक महीने से सिसौदिया ने दिया ही नहीं। लेकिन सिसौदिया जी अपनी कुर्बान होने वाली भावनाओं से युक्त निगाहों को नहीं रोक पाते यही वजह थी कि वे राजा सिंह जी और उदय जी का सन्देह दूर नहीं कर पाये थे फिर भी राजा सिंह जी ने औपचारिक व्यवहार चालू कर दिया था पर उदय जी अपने अनशन पर अन्ना हजारे की तरह जमे पड़े थे। उदय जी का यह व्यवहार उसे हजम नहीं हो रहा धा। सही यही था कि वह लाख 'बी प्रैक्टिकल' की अनुपालक हो पर मानवीय भावुकता से परे कोई प्रैक्टिकल नहीं, प्रैक्टिकल लोग भी बीवी, बच्चे, माँ, बाप की मौत पर फूट-फूट कर रोते हैं। वह अपने सुजय को अपने सामने देखना चाहती थी, उसका सुजय उसके सामने रहकर उसे हिकारत से देखे ये उसे नागवार था, भले ही उदय जी सुजय न हों पर सुजय के काफी नजदीक देखा था उन्हें उसने। नतीजतन जिस तरह उदय जी अपने अनशन पर जमे थे उसी तरह सुजय मधु को बार-बार कचोट रहा था, वह जानबूझ कर काम निकालती उदय जी के नजदीक जाती और टका सा जवाब लेकर वापस आ जाती, काम के बारे में पूछने को ऐसा नहीं कि उदय जी के अलावा कोई उसे न बता सके, हो सकता है एक काम के लिए दो या तीन जनों की मदद लेनी पड़े। सत्य तो यही था कि अभी तक कोई काम ऐसा नहीं था जिसे वह न कर सके। आज उसने तय किया कि वह सत्यव्रत तुड़वा कर ही रहेगी, उसने 'बी प्रैक्टिकल' होते हुए भावुकता की काट भावुकता और उदय जी की आत्मप्रशंसा नाम की कमजोरी से करते हुए, एक भावुक पत्र लिखने का निश्चय किया, पहले कागज पर लिखा दो-तीन बार काट पीट के बाद फाइनल ड्राफ्ट उदय जी को साहब के चेम्बर से ई-मेल किया जो कुछ इस तरह था—

'उदय सर, नमस्ते मैं नहीं जानती कि इस तरह की चिट्ठी-पत्री आपको लिखने का मुझे अधिकार है भी या नहीं, ये मैं किस भावना से कर रही हूँ पता नहीं, पर इतना जानती हूँ कि आप मेरे आयडियल हैं हो सकता है ऐसा कुछ अन्य लोग भी समझते हों क्योंकि आप हैं ही ऐसे। आपका देवताओं जैसा व्यवहार, जूनियर्स को आगे बढ़कर गले लगाना, परिवार जैसा समझना, सच्चाई, ईमानदारी, निडर स्वभाव, आपकी कविता आपको आम इन्सानों से अलग करते हैं। आपने कितनी सीखें मुझे दीं, आगे बढ़ने की हिम्मत दी, आप ही इस तरह रूड हो जायेंगे तो मैं किस के सहारे नौकरी करूँगी? आप तो जानते हैं कटारे मेरी नौकरी के पीछे पड़ा है। आप मुझसे नाराज हैं तो निश्चित रूप से मैंने कोई गलती की है और शायद ऐसी की है जो क्षमा योग्य नहीं है, मैं जानती हूँ कि आप छोटी मोटी गलतियाँ तो बिना बताये ही माफ कर देते हैं। प्लीज मुझे मेरी गलती बताइये आपका यह व्यवहार मुझे बर्दाश्त नहीं होता, न मैं खा पा रही हूँ, न सो पा रही। प्लीज प्लीज प्लीज मुझे मेरी गलती बताइये। बिना गलती बताये सजा देना आपका स्वभाव नहीं मैं जानती हूँ। गरीब की बेटी हूँ जहाँ थोड़ा स्नेह मिला वहाँ सम्बन्ध बना लिया लेकिन इस सम्बन्ध के टूटने का डर चैन से नहीं रहने दे रहा, मैं बिना गलती सुने ही सारी गलतियाँ मानकर माफी माँगती हूँ, प्लीज मुझे माफ कर दीजिए और वापस पहले वाले उदय सर हो जाइये।'

यह टाइप कर उसने सेंड का बटन दबा दिया, साहब के चेम्बर से निकलकर उसने तीन-चार बार उदय जी की ओर देखा पर वे अपने अनशन पर बराबर जुटे पड़े थे। शाम तक उदय जी ने कोई प्रतिक्रिया नहीं दी काम भी काफी था। करीब सवा छह बजे जाने के पहले मेल बॉक्स खोलना उनकी आदत में है, और इतना है कि स्पाम फोल्डर में भी देखते हैं, वहीं उन्होंने मधु चौधरी 1984 का मेल पढ़ा, पढ़ते ही कविमना क्या महाकवि उदय जी की सारी नाराजगी दूर हो गयी, उदय जी जो चाहते थे वो सब इस मेल में था, जमाने ने न पहचाना तो क्या हुआ किसी ने तो उनके देवत्व को जाना, उनकी कविता? भले ही मान्यवर जी उन्हें कवि न मानें नायिका ने तो माना, अब उदय जी के हिसाब से नायिका निर्दोष थी, गरीब थी, उनके प्रति समर्पित थी, भटकी हुई हो सकती थी जिसे रास्ते पर लाना अब उनका काम था, हो सकता है कुछ न हो, इस विभाग वाले तो वैसे ही तिल का ताड़ बनाते हैं। तीन बार पढ़ने के बाद उन्होंने एक प्रिंट निकाला बैग में रखा और राजा सिंह जी को बुलाया, राजा सिंह जी अपना हैलमेट उठा चुके थे–

'राजा इधर आ, देख।'

'अर्जेंट है कुछ?'

'बस दो मिनट देख तो।'

राजा सिंह जी हैलमेट रखकर आये, पढ़कर बोले–

'असर तो होता है भाई साब अनशन का, चाहे सामने वाला कितना भी हरामी हो।'

'किसका मजाक उड़ा रहा है? मेरा, लौंडिया का, अन्ना का, रामदेव का या कपिल सिब्बल का? रुक जरा स्टैंड तक साथ चलते हैं।'

उन्होंने अपनी दूकान बन्द की, दोनों साथ चल दिये।

'तुझे क्या लगता है?' उदय जी बोले।

'त्रिया चरित्रम पुरुषस्य भाग्यम....मुझे स्त्रियों का ज्यादा तजुर्बा नहीं, मीणा जी ज्यादा अच्छा बतायेंगे।'

'फिर पूरे शहर में ढिंढ़ोरा भी पीट देंगे, तू अपनी बता।'

'कह नहीं सकता, मुझे लगता है आपको भ्रमित करने का प्रयास है।'

'कैसे?'

'ढेर सारी तारीफ जो की है।'

'मतलब मैं उस तारीफ के लायक नहीं?'

'नहीं बिल्कुल हैं, पर सवाल ये है कि उसे आज ही जरूरत क्यों महसूस हुई?'

'नहीं, प्रभावित तो पहले से थी, जहाँ तक मैं समझता हूँ औरों के लिए काफी लड़ाकू टाइप लड़की है लेकिन मेरे सामने बिल्कुल सीधी चलती थी।'

'आपके बिना क्या कर पाती वो? डेढ़ साल से नौकरी चला रहे थे उसकी, दफ़्तर में कटारे के बाद नम्बर दो कौन? बिना नम्बर दो के सहारे नम्बर एक से लड़ा जा सकता है क्या? इतने पर भी सीधी न चलेगी?'

'दैट्स इट, इसीलिए देवता भी मानेगी।'

'ठीक है लेकिन देवता मानने वाला महसूस करता है मन्दिर नहीं बनवाता और कविता के बारे में क्या जानती है वो? हम सब के थे प्यारे बापू या उठो लाल अब आँखें खोलो के अलावा शायद ही कोई कविता याद हो उसे।'

'हाँ लेकिन तुम्हें या धर्मेश को तारीफ करता देखकर या दफ़्तर के प्रोग्राम से ही उसने कवि मान लिया हो।'

'दफ़्तर में आप चुटकले या हास्य कविता सुनाते हैं वो आपकी कविता...नहीं होते।'

'नहीं गीत भी सुनाये हैं।'

'वो मेरे और धर्मेश के अलावा किसी की समझ नहीं आये हैं, अफसर भी लय पर झूमते हैं बस।'

'मतलब वो फ्राड है?'

'नाइंटी परसेंट।'

'लेकिन गरीब भी तो है पढ़ाई-लिखाई में होशियार भी, तुम्हें नहीं लगता हमें कुछ करना चाहिए।'

'देखो भाई साब दुनिया में इससे गरीब भी हैं, ज्यादा मन है अनाथालय खोल लो, जरूरी है कि लौंडिया पर ही सारी संवेदना उँड़ेल दी जाय? इसकी मदद को तो पचास सिसौदिया सौ यादव।'

'तेरे मन में कभी उसके लिए संवेदना नहीं रही?'

'रही, बराबर रही जब देखा वो संवेदना के लायक नहीं तो नमस्ते।'

'उसकी परिस्थितियाँ बदलीं?'

'नहीं उसका व्यवहार बदला, आपने एक बार बताया कि पढ़ाई के दौरान आप अपने एक जूनियर को चंदा करके पैसा देते थे जिसे वो सिनेमा और सिगरेट पर उड़ाता था, फिर आपने चंदा बन्द कर दिया।'

'लेकिन मैंने एकदम बन्द नहीं किया उसे अपनी बात रखने का मौका दिया था, वो उसके बाद भी सिगरेट पीता पाया गया तब बन्द किया था।'

'मतलब आप इसे मौका दोगे?'

'ये उसकी गलती नहीं हो सकती? हो सकता है सुधर जाये।'

'सुधरने का वक्त खतम भाई साब, सिसौदिया का जितना माल ये खा चुकी होगी, उतना सिसौदिया वसूल कर रहेगा आप तो जानते हो ठेकेदारों को, चवन्नी तक डायरी में लिखते हैं।'

'इसीलिए तो उसे सपोर्ट की जरूरत है।'

'आपकी मर्जी, बहस में तो आपसे जीतना मुश्किल है, पर मुझे माफ करो आपको हमेशा सपोर्ट है उसके लिए सॉरी।'

'मतलब मैं उसे सपोर्ट करूँ तो...?'

'मुझे क्या ऐतराज होगा? भाभी से पूछो।'

'वो तो खैर जरूरी भी है, पर तू मुझे गलत...'

'नहीं मैं नहीं समझूँगा अगर बात इतनी ही हो तो।'

'मतलब?'

'भाई साब ये टेस्टेरोटोन नाम का हारमोन बड़ा मादर... होता है कब किससे क्या करवा दे भरोसा नहीं, खैर आप बेदाग रहकर सफल रहते हैं तो मैं भी आपका मन्दिर बनवा दूँगा।'

'मतलब हमसे सीख कर हमारी में दे रहा है राजा?'

'चेला जो हूँ अब चलें?' कहते हुए उन्होंने स्कूटर में किक लगाई।

उदय जी खुशी-खुशी घर पहुँचे, दफ़्तर के एक नजदीकी ने तो एन.ओ.सी. सबजेक्ट टू भाभीज़ एन.ओ.सी. दे दी थी अब भाभी की एन.ओ.सी. लेना थी जो राजा सिंह जी की एन.ओ.सी. से आसान काम था, रहे धर्मेश जी उन्हें विशेष मतलब नहीं। उदय जी रोज की तरह बैड पर लेट गये, अंजू चाय लेकर आयी, उदय जी ने पहली सिप के बाद कहा–

'बढ़िया है चाय।'

'थैंक्यू, आज खाने में क्या बनाऊँ?'

'अभी क्या पड़ी खाने की, बैठ इधर।' उन्होंने हाथ पकड़ा।

'क्या बात है बड़े रोमांटिक हो रहे हो आज?'

'आज एक लव लैटर आया है।'

'पन्द्रह सालों में तो नहीं आया, सोचकर ही हो लो खुश, वैसे एक बात बताऊँ? मेरे अलावा अब तुम्हें कोई घास डालने वाली नहीं, कोई चुहिया भी।'

'इतना बुरा हूँ मैं? फिर तो सुबूत देना पड़ेगा, ये ले।' उन्होंने बैग खोलकर पत्र निकाला।

अंजू ने पढ़ा, पहले तो उसे भी शंका हुई पर वह उदय जी को इस ग़लतफ़हमी से दूर रखना चाहती है।

'अच्छे गले पड़ रहे हो अगली तुम्हें देवता मान रही है, आयडियल मान रही है तुम इश्क समझ रहे हो, यही कमी है मर्दों की कि हँसी तो समझे फँसी, ये वही है ना गरीब लड़की जिसे किताब दिलवाई थी? बताओ खुद लिख रही है कि गरीब की बेटी हूँ जहाँ स्नेह मिला सम्बन्ध मान लिया छिः...लज्जा नहीं आती ऐसी लड़की के बारे में ऐसा कहते, भिखारन कितनी भी सुन्दर हो उस पर नीयत खराब नहीं की जाती।'

उदय जी ने चैन की साँस ली, एन.ओ.सी. एप्लाई करने का सही वक्त था।

'तू तो सीरियस हो ली भागवान, पन्द्रह सालों में कभी फिसलते देखा है?'

'देखा तो नहीं, पर ऐसी चिट्ठी-पत्री भी नहीं हुई पहले कभी।'

'मतलब पहले कभी मैंने औरतों के साथ काम नहीं किया या औरतें घर पर नहीं आयीं?'

'आयी हैं पर कभी किसी के बारे में बात भी नहीं की आपने।'

'तू रोमांटिक होने की वजह पूछ रही थी सो बता दी।' वे हँसे।

'कितनी छोटी है आपसे? पन्द्रह साल तो होगी? क्या सम्बन्ध मानती है क्या पता? और आप? चलो मैं नहीं बोलती आपसे।'

'चल ठीक है मजाक खत्म अब सीरियस, ये बता तुझे क्या लगता है?'

'वो बाद में, ये रूड होने का क्या चक्कर है आप तो दफ़्तर में सबसे ठीकठाक बोलते हैं।'

'हाँ तुम्हें तो पता है, गरीब होने के कारण मैंने इसकी बहुत मदद की, फिर रमेश खबर लाया कि ये सिसौदिया नाम के ठेकेदार के साथ सैट है, उसके साथ कार में घूमती है।'

'इसमें सच कितना है?'

'काफी, घूमने का तो पता नहीं पर ये कन्फर्म है कि सिसौदिया ने इसके लिए हाथरस कार भेजी थी जब ये सोती हुई टूंडला की जगह हाथरस पहुँच गयी थी।'

'कार तो ठेकेदार भेज सकता है।'

'नहीं ठेकेदार मुफ्त में गधा भी नहीं भेजता।'

'ये किसको पता कि ठेकेदार को पेमेन्ट हुआ कि नहीं?'

'ये तो क्लियर है, मैंने ठेकेदार को इससे फोन पर बातें करते भी सुना है।'

'प्यार मुहब्बत की?'

'लगभग।'

'ठेकेदार की उम्र?'

'होगा छियासीस सैंतालीस का।'

'आप लोगों को अकल है कि नहीं बीस साल बड़ा ठेकेदार, आप लगे हो शक करने।'

'ऐसा है अंजू तू अपनी जगह सही है इसलिए सही सोच रही है, तेरे ऊपर हमेशा पिता का, भाई बहनों का हाथ रहा, घर से बाहर ज्यादा निकली नहीं, तू नहीं समझ सकती इन सब बातों को, ये लड़की गलत भले न हो पर बहकी शर्तिया है।'

'आप ठीक कहते हो दफ़्तर वगैरा का तजुर्बा नहीं मुझे, मर्दों से ज्यादा बातें भी नहीं हुईं कभी, कभी कपड़े खरीदने में बजाज से या चाट भल्ले खाते में ठेले वाले से या रिक्शे ऑटो वालों से ही बातें हुई हैं, वो बेचारे क्या लाइन देंगे? हमेशा गर्ल्स स्कूल कॉलेज में पढ़ी, मुझे नहीं तजुर्बा लेकिन मान भी लो सब सच है तब क्या हुआ?'

'तब मुझे तो बुरा लगा, मैंने इसे पास बैठाकर फालतू बातें करना बन्द कर दीं, मुझे देखकर बाकी लोगों ने भी।'

'ये तो गलत है उसकी बदनामी हुई होगी।'

'मैंने किसी को नहीं कहा बात बन्द करने को, मेरी मर्जी बात करूँ न करूँ।'

'ये तो हठधर्मी है, अपना समझते तो समझाते, उसने गुरु माना था आपको?'

'अरे कोई गुरु वुरु नहीं होता आजकल सब फायदा लेने वाली बातें हैं, गुरु चेली का, चेली गुरु का, समझाने पर एक न लगने देती ये बल्कि रमेश की क्लेश और हो लेती सिसौदिया से।'

'अब बाकी लोग?'

'बाकी लोग तो सरैंडर हो गये, मैं और राजा बचे हैं।'

'आप भी बोल लो मेरे कहने से।' अंजू भावुक हुई, उदय जी खुश हुए तीर निशाने पर था, प्राविजनल एन.ओ.सी. इश्यू हो चुकी थी।

'नहीं यार, मुझे नहीं लगता वो सुधरेगी।'

'देखो इनसान का जन्म तैंतीस करोड़ योनियों से गुजरने के बाद मिलता है, वो इनसान ही क्या जो इनसान के काम न आये, उसमें भी गरीब लड़की जो खुद भिक्षा माँग रही है, न बाप, न बड़ा भाई, ऐसी लड़कियों को भटकाने तो हजार मर्द घूमते हैं, कोई सही रास्ता दिखाने वाला भी तो हो।'

'रास्ता दिखाते-दिखाते खुद रास्ता भटके तो?'

'तो ऐसे काट लूँगी।' कहकर अंजू ने उदय जी की बाँह पर काट लिया।

'आह...बिल्लो रानी, जब नजदीकी बढ़ेगी तो तुझ तक भी खबरें आयेंगी।'

'आने दो मुझे फर्क नहीं पड़ता, बस आप कुछ मत छुपाना जैसे ये चिट्ठी

दिखाई है वैसे, वैसे भी आपकी जिम्मेदारी की मैं कायल हूँ, आप मेरे और बच्चों के साथ कुछ बुरा नहीं करोगे मुझे यकीन है।'

'कितनी भोली है तू?' कहते हुए उदय जी ने अंजू का माथा चूम लिया।

'वैसे आप भी कुछ कम भोले नहीं, इतनी सारी बहस तो फोकट में हुई मुझे तो शुरू से यकीन है कि आप किसी को नहीं पटा सकते।' वह खिलखिलाई और उदय जी को एन.ओ.सी. मिल गयी।

रात को मधु ने वन्दना को ई-मेल के बारे में बताया, वन्दना ने आँखें फाड़ीं।

'तू? तूने ऐसी गलती की? सुबूत छोड़ दिया?'

'मुझे उनकी नाराजगी बर्दाश्त नहीं हो रही, दफ़्तर में कायदे का एक ही आदमी है, वो भी बात न करे।'

'हुआ करे कायदे का, हमें ये देखना है कि काम का है या नहीं।'

'ऐसा नहीं दीदी, मैं कितनी भी बुरी बन जाऊँ परफैक्ट अच्छे आदमी की इज्जत में सर हमेशा झुकेगा।'

'तू तो बी प्रैक्टिकल वाली बनी फिरती है।'

'कोई-कोई इनसान ऐसा होता है जिसके सामने सारे प्रक्टिकल फेल हो जाते हैं, जैसे बुद्ध के सामने अंगुलीमाल, गाँधी के सामने अंग्रेज।'

'मतलब तेरा उदय बुद्ध और गाँधी का अवतार है?'

'अगर मैं अंगुलीमाल जितनी हरामी हूँ तो।'

'सही बताऊँ तुझे उस अधबूढ़े से इश्क हो रहा है, पर याद रख मुझे और तुझे प्यार करने का कोई अधिकार नहीं, छोटी करे कर ले हम दोनों की काफी जिम्मेदारियाँ हैं।'

'मुझे मत बता, इतने सारे गुरुमंत्र मैंने ही दिये हैं तुझे, मुझसे बड़ी हरामिन नहीं बन सकती तू पर मेरे कुछ उसूल हैं, डायन भी एकाध घर छोड़ देती है और अभी मैं डायन नहीं बनी, दो-चार घर छोड़ दूँगी तो भी फर्क नहीं पड़ना, ये प्यार व्यार मेरे लिए बहुत मुश्किल है, उनकी इज्जत करती हूँ बस।'

'तेरी मर्जी, अभी तो दो आशिकों को निपटा, फोन आते ही होंगे।'

घंटी बजी और सिसौदिया जी सैटेलाइट माध्यम से प्रकट हो गये।

## 11

उदय जी ने आज आते ही मेल का जवाब लिखा—

'मधु, तुमने मेरी तारीफें कीं अच्छा लगा लेकिन इनमें से एक भी बात ऐसी नहीं जो मैं पहले से नहीं जानता, जहाँ तक मेरे व्यवहार का प्रश्न है, मेरी जानकारी में इस दुनिया का सबसे रीजनेबल इनसान मैं हूँ, मैं हर व्यक्ति से वही व्यवहार करता हूँ

जिसके वह लायक है। रहा तुमसे नाराज होने का सवाल, जहाँ राजी न हो नाराजगी कैसी? नाहक नाराजगी खुद को ही तकलीफ देती है, तुमने सम्बन्ध का भी जिक्र किया लगे हाथों उस सम्बन्ध का नामकरण भी कर दो ताकि अधिकार के साथ तुम्हें गलतियाँ बता सकूँ, एक कोलीग के तौर पर मैं न तुम्हें डाँट सकता हूँ, न समझा सकता हूँ, इसलिए पहले तुम्हें वह रिश्ता बताना होगा फिर प्रतीक्षा करनी होगी कि उस रिश्ते को स्वीकार करता हूँ या नहीं। तुम पर कोई दबाव नहीं तुम चाहो तो मुझे अंकल बना सकती हो, पिता, भाई, गुरु, मित्र या प्रेमी कुछ भी, उस रिश्ते को मेरे द्वारा स्वीकार करने के बाद तुम्हें तैयार रहना होगा कि मैं तुम्हारे व्यक्तिगत मामलों में भी हस्तक्षेप करूँगा क्योंकि जिसे मैं अपना लेता हूँ उसकी बुराई सुनता भी नहीं, आगे तुम्हारी मर्जी यदि उत्तर दे सको तो आगे बढ़ो वरना नमस्ते।'

उदय जी ने एक ही मेल में उसके सारे कनफ्यूजन दूर कर दिये और अपने भी कनफ्यूजन दूर करना चाहे, सीधी बात नो बकवास, खामख्वाह मगजमारी का क्या मतलब?

मधु ने साहब के चेम्बर में अपना मेल बॉक्स खोला, उदय जी का मेल सबसे पहले था, उसने पढ़ा, पढ़ते ही उसके चेहरे पर मुस्कराहट आयी—

'तो आ गये जनाब सीधी बात पर।' वह बुदबुदाई, उसने जवाब टाइप किया—

'सर नमस्ते, उम्मीद नहीं थी कि आप जवाब देंगे, हर प्रयास से हार कर ये आखिरी कोशिश की थी, आपका शुक्रिया, मैं जानती हूँ आप सबसे रीजनेबल इनसान हैं इसीलिए आपकी नाराजगी मुझे तकलीफ दे रही थी, मैंने आपकी एक भी झूठी तारीफ नहीं की आप हैं ही ऐसे, सच को सच कहना गलत तो नहीं, जहाँ तक रिश्ते की बात है मैं आपको अपना गार्जियन समझती हूँ इस दफ़्तर में, गार्जियन के नाम अलग-अलग भले हों बाप, भाई, अंकल, गुरु, प्रेमी या दोस्त पर काम सबका एक ही होता है सिक्योरिटी देना और आपसे ज्यादा सिक्योरिटी मुझे इस दफ़्तर में कोई नहीं दे सकता फिर भी मैं जानती हूँ आप उस रिश्ते का नाम जानना चाहते हैं, तो आप मेरे गुरु हैं, मेरे मित्र हैं, आपको वे सारे अधिकार हैं कि गलती पर आप मुझे भरे बाजार में थप्पड़ मार सकें। पर प्लीज इस तरह बेरुखी न दिखायें आपकी मधु।'

उदय जी अपना मेल भेजने के बाद आधा घंटे में तीन बार इन बॉक्स खोल चुके थे, इधर साहब ने बुला लिया वे मिनिमाइज कर चले गये, लौटकर आये तो उनकी सीट पर धर्मेश जी बैठे थे, उदय जी को डर लगा कि कहीं धर्मेश जी ने उनका पत्राचार पढ़ तो नहीं लिया।

'आ बैठ प्राइस इंडैक्स देख रहा था' धर्मेश जी बोले।

'मेरा मेल बॉक्स खुला था।'

'मैंने नहीं देखा यार।'

'नहीं वो नहीं, बन्द तो नहीं कर दिया?'

'लग रहा है तूने भी कहीं चैटिंग शुरू कर दी आते ही मेल बॉक्स की पूछ रहा है।'

'नहीं यार।' फिर कुछ सोचकर बोले–

'एक मिनट बैठो।'

वे बैठे, उदय जी ने मेल बॉक्स फिर खोला, सबसे टॉप पर मधु का मेल आ चुका था, उदय जी ने उसे नहीं खोला, बल्कि कल वाला मेल खोल कर उन्हें दिखाया, उन्होंने पढ़ा और बिना प्रतिक्रिया दिये ही बोले–

'इसका तो आज भी आया है मेल, टॉप पर पड़ा है।'

'हाँ वो मैंने ध्यान नहीं किया होगा।'

'उसे भी खोलो जरा।'

उदय जी सकपकाये–

'वो पहले मैं तो पढ़ लूँ।'

'देख भाई कहानी सुनानी है तो पूरी सुना, आधी सुना के नींद मत ले, वैसे ये तेरे जवाब का जवाब होगा, खतोकिताबत पूरी है।'

'तुम भी यार? मेरे मन में चोर होता तो बताता ही क्यों?'

'जस्टीफिकेशन मत सुना यार, मेल खोल।'

उदय जी ने मेल खोला, दोनों ने पढ़ा।

'हूँ...मेरे विचार से इस खतोकिताबत को बन्द कर देना चाहिए तुझे।'

'अरे यार मैंने शुरू की क्या?'

'ठीक है पर बन्द तो कर सकता है, उसे तेरे न बोलने से परेशानी थी, फंदा काट, बोलना शुरू कर रिश्तेदारी ज्यादा मत बढ़ा, जिस तरह की उसकी चिट्ठियाँ हैं वो या तो वाकई तुझसे इश्क फरमा रही है, या तुझे काटने के फेर में है, अब हम लोग चालीस के हो लिए जिम्मेदारियाँ शुरू हुई ऐसी स्थितियों में परिवार संकट में आ जाता है।'

'आप तो अंजू को जानते हो, वो ऐसी नहीं।'

'बहुत अच्छी लड़की है मेरी बहन, लेकिन तू क्यों खाली पीली उसे चामुंडा बनाने के फेर में है?'

'उसे इसकी मदद करने से कोई ऐतराज नहीं बल्कि वो तो मुझे मोटीवेट....'

'अच्छी बात है उदय, पर क्या तू नहीं चाहता कि वो इतनी भावुक और संवेदन शील बनी रहे? और तू भविष्य में भी इसी तरह लोगों की मदद करता रहे, भाई अभी तेरी ओर से कुछ नहीं पर भविष्य किसने देखा है? इतना ही काफी है कि तू अब तक जिस तरह इस लड़की की मदद करता आया है करता रह, अंजू की बात भी पूरी तेरी इनसानियत भी, पर खतोकिताबत, चैटिंग वैटिंग फोन वोन आग भड़काते हैं।'

'विश्वास रखो वैसा कुछ न होगा।'

'आयी होप सो, लेकिन कल तक ये तुझे ही संदिग्ध लग रही थी?'

'हाँ मैं तो अब भी कह रहा हूँ, लेकिन दोषसिद्ध कभी नहीं माना और फिर

गाँधी जी...'

'अबे इस बात की क्या गारंटी कि गाँधी जी को बयालीस की उम्र में कभी किसी मधु ने लाइन दी थी या नहीं, फिर बापू तो पैंतीस के आसपास ही ब्रह्मचर्य की घोषणा कर चुके थे।'

'अरे धर्मेश जी आप तो बापू का ही मजाक...'

'नहीं भाई मैं समझा रहा हूँ कि महापुरुषों के उदाहरण अपने पक्ष में देना सही नहीं, या तो हम गाँधी जी की बाकी बातें भी मानें या स्वयं को साधारण इनसान।'

'मतलब आप किसी को सुधरने नहीं दोगे?'

'तेरी मर्जी, जब सोच के ही बैठा है तो मैं क्या करूँगा, वैसे भी बयालीस की उम्र में छब्बीस की लाइन उपलब्धि ही महसूस होती है।'

'जल रहे हो?'

'जलें सिसौदिया, सिन्दल और कौशिक, हम तो तेरे अनुभव से ही सीख ले लेंगे।'

धर्मेश जी हँसते हुए चले गये, मधु दूर से उनके जाने की प्रतीक्षा कर रही थी, उनके जाते ही फाइल लेकर प्रकट हो गयी।

'नमस्ते सर।'

'नमस्ते आओ बैठो' उन्होंने स्क्रीन देखते हुए आमंत्रण दिया, वह बैठ गयी।

'कैसी हो?'

'ठीक हूँ।' उसने आवाज भारी की।

'प्लीज़...लोग देखेंगे।'

उसकी भारी आवाज़ सामान्य हो गयी।

'आप कैसे हैं?'

'बढ़िया, मेल मिल गया तुम्हारा।'

'और धर्मेश सर को दिखा भी दिया?' उसने शंका समाधान किया।

'पागल हो...' उदय जी ने अर्ध सत्य बोला।

'ठीक अब क्या सोचा मेरे बारे में?'

'बैठी तो हो पास में, बोल तो रहा हूँ यही परेशानी थी तुम्हारी?'

'हाँ' उसने फिर आवाज़ भारी की।

'पागल..' उदय जी ने पगलाते हुए कहा।

'मैं जानती हूँ कैसे कटा है एक महीना दो दिन।'

'अच्छा? दिन का भी हिसाब रखा है?'

'जिस पर बीतती है वही जानता है, मर्दों में तो इमोशन होते ही नहीं।' उसने भावुक उदय जी को उकसाया।

'अगर शिकायत की बात है तो ठीक, वरना इस मामले में मुझसे मुकाबला मत करो कहानी पढ़ के रोने वाला इनसान हूँ।'

उदय जी ने अपना चिट्ठा खुद खोला ...भोले उदय जी क्या जानें कि वे नायिका को गौरी मिसाइल पकड़ा रहे हैं अपने हाथों से।

'चलो छोड़ो, अब गलती तो बता दीजिए।' वह बोली।

'बता देंगे वक्त आने पर, तुम्हें माफ कर दिया इतना काफी नहीं?' उदय जी ने अभी नायिका का विश्वास नहीं किया है, क्या पता बात सिसौदिया तक ही पहुँच जाये? और यही लौंडिया तब सती बनकर आँसू बहा दे, खामख्वाह इज्जत का पंचनामा करा दे।

'नहीं पता चल जाता तो...'

'तो क्या करतीं?'

'आगे से वो गलती नहीं होती।'

'ठीक है तब सुनो, कुछ गलतियाँ ऐसी होती हैं जिनके खुलने पर व्यक्ति स्वयं को अपनी नजरों में अपमानित महसूस करता है इसलिए उन्हें स्वीकार नहीं करता और इसीलिए सभ्य और जिम्मेदार लोग सिर्फ रेमेडी बताते हैं। रेमेडी ये है कि आगे से किसी ठेकेदार को फोन नम्बर नहीं देना, पास में नहीं बैठाना, किसी ठेकेदार की मदद नहीं लेना पर्सनल कामों में, अगर जरूरत है तो घर वालों, दोस्तों, दफ़्तर के साथियों की मदद लो, जैसे कौशिक अंकल, अंकल ही कहती हो ना?...' उदय जी ने कौशिक जी को क्लीन चिट देते हुए शंका का समाधान किया।

'हाँ चाचा के परिचित हैं।'

'...सिन्दल साब, महेश जी, मीणा मसखरा है पर चलेगा, राजा और धर्मेश जी तो खैर मुझसे भी अच्छे लोग हैं, राधारमण ब्याज पर पैसा उठाता है लेकिन जरूरत पर स्टाफ को दे देता है, उसकी मदद भी...'

'मैंने पैसे की मदद ली किसी से?'

'पागल! समझा रहा हूँ, अन्दाज न लगा थप्पड़ मारूँगा' उदय जी ने आधा घंटे पहले मिले अधिकार का प्रदर्शन किया।

'मार दो' उसने गाल आगे किया।

'अच्छा अब भाग ले, लोग देख रहे होंगे।'

वह उठ कर प्रसन्न मुद्रा में चली गयी, उदय जी ने इधर-उधर देखा और काम में व्यस्त हो गये, लेकिन मीणा जी की छठी इन्द्री चेती–

'भ...आयी साब अन्ना का अनशन खतम, सिसौदिया का पत्ता साफ इन माई यूथ।'

'जो है सो दिमाग की जलेबी बना देता है यार, अन्ना हजारे का सिसौदिया से क्या मतलब? वो तो ठेकेदारों के पक्ष में अनशन कर रहा है, उसके हिसाब से तो सिर्फ नेता और सरकारी कर्मचारी चोर हैं, ये डकैत तो जो है सो उसे दिखते ही नहीं।'

'समझा करो भ...आयी साब, अपने हीरो ने आधा घंटा बिठाया लौंडिया को।'

'हीरो माने उदय? जो है सो, तो क्या हुआ वो तो पहले भी बिठाता था जो है सो।'

'क्या हुआ??? महीने भर से हूँ हाँ भी नहीं कर रहा था लौंडिया से।'

'अच्छा? जो है सो।'

'भ...आयी साब दफ़्तर में ही रहते हो?'

'रहते दफ़्तर में ही हैं पर जब तक तेरी छठी इन्द्री सलामत हम क्यों ध्यान रखें? जो है सो, तुझसे कमेंट्री सुन लेंगे, चल बता क्या-क्या हुआ?'

'एक्शन, इमोशन, मैलोडी, कामेडी सब। लौंडिया रुआँसी हुई, उदय ने मनाया, उदय बनावटी गुस्सा हुआ, लौंडिया ने गाल आगे किया।'

'अच्छा? मतलब उदय ने उसे सब बता दिया?'

'लगता तो है, इन माई यूथ मैंने तो पहले ही कहा था लौंडिया को उदय ही बतायेगा, इतनी कुव्वत उसी में है, वैसे भी डिजर्बिंग तो वही है।'

'चल जो हुआ सो अच्छा हुआ, कम से कम दफ़्तर का माल दफ़्तर में तो रहा, वो साला भैंगा बदतमीज बाप का माल समझ रहा था, काबिलियत की अपनी जगह होती है जो है सो।'

'हाँ अब मलाल नहीं भ...आयी साब चलो बधाई दे दें।'

'नहीं भाई इज्जत करता है मेरी, तू चला जा जो है सो।'

'ठीक है मैं जाता हूँ, आप बाद में आ जाना' कहते हुए वे उठे और उदय जी की सीट पर आ गये।

'हाँ भाई हीरो आज कुछ चमक है चेहरे पर।'

'हाँ बड़े साब ने पप्पी ली चेम्बर में, पर तुझे किसने बताया?'

'छठी इन्द्री ने, पर ये बताया कि मैदान मार लिया तूने अब ठेकेदार तो गये सब।'

'अच्छा? निगाह लगा रखी थी?'

'अब क्या करें? छठी इन्द्री के अलावा है क्या अपने पास? न शकल, न अकल, पर इन माई यूथ, बधाई हो, लाज बचा ली दफ़्तर की वरना ठेकेदार हावी हो जाते यहीं गैलरी में कान्ड करते दफ़्तर की लुगाइयों का।'

'अच्छा? कन्फर्मेशन करने आया है?'

'नहीं भाई यकीन मान सिर्फ बधाई।'

'किस बात की?'

'लौंडिया को पटाने की इन माई यूथ।'

'इन हिज यूथ जिसने लड़कियों को सर पर मटका या आटे का कनस्तर रखे हुए छेड़ा हो उससे और क्या उम्मीद करोगे?'

मीणा जी बेशर्म हँसी हँसे—

'अपनी जवानी में जिसका दाँव न लगा हो उससे क्या उम्मीद की जाये?'

'तू बता?'

'वो सुहागरात भी चौथी रात में मना पाता है, तीन दिन तो सदाचार पर प्रवचन देने में लग जाते हैं इन माई यूथ, इसीलिए कह रहा हूँ ज्यादा प्रवचन देगा तो ये भी जायेगी, लोहा गरम है चोट मार दे हीरो, यहाँ गारंटी नहीं कि दूसरी रात भी मिलेगी, हाँ पहली रात सक्सेज़फुल रही तो पता नहीं कितनी रातें मिलें।'

'कितना कचरा भरा है दिमाग में? भाई सिर्फ बात की थी और कुछ नहीं।'

'और कुछ यहाँ हो भी नहीं सकता।'

'मेरा मतलब ऑफिसियल बातें थीं बस।'

'एक महीने बाद?'

'पन्द्रह दिन बाद तू बोला, तीन दिन बाद सिन्दल साब, चार दिन बाद भीखा, ये मेरी लिमिट है, मैंने तो तेरे बोलने को अंडरलाइन नहीं किया, पहले भी वो मुझसे ही ज्यादा बोलती थी।'

'चल जो हुआ अच्छा हुआ, हम तो खुश हैं कम से कम दफ़्तर का माल दफ़्तर में रहा, अपना पूरा सपोर्ट है भाई।'

'किस किस पार्टी ने समर्थन दिया है?'

'मैंने और महेश भाई साब ने तो दे दिया, बाकी से माँगता हूँ, राजा तो बिना शर्त दे देगा बाहर से, कटारे का कुछ भी कर ले वो तेरे खिलाफ ही वोटिंग करेगा, कौशिक बाहर से नहीं देगा अन्दर से माँगेगा, सिन्दल साब बाहर से समर्थन देकर, बाहर वालों को भड़कायेंगे फिर उनके दम पर अन्दर से समर्थन माँगेंगे, रमेश बघेल तुझे गुप्त वोट देकर चिल्लायेगा–सरकार गिराओ, अब तू बता किसके पास जाऊँ?'

'भाई माफ कर, अभी तो अपनी सीट पर जा।'

मीणा जी हँसे और अपनी सीट पर चले गये, मधु ने देखा और कुछ कागज लेकर उदय जी के पास आयी और बिना पूछे बैठ गयी।

'ये हिन्दी...क्या कह रहा था मीणा?' वह फुसफुसायी।

'कुछ नहीं मैं पहले ही कह रहा था तुमसे कि लोग देखेंगे।'

'बैठती तो मैं पहले भी थी आपके पास?'

'हाँ, अब महीने भर बाद बैठी हो ना।'

'तो? किसकी गलती है? आप भी ना....' उसने मुँह फुलाया।

'चल छोड़ यार कैसे आयी?'

'नम्बर दो अपना।'

'किसलिए?'

'मदद की जरूरत हुई तो कैसे माँगूँगी?'

'लिखो नाइन फोर....'

'अरे चुपचाप कागज पर लिख दो।' वह फुसफुसायी।

उदय जी ने लिखा।

'तुम्हारा नम्बर?'

उसने भी लिख दिया, उदय जी ने बिना देरी किये मिला भी दिया, घंटी कहीं आसपास भी न सुनाई दी, घंटी बजी पर किसी ने उठाया नहीं, उन्होंने प्रश्नवाचक चिह्न बनाया—

'ये तो कहीं और लगा है।'

'मेरे घर पर लगा होगा।'

'ये तुम्हारा नहीं?'

'नहीं दफ़्तर में तो हम साथ हैं ही, जब दफ़्तर के बाद बात करना हो तो लगा लीजियेगा।'

उदय जी समझ गये कि दोनों को एक-दूसरे पर अभी पूरा भरोसा नहीं, होना भी नहीं चाहिए एक दिन में ही भरोसा, उन्हें बुरा नहीं लगा।

दफ़्तर के बाद वे बहुत खुश थे उनका मन था कि वे अंजू और बच्चों के लिए कुछ ले जायें, पर उन्हें लगा कि कहीं अंजू इसे अन्यथा न समझे इसलिए रोजाना की तरह वे घर पहुँचे बैड पर लेटे अंजू चाय लायी।

'और कैसा रहा दफ़्तर?'

'ऐज़ यूज्वल।'

'अच्छा चेली से बात हुई कि नहीं?'

'हो गयी, तूने भी बहुत हिमायत की थी उसकी, कई बार तेरे डिसीज़न ठीक बैठते हैं, यही सोचकर...'

'मेरी तो आप सुनते ही नहीं, जेब में एक लाख था आठ लाख का मकान किसकी अकल से, किसकी हिम्मत से बना?' वह खुश हुई।

'अच्छा एक बात बता, तुझे डर नहीं लगा?'

'विश्वास और प्रेम से बड़ा कुछ नहीं जी, देवी मइया जानती हैं कि मैं आपसे कितना प्यार करती हूँ, इसलिए विश्वास भी है कि आप मेरा और बच्चों का कुछ न बिगाड़ोगे, प्यार का मतलब देना होता है, लेना नहीं, प्यार में अपने प्रिय की मर्जी ही होती है, खुद को तो खत्म करना होता है और अन्त में प्यार और विश्वास ही जीतता है, चलो मैं शक कर लूँ तो क्या आपको बाहर कुछ भी करने से रोक लूँगी? फिर आप झूठ बोलोगे छिपाओगे, इससे मैं आपका निश्छल स्वभाव और खो दूँगी, अब तक जो हुआ आपने मुझे बताया, आगे भी बताओगे, शक करूँगी तो कुछ नहीं बताओगे।'

अब उदय जी रसमलाई और भल्ले ला सकते हैं, अब कुछ भी अन्यथा नही।

'कितनी भोली है तू, ला शर्ट देना।'

'कहाँ चले?'

'अपनी भोली के लिए रसमलाई लाने।' उदय जी ने उसके गालों पर हाथ फेरा, वह शरमा गयी।

'आज मन गये उदय जी।' मधु ने वन्दना से कहा।

'अच्छा इसीलिए आज खीरमोहन लायी थी?'

'कुछ भी समझ ले, आज मैं बहुत खुश हूँ, अब सब नार्मल है दफ़्तर में, तुझे नहीं पता उदय जी के कारण सिसौदिया वाली बात सब भूल जायेंगे।'

'ध्यान बँटेगा लोगों का?'

'वो भी है, उदय जी की रेपुटेशन भी है, वो जिसकी हिमायत करें कटारे को छोड़कर उसके खिलाफ कोई नहीं होता।'

'तब तो काम का आदमी निकला?'

'हाँ बहुत भोला भी है ये इनसान, पता है मैंने थोड़ी सी इमोशनल बातें लिखीं, लम्बा हो गया एकदम फ्लैट।'

'मैं नहीं समझ पायी तुझे, कभी कहती है वो परफैक्ट अच्छा इनसान है, उसके साथ गलत नहीं, अब बी प्रक्टिकल होकर उसे इमोशनली ब्लैक मेल?'

'तू समझेगी भी नहीं, मैं उस दफ़्तर में उनका साथ चाहती हूँ उसके लिए मुझे इमोशन का सहारा लेना पड़ा बस, बुरा तो नहीं किया उनका? अच्छा जरा फोन देना अपना, तेरा नम्बर दे दिया है उन्हें, अगर फोन आये तो नाम याद रखना उदय, बहुत इज्जत से बात करनी है, ठीक?'

उसने वन्दना के मोबाइल से उदय जी का नम्बर लगाया–

'हाँ मधु कैसी हो?' उदय जी की आवाज आयी।

'अच्छी हूँ, और क्या चल रहा है?'

'बढ़िया, बाजार आया हूँ बच्चों के लिए मिठाई लाने।'

'क्या ले रहे हो?'

'ले लिए भल्ले और रसमलाई।'

'आपकी वो ज्यादा पसन्द करती हैं?'

'हाँ वो रसमलाई और हम उसे' उदय जी ने उसे मानो चिढ़ाया।

'नहीं नहीं, पति-पत्नी को आपस में प्यार ही करना चाहिए, वैसे किस खुशी में हो रहा है ये सब।'

'मौका तो कुछ नहीं महीने में एकाध बार तो बिना रिश्वत वाले लोग भी खा सकते हैं, खुशी कहो तो तुमसे कम्प्रोमाइज़ का सैलीब्रेशन मान लो।'

'अरे नहीं? मैं इतनी इंपोर्टेंट नहीं।'

'तो अन इंपोर्टेंट भी नहीं, जानती हो तुमसे बात करने के लिए मेरी वाइफ ने ही जोर दिया था।'

'हाय राम, आपने उनसे बात की?'
'हाँ तुम्हारा मेल भी बताया।'
'हे भगवान बिल्कुल भोले हैं आप।'
'यही वो भी कहती है।'
'हाय राम मेरी तो आपने मुलाकात से पहले ही बदनामी कर दी।'
'नहीं ऐसा कुछ नहीं उसे तुमसे हमदर्दी है।'
'कितनी अच्छी हैं वो सच, काश कोई मेरी ऐसी दोस्त या बड़ी बहन होती।'
'वो बड़ी बहन ही है तुम्हारी, कभी मिल कर देखना।'
'जरूर।'
वन्दना फुसफुसायी 'सिसौदिया।'
'अच्छा आपको देर हो रही होगी वरना दीदी नाराज होंगी ठंडे भल्ले देखकर।' वह उदय जी से बोली।
'दीदी?'
'अभी आपने ही तो बड़ी बहन बनाया है जीजाजी।' उसने चुटकी ली।
'ओह बड़ा मजाक सूझ रहा है, अच्छा बाय।' उदय जी ने फोन काट दिया।
मधु ने फोन लिया।
'अजी मन्नै कही राम राम।' सिसौदिया की आवाज आयी।
'राम राम कैसे हैं सिसौदिया जी?'
'बढ़िया एकदम, अर थारी दीदूदी के के हाल सैं?'
'सदमे है उसने नहीं सोचा था कि आप ऐसी जगह फँसवा दोगे, मम्मी ने भी खूब कोसा था तबसे।'
'अजी वा बात कूँ तौ महीना हो लिया।'
'आप नहीं समझोगे, लड़की होते तो समझते।'
'ना जी ठीक बात सै, पर तम इबी तक नीं बताईं म्हारे कूँ।'
'हाँ वो जब तक भूलती है, कोई न कोई याद दिला देता है, अब क्या बताऊँ घर की एक-एक बात, उस वाकये के बाद से मम्मी मुझ पर भी शक करने लगी हैं, बातों पर कान लगाती हैं, फोन चैक करती हैं, डाउटफुल नम्बरों को खुद लगाकर आवाज सुनती हैं।'
'अच्छौ जी हम पै तौ ना आया इबी तक कोई फोन? अरै हाँ परसों त आया जी बलैन्क कॉल एक आया जी।'
'कितने बजे?' वह खुश हुई सिसौदिया निजात पाने का मौका दे रहा था।
'सुबह-सुबह की बात थी वा।'
'मम्मी ने किया होगा जरूर, हाँ किया तो था क्यों दीदी?'
'पर वा थारा नम्बर ना था जी, थारा नम्बर त फीड सै।'

'बिल्कुल भोले हो आप, घर में तीन मोबाइल हैं किसी से भी किया होगा।'

'हाँ ज्जी हो सकै, इब?'

'बताऊँगी, मम्मी आ रही है बाय।'

उसने फोन काट दिया।

'सिसौदिया की तो नमस्ते अब?' वन्दना बोली।

'नहीं, सोने की मुर्गी है, पर धीरे-धीरे कम करना है, ले अब अमित आ गया, जरा देखना।'

'हाँ कैसे हो?' वह बोली।

'बढ़िया एकदम, किसी से बात चल रही थी?' अमित की आवाज आयी।

'पता नहीं, एक ही फोन है घर में सब बात करते हैं।'

'दूसरा ले लो।'

'दिलवा दो।'

'अब तो सरकारी नौकरी पर हो रिश्वत भी मिलती होगी?'

'पहले सरकारी नौकरी करो तब बताना।'

'तो ठीक है कर लेता हूँ, कल से इटावा जा रहा हूँ।'

'इटावा?'

'नौकरी लगी है भाई इंटर कॉलेज में।'

'परमानेंट?'

'बिल्कुल परमानेंट।'

'बधाई हो।'

'थैंक्स, छोड़ने नहीं आओगी?'

'कितने बजे।'

'सुबह छह बजे निकलना है।'

'नहीं आ सकती, मेरी फोटो तो होगी।'

'दोनों की है।'

'तो बस ठीक है, वैसे भी तुम्हारे मम्मी-पापा साथ होंगे, शक करेंगे।'

'मम्मी को तो पता है, जो भी हो, तुम्हें आना चाहिए।'

'बड़े भोले हो तुम, मेरे घरवाले आने देंगे इतनी जल्दी?'

'ठीक है, फोन करती रहना, ये नहीं कि मेरा इन्तजार करो, भले ही मिस कॉल देना।'

'करूँगी बाबा अच्छा बाय मम्मी आ रही है।'

'क्या हुआ? नौकरी लग गयी अमित की।' वन्दना ने पूछा।

'हाँ इटावा इंटर कॉलेज में।'

'एक बात मानेगी?'

'अब मैं उससे शादी कर लूँ घर की जिम्मेदारी तुझे दे दूँ? तू जिन्दगी भर कुँवारी

रहकर सेवा करना।'

'हाँ।'

'ये पॉसिबिल नहीं अव्वल तो मम्मी और रामरतन ही नहीं चाहेंगे कि मेरी शादी छोटी के पहले हो, तेरी तो जल्दी करना है, फिर तू क्या समझती है अमित को? मुझसे बड़ा कमीना है वो, बीस लाख दहेज में लेगा, मैथ्स की लेक्चरर लेगा, कोचिंग अलग चलायेगा, वो नहीं करने वाला मुझसे शादी वादी।'

'फिर?'

'फिर क्या एकाध महीने में इसकी तलाश खत्म हो लेगी, फिर नमस्ते, अब तू भी गुड नाइट कर और सो जा।'

'मेरा भी एकाध फोन आने वाला है, अब तेरा नम्बर है चौकीदारी का।'

'तेरा कहाँ से? कोचिंग का डायरेक्टर?'

'नहीं टीचर है वहीं।'

'देख ले शादी लायक हो तो मेरा वजन कम कर।'

'अरे अधबूढ़ा है कमबख्त, रड़वा भी।'

'तो ठीक है आये तो जगा देना।' उसने उबासी ली।

## 12

उदय जी ढाई एन.ओ.सी. जेब में रखकर खुश थे, धर्मेश जी ने आधी अधूरी ही दी थी, देर सवेर वह भी पूरी हो जानी थी, वे दफ़्तर में घुसे नायिका की ओर देखकर मुस्कराये, जवाब में वह भी मुस्करायी–

'नमस्ते सर।'

'नमस्ते मधु कैसी हो?'

'फाइन सर' वह उत्साहित सी बोली।

उदय जी प्रसन्न मुखाकृति के साथ बढ़ लिए, उनकी मुखाकृति राजा सिंह जी के सामने आते तक वही रही, राजा सिंह जी ने जुमला फेंका–

'क्या बात है भाई साब? आज कुछ मलूकदास से लग रहे हो?'

'रोजाना सेनापति सा दिखता हूँ?'

'नहीं आज चेहरे पर मुस्कराहट की परमानेंट सी लकीरें बन गयी हैं, ऐसा लग रहा है कि रात भर मुस्कराहट की मुद्रा में रहे हो।'

'तू छठी इन्द्री का प्रयोग न कर भाई, अभी मुस्कराया था यार, वो मधु थी वहाँ, मुस्कराकर विश किया तो मैं भी मुस्कराया, वही मुस्कान यहाँ तक आ गयी।'

'मतलब राजीनामा हो गया?'

'जैसे मीणा ने तुझे कुछ नहीं बताया होगा?'

'हाँ पर आपने कन्फर्म कर दिया।'

'कब तक चलता यार, वो भी मरी जा रही थी।'

'भाभी से पूछा?'

'हाँ मिल गयी एन.ओ.सी., बल्कि उसी ने मोटीवेट किया था इसलिए...'

'ये भी अच्छा है, ठीकरा भी वहीं फोड़ दो, पर बहुत भाग्यशाली हो उदय भाई सच, ऐसी बीवियाँ कहाँ मिलतीं हैं।'

'ये कम्पलीमेंट है या फैक्टरी का पता पूछ रहा है? अब अपनी कोई साली भी नहीं, हो भी तो अब कोई मतलब नहीं तेरा कांड तो हो गया।'

'मतलब मानोगे नहीं?'

'देख भाई एक तो गाँधी बाबा ने सत्य के साथ प्रयोग का सिद्धान्त बताया है, बिना बरते किसी को खराब कैसे कहोगे? दूसरा बाबा तुलसीदास ने कहा है– कोटि विप्र वध लागहिं जाहू, आवहिं सरन तजहुँ नहिं ताहू।'

'उस चौपाई में तुलसीदास का शरणागत विभीषण था, जब सूर्पनखा शरण में आयी तब नाक कान ही कटवाये थे बाबा तुलसीदास ने, राजनैतिक रूप से विभीषण राम के फायदे का व्यक्ति था, इसीलिए महानता भी बनी रही फायदे में भी रहे मर्यादा पुरुषोत्तम और पता नहीं बापू ने ऐसी लड़कियों पर प्रयोग किये थे या नहीं?'

'तुझे नहीं पता? मरने से कुछ पहले बापू ने अपने सभी शुभचिन्तकों को लिखा था कि वे अपने ब्रह्मचर्य को एक लड़की के साथ सोकर चैक करना चाहते थे।'

'बा तो तब तक निकल ली थीं ना? नैतिक रूप से गलत नहीं था ये।'

'बा नहीं थीं पर बापू के लाखों चाहने वाले तो थे, वो इस बोल्ड प्रयोग को पसन्द करते?'

'सही बात है क्यों करते?'

'फिर भी किया, आचार्य कृपलानी ने किया– बापू आप जो भी करेंगे उचित होगा।'

'आप बापू की जेरोक्स होगे, मैं कृपलानी नहीं हूँ।'

'मैं उस पर ब्रह्मचर्य भी चैक नहीं कर रहा, न मैंने ब्रह्मचर्य का दावा किया, देख भाई मैं उसे सुधारना चाहता हूँ।'

'पता नहीं इस सुधार की खुजली इतना ज्यादा क्यों है आपको।'

'क्योंकि उसने मुझसे मदद माँगी है, साला चिट्ठी तक पढ़ा दी पता नहीं क्या चाहते हैं मेरे गमगुसार? अगली गुरु मान रही है, देवता घोषित कर रही है, मारपीट करने का अधिकार दे रही है, भाई पूछता है मदद क्यों कर रहे हो? मुझे तो लगता है साला मंचीय कवियों और साहित्यकारों की तरह यहाँ भी जलते हैं लोग मेरी महानता से, एक बन्दा नहीं साला इस दफ़्तर में जिस पर मेरा एकाध अहसान न हो, किसी को काम में मदद चाहिए तो उदय, किसी के कुत्ते को जुकाम हो जाय हाल पूछने वाला उदय, किसी की तनख्वाह गुम जाय तो अफसोस जतायें सब चंदा कराये

उदय, फिर भी अहसान मानना तो दूर कोई मेरी महानता सुनना ही नहीं चाहता।'

'मुझे आपकी महानता से ऐतराज नहीं भाई साब, आपने मेरे साथ भी अच्छा व्यवहार किया है, यही बात मैं लोगों से कहता भी हूँ, पर....'

'चल छोड़ एक बात बता, दफ़्तर में कभी कोई सुधार की बात आती है, या किसी कर्मचारी के साथ गलत हो रहा होता है तब सबसे पहले कौन आगे आता है, कटारे?'

'वो क्यों आयेगा? वो तो लड़खड़ाते आदमी में धक्का और मार दे, आप ही आते हो।'

'तब इस सुधार में मेरा आगे आना क्या गलत है?'

'ये निजी व्यवहार है भाई साब, सामूहिक हित वाली कोई चीज नहीं इसमें, सामूहिक व्यवहार के नियम बन सकते हैं, उनमें सुधार हो सकते हैं, पर निजी व्यवहार में मेरी मर्जी वाली बात होती है सामने वाला नहीं चाहता तो नहीं चाहता इसमें आप अपना दिमाग खराब कर सकते हो बस मुफ्त की समझाइश से, हो सकता है सामने वाला आपको यूज़ कर रहा हो।'

'कभी भीख दी है राजा?'

'कई बार।'

'कभी भिखारी के पीछे गया ये जानने को कि तेरे पैसे से उसने शराब पी या रोटी खायी?'

'नहीं पर ये मेरी निजी आदत है, माना अधिकतर लोग भिखारी के पीछे नहीं जाते, पर इसकी कोई नियमावली नहीं, कई लोग जानना चाहते हैं कि उनकी भीख या सीख का क्या हुआ, आप भी उनमें से एक हो, ये आपका व्यवहार है, ये गलत कतई नहीं पर यही वो व्यवहार है जो अपनी भीख या सीख के दुरुपयोग पर व्यक्ति को कष्ट देता है।'

'मैं हमेशा ऐसा नहीं करता, हाँ पर भीख या सीख का एमाउंट बड़ा हो तब करता भी हूँ, सही बात ये है राजा ये बहस का मुद्दा नहीं, दो स्वभावों का अन्तर है, अपना तो वही व्यवहार है जो भी प्यार से मिला बस उसी के हो लिए, तेरे लिए कम सोचता हूँ मैं? बस इतना अन्तर है कि तू उससे हर स्थिति में बेहतर है, तूने कभी खास मदद माँगी भी नहीं।'

'या देवता भी घोषित नहीं किया? मैं मना नहीं कर रहा यदि आप प्रयोग में सफल रहते हो तो निश्चय ही ये परोपकार होगा, एक पूरे परिवार को सँभालना होगा लेकिन यदि...'

'लेकिन से डर के आज तक किसी ने कुछ नहीं किया, लेकिन से डरा होता तो इतने बेईमानों के बीच विरोध के साथ कब तक जिन्दा रहता? इसलिए राजा बाहर से बिना शर्त समर्थन कर।'

'वो तो आपकी लाबीयिंग में मीणा ले गया पहले ही' वे हँसे और सीट पर चले गये।

उधर सिन्दल साब मधु के सामने से गुजरे, मधु के सामने नमस्ते के लिए ठिठके, पर मधु ने नमस्ते नहीं की, बल्कि उसने पहले ही उन्हें दूर से देखकर निगाहें फाइल में गड़ा ली थीं, उन्होंने गला भी साफ किया, पर कोई प्रतिक्रिया नहीं आयी, वे आगे बढ़े और सीट पर पहुँचकर अगरबत्ती जलाई, मन्दिर पर हाथ जोड़े फिर सीट पर बैठकर बुदबुदाये–

'हरामिन है बहन...'

'नमस्ते सर, क्या हुआ?' राजा सिंह जी बाजू से बोले।

'कुछ नहीं यार, कितनी गुरु है ये लौंडिया? सिसौदिया कांड के बाद जब सबने बात बन्द कर दी थी तब सबसे नमस्ते करती थी, अब घुस गयी सारी विनम्रता, सारे मैनर्स गधी.....में, मैं ही था जिसे सबसे पहले इस पर दया आयी थी, उसके बाद सबने माफ किया इसे, अब सामने से निकलो देखती भी नहीं।'

'ऐसा क्या हुआ सर?'

'कल सिसौदिया था आज उदय परसों राजा, ऐसी लौंडियों को तो चौराहे पर...'

'इतनी जल्दी क्यों सर जी? परसों के बाद अगले दिन पहले अपना नम्बर तो लगा लो, चौराहे पर तो कभी भी उतार सकते हो।'

'तू भी उदय के साथ रह के बदमाश हो चुका है, मेरा क्या मतलब ऐसी लौंडियों से?'

'हाँ आपकी तो बेटी जैसी...'

'ऐसी की तैसी महेन्द्र कपूर की, माँ की ......साहिर लुधियानवी की, बहन का ....इसका, अम्मा की.....उसकी, कौन ......का कहता है, किसकी बहन......मैंने, किसकी माँ.......मैंने, किसकी लुगाई.......मैंने, सारे पंडित एक हैं, सब इन पंडितों का किया धरा है।' सिन्दल साब बलबलाये।

'नाराज क्यों होते हो सर जी, हमारा नाम लिया तो हमने तो बुरा नहीं माना?'

'देख उमर उमर की बातें हैं राजा, तू इस लायक है, जवान, स्मार्ट तेरे रहते उदय...'

'आ गये सर असली जगह, मिले नहीं तो लुढ़का दो।'

'अरे हमें क्या भाड़ में जाये, ऐसी चलतू लौंडिया से हमें क्या लेना?' सिन्दल साब राजा सिंह जी के जवाब से पहले उठकर चले गये।

उधर नायिका ने उदय जी के बाजू की सीट खाली देखी, वह फाइल लेकर आ गयी

'ये हिन्दी कर दीजिए सर।' उसने सामने की सीट पर बैठे राजा सिंह जी को सुनाया।

'हाँ, आओ बैठो।' उदय जी ने इशारा किया।

'और घर में सब बढ़िया?' मधु ने पूछा।

'हाँ सब अच्छा है।'

'और सेलीब्रेशन कैसा रहा?'

'अरे कुछ नहीं यार, कभी-कभी इस तरह कर लेते हैं।'

'सच...कितना अच्छा लगता होगा, अपना परिवार, अपने बच्चे उनके साथ सब कुछ शेयर करना, यही असली जिन्दगी है।' वह कल्पना में पहुँच गयी।

'नार्मल चीज है, तुम तो ऐसे कह रही हो जैसे तुम्हारे कभी बच्चे होंगे ही नहीं।'

'क्या पता? अभी बड़ी बैठी है, फिर छोटी तब तक बत्तीस पैंतीस तक तो पहुँच ही लूँगी, फिर क्या करना? छोटे भाई की गृहस्थी चलाऊँगी।'

'छोड़ो, अभी भी भाई बहन तो हैं ना साथ में।'

'हैं लेकिन जो अहसास अपनी गृहस्थी के अपनेपन में है वो वहाँ नहीं, आपको नहीं लगता?'

'लगता है, क्योंकि भाई बहन हमारे अपने तो होते हैं लेकिन हमारा अंश नहीं होते, वो हमारे अस्तित्व का हिस्सा नहीं होते, भाई बहन के लिए जो प्रेम होता है उसमें आदर्श, संस्कार, जिम्मेदारी वगैरा भी कारण होते हैं, जबकि बच्चों से प्रेम के लिए कोई कारण नहीं होता, वो प्रेम तो बस होता है, हम भाई या बहन का भला चाहते हैं तो इसलिए कि हमारे माँ-बाप ने समझाया है कि सहोदरों से प्रेम करना चाहिए, लेकिन बच्चों का भला हम इसलिए चाहते हैं क्योंकि हम चाहते हैं, लेकिन तुम चिन्ता मत करो इस गुरु का आशीर्वाद तुम्हारे साथ रहा तो शादी भी होगी, बच्चे भी होंगे, अच्छा बड़ी की शादी में क्या दिक्कत है?'

'पचास दिक्कत, मगर कुल मिलाकर एक, पैसा।'

'पिताजी ने कितना छोड़ा?'

'ज्यादा नहीं दो-ढ़ाई लाख था, अब चार-पाँच हो गया होगा, एक एल.आयी.जी. भी है दिल्ली में, उसका किराया आता है, वो भी जमा होता है कुल मिलाकर छह सात लाख होंगे।'

'मकान तो बीस-पच्चीस का बिक जायेगा?'

'पच्चीस तो नहीं, बीस तक मिल सकते हैं, मगर वो तो प्रापर्टी है भाई को मिलेगी।'

'मतलब? पहले लड़कियों की शादी होनी चाहिए, बड़ी तीस के आसपास होगी?'

'दो-चार महीने कम होगी।'

'फिर भी मकान नहीं बिकेगा?'

'नहीं वो तो तय हो चुका, जो बैंक में है उससे ही तीनों की शादी होनी है, ऐसा पापा कहकर गये थे कि फंड लड़कियों का, मकान लड़के का।'

'किससे कहकर गये थे, तुमसे या बाकी बहनों से?'

'मम्मी बताती हैं।'

'बहुत अच्छे, बेटियों को दो-दो लाख़, वो भी उनको नहीं उनकी शादियों को, बीस लाख बेटे को और उस बेटे को जिसने इन्तजार कराके तीन लड़कियाँ पैदा करा दीं वाह! सही तो ये है कि कुछ नहीं बोला तुम्हारे पापा ने, मैं भी पापा हूँ दो बच्चों का, जिस दिन जिसके लिए जरूरत होगी उसी दिन मकान बेच दूँगा, चाहे बेटा हो या बेटी, क्या होता है दो लाख में? दो लाख एक दावत में लग जाते हैं मधु, बाबू भी दस लाख की शादी माँगता है।'

'तभी तो नहीं हो रही।'

'अच्छा तुम्हारे पापा जिन्दा होते तब न बेचते मकान?'

'वो होते तो मुझे कुछ न सोचना पड़ता, न आपको।'

'खैर तुम्हारे परिवार का मसला है, पैसा तो मेरे पास भी नहीं, मुझसे कोई भी मदद चाहिए तो बेहिचक बताना, कोशिश करूँगा कि कोई भला आदमी मुझसे टकरा जाये वैसे तुम्हारी जाति के कुछ लोगों को जानता हूँ मैं।'

'आप भी कहाँ सर दूसरे के जख्म को अपना बना रहे हैं, हमारे लिए हमारे रिश्तेदारों ने न सोचा, अपनी बताइये दीदी अच्छी हैं? उन्हें कोई ऐतराज तो नहीं हमारे सम्बन्धों पर?'

'अभी तक तो नहीं, मैंने तो कल तुम्हारे फोन वाली बात भी बता दीं।'

'हाय राम, सब।'

'वर्ड बाई वर्ड।'

'हाय राम बड़े बेशरम हैं आप...सॉरी सॉरी मैं कुछ ज्यादा बोल गयी।' वह शरमाई

'नहीं कोई बात नहीं।' उदय जी इस बेतकल्लुफ़ी से खुश ही हुए।

लोहा गर्म था, शायद उदय जी उस राज को बता जायें जिस वजह से वे नाराज थे, उसने चोट की–

'अच्छा अब वो बात तो बता दो।'

'कौन सी बात?'

'वही जिसकी वजह से नाराज थे।'

'उसे यहाँ नहीं बता सकता, उसके लिए एकान्त चाहिए, तसल्ली की बातें हैं।'

'एकान्त मतलब?' वह उत्साहित हुई कि उदय जी आगे बढ़ रहे थे।

'मतलब.....मतलब मेरा घर, तुम्हें लेकर ताजमहल या पालीवाल पार्क का प्रोग्राम तो बना नहीं सकता।'

'घर..? पास में है।'

'नहीं दूर है।'

'तब मैं कैसे...'

'भाई या बहन को लेकर आना।'

'और दफ़्तर की बात घर तक पहुँचा देना?'

'अकेले आ जाना अब तो उसे दीदी बना लिया तुमने।'

'अभी तो नहीं पर आऊँगी, परसों दीवाली है उसके बाद किसी दिन, पर बता दीजियेगा प्लीज मैं जानना चाहती हूँ।'

'क्यों जानना चाहती हो, रेमेडी बताई थी ना? ये सौ दो सौ बन्द करो, ठेकेदारों से दूर रहो।'

'बन्द कैसे करूँ? आप तो जानते हैं...परसों की दीवाली है, दीवाली पर तो ज्यादा आते हैं ठेकेदार, घर में खर्चे भी रहते हैं।'

'तो ठीक है दीवाली के बाद बन्द कर देना, सारे हिसाब क्लीयर कर लो।' वे खीजे।

'आप तो नाराज...'

'देखो मधु, मैं रिश्वत नहीं लेता लेकिन लट्ठ लेकर रिश्वतियों के पीछे भी नहीं घूमता, देखो ज्याँ पॉल सार्त्र मेरा मतलब एक बड़े विचारक ने कहा है कि महत्त्वपूर्ण ये नहीं कि आपने किस तरह कमाया, महत्त्वपूर्ण ये है कि किसलिए कमाया। ये सौ दो सौ तुम्हारी गरीबी दूर नहीं कर सकते न तुम्हारी बहनों की शादी करा सकते, इससे तुम पाउडर लिपस्टिक लगा सकती हो, भल्ले रसगुल्ले खा सकती हो बस, इसलिए तुम्हें मना किया है, अगर तुम रेवती की जगह पहुँच जाती हो और रिश्वत लेती हो तब मुझे कोई दिक्कत नहीं, महीने में दस एक हजार कमाओगी, परिवार का भी कुछ भला होगा, बाकी तुम्हारी मर्जी।'

'आप ठीक कहते हैं, तो दीवाली के बाद... अच्छा चलूँ?' वह दीवाली को नहीं छोड़ना चाहती आखिर पकी फसल पर पाला गिरा रहे थे उदय जी, वह उदय जी का अगला संवाद सुनने से पहले उठ गयी, उदय जी का क्या भरोसा? दीवाली भी परमिट न करें।

राजा सिंह जी उसके जाने के कुछ देर बाद उदय जी के पास आये—

'आज तो बहुत लम्बी वार्ता चली है?'

'अबे महीने भर की रिकार्डिंग थी उसके पास।'

'आपके पास?'

'हम तो सिर्फ जवाब देते थे पहले भी, और एक बात बताऊँ राजा उदय ने आज तक किसी स्त्री से बातचीत में पहल नहीं की, स्त्री क्या पुरुष से भी।'

'चलो छोड़ो, सारांश क्या रहा?'

'सारांश ये है कि इसे डिफाइन करना मुश्किल है।'

'केवल इसे नहीं, हर स्त्री को।'

'वो नहीं, लड़की के साथ बुरा भी हुआ है, ये भी बुरा करती है, आदर्शों को पसन्द करती है, पर उनकी ओर जाना भी नहीं चाहती।'

'ये तो सामान्य भारतीय के लक्षण हैं, वैसे बुरा क्या हुआ इसके साथ?'

'बाप का नकद आज छै लाख, एक मकान कीमत बीस लाख, लेकिन लड़कियों को मिलेगा... मिलेगा नहीं शादी में लगेगा दो लाख प्रति लड़की, उन लड़कियों को जो एम.एससी., एम.ए., एम. कॉम. तक पढ़ लीं, लड़के को मिलेगा बीस लाख का मकान, उस लड़के को जो बारहवीं में ताजा ताजा फेल हुआ है, उसके बावजूद घर की जिम्मेदार उठायेगी लड़की।'

'ये तो गलत है वाकई।'

'मुझे और तुझे जज बनाया किसने? ये टिपीकल इंडियन कंडीशन हैं, लड़की तो पैदा होते ही दूसरे घर का कूड़ा बन जाती है, उसे कुछ दो मत, जितना ले सकते हो ले लो, कुछ नहीं तो कॉलेज जाने के पहले झाड़ू पोंछा करा लो, आने के बाद चूल्हे में ही रगड़ लो, लौंडे की क्या? सुबह होते ही सौ की पत्ती पकड़ा दो, पढ़ पढ़ मत पढ़ तूने तो अहसान किया है हमारा वंश चलाके।'

'बहुत गलत है।'

'इसी वजह से बड़ी तीस के आसपास पहुँच गयी, इसी वजह से मन में लालच आता है।'

'पर भाई साब ठेकेदार की गाड़ी का इस्तेमाल?'

'यार उस गरीब की इच्छा भी होती होगी गाड़ी में बैठने की, ठेकेदार मरा जा रहा है बैठाने को, तो बैठ गयी, यही तो भटकाव है।'

'पर सौ दो सौ से क्या...'

'यही तो समझाया है उसे कि सार्त्र ने लिख छोड़ा है उसके लिए कि महत्त्वपूर्ण ये नहीं कि आपने किस तरह कमाया, महत्त्वपूर्ण ये है कि किस लिए कमाया। ये सौ दो सौ तुम्हारी गरीबी दूर नहीं कर सकते न तुम्हारी बहनों की शादी करा सकते, इससे तुम पाउडर लिपस्टिक लगा सकती हो, भल्ले रसगुल्ले खा सकती हो बस, इसलिए तुम्हें मना किया है, अगर तुम रेवती की जगह पहुँच जाती हो और रिश्वत लेती हो तब मुझे कोई दिक्कत नहीं, महीने में दस एक हजार कमाओगी, परिवार का भी कुछ भला होगा।'

'वाकई बहुत प्रक्टिकल बात बताई आपने उसे, मेरे विचार से आप ठीक कर रहे हैं।'

'हम तो ठीक ही करते हैं राजा, वो तो तू इन मीणा, सिन्दल वगैरा के चक्कर में था इसलिए डाउट कर रहा था।'

'नहीं भाई साब, उनका कोई डाउट नहीं, डाउट तो टेस्टेरोटोन का है बस, अच्छे भलों को मिनट में बुरा साबित कर देता है।' कहते हुए राजा सिंह जी वापस चले गये।

शाम को मधु फिर काम लेकर उदय जी के पास आयी, काम दिखाकर बैठ गयी।

'ये मेरे जाने के बाद राजा सिंह आया था?' वह बोली।

'याद नहीं, आया होगा।'

'आया था, क्या कह रहा था?'

'याद थोड़ी रहता है कि किसने कब क्या कहा, ये तुम औरतों की आदत होती है कि उदय जी ने तीन दिन पहले क्या पहना था, सिन्दल साब ने किस तरह घूरा था।' उन्होंने घुमाया।

'मैं औरत हूँ? बड़े शरारती हो आप।' वह मुस्कराते हुए अपनेपन से बोली।

'जेंडर की बात कर रहा हूँ, उमर उजागर नहीं कर रहा।'

'आपसे तो...छोड़ो वो वाली बात नहीं बताओगे?'

'कहा ना अकेले में, तुमने टसुए बहाना शुरू कर दिया तो कौन सँभालेगा?'

'अच्छा हिंट तो दे दो।'

उदय जी को याद आया कि 'वो लड़की' कविता की पांडुलिपि अभी भी उनकी दराज में थी, उन्होंने दराज से कविता निकालकर उसकी ओर बढ़ाई—

'ये लो हिंट, फुर्सत से पढ़ना।'

मधु ने उसे प्रेम पत्र समझ कर फुर्ती से लपका, कागजों के बीच दबा कर सीट तक ले गयी, वहाँ जाकर पर्स में डाला और गाड़ी में पढ़ने के लिए रख लिया। हालाँकि उसने खासी फुर्ती से ये काम किया था पर मीणा की छठी इन्द्री से नहीं बच पायी।

'भ....आयी साब इन माई यूथ अब तो चिट्ठी-पत्री भी शुरू हो गयी।' मीणा जी ने काम करते हुए महेश जी को टहोका लगाया।

'जो है सो किसने लिखी किसको?'

'एक ही जोड़ा तो है दफ़्तर में।'

'एक? पर मेरे खयाल से कल तक दो थे? फिर भी कर्ता कौन है जो है सो?'

'उदय, अभी खत पकड़ाया है लौंडिया को।'

'अरे नहीं जो है सो' फिर कुछ सोचकर बोले—

'इस बार तेरी छठी इन्द्री फेल मीणा, चिट्ठियों का टाइम तो गया जो है सो, अब तो ई-मेल है, फोन है एक पैसा सैकंड का, फिर आमने-सामने हैं दोनों, सुबूत तो दोनों में से कोई नहीं छोड़ेगा, तूने कुछ देखा जरूर होगा पर वो चिट्ठी नहीं होगी।'

'फिर?'

'कहानियाँ तो वो रेवती को भी पढ़ाता है, राजा, धर्मेश वगैरा सबको, ऐसा ही कुछ होगा।'

'पर वो तहबन्द था।'

'कविता होगी, इससे ज्यादा कुछ रोमांचक नहीं, चल दूकान बढ़ा हजार रुपये पक गये।'

चिट्ठी पढ़ने के लिए मधु को कौशिक जी को डॉज देना पड़ा, कौशिक जी के सामने वह ए.सी. कोच में चढ़ी और गाड़ी चलते ही उतर कर जनरल में घुस गयी, हालाँकि जनरल की भीड़ को झेलना उसके बस की बात नहीं थी पर उदय जी के ख़त को शीघ्र

पढ़ने के लोभ का संवरण वह नहीं कर पायी थी, वह नहीं चाहती कि ख़त की एक भी लाइन किसी स्टाफ के पल्ले पड़े और स्टाफ के लोग जनरल में नहीं चलते। गाड़ी चलते ही उसने ख़त निकाला, दो बार पूरा पढ़ने के बाद उसे बस इतना ही पल्ले पड़ा कि उदय जी उसे चाहे किसी भी तौर पर चाहते हों पर चाहते हैं और इस कविता को लिखते वक्त वह उनकी नजरों से गिर गयी थी बस, कई शब्द तो उसकी समझ में ही नहीं आये। उसने वापस कविता को पर्स में रखा और अगले स्टेशन पर उतर कर स्लीपर में बैठ गयी और अगले दो मिनट में कौशिक जी उसके सामने थे–

'तुम तो ए.सी में थीं?'

'आ गयी यहाँ जादू से।'

'जा...दू...?'

'अंकल आप भी ना...बताओ ए.सी. में से इतना जल्दी कैसे आ जाती? मैं तो यहीं बैठी हूँ शुरू से, आपने किसी और को देखा होगा।'

'हो....सकता....है...चलो छोड़ो, थोड़ा उधर खिसको।'

'सामने बैठ लो अंकल।'

'नहीं, वो सामने लेडीज बैठी है।'

'तो मैं भी तो...'

'तुम तो अपनी...'

'हाँ बाप का माल हूँ।' वह बुदबुदायी।

'कुछ कहा मधु?'

'नहीं बैठिये' वह खिसक गयी।

घर आकर उसने पर्स रखा, चाय पीने के बाद वन्दना से बोली–

'दीदी, ये नट क्या होता है?'

'जिसे बोल्ट के ऊपर चढ़ाते हैं, ढिबरी, इतना भी नहीं पता?'

'नहीं ये तो पता है पर कुछ और होता होगा, किसी कविता की एक लाइन है– वो नट जैसी कोशिश में मशगूल लड़की, लड़की का नट बोल्ट से क्या लेना-देना?'

'अब ये मशगूल क्या हुआ?'

'ये भी तो नहीं पता, तभी तो पूछा।'

'एक मिनट, छोटी ने एम.ए. इंगलिश में पढ़ा होगा, ऐ छोटी ये नट क्या होता है?'

'कैसा नट, पूरी लाइन बताओ।' वह टी.वी. देखते हुए बोली।

'वो नट जैसी कोशिश में मशगूल लड़की।'

'दैट गर्ल बिजी इन द एफर्ट्स लाइक एन एक्रोबेट।'

'ले अब अंगरेजी कर दी, हमें हिन्दी में समझा।' मधु चिड़चिड़ायी।

'ये लिटरेचर है, हिन्दी हो या अंग्रेजी फीलिंग होना जरूरी है, तुम लोग इसमें

नाक क्यों घुसेड़ते हो, हिन्दी तो वो पहले ही थी, टी.वी. देखने दो।'

'अच्छा ये ऐक्रोबेट वही होता है ना जो कलाबाजी दिखाता है? रस्सी पर चलता है।'

'हाँ, वही, पर अब दूसरी लाइन टांसलेट नहीं करूँगी, पता नहीं किसकी कविता पढ़ ली अब धुन लगी है उसे समझने की।' उसने रिमोट से चैनल बदला।

'हाँ एक बात बता तुझे ये कविता का चस्का कैसे लगा?' वन्दना ने पूछा।

'कवि से दोस्ती हुई है ना, उन्होंने मेरे ऊपर कविता लिखी है कुछ खास समझ नहीं आयी' वह फुसफुसायी।

'दिखा जरा।'

'पर्स में है निकालकर कहीं अकेले में पढ़ ले।'

वन्दना ने पर्स में से कविता निकाली और लेकर टॉयलेट में चली गयी, हाय... उदय जी! ईश्वर को न माना तो ये हाल हुआ, सफलता न सुकर्म में मिली न कुकर्म में बल्कि उनका पाठ्यक्रम योग्य साहित्य शौचालय भोग्य साहित्य बन गया। पाँच मिनट में वन्दना वापस आयी, कविता को उसके स्थान पर रखा और धीमे से बोली–

'ज्यादा तो पल्ले नहीं पड़ा, पर हाँ तेरा सिसौदिया उदय के सामने आ गया, पर बन्दे ने दिल से लिखा है, चाहे तुझे दोस्त समझे, बेटी समझे या माशूका पर चाहता बहुत है, काश ये तुझे पहले मिला होता, इससे बढ़िया इनसान नहीं मिल सकता था।'

'छोड़ अब रात को बात करेंगे' उसकी आवाज में भर्राहट आ गयी थी।

रात को दीदी बोली–

'हाँ अब बता।'

'क्या बताऊँ पता नहीं क्यों इन्वाल्व हो गयी इनके साथ, कहाँ मैं कहाँ वो कितने भले इनसान हैं, कितना सोचते हैं दूसरों के दर्द पर, मेरी फैमिली? किसको चिन्ता है हमारी? चाचा को? बुआ को? मामा को? मौसी को? सब हमारी मजबूरियों को देखते हैं, कुछ खुश होते हैं कुछ उपदेश देते हैं– लड़कियाँ फोन पर बातें करती हैं, शादी क्यों नहीं करते? उनसे पूछो कि कौन बिठाना चाहता है घर में लड़कियों को? शादी नहीं करोगे तो फोन पर बात करेंगी ही लड़कियाँ, एक भी ये नहीं कहता ये लड़का हमने देखा है, कुछ तुम लगाओ कुछ हम लगायें।'

'कोई नहीं सोचता उनकी अपनी जिम्मेदारियाँ भी हैं।'

'तो मुँह तो न चलायें, सोचने वाले सोचते हैं उदय जी ने सोचा और लिखा– वो लड़की बहुत कुछ बदलने लगी थी, बिना बाँस रस्सी पे चलने लगी थी, कन्धों पे पहले वजन जो लदा था, जो अब मैंने देखा तो वो लापता था, ये कौन सा वजन है किसी ने सोचा? पैसा तो उदय जी के भी पास नहीं पर सोचते तो हैं, वो भी तब जब हमारा कोई मतलब नहीं और हमें खुद पता नहीं कि हमारे लिए कोई इतना सोचता है।' वह रुआँसी हुई।

'चुप कर, इतने अच्छे आदमी हर जगह नहीं होते।'

'फिर ऐसे आदमी की नजरों से गिरना, मैं बर्दाश्त नहीं कर सकती।' वह सुबकते हुए वन्दना से लिपट गयी।

'अरे, तू तो बी प्रक्टिकल वाली लड़की है, चुप कर, अब हम छत पर नहीं हैं, कोई सुन लेगा।'

'प्रक्टिकल लोगों के भी दिल होता है दीदी, पूरा दफ़्तर कुछ भी बके मुझे फर्क नहीं पर इनकी नजरों में मैं इज्जत चाहती हूँ, अब तय हो गया सिसौदिया फिनिश।'

'अच्छा उनसे बात कर ले, पर कुछ भी एक्सेप्ट मत कर लेना नहीं तो सब गड़बड़...'

'नहीं दीदी हिम्मत नहीं है।'

'कल दफ़्तर भी तो जायेगी तब, ले मैंने लगा दिया।' ये कहकर दीदी ने फोन उसे पकड़ा दिया।

'हाँ मधु' उधर से उदय जी की आवाज आयी।

'कैसे हैं?'

'शाम तक तो साथ में थे हम, अच्छा हूँ।'

'अभी कहाँ हैं?'

'खाना खाकर पान खाने निकला था, बताओ कैसे किया फोन?'

'आपको फोन करने के लिए वजह की जरूरत है?'

'नहीं पर बात करने के लिए कुछ तो हो।'

'आप इतने अच्छे क्यों हैं? और भोले भी।' उसने आवाज भारी की।

'तुम रो रही हो?'

'आपने रुलाया।'

'मैंने?'

'हाँ कैसी कविता लिखी है, तबसे पढ़-पढ़ कर रो रही हूँ।' वह सुबकने लगी।

'मधु प्लीज, मेरा ऐसा कोई इरादा नहीं था, वो तो अपने लिए लिखी थी अब तुम ज्यादा पीछे पड़ गयीं तो...'

'मुझे अपनी नजरों से मत गिराना सर, मार लेना पीट लेना गालियाँ देना पर प्लीज सर इस तरह की कविता मत लिखना मैं जीते जी मर जाऊँगी।' वह रोने लगी

'ठीक है नहीं लिखूँगा और ये सब तो खत्म हो चुका, अब चुप बिल्कुल, ये आदेश है।'

'ठीक है पर अब आपको एक अच्छी सी कविता लिखनी पड़ेगी।'

'कल दफ़्तर में ले लेना अब चुप, गुड नाइट।'

'गुड नाइट मगर दीदी को मत बताना।' उसने समझाया।

'बताना तो पड़ेगा।'

'अच्छा? तो सब कुछ मत बता देना।'

'ठीक है मैं देख लूँगा, गुड नाइट।'

उसके अपने फोन पर सिसौदिया का नम्बर तीन बार आया उसने काट दिया, लेकिन अमित से उसे अभी भी बातें करनी पड़ीं।

उधर रात को उदय जी ने दिमाग लगाकर एक ग़ज़ल लिखी जिसका मतला कुछ इस तरह था—

छोड़ो न करो बात अब उस बात के आगे
जैसे कि नयी सुबह हर इक रात के आगे

और सुबह दफ़्तर में नायिका को भेंट कर दी, पन्द्रह मिनट बाद ही नायिका की प्रतिक्रिया मिली—

'ये तो हमारे दोनों के लिए है, प्रवचन जैसी, सिर्फ मेरे लिए लिखिये।'

उदय जी धीमे से बोले—

'शाम तक ले लेना।'

और शाम तक उन्होंने बी.एससी. कैमिस्ट्री के सवाल का उत्तर, उत्तर माला से मिला दिया एक गीत की शक्ल में और टाइप कर एक प्रिंट मधु को थमा दिया, मधु ने इस गीत को गाड़ी में बैठकर कौशिक जी के सामने इस आशा से पढ़ा कि जब उसके पल्ले नहीं पड़ना तो उनके पल्ले भी क्या पड़ेगा, कौशिक जी ने झिझकते हुए झाँकने की कोशिश की तो उसने कौशिक जी को पकड़ा दिया—

'लीजिए अंकल मेरी समझ तो आयी नहीं ये कविता, शायद आपके आ जाय'

कविता शब्द सुनते ही उनका माथा ठनका, वे बिना देखे ही बोले—

'उदय ने दी होगी?'

'देख तो लो, छपी हुई है किताब का पन्ना है।'

'अच्छा हाँ, अच्छी कविता है, ये तो छपी हुई, उदय जैसा चिरकुट कहाँ लिख पायेगा? लिखे भी तो छापेगा कौन?' वे बिना पढ़े बोले, उनके हिसाब से छपी हुई कविताएँ ही अच्छी होती हैं।

'अरे अंकल पढ़ तो लीजिए।'

'हाँ बहुत अच्छी है, महावीर प्रसाद द्विवेदी की है शायद?' उन्होंने सरसरी निगाहों से कविता पढ़ते हुए कहा।

'नहीं दिनकर जी ने लिखी है।'

'अरे हाँ बारहवीं की काव्यांजली में थी ना, पढ़ी है, इसमें कवि अपनी नायिका के रूप की प्रशंसा कर रहा है, दिनकर जी कहते हैं हे प्राणप्यारी आज मैं तेरे ऊपर एक कविता लिखूँगा, बहुत धीरज के साथ...'

'अरे वाह अंकल आपको तो व्याख्या भी याद है।'

'देख लो! तीस साल हो गये, आजकल के बच्चे तो बस, पेपर दिया कि भूल

ही गये।' वे खुश हुए कहीं तो उदय जी को मात दी इस गर्व में उन्होंने आसपास की सवारियों की ओर भी देखा।

'भूल तो आप भी गये थे कवि का नाम।' वह मुस्करायी।

'इतना तो हो जाता है, इनके पाठ पास-पास में थे किताब में इसलिए थोड़ा....'

'वैसे उदय जी ने ही दी थी पढ़ने के लिए कवि का नाम भी सही बताया था।'

'क्यों? उसे क्या मतलब?' वे गुस्साये।

'किससे दिनकर जी से?'

'नहीं तुमसे।'

'अब वो कविता की बात चल रही थी इसलिए।'

'श्रीहरि श्रीहरि तुम नहीं जानतीं उसे, इसी तरह फँसाता है वो, महिलाओं के पक्ष में भी बोलेगा, कविता कहानी सुनायेगा, कटारे से क्यों नहीं जमती उसकी? रेवती को कहानियाँ, कविताएँ देता था पहले जयशंकर प्रसाद की फिर अपनी, जब तक प्रसाद जी की दीं कटारे कुछ न बोला, जब अपनी कविता दीं इसने रेवती को तभी कटारे से हो गयी, पर तुम सावधान रहना इससे चरित्रहीन है, अधर्मी है नास्तिक है।'

## 13

दीवाली की शाम थी, उदय जी के पास अब तक काफी शुभकामना सन्देश आ चुके थे, पर जिसके सन्देश के लिए वे हर मैसेज टोन पर मोबाइल स्क्रीन देखते थे उसी का नहीं आया। उधर मधु की सोच थी कि पहले उदय जी का इन्तजार किया जाय, पर वह नहीं जानती उदय जी इस तरह के औपचारिक सन्देश महाकवियों, आयोजकों, प्रकाशकों, सम्पादकों या अफसरों को नहीं करते, अब ये कॉम्पलेक्स हो, स्वाभिमान हो, घमंड हो या औपचारिकता की नापसन्दगी हो, पर वे नहीं करते तो नहीं करते हाँ जवाब जरूर देते हैं। लेकिन आज कई बार उदय जी का मन हुआ कि शुभकामना में बुराई नहीं, मैसेज कर ही दें, पर आत्म सम्मान ने रोक लिया, फिर कहीं दफ़्तर में राजा सिंह जी या धर्मेश जी के सामने अपने ही मुँह से सच निकल जाय तब कितनी फजीहत होगी? यह भी सोच में आया। उधर मधु के पास सिसौदिया, अमित, कौशिक जी के फोन आ चुके थे लेकिन उसे उदय जी का ही इन्तजार था।

'हैं तो बड़े ऐंठू, इतना भी नहीं समझते कि लड़कियाँ क्या चाहती हैं?' वह फोन को उलटती-पलटती बड़बड़ायी।

'उदय जी ना? तू ही तो कहती है कि वो सबसे अलग हैं, तो अलग ही करेंगे ना? तू कर ले फोन, वो नहीं करेंगे।'

'क्यों नहीं करेंगे? करना पड़ेगा।'

'देख जितना तूने बताया है उससे यही लगता है कि ये दयावान, समाज सुधारक

टाइप का बन्दा है, प्यार व्यार नहीं करता तुझसे।'

'पता नहीं चलता कभी आशिकों जैसे लगते हैं, कभी पिताजी की तरह बिहेव करते हैं, कभी टीचर की तरह कभी बच्चे बन जाते हैं, उस दिन घंटे भर ऐसा लेक्चर दिया कि मुझे पापा की याद आ गयी, फिर अचानक आशिक की तरह ताजमहल और पालीवाल पार्क की बात करने लगे, उस दिन पता है लड़कियों के फेवर में कितना बोल रहे थे पता नहीं मेरी वजह से या वो हैं ही ऐसे।'

'वो हैं ही ऐसे शर्तिया, अगर तुझे उनसे प्यार व्यार करना हो तो आगे बढ़कर उन्हें पटा, वो कभी कुछ नहीं बोलेंगे।'

'मुझे नहीं करना प्यार व्यार भाड़ में जायें।' उसने मोबाइल जोर से मेज पर पटका और चली गयी।

वन्दना मुस्करायी, उसने अपना मोबाइल उठाकर औपचारिक शुभकामना सन्देश टाइप कर उदय जी को भेज दिया, उदय जी का इन्तजार खत्म हुआ, उन्होंने मुस्कराते हुए सन्देश पढ़ा और जवाब टाइप करते हुए लिखा–

'शुभकामना मिलीं अच्छा लगा लेकिन अब तक का अन्तिम सन्देश था जबकि मुझे लग रहा था कि तुम्हारा सबसे पहला होगा, खैर तुम्हें और तुम्हारे परिवार को अगणित शुभकामनाएँ।'

उधर वन्दना फिर मुस्करायी, उसने इशारे से मधु को बुलाया और फुसफुसायी–

'ले आ गये तेरे उदय जी।'

मधु ने फुर्ती से फोन पकड़ा, पढ़ा, बाँह पकड़ कर उसे छत पर ले आयी फिर गुर्रायी–

'बड़ी कमीनी है तू।'

'उनका नहीं है?' वह हँसी।

'पहले तूने क्यों किया?'

'क्योंकि वो करने वाले नहीं थे, देख वो बाकी बुड्ढों की तरह नहीं हैं, अक्ल वाला आदमी है सब कुछ तुझसे ही कहलवायेगा, जैसे तुझसे ई-मेल करवाया था, वो आशिक बनेगा नहीं बनाना पड़ेगा, देख पहल वो करे या तू इससे क्या फर्क पड़ना है? तू उससे नजदीकी चाहती है सीट पर पहले तू बैठे या वो इसमें क्या अन्तर है?'

'अन्तर है थोड़ा सब्र रखने से सामने वाले के दिल की बात पता चलती है, ई-मेल करने के अलावा कोई चारा नहीं था, उस वक्त वो मुझे बुरी लड़की समझ रहे थे।'

'अब तो जो होना था, हो गया अब फोन लगा ले उन्हें।'

'अब तो लगाना ही पड़ेगा।' कहते हुए उसने फोन लगाया।

'सर नमस्ते, हैप्पी दीवाली।'

'नमस्ते मधु, तुम्हें भी मुबारक हो।'

'क्या लिखा था आपने? सुबह से इन्तजार कर रहे थे? कर नहीं सकते थे? छोटे नहीं बन जाते, इसमें भी सीनियरिटी देख रहे थे?'

'वो बात नहीं मधु, साफ बताऊँ तो मैं कौशिक, सिन्दल, सिसौदिया, यादव, बिहारी या मलखान वाली लाइन में नहीं लगना चाहता, क्या पता तुम मुझे भी उनकी तरह यौन विकृत समझने लग जाओ, फिर तुम लड़की हो तुम्हारे यहाँ इस तरह के मैसेज आयें तो तुम्हें दिक्कत हो सकती है, मेरी क्या है घर में बीवी है बस, कई कवयित्रियों के मैसेज और फोन आते रहते हैं वो कभी कुछ नहीं कहती।'

मधु की समझ में यौन विकृत का अर्थ तो न आया, लेकिन इस विशेषण के साथ जो नाम जुड़े थे, उन्होंने नैगेटिव फील ही दी, लेकिन परोक्ष रूप से ये नाम उदय जी ने उसके साथ जोड़ ही दिये, उसे आपत्ति हुई—

'सॉरी वो दीदी वाली बात समझ में आ गयी पर ये इतने सारे नाम....?'

'किसी से कुछ छुपा नहीं है मधु, इन नामों को अपने साथ जोड़कर मत देखो, बट ये तुम्हें इंप्रेस करने के लिए क्या-क्या करते हैं या तुम्हारे सामने होने पर तुम पर कहाँ-कहाँ निगाह दौड़ाते हैं ये केवल तुम नहीं जानतीं पूरा दफ़्तर जानता है, सिन्दल साब ने तुम्हारे लिए मिठाई बचाकर रखी, शिड्यूल खरीदे फाड़कर फेंके, मलखान ने हाथ पकड़कर साइन कराये, कौशिक को गुसाईं ने गाड़ी में डाँटा ये तुम्हें पता हो न हो पूरे दफ़्तर को पता है।'

'हे भगवान कितनी जल्दी फैलती हैं खबरें' उसने सोचा फिर बोली—

'मैं जानती हूँ पर इसमें मेरी क्या....'

'तुम्हारी गलती कब है, लेकिन तुम्हारे मन में मेरी इमेज इनके जैसी न बने इसलिए मैं संयम बरतता हूँ।'

'आपकी जो इमेज बननी थी बन चुकी सर, आपको देवता लिखा था तो डेढ़ साल परखने के बाद ही लिखा था और आप हैं कि ....' वह रुआँसी हुई।

'मधु प्लीज आज, दीवाली है यार, आज तो कम से कम...'

'अच्छा ठीक है।' उसने ग्रेज्युअली गीयर बदला।

'और बताओ?'

'अभी आप अपनी दोस्तों का जिक्र कर रहे थे, कितनी गर्लफ्रेंड हैं आपकी?'

'एक।'

'उसका नाम क्या है?' मधु का दिल धड़का।

'श्रीमती अंजना शर्मा, फिलहाल यहीं मेरे पास मौजूद हैं, सुबह से मुबारकबाद दे रही हैं, रात भर देती भी रहेंगी।'

'हाय राम आप दीदी के पास से बोल रहे थे ये सब?'

'हाँ लो बात कर लो हमारी गर्लफ्रेंड से।' कहते हुए उन्होंने अंजू को फोन पकड़ा दिया।

'कैसी हो मधु? हैप्पी दीवाली' अंजू ने कहा।

मधु ने अंजू की आवाज से उसके रूप की कल्पना की और उस लिहाज से उसे

वह खुद से बहुत आगे लगी, फलतः उसकी आवाज काँप गयी।

'नमस्ते दीदी.... हैप्पी दीवाली, आपको ऐतराज तो नहीं।'

'किससे? इनकी और तुम्हारी दोस्ती से?'

'न...नहीं दोस्ती कहाँ है?' वह घबराई।

'घबराओ मत, जो भी है गुरु चेली सही।' अंजू मुस्करायी।

'नहीं मैं कह रही थी आपको दीदी शब्द से कोई ऐतराज तो नहीं?'

'कैसा ऐतराज? मैं तो तरसती हूँ दीदी सुनने के लिए न छोटी बहन, न छोटा भाई, न देवरानी, हर जगह छोटी हूँ मैं तो, अंजू अंजू सुनकर कान पक गये, तुमने दीदी कहा अच्छा लगा।'

'थैक्यू दीदी, आपकी आवाज बहुत अच्छी है, उससे अच्छी बातें, ऐसा लगता है बहुत सुन्दर होंगी आप?'

'ये अपने जीजाजी से पूछना।'

'अच्छा दीदी, कभी घर आना मैं बहुत एक्साइटिड हूँ आपसे मिलने को।'

'मेरा घर से निकलना बहुत मुश्किल होता है, तुम ही आ जाओ, रोजाना आती हो यहाँ।'

'किसी छुट्टी वाले दिन आती हूँ, जरा इन्हें देना फोन।'

'किन्हें?'

मधु को अपनी गलती का अहसास हुआ लेकिन वो सँभालने में माहिर है।

'आपके इन्हें, मेरे जीजाजी को।'

'अच्छा हाँ, लो जी।'

'हाँ मधु।' उदय जी की आवाज आयी।

'हाँ मधु के नाना.... मरवा दिया आज मेरी तो फ...मेरा मतलब है ऐसी फजीहत करवा दी होती.....अरे बोलो मत कुछ भी, बस सुनो ये सब दीदी को मत बताना, पहले सावधान तो करते अचानक...खैर बताओ कब आऊँ?'

'परसों आ जाओ छुट्टी है।'

'भाई दूज है यार....'

'सुबह-सुबह भाई को टीका करके आ जाना।'

'ठीक है देखती हूँ।'

'ठीक है।'

'बाय' उसने फोन काट दिया।

'घर बुलाया है उन्होंने?' वन्दना ने पूछा।

'हाँ।'

'जायेगी परसों?'

'सोच रही हूँ।'

'मगर मम्मी?'

'मम्मी को तो देख लूँगी, पर उससे ज्यादा अमित का खतरा है, मिलना तो पक्का पड़ेगा उससे उसकी छुट्टी है, और उसकी मम्मी कहीं गयी तो घर पर भी बुलायेगा।'

'घर पर?'

'अब समझ जा।'

'मैं नहीं समझ पाती तुझे अमित से प्यार भी नहीं, उदय जी से होने लगा है, फिर अमित के साथ ये सब क्यों?'

'देख अभी तक तो मैं अमित के ही साथ हूँ, मैं चाहती हूँ कि वो ही मुझे छोड़े अपनी गलती के साथ, उसके पास मेरी बेवकूफी के कुछ सुबूत भी हैं, सुबूत इसलिए हैं कि बेवकूफी में सोचा था कि वो मुझसे शादी कर लेगा, साथ की बात तो मैंने पहले भी बताई थी कि महीने में एकाध बार मेरी भी इच्छा होती है बस।'

'तुझे समझना बहुत मुश्किल है।'

## 14

'आयी नहीं तुम्हारी मधु, अब तो मंगला का भी टाइम निकल गया।' अंजू ने दूज वाले दिन उदय जी को कहा।

'मेरी काहे की?' वे गुस्साये।

'तुम्हारे दफ़्तर में, तुम्हारी चेली।'

'इससे वो मेरी हो गयी।' वे खीजे।

'छोड़ो अब, पूड़ी कचौड़ी बनते थे हर बार आज उसकी वजह से गुजराती खाना बनाया था।'

'तो, तेरी मेहमान नहीं थी वो? वैसे तो अतिथि की सेवा के अवसर खोजती है, सुनो जी भागवत में लिखा है कि जहाँ अतिथि का सम्मान नहीं होता वे घर नर्क समान होते हैं, अब ढोकले और फापड़े को रो रही है।'

'अच्छा जी छोड़ो, फोन से पूछ लो कि आयेगी या नहीं, न आये तो मैं मम्मी के यहाँ.....?'

'चली जा भाई और ये अपना गुजराती भोजन भी ले जा।'

'अरे वहाँ क्या खाना नहीं बना होगा, जरा पूछ लो, खाने की क्या शाम तक खा लेंगे, बचा तो फ्रिज में रख देंगे, सुबह ले जाना, खा लेगी।'

उदय जी कुछ नरम हुए।

'उसका नम्बर नहीं है, बहन का है।'

'तो पूछ लो।'

उदय जी ने लगाया, वन्दना से मामूली बात के बाद काट दिया।

'नहीं आयेगी, दाँत में फिलिंग कराने गयी है।'

'ठीक किया, दाँत में दर्द होगा खाना कैसे खाती? पहले बता देती तो भइया को यहाँ न आना पड़ता, खैर अब मुझे छोड़ आओ।'

उदय जी अंजू को मायके छोड़ आये, घर आकर उन्हें मधु का न आना कुछ बुरा सा लगा, वे भी चाहते थे कि वह घर आये, वे उसे कविता सुनायें, उसे अच्छी तरह समझायें ताकि मधु के बारे में लोगों की सोच बदले, पर वह न आयी, उदय जी क्या कर सकते हैं कविता लिखने के सिवा, उन्होंने कागज कलम उठाकर गीत की पहली पंक्ति लिखी–

तुम न आयीं मैं प्रतीक्षा कर रहा हूँ

फिर कलम नहीं रुकी और वह ऐसा गीत लिख गये जो सामान्य अवस्था में आजीवन नहीं लिख सकते थे–

हर पथिक के हास का उपमान बनकर
मैं खड़ा अपलक वयस के चतुष्पथ पर
पूछता हूँ ऋतु-समय से हो व्यवस्थित
प्रश्न जिनके हल मुझे मालूम निश्चित
क्या स्वयं अपनी परीक्षा कर रहा हूँ
तुम न आयीं मैं प्रतीक्षा कर रहा हूँ

इस गीत में एक बंध और था, उसके बाद प्रतीक्षा, परीक्षा और समीक्षा का अगला काफिया न मिलने पर गीत को इतने पर ही रोकना पड़ा। अगले दिन वही गीत राजा सिंह जी और धर्मेश जी को सुनाकर तारीफ भी पायी।

'क्या बात है उदय भाई, इतना अच्छा गीत आज तक नहीं सुना, क्या हैं साले ये मंच पर? लिख कर बतायें ऐसा गीत, ये तो रवीन्द्रनाथ टैगोर से भी आगे की फिलासफी है, रवीन्द्रनाथ टैगोर ने तो लिखा था तुमि अर्धेक नारी अर्धेक कल्पन, आपने तो उससे भी आगे की फिलासफी दे दी नाम नारी सम्पूर्ण कल्पन क्यों धर्मेश जी?'

'..........'

'बताओ यार'

'...........'

'आपको क्या लगता है?'

'उदय का यह रूप पहली बार देखा है, अभी तक ये अभिधा का महारथी था यानी हास्य व्यंग्य, गीतों में मामूली प्रयोग लक्षणा और व्यंजना का करता था, पर आज तो भाई फिलासफी है, नायक-नायिका आशिक-माशूक से बहुत आगे, बहुत अच्छे

उदय, पर सब स्टार्स की बातें हैं, बताओ टैगोर ने कहा अर्धेक नारी अर्धेक कल्पन उन्हें नोबल प्राइज मिला, अपना उदय कह रहा है नाम नारी पूर्ण कल्पन, उसे लोग छापने को तैयार नहीं।' उन्होंने हमदर्दी जतायी।

'धर्मेश जी ब्रेख्त ने कहा है असफलताओं की निरन्तर साधना ही कविता है, नजीर का दीवान उनके मरने के सौ साल बाद छपा था, तो क्या नजीर नजीर नहीं रहे, मुफलिस कहो फकीर कहो आगरे का है, उदय कहो नजीर कहो आगरे का है।' वे हँसे।

'बुरा मत मानना भाई साब पर जबसे मधु से दोस्ती हुई है, कविता निखर रही है आपकी।' राजा सिंह जी हँसे।

'संयोग नहीं हो सकता? अब काम कर अपना।'

कुछ देर बाद मधु मौका देखकर उदय जी के पास आयी—

'सॉरी'

'बताना था ना।'

'कैसे बताती?' वह बोली।

वाकई कैसे बताती? घर से फिलिंग कराने की बोलकर आगरा आने के लिए निकली, रास्ते में ही अमित ने पकड़ लिया और घर ले गया।

'कैसे क्या? फोन से।'

'छोटी साथ में थी उसके सामने अच्छा नहीं रहता।'

'ठीक है, तुम्हारा ढोकला रखा है टिफिन में, लंच में निपटा लेना।'

'मगर मैं तो खाना....'

'मुझे नहीं पता।'

'ठीक है खा लूँगी नहीं तो घर ले जाऊँगी, गुस्सा मत होना प्लीज।'

वह टिफिन लेकर चली गयी और तीन दिन बाद खुद लौटाने उदय जी के घर आयी, उदय जी उसे स्टेशन से बाइक पर घर तक भी लाये, सफर के दौरान न उदय जी ने कोई कोशिश की न मधु ने बल्कि उदय जी को पता ही न चला कि पीछे कोई बैठा भी है। घर पर अंजू ने मधु की काफी आवभगत की, अंजू खाना बना रही थी उदय जी ने कई कविता उसे सुना दीं, भले ही मधु के पल्ले कुछ न पड़ा हो पर स्वरों पर झूमते हुए उसने दाद भी दी, खाना खाते में वह धीमे से बोली—

'यहाँ से भी एकान्त चाहिए आपको?'

'एकान्त? अच्छा, अंजू इधर आना।'

'क्या है जी?' अंजू ने पूछा।

'इधर बैठो, देखो मधु मैं अधिकतर पारदर्शिता बरतता हूँ ताकि विश्वास बना रहे, मैं तुमसे जो भी बात करूँगा सामने या फोन पर, अंजू को जरूर बताऊँगा, इसलिए इसके सामने मेरा एकान्त ही रहता है, तुम जानना चाहती हो मैं नाराज क्यों

था क्योंकि मैंने सुना था कि तुमने अपने निजी काम के लिए किसी ठेकेदार की मदद ली थी।'

'कैसी मदद?'

'पहले तुम बताओ कि मदद ली या नहीं?'

'नहीं।'

'तो रहने दो खबर झूठी थी।'

'फिर भी?'

'पहले मानो कि ली थी।'

'नहीं' वन्दना ने उसे पक्का करके भेजा था।

'मदद तो कुछ भी हो सकती है, जैसे माँग कर फोन करना, उधार लेना, उसके व्हीकल का इस्तेमाल, बहन की नौकरी, भाई का एडमीशन कुछ भी, जब तुमने नहीं किया तो छोड़ो।'

वह काँप गयी, व्हीकल के बाद बहन की नौकरी का कैसे पता चला इन्हें? हालाँकि उदय जी ने सिसौदिया का वार्तालाप सुनकर अँधेरे में तीर मारा था।

'मैंने इनमें से कुछ नहीं किया।' वह बोली।

'तो ठीक है।' वे बोले, तभी अंजू ने भी समझाया—

'देख बहन, तूने लिखा था गरीब की बेटी है, यही सोचकर मैंने इनको सलाह दी तुझसे बात करने की, देख गरीब की बेटी को फुसलाने वाले, उसे आसान टारगेट समझने वाले लोगों की कमी नहीं और ये ठेकेदार तो कमबख्त होते ही कमीने हैं, बहुत सँभल कर चलना पड़ता है, हमने भी गरीबी देखी इन्होंने भी, जब अभाव होते हैं तो संयम की जरूरत होती है, कुत्ते पाल लो पर ठेकेदारों से तो दूर रहो, जब तक पटी तब तक ठीक जिस दिन भी हुई उसी दिन तेरा नम्बर रेलगाड़ी के टॉयलेट में लिख देंगे, दफ़्तर के बाहर स्लोगन भी, मैं तो ये कहूँ बहन अच्छे आदमी से दूर रहो तो कोई बुराई नहीं, बुरे के पास जाने भी में बुराई है, तूने अपना समझा तो समझाया बाकी तेरी मर्जी।'

'नहीं दीदी मेरा भला आप न सोचोगी तो कौन सोचेगा? काश मेरी बड़ी बहन आप जैसी होती।'

'देख सही चलेगी तो बाहर के भी अपने, गलत चलेगी तो अपने भी पराये हो जाते हैं, लड़की तो सात कुल की लाज होती है, एक लड़की बदनाम तो चाचा, ताऊ, मामा, फूफा, बहन, भाई, माँ-बाप सबका मरना होता है।'

'आप ठीक कहती हैं दीदी मैं याद रखूँगी।'

उसके बाद उदय जी उसे वापस स्टेशन छोड़ आये, रास्ते में उन्हें हल्का सा स्पर्श का अहसास हुआ था जो कि आती बार में नहीं था, बाइक से उतारते वक्त उन्होंने पूछा—

'कैसा लगा?'

'ग्रेट, इतने अच्छे लोग कहाँ मिलते हैं? दीदी तो साक्षात देवी का स्वरूप हैं, मुझे यकीन है आप मुझे कभी मेरा मतलब किसी को भी धोखा नहीं दे सकते।'

'ठीक है चलूँ।' उन्होंने स्नेह वश मधु के सिर पर हाथ फिराया, जैसे वे अपने से छोटों के सिर पर अक्सर फिराते हैं, वह अभिभूत सी बोली—

'थैंक्यू।'

घर आकर बैठे ही थे कि स्टेशन के पी.सी.ओ. से मधु का फोन आ गया—

'सर....कुछ गड़बड़ हो गयी है।'

'मतलब?'

'आपके पास अभी फोन आयेगा आप उन्हें ये बताना कि आपके बेटे का जन्मदिन है आज।'

'मैं झूठ क्यों बोलूँ? किसका फोन आयेगा?'

'वो हमारे क्लोज फैमिली फ्रेंड हैं।'

'तो भी मैं क्यों झूठ बोलूँ? तुम अपने घर में बताके आयी थी ना?'

'हाँ घर में तो बताया था।'

'तब ठीक है मैं किसी साले को जस्टीफिकेशन नहीं देने वाला।'

'प्लीज सर, मेरी जिन्दगी और मौत का सवाल है मेरी खातिर, कल मैं सब बता दूँगी आपको।'

'ठीक है।' वे अनमने से बोले।

उदय जी के चेहरे पर चिन्ता देखकर अंजू बोली—

'क्या हुआ जी?'

उन्होंने बताया—

'क्या है ये लड़की? अब दूसरा भी आशिक आ लिया।'

'क्या पता कौन है?' उदय जी नहीं चाहते कि वह आशिक हो।

फोन बजा, उदय जी ने उठाया।

'उदय जी बोल रहे हैं?' उधर से आवाज आयी।

'हाँ जी।'

'नमस्ते सर, ये मधु चौधरी आपके यहाँ आयी थीं?'

'आप कौन?'

'मैं उनका भाई बोल रहा हूँ।'

'जी हाँ आयी थीं पर चली गयीं, आधा घंटा पहले।'

'बेटे का जन्म दिन था?'

'हाँ ऐसा ही कुछ।' उदय जी पूरा झूठ नहीं बोल सकते।

'अच्छा नमस्ते सर।'

फोन कट गया।

'कोई भाई था उसका।' वे अंजू से बोले।

'भाई तो छोटा है।'

'रिश्ते का होगा।'

'कुछ नहीं आजकल के लड़के लड़की ऐसे ही छुपाते हैं, भाई बने रहते हैं फिर मौका देखकर....घर पर बोलकर आयी तो कोई भाई क्यों पूछेगा?'

'होगा यार, कल खुद बता देगी'

मधु जब उदय जी के यहाँ थी तब अमित का फोन आया था, वाइब्रेशन पर होने के कारण घंटी नहीं बजी थी, इसलिए उदय जी या अंजू को पता नहीं चला, स्टेशन पर उदय जी के जाने के बाद उसने पाँच मिस कॉल देखीं तो अमित को फोन लगाया।

'हाँ बोलो।'

'फोन क्यों नहीं उठाया?'

'घर में लोग थे।'

'अभी कहाँ है तू?'

'ये तुम किस तरह?'

'सच-सच बोल साली है कहाँ तू?'

'तुम कहाँ हो?'

'मथुरा।'

'मैं भी।'

'अच्छा? तो पाँच मिनट में घर के बाहर आ जा।'

'नहीं आ सकती।'

'आ भी कैसे सकती है? खड़ी तो आगरा में है हरामजादी स्टेशन पर।'

'त...तुम कहाँ हो?' उसने इधर-उधर देखा।

'होशियार तो बहुत बनती है कमीनी, पर आज पकड़ी गयी।'

'द...देखो गाली मत दो, तुम कैसे कह सकते हो मैं आगरा में हूँ।'

'लाउड स्पीकर बता रहा है, तेरे पिछवाड़े पर जोर-जोर से– ये आगरा कैंट है...'

'हाँ मैं आगरा में हूँ, काम से आयी थी।'

'छुट्टी वाले दिन।'

'काम था।'

'किससे ठेकेदार से या अफसर से? साथ में सोने का काम होगा?'

'किसी से नहीं, अपने साथ में हैं उदय जी पैंतालीस के करीब हैं, उनके बेटे का जन्मदिन था।'

'मैंने उमर नहीं पूछी, नम्बर दे उसका?'

'नहीं देती।'

'देख कुतिया तेरा सारा भाँडा फोड़ दूँगा तेरे घर जाकर, इतना नोचेगी तेरी लालची माँ, लाल कर देगी नीचे से ऊपर तक, इसलिए चुपचाप दे दे।'

'ठीक है पर इज्जत से बात करना काफी बड़े हैं, बच्चे की तरह मानते हैं मुझे।'

'मैं कर लूँगा, उसकी आवाज से ही पता चल जायेगा कि बुड्ढा है कैसा?'

उसके बाद उसने उदय जी से शिनाख्त की, उदय जी की क्रास क्वश्चनिंग से उसे यकीन हो गया कि बुड्ढा ठरकी नहीं है, उसने वापस मधु को फोन लगाया।

'बात कर लीं उससे।' वह बोला।

'यकीन हुआ?'

'उसका तो हुआ, पर तू बहुत झूठ बोलती है आजकल, क्या पता अब किसी और के साथ हो।'

'यही प्यार है तुम्हारा, इतना ही यकीन है अपने प्यार पर?' उसने प्रक्टिकल आदमी को इमोशनल बनाने की कोशिश की पर यह हथियार कामयाब न हुआ।

'दिखाता हूँ तुझे अपना प्यार, आज और कल घर में कोई नहीं, आज की छुट्टी थी, तेरी वजह से बेकार हुई, अब कल की छुट्टी ले रहा हूँ, तू भी ले ले।'

'क्यों?'

'बताना पड़ेगा सावित्री? तेरी सजा है कि कल मुझे मजा देगी तू, मैं अपनी छुट्टी बरबाद नहीं कर सकता तेरे लिए ही आया था, तू झूठ बोलकर बाहर मजा ले रही है, चुपचाप आ जाना।'

'मगर घर पर क्या कहूँगी?'

'जैसे आज घर पर झूठ बोला है कल भी बोल देना ठीक, वरना सच बताने को तैयार हो जा आज का भी और पिछला भी, मुझे पता है तू घर से दाँत की फिलिंग कराने निकली है, तेरी बहन से बात हो गयी है मेरी।'

'साबित कर पाओगे?'

'इससे भी ज्यादा, बहस न कर, प्यार भी तुझसे ज्यादा करता हूँ, कमीना भी तुझसे बड़ा हूँ।'

'मैं आके बात करती हूँ।'

उदय जी रात भर बहुत परेशान रहे, उनकी परेशानी से अंजू भी, दो बजे करीब अंजू ने धीरे से सर पर हाथ फिराया–

'क्या बात है जी? क्यों परेशान हो?'

'कुछ नहीं ऐसे ही बी.पी. लो है शायद।'

'आप ज्यादा सोचते हो जी, देखो जी साफ बताऊँ तो आपका व्यवहार जमाने से अलग है, आपकी जगह दूसरा कोई होता, घरवाली को बताता भी नहीं लड़की को

बुलाता होटल में ले जाता, पड़े आते रहते उसके घर से या आशिकों के फोन, लम्बी तान के सोता, आप सतयुग वाले व्यवहार की उम्मीद कलयुग में करते हो, भागवत में लिखा है इससे भी बुरा वक्त आना है, पता नहीं तब क्या होगा आपका।'

'मैंने कुछ बुरा किया?'

'देखो जी इस मामले में अपने धर्मेश भइया सबसे बढ़िया हैं, कोई तीन बार माँगे तब सलाह देते हैं, आप मुफ्त सलाह की दूकान खोले बैठे हो, हर इनसान से अपने जैसे व्यवहार की उम्मीद करते हो, आप तो चार दिन की दोस्ती में पूरे सामने आ जाते हो, लेकिन दुनिया ऐसी नहीं है सालों साथ रहने के बाद भी दोस्तों को वैसे दिखते हैं लोग, जैसा सामने वाले को पसन्द हो, एकदम नकली।'

'अच्छे लोग भी हैं अंजू।'

'सिर्फ वो जिन्हें आप बचपन से जानते हो, बचपन तो सच्चा और निर्मल होता ही है, जिन्दगी भर वैसे नहीं रह सकते सब, मैं जानती हूँ हाथरस वाले चेतन भइया की बात कर रहे हो आप, बचपन से आपसे जुड़े, प्रभावित भी रहे बन गये आप जैसे, वो भी आपकी तरह परेशान हैं जब भी हम हाथरस जाते हैं उनके साथ हुआ एक नया धोखा पता चलता है, कभी पार्टनर ने पैसे मार लिए, कभी रिश्तेदार उनके काम में कमीशन खा गया, कभी किसी ने जमीन के नकली कागज थमा दिये, कभी किसी ने मोटी रकम उधार लेकर मार ली, हर बार धीरे से कहते हैं– भइया, मैं उसे ऐसा नहीं समझता था। अरे तुम उसे कैसा भी समझते ही क्यों थे? आप दोनों के सामने एक-एक उदाहरण है कि अच्छे लोग भी होते हैं लेकिन न अब तक उन्हें दूसरे उदय जी मिले न आपको दूसरा चेतन, इस खोज को बन्द करो अब।'

'लेकिन देख ले हम दोनों के परिवार कितने खुश हैं, बीवियाँ जान लुटाती हैं, चूँ तक नहीं बोलतीं, इतने सारे धोखे खाने के बाद वो भी मस्त हम भी।'

'ये तो भागवत में बता रहे थे कथा व्यास जी कि सत्य कमजोर तो पड़ सकता है पर हारता कभी नहीं।'

'अच्छा, तू भी तो उस लड़की हिमायत ले रही थी तब।'

'आपकी सोहबत में मैं भी कुछ-कुछ पगली सी हो गयी हूँ।'

'मतलब मैं पागल हूँ?'

'पूरे तो नहीं.... दो गुने, अब सो जाओ चुपचाप।' वह खिलखिलायी और उदय जी से लिपट गयी, उदय जी भी हताशा में सही अपने प्रारब्ध से जुड़ गये।

अगले दिन वह नहीं आयी, दफ़्तर में उसका फोन ही आया–

'सर आज कुछ काम है प्लीज मेरी छुट्टी लगवा देना।'

'कल का क्या लफड़ा था?' वे बोले।

'सब बता दूँगी सर कल आऊँगी।'

'तुम्हें पता है हम लोग कितना परेशान रहे।'

'बिल्कुल रहे होंगे मेरी गलती है सर सॉरी।'

'तुम्हें घर पर बताना चाहिए था।'

'मैं बताकर ही आयी थी सर, मम्मी से बात करवा दूँगी प्लीज माफ कर दीजिए।'

'जब घर में पता था तो ये दाल भात में मूसल कौन है?'

'सब बता दूँगी सर, कल आती हूँ ना।'

उसने फोन काट दिया, क्योंकि अमित का फोन उसके मोबाइल पर था।

'हाँ बोलो।' वह बोली।

'कहाँ हो?'

'यहीं, कहीं नहीं मरी।'

'शाबाश, मैं आ रहा हूँ, स्टेशन पर मिलना आधा घंटे में।'

उसने कुछ नहीं कहा आधा घंटे बाद वह अमित के साथ उसकी बाइक पर थी और अगले पन्द्रह मिनट में उसके बिस्तर पर, हालाँकि यह सब कुछ पहली बार नहीं हुआ। लेकिन आज पहली बार अमित का व्यवहार बलात्कारी जैसा था, उसके अभिसार में प्रतिशोध की मात्रा अधिक थी और मधु में असहयोग की, इसलिए वह अभिसार कम बलात्कार ज्यादा था। अब तक उसने अमित के साथ जो भी किया सौदा था जिसमें दोनों की जरूरत थी दोनों का सहयोग था लेकिन आज सब कुछ वाकई बलात्कार था। अमित के निवृत्त होने के बाद वह उठी तो अमित बोला—

'कहाँ?'

'अब क्या तुम्हारा काम तो हो गया ना?' वह रुआँसी हुई।

'अभी नहीं, कल का हिसाब भी तो साफ करना है, पड़ी रह मैं चाय लाता हूँ।'

अमित चाय बनाने गया, वह तकिये में मुँह छुपाकर रोती रही, अमित को फर्क न पड़ा, चाय पीने के बाद अमित ने कल का हिसाब भी चुकता किया और बोला—

'हाथ-मुँह धो ले, तुझे छोड़ आता हूँ।'

'चली जाऊँगी।' वह फूट-फूट कर रोने लगी।

'बुजुर्ग भी ठीक कहके गये हैं, औरत के आँसू और मर्द की हँसी, जिसने भरोसा किया, बेमौत मरा, ये रो रही है ये? सोलह साल की मत बन साली, पहली बार नहीं हुआ ये।'

'पर इस तरह पहली बार हुआ है।' वह रोती हुई बोली।

'अब से इसी तरह होगा क्योंकि तू इसी लायक है, मैंने तुझे गरीब और मजबूर समझकर प्यार किया और तू तो रंडी जैसी निकली आज एक कल दूसरा।'

'तुम्हारे पास क्या सुबूत है?'

'घर पर झूठ बोला पहला सुबूत, किसी के यहाँ जन्मदिन में जाना हो घर वाले मना नहीं करते, भले ही साथ में किसी को भेज दें, मुझे नहीं बताया दूसरा सुबूत, आगरा में

खड़ी होकर अपनी लोकेशन घर की बताई तीसरा सुबूत, ज्यादा सुबूत चाहिए तो टाटा के ऑफिस चलते हैं, कॉल रिकार्ड निकलवाते हैं सुबूत ही सुबूत मिल जायेंगे।'

'मुझे नहीं जाना।'

'ठीक है मुझे भी नहीं जाना, मुझे तो यकीन है, इसलिए जब बुलाऊँ तो आ जाना, फोन जब करूँ तब उठाना आगे भी ऐसे ही चलेगा, वो तो शुरू में फोटो बनवा लिए वरना तू तो कभी भी लात मार देती मुझे, अहसान मान कि तेरी फिल्म नहीं बना रहा, और सुन ये रिलेशन मैं ही खत्म करूँगा, जब तक मेरी मर्जी होगी तब तक तू मेरे इसी रूप को झेलेगी, चल अब मुस्करा छोड़ के आता हूँ तुझे।'

वह घर वापस आ गयी, माँ ने मुरझाया चेहरा देखा तो बोली–

'क्या बात है रो के आ रही है?'

'हाँ, वो फिलिंग के पहले खाली करते हैं मशीन से, नोक चुभ गयी नस में।'

'अरे, पर आज जल्दी आ गयी कल से?'

'हाँ कल छुट्टी की वजह से भीड़ थी नम्बर जल्दी आ गया।'

'ठीक है आराम कर ले।'

माँ काम में लग गयी, वह लेट गयी, उसकी आँखों में लगातार उसके अब तक के सभी करीबी पुरुष आते रहे सुजय....... उसके लिए प्यार का पैमाना, वह अभी तक इसी से नापती आयी थी हर पुरुष को, सुजय से ज्यादा...? नहीं ज्यादा तो कोई न मिला, सुजय से कम.....सुजय.....न दिल से निकला, न दोबारा मिला, वह खोजती रही है यहाँ वहाँ, हर पुरुष के साक्षात्कार में, सम्पर्क में संसर्ग में, कितना सताया सुजय ने, सुजय नहीं होता तो नहीं होता अमित, न रामरतन, न कौशिक, न उदय जी, न सिसौदिया, नहीं सिसौदिया के लिए कोई पैमाना नहीं, हालाँकि सिसौदिया तो हो सकता था, क्योंकि इस धरती पर यदि सुजय है तो सिसौदिया का होना भी लाजिम है। हाँ यदि उसके पास उसका सुजय होता तो दूसरा कोई नहीं होता। वह सोचती रही रोती रही नींद आ गयी। दोपहर बाद आगरा से लौटकर वन्दना ने जगाया–

'ले चाय पी ले।'

'आ गयी?'

'हाँ तेरी तबीयत कुछ....? आज तो अमित के यहाँ गयी थी तुझे तो खुश दिखना चाहिए, खुश नहीं तो नार्मल।'

'किस बात की खुशी?'

'कुछ हल्कापन तो महसूस होता है उसके बाद।'

'हाँ, मगर रेप के बाद नहीं।'

'मतलब?'

'आज जिस तरह हुआ वह रेप ही था, बिल्कुल वहशी बना था वो, गुस्से में बदला सा ले रहा था, पहले की तरह नहीं भले झूठी सही मान मनौवल, चूमा चाटी

कुछ नहीं, आज तो काट पीट कर रहा था, ये देख।'

उसने बाँह दिखाई, बाँह पर दाँतों की ओवल शेप बनी थी।

'और भी कई जगह निशान हैं।' वह रूआँसी हुई।

'दिखा तो।' कहते हुए उसने दरवाजा बन्द किया, मधु ने कपड़े उतार कर निशान दिखाये।

'हे भगवान, इनसान है कि राक्षस? ऐसा तो रेप में भी नहीं करते, मुँह नोचकर चली आती, हल्ला मचा देती।'

'नहीं कर सकती, उसके पास फोटो हैं, धमकी भी दी है उसने' वह शान्त स्वर में बोली।

'तू भी...क्यों खिंचाये थे फोटो?'

'उसने ही खींच लिए थे उस वक्त, मैं नहीं समझती थी कि इस तरह इस्तेमाल करेगा कमीना, ये इमोशन नाम की चीज है ना, बरबाद करता है इनसान को, उस वक्त इन बातों पर गौर किया होता तो ये दिन न देखना पड़ता।'

'अब?'

'अब क्या? ज्यादा परेशान करेगा तो उसकी माँ से मिलूँगी किसी दिन, वो जरूर समझेगी।'

'कितना कमीना है ना ये अमित।'

'क्या कहूँ? वो मुझसे ज्यादा कमीना है बस, मैं भी तो लॉयल नहीं थी।'

'काहे की लायल्टी? वो शुरू से ऐसा है।'

'हाँ लेकिन पहली बार के बाद मैं उससे अलग हो जाती तो उसे कमीना कहने का हक रखती थी, दरअसल हम दोनों ही एक-दूसरे का इस्तेमाल कर रहे थे, कमीनेपन का कम्पटीशन था जिसमें वो कामयाब रहा वो जीत गया बस, छोड़ अपनी बता।' वह सामान्य होने की कोशिश करने लगी।

## 15

'सीट पर आओ' उदय जी ने मधु के सामने से गुजरते हुए कहा, लग रहा था कि वे गुस्से में थे।

मधु थोड़ी देर में कागज लेकर उनकी सीट पर पहुँची।

'हाँ, बताइये।' उसने आवाज में सायास कम्पन पैदा किये।

'बैठ जाओ, कौन है वो?'

'वो क्लोज फैमिली फ्रेंड हैं।'

'कहानी लम्बी मत कर मधु दफ़्तर में इतना वक्त नहीं होता कि गंगाराम पटेल बुलाकी नाई के किस्से सुनने की फुर्सत हो और बाकी लोग आँख और कान न लगायें,

कौन है और तेरी फैमिली में इतना इंटरफीयर क्यों करता है?'

'वो भी आपकी तरह मेरे टीचर थे, ट्यूशन टीचर, बी.एससी. और एम.एससी में।'

'मेरी तरह थे? मैंने तो किसी से शिनाख्त नहीं की आज तक, साफ बताओ इसके अलावा।'

'अच्छे दोस्त हैं।'

'मेरी तरह?' वे भुन भुनाये।

'जी।'

'गुस्सा न दिला मधु, साफ बोल कि तेरा बॉय फ्रेंड है वो, तुझ पर नजर रखता है।'

'हाँ ऐसा ही कुछ....' उसने निगाहें नीचे कीं।

'मतलब तुझे अभी भी कन्फर्म नहीं कि वो क्या है?' उदय जी नहीं चाहते कि वह हाँ में उत्तर दे।

'वो वही हैं जो आप समझ रहे हैं।'

अब तो कन्फर्म हो ही गया, धड़...धड़....धड़ाम....उदय जी को वह दृश्य याद आया जब छह साल की उम्र में उन्हें बन्दरों के एक गैंग ने छत की खुली सीढ़ियों से लुढ़काया था, केवल लुढ़काया नहीं बल्कि लुढ़काने से पहले तरह-तरह की आवाजों से डराया भी था, आज भी ठीक वही हुआ था एक्जैक्ट ली सिमिलर....कौशिक खौं...... सिसौदिया खौं खौं.....बॉयफ्रेंड खौं खौं खौं....धड़...धड़....धड़ाम....

'मुझ पर शक कर रहा है वो? मुझ पर? बिना लालच के हाथ पकड़ कर तुझे सिखाता रहा, तेरा आधा काम करता रहा, घर बुलाकर फैमिली मेम्बर की तरह समझाया, चलते वक्त मेरी बीवी ने तुझे सूट का कपड़ा दिया जैसे छोटी बहन को और वो साला...'

'नहीं सर, उन्होंने मुझ पर शक किया है, और वो ये सब जानते भी नहीं, सच में मुझे इतनी इज्जत या प्यार कहीं नहीं मिला जितना आपने दिया।'

'फिर भी तूने उसका मुँह नहीं नोचा? कमीना साला उदय पर शक करता है, उस उदय पर जिसने आज तक किसी का विश्वास नहीं तोड़ा, सपने में भी सच ही बोला, तेरे कारण मुझे परसों झूठ बोलना पड़ा फिर भी शक?'

'आप हर्ट हुए हैं सर, लेकिन उन्हें आप पर नहीं मुझ पर ही शक है और ये पहली बार नहीं हुआ।'

'तो छोड़ क्यों नहीं देती?'

'सोच रही हूँ, मेरी बहन भी ऐसा ही कहती है।'

'फायदे में रहेगी, सरकारी नौकरी लगते ही तुझे लतिया देगा।'

'सरकारी नौकरी में ही हैं वो, अभी लगी है।'

'तो मान ले बहाने खोज रहा है।'

'मैं सोचूँगी ऐसा ही लगता है।'

उदय जी को आशा दिखाई दी।

'ठीक है, जब ब्रेक अप हो जाये तब मुझसे बात कर लेना।'

'सर ये आप...'

'नहीं भाई मैं नहीं चाहता कि मेरी वजह से कुछ भी हो, अब जा यहाँ से दोबारा तब ही आना जब कुछ हो जाये।'

'प्लीज सर...'

'मैं स्टेपनी नहीं हूँ भाई।'

'सर हमारा रिश्ता वैसा नहीं...'

'वो तो यही समझता है, अभी फोन कर रहा है कल को दफ़्तर में आयेगा, परसों पिटेगा, मैं नहीं चाहता कि फोकट में बदनामी लूँ, अच्छा मुझे कुछ काम है।'

कहते हुए वे उठकर चले गये, मधु आँखें पोंछती हुई अपनी सीट पर आ गयी, मीणा जी की छठी इन्द्री ने सरगोशी की–

'भ...आयी साब आज तो कोई इमोशनल ऐपिसोड हुआ है सीरियल में।'

'जो है सो कौन सा सीरियल।' महेश जी बोले।

'दफ़्तर में चोरी चुपके, स्टारिंग द ग्रेट पोइट उदय एंड सेक्स बम मधु।'

'अच्छा क्या हुआ जो है सो?'

'लौंडिया रो रही थी उदय हड़का रहा था, दाँत भींच-भींच कर, इतने दाँत भींचे कि प्रेशर में आ गया, अब प्रेशर रिलीज करने गया है।'

'अब छोड़ यार जो है सो, वैसे भी अपन लोगों ने उदय को बाहर से बिना शर्त समर्थन दे ही दिया है वरना बाहरी तत्त्व हावी हो रहे थे, सिसौदिया, यादव, बिहारी सब'

'इन माई यूथ राक्षस का नाम लिया राक्षस हाजिर, आ गया सिसौदिया।'

सिसौदिया जी पिछले छह दिन से परेशान थे, मधु ने न उनका फोन लिया न सामने आयी, वे कल भी आये खाली सीट पर हाथ फेर कर चले गये थे उनका निश्चय था कि जब तक नायिका नहीं मिलेगी वे आते ही रहेंगे, नायिका को सीट पर बैठा देख उनकी बाछें खिल गयीं, वे राधारमण से राम राम कर उनके पास वाली कुर्सी खिसका कर बैठ गये।

'अर भाई राधारमण थारा कुछ हिसाब हिसूब त नाहें?'

'कुछ खास नहीं, सात एक सौ रुपये होंगे।'

'याल्ले' उन्होंने एक हजार का नोट निकाला, राधारमण जी समझ गये और फाइल उठाकर चले गये।

'अजी मन्नैं कही राम राम।'

वह कुछ न बोली।

'अजी बात ना करणीं त ना करो पर ज्वाब त दे दो।'

वह कुछ न बोली, बल्कि टॉयलेट से लौटते उदय जी ने सुन लिया, वह फुँके पर अब उन्हें क्या? लंका तो ट्यूशन टीचर की लुट रही है, इस आवारा को रोके हरामजादा यहाँ आके, उनके बाप का क्या?

'क्या चाहते हैं आप?' उसने पहले से गीली आँखों से उनकी ओर देखा

'अजी तम तौ रो री सैं, कौण हरामजादा रुलाया तन्नै'

'आप।'

'अजी हम थारा बुरा के कर चावंगे।'

'सब पता चल गया घर में, आपके फोन, आपकी गाड़ी, आपके गिफ्ट सब।'

'कूण बताया जी नाम त बताओ।'

'क्या पता? इतने लोग हैं दफ़्तर में।'

'यो कबी की पूँछ त नाहें?'

'वो क्या जाने मेरे घर वालों को?'

'फेर त जी यो मरगिल्ला कौशिक ही होवगा, या तौ जाणें थारे घरकेन नें?'

'हाँ, पर क्या जरूरी है?'

'योई है जी, जलता होगा जी चिपक कै चालणा चाहे जी।'

'अरे नहीं अंकल हैं, बेटी की तरह...'

'सब जाणूँ मधू यो सरकारी भड़वे त बेटियों नैं बेच दें, थारी तौ बात के है।'

'अब अन्दाजे लगाने से क्या फायदा? सब खत्म हो गया अब।' वह चेहरे पर मायूसी लायी।

'ना जी ना रोते ना मधू, खतम कैसे हो जावगा? यो के कै रई मधु म्हारा के होवगा?'

'आपकी तो फैमिली है मन लग जायेगा, मुझे तो घर में गालियाँ सुननी हैं रोजाना।'

'ऐसी बात ना करते मधु।'

'आप जाओ प्लीज, आप क्या ये चाहते हैं मेरे साथ दफ़्तर में भी घर का एक आदमी आये।'

'लेकिन मधु...'

'मैं आपके हाथ जोड़ती हूँ प्लीज।'

सिसौदिया जी अनमने से उठ गये, दिन में कई बार वे राधारमण के पास आये लेकिन हर बार मधु उन्हें आता देखकर उठ गयी, अन्त में बाहर से उन्होंने राधारमण को फोन लगाया–

'भाई ठाकुर तनी बात करा दे मैडम सूँ वा टेंडर की बात पूछणीं सै।'

राधारमण ने मधु को फोन दिया–

'सिसौदिया कुछ पूछ रहा है।'

उसने फोन लिया–

'हाँ बताइये' वह फुसफुसा कर बोली।

'इत्ती बेरुखी ठीक ना सै मधू।'

'अब सब खत्म है, विश्वास मानो मेरी मजबूरी है।'

'त अब कदी बात ना होगी?'

'कह नहीं सकती आपका नम्बर मेरे पास है जब नार्मल होगा बता दूँगी।'

'म्हारा के होग्गा मधू, मैं थारे बिणा...'

'परिवार में मन लगाओ सब हो जायेगा दो-चार दिन की बातें हैं।'

'थारे लिए होगी मधू तू सिसौदिया नै ना जाणैं, काड़जा निकास के रख देवगा थारे वास्ते।'

'अब इन सब बातों का कोई मतलब नहीं, बाय।' उसने फोन काट दिया।

सिसौदिया जी का दिल भी डूबा और पैसा भी, राणाजी का जी हुआ कि ऐसी की तैसी घरवालों की यहीं सारा हिसाब साफ कर लें, पर भामाशाह बोला– 'खम्मा घणी मराज जी, पीसा त मिले कोनी, झागड़े मा आगे की उम्मीद भी कोनी, चुपचाप तमाशा देखो, सबर का फल मीठा होवै ठाकर सा, जा दिन आ जावै थारी जैण में त होटल पाकीजा के फेरे से पैले ना तारना, चाहे जबरजस्ती करणी पड़ै।' लेकिन गुस्सा कहीं तो उतरता, परिणाम स्वरूप जब अगले दिन कौशिक जी दफ़्तर में घुसे तो उनका माथा फूटा हुआ था, होंठ सूजा था, बायीं आँख नीली थी, दायें पैर में लहक थी, मीणा जी ने पूछा–

'क्या हुआ पंडत कोई ठकुरानी छेड़ दी क्या इन माई यूथ?'

'पता नहीं यार...'

'अबे तू पिटा तुझे ही पता नहीं।'

'हाँ यार पता नहीं श्री हरि क्या चाहते हैं? रात को स्टेशन से उतरते ही चार लौंडे पहले साथ-साथ घेरकर चले, फिर छीनाझपटी की, विरोध करने पर जेबकट जेबकट का हल्ला मचा कर पिटाई शुरू कर दी, पब्लिक ने भी पीटा, यहाँ तक रिक्शा ताँगे वाले भी शामिल हो गये।'

'तूने आयी कार्ड नहीं दिखाया? जो है सो।' महेश जी बोले।

'भ...आयी साब, इन माई यूथ प्रत्यक्ष सामने हो तो प्रमाण कौन माँगता है? इसकी शक्ल पहले दिखी पब्लिक को, आयी कार्ड तो बाद की बात है।'

'श्री हरि ....मैं जेबकट दिखता हूँ।'

'बुरा मत मान भाई, फोटोग्राफर भी एक हद तक ही सँभाल सकता है, तूने आयी कार्ड निकाला होगा पर फोटो से चेहरा नहीं मिला होगा।'

'श्री हरि...कितने परपीड़क होते हैं इस विभाग वाले, दूसरे के दुख में सुख खोजते हैं।'

'भाई हम सब दुखी हैं कि अपने पंडत को जेबकट माना गया, पर पब्लिक को

किसने बताया कि तू जेबकट नहीं।'

'श्री हरि श्री हरि वही जिससे पूरा दफ़्तर जलता है, सिसौदिया ने, वो वहाँ से गुजर रहा था उसने पहचान कर जान बचाई मेरी।'

'इन...माई...यूथ...माल खायें घासीराम पिछाड़ी पिटायें हुलासीराम, भ...आयी साब बहुत इंटरेस्टिंग हो गयी है स्टोरी।' मीणा जी की छठी इन्द्री सच तक पहुँच गयी।

'क्या मतलब? हुलासी ...घासी...' कौशिक जी ने उल्लुओं की तरह पलकें झपकायी।

'नहीं भाई बहुत अच्छा आदमी है सिसौदिया....कभी मिलेगा तो माफी माँग लेंगे, इन माई यूथ।'

कौशिक जी हतप्रभ से वहाँ से चले गये, दूर से उनकी कहानी सुनकर मधु सब समझ गयी, उसे कौशिक जी पर दया नहीं बल्कि हँसी ही आयी।

उधर मीणा जी, महेश जी और राजा सिंह जी को कोने में ले जाकर फुसफुसाये—

'भ...आयी साब घासीराम मतलब?'

'ठंडा मतलब कोकाकोला पता है बाकी मतलब आप समझाओ।' राजा सिंह जी बोले।

'घासीराम माने अपना उदय, हुलासीराम मतलब कौशिक, लौंडिया को उदय ने घेर लिया, कल लताड़ा भी, अब लौंडिया ने सिसौदिया की पर्ची काट दी कुछ भी बोलकर जैसे घरवालों को पता चल गया वगैरा, सिसौदिया को लगा कि रायता कौशिक ने फैलाया है सो कुटवा दिया कल इसका पिछवाड़ा, फिर खुद पहुँचकर बचा दिया ताकि शक न हो।'

'सटीक, जो है सो जवाब नहीं तेरी छठी इन्द्री का, तू इतना...'

'इन माई यूथ, सब किया है भ...आयी साब, नाटक भी देखे हैं लौंडियों के, कुटवाया भी है लौंडों को फिर बचाया भी है।'

## 16

महीना बीत चुका था, मधु के दूरभाषीय प्रेम का कथा सार इतना रहा कि दो-चार दिन तक अमित के फोन आये फिर न आये तो उसने ही फोन लगाया तो पता चला कि अमित स्कूल में छमाही परीक्षा का इंचार्ज बन गया था और उसे अगले पन्द्रह दिन तक फुर्सत नहीं, मधु को खुशी हुई। सिसौदिया का फोन पन्द्रह दिन तक बराबर आया उसने नहीं उठाया फिर थककर सिसौदिया चुप हो गये, उसे फिर खुशी हुई। नाखुशी थी तो उदय जी की ओर से, उन्होंने न फोन किया, न उसके करने पर उठाया, प्रक्टिकल लड़की इमोशनल भी बनी, वह नहीं चाहती कि मुश्किल से मिला सुजय उससे दूर जाये, वह अपनी उस गलती को सुधारना चाहती है जिसे उसने सुजय को

न रोक कर की थी। अपना जो नम्बर उसने कभी सिवा अमित के किसी को नहीं दिया था, सिसौदिया? उन्हें छोड़िये, उनका तो जरखरीद था ये फोन, दिल से मजबूर होकर उस नम्बर से भी किया, उदय जी ने उठाया भी पर उसकी आवाज सुनने के बाद उदय जी की थकी सी आवाज आयी—

'कौन मधु? क्षमा करें मैं इस नाम की किसी भद्र महिला को नहीं जानता।'

'क्षमा', 'महिला' और 'भद्र' जैसे शब्दों में कितने गहरे व्यंग्य थे, कहाँ तक उतरे थे मधु के दिल में वही जानती है, शायद शब्द बुरा नहीं होता उसका प्रयोग उसे बुरा बनाता है, बताइये इन तीन शब्दों में अच्छाई के अलावा क्या है?

उस दिन शाम को वह वन्दना से बोली—

'ये उदय जी भी ना...कहते हैं बड़े इमोशनल हैं, अब कैसे धरतीपकड़ बने हैं, हाथ ही नहीं धरने दे रहे, कहते हैं— क्षमा करें मैं इस नाम की किसी भद्र महिला को नहीं जानता, तू बता मैं महिला हूँ? चल सत्ताईस की हो गयी बन गयी महिला, फिर भद्र का क्या मतलब? ऐसा लग रहा है कि भद्र शब्द से मेरी भद पीट रहे हों, क्षमा क्यों माँग रहे हैं? सब मेरा मजाक है मैं क्या जानती नहीं?'

'देख मधु मुझे तो तेरी खुशी में खुशी है पर एक बार तय कर भद्र महिला कि तू चाहती क्या है? वही पहले वाला सिस्टम कि एक मथुरा में, एक गाड़ी में, एक आगरा में, एक दफ़्तर में या वाकई तू इमोशनल होकर उदय जी से प्यार...'

'कोई प्यार व्यार नहीं है मुझे किसी से।'

'तो फिर चुप बैठ।'

'चुप भी तो नहीं बैठ सकती, इस दुनिया में एक ही अच्छा आदमी वही मुझे चालू समझे कैसे बर्दाश्त करूँ?'

'समझने दे, क्या फर्क पड़ता है? चालू तो तू है।'

'फर्क पड़ता है, जो वो समझता है वही आधा दफ़्तर समझता है।'

'मतलब तुझे अपने पुराने पापों को ढकने के लिए उनका रिकॉग्निशन चाहिए? मैं अब तक समझी नहीं तुझे, तू तो वाकई प्रक्टिकल ही रही।'

'कोई पाप नहीं किया मैंने, यहाँ सब एक-दूसरे का इस्तेमाल करते हैं, कुछ मामलों में मैं फायदे में रही कुछ में नुकसान में, हम सब गेम खेल रहे हैं दीदी, मैं सिसौदिया और कौशिक से जीती, अमित से हार गयी, मुझे उदय जी का रिकॉग्निशन चाहिए, ये बात तो है, पर मैं भी अब इस फालतू के गेम से तंग आ चुकी हूँ, कितनी परेशानी होती है, इससे छुपाओ, उससे छुपाओ, फिर बदनामी का डर। अगर पैसा ही कमाना है तो अफसर की निगाहों में आओ अच्छी सीट लो, वैसे भी दो-तीन हजार तो आ ही जाते हैं, ज्यादा के लालच में गड़बड़ भी हो जाती है, पता है सिसौदिया ने गुस्से में कौशिक को पिटवाया मेरी वजह से, अब ये सब बातें खुल जायें तो मम्मी छोटी या राजू को साथ भेजेगी नौकरी पर, नहीं तो रामरतन अफसरों के हाथ जोड़कर

अपनी पोस्टिंग मेरे दफ़्तर में करवा लेगा या मेरी पोस्टिंग अपने दफ़्तर में।'

'अब बोल।'

'उदय जी बिना अमित से ब्रेक अप के मुझे घास नहीं डालेंगे।'

'तो कह देना हो गया।'

'नहीं अब और झूठ नहीं, फिर अमित दफ़्तर में आ जाये तब?'

'फिर?'

'मुझे लगता है सही वक्त है कि मैं अमित की माँ से दुखड़ा रो दूँ'

'वो मानेगी?'

'देख दीदी, वो सब जानती है ये भी कि शादी नहीं होना बीस लाख दहेज में उसे भी चाहिए, भोली बनी रहेगी पर मान जायेगी।'

'ठीक है कल चलें?'

'ठीक।'

अगले दिन वह अमित के घर पहुँची, माँ ने शंका के साथ प्यार से बैठाया, लेकिन माँ की नजरों में एक अन्जाना भय स्पष्ट दिख रहा था।

'कैसी है मधु? तेरा सर तो नहीं है इटावा गया है।'

'आपसे मिलना था मम्मी।'

तभी अमित के पिता वहाँ आये।

'अरे मधु बेटा कैसी है?'

'नमस्ते अंकल, अच्छी हूँ आप कैसे हैं?'

'बढ़िया, अरे अमित की माँ तुमने इसे मिठाई नहीं खिलाई? शादी में तो दिखी नहीं ये।'

'वो...छूट गया इसका नाम, सब कुछ इतना जल्दी हुआ कि पता नहीं कितने रिश्तेदार...' माँ माफी के अन्दाज में बोली।

'क्या हुआ मम्मी? कहाँ नाम छूटा मेरा?' वह बोली।

'ये और भी अच्छा, इसे पता ही नहीं कि अमित की शादी हो ली।' पिता ने ठहाका लगाया और बाहर चले गये, उनके इस वाक्य ने माँ के चेहरे पर चिन्ता की लकीरें बना दीं।

'सच...' मधु खुशी से चिल्लाई, माँ की मुद्रा अब अचरज वाली थी—

'हाँ बेटा वो बढ़िया रिश्ता मिल गया, बहू मैथ्स में पीएच.डी. है, ले जायेगा जल्दी, बता रहा था कोचिंग के अच्छे स्कोप हैं इटावा में, अच्छे रिश्ते कम मिल पाते हैं सो जल्दबाजी में कर ली।'

'अच्छा किया मम्मी, कहाँ हैं भाभी?'

'यहीं है अन्दर के कमरे में।' माँ का आश्चर्य कम नहीं हो रहा था।

'तो उन्हीं से खाती हूँ मिठाई।' कहती हुई वह उसी कमरे में गयी जिसके बैड

पर वह खुद महीने भर पहले आयी थी।

'प्रभा ये तेरी ननद आयी है, खातिर करना इसकी।' पीछे से माँ की सन्देह पूर्ण आवाज आयी।

प्रभा बैड पर बैठी थी, उसे देख कर उठी, मुस्करायी।

'मैं मधु' मधु ने हाथ बढ़ाया, उसका नाम सुनते ही प्रभा के चेहरे पर घृणा के भाव आये, उसने ऊपर से नीचे तक मधु को घूरा।

'तो तुम हो मधु? यहाँ क्यों आयी हो?' प्रभा बोली।

'मतलब?'

'मतलब, तुम्हारे बारे में सब बता चुके हैं ये पहली रात में, किस तरह गरीबी का जाल फैलाकर तुमने इन्हें फँसाया, बिना फीस के पाँच साल तक पढ़ती रहीं, पैसे भी लेती रहीं, इनको इस कदर गिराया कि गुरु शिष्या का रिश्ता भी दागदार कर दिया, हमेशा डैस्परिट रहती थीं सेक्स के लिए, मौका मिलते ही इन्हें सैड्यूस करती थीं, ये तो प्यार में पड़ गये थे तुम्हारे, शादी को तैयार थे मम्मी को भी बता दिया था, लेकिन जब ये इटावा चले गये तो तुम्हें अपनी प्यास बुझाने के लिए दूसरे मर्दों की जरूरत पड़ने लगी, आगरा में तुमने एक पैंतालीस साल का अपना सीनियर भी फँसा लिया, पता नहीं और कितने होंगे? दिल टूटने पर उन्होंने मुझसे शादी कर ली।'

'मुझे तुमसे कोई शिकायत नहीं बहन, मैं खुश हूँ बहुत खुश, इसलिए आराम से बैठो मिठाई खिलाओ।'

उसने मुस्कराते हुए, हाथ पकड़कर प्रभा को बैठा लिया, फिर बोली—

'सच ये है कि मैं कोई सावित्री नहीं, पर तुम्हारा पति मुझसे ज्यादा कमीना है ये उससे बड़ा सच है, मैं कोई बड़ी सच्चाधारी नहीं, झूठ भी बोलती हूँ अपने फायदे के लिए, डैस्परिट कौन था? इस पर बहस करने का कोई फायदा नहीं, सैड्यूस किसने किया? इसका भी मतलब नहीं, लेकिन ये बैड जिस पर हम बैठे हैं एक महीने पहले फोर्स्ड सेक्स का गवाह है, रेप इसलिए नहीं कह रही कि उससे पहले यहाँ मैंने मर्जी से भी किया था, फिर भी मैं तुम्हारी अहसानमंद हूँ कि तुम्हारी वजह से मैं आजाद हुई, मुझे तो तुम्हारी शादी की खबर भी नहीं, मैं तो मम्मी से अपना दुखड़ा रोकर अपने फोटो निकलवाने आयी थी, झूठ सच बोलकर, कि ये खुशखबरी मिल गयी, अब तुमसे बात हो गयी तो मम्मी को परेशान क्यों करूँ? तुम्हारे बैड के नीचे वी.आयी.पी. का एक पुराना सूटकेस है, जिसमें तुम्हारे पतिदेव की निजी किताबें हैं, कुछ सी.डी. हैं, मेरे फोटो हैं, तुम चाहो तो दे सकती हो अहसान होगा, मैं जानती हूँ कि तुम्हें मेरा विश्वास तो नहीं होगा फिर भी चैक करने में बुराई क्या है?'

कहकर मधु ने दरवाजा बन्द कर दिया, प्रभा के चेहरे पर पहले पहल नागवारी आयी, लेकिन हफ्ते भर के विश्वास पर स्त्रैण स्वाभाविकता भारी पड़ी, उसने कुछ सोचकर सूटकेस निकाला, बिना चाभी के खोलने की दिक्कत आयी तो मधु ने हेयर

पिन से खोल दिया, उसके अन्दर से डेबोनर, प्ले बॉय, मस्तराम, कुछ सी.डी. और तीन अलग-अलग लड़कियों के साथ अमित के फोटो निकले, प्रभा सिर पकड़ कर बैठ गयी।

'हे भगवान....मैं तो इन्हें देवता...' वह रोने लगी।

'पति देवता ही होता है बहन... चुप हो जाओ, ये सब उसकी अकेले की जिन्दगी थी, उसकी जगह मैं होती तो शायद मैं भी अपने प्रेमी को कैसे भी अलग नहीं होने देती, चाहे ब्लैकमेल करती, हाँ जब मेरी मर्जी होती तब अलग कर देती, ये ईगो वाली बात है बस कि हम छोड़ेंगे, सामने वाला कैसे छोड़ सकता है? तुम्हारे साथ रहकर हो सकता है वैसा न करे, मैं तुम्हें परेशान करने भी नहीं आयी थी, मैं तो अपनी जान बचा रही थी।'

'क्या भरोसा? अभी तो कितना बड़ा झूठ बोला था इन्होंने मुझसे।'

'तुमने ही कौन सारा सच बताया होगा उसे? या मैं भी अपने पति को कितना सच बताने वाली हूँ, जरूरी नहीं कि जो अच्छा प्रेमी न हो वो अच्छा पति भी न हो और मुझे भी कोई शिकायत नहीं न उससे न तुमसे।'

'अब मैं भरोसा कर भी नहीं पाऊँगी।'

'ठीक है पर उसे कुछ न कहना, सम्बन्ध टूटने के अलावा कुछ और नहीं होना, नुकसान तुम्हारा है, पापा ने बीस लाख खर्च किये होंगे शादी में, अब दोबारा कहाँ से लायेंगे? मान लो तुम्हारी दूसरी शादी हो भी जाय तो वो भी देवता होगा इसकी क्या गारंटी? रही बात अमित की? तो ये हिन्दुस्तान है, उसकी दूसरी तीसरी चौथी भी शादी हो जायेगी, ये अपनी हर पुरानी बीवी में खोट बताकर नयी के सामने देवता भी बना रहेगा, ये मर्दों की दुनिया है बहन, कानून औरत के साथ हो सकता है पर समाज हमेशा कानून से बड़ा होता है, इसलिए हकीकत जानकर भी चुप रहने में भलाई है।'

'फिर?'

'बस भगवान भरोसे रहो, आगे निगाह रखे रहना, मेरे फोटो मुझे दे दो, बाकी लड़कियों की तुम्हारी मर्जी, जब वो भी आ जायें तो दे देना।'

'नहीं तुम ले जाओ पर...'

'डर लग रहा होगा कि बाद में मैं ब्लैकमेल नहीं करूँ, फाड़कर छोटे-छोटे टुकड़े कर दो, मैं बाहर फेंक दूँगी।'

'नहीं, उन्हें पता चला तो?'

'नहीं चलेगा, खुद तो पूछ नहीं सकता, या तो अपनी याददाश्त को रोयेगा या मम्मी पर शक करेगा।'

मिठाई खाकर, फोटो के टुकड़े लेकर वह खुशी-खुशी बाहर आ गयी, माँ ने जब मधु और प्रभा को गले मिलकर विदा होते देखा तो उसने आश्चर्य के साथ चैन की साँस ली, चौराहे पर पहुँचकर वन्दना ने पूछा—

'मुक्ति मिली?'

'आजीवन मुक्ति, मैं आज बहुत खुश हूँ, आज ब्रजवासी रेस्टोरेंट चलते हैं वहीं सैलीब्रेट करेंगे।'

## 17

आज मधु बहुत खुश थी, वह आजाद थी सिसौदिया से, अमित से, कौशिक जी में तो दम था ही नहीं, महीने भर पहले खामख्वाह पिटने के बाद गाड़ी में यही चर्चा महीने भर तक थी कि मधु के किसी अज्ञात आशिक ने कौशिक को जमकर कूटा था, ये इस विभाग का मिजाज है, इस विभाग वाले भी पत्रकारों से कम नहीं होते, बिना सुबूत के पूरी कहानी बनाने के बाद धीमे से कहते हैं 'लोग कह रहे थे' पत्रकार तीन-चार प्रत्यय इस्तेमाल करते हैं, 'सुना जाता है', 'समझा जाता है', 'बताया जाता है', 'ऐसी चर्चा है' वगैरा, बहरहाल इस जनश्रुति से कौशिक जी सावधान तो नहीं हुए थे, अलबत्ता डर जरूर गये थे, इसलिए वे गाड़ी में चढ़ते वक्त भी आसपास देखकर चढ़ते और उतरकर घर या दफ़्तर जाते समय भी अजनबी चेहरे से चार गज दूर रहते। अब उदय जी का रास्ता साफ था। उदय जी के व्यवहार से वह तय कर चुकी थी कि अब गेम ख़त्म, उदय जी की नजदीकी बनी रहे बस, झूठ कम से कम, अच्छी सीट पर रिश्वत के लिए उदय जी भी मना नहीं करेंगे मधु की खुशी छुपाये नहीं छुप रही थी, वह हाजिरी के बाद सीधी उदय जी के पास गयी पर वहाँ पहले से ही भद्र पुरुषों का गिरोह जमा था, वह ठिठकी और वापस मुड़ी, लेकिन मुड़ते में उसने एक कातिल निगाह उदय जी पर डाल ही दी, उदय जी को आश्चर्य हुआ क्योंकि यह निगाह तैंतीस दिन बाद पड़ी थी, उनके मुँह से बरबस निकल गया—

'हाँ बताओ।'

'कुछ नहीं, बाद में आती हूँ देर का काम है।' बोलती हुई चली गयी।

उसके जाने के बाद मीणा जी फुसफुसाये।

'इन माई यूथ...कुछ खास है उदय, आज तो लगता है मालपुए बना के लायी है तेरी गुइयाँ।'

'जो है सो...बड़े अजीब अजीब शब्द लाता है मीणा ये गुइयाँ किस पकवान का नाम है।' महेश जी ने राजा सिंह जी की ओर देखा।

'मैं नहीं बताता, उदय भाई गुस्सा हो जायेंगे।' राजा सिंह जी बोले।

'मैं बताता हूँ, गुइयाँ माने सहेली, इस साले मीणा के पास और कुछ तो है नहीं, तुझे कैसे लगा कि कुछ खास है?' उदय जी मन मन भावै के अन्दाज में बोले।

'इन माई यूथ जिस दिन कौशिक कुटा, उससे एक दिन पहले से लौंडिया तेरे पास रोनी सूरत लेकर आ रही है, आज ऐसी कातिल निगाह डाली है तुझ पर कि मैं

भी घायल हो गया, आज तेरी सहेली का कॉन्फिडेन्स ग़ज़ब का था।'

'मीणा पता नहीं तेरी सी.आर. में क्या भरते होंगे अफसर?'

'आउटस्टैंडिंग, नहीं भरेंगे तो मेरी छठी इन्द्री उन पर काम करेगी, एक तो निगाह में आ भी गया।'

'कौन? जो है सो।' बजाय उदय जी के महेश जी बोले।

'देख भाई उदय हमने तो तुझे समर्थन दे दिया पर अफसर को तो रोक नहीं सकते ना, कुछ दिन तू निगाह रख सब सामने आ जायेगा।'

'लम्बी मत खींच, जो है सो।'

'तो सुनो रेणु जी की कोडल लैंग्वेज में चिचौ...चिबे...चिजी...'

'चौबे जी।'

'नाम तो आपने लिया, मुझे नहीं पता कुछ।'

'पर वजह तो बता।'

'पुरानी बात है इन माई यूथ, चिचौ...चिबे...चिजी....के चेम्बर में कटारे कह रहा था—पता नहीं वो साला आदमी है कि जिन, कुछ भी दे दो, काम पूरा हाथ खाली, बड़े साब की गुड बुक में टॉप पर है, चेम्बर वाले ने कहा—फिर भी करना तो कुछ पड़ेगा इस लैला-मजनूँ की जोड़ी का। मतलब साफ भ...आयी साब, अपने उदय को सावधान रहना पड़ेगा, हमारी मॉरल ड्यूटी है, भाई है अपना, समर्थन भी इसी को दिया है।'

'भाई तू समर्थन वापस लेकर चौबेजी को दे दे, वो ले जायें लौंडिया को ऑफिसर रेस्ट हाउस में, मेरा पीछा छोड़।'

'ऐसे कैसे ले जायेगा? बाप का माल है, क्लास थ्री का आयटम थ्री में रहेगा, बनिया जात में छोटा होकर भी अपनी लड़की पंडतों को नहीं दे देता।' वे हँसे।

'अब जा भाई, काम भी कर ले कुछ।'

सभी लोग हँसते हुए अपनी-अपनी सीट पर चले गये। पन्द्रह मिनट बाद मधु उदय जी के पास आयी और मुस्कराते हुए बोली—

'ये सर हिन्दी...बैठने के लिए बोलिए।' वह मुस्करायी।

'देखो मधु प्लीज, एक बात पर बार-बार बहस अच्छी नहीं।'

'कोई बहस नहीं होगी लेकिन पहले की तरह बैठने को कहिये।'

'ठीक है बैठ जाओ।'

'ऐसे नहीं प्यार से इज्जत से बोलो भद्र महिला से।' उसने मानो चिढ़ाया।

'अरे यार.... दफ़्तर में चिल्ला नहीं सकता ना, अब क्या मलखान की तरह हाथ पकड़कर बैठाऊँ?'

'अच्छा, अच्छा।' वह बैठ गयी।

'हाँ बताओ।'

'मैंने आपकी कसम पूरी कर दी।'

'कसम...?'

'हाँ ब्रेक अप हो गया हमारा।'

'ये मेरी कसम नहीं थी, अपने लिए ठीक किया तुमने, देखो मधु मैं उसे नहीं जानता पर दावे के साथ कह सकता हूँ वो अच्छा आदमी नहीं है, प्रेम में कोई बुराई नहीं, दोस्ती में कोई बुराई नहीं, हर रिश्ते का एक अधिकार होता है, लेकिन उसका एक कर्तव्य भी तो होता है, माँ, बाप, भाई, बहन, मित्र, प्रेमी, गुरु सबका। ये कतई नहीं हो सकता कि पिता तुम पर नजर तो रखे, तुम्हें डाँटे भी लेकिन कपड़े न सिलवाये, स्कूल फीस न दे, खाना न दे, तब ऐसे पिता को कौन झेलेगा? सही व्यक्ति पहले उस रिश्ते के कर्तव्य को निभाता है फिर अधिकारों को हाथ में लेता है। तुम्हारा वो प्रेमी पहले अधिकार हाथ में लेता है कर्तव्यों की ओर देखता भी नहीं बल्कि रिश्ते को स्वीकार भी नहीं करता, मुझे तो उसने अपना परिचय भाई का दिया था। साफ बात थी कि उसकी नीयत ठीक नहीं। अब मुझे लो तुमने मुझे अपनी जुबान से गुरु या मित्र नहीं स्वीकारा था हालाँकि मैं जानता था कि तुम मुझे अपना गुरु और मित्र मानती हो, फिर भी मैंने वो सारे कर्तव्य निभाये किसी भी अधिकार का इस्तेमाल नहीं किया।'

'इसीलिए तो आपकी बात मानी मैंने।'

'ये सब कब हुआ?'

'कल ही।'

'दुख हुआ होगा? बुड्ढे ने जवान का पत्ता काट दिया।'

'आप यकीन नहीं करेंगे सर मैं बहुत खुश हुई, बल्कि हम दोनों ही, दरअसल हम दोनों के बीच कुछ भी बचा नहीं था, रोजाना के झगड़े, विश्वास की कमी, बल्कि मैं तो आपकी कीमत पर उन्हें पाना भी नहीं चाहती थी, आप तबसे ही नाराज थे, पत्ता-वत्ता क्या आपने मुझे मुसीबत से बचा लिया थैंक्स।'

'मैं नाराज नहीं था, मेरी स्थिति समझो मधु, मुझे तुम पर दया है, स्नेह है, मैं तुम्हारा भला चाहता हूँ, लेकिन उसकी कीमत मैं अपने आत्म सम्मान से नहीं चुका सकता, इतना दयानतदार इनसान मुझे मिला भी नहीं कोई जो भिक्षा में आत्म सम्मान दान कर दे, वो मुझ पर शक करने ही लगा था, कल को यहाँ आकर बखेड़ा खड़ा करता तब, दफ़्तर वालों को तो मजा आ जाता पर मेरी जो इमेज अन्दर बाहर बनी है उसका क्या होता?' उदय जी का बड़प्पन सामने आया।

'आप ठीक कह रहे हैं सर, उस आदमी का कोई भरोसा नहीं था।'

'वही आदमी जिससे तुमने प्रेम किया था?'

'पता नहीं क्या था वो प्यार या गेम? मैंने उसका फायदा लिया उसने मेरा, वैसे भी प्यार का अन्त ऐसा तो नहीं होता।'

'अधिकतर ऐसा ही होता है मधु, दरअसल बात क्या है कि आकर्षण और प्रेम

में काफी गैप होता है, हम आकर्षित होते हैं, उसे प्यार समझते हैं जुबानी स्वीकार कर लेते हैं और अपने दिमाग को भी सायास रिस्ट्रिक्ट कर देते हैं कि जी प्यार तो हो गया। उसका अन्त ऐसा इस तरह होता है क्योंकि हम जिससे आकर्षित होते हैं उसके सामने अपने असली व्यक्तित्व में नहीं होते हम उस व्यक्तित्व को ओढ़ते हैं जिसे वह चाहता है, नकली लबादे को ओढ़े रखना लम्बे समय तक सम्भव नहीं, बाद में दोनों को पता चलता है कि सामने वाला तो नकली है अपने बारे में दोनों में से कोई नहीं सोचता कि वह नकली था या असली बस.....फिर दे दनादन और ब्रेक अप, वो चाहे प्रेमी-प्रेमिका हों या दो दोस्त, दो लड़के हों या दो लड़की।'

'आप तो किसी लव गुरु की तरह एनालाइज कर रहे हो, मुझे तो लगता है आप भी वैसे नहीं जैसे....'

'लव गुरु नहीं एक कवि या लेखक की तरह, सवाल मेरे नकली होने का तो मैडम इस दफ़्तर का हर आदमी मेरे व्यवहार को जानता है, शिनाख्त करके आगे बढ़ना मेरी तरफ से तुम्हें अभी भी छूट है, बाद में नहीं कहने दूँगा।'

'मजाक भी नहीं समझते? बड़े भोले हो आप...मुझे नहीं करनी इन्क्वारी, अच्छी तरह समझ परख कर हाथ बढ़ाया है, आपने किया ही क्या? मैं ही आपके पास आयी हूँ भिखारिन की तरह, आपकी मर्जी कुबूलो तो देवता न कुबूलो तो भी।'

उसने आँखें गीली कीं।

देवता....भगवान....यही तो वो पदवी है जिसे उदय जी और उनके आदर्श पाना चाहते हैं, अब वे मधु के शरीर के बारे में नहीं सोच सकते, वे इमोशनल हुए—

'रो मत, तुम भद्र महिलाओं की यही समस्या है।'

'ये तो खुशी के आँसू हैं, मुझे लगा था कि मैं आपको खो दूँगी, एक सच्चे इनसान से बिछुड़ना क्या होता है, मैंने महसूस कर लिया, अब कभी भी कोई बात हो तो जूते मार लेना पर इस तरह न करना प्लीज।'

'ठीक है अब जा अपनी सीट पर।'

वह चली गयी, उदय जी काफी देर तक सोचते रहे...देवता भगवान... फिर उन्होंने कागज कलम उठाकर एक गीत लिखा—

क्यों समझते हो कि मैं भगवान बनना चाहता हूँ

शाम को जाते वक्त मधु के पर्स में यह गीत ड्यूली टाइप्ड आ चुका था, इस गीत को भी उसने कौशिक जी के सामने बैठकर ही पढ़ा, इस बार कौशिक जी को यह गीत मधु के हाथों नहीं मिला बल्कि उन्होंने स्वयं उसके हाथ से ले लिया था।

'कविता है? दिखाना तो जरा, अरे ये तो बी.ए. में पढ़ी थी पन्त जी की है।'

'नहीं अंकल, उदय जी तो बता रहे थे कि महावीर प्रसाद द्विवेदी जी की है।'

'हाँ हाँ, वही दोनों के पाठ पास-पास में थे इसलिए कन्फ़्यूजन है, इसमें द्विवेदी जी अपनी पत्नी से कह रहे हैं।'

'पत्नी से? आम तौर पर तो कवि प्रेमिका से कहते हैं।'

'तुम भी ना..? साफ-साफ भगवान लिखा है, भगवान तो पति ही होता है, प्रेमी तो सेवक होता है।' सेवक कहते हुए उनकी भावनाएँ बाहर आयीं, वे रुक कर फिर बोले

'तो द्विवेदी जी कहते हैं हे प्राणप्यारी तू मुझे भगवान न समझ, न मेरी ऐसी कोई इच्छा है, हालाँकि मैं देवता बनना चाहता था इसलिए पुण्य के मार्ग पर चलता रहा इसलिए ये निश्चित है कि बिना पुण्य किये देवत्व नहीं मिलता लेकिन दर्पण के सामने खड़े होकर मैं सत्य स्वीकार करता हूँ कि जब जब मैंने पुण्य को व्यापार बनाया उसका बदला चाहा, मैंने पाप किया...'

'अरे अंकल आप तो व्याख्या।'

'फिर...' कहते हुए उन्होंने सवारियों की ओर देखा फिर बोले—

'तुम तो सिर्फ उदय को ही अकलमन्द समझती हो कवि है ना सो बातें बनाना जानता है, होशियार भी है काम में कम्प्यूटर में, ये कवि लोग ऐसे ही होते हैं, बातें बनाते-बनाते कब हाथ फेर दें भरोसा नहीं, सावधान रहना, उसे तो भगवान का भी डर नहीं नास्तिक है कमबख्त, शूद्रों और महिलाओं का पक्ष लेता है, मालूम किसलिए? ताकि उनका उपयोग कर सके पता नहीं कैसा ब्राह्मण है कमबख्त।'

'अंकल आप तो बुरा मान गये, दूसरे की योग्यता से जलना भी तो बुरा होता है, ईश्वर इसका भी दंड देता है, पिछली बार आपने उदय जी की बुराई की थी याद है उसके बाद....'

'व...वो तो तीन दिन बाद हुआ था, आवारा लड़के थे वो उदय से क्या मतलब?'

'ईश्वर तो ईश्वर है जब फुर्सत मिल जाय तब दंड देता है, तीन या तेरह दिन से क्या फर्क पड़ता है, ऐसे भी आबादी एक सौ बाईस करोड़ हो ली, टाइम लग ही जाता है, राम जी के टाइम में आबादी कम थी सो तुरत का तुरत हिसाब होता था, लड़के आवारा ही होंगे, सदाचारी तो न दंड लेते न देते।'

'तुम भी बहस सीख गयी हो उसके साथ रहके।' वे उठे और टॉयलेट में घुस गये।

रात ग्यारह बजे थे। उदय जी अपने उपन्यास लेखन में लगे थे, ससुराल में कोई उत्सव था बच्चे वहाँ थे, आम तौर पर उदय जी दुखिया कबीर के अनुयायी हैं, रात को डेढ़-दो बजे तक जागते हैं दिन में जमाने के दर्द पर रोते हैं। उदय जी के फोन पर मिस कॉल आयी, सिर्फ घंटी बजी थी नया नम्बर था हालाँकि यह वही नम्बर था जिससे भद्र महिला का फोन आया था, पर उस समय उदय जी सत्यव्रत पर थे इसलिए सेव नहीं किया था। उदय जी को अनुमान मधु का ही था, फिर भी उन्होंने मिस कॉल के बदले मिस कॉल दी, फोन दोबारा आया, उदय जी ने कई बार हलो हलो की जवाब न मिला।

'हाँ भद्र महिला बोल किसलिए किया रात को ग्यारह बजे?'

'पहचान लिया?' मधु की आवाज आयी।

'हाँ बोल।'

'नींद नहीं आ रही, बस आवाज सुननी थी आपकी।' वह अलसायी सी बोली।

'रात को ग्यारह बजे?'

'हाँ दीदी सो गयी होंगी?'

'नहीं।'

'मैं रखती हूँ फिर।'

'अंजू नहीं है यहाँ, चार दिन तक।' उदय जी ने उसे सम्बन्ध बढ़ाने का अवसर दिया।

'कहाँ?'

'मायके, पर ये न समझना कि मैं उसे बताऊँगा नहीं, हाँ बोलो।'

'क्या बोलूँ डाँटते हो आप तो।' उसने रुआँसी आवाज बनायी।

'डाँटा कहाँ? अच्छा छोड़ो, मेरी आवाज सुनने को फोन किया था? इतनी सुन्दर नहीं मेरी आवाज, होती तो मंच पर गीत पढ़ रहा होता।'

'मेरी भी सूरत कौन सुन्दर है, देखिये सुन्दरता एक पहलू है, सोनू निगम की आवाज भी सुन्दर है और सूरत भी पर वो मेरे किस काम का? सुन्दरता आवाज की हो या सूरत की ये तो टैम्परेरी है, असल है आपकी हमदर्दी, आपका नजरिया, जो आवाज मेरे फेवर की हो, हर वक्त मेरा भला चाहती हो उस आवाज को मैं हर वक्त सुनना चाहती हूँ।'

'ये सम्भव नहीं हर वक्त वाला अवसर तो रिजर्व हो गया अंजना शर्मा के नाम' वे हँसे।

'आप भी ना...समझते ही नहीं, उस दफ़्तर में सिर्फ आपकी वजह से आती हूँ।'

'माने मैं निकल लिया तो नौकरी छोड़ दोगी?'

'देखिये मैं बुरा भला बोल दूँगी, बुरा कहने से पहले सोच लिया करो, कितनी जिन्दगियाँ जुड़ी हैं आपसे।'

'कितनी?' वे उत्साहित हुए।

'दीदी, बच्चे, मम्मी, बाबू जी, भाई, बहन और.....'

'और?'

'मैं...मेरा मतलब आपसे लगाव समझने वाले आपके दोस्त वगैरा।'

'अच्छा तुम?'

'हाँ जिस दिन आप नहीं आते मुड़-मुड़ कर आपकी खाली सीट देखती रहती हूँ।'

'अच्छा कब से?'

'कह नहीं सकती पहली बार ऐसा कब हुआ पर लगभग एक साल का तो मुझे याद है।'

'क्यों?'

'इस विभाग में पहली बार कोई इनसान नजर आया, सब मजा लेने वाले, खबरें बनाने वाले, जानते हुए जानकारी न बताने वाले, योग्य व्यक्ति को बर्दाश्त न करने वाले, दूसरे का दर्द कम करना दूर समझते तक नहीं, समझ लें तो सोचते हैं इसे कितना बढ़ा सकते हैं, आप तो दूसरों के दर्द को अपना मानते हो, लोगों के काम आते हो और ऐसा केवल मेरे साथ नहीं आप सबके साथ करते हो, बाकी एक भी नाम बता दो जो किसी के बारे में सोचता हो।'

'नहीं, राजा, धर्मेश या महेश भाई साब भी अच्छे लोग हैं।'

'होंगे पर अपने लिए, मेरे तो कभी काम नहीं आये, हाँ अपना मजाक उड़ाते तो सुन चुकी हूँ एकाध बार।'

'तुमने कभी किसी से मदद भी तो नहीं माँगी होगी, मजाक छोड़ो वो तो दफ़्तर में चलता है, ये तो हैल्दी एटमॉसफियर की निशानी है, जहाँ तक मैं समझता हूँ, ये मुझसे भी अच्छे लोग हैं।'

'मदद तो मैंने आपसे भी मदद नहीं माँगी, फिर?'

'ये हिम्मत की बात है, उनमें इतनी हिम्मत नहीं फिर तुम लड़की हो, बाकी लोगों का स्वभाव तुम्हें पता है, पहल करना इसीलिए वे पसन्द नहीं करते, फिर धर्मेश जी तो बिना माँगे मुझे राय नहीं देते, लड़की की मदद कैसे करेंगे?'

'हम दूसरों की बात क्यों करें? बस मैं आपको पसन्द करती हूँ तो करती हूँ।'

'ये ठीक है पर इसे पसन्द ही रखना एक टीचर या मित्र के तौर पर।' उन्होंने उसे आदर्श की कील से कुरेदा।

'मैं अपनी सीमा जानती हूँ।' वह नाराजगी से बोली।

'अच्छा मेरी आवाज से दफ़्तर में पेट नहीं भरता?'

'दफ़्तर में आवाज सुनने को मिलती है लेकिन ऐसी आजादी नहीं जो अब है, फॉर्मल बातें, लोगों की निगाहें, फुसफुसाकर बोलना, मन नहीं भरता वहाँ, अपने दोस्त से खुलकर बात न कर पाओ तो कैसी दोस्ती।'

'तुम्हें उम्मीद थी कि इतनी देर बात कर पाओगी?'

'नहीं, पर चार दिन तक तो कर सकते हैं।'

'अंजू परमिट करे तो।'

'दीदी उन्हें कौन...?'

'नहीं मधु मैं छुपा नहीं सकता, ज्यादा भोजन से भी अपच ही होती है, अगर उसे कहीं से भी पता चला तो मेरी पोजीशन खराब हो जायेगी, मैं नहीं चाहता कि चार दिन के बाद बातें बन्द हों और मैं तुम्हारे प्रति अपने कर्तव्य को न निभा पाऊँ।'

'जो आप उचित समझो, दीदी तो देवी जैसी हैं मना नहीं करेंगी, कल दीदी को बताओ तो कहना कि मैं पहले वाली घटना के लिए माफी माँग रही थी, कल फोन करूँ?'

'कर लेना, जो भी होगा बता दूँगा, गुड नाइट।'

उदय जी ने उपन्यास लेखन बन्द किया और कविता लेखन पर जुट गये, कविता मधु की बेचैनी की, उसकी अनिद्रा की, उसके डर की, जिसका एक बन्ध कुछ इस तरह था—

नींद नहीं आयेगी, रात बीत जायेगी
देह के प्रयत्न सारे मन से बार-बार हारे
आँख में कसकते हैं रात चाँद और तारे
छूट-छूट जाती हैं पुस्तकें कहानी की
जलती हुई गन्धक सी गन्ध रात रानी की
कैसा गुल खिलायेगी, नींद नहीं आयेगी

सुबह उदय जी ससुराल गये, मौका देखकर अकेले में अंजू से बोले—

'सुन अंजू कल वो मधु का फोन आया था।'

'इतने दिन बाद क्यों भला?'

'तुझसे माफी माँग रही थी उस दिन के लिए।'

'अच्छा उस भाई का क्या हुआ?'

'वो तो छोड़ दिया उसने, भाई नहीं था प्रेमी था।'

'मैंने तो तभी कहा था, आपको कब पता चला?'

'तभी।'

'बताया नहीं आपने?'

'वो हमारी जिन्दगी नहीं, बताने से क्या मतलब? फिर तुम्हें बुरा लगता।'

'ठीक है कह देना माफ किया, बस इतनी ही बात हुई?'

'नहीं, मैं देवता हूँ, तू देवी है, वो मुझसे बात करना चाहती है, दफ़्तर में मुझे देखकर उसे तसल्ली मिलती है वगैरा, तुझसे इजाजत भी माँग रही थी ताकि मुझसे बात कर सके।'

'अरे? देवी-देवता तो ठीक है पर अब ये आपके चक्कर में है क्या?'

'अरे यार, गरीब लड़की है बहक गयी थी अब रास्ते पर आना चाहती है, दरअसल अभी तक उसे कोई ढंग का इनसान मिला ही नहीं, जो मिला भोगने के लिए तैयार, ऐसे में कोई तारणहार टाइप का इनसान मिले तो सबकी इच्छा उससे बात करने की या उसके नजदीक रहने की होती है, जरूरी नहीं कि वो प्रेमी ही हो, क्या तेरे साथ ऐसा कभी नहीं हुआ?'

'हाँ हमारी टीचर थीं एक शकुन्तला दीदी, बहुत अच्छी थीं मेरा मन उनसे मिलने या बात करने का होता था, वो कॉलेज नहीं आतीं तो अजीब सा लगता था।'

'फिर अब मैं तुझे लैस्बियन समझूँ?'

'ये क्या होता है?'

'औरत से सम्बन्ध रखने वाली औरत।'

'हे देवी मइया, वो बहुत अच्छी महिला थीं हमेशा सबकी मदद करने वाली।'

'वही, वही, जरूरी नहीं कि वो मुझे पटा रही हो, देख अंजू कुत्ता भी उसी घर पर पूँछ हिलाता है जहाँ उसे टुकड़ा मिलता है, जब एक बार टुकड़ा डाला तो दोबारा आने पर डंडा नहीं मारा जाता, टुकड़ा ही डाला जाता है।'

'आप जानो जी आपने ज्यादा दुनिया देखी है, आपका इतना भरोसा तो है कि आप मेरा या बच्चों का बुरा नहीं करोगे, वैसे भी हमारे पास दान धर्म को तो कुछ है नहीं, हाथ-पैरों से सिखाने-पढ़ाने से ही किसी की मदद हो जाय तो ये भी पूजा से कम नहीं।'

'वही, दो बुरे लोगों से तो बचा दिया उसे।' वे उत्साहित हुए।

'आप सच में बहुत अच्छे हो लेकिन बहुत भोले, इसलिए डर लगता है, लेकिन भगवान है वो अच्छों का बुरा नहीं करता।'

इस तरह उदय जी ने फिर एन.ओ.सी. ले ही ली।

# चौबे जी

आप कहेंगे चौबे जी कौन? हम कहेंगे एक और नायक, बाप रे एक और नायक? आपके मन में हजारों हजार प्रश्न घुमड़ रहे होंगे जैसे--नायक है तो बाकी नायकों के साथ क्यों नहीं खड़ा? यहाँ कथा के बीचोंबीच क्यों आ मरा? इसकी क्या जरूरत थी आदि-आदि। दरअसल कथाकार ब्रह्मा या यमराज नहीं होता कि विधि-विधान के अनुसार पैदा करे या मारे, कथा चरित्र अपने आप पैदा होते हैं, अपनी मर्जी से मरते हैं, जहाँ चाहे कथा को ले जाते हैं, कथाकार तो बस जरिया है आपको वहाँ तक पहुँचाने का, अब ये चरित्र कथा के मध्य में खुद ही आ कूदा तो कथाकार क्या करे। दूसरा ये कि ये चरित्र खुद ही ऐसा है कि बाकी नायकों के साथ खड़ा होने में हेठी समझता है, जिस यूरेनल में स्टाफ मूत्र विसर्जन कर दे, उस पर लाल कलर से क्रास का निशान खुद लगा देता है, ताकि सनद रहे और आइन्दा वक्त पर काम आवे कि इस यूरेनल में कभी किसी स्टाफ ने अपना गन्दा क्लास थ्री बटा फोर मार्का मूत्र विसर्जित किया था। ये हैं आदरणीय गिरीश चंद्र चौबे, उम्र सैंतालीस, डिवीजनल इंजीनियर, इनके आगे आदरणीय पहले से इसीलिए लगाया है कि ऐसा न करने पर इज्जत हतक के आरोप में बाकी नायकों को मेमो पकड़ा सकते हैं। ये केवल नाम के नहीं काम के भी चौबे हैं, अधिकारियों के बीच उनकी वो छवि है जो स्टाफ में कटारे जी की, यानी जब तक ये सामने रहते हैं बड़े-बड़े अधिकारी इन्हें गुरुजी का सम्बोधन देते हैं, पीठ फिरते ही– वैसे यार ये है बहुत मा...

चौबे जी सब जानते और समझते हैं और इस मा....वाले विशेषण को वे रेल मंत्री पुरस्कार की तरह ग्रहण कर, सँभाल कर रखना चाहते हैं, किसी को धमकाते समय वे खुद स्वीकार करते हैं– देख बे भो... के, मैं बहुत मा.....हूँ, शिनाख्त करनी है तो किसी से भी कर ले। यही कारण है कि कटारे जी से इनकी जबरदस्त जमती है, गाहे बगाहे ये कटारे जी को गुरुमंत्र देते, शिष्य मंत्र लेते रहते हैं–

'देख बेटा कटारे जिसकी ऐसी तैसी करना है उससे कहना थोड़ी है कि हम तेरी ऐसी तैसी करेंगे, उसे तो प्यार से चेम्बर में बुलाओ नाश्ता कराओ, ऐसी तैसी तो जब करना है तब कर ही देंगे अपन ऐसे भी बहुत मा... आइटम हैं जिसे शिनाख्त करना हो कर ले।'

अपनी झूठी तारीफ सुनने में इन्हें सच्ची तारीफ से ज्यादा मजा आता है क्योंकि सच्ची तारीफ के बाद आदरणीय मुस्करा कर ये नहीं कह पाते–

'कटारे वैसे ये मा...तो बहुत बन रहा था, पर हमारे सामने कहाँ ठहरेगा क्यों?'

'सवाल ही नहीं उठता साब आपके सामने कौन टिकेगा मा.....पने में।'

अब वे सच्ची तारीफ पर गुर्रायेंगे–

'तू भी भो...के औकात भूल रहा है।'

'मैं तो आपका चेला हूँ गुरुजी।'

अब वे झूठी तारीफ पर मुस्करायेंगे–

'आया साले मा.....पने पर।'

उपरोक्त संवाद से आप समझ ही गये होंगे कि ये कटारे जी की सुपरलेटिव डिग्री के सन्त हैं, कई लोग बताते हैं कि अफसरी का प्रमोशन इन्होंने फर्जीवाड़े से अपने पन्द्रह सीनियरों को पीछे करके लिया था, पर न्यायपालिका में इनकी असीम आस्था इन्हें पद पर बनाये रखे है–

'देख बेटा कटारे, वो फर्जीवाड़ा हो कि अर्जीवाड़ा हमारी न्यायपालिका हमारे साथ है, कब्जा सच्चा झगड़ा झूठा, कितने भी घोड़े खोल लें भो.....के, अपन अफसर हैं तो हैं, रहा केस सो पाँच साल कैट में चलेगा, आठ साल हाई कोर्ट में, रिटायर होने से एकाध महीना पहले डिसाइड हो गया तो रिव्यू की अर्जी लगा देंगे, अपन ऐसे भी बहुत मा... आइटम हैं जिसे शिनाख्त करना हो कर ले।'

बहरहाल मिलनसार हैं, कुशलवक्ता हैं, भ्रष्टाचार से ओतप्रोत होने के बाद भी गाँधीवाद या लोकपाल पर पन्द्रह मिनट बोलने की सामर्थ्य तो रखते हैं, हँसी-मजाक किसी से भी कर लेते हैं, नियमित रूप से सुबह सुन्दर कांड का पाठ, शाम को विजय माल्या जी के चरणामृत का भरपेट आचमन करते हैं, कई बार बहक कर चपरासियों को भी गले लगा लेते हैं। लेकिन इसके बावजूद 'आयम द बेस्ट' के मर्ज से बुरी तरह पीड़ित हैं, अपने कार्यक्षेत्र में किसी भी मामले में ये पीछे नहीं रहना चाहते, चाहे मा ...पने में या बड़प्पने में। जूनियर का खुद से आगे निकलना इन्हें बर्दाश्त नहीं खास तौर पर क्लास थ्री बटा फोर का, हालाँकि भर्ती ये भी थ्री क्लास में हुए थे, अपनी संवैधानिक प्रतिभा पर अफसर बने हैं। मामला चाहे काम का हो, दाम का हो, चाहे राम का, रिश्वत का हो या दान का, शराबनोशी हो, शबाबबोशी हो, कला हो या गला हो आदरणीय को पीछे रहना सख़्त नाकाबिले बर्दाश्त है। उदय जी ने जब जब भी दफ़्तर में परफार्म किया है तो इन्होंने भी किया है और परफारमेन्स के बाद हर बार बड़े साब की तरफ गर्व से देखा भी है, कोई प्रतिक्रिया न मिलने पर धीमे से बुदबुदाते हैं–

'पच्चीस साल से न लिखा न गाया उस लिहाज से तो अच्छा ही था सर, अब उदय तो प्रोफेशनल है।'

बड़े साहब मजबूरन कहते हैं–

'नहीं नहीं अच्छा था तुम्हारा भी।'

और आखिरकार चौबे जी झूठी तारीफ सुन ही लेते हैं, वरना उदय जी के बनाये नक्शे और ऐस्टीमेट में मैमो देने लायक बीस कमियाँ चौबे जी कभी भी निकाल सकते हैं। नायक ये साल भर तक तो नहीं थे, लेकिन जैसा कि ख्यात और ज्ञात है आयम द बेस्ट का मर्ज पता नहीं इनसे क्या-क्या करवा सकता है ये खुद नहीं जानते। यौन चरित्र के मामले में कभी पत्नीव्रता तो नहीं रहे, लेकिन पीछे भी किसी के नहीं लगे, ठेकेदारों से मिली उपहार बालाओं को कई बार भोग चुके हैं, एक बार भोगने के बाद अपनी अस्थायी यौन सहचरी को कभी भूल से भी पहचाना हो इन्हें याद नहीं। लेकिन अब मामला अलग है, पहले इन्होंने सिन्दल साहब को नायिका में रुचि लेते देखा, इन्हें कोई ऐतराज नहीं हुआ, क्योंकि इन्हें तय था सिन्दल साब की दाल नहीं गलना, मतलब आयम स्टिल द बेस्ट, फिर एक दिन छोटे मिश्रा जी ने इनसे मलखान यादव कांड की चर्चा की—

'चौबे जी ये अपना जादब बाबू का दिमाग भी चल गया लगता है, बताइये तो इस उमड़ में नयी छोकड़ी पड़ डोड़े डाल रहे हैं, अब चलिए कई बाड़ लग जाता है दाँव, पड़ सामने वाले को कनफड़म होना चाहिए कि आप कुछ तो भी भला कड़ सकते हैं, अब हाजिड़ी रजिस्टड़ के दम पड़ आप हाथ पकरियेगा तो का होगा, ओ छोकड़ी हमड़े पास आ गया, ओ तो हम दोनू को समझा दिये, कहीं बरा मिसड़ा जी तक बात पहुँचता पूड़ा डिपार्टमेंट का अफसड़ बदनाम होता।'

चौबे जी को प्रसन्नता हुई कि उनकी आयम द बेस्ट की चल वैजयन्ती उनके पास बरकरार थी।

'चूतिये हैं साले, ज्यादा फड़फड़ा रहा था तो हमें बता देता।'

'मतलब? कैसा बात कड़ते हैं गुरुजी, आप उस छोकड़ी का विकल्प कैसे हो पायेंगे भला?'

'आये साले मा....पने पर, अबे किसी भी ठेकेदार को बोल देते इससे बढ़िया और कम उमर की मिल जाती, तुम्हें भी खुजली हो तो बताओ, जब कहो जहाँ कहो अपन ऐसे भी बहुत मा.... आइटम हैं जिसे शिनाख्त करना हो कर ले।' ये कहते हुए गर्व से उनका सिर ऊँचा हुआ, अभी भी वे आयम द बेस्ट थे।

फिर एक दिन शाम को आफिसर क्लब में मदिरा देव विजय माल्या इनके सर आ गये और उस शाम बड़े साब के अर्दली भीखा खचेरू से वर्बली इन्टिमेट हो गये और बात यादव जी से शुरू होकर कौशिक जी, राजा सिंह जी और सिन्दल साब तक पहुँच गयी, अपना और अपने गुरु उदय जी का नाम भीखा ने उम्मीदवारों की सूची में से जान बूझ कर हटा दिया। नशे में होने के बावजूद कौशिक जी को मच्छर उन्होंने वहीं घोषित कर दिया पर राजा सिंह जी ने उनके आयम द बेस्ट के खिताब को चुनौती दे दी है, ये वे जान गये और उसे बचाने की मुहिम अगले दिन से ही शुरू कर दी।

उन्हें आश्चर्य तब हुआ जब निगाहबीनी राजा सिंह जी की शुरू की पकड़ में उदय जी पहले आये, वैसे भी जब आप शिद्दत के साथ इंडिया की खोज पर निकलते हैं कुछ न कुछ मिलता जरूर है, भले ही वेस्ट इंडीज हो, वहाँ कोलंबस नायक बने यहाँ चौबे जी नायक बन गये। दूसरे ही दिन उन्होंने सुबह उदय जी को नायिका को पुस्तक भेंट करते हुए देख लिया और शाम को नायिका की सीट पर मिठाई खाते। मिठाई भले ही सिन्दल साब ने भी खाई थी इन्होंने नहीं देखा, इससे एक और मनोवैज्ञानिक तथ्य प्रमाणित होता है कि दिखता वही है जो आप देखना या नहीं देखना चाहते हैं, जिससे सरोकार न हो वो दिखता ही नहीं। इन्होंने अध्ययन भी कर लिया– सिन्स उदय इज द बेस्ट अमोन्ग द क्लास थ्री एंड फोर, ही शुड बी टेकन अप। सबसे पहले इन्होंने कटारे जी से मीटिंग की–

'क्यों बे भो...के दफ़्तर में ही रहता है, कि हर वक्त कमाने की स्कीम सोचता रहता है।'

'आपका चेला हूँ गुरुजी।'

'फिर वही भो...के, चूतियागिरी हमने तो नहीं सिखाई तुझे, हम तो दफ़्तर में नाक, कान, आँख, गला सब खोल के बैठते हैं।'

'मैं समझा नहीं साब।'

'अबे वो तेरी चेली की बात हो रही है।'

'रेवती ने कुछ किया सर?'

'अबे उसे तू ही रख चाहे जैसी है पर माहौल तो खराब नहीं कर रही।'

'तब?'

'अबे वो मधु, साला भिंडी बाजार बना दिया है दफ्तर।'

'वो, क्या बताऊँ सर, जबसे आयी है गलतियों पर गलतियाँ, बदतमीजी पर बदतमीजी।' कटारे जी का प्रिय विषय आ चुका था।

'इसके अलावा?'

'इसके अलावा आपने भी कुछ देखा होगा।'

'वाकई तू मा....तो बहुत बनता है कटारे, पर हमसे ज्यादा नहीं है, किसी से भी शिनाख्त कर ले, पर छोड़ हमने भी देखा है, कौशिक, सिन्दल, राजा ये सब तो दूर से ही छू छू कर रहे हैं, पर उदय और लौंडिया तो खुल के कबड्डी खेल रहे हैं, वो गिफ्ट कर रहा है, लौंडिया मिठाई खिला रही है, पूरे दिन लौंडिया उसकी सीट पर, आँखों में आँखें, होठों पर मुस्कराहट मानो कालंगूट बीच पर या हैंगिंग गार्डन में बैठे हों, ये अच्छी बात तो नहीं, दफ़्तर है भाई।'

'सब मालूम है साब, हम तो झेल रहे हैं, ये तो स्टाफ के लोग हैं, ठेकेदार घेर के बैठे रहते हैं, उन्हें भी पूरी लाइन मिलती है साब।'

'कितने फख्र से कह रहा है, नहीं? हर तरह से तेरे लिए डूब मरने की बात है,

तू भला हो तो भी, हरामी हो तो भी, किसी अफसर को बताया तूने?'

'क्या बताते इस विभाग में आज तक बाबुओं का तबादले के अलावा कुछ हुआ है, तबादले से उसका भला ही होता, इस सीट पर काम तो है, भले ही आधा काम उदय कराये।'

'मतलब उदय के पास काम नहीं?'

'पता नहीं वो साला आदमी है कि जिन, कुछ भी दे दो, काम पूरा हाथ खाली, बड़े साब की गुड बुक में टॉप पर है।'

'फिर भी करना तो कुछ पड़ेगा इस लैला मजनूं की जोड़ी का।'

'उदय पर अटैक ठीक नहीं।'

'क्या उखाड़ेगा?'

'वो उखाड़े न उखाड़े पर अपन भी उखाड़ने की पोजिशन में नहीं, बड़े साहब मेहरबान हैं उस पर, आप दे दो मैमो, एक घंटे में खुद ही फाड़ना पड़ेगा।'

'फिर?'

'या तो उदय को साहब की नजरों में गिरायें जो कि मुश्किल और लम्बा काम है या उसकी खुद की नजरों में गिरायें वो भरपूर इमोशनल है, बहुत जल्दी क्विट कर लेगा, रहा सवाल लैला का, तो साहब को उसकी ए.बी.सी.डी. नहीं पता, उसे रगड़ा जा सकता है, उदय भी अपनी इमेज बचाने के लिए साहब से उसका बचाव नहीं करेगा।'

'तू तो बहुत मा... है कटारे पर हमसे ज्यादा नहीं, अब उदय को गिराना शुरू कर।'

'बराबरी का आदमी है साब और बदतमीज भी, ये तो आप ही कर सकते हो अफसर की बात में वजन भी होता है, चार आदमी मानेंगे भी।'

'हूँ, आज से उस लौंडिया के लिए पौने छह माने पाँच पैंतालीस पर कोई न कोई काम निकाल के रखना है ठीक।' उन्होंने पौने छह पर जोर दिया।

उसके बाद चौबे जी ने बिना कटारे को बताये नयी योजना बनायी, योजना पर अमल शुरू किया, साढ़े पाँच पर बड़े साब के चेम्बर में बैठकर पौने छह पर नायिका को बुलवाते, जाहिर है नायिका पाँच पचास की पंजाब के लिए निकल चुकी होती, वे धीमे से बुदबुदाते—

'ये हाल है सर।'

लगातार चौथे दिन जब उन्होंने कहा—

'ये हाल है सर।'

बड़े मिश्रा जी घूरते हुए बोले—

'चौथे दिन भी ये हाल है तो तुम्हारी सी.आर. का क्या करूँ?'

'अरे सर गरीब लड़की है यही सोचकर चुप हूँ।'

'गरीब है तो गोद ले लो, फिर मुझे क्यों जता रहे हो, मैंने बहुत बद्दुआ ले लीं, एकाध तुम भी लो, मेरे बुलाने पर वो गायब हुई तब शायद मैं ले लूँ।'

बाहर निकल कर धीमे से बड़बड़ाये—

'ये साला तो हमसे भी ज्यादा मा....है' लेकिन यहाँ सामने वाला आयम द बेस्ट की सीमाओं से परे था।

योजना के अगले चरण में उन्होंने नायिका की सहानुभूति ली—

'कल बड़े साब बड़े नाराज थे तुम पर।'

'बड़े साब हैं तो बड़े ही नाराज होंगे।' जवाब मिला, इससे चौबे जी को अनुमान लगा कि हड़का कर नायिका को प्राप्त करना मुश्किल है।

'कह रहे थे चार दिन से बुला रहा हूँ, पौने छह भाग जाती है।'

'केवल देखने के लिए बुलाते हैं क्या?'

'मतलब?'

'मतलब अगर काम था तो दूसरे ही दिन सुबह बता सकते थे, चार दिन तक इन्तजार की क्या जरूरत?'

स्वनामधन्य मा.....चौबे जी हड़बड़ाये।

'प...पता नहीं, पर नाराज काफी थे, मैमो दे रहे थे मैंने रोका।'

'थैंक्यू सर, पर मैमो से तबादला होता और एक पी.टी.ओ. बन्द होता, मैं भी तबादला चाहती हूँ।'

'तुम्हें इतना ज्ञान किसने दे दिया।' वे खीजे, उनकी निगाहों में उदय जी जबरन आ गये।

'किसी ने नहीं, खुद की मेहनत है।'

'कमाल है, इतनी काबिलियत बीस साल की नौकरी पर आती है।'

'ये तारीफ है?' वह मुस्करायी।

'वाकई।'

'शुक्रिया, पर बड़े साब ये सब क्यों नहीं समझते?' वह हँस कर चली गयी, चौबे जी और घायल हो गये, जब कपड़ों के अन्दर कैद है तब इतनी चुलबुली है, बिना कपड़ों की उन्मुक्तता कैसी होगी, चौबे जी निमग्न हो गये।

कुछ दिन बाद कटारे जी ने सूचना दी—

'अब तो और कमाल हो रहा है साब, दफ़्तर का माहौल खराब करने वालों को इनाम मिल रहा है।'

'किसको?'

'वही छोकरी।'

'उसे? किसने प्रपोज किया उसका नाम?'

'उदय ने।'

'उदय की है औकात इतनी?'

'औकात का पता नहीं, पर सैक्रिफाइस किया है मजनूं ने, बड़े साब ने उसका

नाम लिया उसने मधु का।'

'सीधा साहब के सामने?'

'नॉट एक्जैक्टली, ओ.एस. ने उदय से फोटो माँगा उसने मना कर दिया, कहा कि उसे तो कई बार मिल चुका है नये लोगों को दो जैसे मधु, रेवती, प्रेम वगैरा।'

'ये तो तीन हुए फिर मधु कैसे?'

'ओ.एस. को भी तो नम्बर लेने हैं, उसने मधु का नाम लिख दिया।'

'ठीक है तू जा, मजनूं की सिफारिश पर लैला को तो इनाम नहीं मिलेगा।'

और अगले ही क्षण वे बड़े साब के चेम्बर में थे--

'वो सर कुछ आउट स्टैंडिंग लोग हैं सेक्शन में इस बार इनाम के लिए।'

'हूँ।'

'एकाध यहाँ भी है।'

साहब ने घंटी दबायी--

'ओ.एस. को बुलाओ।'

ओ. एस. आ गया।

'क्या हुआ अवार्ड का?'

'बाकी तो हो गया, पर उदय ने मना कर दिया।'

'उसने पिछली बार भी मना किया था?' साहब की नजरों में उदय जी के लिए प्रशंसा चौबे जी ने देख ली।

'जी, पिछली बार उसने राजा का नाम दिया था।' ओ.एस. गुट के शर्मा बोले।

'इस बार?'

'मधु।'

'ठीक है, दे दो।'

'मगर सर आपने देखा ही है, पौने छह भाग जाती है, उसकी वर्किंग उदय को क्या पता? इंचार्ज परेशान है उससे, आपको नहीं पता सर, उदय तो बस...पूछिये मत, पूरा कवि है।' चौबे जी ने भांजी मारी।

'बताइये भी मत, यार चौबे जी आप अफसर हैं, ये क्लास थ्री टेन्डेन्सी छोड़िये, कौन क्या है क्या मतलब? ये पर्सनल चीजें हैं, उदय अच्छा वर्कर है, अच्छा कवि है, एक बार को आपकी बात मान भी लें तो पिछली बार उसने राजा का नाम लिया था, अब राजा से भी उसका कुछ चक्कर रहा होगा, वो मना कर रहा है ये प्रशासनिक स्तर पर अच्छी बात है, नये लोगों को इनाम देने से रुचि और उत्साह बढ़ता है।'

'नये तो कई हैं सर, फिर क्लास थ्री के रिकमन्डेशन पर इनाम देने से मैसेज अच्छा नहीं जाता, वो भी हर बार, पिछली बार आपने उदय की बात मानी पर इस बार....'

'ठीक है इस बार तुम बता दो।'

'रेवती भी अच्छी वर्कर है सर।'

‘ठीक है उसे दे दो, ये इतना बड़ा मुद्दा नहीं कि बहस की जाय।’

चौबे जी खुशी खुशी बाहर आ गये, पन्द्रह मिनट बाद उन्होंने नायिका को बुलाया—

‘बड़े साब बड़े नाराज हैं तुम पर।’

‘बड़े साब हैं तो बड़े ही नाराज होंगे।’

‘अरे वो इनाम के लिए तुम्हारा नाम दिया था हमने, भड़क गये कहने लगे इसे तो बिल्कुल नहीं।’

‘कमाल है, कल उदय जी बता रहे थे कि उन्होंने नाम दिया था, मैंने थैंक्स भी बोल दिया।’

वे हड़बड़ाये—

‘अपनी औकात के हिसाब से तो दिया था उसने, ओ.एस. को, हमने बड़े साब के सामने समर्थन किया और सुन भी ली तुम्हारी वजह से।’

‘आयम सॉरी सर, पर न तो मैंने उदय जी को बोला न आपको, इनाम भी मिला नहीं सॉरी थैंक्यू मुफ्त में बोलना पड़ा।’ वह नाराजगी के साथ मुस्करायी।

चौबे जी.....उफ... फिर घायल हो गये, दफ़्तर में ये अदा...बिस्तर में क्या होगी।

## 18

आज उदय जी बहुत चहकते हुए दफ़्तर में घुसे थे, मधु के रात ग्यारह बजे के वार्तालाप ने उनकी निगाह में प्रमाणित कर दिया था कि मधु उनसे प्रेम करने लगी है, हालाँकि उदय जी ने अपने पत्ते नहीं खोले थे, रात को पहली बार उन्हें अपने स्वभाव पर मलाल नहीं था, अब तक वे अपने अहंकारी स्वभाव पर गर्व करने के बाद मलाल भी करते आये थे लेकिन उन्हें अब लग रहा था कि देर आयद दुरस्त आयद, बयालीस की उम्र में उन्होंने वो तीर मारा था जिसे लोग जवानी में नहीं मार पाते। कैसा लार टपकाता घूमता था कौशिक? कैसा मिठाई बचा के रखता था सिन्दल साब? कैसा रिरिया रहा था सिसौदिया? और तो और उसका जवान बॉय फ्रेंड? झटके में साफ, राजा तो नजदीक भी नहीं पहुँच पाया? बघेल? खुशबू सूँघ-सूँघ कर ही आहें भरता रहा, सबके सब उनसे आगे थे पैसे में, दरिया दिली में, मक्खन में पर जीता कौन? उनका वही अहंकारी स्वभाव जिसे वे प्यार करते आये थे और कोसते भी आये थे। देवता! भगवान! कौन कहलवा रहा है? उनके आदर्श, कौन बेचैन करता है उनकी अनुपस्थिति पर नायिका को? उनके आदर्श, कौन मजबूर करता है नायिका को रात ग्यारह बजे? उनके आदर्श, सत्य की विजय होती है अन्त में, आदर्श ही जीतते हैं हमेशा चाहे प्रेम हो या युद्ध। वे अपने सारे आदर्शों, अहंकारी स्वभाव को अस्तित्व मानकर एक ही इच्छा रखे थे— पल भर के लिए कोई हमें प्यार कर ले, झूठा ही सही,

बल्कि अब तक तो भूल ही गये थे कि उनकी कोई ऐसी इच्छा भी थी, उस दिन रमेश बघेल ने न उकसाया होता, या कौशिक ने मधु से उनकी बुराई न की होती तो वे शायद सोचते भी नहीं। लेकिन उदय जी ने आदर्शों के साथ, अपने अहं के साथ समझौता नहीं किया, तो झूठा प्यार क्या सामने वाली उनकी इसी अदा पर सच में रीझ गयी बल्कि दीवानी हो गयी, मर्दानगी के भी नम्बर मिलते हैं प्रेम में, बल्कि ज्यादा नम्बर तो उसी के होते हैं, इसलिए ये तय है कि अब जो उनके आदर्श कहेंगे वो सिर्फ वही करेंगे। ये उदय जी की सोच थी, सत्य क्या है या ऐसी परिस्थितियाँ कब तक रहेंगी? भगवान ही जानता है और उदय जी तो भगवान को मानते ही नहीं।

'नमस्ते सर, जल्दी आ गये आज?' मधु ने सामने से गुजरते हुए उदय जी से मुस्कराते हुए पूछा, एक बारगी को उदय जी को महसूस हुआ कि वे शाम को जल्दी घर पहुँच गये हैं और हमेशा की तरह मुस्कराते हुए अंजू ने यह प्रश्न पूछा है, यंत्रवत मुस्कराते हुए उन्होंने कन्धे से बैग उतारकर मधु की ओर बढ़ा दिया, जैसा कि वे हमेशा घर के दरवाजे पर प्रतीक्षारत अंजू की ओर बढ़ाते हैं।

'हाँ ये लो।'

'सर य...ये क्या?' मधु ने उन्हें नींद से जगाया।

'अरे...सॉरी, क्या कह रही थीं तुम?'

'नमस्ते जल्दी आ गये' वह अपेक्षाकृत जोर से बोली।

'नमस्ते...तुम भी।'

'बताऊँगी सीट पर आकर।' वह फुसफुसायी, हालाँकि अभी तक कम ही लोग आये थे।

आधा घंटे बाद वह फाइल लेकर उदय जी के पास आयी, बेफिक्री से बैठ गयी।

'हाँ बताओ।' वे बोले।

'नींद नहीं आयी रात को, इसीलिए आज जल्दी आ गयी।'

'अच्छा नींद क्यों नहीं आयी?'

'बस यही सोचती रही दीदी परमिट करेंगी या नहीं, जल्दी से जल्दी जानना चाहती थी।'

'परमिट कर दिया।'

'सच? कितनी अच्छी हैं दीदी।'

'इसलिए कि जीजाजी भी अच्छे हैं, कौशिक की बीवी से बात करना पता चल जायेगा।'

'आप जानते हैं उसे?'

'नहीं पर व्यक्ति का व्यक्तित्व उसके स्पाउस का व्यक्तित्व बता देता है, ये इसलिए ऐसा दीन हीन है क्योंकि इसकी बीवी डोमिनेंट है।'

'आप तो? वाकई, इतना ज्ञान आपने कैसे लिया? इसकी बीवी तीसमार खाँ है

महा लड़ाकू, तीन दिन तो मेरी बहन से लड़ चुकी है।'

'तुम्हारी बहन से?'

'हाँ मैंने कौशिक को वही घर का नम्बर दिया था जो पहले आपको, एकाध बार बात भी हुई, वो रेगुलर चैक करती है, मेरा नम्बर देखकर उसे शक हुआ और वो मेरी बहन को लगा के कहने लगी कि मैं कौशिक को मिस कॉल करती हूँ, बहन ने भी खरी-खरी सुना दीं, उसने तीन दिन तक ऐसा किया फिर हमने नम्बर ही बदल दिया।'

'तुमने कहा नहीं कौशिक से?'

'कहा, वो माना ही नहीं, असल में उसकी हिम्मत नहीं हुई होगी वो तो मुझे पैसे देकर कम्पनसेट कर रहा था कि मैं नयी सिम ले लूँ।'

'फिर ऐसे आदमी से वास्ता रखने का क्या मतलब?'

'क्या करूँ? जहाँ जाती हूँ आकर बैठ जाता है।'

'मना कर दो।'

'कर दिया, नहीं मानता।'

'मेरे सामने करो, फिर तुम्हारे पास आये तो मारूँगा साले को, इसका तो बाप भी मानेगा।'

'अरे...इतनी जल्दी एक्साइट होते हो आप तो.....इसमें बदनामी नहीं होगी।'

'देख मधु ये तू जानती है कि मैं बाकी से अलग हूँ, तेरे सिर पर हाथ रखा तो निभाऊँगा, मैंने अब तक बहुत कम रिश्ते बनाये पर जितने बनाये निभाये, खत्म भी मेरी ओर से कभी नहीं हुए, मैं बदनामी की परवाह नहीं करता।'

'मगर मैं तो करती हूँ, मर्दों का क्या बदनामी तो औरत की ही होती है।'

'लेकिन मेरे साथ नहीं चलेगा।'

'अब कसम न खा लेना कि कौशिक साथ में दिखा तो बात नहीं करोगे।'

'लेकिन कुछ करना पड़ेगा।'

'सोचती हूँ किसी दिन अकेले में बेइज्जती कर दूँगी तो मान जायेगा शायद।'

'ये तू जाने, पर मैं किसी का होता हूँ तो पूरी तरह होता हूँ, तुझे पैसा छोड़कर जो भी चाहिए बता, और जब पैसा आ जाये तो वो भी माँग लेना, मैं अधिकार की बात पहले कभी नहीं करता, पहले कर्तव्य, कभी भी आधी रात एक फोन करना उदय तेरे सामने खड़ा होगा, तू चाहे तो मैं तेरे बीमार दादा को अस्पताल ले जाऊँ, तू चाहे तेरी बहन के लिए लड़का देखने चला जाऊँ, तुझे तेरी बहनों को कोई छेड़े तो लड़ने चला जाऊँ, मैं बदनामी से नहीं डरूँगा लेकिन उसके लिए तुम्हें मुझे अपना विश्वास देना होगा, ये नहीं चलेगा कि मैं तेरे लिए खटता रहूँ और तू मेरी बात इधर से सुने उधर से निकाल दे।'

'आपकी यही बातें तो सोने नहीं देतीं मुझे, सच दीदी कितनी भाग्यशाली हैं।'

'जलती है?'

'शायद...काश...'

'काश क्या?'

'छोड़ो।'

'नहीं बता।'

'अगर आप दीदी से पहले मुझे दिख गये होते तो बाँध के रख लेती, किसी को देखने भी नहीं देती।'

'बाप रे! इसीलिए मैं अंजू के पल्ले पड़ा, उसने तो खुला छोड़ रखा है।'

'पता है अब तो ऐसा लगता है कि जल्दी से दफ़्तर पहुँचूँ और आपका चेहरा देख कर शुरुआत करूँ दिन की।'

'मुझे पता है अपने चेहरे के बारे में कि कितना सुन्दर हूँ।'

'देवता सुन्दर सा बदसूरत नहीं होते, इनसान की श्रद्धा उन्हें सुन्दर या बदसूरत बनाती हैं, जितने भी पुराने मन्दिर हैं उनमें सारी मूर्तियाँ असुन्दर हैं, फिर भी उनकी मान्यता ज्यादा है।'

'यार अब तो ये देवता का राग बन्द कर।'

'सच बताऊँ जब गाड़ी आती है स्टेशन के जस्ट पहले वाले पुल से आप गुजरते हो, गाड़ी धीमी होती है कई बार रुक जाती है, एकाध बार देखा है आपको, मैं हर बार पुल के नीचे आपको तलाशती हूँ, आज गाड़ी रुकी थी मैंने झाँक कर देखा तो नीचे खड़े एक आवारा ने आँख मार दी।'

'अच्छा? फिर?'

'फिर को क्या गाड़ी में से कूदती? निगाह हटा ली, पर हर मर्द यहाँ एक जैसा है, औकात है नहीं है फिर भी लड़की को भोगना चाहते हैं, आपके अन्दर यही बात नहीं वही आपको देवता बनाती है।'

'देख मधु मैं मानता हूँ कि मैंने जीवन में कोई तीर नहीं मारा, फिर भी मैंने जितने सम्बन्ध बनाये उनमें कभी न पैसा चाहा, न ऐशो-आराम, न किसी का शरीर, मैं तो व्यक्ति की आत्मा जीतने की कोशिश करता हूँ, भोगने के लिए शरीर तो है मेरे पास, तुझसे सुन्दर तुझसे सुगढ़।'

मधु को तुलना अच्छी तो न लगी पर वह फिलहाल उदय जी के आदर्शों से टकराना नहीं चाहती।

'वही तो दिखा आपके अन्दर।' वह बोली।

'और उदय क्या चल रहा है?' गुजरते हुए चौबे जी ने वहाँ ठिठककर विघ्न पैदा करते हुए अपनी उपस्थिति दर्ज की।

'नमस्ते सर' दोनों एक साथ बोलकर खड़े हुए।

'और मधु कैसी हो क्या चल रहा है?'

'व...वो सर हिन्दी कराने आयी थी।' उसने फाइल की ओर इशारा किया, चौबे

जी ने फाइल उठाकर उल्टा पल्टी की।

'ये तो बहुत आसान है तुम नहीं कर पातीं? एम.एससी. हो शायद?'

'पर हाईस्कूल की पोस्ट पर हूँ सर, वैसे भी एम.एससी. में ग्रामर नहीं होती।'

'ये दसवीं की ही ग्रामर है क्यों उदय?'

'है तो पर हैड क्लर्क भी नहीं कर पाते।'

'और अपना उदय तो काबिल है, अपना काम तो निपटा लेता है बाकी लोगों का भी...'

'अब सर जैसा भी हूँ, आपका हूँ।'

वे झूठी तारीफ पर मुस्कराये।

'वैसे उदय तू भी बड़ा...' मधु की मौजूदगी में उन्होंने उदय जी को अपना पेटेंट विशेषण अलॉट नहीं किया और चले गये।

'ये भी ना बड़ा कमबख्त है।' उनके जाने के बाद मधु बोली।

'कुछ कह रहा था?'

'नाटक करता है, रोजाना पौने छह बजे बड़े साब के चेम्बर में घुस जाता था वहाँ से भीखा को भेजकर बुलवाता था, फिर एक दिन बोला—बड़े साब बड़े नाराज हैं तुमसे, मैंने भी कह दिया नाराज हैं तो उखाड़ लें पूँछ।'

'जो तुम्हारे है नहीं, सच लड़कियों के पूँछ होती तो कैसी लगतीं, कैसी-कैसी सजावट करते तुम लोग उस पर...'

'आपको तो बस...भीखा बता गया था मुझे कि बड़े साब नहीं यही बुलाता था मुझे डाउन करने के लिए।'

'सावधान रहना कटारे का बाप है ये, दोनों प्रेशर बना कर ही झुकाते हैं।'

'पता है मुझे, मुझे भी प्यार से ही जीता जा सकता है आपकी तरह, दादागिरी वालों से नहीं डरती मैं, आप चिन्ता न करो।'

'अच्छा छोड़ो, तुम्हें पता है नींद क्यों नहीं आती?'

'आप बताओ।'

'ये लो तुम्हारी अनिद्रा का गीत।'

उदय जी ने रात को लिखे गीत का प्रिंट आउट निकाल कर उसे पकड़ा दिया, जिसे बड़े साहब के चेम्बर से वापस लौटते हुए चौबे जी ने देख लिया और थोड़ी देर में उदय जी को चौबे जी का अर्दली बुलाने आ गया।

'और उदय क्या चल रहा है?'

'नौकरी चल रही है साब।'

'अच्छा? वो नौकरी ही थी।' वे उपहास के अन्दाज में मुस्कराये।

'हाँ कोलीग की मदद करना नौकरी ही होती है साब, मेरे खयाल से बड़े साब का भी यही विचार है।' उन्होंने चिढ़ाया।

'वैसे उदय तू बनता तो बहुत है, पर हमसे ज्यादा मा......नहीं, चाहे तो शिनाख्त कर ले किसी से भी।'

'अरे साब मुझे तो यकीन है मैं क्यों करूँगा शिनाख्त?' उन्होंने फिर चिढ़ाया।

'है तो तू भी, खैर...क्या दिया था छोकरी को?'

'आप क्यों शिनाख्त कर रहे हो साब, सच बोल दिया तो आपको तकलीफ होगी'

'मुझे क्यों होने लगी? मेरे खानदान की है क्या?'

'सच वो नहीं साब सच ये है कि कविता दी थी पढ़ने को बस।'

'ये तेरा काम है? कोलीग की मदद...'

'साब कोलीग को साहित्य की समझ भी होनी चाहिए ताकि जब आप कविता सुनायें तो उसकी समझ में आ जाये, और काम तो जितना बड़े साब ने दिया है समझ कर ही दिया है, वैसे आपकी मेहरबानी से निल पेन्डिंग वाला इकलौता बन्दा हूँ दफ़्तर में।'

'तू साले बहस बहुत करता है, खैर हमें क्या? पर सीनियर मान ले, अफसर मान ले, बड़ा भाई मान ले, ये सब अच्छी बात नहीं अब हम लोग चालीस से ऊपर हो गये।'

'स्साला नैतिकता में वॉक ओवर माँग रहा है....' उदय जी ने सोचा फिर प्रकट में बोले–

'मैं भी आपका सम्मान करता हूँ सर, पर ये सब आपने अपने चेले को नहीं समझाया?'

'चेला...? हमारे तो सभी चेले हैं तू भी, बता आज तक कुछ भी बोला हो तुझे? हमेशा दोस्तों जैसा ही व्यवहार किया है, चाय पीयेगा?'

उदय जी को उनकी हस्ताक्षर सूक्ति याद आयी– 'जिसकी ऐसी तैसी करना है उससे कहना थोड़ी है....'

'नहीं साब आधा घंटा तो वो खराब कर गयी, अब काम देख लूँ? आप तो जानते हैं कि मैं निल पेन्डिंग वाला आदमी हूँ।' कहते हुए वे बाहर निकल गये–

चौबे जी ने घंटी दबाई–

'कटारे को बुलाओ।'

उदय जी बाहर पहुँचे तो राजा सिंह जी की सीट पर मीणा जी ने बुलाया–

'कहा था इन माई यूथ....' वे फुसफुसाये।

'हाँ सही रिपोर्ट थी तेरी।'

'क्या बोला?'

'बोलने को क्या घंटा है उसके पास, बड़ा साहब जिन्दाबाद, क्या उखाड़ेगा ये? मैंने समझा दिया इशारे से कि मैं तो निल पेंडिग वाला आदमी हूँ, सर पर बड़े साब का हाथ है बता क्या उखाड़ेगा तू?'

'फिर?'

'फिर क्या चाय ऑफर कर रहा था।'

'ओह पार्टनर शिप का इरादा है? इन माई यूथ।'

'नहीं, नैतिकता के आधार पर वॉक ओवर माँग रहा था, मैंने भी कह दिया कि पहले अपने चेले को रोक...देख बुला लिया कटारे को, घुस रहा है अन्दर, अब प्लानिंग करेंगे दोनों मा....' वे हँसे।

'वैसे उदय अपन सरीखा कोई होता तो इसने पार्टनरशिप कर ली होती इन माई यूथ।'

'अबे बाप का राज है? फिर तू भी ऐसे कह रहा है जैसे मेरे बाप का माल हो वो लौंडिया, हो भी तो मैं कोई दल्ला हूँ? ये काम कटारे करता होगा, कुछ नहीं है भाई मैं भी कौशिक की तरह परमारथ में ही फँसा हूँ, बस मैं कौशिक की तरह छुपाता नहीं हूँ, मजाक को सीरियस नहीं लेता खुश रहता हूँ।'

'अबे इसी अदा पर तो बाजी मारी है तूने।' वे हँसे।

'तेरी ऐसी तैसी।' वे भी हँसे।

मीणा जी चले गये, राजा सिंह जी धीमे से बोले—

'क्या दिया था मधु को, जिसे देखकर चौबे जी कुढ़े थे।'

'कविता थी।'

'हमें नहीं सुनाई?'

'अब सुन लो, यह प्रेम के अंकुरण यानी आकर्षण की स्थिति का गीत है।'

उन्होंने सुनाया।

'अच्छा है, लेकिन ये स्थिति है किसकी?' समाप्ति के बाद राजा सिंह जी बोले।

'मधु की जैसा उसने बताया।'

'और गीत आपने लिखा?'

'तुम विषय दे दो, शाम तक ले लेना, मुझसे गीत ग़ज़ल लेकर कई लोग कामयाब हुए हैं, दरअसल कविता कला भी है राजा, और अब तो कला और गला ही रह गयी है, जरूरी नहीं कि खुद महसूस करके लिखो।'

'अगर उसके हिसाब से भी उसकी ये स्थिति है तो भी अच्छी स्थिति नहीं, आप क्यों बढ़ावा दे रहे हैं उसे?'

'देखो राजा मैं कितना भी बुरा बनूँ तो भी सिसौदिया, चौबे, कटारे या कौशिक न बन पाऊँगा, तुम्हें डर है कि मैं भी इन्वॉल्व न हो जाऊँ, मान लो हो गया तब? मैं कम से कम वो सब तो नहीं करूँगा जो सिसौदिया करेगा, तुम क्या चाहते हो कि मैं इसे धकियाकर वापस उसी रास्ते पर भेज दूँ जिसे मैं और तुम गलत समझते हैं।'

'वो आपको प्रेम करने लगे तो?'

'करने लगे, अपने प्रेम की सीमाएँ वो जानती है, अलग तो होना ही पड़ेगा और ऐसा प्रेम के इतिहास में नाइंटी परसेन्ट होता आया है।'

'फिर क्या मतलब?'

'क्या मतलब? तुमने एक दिन पूछा था– और क्या अहदे वफा होते हैं, लोग मिलते हैं जुदा होते हैं, इसका मतलब, मैंने बताया भी था कि प्रेम की सार्थकता उसे प्राप्त करने में नहीं, अलग होने में ही है, अब वो भले ही सिसौदिया, चौबे, कटारे या कौशिक से प्रेम करे या गेम खेले या शारीरिक सम्बन्ध बनाये लेकिन अलग तो उसे उनसे भी होना पड़ेगा किसी दिन, ताजा-ताजा एक पुराने प्रेमी से अलग हुई भी है और दोनों खुश हैं, लेकिन क्या वे लोग उसके लिए मेरी तरह सोच पायेंगे? मुझसे प्रेम करके भी वो तो फायदे में ही रही, और मैं उसका फायदा सोच रहा हूँ।'

'अच्छा कभी आप भी इन्वाल्व हो जायें तब?'

'दिल में रखेंगे भाई, बीवी को नहीं बतायेंगे, बाकी इसका भला तो वो धार्मिक महिला भी चाहती है।' वे हँसे।

'क्या ये भाभी के साथ अन्याय नहीं होगा?'

'नहीं, अन्याय तब होगा जब मैं उसके किसी भी अधिकार का हनन करूँ, मेरे मन में कोई बात है उससे क्या फर्क पड़ता है? हिन्दुस्तान में कम से कम एक लाख विवाहित पुरुष ऐसे होंगे जो ऐश्वर्या के दीवाने होंगे, ऐश्वर्या कह भर दे गला काट के उसके कदमों में रख देंगे, मुझे नहीं लगता कि उनकी पत्नियाँ उनसे नाराज भी होंगी।'

'दोनों अलग बातें हैं फिर भी प्रेम केवल मन में नहीं रखा जा सकता हरकतों से अपने आप बाहर आ जाता है।'

'अच्छा तेरे साथ ऐसा कितनी बार हुआ?' वे हँसे।

'एक भी बार नहीं, बस सुना है।'

'सुनी बातों पर भरोसा मत किया कर राजा, या हम जैसे किसी खास से सुने तो भरोसा कर।' वे फिर हँसे।

'अच्छा सब ठीक रहा तब भी अलग तो होना पड़ेगा तब दुख नहीं होगा?'

'होगा, लेकिन अलग तो मैं अपनी बहन से भी हुआ था, बेटी से भी होना है। ये सोचकर न मैंने अपनी बहन से कम प्यार किया था, न बेटी से कम कर रहा।'

'ये उससे कम्पेयर नहीं हो सकता।'

'क्यों? ये भी प्रेम है और वो भी, इसमें अलग सिर्फ इतना है कि मैं इसके मामले में शारीरिक रूप से स्वतन्त्र हूँ बस, बाकी कोई अन्तर नहीं, भिखारिन कितनी भी सुन्दर हो उदय ने सिर्फ उसकी दयनीयता देखी है राजा बस, उससे कितनी हमदर्दी कितना भी लगाव हो जाय उदय उसे छुएगा भी नहीं।'

'लेकिन अभी कुछ नहीं फिर भी चारों ओर कुहराम है, कुछ हो गया तब लोग....'

'ये लोगों की परेशानी है, वे जानें, मैं लोगों से कभी नहीं डरा, जब शराब पीता था तब बाप के अलावा किसी की शर्म नहीं की चौराहे पर बैठकर शराब पीता था, तलब लगी तो सुबह छह बजे भी ठेके पर पहुँचा हूँ, कभी डर नहीं लगा कि कोई देख

लेगा क्योंकि मुझे पता था कि शराब मेरा व्यक्तिगत मुद्दा है, लोगों से क्या मतलब?'

'अच्छा ये चौबे, कटारे?'

'फिकर नॉट, अन्दर वाला अपने फेवर में है।'

राजा सिंह जी आश्वस्त हुए, उदय जी के जाने के बाद बड़बड़ाये–

'ऐसा परोपकारी आज तक नहीं देखा उदय भाई, या तो आप बहुत बड़े झूठे हैं या हम लोग बहुत भाग्यशाली।'

उधर कटारे से मंत्रणा के बाद चौबे जी ने नायिका को बुलवाया।

'हाँ मधु वो मेरे सारे टेंडर नोटीफिकेशन चले गये?'

'आज चले जायेंगे सर, बो हिन्दी बाकी थी ना करा ली उदय सर से।'

'जरूरी है हिन्दी में भेजना?'

'ये सर आप कह रहे हैं? अपना शहर क क्षेत्र में आता है, तमिलनाडु वाले ही केवल अंग्रेजी में दे सकते हैं।'

'हाँ ये सरकार भी ना....हिन्दी हिन्दी...साला हिन्दी की भी हिन्दी करके रख दी है, पर तुम ये सब अपने सेक्शन में क्यों नहीं करातीं, कटारे है ना अपना...'

'वो करेंगे? सीधे मुँह बात तो करते नहीं।'

'अब करेगा मैंने समझा दिया है उसे।'

'रेवती मैम को दिक्कत नहीं होगी? फिर सर आप मुझे उनके पास क्यों भेजना चाहते हैं? काम हो रहा है ना।'

'म...मुझे मतलब नहीं पर दूसरे सेक्शन में जाना, वहाँ मदद लेना अपने सेक्शन की बदनामी होती है।'

'आपके तो दोनों सेक्शन हैं सर?'

'हाँ...हाँ... पर कटारे कह रहा था...लोग बात करते हैं तुम्हारे और उदय के बारे में।'

'तो मुझे और उदय सर को परेशानी होनी चाहिए, कटारे जी को क्या? वैसे उनके बारे में तो बहुत पहले से बातें हैं, वो क्या ये चाहते हैं कि दफ़्तर की सारी महिलाओं के नाम केवल उनसे जुड़ें, मैं पूछ लूँगी उनसे, इसी तरह।' उसने इसी तरह पर जोर दिया तो मा...चौबे जी भी मामूली हिल गये।

'न...नहीं रहने दो तुम्हारी मर्जी, मैं तो तुम्हारा भला...'

'थैंक्स सर आप चाहें तो आपसे करा सकती हूँ हिन्दी।' वह मुस्करायी।

दूरदर्शी चौबे जी पहले खुशी से चौंके फिर अनुमान लगाया कि लड़की गुरु घंटाल है, साथ में हरामखोर उदय, क्या भरोसा? चार आदमी जब चेम्बर में बैठे हों तभी हिन्दी करवाकर उनकी हिन्दी कर दे, वे सकपकाये–

'अरे कहाँ? मेरे पास सारे कागजों पर साइन करने को वक्त नहीं, मैं कहाँ हिन्दी....जाओ भाई, तुम लोगों का झगड़ा तुम निपटो, मैं क्लास थ्री के चक्कर में नहीं पड़ता।'

नायिका चली गयी, जाने के बाद वे बड़बड़ाये।

'उफ...ये लौंडिया भी बहुत मा....है, जितना समझता था उससे ज्यादा, पर मजा आयेगा जब.....'

## 19

बच्चे जब ननिहाल में होते हैं, उदय जी खाना खाने ससुराल में जाते हैं, उस रात को भी गये, अंजू ने खाना खिलाया, बीच में ही मधु का फोन आया, उन्होंने काट दिया तो अंजू बोली--

'किसका है?'

'मधु का।' वे चारों ओर देखकर बोले, पर उस कमरे में सिर्फ वे दोनों ही थे।

'आज भी माफी माँगनी थी क्या?'

'नहीं मैंने बताया था ना कल, बात करना चाहती है बस, केवल मुझसे नहीं तुझसे भी, दोबारा आये तो उठा लेना।'

घंटी दोबारा बजी, अंजू ने उठाया, सीधी औरत को बात करने का तजुर्बा नहीं है, तजुर्बेकार औरतें सीधे 'हलो' नहीं बोलतीं सामने वाले की हलो का इन्तजार करती हैं।

'हलो' वह बोली।

'क ...कौन? दीदी?' मधु घबराकर सँभली।

'हाँ कैसी हो?'

'सॉरी दीदी, उस दिन के लिए माफी माँगना थी, अच्छा हुआ आपसे बात हो गयी।'

'नहीं नहीं हो जाता है मधु, पता नहीं इनकी सोहबत में तुम सच क्यों नहीं सीख पायीं? इन्हें भगवान भी मानती हो, इनके रास्ते पर भी नहीं चलतीं, ये तो जब जुबान खोलें सच ही बोलते हैं।'

'मैं शर्मिन्दा हूँ दीदी, वो मेरा पास्ट था उसे तो मैं चाहकर भी नहीं बदल सकती बस आगे का वादा कर सकती हूँ।'

'चलो ठीक है, ये भी जरूरी था वरना हम लोगों के सम्बन्ध इतने अच्छे नहीं हो पाते।'

'दीदी एक परमीशन और चाहिए थी आपका दिल बहुत बड़ा है इसलिए हिम्मत कर पायी।'

'बात करने की? कर लेना, भाई तुम लोग साथी हो, दोस्त हो, गुरु-चेली हो, जीजा-साली हो मैं क्यों रोकूँगी? पर इतना ही रहे मधु, वरना मैं तुम्हारा तो कुछ न करूँगी पर दोबारा तुम जैसी जरूरतमन्द का यकीन भी नहीं कर पाऊँगी।'

'विश्वास करो दीदी मेरा नहीं पर इन पर तो भरोसा होगा आपको?'

'किन पर?' अंजू को मधु के द्वारा उसके इनको इन कहना अच्छा नहीं लगा

'सॉरी दीदी, गलत न समझना अभी मैं आपके इनके लिए नाम नहीं सोच पायी सो ऐसे ही उल्टा सीधा निकल जाता है।'

'सर कहती तो हो।'

'ये मना करते हैं सर कहने के लिए।' वह भोलेपन से बोली।

'तो ठीक है जीजाजी कह ले पगली, पर ये इन उन तो मुझे ही कहने दे।' अंजू हँसी।

'ठीक है, जीजाजी कहाँ हैं?'

'खाना खा रहे हैं, आराम से कर लेना ग्यारह बजे जब घर पहुँच जायें।'

'दी...दी...' उसने बच्चों की तरह मुँह फुलाया।

'सच मधु सच, जब कुछ गड़बड़ नहीं तो घबराती क्यों है?'

'ठीक है दीदी बाय।'

उसके फोन के बाद अंजू बोली—

'आपने मना किया सर बोलने के लिए?'

'हाँ लेकिन आज नहीं, डेढ़ साल पहले जब वो दफ़्तर में आयी थी और सिर्फ इसे नहीं राजा को भी, वो तो भाई साब कहने लगा, ये नहीं मानी, एक्चुअली मुझे सर सुनने की आदत नहीं, न खुद साथियों को बोलने की, अजीब सा लगता है बहुत फॉर्मल सा।'

'आप सबसे रिश्तेदारी में यकीन रखते हो? जबकि आज तक किसी ने आपके व्यवहार का बदला नहीं दिया।'

'नहीं ऐसा नहीं कुछ तो हैं।'

'कुछ नहीं केवल एक चेतन भइया बस, वहाँ नागपुर में कितने सम्बन्ध बनाये थे आपने? मिश्रा जी, बसु दादा, इन्दरसिंह, दामले, पाटिल, गुप्ता जी फिर क्या हुआ? फेयरवैल पार्टी भी नहीं मिली।'

'गलत, मैंने ली नहीं।'

'एक ही बात है, देने वाले होते तो हर सूरत देते, क्या उन मदरासी औरतों ने आपको गिफ्ट नहीं दिये थे आते वक्त, जितनी औकात थी चाय नाश्ता भी कराया आपको, घर भी आयी मुझसे मिलने।'

'वही तो मैं कह रहा था कुछ तो थे।'

'कुछ नहीं, ये वो औरतें थीं जिनके लिए आपने कुछ खास नहीं किया, जिनके आप नजदीक नहीं थे, इसीलिए वे आपसे प्रभावित थीं, वो आपकी योग्यता की, आपकी कविता की कायल थीं, वो अपने आपको आपसे कमतर मानती थीं, आपकी प्रशंसक थीं वो, जबकि वो लोग जिनको आपने प्यार से अपनी बराबरी दी, जिनके आप हर वक्त काम आये, उन्होंने कुछ नहीं सोचा, मैंने तो ब्राह्मणी होकर एस.सी. महिला का जापा तक करवाया आपकी दोस्ती के लिए और तो और वो मुसलमान

लड़का जिसे आपने पढ़ने के लिए पैसों से मदद की चलते वक्त मिलने भी नहीं आया इसलिए कि आप पैसे न माँग लें, और वो गुप्ता? जिसे आपने रिमूवल से बचाया था वो तो मजाक तक उड़ाने लगा था आपका।'

'तेरा मतलब है हम इन बातों से डर कर सच्चाई और अच्छाई का रास्ता छोड़ दें, तब ये बुराई की जीत नहीं हो जायेगी, जुओं के डर से कथूरी नहीं फेंकी जाती अंजू।'

'मुझे नहीं जमता कि बराबर में बिठाकर दया करो, जब तक दयनीय व्यक्ति जमीन पर बैठे और दयावान सिंहासन पर दया तभी तक दया होती है, उसका महत्त्व होता है, बराबरी में बिठा के दया करना मूर्खता होती है, फिर भी मैं आपका साथ क्यों देती हूँ? मालूम?'

'मनु स्मृति में लिखा है कि कामी, शील रहित, गुणहीन और गुंडे पति की भी देवता समान पूजा करनी चाहिए।'

'नहीं, इसलिए कि आपने मेरे विचार, मेरी मान्यताओं में कभी बाधा नहीं पहुँचाई, हमेशा सहयोग किया इसलिए मैं भी आपके हर अभियान में साथ देती हूँ।'

'चल ठीक है पर तू भी फिलास्फर होती जा रही है क्या सिद्धान्त दिया है— जब तक दयनीय व्यक्ति जमीन पर बैठे और दयावान सिंहासन पर दया तभी तक दया होती है, वाह श्रीमती अंजना शर्मा, लिखना शुरू कर वाह!'

'आपके साथ रहकर सब सीख लूँगी हरिश्चन्द्र जी, रोटी लाऊँ?'

'पानी ले आ भाई, हो गया काम।'

उदय जी चले आये, मधु का फोन ग्यारह बजे ही आया।

'आज तो मरवा ही दिया था' वह बोली।

'क्यों?'

'दीदी को फोन जो पकड़ा दिया था बिना बताये, मेरा तो हलक सूख गया पता नहीं कैसे बातें बनायीं'

'क्यों? देख मधु ये शक पैदा करने वाली बातें हैं, डरती क्यों है? विश्वास मान हमारे बीच कुछ हुआ भी तो भी वो तुझसे कुछ नहीं कहेगी, इसलिए नार्मल रह वो बेवजह शक नहीं करती, वैसे तेरे डर से लगता है कि तेरे अन्दर कुछ है?' उन्होंने कुरेदा।

'कुछ माने।'

'माने प्यार, मुहब्बत, आकर्षण...'

'आकर्षण तो है एक अच्छे इनसान के नजदीक बने रहने का।'

'बस।' उन्होंने चिढ़ाया।

'हाँ हाँ अभी तो बस, बाद में कुछ होगा तो बता दूँगी।'

'किसे दीदी को?'

'मारूँगी हाँ नहीं तो....सॉरी आप भी ना...'

'मार लेना पर कुछ हो तो मुझे ही बताना।' उन्होंने ठहाका लगाया।

'मैं नहीं बोलती आपसे हाँ नहीं तो।' वह बच्चों की तरह खीजी।

'अच्छा बता कविता समझ आयी?'

'जैसे आप वैसी आपकी कविता, दोनों को समझना मुश्किल, किसी पीएच.डी. से समझनी पड़ेगी, इतनी मुश्किल कविता कैसे लिख लेते हैं आप?'

'क्या मुश्किल है उसमें? ये तेरी अनिद्रा की कहानी है, एक ऐसी लड़की जिसमें प्रेम का अंकुरण या आकर्षण हुआ है, वह सोच रही है कि उसे नींद नहीं आयेगी यह तय है, उसकी देह बहुत प्रयत्न करती है जैसे कभी करवट लेगी, कभी तकिया मोड़ेगी लेकिन ये सारे प्रयत्न मन से हार जाते हैं, फिर वह कहानी की पुस्तकें पढ़कर भी यत्न करती है लेकिन वे पुस्तकें भी हाथों से छूट जाती हैं, घर के अन्दर रात रानी के पौधे की खुशबू जो अक्सर नींद दिलाती है वही बारूद की गन्ध जैसी लग रही है पता नहीं इस स्थिति का क्या परिणाम होगा? आगे के बन्ध भी अर्थाऊँ कि बोर हो ली?'

'नहीं बताइये, सच आप कितना अच्छा लिखते हैं।' वह रुआँसी हुई।

'रोती क्यों है?'

'नहीं आप बताइये।'

'पहले बता।'

'यही सोचकर कि आपके साथ इस तरह कितने दिन तक रह पाऊँगी, मेरे नजदीक पता नहीं कितने लोग आये, सब इस ऐवरेज लड़की के शरीर को घूरने वाले, पाने की इच्छा रखने वाले, मैंने कभी नहीं सोचा कि मेरे लिए कविताएँ भी लिखी जायेंगी, कभी खुशी होती है फिर आप से दूर होने का डर सताता है।' उसके आँसू गिरने लगे।

'साड्डे नाल रहेगी ते ऐश करेगी चुप हो जा मोटी नहीं तो फोन रख दूँगा।'

'ठीक है, आप गा के सुनाइये वही गीत।'

उदय जी ने सुनाया।

'बहुत अच्छा सच कितनी भाग्यशाली हैं दीदी।'

'तू नहीं कि एक बाल बच्चेदार आदमी से रात को सवा ग्यारह बजे फोन पर गीत सुन रही है।'

'हाँ वाकई, अच्छा वैसे जवानी में...'

'अभी भी बूढ़ा नहीं तेरी दीदी बता देगी साली।'

'अरे आप तो, मैं कह रही थी कि अपने टाइम में आपने बहुत लड़कियाँ...'

'नहीं एक भी नहीं पटी तेरी कसम, नीलम, शोभा, अंजु, ममता, गौरी या भारती कोई भी नहीं।'

'फिर ये कौन थीं?'

'जिन्हें मैं जवानी में चाहता था।'

'फिर?'

'फिर क्या, हमने कहा नहीं, उन्होंने सुना नहीं।'

'ऐसा नहीं हो सकता लड़कियाँ आपसे इम्प्रेस न हों हो नहीं सकता।'

'इम्प्रेस थीं ना, सब थीं, पर इश्क के लिए सब को दूसरे ही पसन्द आये।'

'बड़ी बेवकूफ थीं सब।'

'वो तो लड़कियाँ होती हैं बताओ जब करना था तब किया नहीं, अब एक्सपायरी आयटम में इंटरेस्ट ले रही हैं।'

'सब समझ रही हूँ, आपके गुणों की इज्जत करती हूँ कुछ और मत समझना।'

'हममें इतनी हिम्मत कहाँ मैडम, जो आप समझाओगी सिर्फ वही समझेंगे कभी फोन भी किया हो तो बता।'

'हाँ आप क्यों करोगे गरज तो मेरी है।' उसने नाराजगी जताई।

'मैं नहीं कर सकता मधु।'

'तो अब मैं भी नहीं करने वाली।'

'मेरी मजबूरी है भाई, तेरे घर में कौन उठाये? क्या समझे? मेरी तो समझ में नहीं आ रहा कि इतनी देर रात तक तुम्हें कोई टोकता क्यों नहीं।'

'अकेले में हूँ सिर्फ बहन है मेरे साथ मैं उससे कुछ नहीं छिपाती।'

'ठीक है अब रख दे, वरना उसे भी दिक्कत होगी।'

'अच्छा बाय' उसने काट दिया।

'क्या कह रहे थे उदय जी?' वन्दना ने पूछा।

'कविता सुनाई और कहते क्या हैं? कुछ नहीं, मैं कहती हूँ उसका जवाब देते हैं बस, बहुत नेक इनसान हैं और दीदी भी बहुत अच्छी हैं, ऐसा कोई परिवार हमें शुरू में मिल जाता तो...'

'छोड़ सब अच्छे बनके ही सामने आते हैं, उदय जी के चक्कर में तू भी इमोशनल होती जा रही है, क्या पता उदय जी भी कौशिक जितने ही हरामी हों।'

'नहीं वो नहीं हैं, कौशिक तो दूसरे दिन ही सामने आ गया था, डेढ़ साल तक कोई नकली नहीं बना रह सकता, और सबसे सही बात ये है कि व्यक्ति के व्यवहार का उसके स्पाउस से बेहतर कोई सुबूत नहीं होता, दीदी की भी स्टडी कर ली मैंने।'

'फिर प्यार हो गया उनसे?'

'शायद...'

'शायद? पन्द्रह साल बड़ा, दो बच्चों का बाप उससे प्यार हुआ तुझे? अंजाम पता है?'

'पता है मेरी शादी कहीं और होगी।'

'फिर?'

'बचपन में सुजय से हुआ, शादी हुई? जवानी में अमित से भी हुआ था ना उससे शादी हुई? कम से कम इस सच्चे इनसान के साथ कुछ वक्त तो कटेगा।'

'तुझे कोई चाहिए ही क्यों?'

'क्योंकि मेरी उम्र है, मुझे एक मर्द चाहिए जिसमें अपनापन हो जो मेरे बारे में सोचे, मेरा ध्यान रखे, सेक्स इसमें जरूरी नहीं, उदय जी सिर्फ मेरा नहीं मेरे लिए तेरा और इस घर का भी ध्यान रखते हैं।'

'अच्छा क्या कर दिया उन्होंने?'

'मुझसे सीखकर तू प्रैक्टिकल बनी थी अब सिर्फ पैसे की जुबान समझती है, वो मेरी हर जिम्मेदारी लेने को तैयार हैं, उस दिन कह रहे थे कि मैं तेरी बहन के लिए लड़का भी देखने जा सकता हूँ।'

'ग्रेट... यकीन नहीं होता, पर ये तो रामरतन चाचा कर भी रहे हैं।'

'हाँ, लेकिन उसका स्वार्थ भी है, फिर वो हमारे खानदान में भी है, लोग उस पर उँगली नहीं उठायेंगे लेकिन जरा उदय जी के बारे में सोच वो पंडित हम कहार फिर भी इतनी बड़ी बात बोली उन्होंने यही काफी है उनकी इज्जत के लिए उनसे प्यार के लिए।'

'ठीक है मुझसे मिलवा तब फाइनल जवाब उससे पहले इजहार मत कर देना, वैसे तो उनसे ही कहलवाना।'

'वो कभी नहीं कहेंगे, और कहने की मुझे भी क्या जरूरत? ध्यान तो वो रखते ही हैं।'

और उदय जी, उधर रात में उदय जी ने फिर एक ग़ज़ल लिखी—

जब सारी दुनिया होती है सोने की तैयारी में<br>
दो आँखें तब लग जाती हैं रोने की तैयारी में

दूसरे दिन मधु ने आते ही उदय जी के सामने माँग रखी कि लंच में उसकी बहन को स्टेशन से कहीं छोड़ के आना है, उदय जी जुबान दे चुके थे, सहर्ष गये, मधु से मिलती-जुलती सूरत, रंग थोड़ा साँवला, मोबाइल नम्बर मधु ने दिया ही था, उसके पास जाकर उन्होंने डायल किया, घंटी बजी तो उन्होंने काट दिया।

'वन्दना?'

'जी सर! आप उदय जी?'

'बाप रे, छोटी जीजाजी कहती है बड़ी सर, चलो कहाँ चलना है?'

'बताती हूँ।' कहती हुई वह उनकी बाइक पर बेफिक्री से पीछे बैठ गयी, इतनी बेफिक्र कि उदय जी ने उसके वजूद माने अपने पीछे किसी स्त्री के वजूद को महसूस किया, वे आगे खिसक गये।

'किधर?'

'एम.जी.रोड।'

उदय जी चल दिये।

'मधु बहुत तारीफ करती है आपकी।'

'वो भी अच्छी लड़की है।'

'आपसे ज्यादा नहीं उई...गड्ढा' कहते हुए उसने उदय जी के कन्धे को पकड़ लिया, उदय जी को अच्छा नहीं लगा।

'हाँ सड़क खराब है, बाइक में पीछे पकड़ने की जगह है, ठीक से पकड़ लो।' वे बोले और वन्दना का हाथ हट गया।

'एम.जी.रोड पर किधर जाना है?' वे बोले।

'वो पालीवाल पार्क के पीछे विजय नगर कॉलोनी में दफ़्तर है एक।'

उदय जी कुछ न बोले, वे पालीवाल पार्क तक पहुँच गये तो वन्दना बोली।

'रोकिये, कुछ देर यहाँ बैठ लेते हैं, दफ़्तर में तो लंच चल रहा होगा।'

'तो आना नहीं चाहिए था, लंच के बाद ही आतीं।'

'क्या है थोड़ा लेट हो गये।'

'लेट? मगर मैं तो ठीक चला के लाया हूँ।'

'हाँ मैं ही... खैर अब तो कोई मिलेगा नहीं।'

'तो मैं निकलता हूँ।'

'मैं यहाँ अकेली?'

'नहीं दफ़्तर छोड़ देता हूँ।'

'मेरे साथ नहीं बैठोगे जीजाजी? या सिर्फ मधु के साथ ही...'

'हे भगवान पता नहीं मधु ने क्या बताया है तुम्हें? मैं मधु के साथ भी नहीं बैठना चाहता, फोन पर बातें इसलिए होती हैं कि वो चाहती है, मैं उसे दुखी नहीं देखना चाहता, उसके साथ कुदरत ही बुरा कर चुकी है बस इसलिए।'

'सॉरी, साली होने के नाते मजाक किया था आप तो नाराज....'

'नहीं, नहीं, वैसा कुछ नहीं, मैं निकलता हूँ खाना भी खाना है।'

'मुझे भी भूख लग आयी चलिए किसी रेस्टोरेंट में चलते हैं।'

'नहीं नहीं खाना रखा है वहाँ।'

'पैसे मैं दूँगी जीजाजी।'

'तुम अपने पैसे मुझसे ले लो, पर तुम्हारी दीदी के हाथ का खाना ही खाना है वरना...'

'ठीक है आप जाइये मैं चली जाऊँगी।'

उदय जी चले आये, लेकिन वन्दना का वाक्य 'या सिर्फ मधु के साथ....' उन्हें एक कल्पना दे गया, उनका अनछुआ मन... जी हाँ अनछुआ ही था किसने छुआ था उनके मन को? नीलम, शोभा, अंजु, ममता, गौरी या भारती ने? वे अच्छी तरह जानते हैं कि अंजना ने भी पहली नजर में उन्हें नापसन्द किया था इसलिए उनका अनछुआ मन कल्पना करने लगा पालीवाल पार्क में वे और मधु ......मधु की गोद में उनका सिर बालों में कंघी की तरह फिरती उसकी उँगलियाँ और उनका गीत जिसे जगजीत सिंह ने

गाया हो– सुनो आज तुम पर मैं कविता लिखूँगा....कहीं नजदीक में सी.डी. प्लेयर पर धीमी आवाज में चल रहा हो, वे दफ़्तर लौट आये, दफ़्तर में अभी भी लंच था, वे खाना खाने बैठे मधु अपना काम लेकर आ गयी और उनके कम्प्यूटर पर शुरू हो गयी।

'छोड़ आये?'

'हाँ आगे से उसे नहीं छोड़ूँगा।'

'क्या हुआ?' उसने सायास आश्चर्य प्रकट किया।

'पता नहीं क्या चाहती है, ऐसा लग रहा था कि कोई चालू लड़की मुझे पटा रही हो।'

'बताओ तो' वह मुस्करायी।

उन्होंने बताया, वह हँसी।

'बड़े भोले हो आप, साली की तरह मजाक कर रही थी बस।'

'इतना भी भोला नहीं मैं, दो बच्चे भोलेपन में नहीं हुए, बुद्धू मत बना।'

'सच बताऊँ?'

'हाँ।'

'उससे आपकी तारीफ झेली नहीं गयी, कहने लगी सारे मर्द एक जैसे हैं, मैंने कह दिया चैक कर ले, बस चैक कर रही थी वो।'

'अच्छा? मैं तेरी चैकिंग किससे करवाऊँ?'

'हो तो गयी, दीदी की नजरों से बच सकती थी मैं?'

'उसे छोड़, बहुत भोली है वो, पर पता नहीं तू क्या चाहती है मुझसे? मैं साला गीत ग़ज़ल लिख रहा हूँ तू चैक करवा रही है।' वे गुस्साये।

'छोड़ो, क्या लिखा मेरे लिए?' उसने घुमाया।

'हाथ धोकर देता हूँ।'

हाथ धोकर उदय जी ने उसके हवाले रात को लिखी ग़ज़ल की, उसने वहीं पढ़ी और आँखों में आँसू ले आयी।

'ऐसा ही आसान लिखा करो कि अपने आप आँसू आ जायें, बिल्कुल स्केच खींच देते हो कविता से, सच मैं बहुत भाग्यशाली हूँ, मुझे बस यही चाहिए आप से।'

'मुझे बस तेरी मुस्कान चाहिए रोना बन्द कर तू उदय की हिफाजत में है, वादा कर आगे से नहीं रोयेगी।'

'वादा नहीं कर पाऊँगी, पर आप भी बता दो कि आपको मुझसे क्या चाहिए? कुछ भी मेरा शरीर मेरी जान कुछ भी।'

'पागल, उदय आत्मा जीतता है शरीर नहीं, शाम तक बता दूँगा लिखकर।'

और शाम तक उन्होंने यह गीत रच दिया–

मैं तेरी मुस्कान की तस्वीर पाना चाहता हूँ

मधु ने गाड़ी में पढ़ा न उसके पल्ले पड़ा न कौशिक जी के, लेकिन उसे नयी जानकारी

मिली कि कौशिक जी बच्चन जी को भी जानते हैं। वह बहुत खुश थी उदय जी की परीक्षा भी हो ली जिसमें वे पास ही हुए, आज वह जल्दी दूसरे कमरे में पहुँच गयी, थोड़ी देर में दीदी भी आ गयी।

'उधर सब ठीक है?' उसने दीदी से पूछा।

'हाँ, सास-बहू का सीरियल चल रहा है।'

'देख लिया उदय जी को?'

'हाँ परख भी लिया, अच्छे इनसान हैं पर समझना मुश्किल है उन्हें, हाँ ये तय है कि वो बुरा किसी का नहीं करेंगे, लेकिन ये भी तय है कि वो पजैसिव होंगे उनकी सलाह न मानने पर नाराज होंगे, पर याद रख इन्हें तू बाकी लोगों की तरह बिना वजह नहीं छोड़ सकती, ये उन लोगों में से हैं जो प्यार में जान दे सकते हैं तो ले भी सकते हैं।'

'क्यों छोड़ूँगी बिना वजह? तू जरा उधर निगाह रखना।'

उसने फोन लगाया।

'हलो' उधर से अंजू की आवाज आयी।

'नमस्ते दीदी कैसी हैं आप?'

'अच्छी हूँ, तो आज दीदी को भेजा था परखने के लिए?' अंजू मुस्कराते हुए बोली।

'न...नहीं मैंने नहीं, वो खुद आयी थी।'

'तो घर आकर मुझसे बात कर लेती तेरी दीदी।'

'सॉरी दीदी, उसकी तरफ से मैं...'

'नहीं नहीं, शिनाख्त करना तो अच्छी बात है, तेरी बहन प्यार करती है तुझे, कभी ले के आना यहाँ।'

'नहीं दीदी अब तो आप ही आओगी, सब से मिलाना है आपको, आप तो यहाँ आती रहती हैं मुझे पता है।'

'ठीक है आ जाऊँगी, ले अब इनसे बात कर ले, मैंने तो यूँ ही उठा लिया था, बात तो तुझे जीजा जी से ही करनी हैं।'

'नहीं ऐसा कुछ नहीं, अब तो मैं आप से ही करूँगी।'

'नहीं रे मजाक कर रही थी, ले।'

'हाँ बोल मधु।' उदय जी की आवाज आयी।

'क्या बोलूँ आप तो ऐसे सत्यवादी हो...अब चुप ही रहना इसे भी दीदी के सामने मत बोल देना, दीदी घर आ गयीं?'

'हाँ आज आ गयीं, पर तू कैरी ऑन ही रखना डरना मत।' वे हँसे।

'बहुत मजाक उड़ाते हैं आप, वो कविता समझा पाओगे दीदी के सामने?'

'समझा देंगे वैसे तेरी दीदी को भी समझानी ही पड़ती हैं।'

'अच्छा रहने दो गाकर सुना दो।'

उदय जी ने गीत गा कर सुनाया।

'सच बहुत अच्छी कविता है, पता नहीं कैसे लिख पाते हैं आप?'

'समझ में तो नहीं आयी होगी।'

'शब्दों से नहीं आयी लेकिन आपकी आवाज से समझ में आ गया कि आप मेरे लिए कितना सोचते हो।'

'हाँ तेरी दीदी भी आवाज से ही समझती है बस।'

'आपकी आवाज नहीं आ रही, जरा बाहर आओ।'

'आवाज नहीं आ रही?' कहते हुए उदय जी बाहर आये।

'अब आ रही है?' वे बाहर आकर बोले।

'अन्दर भी आ रही थी, बाहर लाना था आपको वहाँ आप जवाब देते तो दीदी को मेरे सवाल पता चल जायेंगे, अच्छा आप पान खाने कितने बजे जाते हो?'

'निश्चित नहीं।'

'अब निश्चित कर लो, या जब भी पान खाने जाओ तो रास्ते बात कर लिया करो'

'मैं फोन नहीं कर पाऊँगा।'

'मिस कॉल तो दे सकते हो।'

'देख लूँगा, आज की बता।'

'आज ना जब मेरी गाड़ी जब उस वाले पुल पर रुकी तब मैंने आपको देखा।'

'देखा होगा इसमें नया क्या है?'

'नया बता दूँ, कुछ कहोगे तो नहीं, दीदी को भी मत बताना।'

'सस्पेन्स मत बना नहीं बताऊँगा।'

'मेरी इच्छा हो रही थी कि उतर कर आपकी बाइक पर बैठ जाऊँ।'

'तो बैठ जाती।'

'आप बिठा लेते?'

'क्यों नहीं बिठाता? अरे लड़की होने से दोस्त का दर्जा बदल जाता है क्या?'

'कल बिठाओगे?'

'उतर जाना।'

'वहाँ नहीं, पिछले स्टेशन पर।'

'नहीं यार दो-तीन किलोमीटर फालतू हो जायेगा।'

'पेट्रोल मैं डलवा दूँगी।'

'थप्पड़ तेरे गाल पर लेकिन ये...'

'क्यों अब दोस्त का दर्जा बदल गया?'

'अरे नहीं यार...' वे अचकचाये।

'मुझे पता है आप ना मुझे कोई भाव नहीं देते, दीदी को तो ले गये थे, मैं क्या आपकी साली नहीं।'

'नहीं यार अगर अंजू को पता चला तो उसे बुरा लगेगा।'

'उन्हें कैसे पता चलेगा?'

'वो यहीं की है, जगह-जगह उसके रिश्तेदार घूमते हैं।'

'कोई मेरी दीदी को देख लेता तो?'

'उसका जवाब था, तुझे कोई काम हो तो बता फिर कोई दिक्कत नहीं।'

'कल मुझे कान के डाक्टर का अपाइंटमेंट लेना है।'

'सुबह फोन करके बता दूँगा, ठीक, गुड नाइट।'

वे अन्दर आ गये, अंजू बोली—

'क्या कह रही थी बाहर बुलाकर?'

'उसे आवाज नहीं आ रही थी यहाँ, कुछ खास नहीं, बता रही थी उसे कान के डाक्टर को दिखाना था, मैं वहाँ उसे छोड़ दूँगा कि नहीं?' उन्होंने उत्तर देते हुए अंजू से प्रश्न पूछा।

'छोड़ देना, पर एक बात है बड़े अच्छे-अच्छे गीत लिख रहे हो उसके लिए।'

'लिख-लिख कर तो तुझको भी दिये थे न तेरे पल्ले पड़े न उसके, पर अब तुझे इस गीत का मतलब समझाना पड़ेगा, कल उसने मुझसे पूछा था कि मैं उससे क्या चाहता हूँ तब गीत लिखा कि मैं सिर्फ तुझे मुस्कराता हुआ देखना चाहता हूँ वो भी मुस्कान की तस्वीर यानी तू मेरे पास रहे न रहे जहाँ और जैसे हो पर मुस्कराती हुई हो। इन्द्रधनुषी तल यानी उसका परिवेश समृद्ध हो उस पर जो रंग हों वो फूलों जैसे वास्तविक हों, उनमें गंगाजल जैसी पवित्रता का समावेश हो, तेरे जीवन में आशाएँ हों, तेरे लिए जो मैंने सोचा वह कोई रूढ़िवादी प्रेमी-प्रेमिका का सम्बन्ध न हो, एक नया ही सबसे अलग परिभाषित किया जाय, ये एक बन्ध है बाकी समझाऊँ?'

'रहने दो समझ लिया, कितना अच्छा लिखते हैं आप? कई बार मुझे आप पर फख्र होता है कई बार गुस्सा आता है दुनिया पर।' वह इमोशनल हुई।

'जाने दे यार।'

'वैसे अच्छा है उसके पल्ले नहीं पड़ा कुछ और आपने अर्थ भी नहीं समझाया, वरना पागल हो जाती वो, वो तो अभी भी पागल है।'

'नहीं यार।'

'मैं समझ चुकी हूँ वो आपसे प्यार करने लगी है।'

'फिर भी नहीं रोकती?' वे मुस्कराये।

'हाँ, पहली बात आपका भरोसा है, आप भले मुझे प्यार न करो बच्चों को तो करते हो...'

'कैसी बात करती है?'

'साफ बताऊँ आपको मुझसे लगाव है, आप मुझ पर बहुत ज्यादा आश्रित हो, मेरे बिना नहीं रह सकते ये सब पन्द्रह सालों का साथ है, आप अभी तक शादी के पहले की नापसन्दगी को निकाल नहीं पाये हो ये भी सच है लेकिन आप मेरा क्या

किसी का भी बुरा नहीं कर सकते ये और बड़ा सच है, दूसरा वो दो बुरे लोगों के शिकंजे से निकाली है आपने, मैं नहीं चाहती कि वह वापस उनके पास लौटे और मैं उसका कारण बनूँ, प्यार की क्या है अपनी हदें हैं, वो भी समझदार लड़की है जानती है कि इस प्यार का क्या भविष्य होगा, शादी कहीं और ही होनी है।'

'तू तो बहुत समझदार है।'

'हाँ, पर रात में मेरे लिए एक गीत लिखना।'

'लिखना पड़ेगा बाहरवाली के लिए लिखा है घरवाली पर तो...'

'अच्छा...?' उसने आँखें निकालीं।

उदय जी गीत लिखने बैठ गये लेकिन कविता को कला कहने वाले कवि को मेहनत करनी पड़ी पत्नी पर गीत लिखने के लिए, उन्हें याद करना पड़ा कि अंजू और उनके बीच फिलहाल में क्या खास हुआ था, उन्हें याद आया कि कल जब वे सोकर उठे तब अंजू ने उन्हें बताया कि वे सपने में हँस रहे थे, उन्होंने यहीं से शुरू किया—

स्वप्न में मैं हँस रहा था ये मुझे तूने बताया
इस गीत का तीसरा बंध कुछ इस तरह था—
तू कहे तो हास का सम्भव कोई कारण बता दूँ
मैं चितेरा कल्पना का चित्र भी सुन्दर बना दूँ
स्वप्न में कुछ नींद की परियाँ मुझे भरमा रही थीं
पर तेरे विश्वास की रेखा से जलती जा रही थीं
देख कर के हास फूटा फिर मुझे तूने जगाया
स्वप्न में मैं हँस रहा था ये मुझे तूने बताया

और सुबह चाय पीते वक्त अंजू को सुना भी दी, अंजू की समझ में बहुत कुछ तो न आया पर तीसरे बन्ध ने उदय जी के प्रति विश्वास को मजबूत ही किया जिसके दम पर उदय जी ने मधु को पिछले स्टेशन से उठाया और अगले तक पहुँचा दिया, हालाँकि वह उदय जी के साथ तीसरी बार थी लेकिन उदय जी ने उसे अपने साथ पहली बार ही महसूस किया था, इस बार वे आगे नहीं खिसके थे और न ही वह पीछे की ओर। रास्ते में उदय जी ने उसे मुस्कान वाले गीत का अर्थ समझाया और यह वादा लिया कि अब वह जब भी दिन में पहली बार मिलेगी बजाय नमस्ते के मुस्कराया करेगी।

## 20

उसी दिन शाम को मधु ने भी अपनी माँ को खुशी-खुशी उदय जी और अंजू के बारे में तारीफ के साथ सब कुछ बता दिया था और उनके साथ सम्बन्ध कहाँ तक हैं ये भी बता दिया था नहीं बताया था तो अपना प्रेम। इसमें वन्दना ने उसका पूरा सहयोग किया था। माँ आश्वस्त हो गयी, खुद उसने उदय जी और अंजू को घर बुलाने के लिए

कहा। सच से डरने वाली मधु को पहली बार लगा कि सत्य वाकई कारगर चीज है, जो काम झूठ की आड़ में किये जाते हैं उन्हें सच की आड़ में बहुत अच्छे तरीके से किया जा सकता है। नतीजतन अंजू जब अगली बार वृन्दावन गयी तो उदय जी और अंजू मधु के यहाँ गये और लौटते में अंजू भरे मन से बोली–

'दुनिया में बहुत गम हैं जी, इस औरत की उमर कितनी होगी?'

'सैंतालीस-अड़तालीस।'

'पचपन साठ की लग रही थी बेचारी, तीन-तीन जवान लड़कियाँ हों छाती पर तो यही होता है, कितनी दुखियारी है बेचारी, आप कुछ करो जी।'

'तू तो तेरी पार्वती मइया की तरह भोले बाबा से जिद कर रही है, मैं जो कर सकता था किया, ब्राह्मण होती तो एकाध की कहीं करा देता।'

'वो रसिक जी इसकी जाति के हैं जरा बोलना उनसे, इस लड़की को भी समझाना कि माँ का ध्यान रखे।'

'हाँ देखता हूँ।'

रात को हालाँकि उदय जी पान की दूकान के रास्ते में बात करना चाहते थे पर अंजू ने जिद करके फोन लगवाया।

'मधु बेटा तू माँ का ध्यान नहीं रखती।'

'क्या रखूँ दीदी, मैं तो दिन भर बाहर ही रहती हूँ।'

'ये कहने से जिम्मेदारी खत्म नहीं हो जाती, अपनी उम्र से दस साल से बड़ी लगती हैं वो।'

'हाँ लगती हैं हम कितना भी ध्यान रखें पास्ट को तो नहीं सुधार सकते छत्तीस साल की उम्र में विधवा होने वाली औरत, तीन बेटियाँ, बुढ़िया तो दिखनी ही है वो, आप और जीजाजी इतना सोचते भी हैं रिश्तेदार तो देखते तक नहीं।'

वह रुआँसी हुई।

'चिन्ता न कर, ये कुछ करेंगे।'

परिणाम में उदय जी ने रसिक जी को फोन लगाया, रसिक जी ने आश्वासन भी दिया इधर उदय जी ने मेटीमोनियल साइट्स पर भी वन्दना की प्रोफाइल डाल दी, अब वन्दना मधु की नहीं उदय जी की जिम्मेदारी बन गयी थी, कयी जगह बातें भी करवाईं पर बात नहीं बनी क्योंकि बात करने वाली मधु थी और वह लड़की की माँ या बाप नहीं थी, बराबरी से बात की कोशिश करती, बहुत जल्दी टैम्पर लूज करती नतीजा सिफर। एक दिन रसिक जी ने एक चार साल के बच्चे के पिता विधुर अध्यापक का पता दिया, उदय जी को जमा भी उन्होंने मधु को बताया तीन दिन तक मधु का जवाब नहीं मिला तो अंजू के पूछने पर वह बोली–

'क्या करूँ दीदी, वो नहीं मानती?'

'क्यों? उम्र तो तीस-बत्तीस है उसकी, नौकरी वाला है।'

'कहती है रड़वा है, एक बच्चा भी है।'

'तो?'

'कहती है बच्चा न होता तो कर लेती।'

'बच्चा न होता तो वो भी दस लाख माँगता, बाप की तरह सोच।'

'कहती है सौतेली माँ नहीं बनना।'

'देख बेटा पैसा होता तो सब अपनी तरह होता, अब तो समझौता करना होगा, माँ को कितनी खुशी मिलेगी।'

'वो नहीं समझती।'

'तुम्हारी मर्जी भाई।'

उसने फोन काट दिया।

'भाड़ में जायें ये सब, मरने दो, मैंने कहा था ना दया तब तक ही दया होती है जब तक दयनीय जमीन पर बैठे और दयावान सिंहासन पर, मदमाती हैं ये लड़कियाँ तो, विधुर से नहीं करेगी? बताओ एक चार साल के बच्चे को नहीं पाल सकती, हम मरे जा रहे हैं इनके लिए, तीस-तीस साल की लड़कियों को पालने का मूड बनाये हो आप तो।'

'मैंने तो पहले कहा था पार्वती मइया।'

'अब मत देखना इंटरनेट पर।'

'ठीक है।'

'ज्यादा बात भी न करना उससे।'

अब उदय जी अचकचाये।

'ये क्या बात हुई? भाई तेरा गुस्सा जायज है पर हम उसके परिवारी नहीं हैं, अपना काम राय देना है सामने वाला माने न माने, फिर इसमें मधु की क्या गलती? बाप तो नहीं है वो कि थप्पड़ मार के फेरों पर बिठा दे।'

'जो भी हो भली लड़की होती तो चुपचाप कर लेती।'

'मैं बात करता हूँ।'

उस दिन रोजाना की तरह दफ़्तर में घुसते वक्त वह उदय जी की ओर मुस्करायी, उदय जी बिना चेहरे पर कोई भाव लाये अपनी सीट पर चले गये, नतीजतन कुछ देर में मधु उनकी सीट पर थी।

'क्या हुआ मुँह क्यों सूजा है?' वह बोली।

'जा यहाँ से।'

'नहीं जाती।' वह साधिकार बैठ गयी।

'क्या कमी है उस मास्टर में? तेरी बहन के बच्चे होंगे ही इस बात की गारंटी कोई दे सकता है?'

'अच्छा? उसने मना किया ना मेरी क्या गलती है?'

'है, जब तू घर के लिए घुट रही है तो तेरी चलेगी भी।'

'कैसे चलेगी? घर में बड़े बैठे हैं।'

'बड़े बैठे हैं तो जिम्मेदारी निभायें ना, करें नौकरी, झेलें ठेकेदारों की गन्दी निगाहों को, कौशिक, कटारे, सिन्दल, चौबे सबको, कितना लड़ना पड़ता होगा तुझे खुद से, उदय जी से निगाहें बचाकर रिश्वत लेना, ठेकेदार की निगाह समझकर भी मुस्कराना ये सब करना चाहती है तू? पर करती है किसके लिए? जिनके लिए इतना सब करेगी उन पर डंडा भी चलायेगी बस, नहीं तो ले ले कमरा आगरा में रह सबसे अलग।'

वह गम्भीर हो गयी।

'इतनी हिम्मत नहीं मुझमें।'

'तो पैदा कर, रेखा की फिल्म जीवन धारा देखी है?'

'नहीं, पर जिन्दगी फिल्मों से अलग होती है।'

'अच्छा? ये उदय नाम का करैक्टर आम जिन्दगी में देखा कभी? फिल्मी लगता हूँ ना?'

'कभी-कभी, शुरू में तो लगता था कि आप ऐक्टिंग ही कर रहे हैं, कलाकार तो हैं ही, बाद में नजदीक से पता चला कि आप वाकई हैं।'

'लगा ना? फिर भी ये फिल्मी करैक्टर रीयल लाइफ में है, तो तू भी रेखा बन सकती है।'

'नहीं घर बैठा देंगे मुझे तो।'

'ऐसे करोड़पति नहीं तेरे घर वाले, देख मधु घर में पिता मुखिया इसलिए नहीं होता कि वो घर का सबसे ताकतवर मर्द होता है, इसलिए होता है कि वो सारी जिम्मेदारियाँ सँभालता है, सबके लिए जीविकोपार्जन करता है, इसीलिए उसके निर्णय अन्तिम होते हैं, जो जिम्मेदारी ले वो पिता, कई जगह महिलाएँ भी जिम्मेदारियाँ लेती हैं तो वे पिता होती हैं।'

'पर बात न मानने पर पिता अलग तो नहीं रहने लग जाता?'

'कई बार, वैसे अक्सर वो आश्रितों को घर बदर करने की धमकी तो देता ही है।'

'अब छोड़ो, सही बताऊँ तो हमारे घर में कभी कोई निर्णय होता ही नहीं इसलिए आज तक कुछ हुआ ही नहीं, माँ कंट्रोल नहीं रख पायी, हर बच्चा खुद डिसीजन लेने लगा, मैं भी, खुद भी डर में वो सैल्फिश टाइप हो गयी, हर चीज में फायदा नुकसान, जरूरत से ज्यादा शक्की, कोई ज्यादा दहेज माँगे तो निकम्मा, नहीं माँगे तो पक्का निकम्मा, उन्हें कुछ पसन्द आये, बाबा को कुछ, चाचा को कुछ फिर दीदी को कुछ, अब इतने सारे कुछ एक आदमी में नहीं मिल सकते, मेरी जिम्मेदारी इतनी है कि उनका पेट भरूँ और कोई लड़का मिले तो बता दूँ बाकी वो देखें, आप मेरे काम में मदद कर रहे हैं बस।'

'इस तरह ज्यादा नहीं कर पाऊँगा, आज अंजू ने अल्टीमेटम दे दिया।'

'यही होना है, मैं जानती हूँ, जब तक आपके पास अधिकार न हों आप कुछ नहीं बदल सकते, मैं जानती हूँ कि अगर आपको डिसीजन पावर हो तो आप हम तीनों की शादी एक साल में करवा दोगे, मैं चाहती हूँ कि ये अधिकार आपको मिलें, पर ये अधिकार आपको देने का मतलब पूरे कहारपाड़े में बदनामी, अभी एक भी नहीं मर रहा, तब सारे कहार आ के खड़े हो जायेंगे, समाज की बदनामी हो रही है, बिरादरी की बदनामी हो रही है, दीदी ठीक कह रही हैं, जब आपको केवल कर्तव्य ही मिले तो आप सम्बन्धी नहीं मजदूर हो जाते हैं, आप सिर्फ मुझ तक ही रहें तो सुखी रहेंगे, परिवार तो मुझे सुखी नहीं रहने देता।' उसने आँसू गिराये।

'यही नाटक मत किया कर उस दिन क्या वादा किया था?'

'हाँ याद है, फिर मेरे मुस्कराने पर आपने मुँह क्यों सुजाया?'

'ठीक है जा अब।'

'आपकी दराज में कुछ रखा है दीदी के लिए।'

'अंजू के लिए?'

'हाँ कल जन्म दिन है उनका।'

'कितने का लाई?'

'दुकानदार को मुस्कान की तस्वीर पकड़ाई और ले आयी बस।' उसने दोनों आँखें एक साथ बन्द कर खोलीं तो उदय जी कुर्बान हो गये।

'शाम को तुझे राजा मंडी छोड़ दूँ।'

'क्यों?'

'क्योंकि मैं चाहता हूँ।'

'दीदी को पता चला तो?'

'सँभाल लूँगा।'

'क्या कहोगे?'

'मैंने तुझे डाँटा था, तू बहुत दुखी थी, समझाने के लिए सही जगह चाहिए थी बस।'

'ये सच है?'

'क्या झूठ है? डाँटा है, दुखी तू है, रास्ते में समझा दूँगा।' अर्धसत्य कुटिलता से मुस्कराया।

वह भी मुस्कराकर चली गयी, शाम को उदय जी पन्द्रह मिनट पहले निकले बाहर आकर मधु उनके पीछे बैठ गयी।

'हाँ बताओ क्या समझाना है?'

'क्या लाई है अंजू के लिए?'

'कुछ नहीं।'

'मत लाया कर।'

'क्यों न लाऊँ? दीदी हैं मेरी।'

'पागल मत बन, मुझे लगता है मैं तेरी फैमिली का हिस्सा खा गया।'

'बस इतने में?'

'हाँ, मैं बड़ा हूँ, तुझसे ज्यादा धनवान हूँ इसलिए तू कुछ नहीं करेगी।'

'मेरा कोई सेल्फ रेसपेक्ट नहीं।'

'इसीलिए ले लिया, अगली बार लायी तो गिफ्ट के साथ तुझे भी फेंक दूँगा दफ़्तर की छत से।'

'अच्छा होगा...उई।'

'क्या हुआ? गड्ढा होगा, कसके पकड़ ले।'

'कहाँ?'

'कहीं भी कन्धा, कमर कहीं भी अस्सी किलो का पौने छह फुटा आदमी साथ में है।'

'धत् ...शरीर कहीं के।'

'शर्माएगी तो दाँत टूट जायेंगे, पकड़ ले।'

उसने उदय जी के कन्धे को कसकर थाम लिया, उन्हें याद आया कि अंजू भी इसी तरह उनका कन्धा पकड़ती है और उन्हें वह स्पर्श महसूस नहीं होता क्योंकि उसमें अधिकार होता है, अधिकार किसे बर्दाश्त है साहब, मधु का झिझकता हुआ स्पर्श उन्हें अच्छी तरह महसूस हो रहा था, न सिर्फ महसूस हो रहा था बल्कि वे नहीं चाह रहे थे कि स्टेशन जल्दी आये पर कमबख़्त ऐसे वक्त में ही स्टेशन जल्दी आता है। वह उतरी उदय जी ने बाइक स्टैंड की, वहाँ से प्लेटफॉर्म साफ दिख रहा था, गाड़ी आने पर एक मिनट का समय काफी था वहाँ पहुँचने के लिए।

'यहीं खड़े होते हैं, एकान्त भी है, गाड़ी भी दिखेगी।'

वह कुछ न बोली, नीचे मुँह करके खड़ी रही।

'क्या हुआ? चेहरा उठाना तो।'

वह वैसे ही खड़ी रही।

'मैं करूँ ऊपर?'

उसने पर्स से रूमाल निकाल लिया, उदय जी ने देखा उसका चेहरा गीला था।

'रो रही है? मैंने कुछ गलत किया? मत पकड़ती कन्धा फोर्स तो नहीं किया मैंने?'

'नहीं आप इल फील न करें।'

'फिर...?'

'मैं रोना चाहती हूँ बस।' वह भारी आवाज में बोली।

'ऐसे ही?'

'ऐसे ही आपसे लिपट कर।'

'तो रो ले, पर ड्रामे को कौन सँभालेगा यहाँ, तेरे पचास मददगार आ जायेंगे,

इतना ठोकेंगे मुझे कि हड्डी भी न मिलेगी।'

उसके चेहरे पर मुस्कराहट आ गयी।

'आप भी ना...क्यों आये मेरी जिन्दगी में?' उसने शिकायती लहजे में कहा।

'इन्विटेशन मिला था ई-मेल पर।'

'आप कभी सीरियस नहीं होते?'

'अच्छा चल होता हूँ, प्यार करती है मुझसे?' उदय जी के अन्दर का बाईस साल का नौजवान बाहर आया।

'क्क...क्या?'

'प्यार...लव...इश्क।'

'ये कैसी...बा...त....?'

'तो ठीक है, मैं जाता हूँ, जरूरत पर बात करते रहेंगे, हम अच्छे दोस्त हैं मधु।'

'पर अभी गाड़ी कहाँ...'

'मेरी गाड़ी तो आ गयी।'

'रूकिये क्या चाहते हैं आप?'

'यही जानना कि तुझे मुझसे सिर्फ दोस्ती है या प्यार भी है।'

'पहले आप अपनी बताओ।' उसने निगाहें नीचे कीं।

'ये तुझे पहले पूछना था, पहले मैंने पूछा है।'

'अच्छा अन्दाज है आपका?'

'हाँ या ना?'

'रात को फोन पर बात करें?'

'वो उस मास्टर भइया से परमीशन लेनी है?'

'आप उनकी बात क्यों करते हैं? मुझे वक्त चाहिए।'

'किस लिए?'

'सोचने के लिए।'

'लिपट कर रोने की इच्छा होती है, मैं क्यों आया जिन्दगी में ये भी सोचती है इसके बाद भी कुछ सोचना है?'

'अच्छा मैं ना कहूँ तो?'

'तुम्हारी मर्जी हम अच्छे कोलीग, अच्छे दोस्त रहेंगे, पर इतने बेतकल्लुफ शायद न रहें।'

'हाँ।'

'हाँ?'

'हाँ, मैं आपसे प्यार करती हूँ और अबसे नहीं जब आपने मेरे लिए पहली कविता लिखी तबसे।'

उदय जी को अपनी प्रतिभा पर गर्व हुआ, भाड़ में जायें सो मंचीय कवि ऊपर से गिरें सारे साहित्यकार, उनकी प्रतिभा आखिरकार किसी काम तो आयी।

'और आप...?'

'मुझे भी कुछ तो है, मैं दो जगह बँट चुका हूँ, मैं न अंजू के बिना रह पाता न तुमसे बात किये बिना, इसका मतलब प्यार कहो लगाव कहो, है, ये आज ही ज्यादा महसूस हुआ।'

'ये दीदी के साथ अन्याय तो नहीं?'

'देख मधु मैं विश्वास से कहता हूँ कि तुझे छुऊँगा नहीं, इस तरह शरीर अंजू का ही रहा, तू कभी मुझसे पैसा भी नहीं चाहेगी इसलिए बच्चों के अधिकार भी नहीं गये, हमारे दिल में क्या है उसे कैसे पता चलेगा?'

'आप दीदी से प्यार नहीं करते?'

'करता हूँ, वो भी करती है, पर वो हमारा संस्कार है, मुझे उसकी आदत है उससे दो पल दूर नहीं रह सकता। ये हमारे पन्द्रह साल का लगाव है, ये लगाव किसी के साथ इतने लम्बे समय तक रहने से हो जाता है, जहाँ तक प्यार की बात है हमारे पास विकल्प कहाँ थे? बल्कि शादी के पहले तो उसने मुझे नापसन्द कर दिया था।'

'आपको?'

'हाँ, इसमें अचरज की बात नहीं, मैं उस वक्त नशेबाज था, पतला दुबला, गड्ढे में गाल, बड़ी मूँछें, सुन्दर नहीं दिखता था, पाँच मिनट की मुलाकात में कोई किसी को पहचान भी नहीं सकता इसलिए किया, सही बात ये है कि तू उम्र में भले कम हो पर सुन्दर आज भी वही ज्यादा है।'

'जानती हूँ'

'तुझे सिर्फ इस बात का फायदा मिला कि तू पहली लड़की थी जिसने मुझे मेरे रूप से नहीं गुणों से पहचाना बस।'

'लेकिन ये सब करके मुझे गिल्ट फील हो रहा है।'

'जरूरत नहीं हम किसी का बुरा नहीं कर रहे।'

'प्लीज दीदी को मत बताना।'

'ठीक है तेरी गाड़ी आ गयी।'

वह चली गयी उदय जी खुशी-खुशी बाइक दौड़ाते हुए घर आ गये, रास्ते में हालाँकि वे किसी से भिड़े तो नहीं पर एक लड़के ने उनकी ड्राइविंग पर इतना तंज किया था–

'अरे अंकल ऑल रिस्क कवर के बीमा का मतलब ये नहीं कि सड़क पर ही पेमेंट ले लो।'

वे हँसे, और धीमे से बुदबुदाये–

'बेटा तुम्हारी स्टाइल से अंकल का चलाना हजम नहीं हो रहा, तब क्या होगा

जब तुम्हें पता चलेगा कि अंकल तुम्हारे एक और अधिकार को छीन कर आ रहा है।'

घर आकर उन्होंने अंजू का गिफ्ट उसके हवाले किया।

'क्या है?'

'जन्म दिन का गिफ्ट एडवांस में।'

'अरे ये तो बहुत सुन्दर कड़े हैं, महँगे होंगे?'

'होंगे।'

'आपको याद रहा।'

'मैं तो कल दूँगा।'

'फिर?'

'सोच...'

'धर्मेश भइया?'

'नहीं।'

'फिर आपके दफ़्तर में किसको पता? चेतन भइया आये थे क्या?'

'चेतन घर न आता? पहले भी कभी याद रहा है उसे?'

'फिर?'

'मधु।'

'उसे कैसे पता?'

'तूने बताया होगा।'

'नहीं, मेरी बात शादी की तारीख पर तो हुई थी पर मेरी बर्थ डेट नहीं पता उसे।'

'ओह...कभी मेरा डिक्लेयरेशन पढ़ लिया होगा।'

'बड़ी गुरु है, आपने लिया क्यों? गरीब लड़की है।'

'क्या करता? मैंने तो डाँटा था उसकी बहन को लेकर, रोने लगी, बाद में गिफ्ट का पता चला तो मैं भी इमोशनल हो गया, गाड़ी में बिठाकर आया उसे राजा मंडी।'

'राजा मंडी?'

'हाँ दफ़्तर में बुक्का फाड़ती तो दिक्कत होती, तू उसे कोस रही थी और वो गिफ्ट लायी थी तेरी खातिर।'

'उसे नहीं कोसा, जिस तरह आप मेहनत कर रहे हैं उसके लिए, उसकी बहन को भी उसके बारे में सोचना चाहिए इसलिए थोड़ा गुस्सा, पर आप देख लेना इंटरनेट, इस शरीर से किसी की मदद हो जाय तो तीर्थ का ही फल मिलता है।'

मधु से उदय जी की बातें हुईं, अंजू की भी, अंजू अगले दिन को लेकर उत्साहित थी, इसलिए जल्दी सो गयी पर उदय जी को नींद नहीं आयी, आज प्यार के इक़रार की पहली रात थी, उन्हें नींद नहीं आ रही थी, मधु, उसका प्रेम, उसके

अहसास, उसकी मजबूरियाँ उदय जी अपने अन्दर महसूस कर रहे थे, उस रात उन्होंने गीत लिखा–

तू मुझे सोने न देगी जानता हूँ।

## 21

अगले दिन कविता मधु के हाथों में पहुँचने के बाद दोनों आत्मिक रूप से एकाकार हो गये थे, दोनों खुश थे उदय जी की प्रेम प्रतीक्षा आखिरकार बयालीसवें साल में जाकर खत्म हुई, अब वे वाकई दो हिस्सों में बँट चुके थे जैसे कृष्ण कन्हैया रुक्मिणी और सत्यभामा में, वहाँ हालाँकि दोनों पत्नियाँ थीं, यहाँ एक प्रेमिका, एक पत्नी। कहने को राधा और रुक्मिणी कहा जा सकता था लेकिन उन दोनों का साक्षात्कार कहाँ हुआ था, इसलिए पहली वाली उपमाएँ ही ठीक हैं, उदय जी तो बिन फेरे हम तेरे की स्थिति में पहले ही थे। उदय जी का प्रेम दोनों ओर बराबर था माने घर में अंजू कूड़ा फेंकने जाये तो वे पूछते– 'कहाँ जा रही है?' वहीं दफ़्तर में मधु टॉयलेट जा के आये तो वे पूछ उठते– 'सवा ग्यारह पर कहाँ से आ रही थी?' पर दोनों बार उत्तर एक ही मिलता– 'भाग नहीं जाऊँगी? ज्यादा लाड़ है तो गाँठ बाँध लो साथ-साथ जायेंगे' और वे दोनों बार झेंपकर हँस उठते। उदय जी मधु की बुराई अंजू के अलावा किसी से नहीं सुन सकते जो कि हुआ नहीं, वहीं मधु ने वह व्यवहार शुरू कर दिया है जो रेवती तीन साल पहले कटारे के साथ करती थी, मसलन उदय जी ने हैलमेट उठाया और उसके सामने से निकले तो कहती–

'कहाँ जा रहे हो?'

'कुछ लाना है?' ऐसे ही वे अंजू से पूछते हैं।

'नहीं, बस पूछ रही हूँ।'

'वो बघेल को डेंगू हुआ है, ब्लड देना है।'

बघेल का नाम सुनते ही उसके चेहरे पर नागवारी के भाव आते क्योंकि अपनी पर्सनल सूचनाएँ सार्वजनिक होने का शक उसे बघेल पर भी है।

'बड़ा खून है आपके अन्दर? कहीं नहीं चुपचाप बैठ जाओ।'

'पागल है? ये सामाजिक सम्बन्ध हैं निभाने होते हैं।'

'मैं आपसे बात नहीं करूँगी।'

'पहले लौट आऊँ, हो सकता है जरूरत न पड़े।'

उदय जी छुट्टी लेते तो उसे बताकर लेते, मधु लेती तो उनसे सलाह करके लेती, मधु को कहाँ जाना है कहाँ नहीं, उदय जी डिसाइड करते जैसे–

'राजा सिंह जी के यहाँ जन्म दिन है बच्चे का, क्या करना है?' वह कहती।

'जाना चाहिए, भाई है अपना, कुछ ले जाना पैसे दूँ?'

'चौबे जी की अम्मा मर गयी।'

'मरने दे और कितना जीती उसकी अम्मा, तू क्या अमृत छिड़केगी उसके फूलों पर, मैं चला जाऊँगा तू रहने दे।'

उदय जी के घर में क्या होना चाहिए ये मधु उन्हें बताती।

'दीदी हरिद्वार जाने की कह रहीं थीं?'

'हाँ पर तुम...'

'उन्हें घुमा लाओ, कम से कम शक तो नहीं करेंगी, मैं फिर कभी चली जाऊँगी।'

'ठीक है।'

'बच्चों को ट्यूशन नहीं लगाया?'

'पैसे कहाँ हैं?' –

'तो आप टाइम दो, बेटी के नम्बर कम आये हैं दीदी बता रही थीं।'

'हाँ, करना पड़ेगा कुछ।'

दोनों छुट्टी में अपनी व्हेअर एबाउट भी फोन पर एक-दूसरे को बताते, हालाँकि उदय जी को अब दो कॉल करनी पड़तीं एक मधु एक अंजू। अब मधु ने अपने पास की कुर्सी हटवा दी थी, वह ठेकेदारों से रसीद लेती टेंडर फार्म देती, ठेकेदार पर्सनल सवाल पूछता तो वह उसे समझा देती कि अब वह सिर्फ काम की बात करती और सुनती है। पहले वह बिना बात मुस्कराकर ठेकेदार से सौ रुपये बढ़वा लेती थी लेकिन अब वह उनके चुटकलों को भी नहीं सुनती नतीजतन उसकी आमदनी तेजी से गिरी थी जिसकी वजह से घर में उसकी इज़्ज़त तेजी से कम हुई थी, हालाँकि अभी तक किसी ने भी उनके सम्बन्धों पर या दूरभाषीय वार्तालाप पर आपत्ति नहीं की थी, इधर चौबे जी के प्रयासों में तेजी आ गयी थी, पुरस्कार प्रकरण भी हुआ जो चौबे जी के परिचय में बता दिया गया है। इस दौरान उदय जी के साथ काम निकालकर चार-पाँच किलोमीटर के शार्ट ड्राइव पर वह जा चुकी थी, पर वह इतने से सन्तुष्ट नहीं थी, भले ही वह अंजू का बुरा न चाहे पर चाहती थी कि जितनी नजदीकी अंजू को मिली है उसकी पाँच फीसद ही मिल जाये वैसे वह नहीं जानती कि यह मानव मन है पहले शून्य से पाँच, पाँच से दस, दस से बीस करते करते सौ फीसद तक पहुँच जाता है तब वह किसी का बुरा चाहे न चाहे, बुरा हो ही जाता है। उस दिन उदय जी ने बताया कि वे कवि सम्मेलन में वृन्दावन जायेंगे अगले दिन सुबह बाइक से ही लौटेंगे, उसका मन हुआ कि वह उदय जी के साथ लोंग ड्राइव पर हो, उसने रात में ही उदय जी को फोन किया मंच पर होने के कारण उदय जी ने रात एक बजे मंच से उतर कर मिस कॉल दी जिसका जवाब उन्हें तुरन्त मिला।

'खत्म हो गया?'

'नहीं बाहर आ गया हूँ, पर तू जाग रही है?'

'हाँ आपको बेस्ट ऑफ लक बोलना था, आपने तो कविता सुना भी दी होगी?'

'हाँ, अच्छा रहा, इतनी रात में बात करने में दिक्कत तो नहीं।'

'नहीं, दीदी है बस, उसे सब पता है, सुबह कितने बजे निकलोगे?'

'छह बजे।'

'थोड़ा देर से नहीं निकल सकते।'

'कुछ काम है?'

'नहीं मैं सोच रही थी आज साथ चलें बाइक पर।'

'चाहता तो मैं भी हूँ लेकिन ये ठीक नहीं।'

'क्यों? प्यार करते हो तो काहे का डर?'

'देख मधु हम मन को एक बार नहीं रोक पाये, बस नहीं चला लेकिन क्या हर बार हम मन की ही सुनेंगे।'

'मैं नहीं जानती मुझे आपके साथ आपको कसके पकड़ कर जाना है, जैसे दीदी जाती हैं अधिकार से, बस एक बार।'

'वही मधु, हमारा प्रेम अधिकारों वाला नहीं कर्तव्य वाला है, हमने पहले अंजू के अधिकार सुरक्षित रखने की कसम ली थी, उस पर कायम रहना है।' उदय जी को जिम्मेदारी याद आयी।

'एक बार से क्या बिगड़ जायेगा उनका?'

'एक-एक बार मैं और तू हर वो काम करें जिसे मैं और अंजू करते हैं तब अंजू को कितना बुरा लगेगा? तू अंजू की जानकारी में मेरे साथ चार-पाँच बार गयी उसने कुछ नहीं कहा सिर्फ इसलिए कि मैं उससे कुछ न छिपाऊँ।'

'प्यार को भी तो छिपाया है आपने?'

'हाँ पर तेरे लिए, मुझे सच बोलने में डर नहीं लगता अगर तू चाहती है तो कल ही बता देता हूँ, फिर सब खत्म समझना।'

'आप तो चेलैन्ज की तरह ले रहे हो, मेरा मतलब वो नहीं पर दीदी को पता कैसे चलेगा?'

'देख मधु जब भी मैंने कोई काम अपनी मर्जी के खिलाफ किया है मैं पकड़ा गया हूँ, मान ले सड़क पर हमारा एक्सीडेंट हो जाये तब? अंजू छोड़ पूरे हिन्दुस्तान को पता चल जायेगा।'

'आप बहुत बुरा सोचते हो, अब छोड़ों' वह नाराजगी से बोली।

'देख सिर्फ तेरी खुशी के लिए मैं तेरे नजदीक आया, तेरी खुशी के लिए तुझे घुमाया, तेरी खुशी के लिए हर बार जब भी तेरी गाड़ी आने वाली होती है या खड़ी होती है मैं पुल के नीचे खड़ा होकर बयालीस की उमर में बाईस के छोकरों की तरह हाथ हिलाता हूँ, आते में भी जाते में भी, मेरे आसपास कौन है इसकी परवाह नहीं करता, तू भी मुझे समझ, इतने में सन्तोष कर कि जो तू चाहती है वही मैं चाहता हूँ,

सामाजिक प्रतिबन्ध हैं, फिर अंजू जैसी भली औरत से इतना धोखा ठीक नहीं, हम दोनों की यही सीमाएँ हैं।'

'ठीक है अब कभी नहीं कहूँगी, गुड नाइट।'

मधु को गुस्सा जरूर आया, पर कुछ देर बाद उसे उदय जी पर और प्यार आया उसी प्यार में डूबकर उदय जी के सपने देखती हुई वह सो गयी और उसने सायास एक सपना भी देख लिया जिसमें उदय जी के साथ वह सुहाग सेज पर थी, विवाह का दृश्य उस सपने में नहीं आया, उसकी जरूरत भी नहीं थी उसे, उदय जी ने उसे मुस्कान वाला गीत सुनाया उसे अच्छा तो लगा लेकिन शब्दों के अर्थ उसकी समझ में सपने में भी नहीं आये, तो उसने उदय जी से फरमाइश की–

'कोई अच्छा सा फिल्मी गाना सुनाओ।'

उदय जी को एक ही फिल्मी गाना याद है वही शुरू किया 'चलो एक बार फिर से अजनबी बन जायें हम दोनों' धत् तेरे आदर्शवाद की, सुहागरात के सपने में भी अजनबी बन जायें? उसे बुरा लगा।

'उँ... वो नहीं चाँद सी महबूबा हो मेरी...'

उदय जी को बस मुखड़ा याद था, सुनाने लगे वह डूब गयी उदय जी के गाने के आरोह-अवरोह उसकी धड़कनों में थे, वह उदय जी से लिपटती जा रही थी, उदय जी अनमने से झिझकते से असहज महसूस कर रहे थे, वह नहीं रोक पा रही थी अपने आप को, उदय जी धीमे से बोले–

'मधु ये गलत है, बेचारी अंजू...?'

'कुछ नहीं हमारी सुहागरात है आज, देख लो न यहाँ कोई अंजू न मंजू, सिर्फ हम दोनों, अब किसी की बात न करना।'

उदय जी ने डरते हुए इधर-उधर देखा और आश्वस्त होकर उससे लिपट गये, बाँहों में बाँहें, अंग में अंग, साँसों में साँसें, उतार-चढ़ाव... साँसों के, अंगों के, चुम्बनों के स्वर, चटाख पटाख, प्रश्नों में उत्तर उत्तरों में प्रश्न–

'आयी लव यू'

'आयी लव यू'

'तुम मेरे हो'

'तू मेरी है'

नीम बेहोशी, पागलों की तरह प्यार करते हुए उदय जी, वह नागिन सी लिपटी हुई उदय जी से, अचानक वन्दना चिल्लायी।

'अरे क्या कर रही है चपर चपर, अलग हट आयी लव यू की नानी।'

उसने आँखें खोलीं, मोबाइल की घड़ी देखी– साढ़े पाँच, वह उठी वन्दना ने हाथ पकड़ कर लिटा लिया।

'सॉरी...' मधु बोली।

'उदय जी का सपना था?' वन्दना बोली।

'हाँ' वह लजाई।

'क्या क्या हुआ?'

'चल...बेशरम।'

'वाह सपने में गाल तक चाट लिया मेरा, अभी भी थूक लगा है, चढ़ी बैठ रही थी मेरे ऊपर तब शरम नहीं आयी, बता चल।'

उसने बताया।

'मजा तो पूरा लिया तूने पर अच्छा सपना नहीं...लगता है अब उदय जी से खटकने वाली है तेरी।'

'उनसे...? कभी नहीं, झूठा आदमी नहीं, लड़कीबाज नहीं, हर वक्त ध्यान रखे, बिना पैसे का सहयोगी, क्यों खटकेगी?'

'भाग्य मधु, वक्त से पहले मुकद्दर से ज्यादा किसी को नहीं मिलता, बहाने होते हैं सब, अलग तो तुम होगे।'

'अलग तो होंगे पता है हमें, लेकिन प्यार क्या है इसका स्टैंडर्ड बनायेंगे हम, मेरी शादी के बाद भी मेरा प्यार उनके अलावा किसी का नहीं, शरीर का क्या मिट्टी है मिट्टी में मिलना है।'

'ओहो, उदय जी की तरह बोल रही है उदय जी की अम्मा।'

'मुँह बन्द कर, आगे से अशुभ मत बोलना।'

दफ़्तर में वह उदय जी की सीट पर पहुँची।

'सॉरी।'

'किस लिए?'

'वो रात को मैं ज्यादा जिद ...'

'अरे नहीं बे....' उदय जी बेटा कहते-कहते रुके।

'क्या???'

'बढ़ती उमर का क्या करूँ? मुनिया और बच्ची तो अंजू को कई बार बोल गया हूँ, वैसे एक बात बताऊँ? मैं बहुत अच्छा प्रेमी हूँ किसी ने कहा है कि अच्छे प्रेमी में मित्र, पिता और भाई के भी गुण होते हैं, तभी वह प्रेमिका का ठीक ध्यान रख पाता है, इसके उलट अच्छी प्रेमिका में भी माँ, मित्र और बहन के गुण होने चाहिए, छोड़ पर मैंने कल बुरा नहीं माना तेरी माँग जैनुइन थी और मेरा जवाब भी।' वे हँसे।

'रात को मैंने आपको सपने में देखा।'

'फिर क्या-क्या हुआ?'

'आपने कविता सुनाई, दो फिल्मी गाने भी।'

'और?'

'और रहने दो शर्म आ रही है, दीदी का मुँह चूम लिया था मैंने।' वह लजाई।

उदय जी हँसे।

'उसके बाद का सपना मैंने देखा।'

'क्या?' वह उत्साहित हुई।

'एक तरफ से अंजू, हाथ में बेलन, दूसरी तरफ से तेरी माँ, हाथ में झाड़ू, तीसरी तरफ से तेरा बाबा, हाथ में लट्ठ, चौथी ओर से तेरा चाचा, मुँह में गालियाँ, घिर गया था भाई मैंने मुड़कर देखा तो तू गायब ही थी, डर के मारे बिस्तर गीला कर दिया मैंने।'

'झूठे....अच्छा ये मेरी दीदी का सेल फोन है, इंटरनेट एक्टिवेट नहीं हो रहा'

'छोड़ दे देख लूँगा।'

वह चली गयी, उदय जी ने राजा सिंह जी को बुलाकर दिखाया तो पता चला कि ये कम्पनी से ही होता है, और असल बात जो पता चली वो ये कि मोबाइल की कीमत सात हजार से कम न थी, उदय जी अपने नौ सौ रुपये के मोबाइल से उसकी तुलना करते हुए उसके फंक्शन देखने लगे और फोनबुक तक पहुँच गये जिसमें उन्हें कम से कम दस ठेकेदारों के साथ कौशिक, भीखा, कई अफसरों और अन्य विभागों के लोगों के नम्बर मिल गये, उदय जी फिर धड़ाम से बन्दरों की खों खों के साथ लुढ़कते हुए नीचे गिरे। थोड़ी देर बाद वह मोबाइल वापस लेने आयी।

'वो हो गया?'

'वो तो नहीं पर बहुत कुछ हो गया।' वह धीमे से बोले।

'समझी नहीं।'

'बैठ इधर।'

'थोड़ा जल्दी थी ऐसे ही बता दो।'

'बैठ इधर।' उन्होंने दाँत भींचे।

'अरे? क्या हो गया?'

'तेरा नम्बर कितने ठेकेदारों के पास है?'

'किसी के पास नहीं।'

'तेरी दीदी का?'

'किसी के पास नहीं।'

'देख मधु मेरे साथ झूठ नहीं चलता, सुबूत मिलने के बाद तो शर्म कर।'

'इसमें जो नम्बर मिले हैं आपको वो बहुत पहले के हैं आपसे प्यार होने के बहुत पहले, आप उस सब को भूल चुके हैं, इसलिए याद मत कीजिये।' वह सब समझकर बोली।

'नहीं करता, पर जब मैंने पूछा था तब ये बताना चाहिए था, तब तो झूठ बोला था।'

'हाँ, पर तब आप मेरे लगते क्या थे? क्यों सच बोलती?'

'अब आखिरी बार मौका है तेरे पास, अब मैं कुछ लगता हूँ ना? तो बता कि

तूने सिसौदिया से क्या-क्या लिया?'

'कुछ नहीं।'

'कोई मदद?'

'नहीं।'

'आखिरी बार सोच ले वरना बहुत बुरी बीतेगी।'

'मुझे काम है साहब के पास लौटकर बात करती हूँ।'

वह जान छुड़ाकर चली गयी, किस्मत से चौबे जी ने बुलवा लिया, उदय जी को कुछ सत्य नजर आया, वह चौबे जी के चेम्बर में गयी, चौबे जी के कम्प्यूटर पर पोर्न साइट चल रही थी, जो उसे देखकर इस तरह बन्द की गयी— 'देख ले तुझे देखकर ही बन्द की है।'

'हाँ सर।'

'कैसी हो?'

'अच्छी हूँ।'

'एक बात बताऊँ? अच्छी लग भी रही हो।'

'शुक्रिया सर, काम क्या था?'

'वो कुछ टेंडर डिसकस करना थे बैठो।'

वह बैठ गयी, चौबे जी मोबाइल पर बात करने लगे, सात मिनट बात करने के बाद उन्होंने घंटी बजाई।

'चाय...और राजा को बुलाओ, मीणा को भी...'

'सर...वो....' वह बीच में बोली।

'काम ही है भाई अफसर के सामने बैठी हो, दिहाड़ी पूरी, बताता हूँ।'

तभी राजा सिंह जी अन्दर आये चौबे जी ने दस मिनट उनसे चर्चा की, फिर चार मिनट मीणा जी से, फिर चाय आ गयी।

'सर...वो....'

'चाय लो मधु बताता हूँ।'

'वो सर गाड़ी का टाइम हो गया है।'

'एक मिनट मैं इन्क्वायरी से पूछता हूँ।'

पूछने में भी उन्होंने दो मिनट लगाये, मधु ने चाय खत्म की।

'लेट है झेलम, मिल जायेगी।'

'वो सर काम...?'

'हाँ एक शिड्यूल बदलना है प्लेटफॉर्म कॉ'

'वो तो उदय सर करते हैं।'

'हाँ पर कॉरीजेन्डम तो तुम ही निकालोगी।'

'हाँ पर पहले शिड्यूल तो मिले।'

'तो ठीक है उदय को बता देना कल हो जायेगा।'

'जी सर' वह बाहर आ गयी उसके जाने के बाद चौबे जी मुस्कराये—

'बहुत मा....बनते हो ना दोनों? पर हमसे ज्यादा नहीं चाहो तो शिनाख्त कर लो, एक हफ्ते में कुत्तों की तरह न लड़ाया तुम दोनों को तो अपन भी चौबे जी नहीं '

फिर घंटी दबाकर बोले—

'कटारे को भेजो।'

उधर राजा सिंह जी और मीणा जी ने उदय जी को अन्दर का हाल बताया।

'यार उदय, लौंडिया को चेम्बर में चाय पिला रहा है मा...चौबे, कुछ कर इन माई यूथ।' मीणा जी बोले।

'हाँ भाई साब आधा घंटा तो रही थी अन्दर।' राजा सिंह जी बोले।

'क्यों डरा रहे हो भाई अन्दर न बैड है न टॉयलेट, वो आधा घंटा मैंने भी नोट कर लिया है।' उदय जी मुस्कराये।

'बैड तो नहीं इन माई यूथ पर बैड तक ले जाने की योजना तो बना सकता है।'

'वो ऐसी कोई योजना नहीं बना रहा। वो चाहता है कि मैं मधु पर शक करूँ। हम दोनों लड़ें। बिल्ली की लड़ाई में बन्दर मजा ले ले।'

'तू भी दूर की सोचता है इन माई यूथ।'

'कुछ नहीं उसकी बेवकूफी है, आधा घंटा रोकने के लिए काम भी तो होना चाहिए, काम क्या था पता है?'

'क्या?'

'उदय को बता देना कि कल कॉरीजेन्डम निकालना है।' वे हँसे।

'अरे... कतई सड़कछाप आशिक है यार।' राजा सिंह जी बोले।

'और अपना उदय फाइव स्टार इन माई यूथ, चिन्ता न कर अपना समर्थन है भाई तुझे।' वे हँसते हुए चले गये।

'कब तक बचाओगे भाई साब? और किस किस से।' उनके जाने के बाद राजा सिंह जी फुसफुसाये।

'देख राजा जब खुद से बचा लिया तो सबसे बचा लूँगा।' उनके आदर्श बोले।

'वाकई उदय भाई इतनी हिम्मत सबमें नहीं होती बहुत नेक काम किया है आपने, खुद से बचाना तो वाकई बहुत मुश्किल है।'

आत्म प्रशंसा पर उदय जी और उछले—

'कल प्रपोजल दे रही थी कि मैं मथुरा से आगरा तक इसे लौंग ड्राइव पर लाऊँ, प्रपोजल क्या जिद कर रही थी।'

'अरे?'

'फिर? मैंने मना कर दिया देख मधु कुछ सीमाएँ हैं हमारे सम्बन्ध की।'

'ये तो आपसे प्यार जैसा।'

'मे बी, सपने तो देखती है हमारे।' उदय जी ने अर्धसत्य बोला।

'इकरार इजहार वगैरा?'

'समझदार को इकरार इजहार की जरूरत कहाँ राजा?' उन्होंने फिर अर्धसत्य बोला।

'नजर लग गयी तेरी, गड़बड़ भी तेरे फोन ने की।' मधु ने वन्दना से शिकायती अन्दाज में कहा।

'क्या हुआ?'

'उन्होंने सारे नम्बर देख लिए।'

'तो?'

'तो शक हो गया उन्हें, मुश्किल से जान छुड़ाकर भागी, जवाब सोचने का टाइम लेना था।'

'क्या शक हुआ?'

'सिसौदिया ने क्या-क्या दिया मुझे?'

'तो बता दे।'

'और नमस्ते कर ले? पागल है तू? मैं उन्हें नहीं खोना चाहती।'

'उतना बता जितना अफोर्ड कर सकती है, यानी उन्हें एक तो गाड़ी वाली बात पता है वो एक्सेप्ट कर ले, दूसरा मेरी नौकरी की पता हो सकती है बस, इसे भी मान ले, थोड़े आँसू निकाल उदय जी फ्लैट।'

'वो पूछेंगे सिसौदिया को फोन क्यों किया?'

'कह देना उसकी गाड़ियाँ चलती हैं।'

'उन्हें पता है सिसौदिया की गाड़ी नहीं चलतीं।'

'तो कहना यादव का नम्बर माँगा था, सिसौदिया ने नम्बर देने के बजाय यादव को खटखटा दिया।'

'वो पूछेंगे तूने शर्मा की नौकरी क्यों छोड़ी?'

'बाद में पता चला कि वो जगह लड़कियों के लिए ठीक नहीं।'

उसने उदय जी को फोन लगाया।

'जवाब सोच लिए होंगे दीदी के साथ मिलकर।' उदय जी की आवाज आयी।

'हे भगवान...' वह रोने लगी।

'अभी तो कुछ कहा ही नहीं नाटक मत कर।'

'किसकी कसम खाऊँ...?' उसने हिचकियाँ लेना शुरू किया।

'झूठी कसम खानी है तो मुझे ही मार डाल, सिसौदिया तो लुच्चा है वो कसम क्या बारह बोर के कारतूस से न मरे, साले के लिए तीन सौ पन्द्रह का चाहिए।'

'इतनी बुरी हूँ मैं? ईश्वर मुझे ही उठा ले।'

'नहीं दया कर बेचारे सिसौदिया पर उस जैसे गधे को तेरे अलावा कौन लाइन देगी?'

'जी भर के जूते मार लो फिर सुनना।' उसकी हिचकियाँ तेज हुईं, उदय जी भी काफी ग़ुबार निकाल चुके थे, थोड़े नरम हुए।

'पहले रोना बन्द कर फिर सुना।'

'पूछो।'

'क्या पूछूँ सच तो तुझे गंगा में खड़े होकर भी नहीं बोलना।'

'फिर भी पूछ लो।'

'सिसौदिया की मदद ली?'

'हाँ।'

'दिन में क्यों नहीं मरी?'

'डर लगा कि आप दफ़्तर में आपा न खो दो, मारपीट न कर दो।'

'क्या मदद ली?'

'गाड़ी मँगाने के लिए यादव का नम्बर माँगा तो उसने गाड़ी भिजवा दी।'

'गाड़ी अफोर्ड कर सकती है तू?'

'नहीं, पर दीदी को देखने वाले आने वाले थे इसलिए मँगानी पड़ी।'

'ठीक है कितने पैसे में मिली गाड़ी?' उदय जी आश्वस्त हुए।

'पता नहीं, पर मैंने दो सौ रुपये दिये उन्हें।'

'उन्हें? वो लुच्चा उन्हें कैसे हो गया, उस कमीने को पीठ पीछे इतनी इज्जत?'

वह सकपकायी।

'उम्र में बड़े हैं, अंकल जैसे, इसलिए निकल गया।'

'सड़क किनारे तमाम भिखमंगे तेरे बाबा की उमर के होंगे, सबके पाँव छूती हुई निकला कर।'

'सॉरी आपको बुरा लगा, अच्छा आदमी नहीं है वो, मैं जानती हूँ।'

'या ज्यादा माल खिला चुका है?'

'ऐसा कुछ नहीं एक बार दीदी की नौकरी भी लगवाई थी, उसने तीन दिन बाद छोड़ भी दी।'

'अच्छा? फिर तो फोन भी करता होगा।'

'कभी-कभी, इंटीमेट होने की कोशिश तो करता था पर उसके पास दीदी का ही नम्बर था बस।'

'अच्छा? नौकरी दिलाने की बात भी तुझसे ही कर रहा था एक दिन? माफी भी माँग रहा था तब तू दफ़्तर में ही थी।'

'नहीं' हालाँकि वह समझ गयी कि उदय जी को सब पता है।

'फिर?'

'उसी से पूछो।'

'अच्छा तो दो सौ रुपये में तू हाथरस से मथुरा पहुँच गयी?'

'मैंने तो इतने ही दिये।'

'आठ सौ का रेट है, माने छह सौ तो लिए ही उससे?'

'आप कहते हैं तो दे दूँगी छह सौ भी।'

'तेरी मर्जी हम होते ही कौन हैं, न पैसा, न शरीर, सिर्फ आत्मा है अपने पास, आजकल आत्मा तो अपने शरीर में बर्दाश्त नहीं करते लोग, दूसरे की लेकर बोझ क्यों मरेंगे? वो भी उदय जैसे इमोशनल ईडियट की आत्मा?'

'ऐसा मत कहिये मेरा सब कुछ आपका है, आत्मा शरीर सब।' वह रोने लगी, उदय जी द्रवित हुए।

'ठीक है, लास्ट चान्स, आगे का क्या?'

'मतलब?'

'मतलब तू अगर सिसौदिया के साथ, तेरे मास्टर के साथ सो भी ली तब भी माफ, पर अब आगे से मेरे साथ मेरी बनकर रहना है, सोना नहीं है तेरे साथ, जिस दिन भी कहूँ मुँह पर थूक कर चली जाना'

'ऐसा मत कहिये प्लीज, मैं हर तरह तैयार हूँ।'

'आगे किसी भी ठेकेदार से दो रुपये भी नहीं लेना कुबूल?'

'हाँ।'

'किसी कुत्ते को पास नहीं बैठाना, कुबूल?'

'हाँ।'

'शादी मेरी मर्जी से करेगी जिसे मैं पसन्द करूँ, शादी तक उदय के अलावा कोई नहीं, कुबूल?'

'हाँ।'

'ठीक है आगे कोई नौटंकी न हो, कुछ कहना है?'

'हाँ, आयी लव यू।'

'ठीक है, चौबे से बचना, गुड नाइट।'

इस तरह बिगड़ी बात आँसुओं की बरसात और आयी लव यू के हथियारों से मधु ने बना ही ली, बुजुर्गों ने ठीक कहा है औरत के आँसू और मर्द की हँसी, जिसने भरोसा किया, वो मरा। लेकिन इस घटना के बाद उदय जी ज्यादा पजैसिव और शक्की हो गये थे।

# 22

दोनों के प्रेम की स्वीकार्यता को दो महीने बीत गये थे, पिछले महीने उदय जी से वादा करने के बाद उसे निभाने की भरपूर कोशिश मधु ने की, लेकिन पन्द्रह दिन बाद ही समझ आ गया कि यह सम्भव नहीं, लुटाने वाला ठेकेदार तो गायब ही हो चुका था, सही ये भी था कि इस विभाग में घाटा खाने के बाद बड़े भाई ने इशारों में समझा दिया था– 'भाई साब, वक्त जरूरत पर या स्वाद बदलने को, घर में भैंस होते हुए कड़ाही का दूध पिया जा सकता है, पर चौराहे पर महँगी भैंस नहीं बाँधी जाती, पता नहीं अपने खर्चे पर कितने लोग मुँह मारें, सुधर जाओ तो ठीक वरना इस पाताल में जागीरें चली गयीं, आपकी ठेकेदारी कहाँ लगती है? दिल्ली में बड़ा काम मिल गया है उसे देखते हैं दोनों भाई।' इसलिए गम गलत करते हुए, आजकल वे दिल्ली में थे। पाँच सौ वाले तीन-चार ठेकेदार थे, बाजू की कुर्सी हटने से उन्होंने इंटरनेट से टेंडर लेना शुरू कर दिया था। दो सौ वाले मुस्कराहट देखना चाहते थे, अब मुस्कान की वसीयत उदय जी ने अपने नाम लिखा ली थी, दो सौ वाले भी गये, बचे सौ वाले वो निगाह चुराकर भागने की कोशिश में पहले से ही थे, मतलब सूखी तनख्वाह, जो मम्मी की जागीर थी। उदय जी के आदर्शों ने तो उसकी लिपस्टिक पर भी डाका डाल दिया था। वो तो पहले ही कह चुके थे– 'सादगी शाही अदा होती है, कभी अंजू को देखा पाउडर लिपस्टिक लगाये?' उसका मन करता कि कह दे– 'आप जैसे भोलू की बीवी लिपस्टिक लगायेगी भी कैसे? लिपस्टिक न हो चलेगा पर मोबाइल रिचार्ज तो कराना है? आपसे बातें करने के लिए।' आखिर में महीने भर बाद उसे एक ठेकेदार की ओर मुस्कराना पड़ा, ठेकेदार नया था उसने पाँच सौ का नोट निकाला, मधु ने इधर-उधर देखा और बोली–

'जरा डी. ई. एन. के चेम्बर में आइये, एक प्रिंट और है।'

पाँच सौ मिलने के बाद उसने सात दिन तक अपनी मुस्कान प्रतिबंधित दिशा में नहीं फेंकी, लेकिन सातवें दिन घर में उदय जी का विरोध सामने आ ही गया।

'सीट बदल गयी है बेटा?' माँ ने पूछा।

'नहीं।'

'फिर?'

'फिर क्या?'

'तेरे पर्स में पैसे नहीं रहते, कविताओं की किताबों के पन्ने निकलते हैं आजकल।'

'कुरेदना बन्द नहीं किया मम्मी?'

'कब तक न कुरेदती? दो महीने हो गये दो सौ नहीं दिये तूने, कितने खर्चे हैं घर के?'

'मैंने रिश्वत बन्द कर दी।'

'क्यों?'

'कर दी, लोगों की निगाहें ठीक नहीं।'

'क्यों हाथ पकड़ते हैं रिश्वत देते में?' माँ ने व्यंग्य किया।

'कोशिश तो पूरी करते हैं।'

'करने दे दुनिया है ये तो, हाथ पकड़ा तो नहीं किसी ने।'

'तो हाथ पकड़वा लूँ?'

'क्यों पकड़वा ले? उन्हें कोशिश करने दे तू अपना काम कर, कुत्ते भौंकते हैं इनसान उन्हें काटते हैं क्या?'

'कुत्ता काट ले तो इंजेक्शन लगवाते फिरो? सामने वाले की नीयत पता है तो बढ़ावा क्यों देना?'

'ये पहले नहीं दिखता था? क्यों लिया पहले? पहले घर के खर्चे बढ़ा दिये अब सीता जी वाले नखरे।'

'समझदारी नहीं थी पहले।'

'अब अचानक कैसे आ गयी? उदय ने दी होगी? पता नहीं क्या-क्या बरगलाता है फोन पर।'

'वो कुछ नहीं बरगलाते, अच्छी बातें ही बताते हैं।'

'बेटा सारी बातें सबके लिए अच्छी नहीं होतीं, गरीब आदमी को रूखी रोटी मिल जाये अच्छा है, पैसे वाले को दाल में दो पोर घी न हो तो दाल अच्छी नहीं लगती, वो तुझसे ढाई गुनी तनखा लेता है, कविता से कमाता है अलग उसके लिए अच्छी बात होगी पर हमारे लिए नहीं।'

'तो रूखी में मस्त रहो, दाल में घी मत माँगो।'

'कौन माँग रहा है, तीन-तीन बेटियाँ पैदा करके रख गया तेरा बाप इनके लिए ला कहीं से भी ला, वरना बताती हूँ तेरे उदय सर को, फोन पर माने तो फोन पर नहीं तो आती हूँ तेरे दफ्तर।'

'तुम तो ब्लैक मेल करने लगीं? जैसे उदय जी लावारिस हों, उनके आगे-पीछे तो कोई है नहीं?'

'है ना हमारे घर की विभीषान है ना' माँ ने फिर व्यंग्य किया।

'इनफ इज इनफ मम्मी, ये रखा फोन, लगा के देती हूँ अभी, बात करके ही बता दो उनसे, अभी का अभी निकल जाऊँगी घर से, फिर करती रहना धरेजे बेटियों के।'

'अरे राम! हाय भगवान! घोर कलयुग है, पराये के लिए माँ को धौंस देती है।' माँ रोने लगी।

'मधु प्लीज...मम्मी प्लीज....चुप हो जाओ प्लीज।' वन्दना रूआँसी सी बोली और झगड़ा टल गया।

उस रात मधु ने काफी सोचा वन्दना से भी बहस हुई और नतीजा निकला कि जब

तक ठीकठाक सीट नहीं मिलती तब तक मम्मी को कुछ न कुछ तो देना होगा वरना माँ किसी दिन और अधिक उग्र हो सकती है, यदि किसी दिन उदय जी या अंजू से बात कर ली, ये छोटी सी लव स्टोरी उसी दिन खत्म हो जायेगी, उसने फैसला किया कि अब उदय जी की आँख बचाकर मुस्कराना है, चेम्बर या वाटर कूलर की आड़ में पैसे लेने हैं। और अगले ही दिन उसके पर्स में नौ सौ रुपये थे, लेकिन उसकी दीदी के मोबाइल में ठेकेदारों के नम्बर मिलने के बाद उदय जी अधिक शक्की और पजैसिव हो गये थे, अपनी सीट पर बैठे-बैठे वे पूरी निगाह रखते, वे नहीं रख पाते तो उनकी अनुपस्थिति में ये काम मीणा जी और राजा सिंह जी उनके लिए करते। राजा सिंह जी भाई की मुहब्बत में मीणा जी अपनी छठी इन्द्री के प्रमाणन में। आखिर कब तक न पकड़ी जाती मधु? एक दिन मीणा जी की छठी इन्द्री से मिली सूचना पर उदय जी ने टोका–

'सिन्दल साब के भतीजे की मिठाई खा ली?'

'हाँ, आपने नहीं खायी?'

'हाँ, लेकिन दोबारा नहीं माँगी।'

'मतलब?'

'मतलब जिस काम को मना किया, वही कर रही है तू? कहा था ठेकेदारों से दूर रह, तू मुस्कराकर उन्हें वापस बुला रही है? सिन्दल के भतीजे ने मिठाई बाँटी दफ़्तर में सबने ली, पर तू अकेली है जिसने मुस्करा कर दोबारा माँगी।'

'माँग ली होगी, अच्छी लगी होगी तो, मैं ऐसी छोटी बातें ध्यान नहीं रखती।'

'छोटी बात? तू दोबारा वही शुरू कर रही है।'

'इसमें क्या हो गया?'

'दोबारा मिठाई उनसे माँगी जाती है जो नजदीक होते हैं, कौन लगता है वो तेरा? बाप भाई या खसम?'

'देखिये आप इस तरह...'

'किस तरह? मेरे सामने ही तू ठेकेदारों को निमन्त्रण दे रही है मैं चुप रहूँगा?'

'ठीक है सॉरी।'

वह चली आयी, कैसे कहती कि उनके आदर्शों के उलट व्यवहार उनसे बनाये रखने के लिए ही कर रही है, उसे आश्चर्य भी हुआ कि पूरा ऐहतियात बरतने के बाद भी उदय जी ने तीसरा नेत्र कहाँ छिपाया था? तय हुआ कि उदय जी ने अपना कोई राजदार छोड़ रखा है, कोई क्या? राजा सिंह है, उस वक्त देख भी रहा था टुकर टुकर, पर उदय जी में ये प्रेम करने वालों के लक्षण नहीं, प्रेम करने वाले तो विश्वास करते हैं बस, चाहे जितना धोखा दो प्रेमी को विश्वास करना ही चाहिए, शक है तो खुलकर उससे क्लीयर करें, भले ही क्लीयर करने पर सच का बाल न पता चले, पर वे जासूस क्यों बिठाये हैं? उदय जी के प्रति समर्पित प्रेमी की इमेज थोड़ी हल्की हुई, अगले ही दिन उदय जी ने टोका–

'तुमने पाँच सौ रुपये लिए आज?'

'किससे लिए, किसने देखा?'

'मैंने।'

उसे आश्चर्य हुआ कि उस वक्त उदय जी क्या राजा सिंह भी मौजूद नहीं था, मतलब दूसरा जासूस भी? उदय जी की नीयत में भी खोट है, कहाँ गया वो भोला, आदर्शवादी, परायी पीर का क्रेता व्यक्तित्व? साफ झूठ बोलते में गाँधी जी की आत्मा को कष्ट नहीं होता?

'वैसे बड़े सच्चाधारी बनते हो आप? आप तब थे कहाँ?' वह गुस्से में बोली।

'मतलब लिए थे?'

'हाँ, पर दो सौ थे, उसने पाँच सौ का नोट दिया, तीन सौ लौटाये वो नहीं देखा आपके जासूस ने?'

'कोई जासूस नहीं है, तू क्या सोचती है मैं अकेला देखता हूँ? सब देखते हैं और जानते भी हैं कि तू मेरे नजदीक है, इसलिए जानबूझ कर मेरे सामने चर्चा करते हैं, इस तरह पता चलता है मुझे।'

वह आश्वस्त हुई।

'वो नये साल पर चपरासियों को इनाम देती रही हूँ, उम्मीद करते हैं बेचारे, इसलिए ले लिए पचास पचास दे दूँगी।'

'किस बात का इनाम? तुझसे ज्यादा सेलरी है सबकी।'

'आप नहीं समझोगे।'

'सब समझता हूँ, तूने अपने लिए ही लिए थे, अब तेरे घर में दिक्क्त होने लगी होगी, पहले घर में दो-तीन हजार एक्स्ट्रा देती थी, अब सब बन्द तेरी माँ तुझे क्या मुझे भी गालियाँ देती होगी।'

बाप रे अन्दाज भी कितना सही लगाते हैं..... उसने सोचा फिर बोली—

'आपकी बात ठीक है, लेकिन ये पैसे मैंने अपने लिए नहीं लिए।'

'बिल्कुल सच है अपने लिए लिए कहाँ? मम्मी को देने हैं।'

'आप तो बात पकड़कर बैठ जाते हो।'

'ठीक है देख मैंने तुझे पहले भी बोला कि गू अगर खाना हो तो हाथी का खा, कुत्ते के गू से पेट तो भरता नहीं बदबू अलग आती है।'

'हे भगवान, उपमाएँ भी गन्दी ही हैं आपके पास, आगे से ध्यान रखूँगी, सॉरी, पर क्या आप ऐसा कर सकते हो कि मुझे ऐसी सीट मिल जाये जहाँ हाथी का मिल सके? आप भी खुश मम्मी भी।'

'तेरे अलावा किसी को भी दिला सकता हूँ ऐसी सीट।'

'मुझे क्यों नहीं?'

'इस हरामखोर चौबे ने पता नहीं क्या-क्या बोल के रखा होगा बड़े साहब को

मेरे और तेरे बारे में? पता है मेरा तबादला भी प्रपोज कर चुका है हरामी, अब तक बड़े साहब को यकीन नहीं पर जब मैं तेरी बात करूँगा तो उन्हें यकीन हो जायेगा, पर कभी उन्होंने तेरे बारे में पूछा तो सिफारिश कर दूँगा, वैसे भी तेरी इमेज खराब की हुई है कटारे और चौबे ने, ये दोनों ही दिला सकते हैं अच्छी सीट।'

वह चली, उदय जी ने हाथ पकड़कर बैठने का इशारा किया, वह बैठ गयी।

'देख मधु तू जानती है, मैं सम्बन्धों में कितना ईमानदार हूँ, किसी पर सौ खर्च के दस वापसी की उम्मीद करता हूँ, तो ये गलत है क्या?'

'नहीं आप सही हैं मैं शर्मिन्दा हूँ।'

'मुझे भी बुरा लगता है मधु जब तेरे बारे में कोई बुरा बोलता है, ये भी बुरा लगता है कि मेरी वजह से घर में तेरी पोजीशन खराब हुई, तेरे भी खर्चे होंगे, उनमें भी कटौती करनी पड़ रही होगी?'

उसकी आँखें छलक आयीं।

'रो मत देख हर महीने तेरे खर्चे के लिए पाँच सौ दे सकता हूँ इससे ज्यादा हैसियत नहीं मेरी।' उदय जी फिर बोले।

'नहीं, कितना सोचते हैं आप, अच्छा जो मुझे देंगे अब वो आपके बच्चों का हिस्सा नहीं होगा?'

'नहीं मैं अपने ऊपर एक हजार खर्च करता हूँ, अब पाँच सौ करूँगा, पाँच सौ तेरे।'

'नहीं मैं नहीं ले सकती मेरे लिए वो आपके बच्चों का ही है, पर आप बहुत प्यारे हो।'

वह चली आयी, अब मधु ने तय किया कि दफ़्तर में कुछ भी छुपना मुश्किल है, इसलिए वह यह बन्द करेगी, और कोशिश करेगी कि अच्छी सीट मिल सके चाहे उसके लिए उसे चौबे जी को ही मूर्ख बनाना पड़े।

वे दोनों बेख़बर थे कि जब उदय जी ने मधु का हाथ पकड़कर बैठाया था तभी चौबे जी वहाँ से सीने पर तक्षक नाग का बोझ लेकर गुजरे थे। और तुरन्त बाद उदय जी को बुला भेजा।

'हाँ उदय? कैसी चल रही है?'

'क्या?'

'मौज मस्ती।'

'बढ़िया सर।'

'हाँ घर में भी बाहर भी।'

'मुकद्दर है साब अपना-अपना, मर्द का मुकद्दर और औरत का करैक्टर बेपेंदी का लोटा है साब, लौंडिया मरे तो काने की फूटी आँख पे मर जाय, आदमी बीस सीनियरों को पीछे करके प्रमोशन ले ले, अपने कटारे को मिला था... पर आप काम बताओ साब, मुकद्दर से हम आपके सेवक हैं।' उन्होंने जूते को मखमल में लपेटा

और दे मारा–

'तू है तो बड़ा मा.....पर छोड़ थोड़ा काम करना है मेरे चेम्बर में।'

'यहीं करना है?'

'हाँ, गोपनीय है।'

काम बताकर चौबे जी चले गये उदय जी सात बजे उनके चेम्बर से निकल पाये, बाहर निकल कर राजा सिंह जी के मार्फत पता चला कि फील्ड के पन्द्रह लोगों के साथ मधु की पन्द्रह दिन के लिए दिल्ली में डाटा ऐन्ट्री की डयूटी लगा दी गयी थी। तब जाके उदय जी समझ पाये कि चौबे जी ने उन्हें काम में क्यों लगाया था? उदय जी को ये भी पता चला कि बड़े साहब उन्हें भी सुपरवीजन के लिए भेजना चाहते थे, पर वे सीट पर नहीं मिले और चौबे जी ने उन्हें पहली बार काबिल आदमी बताकर दफ़्तर में ही रखने की सिफारिश की थी। उदय जी अपने आप को असहाय महसूस कर रहे थे।

## 23

मधु इस ड्यूटी से दो दिन में ही परेशान हो चुकी थी, सुबह पाँच बजे गाड़ी पकड़ना, दस बजे घर में घुसना, दफ़्तर से भेजे गये कर्मचारियों में वह अकेली लड़की थी और क्लर्क भी, बाकी लोग या तो टैक्नीकल थे या चपरासी थे, वह उदय जी को फोन पर परेशानी बताती, उदय जी सिवाय सान्त्वना के कुछ नहीं कर पाते, सातवें दिन जब वह उदय जी से रोयी, तो उदय जी ने समझाया–

'देख मधु ये परीक्षा है, हमारे प्रेम की भी और ईमानदारी की भी, जब भी आप अच्छा करो लोग टाँग अड़ाते हैं, सब चौबे का ही किया धरा है, वो इसी तरह प्रेशर बनाकर प्राप्त करता है जो भी चाहता है।'

'उसका नम्बर दो बात करती हूँ' हालाँकि नम्बर उसके पास था, पर वह उदय जी की प्रतिक्रिया जानना चाहती थी।

'क्या करेगी बात करके? वो भी यही चाहता है।'

'सुनाऊँगी उसे खरी खरी।'

'फिर चार्ज शीट ले लेना।'

'नहीं उतना नहीं, सिर्फ बात करूँगी तूने कराया है तू ही वापस बुला।'

'अच्छा कैसे बुलायेगा? बड़े साब से ये कहेगा कि पहले तो ये लड़की कामचोर थी कल से अच्छी हो गयी है क्योंकि फोन आ गया है उसका?'

'मजाक सूझता है आपको तो, अच्छा गुड नाइट।'

माँ जो काफी देर से कान लगा रही थी पास आयी।

'क्या हुआ? क्या कहा उदय ने?'

'कह रहे थे ईमानदारी की परीक्षा है, संयम रखो।'

'हम परीक्षा करायें ही क्यों? देख लिया नतीजा इस हरीचंद की बात मानने का, अब कष्ट वो तो नहीं उठा रहा? तू बताती है कि चलती है उसकी दफ़्तर में, वापस नहीं बुला सकता?'

'नहीं बुला सकते, लड़की की सिफारिश करने से पोजीशन बिगड़ती है।'

'देखा कितना चालू इनसान है? सिफारिश करने से पोजीशन बिगड़ती है, रात को दस-ग्यारह बजे मीठी-मीठी बात करने से नहीं बिगड़ती?'

'छोड़ो मम्मी मुझे वैसे ही टेंशन है।'

'टेंशन पूरे घर को है, परसों रात को बारह बजे आयी थी, पड़ोसी अलग शिनाख्त करते हैं, इस विभाग में ही नौकरी है मधु की? अब एक-एक को समझाओ।'

'भाड़ में जायें सब, अब तुम भी चुप रहो।'

उसने कुछ सोचकर चौबे जी को फोन लगाया, फिर कुछ सोचकर काट दिया।

उदय जी का मन दफ़्तर में नहीं लग रहा था, बात केवल ये नहीं कि मधु उनके सामने नहीं थी, उससे ज्यादा उन्हें अपनी असहायता की खीज थी, बड़े साहब की निगाह में अच्छी पोजीशन के बावजूद वे आसुरी शक्तियों को हावी होने से रोक नहीं पाये, आजकल उनकी झल्लाहट प्रकट होने लगी थी, एक बार तो वे अपने प्रशंसक राजा सिंह जी के फिकरे का भी बुरा मान चुके थे, हालाँकि वो बात बुरा लगना स्वाभाविक था, क्योंकि मधु और उदय जी के सम्बन्धों की चर्चा राजा सिंह जी ने ऐसे व्यक्ति से कर ली थी जिसे उदय जी कतई पसन्द नहीं करते। उसमें इजाफ़ा कर गये चौबे जी, चौबे जी उदय जी के सामने से गुजरे, उदय जी की असहायता पर उन्हें मजा आया, उन्होंने रुककर जुमला उछाला–

'और उदय, तबीयत ठीक है? कुछ बीमार सा दिख रहा है?'

'दुख और खुशी रिलेटिव चीजें हैं साब, व्यक्ति स्वयं ज्यादा खुश हो तो सामने वाला सामान्य व्यक्ति भी उसे बीमार सा दिखता है, हो सकता है आप ज्यादा खुश हों।' वे खीज कर बोले।

'ऐसा? घर में सब बढ़िया?'

'आपकी दुआ है।'

'बाहर?' उन्होंने व्यंग्य किया।

'आपकी दया है' उन्होंने भी व्यंग्य किया।

चौबे जी मुस्कराकर अन्दर चले गये, सीट पर बैठकर उन्होंने घंटी दबाई–

'कटारे को बुलाओ।'

अगले क्षण कटारे जी अन्दर थे।

'हाँ गुरुजी।'

'मजा आ गया यार, मजनूँ पगला गया है बस पत्थर फेंकने की कसर है।'

'अच्छा?'

'सब समझ गया है, कुछ कर नहीं पा रहा, मजा तो इसी का है।'

'आप भी सर बहुत...'

'तमीज से बात कर बहन...' वे हँसे।

'वो गुरुजी सिसौदिया से बात हुई?'

'हाँ आज आने वाला है, दो महीने से काम ही नहीं कर रहा, समझाना पड़ेगा।'

तभी सिसौदिया जी दरवाजा खोल कर घुसे और साधिकार कुर्सी पर बैठ गये, गुरु जी के इशारे पर कटारे जी बाहर चले गये।

'राम राम साब जी।'

'तू है बड़ा मा...साले बैठने के बाद राम राम करता है।'

'अजी चौबे जी इब या पैले करो कि वा पैले करो करणा तो दौणूँ सै, क्यूँकर बुलाया जी, उधर दिल्ली में काम चाल रिया सै।'

'यहाँ तो पूरा कर।'

'करणे दे थारा सटाफ?, बिल बनवाऔ जी पैले।'

'काम तो कर बिल बन जायेगा।'

'देक्खो जी चौबे जी, पटरी बिछाई सै कदी करबले में मुरदा ना गाड्डा जो चालीसे पे हिसाब होवगा।'

'वो ही मेरा स्टाफ कह रहा है, पिछला हिसाब बाकी है, उन्होंने भी अनाथालय नहीं खोला हुआ।'

'अजी आपका सटाफ तो ऐसै कै रिया जी कदी उसका परसेंट अम्बेडकर फिक्स करके गया होय।'

'तू चड्ढी बनियान में इस विभाग में आया, नीचे जैन लगा के घूम रहा है ये भी राजेन्द्र प्रसाद लिख के नहीं गया था, गलत तरीके से कमाता है तो बाँटता है, खैरात नहीं कर रहा।'

'अजी हम तो बहुत खुश जद अन्ना प्रधान मंत्री बन जाय, रेट के रेट कर लेंगे जी हम तो पूरी ईमानदारी सूँ।'

'अन्ना ने क्या रामलीला दिखाई, देश भर के चोट्टे लोकपाल बन गये, ईमानदारी आज याद कर रहा है ना? तब की बात कर जब तेरे पास दो रुपये नहीं थे, सरदार सिंह का पूरा माल हजम करके करोड़पति बनने के बाद तो ईमानदारी क्या तुझे काम करने की ही जरूरत नहीं, ब्याज से ही खा लेगा बैठकर।'

'छोड्डो जी, इब के करणा सै।' पुराने मुर्दे उखड़ने पर उन्होंने निरर्थक बहस बन्द की।

'काम कर, दो महीने की वजह बता।'

'काम तौ जी हो जावगा, आप सटाफ कूँ समझाऔ जी, दो महीने पै तौ जी

आपणैं ही चिड़िया बैठानी सै।'

'चिड़िया बैठ जायेगी पहले इस चिड्ढे का इन्तजाम कर।'

'के करणा जी?'

'एक लौंडिया भेज, लौंडिया मानै लौंडिया, लुगाई नहीं।'

'आप तौ ऐसै बोलें जी जैसै सिसौदिया कदी बिजली बेगम के कोठे का तबलची होवै?'

'तबलची नहीं खाला है तू तो, तेरे पास हर इन्तजाम है, तेरी एक जुगाड़ तो हमारे दफ़्तर में ही है।'

'क्या कहौ सर जी म्हारा के मतलब आपकी लौंडिया सूँ?'

'हमारी नहीं हमारे दफ़्तर की मा....'

'नांय जी म्हारा लेणा देणा ना जी, ना तौ थारे दफ़्तर की अर ना थारे गाँव की।'

'गाड़ी किसने भेजी उसके लिए?'

'व...वा...जी भेजी पर उसके फोण पे भेजी जी, पैसे भी पूरे ना मिले।'

'चूतिया मत बना यार हमें सब पता है, तेरी भी और उदय की भी, तूने भी काम निकाल लिया और उदय ने भी, हमें तो बासी खीर ही मिलनी है पर हमारा काम बना।'

'तौ जी वा उदय की गर्दन पकड़ौ जी म्हारा लेणा देणा ना जी' उदय जी का नाम सुनते ही उनका चेहरा उतरा पर उन्होंने सँभालते हुए कहा।

'उदय को पकड़ना मुश्किल है, ईमानदार आदमी है, बड़े साब का खास है।'

'हम बेईमान तौ हैं जी, पर दाँव ना लगा तौ ना लगा, अर कहौ तौ कोई और बुलवा देवंगे।'

'ठीक है लिख के दे जाना कटारे को दो महीने का रीजन, इंतजाम हो जाय तो फोन कर देना।'

'अच्छौ जी वैसे दीखती ना वा छोरी?'

'दिल्ली भेज दी है, यहाँ साला आँखों में आँखें डालकर बैठते थे लैला मजनूँ' उन्होंने बायीं आँख दबायी।

'ठीक है जी चालूँ त इब।'

सिसौदिया जी के निकलने के बाद चौबे जी मुस्कराये।

'बनता तो तू बहुत मा...है उदय, पर हमसे ज्यादा नहीं चाहे तो कन्फर्म कर ले।'

सिसौदिया जी बाहर आ गये, अब उन्हें पता चला कि वे कितने बड़े मूर्ख थे, वे बड़बड़ाये—

'यो साली सरकारी रंडी.....कितणी मासूम बणैं थी? घर की इज्जत दिखावै थी मनैं? भाई सिसौदिया लुगाई का भरोसा ना करियो, कदी करै तौ सरकारी लुगाई का तौ कित्तई ना, काल ही पकडू सौरी कूँ दिल्ली में।'

और अगले दिन वे नयी दिल्ली स्टेशन के बाहर दो घंटे बैठे, मधु आती हुई

दिखाई दी, वे पीछे पहुँचकर सरप्राइज वाले अन्दाज में बोले–

'अजी मन्नैं कही राम राम'।

मधु चौंकी, उसके चेहरे पर भय के भाव आये, फिर वह संयत होकर बोली–

'आप यहाँ?'

'अरै मधू तम चाहे मन्नैं छोड़ दो पर मैं ना छोडने का।'

'स्टाफ के लोग हैं पीछे भी आगे भी।'

'तौ चालौ जी अलग बैठें लेवें।'

'नहीं गाड़ी निकल जायेगी।'

'इतणी क्यूँ कटै भाई, कदी दूसरा मिल गया के?'

'ऐसा कुछ नहीं, मेरी मजबूरी समझिये।'

'है तौ ऐसा ही जबान ना खुलवा मधू।'

'खोल दो।'

'वा सौरी कबी की पूँछ उदय।'

'किसने बताया?'

'क्यूँ पूछै नाम?'

'चलिए मैं बता दूँ चौबे ने बताया होगा?'

वे सकपकाये।

'तन्नै कैसे पता कि वा बताया मन्नै?'

'वो क्या चाहता है मैं जानती हूँ ठीक, उदय जी मेरे गुरु की तरह हैं, मदद करते हैं, चौबे हमें बदनाम कर रहा है, वो क्या चाहता है मैं अच्छे से जानती हूँ, उसने आपको क्यों बताया जरा दिमाग लगाओ।'

'तम कहैं तो ठीक है जी पर मुश्किल सूँ होस में आया हूँ जी, पर हमें छोड़के किसी हौर कूँ अपनाया तौ काड़जा फट जायैगा जी, तम तौ जानौ कि राणा जी का खानदान सै, तम हमें ना चाहो त कोई बात नहीं, तम किसी होर कूँ चाहौगे त मुश्किल होग्गी, थारा त कुछ नाहें पर एकाध गरीब मर जावगा।'

'अब चलूँ?'

'ठीक है जी।'

उसके जाने के बाद बुदबुदाये–

'ना जी कामयाब ना हुआ उदय, चौबे आपणा काम करणा चाहै, यासूँ मन्नै उदय सूँ लडाने की सोच्चै, समझ में ई ना आवै जी यो सौरी पालटिक्स अर ये सरकारी भड़वे।'

फिर सोचकर उन्होंने बिहारी को फोन लगाया–

'अरै बिहारी भाई हम तौ दिल्ली में हैं यार, तनी ध्यान रखियो म्हारे आयटम का, हाँ वा उदय हौर चौबे सूँ खतरा सै, चौबे पै त ना चालणीं तनी उदय का ही ध्यान राखियो।'

मधु गाड़ी में बैठ गयी, हालाँकि वह सिसौदिया को यकीन दिलाने में कामयाब हो गयी थी, लेकिन उसे यह भी तय हो गया था कि अब उदय जी को छुपा पाना मुश्किल था, घर में भी और बाहर भी, इन सात-आठ दिनों में उदय जी से उसका लगाव भी कम हो गया था, वह खुद सोच रही थी कि दो महीने पहले की ही बात थी जब उसका मन उदय जी से लिपट कर रोने को करता था, उदय जी हैल्मेट उठायें तो पत्नी की तरह साधिकार मुँह से निकलता था, 'कहाँ जा रहे हो', बिना बताये एक दिन न आयें तो मन में आशंकाएँ उठने लगतीं, 'कहाँ होंगे? कैसे होंगे?' अब वैसा क्यों नहीं हो रहा? पिछले सात-आठ दिन में उसे उदय जी की याद नहीं आयी ऐसा भी नहीं था पर उस तरह नहीं आयी, उदय जी से बातें रोजाना रुटीन की तरह हुईं जैसे हाजिरी रजिस्टर पर दस्तखत, वही बातें... वहाँ कैसा है? यहाँ कैसा है? कौन राजनीति कर रहा है? कौन चुगली? उसका मन प्यार प्रेम की बातें करने का नहीं करता था, जब उदय जी इमोशनल होकर कहते, 'अपना ध्यान रखना, सर्दी बहुत है, इनर पहनना' तब एकाध वाक्य उसे भी याद करके बोलना पड़ता था। क्या बदला था उदय जी में? कुछ नहीं, सिर्फ परिस्थितियाँ बदलीं थीं, उदय जी की गलती यह थी कि इन परिस्थितियों में उदय जी असहाय थे, दूसरी ये कि जो प्रचार वह नहीं चाहती थी वह अलग से हो गया था, उसका यह विश्लेषण उदासीन भाव से था, सामान्यतः हर व्यक्ति के पास उदासीन विश्लेषण होता है जब वह स्वयं को दोषी पाता है तब वह जस्टीफिकेशन ही बनाता है।

'तो क्या करूँ? जब से सिसौदिया का नम्बर देखा है शक करने लगे हैं, जासूस बिठा कर रखे हैं मेरे ऊपर, कितनी चिन्ता है अपनी इज्जत की? एक बार बड़े साहब से बात करके तो देखते, प्यार में अपनी नहीं अपने प्यार की चिन्ता होती है, मेरी इज्जत का क्या हुआ? दिल्ली स्टेशन तक पहुँच गयी बदनामी, खुद बताते हैं दफ़्तर में भी खूब चर्चा है, अब तो खुद के दोस्त उँगली उठाने लगे हैं उन पर, अब उनका फोन न उठाओ तो पचास सवाल अमित की तरह, कैसे प्यार आये उन पर?'

तभी मोबाइल वाइब्रेट हुआ, उसने देखा उदय जी थे, उसने नहीं उठाया, वह बुदबुदाई—

'भाड़ में जाओ।'

फोन तीन बार वाइब्रेट हुआ, उसने नहीं उठाया, ऊपर की बर्थ पर चढ़ी और पाँव फैलाकर सो गयी, स्टेशन आने के कुछ पहले उसकी आँखें खुलीं, उसने मोबाइल की घड़ी देखकर अन्दाज लगाया कि स्टेशन आने में पन्द्रह मिनट थे, मोबाइल फिर वाइब्रेट हुआ, उसने उदय जी का मानकर देखा, लेकिन इस बार वन्दना का था।

'हाँ क्या हुआ? आने वाली हूँ, क्या आग लग गयी?' आजकल उसे चिड़चिड़ाहट अधिक होती है।

'कूल बेबी कूल, तेरे दफ़्तर से फोन था अर्जेंट' वन्दना की हँसी आयी।

'किसका?'

'चौबे जी थे।'

'क्या मर रहा था?'

'बताया नहीं।'

'ठीक है आकर बात करती हूँ तेरे फोन से।'

'अच्छा फोन क्यों नहीं उठाया?'

'सो रही थी।'

'बैठते ही सो गयी थी? तीन घंटे से मिला रही हूँ।'

'अरे वो उदय जी परेशान कर रहे थे इसलिए नहीं उठाया होगा।'

'उदय जी...? परेशान...?'

'हाँ, कैसी है? अपना ध्यान रखना, सर्दी ज्यादा है, इनर पहन कर निकला कर, इसके अलावा क्या है उनके पास?'

'समझी नहीं मैं, इन्हीं बातों पर तो फिदा थी तू?'

'कितने रसगुल्ले खा लेगी तू? और कितने दिन तक? वो भी तब जब उनकी वजह से ही मुझे परेशानी उठानी पड़े, बदनामी उठानी पड़े घर में भी बाहर भी, वो मुझ पर जासूस बैठायें, एक-एक हरकत नोट करें।'

'उदय जी ऐसे नहीं, कितना प्यार करते हैं तुझसे, परेशानी वो भी उठा रहे होंगे, वो तुझ पर शक करते हैं तो गलत करते हैं क्या? तीन बार पकड़ने के बाद कोई भी शक करेगा।'

'तो चली जा उदय जी के घर, जानती है चौबे क्या चाहता है? वही जो कौशिक, सिन्दल और सिसौदिया चाहते हैं, चौबे उदय जी से कम्प्टीशन में ही मेरे पीछे लगा है, वरना डेढ़ साल से उसने मेरी ओर देखा तक नहीं था, वो तो इतना बड़ा कमीना है कि आज मेरे पीछे सिसौदिया भेज दिया, उदय जी की कहानी भी सुना दी उसे।'

'अरे...? फिर भी उदय जी...खैर घर आ फिर देखते हैं।'

गाड़ी समय से पहुँची थी, घर पहुँचते तक साढ़े नौ बजे थे, बैग रखकर उसने सबसे पहले वन्दना से फोन माँगा, तो बजाय वन्दना के माँ चिड़चिड़ायी।

'हाथ मुँह धो ले, कि आते ही नियम पूरा करेगी उस हरामखोर उदय से बात करने का?'

'तमीज तमीज तमीज...' वह चीखी।

'सीधा बदतमीज बोल ...'

'हाँ बोलूँगी जो सिखाया है वही बोलूँगी।'

'हे भगवान....कैसा जादू किया है कमीने ने कि माँ को बदतमीज बोल रही है औलाद।'

मधु ने चाय का भरा गिलास जो छोटी ने उसके लिए लाकर रखा था, जमीन पर फेंका तो वन्दना ने अपना हाथ माँ के मुँह पर मजबूती से रख दिया।

'मम्मी पहले मेरी बात, वो परेशान है तुम उसे और परेशान कर रही हो, उदय जी से तो वो अपने फोन से बात कर सकती थी, गाड़ी में भी कर सकती थी, उन पर शक मत करो, तुम्हें पता है दफ़्तर से फोन आया था शाम को? उसी से बात करने को मेरा फोन माँगा था, आते ही इसलिए माँगा कि दस बजने वाले हैं, लड़कियाँ रात को बारह बजे किसी से बात करें तो अच्छा नहीं लगता, अब चुप हो जाओ उसे बात करने दो, मैं चाय लाती हूँ मधु।'

माँ को अपनी गलती का अहसास हुआ, वह दूसरे कमरे में चली गयी, मधु काफी देर तक रोती रही, वन्दना चाय लेकर आयी प्यार से उसके सर पर हाथ फिराया।

'चाय पी ले, उसके बाद बात कर लेना।'

'देखा तूने, मर जाओ इनके लिए पर ये गुलाम ही समझेंगी।'

'डोंट क्राई बेबी, उन्हें गलतफहमी है।' वह मुस्करायी।

'अब पता चला? उदय जी की वजह से...।

'प्यार इतना आसान नहीं होता, पहले चाय पी फिर चौबे से बात करके उनकी बात करेंगे, लेकिन वो भले इनसान हैं।'

वन्दना की सिफारिश पर उसे उदय जी से अस्थायी हमदर्दी भी हुई चाय पीते में उसने सोचा कि उदय जी वादा ले चुके हैं सौ दो सौ न लेने का, बड़ी रिश्वत से उन्हें भी ऐतराज नहीं, बड़ी रकम घर में आये तो माँ को उदय जी से ऐतराज नहीं, लेकिन बड़ी सीट कैसे मिले? उदय जी दिलायेंगे? नहीं, चौबे जी...? जब इतने लोगों को बेवकूफ बनाया तो चौबे जी कहाँ लगते हैं? दो साल चौबे जी को हो चुके, चार छह महीने में निकल लेंगे, बात करने का मौका चौबे जी ने दे ही दिया, अब उदय जी को वार्तालाप का पता चल जाय तो ऐतराज भी नहीं कर सकते, उसने फोन लगाया।

'कौन...' चौबे जी विजय माल्या जी का चरणामृत ले चुके थे।

'नमस्ते सर...मैं मधु...कैसे हैं आप?'

'मेरी छोड़ो तुम कैसी हो? अपने बड़े साब भी पता नहीं...? मैंने तो कहा भी था लड़की है परेशान हो जायेगी दिल्ली के अप-डाउन में।'

'अच्छा...? फिर भी?'

'क्या करें सीनियर है, हमारा बस चलता तो अपनी आँखों से दूर नहीं जाने देते तुम्हें।'

'सर...काम क्या था?'

'कुछ खास नहीं एक टेंडर निकलवाना था, अब कैसे निकलेगा यही पूछना था।'

'बस...?'

'अचम्भा क्यों कर रही हो? पूरा प्रासीजर नहीं पता हमें।'

'रेवती मैम, कटारे सर सब जानते हैं।'

'अच्छा...?'

'रेवती मैम बहुत होशियार हैं सर।'

'होगी तुमसे ज्यादा नहीं।'

'तो उनकी सीट क्यों नहीं दिलवा देते मुझे।'

'दिलवा देंगे पहले दफ़्तर तो आओ।'

'वो तो आप बुलायेंगे, पता नहीं कब तक खटना पड़ेगा।'

'बस यही नहीं कर सकता।'

'आपने ही भिजवाया है क्या?'

'अरे...तुम उदय से क्यों नहीं कहतीं?' उन्होंने सकपका कर उसे रास्ता सुझाया।

'आप भी सर...मैं तो आपको बहुत काबिल समझती थी...उदय जी कहाँ लगते हैं आपके सामने?'

'नहीं बड़े साब का आदमी है भाई।'

'आप सर अफसर होकर भी? अफसर बस इस्तेमाल करते हैं होशियार और मेहनती लोगों का, बातें नहीं मानते, बातें तो अफसरों की ही चलती हैं।' उसने चढ़ाया।

'बात ठीक है तुम्हारी लेकिन दिल्ली वाला काम बोर्ड का है इसलिए बड़े साब किसी की सुन नहीं रहे, एकाध सुपरवाइजर को तो चार्जशीट मिल चुकी है, पर तुम अब बेफिक्र रहो, तुम्हारे आते ही पन्द्रह दिन में इन्तजाम करता हूँ तुम्हारा, वैसे भी रेवती तबादले की अर्जी दे चुकी है दोनों का फायदा करता हूँ, और बताओ उदय से बात वाकई नहीं की?' उन्होंने नजदीकी जाननी चाही।

'कैसी बात करते हैं सर? मैं दफ़्तर की बात दफ़्तर तक रखती हूँ बस।'

तभी वन्दना ने उसे उसका फोन दिखा कर होंठों को चलाते हुए हवा में उँगली से उदय लिखा—

'ठीक है सर रखती हूँ।'

'अरे सुनो तो...'

उसने फोन काटकर उदय जी का फोन लिया।

'कैसी है?' उदय जी की परेशान आवाज आयी।

'कैसी हो सकती हूँ आपके बिना?'

'परेशान न हो मधु, चार-पाँच दिन और हैं बस...'

'पता नहीं दो-दो दिन करके बढ़ा रहे हैं कमबख्त।'

'घर में सब ठीक?'

'नहीं, मम्मी से झगड़ा हुआ आज।'

'इतनी परेशानी में भी झगड़ा?'

'वो शाम को चौबे ने फोन किया था।'

'तेरा नम्बर उसके पास भी है?' वे शंकित हुए।

'नहीं दीदी का नम्बर तो दफ़्तर में है ना।'

'क्या कह रहा था?'

'टेंडर कैसे पब्लिश होता है।' वह हँसी।

'अब तो समझ गयी होगी इसे? तू इसकी अम्मा के पुए खाने के चक्कर में थी।'

'गयी क्या मैं? आपने मना किया तो मातमपुर्सी तक नहीं की, सारी बातें मानती हूँ फिर भी...' उसने मुँह फुलाया।

'मानेगी कैसे नहीं? मैं नहीं मानता क्या मोटी, साली।'

'गाली दे रहे हो?'

'नहीं प्यार कर रहा हूँ, पर मम्मी से झगड़ा क्यों हुआ?'

'दीदी से फोन माँगा उससे बात करने को, मम्मी आपको भला बुरा कहने लगीं, मैंने भी सुना दी, गिलास फोड़ दिया।'

'अच्छी बात नहीं मधु, तेरा भला करते में तेरा बुरा ही कर बैठा, मेरे तो नसीब में ही यश नहीं।'

'नहीं नहीं आप क्यों इस तरह लेते हैं? नसीब तो मेरा खराब है।'

'क्या करूँ तुझसे बात किये बिना रहा नहीं जाता, गाड़ी में तू उठाती नहीं।'

'क्या करती स्टाफ के लोग अकेली लड़की, सब मेरी हरकतें नोट करते हैं।'

'ठीक है, अलग बैठकर कर लिया कर।'

'कहाँ अलग? कोई न कोई आ मरता है, फिर भी मौका निकालकर कर ही लेती हूँ।'

'चल ठीक है, जल्दी से आ फिर ढेर सारी बातें करेंगे, अभी तेरी मम्मी आ जायेगी।'

'हाँ गुड नाइट।'

## 24

मधु की दिल्ली की ड्यूटी खत्म हो गयी, इस दौरान चौबे जी ने उससे दो-तीन बार सम्पर्क करने की कोशिश की, एकाध बार बात भी हुई पर उसने बड़ी नजाकत से चौबे जी को अभी तक नजदीक नहीं आने दिया, इससे चौबे जी जैसे महागुरु भी भ्रम में आ गये कि लड़की फार्वर्ड तो है पर चालू नहीं कहा जा सकता। सोमवार को उसे दफ़्तर जाना था, रविवार को उदय जी उसके शहर से गुजरे फोन पर बात हुई हालाँकि उसके मन में उदय जी से मिलने की इच्छा पहले की तरह नहीं थी, पर प्रेम के अलिखित प्रोटोकॉल के तहत उसने एक बार मिलने की जिद भी की, अपनी तरह से उन्हें अपनी प्रतिबद्धता का यकीन भी दिलाया। पर उदय जी बच्चों के साथ थे, मजबूर थे इसलिए नहीं आये, उदय जी के वाक्य, 'अंजू साथ में है उसे बुरा लगेगा' ने उसे निगेटिव फील ही दी, यह कि उदय जी जब उसे दो मिनट नहीं दे सकते तो

फालतू की चपर चपर का क्या मतलब? अगले दिन दफ़्तर में ही मिले, उसकी सीट के सामने से गुजरे उसने आदतन मुस्कराकर अभिवादन किया, उदय की इच्छा तो वहीं रुक कर, कुछ देर समय बिताने की थी, लेकिन दफ़्तर में इतनी आजादी कहाँ? मन मारकर वे सीट पर पहुँच गये, शून्यकाल के बाद जब सारे साथी वहाँ से चले गये तो वे मधु की ओर ताकते रहे, मधु ने भी तीन बार मुड़कर देखा फिर कुछ कागज बटोर कर उनके पास आ गयी।

'इस तरह मत देखा करो।' वह मुस्कराकर बोली।

'तू बदल गयी मधु।' वे मायूस से बोले।

'आप ज्यादा बदले हो, अब तो सिवाय शक के कुछ नहीं करते, कल बुलाया दो मिनट के लिए कितने प्यार से, दो मिनट नहीं दिये, पन्द्रह दिन कैसे काटे मैंने मैं जानती हूँ।'

'मैंने कैसे काटे जानती है? अंजू के साथ रहते हुए भी तेरे पास था हर वक्त।'

'आपके तो दोनों हाथों में लड्डू हैं, मैं क्या करती? बताओ।'

'तू इसे लड्डू कहती है? दो जिम्मेदारी, दो चिन्ता, कैसे गुजरती है मैं जानता हूँ, पहला लड्डू तो तुझे पता था ना? क्यों एक्सेप्ट किया था?'

'छोड़ो लड़ाई हो जायेगी।'

'मैं बताऊँ? अब मैं यूजलैस हो रहा हूँ, वो भी एक वक्त था जब मेरी एक कॉल का इन्तजार रहता था, मेरी गैर-मौजूदगी नोट की जाती थी, जब मैं एक उपलब्धि की तरह था, दफ़्तर का सबसे काबिल इनसान, अब उपलब्ध हो गया तो पता चला कि मैं तो तेरी ड्यूटी नहीं कटवा पाया किस मतलब का मैं...'

'ऐसा क्या हो गया कि आप...'

'क्या हो गया? पहले मुझे रास्ते में ही फोन आता था, सीट पर बैठता नहीं था कि खुद आ जाती थी, अब नदीदी निगाहों से ताकना पड़ता है कि कब मेहरबानी होगी मलिका ए आलिया की।'

'और आप? कितना वक्त देते हो मुझे?'

'जितना देता था, मैंने कोई कटौती नहीं की, मुझे पता है तू अंजू से कम्पेयर करती है, उसके जितना वक्त तुझे नहीं मिलना ये तय था, और उस वक्त तू खुद मुझसे यही चाहती थी कि हम उस भली औरत के अधिकारों को न छीनें।'

'मैं भी दीदी के अधिकार नहीं छीनना चाहती पर दो मिनट को तो आ सकते थे।'

'नहीं, उसे बुरा लगता फिर ये तो कल हुआ तेरा व्यवहार तो पन्द्रह दिन से बदला हुआ है, उस दिन से खास जब तेरे घर में तोड़फोड़ हुई।'

उसे याद आया कि उस दिन सिसौदिया ने भी उसका रास्ता रोका था और उसी दिन उदय जी के लिए निगेटिव फीलिंग्स शुरू हुई थीं, उसे उदय जी का आरोप ठीक लगा।

'चलो सॉरी, अब मुस्कराकर दिखाओ।'

'आगे से ऐसे नहीं करेगी।' उदय जी मासूमियत से बोले, उसे फिर दिखाई दिया उसका सुजय।

'ठीक है अब मन भी जाओ, देखो लोग निगाह रख रहे हैं... शिड्यूल में यूनिट गायब है, इसका क्या करना है?' उसने गुजरते हुए चौबे जी को कनखियों से देखते हुए कहा, शिड्यूल की यूनिट सुनकर उदय जी ने इधर-उधर देखा तो पाया कि चौबे जी ठिठक कर रुके हुए खड़े थे।

'आजकल अपने उदय का दिमाग ठिकाने नहीं रहता मधु।' वे बोले।

'वो क्या है साब, जब परीक्षा कक्ष में निरीक्षक एक ही परीक्षार्थी को घेर कर खड़ा हो जाय तब वो भले नकल न करे पर्चा बिगड़ता ही है।' उदय जी ने जवाब दिया

'अच्छा...? मधु जरा आना' कहकर वे चले गये।

'देखा?' उदय जी बोले।

'पक्का हरामी है पर अफसर है जाना पड़ेगा।'

'चली जा पर ध्यान रखना।'

'आप भी...क्या कर लेगा दफ़्तर में?'

वह चली गयी, बेचारे दो प्रेमी इतना भी नहीं जानते थे कि पता नहीं कितनी निगाहें उन पर पहरेदारी कर रही थीं, उदय जी के पीछे की सीट पर बैठे बिहारी ठेकेदार ने साफ-साफ तो कुछ नहीं सुना, पर मधु के जाते ही फोन निकालकर कोने में गया–

'हाँ दादा सिसौदिया जी रपटवा ठीक है आपका, पक्का लफरा है उदय से आपके आयटम का, चौबे जी भी लगा है लइनवा में.....का कहे?.....रखेंगे निगाह काहे न रखेंगे? भइया का माल दुसरा नहीं डकारेगा भाई...राम राम।'

वह सीट पर कागज रखकर चौबे जी के चेम्बर में पहुँची।

'हाँ सर बताइये।'

'बैठो' उन्होंने सीट की ओर इशारा किया।

'नहीं सर ऐसे ही बता दीजिए, कोई और आयेगा तो पता नहीं बाहर क्या-क्या बोलेगा?'

'कोई नहीं आयेगा बैठो।'

वह बैठ गयी।

'और कैसा रहा टूर?'

'जख्म मत कुरेदिये सर।'

'काहे का जख्म? नौकरी है यार टी.ए.मिलेगा।'

'टी.ए. की चिन्ता नहीं मुझे।'

'छोड़ो मुझ पर तो शक नहीं वहाँ भेजने का?'

'शक से भी क्या फायदा? ये तो आर्डर करने वाले को सोचना चाहिए।'

'उदय ने तो कहा होगा?'

'वो क्यों कहेंगे, उन्हें क्या फर्क पड़ता है?'

'नहीं पड़ता?'

'देखिये सर वो मेरे गुरु की तरह हैं, काबिल हैं, ईमानदार हैं, सच्चे हैं बस इसलिए इज्जत करती हूँ।'

'केवल सच्चाई ईमानदारी सब कुछ नहीं होती।'

'हाँ ताकत भी होती है, दिलाइये रेवती मैम की सीट।'

'क्यों दिलायें?'

'तो मत दिलाइये, मैं चलती हूँ।' वह उठी।

'नहीं बैठो, सीट मिल जायेगी लेकिन चौबे मुफ्त के सौदे नहीं करता।'

'हिस्सा चाहिए उस सीट में?'

'बाबू से हिस्सा? बहुत ज्यादा मिलता है मुझे।'

'फिर?'

'एक मर्द एक औरत से क्या चाहता है?'

'क्या?'

'खुलकर बताऊँ तो मर्द औरत को बिस्तर पर लाना चाहता है, मैं उदय की तरह नहीं जो घुमा फिराकर साल भर में ठिकाने पर पहुँचे।'

'मैं चलती हूँ सर।' वह उठी।

'सोच लो, एक साल में करीब दो लाख कमाती है रेवती, तुम्हारी साल भर की पेमेंट डेढ़ बनती है, मैं तुम्हें बेवकूफ भी नहीं समझता, जिस दिन रेवती का तबादला हो जाय, उदय से बातचीत बन्द, तुम्हारी फाइल भी मूव करवा दूँगा, तुम्हारे आर्डर तब निकलेंगे जब तुम रेस्ट हाउस में आ जाओगी, ये सिर्फ एक बार की कीमत है किसी को पता न चलने की गारंटी भी है।'

वह कुछ नहीं बोली और चुपचाप चली आयी, रात को दीदी के साथ मन्त्रणा हुई।

'क्या करूँ बता?' वह बोली।

'अरे? उसने कहा तू सोचने लगी? उदय जी...'

'उन्हीं से बनाये रखने के लिए तो सोच रही हूँ, मम्मी को पैसा चाहिए, नहीं मिले तो उदय जी बुरे आदमी, किसी दिन इसने रामरतन को भेज दिया या खुद पहुँच गयी। या मामा, फूफा, चाचा किसी को भी, तो उदय जी से सम्बन्ध खतम।'

'वो कर देंगे इतने पर? फिर क्या प्यार...?'

'वो नहीं करेंगे तो उनके यहाँ भी लोग हैं सब जीजा, साला, भाई, बहन, माँ, बाप, सास, ससुर सब, वो करवा देंगे।'

'अच्छा उसने रेवती का तबादला करा दिया तब उदय जी से बातचीत बन्द करना पड़ेगी? कैसे करेगी?'

'दफ़्तर में बन्द कर दूँगी, समझा दूँगी कुछ भी, सबसे काबिल हैं पर सबसे भोले भी हैं।'

'फिर तेरी फाइल मूव करने के बाद वह रेस्ट हाउस में बुलाये, फिल्म बना ले तब?'

'रेस्ट हाउस में जाना किसको है?'

'फिर काम हो पायेगा?'

'उदय जी किस काम आयेंगे? सिफारिश नहीं कर सकते पर मूव हो चुकी फाइल का पीछा तो करेंगे ना।'

'चौबे टाँग नहीं अड़ायेगा।'

'अड़ायेगा पर बिगाड़ नहीं सकता कुछ ज्यादा तंग करेगा तो उसके पीछे भी उदय जी को छोड़ दूँगी, उदय जी में टकराने की हिम्मत तो है किसी से भी, वो जी. एम. के सामने चले जायेंगे, बदनामी लगेगी चौबे को, खुद शान्त हो जायेगा, छह महीने से ज्यादा रुकना भी नहीं वैसे भी।'

'तू इलैक्शन क्यों नहीं लड़ती बहुत कमीनी है तू, मैं तो सोचती थी सुधर गयी।'

'सुधरने देते हैं लोग? पर ये आखिरी खेल समझ।' वह मुस्करा कर बोली।

चौबे जी ने अपना वादा निभाया अगले दिन से ही रेवती के तबादले की कोशिशें तेज कर दीं और अगले पन्द्रह दिन में रेवती के तबादला आदेश निकल गये, उन्होंने मधु को बुलाया—

'हाँ मधु? रेवती तो गयी, हमारी डील अभी शुरू नहीं हुई, डील हो सके तो बताओ वरना किसी और को बैठायें वहाँ?'

'जी बताइये क्या करना है?' उसने नीचे निगाहें करते हुए कहा।

'गुड, उदय से बातचीत बन्द, यहाँ भी बाहर भी।'

'यहाँ तो आप देख सकते हैं, बाहर कैसे देख पायेंगे?'

'यहाँ बन्द कर दोगी तो कुछ दिन में बाहर भी अपने आप ही बन्द हो जायेगी।' वे हँसे।

'उनसे कुछ पूछना हो तो...?'

'कटारे को बोल दूँगा, उसकी समझ न आये तो हम बता देंगे ठीक।'

'आर्डर कब निकलेंगे?'

'कल ही निकलवा दें पर पन्द्रह दिन चाहिए देखने के लिए, जब यकीन हो जायेगा तब फाइल मूव, दो दिन में आर्डर।'

'फाइल मूव कराइये आपको उदय जी से क्या मतलब?'

'मतलब तो है मधु, उदय को डाउन भी तो करना है, तुम गुरु की इज्ज़त देती हो वो पूरे जमाने के सामने ऐचीवमेंट की तरह एक्सेप्ट करता फिरता है, मेरे साथ एक बार ही होगा और बदनामी भी नहीं, लौटकर नहीं देखूँगा, और उदय? खाया पिया

कुछ नहीं बदनाम किया जमाने भर में।'

'आपकी मर्जी, लेकिन सर मैं बदनामी बर्दाश्त नहीं कर सकती, किसी को कुछ पता न चले वरना मुझे खुदकुशी करना पड़ेगी।' उसने सायास आँसू गिराये।

'अरे....रोती क्यों हो? इसमें ऐसा है क्या? ये दो जवान लोगों की म्यूचल अंडर स्टैंडिंग है, उम्र तो तुम्हारी भी है, मैं क्या बाल बच्चेदार नहीं....लो पानी पी लो, बाहर नार्मल ही निकलना।' उन्होंने पानी का गिलास उसकी ओर बढ़ाया।

उसने आँसू पोंछे, पानी पीकर मुस्कराती हुई बाहर आ गयी, थोड़ी देर में उदय जी उसके सामने से गुजरे और धीमे से बोले—

'क्या कह रहा था?'

'कौन?'

'चौबे।'

'कुछ नहीं काम था बस।'

'हो ही नहीं सकता काम में बीस मिनट नहीं लगते।'

'तो बैड भी नहीं पड़ा उसके चेम्बर में।'

'बोल कैसे रही है तू?'

'जैसे आप।'

'तू...' तभी मीणा जी वहाँ से गुजरे, उदय जी को जाना पड़ा।

उसके बाद मधु पूरे दिन उदय जी के नजदीक नहीं आयी, उदय जी ने कई बार उसकी ओर देखा भी, उसने पलट कर नहीं देखा, चौबे जी भी जान बूझ कर उदय जी के सामने से औसत से अधिक गुजरे और उदय जी का हाले दिल उनकी मनहूसियत उगलती सूरत से पहचान भी लिया, उन्हें तय हो गया कि वे अपने इरादों में कामयाब हो चुके हैं। उदय जी दिन भर मधु से नहीं बोले, पर दफ़्तर से निकलने के बाद रहा न गया, फोन लगाया, मधु गाड़ी में थी, तीसरी बार में उसने उठाया—

'हाँ बोलो' वह बोली।

'वाह ! क्या टोन बदली है शाबाश, यकीन नहीं होता ये वो लड़की है जो मेरी आवाज सुनने के लिए मरी जाती थी।'

'इमोशनल बातें मत करो काम बताओ।'

'और भी वाह! काम को तो मैं तेरा एम्पलॉयर हूँ? सीधा बोल क्या चाहती है, पन्द्रह दिन पहले ही माफी माँगी तो मुझे लगा कि चलो गलती हुई होगी तू तो वाकई कमीनी टाइप बन्दी है।'

'तो छोड़ो फिर क्यों वक्त खराब कर रहे हो? आपके पास एक औरत है ही।'

'औरत वाली बातें मत कर, तुझे कभी औरत समझा नहीं आज तक।'

'तो क्या बहन बनाकर आयी लव यू कहा था।'

'आत्मा केवल आत्मा समझा, जो कहा सो किया, तीन महीने हो चुके कभी फोन

पर कोई अश्लील बात की हो, उँगली से छुआ हो तो बता, आयी लव यू मैंने नहीं तूने बोला, बाइक पर बैठने की जिद तूने की, ई-मेल तूने किया।'

'गलती हो गयी बस।'

'ये गलती इतना कहने से खतम नहीं हो जाती, कोई सीरियस हो सकता है मर सकता है मार सकता है, सीधे-सीधे मुझे इग्नोर करने की वजह बता।'

'घर, दफ़्तर, सोसायटी सब।'

'ये सब उस वक्त नहीं थे जब तूने प्रपोज किया था।'

'थे, नहीं कर पायी कंट्रोल।'

'वाह! जब कुछ नहीं था तब कंट्रोल नहीं रहा जब प्यार एक्सेप्ट हो गया, मेरे साथ सपने में सुहागरात भी हो गयी तब कंट्रोल करने लगी, ये मैं कहूँ तो तू हजम कर लेगी?'

'आप बता दो क्या करूँ? घर में मम्मी आपको कोसती हैं, दफ़्तर में बदनामी है ही, चर्चा गाड़ी तक पहुँच गया है सुबह सक्सेना मैडम आपके बारे में पूछ रही थी, दफ़्तर में चौबे मर रहा है रोज कुछ न कुछ तंज करता है, कहाँ करूँ आपसे बात?'

'मैं तो करता हूँ, मैं नहीं डरता।'

'दीदी बहुत अच्छी हैं, उन्हें भी कितना पता है?'

'ठीक है आज बता देता हूँ।'

'छोड़ो, आपके साथ रिश्ते का क्या भविष्य है?'

'मास्टर के साथ तेरी शादी हो गयी? क्या भविष्य रहा?'

'नहीं पटने पर तलाक भी होते हैं, पर कुँवारे के साथ एक उम्मीद तो होती है।'

'भाई मैंने शादी पन्द्रह साल पहले की थी और ये तुझे पता था।'

'अच्छा ईमानदारी से सोचना आपकी ईमानदारी तो मशहूर है, कल को मैं घर से निकाल दी जाऊँ तब कहाँ जाऊँगी?'

'किराये का मकान लो और रहो।'

'ये एक मर्द बोल रहा है, औरत के लिए अकेला रहना कितना मुश्किल है? जानते हो? रोज शराबी दरवाजा खटखटायेंगे अकेली लड़की का, करैक्टर लैस तो साबित हो ही जानी हूँ।'

'काट के रख दूँगा जो निगाह भी डाली किसी ने।'

'कब? रात को दो बजे आ पाओगे? आ गये तो आने में आधा घंटा तो लगेगा? आधा घंटे में वो मेरे साथ क्या-क्या कर जायेंगे पता है? साथ में रहोगे तभी काटोगे ना?'

'मतलब या तो मूसल निगलो या पंडिताई छोड़ो, देख मधु तेरी समस्या तेरी नहीं है हम दोनों की है, जो भी डिसाइड करेंगे दोनों करेंगे।'

'तो करो, आप बताओ क्या करना है?'

'ठीक है दफ़्तर में बात मत कर, घर में मौका मिल जाय तो कर ले, छुट्टी के

दिन मिल लें, गाड़ी में बात कर ले।'

'देखो गारंटी कहीं की नहीं जब मौका मिलेगा तब ही हो पायेगी बात, जब सब सामान्य हो जायेगा तब की बात अलग है।'

'तू तो खैरात कर रही है, अजीब बात है कि तुझे वो बेचैनी क्यों महसूस नहीं होती जो मुझे है, औरतों को समझना वाकई मुश्किल है, जब तू बेचैन थी मैंने समझा और तुझे एक्सेप्ट किया, अब मैं बेचैन हूँ तुझे कोई फर्क नहीं।'

'अच्छा आपने खैरात की थी? वापस ले लो।'

'नहीं ले सकता अब उस बेचैनी को मैं महसूस कर रहा हूँ, खैरात वाकई की थी तू एक ऐसी वजह बता दे जिसकी खातिर मैं तुझे पसन्द कर सकता। तेरा रूप? तेरी पोजीशन? तेरी योग्यता? तेरा दिमाग? तेरा पैसा? क्या था तेरे पास सिवाय आँसू और बेचैनी के, मैं साला अतृप्त प्रेमी किसी ने कभी पसन्द नहीं किया, लगा कि मेरे लिए कोई इतनी मरी जा रही है, फँस गया।'

'तो निकल जाओ आजाद हो आप।'

'नहीं निकल सकता, निकल पाने में समर्थ होता तो तू पीछे-पीछे घूमती रोती हुई चलती जैसे पहले थी, साला दफ़्तर में बदनाम हुआ, घर टूटने का खतरा अलग, जिसके आँसुओं ने ये सब कराया उसे मतलब नहीं, तू आसानी से आजाद होने की बात करती है तो ही शक होता है।'

'मैं कितना बड़ा पत्थर रखती हूँ छाती पर मैं जानती हूँ, आपकी इज्जत बिल्कुल कम नहीं हुई मेरे लिए, मैं भी आपकी उतनी ही दीवानी हूँ, पर हालात बदल गये हैं इनका अन्दाज मुझे बिल्कुल नहीं था, अब छोड़िये सब, मौका मिलते ही मैं आपसे बात कर लिया करूँगी पर दफ़्तर में उतनी जितनी जरूरत होगी, बैठूँगी बिल्कुल नहीं।'

'इतना ज्यादा...?'

'हाँ चौबे फब्तियाँ कसता है, आप पूछ रहे थे ना उसके चेम्बर में देर क्यों लगी? कह रहा था कि उदय ने कहा होगा कि चौबे ने मुझे दिल्ली भेजा था, फिर आपकी बातें आपकी बेकार सी ईमानदारी, फालतू से आदर्श, आपकी औकात वगैरा....'

'तू इतनी बातें करती क्यों है? बोल दे अफसर है काम की बात करे।'

'मैं भी जानना चाहती थी कि आपके बारे में वो क्या-क्या बोलता है।'

'जान लिया?'

'हाँ पर डर लगा कि वो सारी बातें घर तक न पहुँचा दे इसलिए... मेरा एक चाचा भी इस विभाग में है ना।'

'ठीक है जैसी तेरी मर्जी पर मुझे ये न लगे कि तू मुझे अवॉइड कर रही है।'

जैसा उसने चाहा वैसा हो गया, अब उदय जी का आदर्श चिर प्रतीक्षित प्रेम उसकी दया पर था, अब वह उदय जी के पास लगभग न के बराबर जाती थी, जिसे पूरे दफ़्तर ने

नोट किया और पन्द्रह दिन दूर, दसवें दिन ही शाम को चौबे जी ने उसे सन्देश दिया—

'यकीन हो गया मुझे, तुम्हारी फाइल मूव करा दी है मैंने, कल का प्रोग्राम रखा है तुम्हारे शहर में ही ऑफिसर रेस्ट हाउस में, कल मैं और बड़े साहब इन्सपेक्शन पर जा रहे हैं, दफ़्तर में कोई पूछने वाला नहीं तुम छत्तीसगढ़ से निकलकर पाँच बजे तक मथुरा पहुँच जाना, रेस्ट हाउस के बाहर पहुँचकर फोन करना।'

'कोई देखेगा तो नहीं?'

'इसीलिए तो बाहर से फोन करने को बोला है, रास्ता साफ होगा तभी बुलाऊँगा।'

'कल जरूरी है?'

'डील इज ए डील।'

'ठीक है' वह चिन्तायुक्त स्वर में बोलकर बाहर आ गयी।

उसके चेहरे पर चिन्ता की लकीरें थीं, बार-बार वह सोच रही थी कि उसका ये आखिरी खेल पूरा होगा कि नहीं, अगर उदय जी आगे आने को तैयार न हुए तो? **चौबे** ...? माँ और रामरतन चाचा की उम्र का आदमी....उसके साथ बिस्तर....शराब की बदबू......???...। फ्लर्ट, मेनिपुलेशन तक तो ठीक था पर ये तो प्रॉस्टीट्यूशन जैसा....? हुँह...सब चलता है आज कल सफलता के लिए, क्या अमित के साथ नहीं किया..? किया पर वहाँ कुछ क्षण के लिए तो प्यार था...यहाँ तो जी भर नफरत...हे वैष्णो माता तू ही रास्ता दिखाना...। उसने सीट पर लगी वैष्णो माता के हाथ जोड़े, बैग उठाकर वह दफ़्तर से निकल ली, पीछे मुड़कर देखा कौशिक जी पीछे थे, स्टेशन पर वह गाड़ी में ए.सी.कोच में चढ़ी पर पीछे का ध्यान रखा, कौशिक जी लगातार उसका पीछा कर रहे थे, वह दरवाजा खोलकर पटरी की ओर उतर गयी, गाड़ी जाने के बाद दूसरी गाड़ी में बैठकर उसने उदय जी को फोन लगाया—

'कहाँ हो?'

'रास्ते में हूँ बता।'

'परेशान हूँ, आपके सिवा किससे बोलूँ समझ नहीं आता, शर्म आती है।'

'क्या हुआ?'

'वो चौबे बदमाशी पर आ गया है।'

'क्या हुआ?'

'वो रेवती की जगह के लिए मेरी फाइल मूव हुई है, कह रहा था उसने कराई है, मैं कल रेस्ट हाउस न पहुँची तो कैंसल करा देगा।'

'रेस्ट हाउस? किसलिए?'

'पागल हो क्या? इतना भी समझाना पड़ेगा? कीर्तन तो नहीं करायेगा रेस्ट हाउस में।'

'तो चली जा।' वे हँसे।

'आप भी ना मजाक उड़ा रहे हो मदद करने के बजाय।'

'क्या करूँ? जब कहता था तो समझ नहीं आता था, वो पटाता था तू उसे बढ़ाती थी।'

'अब कुछ करो, नाक नहीं कटेगी आपकी?'

'कुछ नहीं होना, तू मत जाना।'

'व...वो फाइल रुकवा देगा।'

'किस फाइल को? मैंने देखा है कि उसमें तेरा नहीं राजा का नाम है।'

'हे भगवान...' उसका खेल खत्म हो गया जिसमें न वह जीती न हारी।

'किसलिए याद किया भगवान? सीट गयी कि शील बचा?'

'कुछ नहीं, उसका कमीनापन मालूम चला।'

'उसकी गलती नहीं उसने तो रिकमंड किया था बड़े साब ने राजा का नाम लिख दिया, ये शायद उसे भी पता न हो और कल के बाद वो रिकमंड भी नहीं कर पायेगा।'

'नहीं अब लड़ना मत उससे।'

'मैं क्यों लड़ूँगा भाई? तेरी वैष्णो माता लड़ रही है, तबादला हो गया उसका, जाते-जाते दाँव फेंक रहा था।'

'तबादला हो गया? मरने दो हमें क्या? मुझे तो आपका ही यकीन है, उस कमीने की वजह से ही इतने दिन आपसे दूर रहना पड़ा।'

'अब नजदीक आ गयी?'

'दिल से तो आपकी ही थी पर क्या करती रोज दिमाग चाटता था, अच्छा उसकी जगह...?'

'कोई बंगाली है।'

'बंगाली...'

तुरन्त उसे याद आया उसका सुजय...वह भी तो बंगाली है, पर वो तो बुद्धू सा ऐवरेज स्टूडेंट, कहाँ बना होगा अफसर, होगा कहीं बाबू ....क्यों नहीं बन सकता? उसका दिमाग बाद में खुला हो तब? हट...ये तो बहुत बड़ा कोइंसीडेन्स होगा कि उसका सुजय बारह-तेरह साल बाद अचानक मिले....क्यों नहीं हो सकता? आगरा, मथुरा, अलीगढ़ के तमाम लोग अफसर बनकर आये हैं, दिल्ली का भी आ सकता है, कई बाबू भी आये हैं...

'क्या सोचने लगी...?' उदय जी की आवाज आयी।

'कुछ नहीं नाम क्या है?'

'संजय या सुजय चक्रवर्ती ऐसा ही कुछ, एकाध दिन में खुद ही मुलाकात हो जायेगी, जानती है क्या किसी को?'

'नहीं ना, मैं क्या जानूँ बंगालियों को? इलाहाबाद से आगे नहीं गयी कभी।'

'चल ठीक है अब टेंशन मत कर।'

'एक बात बताऊँ, आप बहुत अच्छे हो।'

'चल ठीक है ज्यादा पालिश मत कर।'

वह खुश तो नहीं थी पर सन्तुष्ट थी, खेल खत्म हुआ भले ही अनिर्णीत रहा हो, पर एक बात तय थी कि कमीनेपन का कोई अन्त नहीं, भलमनसाहत या ईमानदारी का एक ही अन्त है भलमनसाहत और ईमानदारी बस। रात को खाना खाकर वह वन्दना के पास लेटी, उसके दिमाग में वही कल्पना आयी सुजय...उसका सुजय...उदय जी ने तो सरनेम भी बताया था साफ-साफ....पर कोई दूसरा भी हो सकता है, वह धीरे से बोली—

'दीदी....सुजय याद है?'

'सुजय ...ऐं....दिल्ली वाला?'

'हाँ।'

'हाँ याद है, साल में दो-चार बार याद दिला ही देती है तू।'

'वो मेरे दफ़्तर में आ सकता है?'

'तुझसे मिलने?'

'नहीं, नौकरी करने।'

'सपना देख रही है?'

'सपने सच नहीं होते?'

'हाँ पर हमेशा नहीं, कई बार लोग बीस-बीस साल बाद मिल जाते हैं, पर तुझे कैसे लगा?'

'उदय जी ने बताया कि चौबे की जगह सुजय चक्रवर्ती नाम का अफसर आया है।'

'और वो तेरा ही सुजय है? वो गारंटी से तेरा वाला नहीं, तेरे वाला तो बुद्धू था, बाबू ही होगा कहीं।'

'हो सकता है बाद में होशियार हो गया हो।'

'सब तेरे फेवर में ही होगा ठीक, पर चौबे का क्या हुआ?'

'बहुत कमीना निकला वो तो, ब्लफ में उम्मीद कर रहा था, रेवती की जगह राजा सिंह जा रहा है।'

'अरे...अच्छा मान ले वो तेरा सुजय ही हो तब उदय जी का क्या?'

'सोचना पड़ेगा, खड़े पैर जवाब नहीं दे सकती।'

'सुजय का प्यार अगर था भी तो बहुत इम्मैच्योर था, क्या पता मिले तो पहचानेगा भी कि नहीं, मगर उदय जी का प्यार तो बहुत मैच्योर है एकदम निःस्वार्थ.....'

'अपना-अपना मुकद्दर है क्या पता भगवान क्या चाहता है, फिर अभी सुजय आया कहाँ?'

'मान ले आ गया तब?'

'दोनों नहीं चल सकते एक साथ?' वह मुस्करायी।

'बेहया! दो सच्चे प्रेमी पालेगी तू? एक ही दफ़्तर में? दो फ्लर्ट नहीं चल सकते एक जगह तो।'

'अभी मैं फैसला नहीं कर सकती, उदय जी प्यार करते हैं बात ठीक है, पर पजैसिव हैं, आदर्शवादी हैं।'

'पजैसिव तो सुजय भी होगा, वो तो मर्द होते हैं।'

'शायद, पर जरूरी नहीं कि आदर्शवादी हो।'

'मान ले हुआ तब?'

'तू मेरे डिसीजन को मुश्किल क्यों बना रही है, देख दीदी वो आदर्शों को अफोर्ड कर सकते हैं, उनके घर में भाड़ नहीं खुदा मेरे में खुदा है, फिर उनके रिश्तेदार खासे पैसे वाले हैं, लाखों रुपये की जरूरत भी हल कर सकते हैं, हमारा कौन है? प्रैक्टिकली उदय जी और सुजय में चुनाव करते में सुजय ही भारी है प्यार दोनों का बराबर पर उदय जी किसी काम के नहीं, हाँ उनके भाषण टेप करके छपा लूँ तो दो-चार किताबें बन जायेंगी पर उन्हें छापेगा कौन? खुद की किताबों के लिए चक्कर काट रहे हैं, उधर सुजय जैसा सोच रही हूँ अफसर होगा, आदर्शवादी हो भी तो भी अच्छी सीट दिला सकता है, हमारी जरूरत पूरी होगी।'

'मतलब पक्का है कि उदय जी का ही पत्ता कटना है?'

'तू ही प्रश्न खड़े कर रही है।'

'मान ले उदय जी डिप्रेशन में आ जायें, आत्महत्या कर लें?'

'इतना बुरा न सोच बाल बच्चेदार हैं अच्छी फैमिली है।'

'नहीं सोच के देख।'

'दीदी बहुत अच्छी हैं, सब सँभाल लेंगी।'

'यही करना था तो क्यों फँसाया उन्हें।' वह गुस्सा हुई।

'ऐक्सीडेंट में लोग मरते नहीं क्या?'

'तू घुमा रही है।'

'तू कल्पना क्यों करवा रही है, सुजय वो है जिसने मुझे प्यार सिखाया उसे कैसे छोड़ सकती हूँ मैं।'

'देख मधु परिस्थितियाँ सामने नहीं होतीं तो हम कुछ भी सोच लेते हैं, परिस्थितियाँ सामने आने पे हम वही करते हैं जो परिस्थितियाँ चाहती हैं, जब तू उदय जी की दीवानी थी तब सोचती होगी ऐसी तैसी जमाने की, मम्मी की, चाचा की, बाबा की पर अब? वही उदय जी वही मधु एक-दूसरे से ठीक से बोल भी नहीं पाते, अच्छा सुजय शादीशुदा निकला तो?'

'तो भी क्या? उदय जी कौन कुँवारे हैं, फिर इसकी क्या गारंटी कि वह मेरा सुजय ही हो।' वह खिलखिला कर हँसी।

# 25

दूसरे दिन दफ़्तर में वह उदय के पास काफी देर बैठी लेकिन उसकी निगाहें बार-बार चौबे जी के चेम्बर की ओर चली जातीं, जहाँ वह सुजय की तस्दीक करना चाहती थी, एक बार तो उदय जी ने चुहल कर ही दी–

'क्या देख रही है बार-बार? वो तो तेरे शहर में है, रेस्ट हाउस में, चली जा।'

'बात नहीं करनी आपसे, बहुत मजाक उड़ाते हो।' उसने मुँह फुलाया।

'फिर बार-बार क्यों देख रही है?'

'ऐसे ही निगाह चली गयी यार, नेचुरल सी बात है नये अफसर को हर कोई देखना चाहता है।'

'तो ठीक है।' वे हँसे और मधु चिड़चिड़ाती हुई उठकर चली आयी।

शाम को छुट्टी के करीब चौबे जी बड़े साहब के साथ दफ़्तर में घुसे, साहब को चेम्बर में छोड़कर अपने निवर्तमान चेम्बर की ओर आये, उनकी निगाहें मधु की ओर गयीं, मधु ने उन्हें घूरा और सीना तानकर उदय जी की ओर बढ़ गयी और अविनय अवज्ञा का संकेत दिया यानी– 'उखाड़ ले पूँछ', चौबे जी ने निगाहें हटाईं और चेम्बर में घुस गये, सीट पर बैठ कर घंटी दबाई और धीमे से बोले–

'हरामजादी छिनाल, नाटक कर रही थी इतने दिन से, हाँ....चाय.... और कटारे को भेज।'

मधु ने उदय जी के पास बैठे हुए, चाय लेने जाते हुए चपरासी को टोका–

'नया साहब कहाँ है तुम्हारा?'

'वो तो कल से बैठेंगे।'

'आज तो साथ ही गये थे?'

'हाँ, मथुरा ज्वाइंट इंसपेक्शन के बाद वृन्दावन चले गये दर्शन के लिए।'

'मगर वो तो बंगाली हैं ना?' वह तस्दीक चाहती थी।

'पता नहीं।' चपरासी चला गया।

'तेरी जनरल नॉलेज पर भगवान की कृपा है, पागल! बंगाली बहुत मानते हैं कृष्ण और वृन्दावन को।'

'क्यों?'

'क्योंकि वृन्दावन एक बंगाली ने ही बसाया था, चैतन्य महाप्रभु।'

'अरे ...' वह भोलेपन से मुस्करायी और उठकर चली गयी।

अगले दिन चौबे जी जा चुके थे, मधु सुजय की शिनाख्त के लिए आज घर से जल्दी चली थी पर गाड़ी लेट हो गयी, वह साढ़े दस पर दफ़्तर पहुँची, दफ़्तर के लोग नये साहब के चेम्बर में आ रहे थे जा रहे थे, मतलब नया साहब चेम्बर में आ चुका था, वह सबके सामने नहीं जाना चाहती थी, कहीं उसका सुजय हुआ तो? चिर

प्रतीक्षा खत्म होने के क्षण वह बेकाबू हो गयी तो? दफ़्तर में सबको पता चल गया तो? उसने काफी देर इन्तजार किया, धड़कते दिल से चेम्बर का दरवाजा धकेला, झाँककर देखा....सुजय...उसका सुजय वही... सुजय एँ... बारह साल पहले का किशोर जवान हो चुका था बस, वह बूढ़ा भी हो जाता तब भी उसे लाखों में पहचान लेती, शरीर भर चुका था, चेहरा थोड़ा चौड़ा सा दिखने लगा था, लेकिन वही नाक, वहीं आँखें, एक मोटा सा चश्मा चढ़ा था बस, थोड़ा सलीकेमंद लग रहा था बस, वह चौथाई बाहर थी, बाकी अन्दर लेकिन उत्साह में लगभग चिल्लाई–

'सुजय...'

'यस...आप...?' उसने प्रश्नात्मक दृष्टि से देखा।

बाहर किसी ने नहीं सुना, पर चपरासी ने शायद सुन लिया, वह इस अनौपचारिक व्यवहार पर आश्चर्यचकित हुआ, और अन्दर आकर बोला–

'मधु मैडम हैं सर, टेंडर देखती हैं।'

'अच्छा, आइये बैठिये।' सुजय ने उसे नहीं पहचाना।

'सर चाय लायें?' चपरासी बोला।

सुजय ने मधु की ओर देखा।

'ले आओ' मधु ने चपरासी को भगाया।

'पहचाना नहीं तुमने?' वह रूठने के अन्दाज में बोली।

'मतलब..? आप शायद क्लर्क हैं यहाँ?' सुजय ने आश्चर्य व्यक्त करते हुए उसकी बेतकल्लुफ़ी पर आपत्ति दर्ज की।

'हाँ, पर पर्सनल रिलेशन भी हैं ना, ऐसे ही कोई अपने अफसर का नाम नहीं ले लेता।' वह मुस्करायी।

'मुझे नहीं याद आता कि हम पहले कभी मिले हैं।'

'याद करो बारह नहीं... तेरह साल हो गये।'

'माफ कीजिये...'

'सुजय...एँ.....अब पहचाना?'

'यस...आयी जस्ट रिकॉल... ऐसा तो मुझे स्कूल में बोलते थे बच्चे, मगर आपको कैसे पता?'

'तुम्हारे पापा इस विभाग में पार्सल बाबू थे।'

'हाँ, बट नाउ ही इज़ ए.सी.एम.।' वह विस्मित सा बोला।

'सराय रोहिल्ला में रहते थे?'

'हाँ हाँ बराबर।'

'तो पहचानो।'

'सॉरी... पुरानी बात है, दस साल पहले पापा इलाहाबाद चले गये, फिर याद नहीं रहा दिल्ली का ज्यादा, पर वाकई आप मुझे जानती हैं, सॉरी...'

'ऍं...याद है, ऍं के साथ किसी और का नाम भी था ना?'

'हाँ...याद आया मधु...अरे तो आप...? तुम...? तू मधु है?'

'फिर?'

'दैट्स अमेज़िंग.....बाप रे बिल्कुल बदल गयी तू तो? हाँ लम्बाई नहीं बढ़ी आज भी तेरह साल पहले जितनी है, मोटी सी लगती है।'

'तुम भी कितने बदल गये? साहब जैसे लगते हो बिल्कुल...'

'लगता क्या साहब हूँ भाई?'

'हाँ इसीलिए भूल गये अपनी बेस्ट फ्रेंड को? अ फ्रेंड इन नीड इज अ फ्रेंड इंडीड...' उसने याद दिलाया।

'वो बचपन की बातें थीं...' वह शर्माने के अन्दाज में बोला।

तभी मीणा जी अन्दर घुसे।

'नमस्ते सर, जे.एस. मीणा, हैड ड्राफ्ट्स मैन।'

'सुजय चक्रवर्ती, डिवीजनल इंजीनियर तो आप जानते ही होंगे मीणा जी।' सुजय ने हँसते हुए हाथ बढ़ाया।

'आप सर बेंगौल से हैं?' मीणा जी ने हाथ थामा।

'बैंगौल ऑरिजन... पर अब तो इलाहाबादी हूँ।'

'तभी हिन्दी अच्छी बोलते हैं सर इन माई यूथ।'

'क्या...?'

'ये मीणा सर का तकिया कलाम है सर।' मधु ने हँसते हुए सर पर जोर दिया।

'अच्छा? अच्छा लगा आपसे मिलके।'

मीणा जी हँसते हुए चले गये, चपरासी चाय ले आया

'चाय लो मधु, अच्छा लगा कि कोई परिचित मिला यहाँ पर, बल्कि बहुत अच्छा रहा, बताऊँगा घर जाकर, दैट्स फॉर्चून...कब और कहाँ और कैसे मिल जाते हैं लोग।'

'बस परिचित?'

'हाँ पुराना परिचित।'

'और मैं तुम्हें भूल नहीं पायी अब तक, तुम्हारी वो इन्नोसेन्स, डैडीकेशन, हर वक्त मेरे लिए ही सोचना, हाथ पकड़ कर सड़क पार कराना, मेरा होम वर्क कराना, मेरे लिए डाँट खाना, मेरे कहने पर जानबूझ कर बुद्धू बन जाना, मेरे लिए चॉकलेट, आइसक्रीम लेकर घूमना, हर पल हर घड़ी याद रहा मुझे, तुम्हें कुछ भी याद नहीं?'

'हाँ याद आ रहा है, तुम्हारे पापा की बड़ी मूँछें थीं ना? चौधरी अंकल? हर वक्त तुम्हारे साथ ही रहता था मैं, याद आ रहा है, पर मुझे नहीं लगता कि मैं इतना महान था, दैट वाज़ ऑनली द हारमोनल रिऐक्शन ऑफ ऐडोलेंस, बचपना था, लेकिन अचानक तुम लोगों ने बैन कर दिया था मुझे अपने घर में, है ना?' वह मुस्कराया।

'पापा ने, सबने नहीं, वो डरते थे कि बात आगे न बढ़ जाय, आखिर हम हमेशा

बच्चे नहीं रहने वाले थे।'

'चलो अच्छा हुआ वरना मैं भी कहीं बाबू ही होता।'

'तंज कर रहे हो?'

'नहीं, हकीकत है, वो सब एकाध महीने याद रहा फिर कभी याद नहीं किया बल्कि इलाहाबाद पहुँचने के बाद तो मैमोरी वॉश भी हो गयी, आज तुमने याद दिलाया तो सब याद आया, फिर इतना छोटा भी नहीं था मैं, पन्द्रह साल का था, मुझे पहली बार बड़ी बेइज्जती सी महसूस हुई थी, स्कूल में चाहा कि तुम मनाओ, एकाध बार के बाद तुमने भी मुँह फुला लिया, फिर अंकल की डैथ...सही बताऊँ उनका दुख तो हुआ था मुझे, पर फिर लगा कि अब शायद रोक टोक न हो, लेकिन उसके बाद तुम्हारी फैमिली गाँव चली गयी, तब मैंने पढ़ने में दिमाग लगाया, नतीजा तुम्हारे सामने है।'

'अच्छा किया पापा ने? वरना इश्क में फँसकर बाबू ही बन जाते मेरी तरह, तभी सोचूँ ये अफसर लोग इतने बेमुरव्वत क्यों होते हैं।'

'हा..हा...हा....वाकई, थैंक्स टू अंकल, अब वो नहीं रहे ईश्वर उनकी आत्मा को शान्ति दे।' उसने हाथ जोड़कर दुआ की।

'उन्हीं की जगह नौकरी पर हूँ।'

'अच्छा, घर में सब ठीक? तुम्हारी दीदी भी थी ना? शादी हो गयी होगी।'

'नहीं।'

'अरे...जॉब में हैं?'

'नहीं, हो नहीं पा रही, तुम तो जानते हो दहेज वगैरा...'

'हाँ वो तो है' उसने औपचारिकता वर्ष कहा, उदय जी की तरह जिम्मेदारी नहीं ली।

'छोड़ो, मेरा तो सपना सच हो गया।'

'सपना? क्यों?'

'मैं तुम्हें नहीं भूल पायी, तुम ऐसे गये कि लौटे नहीं, एक बार मिलकर गलती पूछनी थी अपनी, अब तक इन्तजार करती रही अपने बेस्ट फ्रेंड सुजय का, मुझे यकीन था हम कभी न कभी मिलेंगे जरूर, एक बार दिल्ली गयी भी थी, पता ही नहीं चला तुम्हारा, पर सच्चे दिल से चाहो तो भगवान भी मिलता है।'

'ये इमोशनल चीजें हैं मधु, मोर दैन इट हारमोनल, यारी दोस्ती प्यार मुहब्बत सब, वो वाला सुजय कोई व्यक्ति नहीं था, एक निश्चित अवस्था थी वो हारमोनल रिएक्शन से गुजर रहा एक किशोर था, अब वैसा कुछ नहीं मेरे अन्दर, अब तुम कहोगी कि उस वक्त कॉलोनी या स्कूल के सारे लड़कों का व्यवहार तुम्हारे लिए मेरे जैसा नहीं था, नहीं था क्योंकि हारमोन प्रेम या आकर्षण या दोस्ती की पहली शर्त तो है, बट देयर शुड बी अ सॉलिड बेस सैकंडली, मुझे अब नहीं याद कि वो क्या आधार था, उस वक्त मुझे भी तुम्हारे बिना चैन नहीं था मैं मानता हूँ, पर जब तुम्हारे पापा

ने मम्मी ने टोका टोकी की, तो बुरा लगा, उस किशोर का एक सैल्फ रेस्पेक्ट भी था नतीजतन मैं दूर हो गया, खैर सब बचपना था, गलती वलती कुछ नहीं थी, सब कुछ तय होता है, मिलना बिछुड़ना और फिर मिलना, जब जैसा होना है वही होता है, अब हम लोग एडल्ट्स हैं, उन कम्पलसन्स को बेहतर समझ सकते हैं और परिस्थितियों को भी।'

'वाकई कितना बदले हो तुम? ज्ञानी हो गये हो यार, घर में सब अच्छे हैं, अंकल आंटी?'

'हाँ सब, मम्मी, पापा, चारू सब।'

'चारू?'

'माई वाइफ।'

'शादी कब हुई?' वह मायूस हुई।

'छह महीना हुआ।'

'लव मैरिज?'

'नहीं पापा को एफ.डी. कैश करनी थी, कर ली।' वह हँसा।

'तुम दुखी हो? किसी से अफेयर था?' वह उत्साहित हुई।

'नहीं, मोर दैन सैटिस्फाइड, शी इज अ नाइस गर्ल एंड ब्यूटीफुल ऑल्सो, अफेयर वगैरा तो सब बचपन में ही समझ आ गया था, आप काबिल हो तो पचास अफेयर, सो टारगेट काबिल बनने का रहा, बी.ई., एम.ई. फिर नौकरी, दो ढाई साल बाद पापा ने एफ.डी. कैश कर ली, टाइम ही नहीं मिला, सो मेरा किसी से कभी जिक्र करने लायक अफेयर नहीं रहा, ज्यादा बताने का मतलब भी क्या, बाल बच्चेदार मान लो।' वह हँसते हुए बोला।

'अच्छा चलूँ वरना बाहर लोग बातें बनायेंगे, घर चलना कभी, सब बहुत खुश होंगे।'

'देखते हैं और एक रिक्वेस्ट है मधु, लोगों को ज्यादा पता न चले और दफ़्तर में यू नो...आयम नॉट इंसल्टिंग यू बट आफ्टर ऑल वी हैव अ डिस्टेन्स सो उसी तरह बिहेव करें, हम बचपन में दोस्त थे इसका दफ़्तर से मतलब नहीं, पर दिल से मुझे बहुत अच्छा लगा तुमसे मिलके, घर आना कभी वैसे मम्मी-पापा को बताऊँगा इलाहाबाद गया तो, पापा अच्छे दोस्त थे अंकल के।'

'ऑफिस डेकोरम की चिन्ता मत करना सुजय, सबके सामने सर ही बोलूँगी।'

'दैट विल बी ए ग्रेट फेवर, थैंक्स मधु।'

वह बाहर आ गयी, उदय जी की निगाहें सुजय के चेम्बर पर बराबर लगी थीं, वे टॉयलेट जाने के लिए उठे, मधु के सामने से गुजरे और धीमे से बोले—

'सीट पर पहुँच बात करनी है।'

'यहाँ नहीं हो सकती?'

'नहीं।'

'आती हूँ।'

उदय जी लौटकर आये तो मधु उनकी सीट पर बैठी थी।

'हाँ बताइये।'

'उस चेम्बर से मुहब्बत हो गयी लगती है?'

'मतलब?'

'आधा घंटा गुजारना? चाय पीना? क्या है ये?'

'मिलने गयी थी, काम की पूछने लगा, चाय ऑफर की तो पी ली, अफसर को कैसे मना कर देती?'

'तो रेस्ट हाउस भी चली जाती कल।'

'देखो आप शक कर रहे हो।'

'क्यों न करूँ? काम की बातों में बचपन कहाँ आता है? वो बचपन बचपन करके कुछ कह रहा था, मुझे पता है।'

'मीणा ने बताया होगा? बातों में उसे कोई बचपन की बात याद आ गयी तो जिक्र हो गया, आप भी जरा में बहक जाते हो, दीदी ठीक कहती है बड़ी उमर का आदमी दिन भर पीछे घूमता है।'

'सीधा कह दे बूढ़ा हूँ, यही बूढ़ा पसन्द आया था तुझे।'

'अभी भी पसन्द है गुस्सा कम करे तो।' वह मुस्करायी उदय जी घायल हो गये

'देख मधु हर मर्द उदय नहीं होता कि चार महीने में एक पप्पी भी न ले।'

'जैसे मैं पप्पी देने को उतारू ही बैठी हूँ।'

'सपने में दीदी की पप्पी किसने ली?'

'धत्... बेशर्म हो आप।' वह हँस कर चली गयी।

आज घर पहुँचते तक वह बहुत खुश थी, दीदी के अलावा माँ ने भी नोट कर लिया।

'अच्छी सीट मिल गयी क्या?' माँ ने पूछा।

'अब तो घर की सीट है माँ।'

'कैसे?'

'सुजय याद है?'

'कौन सुजय?'

'दिल्ली में चक्रवर्ती अंकल का बेटा था ना? याद करो।'

'हाँ हाँ वो बुद्धू सा दिन भर तेरे पीछे घूमता था।'

'वो मेरे दफ़्तर में अफसर बनकर आ गया है।'

'अरे...' पता नहीं माँ के स्वर में विस्मय था, खुशी थी कि अफसोस?

'हाँ।'

'उसे याद है हमारी?' माँ की आँखें चमकीं।

'सब...'

'फिर तो अच्छा है, वैष्णो मइया जो करती है भला करती है भक्तों का।'

रात को बिस्तर पर दीदी ने कहा--

'वाकई सुजय ही है।'

'अरे...मैं क्यों झूठ बोलूँगी?'

'अब?'

'अब क्या? मेरा सुजय मेरे सामने है कैसे छोड़ दूँ?'

'और उदय जी?'

'कुछ करना पड़ेगा ताकि वो खुद ही अलग हो जायें।'

'ऐसा क्या होगा?'

'मैं भी सोचती हूँ, तू भी सोच।'

'एक बात बताऊँ? तू बहुत भाग्यशाली है, तेरी मेरी सूरत में ज्यादा अन्तर नहीं बल्कि मेरी लम्बाई तुझसे अच्छी है, पता नहीं कितने लोग तेरे पीछे लगे, उसमें सुजय और उदय जी जैसे अच्छे लोग भी, मुझे एक ऐसा मिल जाता तो उमर बिता देती उसके कदमों में।'

'उदय जी अच्छे हैं तो तू ले ले, पर सुजय को नहीं छोड़ूँगी।' वह हँसी।

'मैं तेरी तरह नहीं कर सकती।'

'क्या नहीं कर सकती? माना उदय जी बहुत अच्छे हैं पर जिस सुजय को बचपन से चाहती आयी हूँ वो सामने है तो उदय जी को छोड़ना ही पड़ेगा ना, देख दीदी बात समझ उदय जी के साथ सिवा बदनामी के कुछ नहीं, सुजय अफसर है, हमारे दिन फेर सकता है, मैंने पहले भी कहा था प्यार दोनों का बराबर है लेकिन भाड़ खुदा है घर में उसे चलाने के लिए फायदे वाला घर देखना पड़ेगा, ये मैं अपने लिए नहीं कर रही तुम सबके लिए है ये, फिर चौबे एपिसोड में पिछले दस-बारह दिन में उदय जी से अलग होने का अभ्यास भी हो गया, उनके बिना रह सकती हूँ मैं।'

'और वो? चाहे खुदकुशी कर लें, पागल हो जायें तुझे क्या फर्क पड़ता है?'

'ऐसा कुछ नहीं होना अंजू दीदी बहुत अच्छी हैं, फिर ऐक्सीडेंट में लोग मरते हैं ड्राइवर को फाँसी होती है क्या?'

'वो अच्छी हैं तभी तो हो पाया ये सब, और ये ऐक्सीडेंट नहीं है केयरलेस ड्राइविंग है, जानबूझ कर हिट करना है।'

'चलो, पर क्या हुआ सलमान का? चार-पाँच निपटा दिये केयरलैस डाइविंग से।'

'अच्छा सुजय वैसे का वैसा है? उसने तुझे उसी तरह याद रखा जैसे तूने उसे?'

'नहीं, याद दिलाने पर पहचाना, अभी तो उसकी तो शादी भी हो गयी।' वह मायूसी से बोली।

'फिर उदय जी को क्यों दुख देती है? चलने दे ऐसे ही शादी तो इससे भी नहीं होनी।'

'क्या पता?'

'मतलब तेरे लिए वो तलाक लेगा? जबकि अभी ठीक से पहचाना भी नहीं।'

'पर उसका स्वभाव वैसा ही है बहुत इनसानियत है उसमें, बहुत अच्छे से बात की दोस्तों की तरह, जाते वक्त शर्मा के कहने लगा दफ़्तर के डैकोरम का थोड़ा रखना मधु, मैंने हाँ कहा तो बोला– दैट विल बी ए ग्रेट फेवर, बता कहाँ वो कहाँ मैं, चींटी और हाथी फिर भी कितना पोलाइट है।'

'तो इससे वो तुझे प्यार करता है?'

'नहीं पर कोशिश करूँ, रोज याद दिलाऊँ तो कर सकता है।'

'कुछ नहीं होना, सपनों की लिमिट रख मधु वरना बरबाद हो लेगी, दूसरों को करेगी, अब एक ही रास्ता है, वो तुझे ठीक सीट दिला देगा पुराने सम्बन्धों पर, ले ले, फिर उदय जी की बनी रह जब तक शादी न हो, तेरी शादी के लिए उदय जी भी तैयार हैं।'

'वो बहुत पजैसिव हैं, शक्की हैं।'

'हर प्रेमी होता है प्रेमिका भी, फिर तेरे लिए इतना कुछ किया तो उनका हक है लेकिन एक बार तय कर कि उदय जी को तू किस वजह से छोड़ेगी, सुजय या उनका हक जताना।'

'दोनों, बल्कि बदनामी भी, किया कुछ नहीं फालतू की बदनामी, घर, बाहर, दफ़्तर सब जगह।'

'क्या कहेगी उनसे? पीछा छोड़ देंगे आसानी से?'

'तू सोच कुछ।'

'बहस मत कर, मैं कुछ नहीं सोचने वाली तेरे लिए।'

'तो मर, जब इतने खेल खेल लिए एक और सही।'

अब उसकी निगाहों में सिर्फ सुजय था, उसका सुजय तेरह साल के इन्तजार का फल सुजय.... पर सुजय ने उसे पहचाना अपने पुराने सम्बन्ध को माना भी पर दफ़्तर में वह अफसर ही रहना चाहता था, वह काम निकालकर बार-बार चेम्बर में जाती तो एक दिन सुजय ने समझा दिया–

'मधु ये सब अच्छा नहीं लगता, मानता हूँ हमारा बचपन का एक सम्बन्ध था, पर उसे वक्त भी हो गया इसलिए प्लीज बुरा मत मानना...'

'चार्जशीट दे दो मैं नहीं मान सकती।'

'मधु मैं शादीशुदा हूँ, चार-पाँच महीने में बाप भी बनने वाला हूँ, इसलिए समझा करो।'

'उस वक्त तुम्हारी जो हालत हुआ करती थी आज मेरी है जब तब तुम गलत नहीं थे अब मैं कैसे ....'

'मैं तुम्हें गलत नहीं कह रहा आज भी हम दोस्त हैं लेकिन परिस्थितियाँ वो नहीं हैं, और हमारी क्लास में भी अन्तर है, इस विभाग में ऐसे भी अफवाहें बहुत होती हैं, तुम बताओ बदनामी के डर से तुम्हारे पापा ने एक निर्दोष बच्चे के दिल को तोड़ा था ना, लेकिन वो गलत नहीं थे ये आज मैं भी मानता हूँ, मैं नहीं चाहता कि तुम्हारी या मेरी बदनामी हो।'

'फिर तुम बताओ क्या करूँ? मन नहीं मानता जैसे उस वक्त तुम्हारा।'

'उस वक्त भी क्या हुआ था? कम्पलशंस ने रोका था ना, भले ही बुरा लगा पर मुझे जाना पड़ा था, मैं नहीं चाहता जो अपमान मैंने महसूस किया वो तुम करो।'

'तो पापा का बदला मुझसे लोगे तुम?'

'नहीं मधु मैं नहीं बाहर बैठे लोग रोकेंगे तुम्हें, पर छोड़ो तुम कैसे मानोगी?'

'वक्त दो मुझे, तेरह साल इन्तजार किया है मैंने।'

'ठीक है फोन से बात कर लो या कभी मैं तुम्हारे यहाँ या तुम मेरे यहाँ आ सकती हो पर...'

'फोन पर बात करोगे?'

'हाँ, फ्री हुआ तो जरूर।'

इस तरह उसने सुजय से अनुमति ले ली उसे यकीन हो चला था कि सुजय को सब कुछ याद आ चुका है तभी वह इतना विवश होकर बात कर रहा है, वरना डिवीजनल इंजीनियर एक-एक कर चार मैमो पकड़ाये और घर बिठा दे, लड़ते रहो मुकदमा। और उदय जी....? अब वे गौण थे, गौण क्या खत्म ही थे, पर 'आयी लव यू' नामक स्वीकारोक्ति की नैतिकता उन्हें गौण बनाये थी, अब मधु इस फिराक में थी कि उदय जी कुछ बहुत कड़ा बोलें और वह कह दे– 'न तुम बेवफा हो न हम बेवफा हैं मगर क्या करें अपनी राहें जुदा हैं' वह उदय जी के पास कम ही जाती बैठने का सवाल ही नहीं था, उदय जी उद्विग्न हो चुके थे, तीन-चार दिन लगातार उन्होंने मधु को सुजय के चेम्बर के चक्कर काटते हुए देखा, तो हमेशा की तरह मधु के सामने पहुँचकर फुसफुसाये।

'सीट पर पहुँच।'

'यहीं बोलो।'

'बार-बार चक्रवर्ती के चक्कर क्यों काटती है?'

'फालतू नहीं हूँ, काम से जाती हूँ, बुलाता है तो।'

'चौबे तुझे भी चार्ज में देके गया है उसे?'

'बकवास पसन्द नहीं मुझे, मर्जी है तो रिश्ता रखो चाहो तो खत्म कर लो, नौकरी नौकर बनके होती है, बुलायेगा तो जाना पड़ेगा।'

तभी बिहारी ठेकेदार कान लगाता हुआ वहाँ से गुजरा, उदय जी को हटना पड़ा,

शाम को भी घर के रास्ते में उन्होंने फोन लगाया जो उठा नहीं, उदय जी बेचैन हो उठे घर पहुँचकर जैसे तैसे खाना खाया और पान खाने निकल पड़े रास्ते में सात बार फोन लगाया उठा नहीं, आठवीं बार में उठा तो पहले नेपथ्य में वन्दना की अस्पष्ट सी आवाज आयी–

'उदय जी जैसे आदमी से ऐसा व्यवहार अच्छा नहीं मधु...'

फिर मधु की आवाज आयी–

'हाँ बोलिए।'

'तेरे पास कुछ नहीं बचा बोलने को अपने देवता से अपने भगवान से?'

'ये इमोशनल बातें हैं।'

'और वो? आपसे लिपट कर रोने को मन करता है, आज दीदी का मुँह चूम लिया... वो सब?'

'मानती हूँ गलती हुई मुझसे।'

'तब या अब?'

'तब ज्यादा।'

'तो इमोशन गलती होते हैं? मुझे क्यों फँसाया अपने इमोशन में?'

'देखिये तब मुझे हकीकत नहीं पता थी, कल्पना में थी मैं, मेरे घर की हालत ऐसी हो जायेगी मुझे उम्मीद नहीं थी, टॉयलेट से फोन कर पा रही हूँ।'

'वन्दना भी तेरे साथ टॉयलेट में है, पीछे से उसकी आवाज कैसे आयी?'

'वो तो मैं घुस रही थी तब पीछे से बोली थी।'

'अच्छा दफ़्तर में? रेल गाड़ी में?'

'सब जगह जासूस बैठे हैं घर वालों के, सारी खबरें घर तक पहुँच रही हैं, चाचा कॉल डिटेल निकालने गया था, वो तो दी नहीं टाटा वालों ने।'

'ऐसी की तैसी घर वालों की।'

'ठीक है अलग हो जाती हूँ, आप रखोगे अपने साथ?'

'फिर वही बात...ठीक है तू शादी कर ले मैं देखूँगा भी नहीं तुझे।'

'मान लीजिए कि मेरी शादी हो गयी।'

'कैसे मान लूँ? रोजाना दफ़्तर में दिखेगी कुँवारी की कुँवारी।'

'आपको क्या फर्क पड़ता है शादी के बाद अलग हों या पहले।'

'फर्क पड़ता है, बाप अपनी बेटी को ब्याहता है अपनी मर्जी से, तो नाचता है, गाता है, दावतें देता है, रोता भी है, गंगा नहाने भी जाता है, वही लड़की भाग जाय तो पुलिस में रिपोर्ट कराता है, कत्ल भी कर देता है।'

'आप मेरे बाप हो?'

'सिर्फ मिसाल दी है, तेरी शादी अपनी मर्जी से करूँगा ये मैंने भी सोच के रखा था, इसीलिए उँगली तक न लगाई, नामर्द नहीं हूँ मैं।'

'छोड़िये वो सब, बहस ही होगी, पर खड़े पैर लड़का कहाँ मिलेगा?'

'वो तेरा मास्टर है ना, उससे दोबारा बात कर।' उदय जी ने हथियार लगभग डाल दिये।

'नहीं मैं उनसे बात नहीं कर सकती।'

'मैं गुस्से या मजाक में नहीं कह रहा।'

'नहीं मैं उनसे बात नहीं कर सकती।'

'क्यों? उसकी शादी हो गयी?'

'पता नहीं चार-पाँच महीने से खबर नहीं उनकी, पर मैं बात करूँगी नहीं उनसे।'

'तू मेरी हालत नहीं समझ सकती रात को सो नहीं पाता मैं, ठीक से खाना नहीं खा पाता।'

'तो ठीक है मैं दीदी से बोल देती हूँ।'

'शाबाश! तेरे अन्दर तो गुरु घंटालों वाले सारे लक्षण मौजूद हैं, ब्लैक मेलिंग तक आ गयी, तुझे जरूरत नहीं पड़ेगी मैं ही बता दूँगा।'

'अरे....नहीं....नहीं ...मेरा वो मतलब नहीं था, मैं चाहती थी कि दीदी आपको सँभालें देखिये अलग तो हमें होना ही है आज नहीं तो कल।'

'परिस्थितियाँ हमें अलग करें तो ठीक, अपने आप हम क्यों अलग हों? जब हमें एक-दूसरे के बारे में सब पता है, मैं बाल बच्चेदार था, तेरा भी बॉय फ्रेंड था, तूने उसे छोड़ दिया, मैंने साफ कहा था मैं अंजू को नहीं छोड़ सकता, प्रेम क्या हर सम्बन्ध का एक आधार होता है जैसे कुर्सी चार टाँगों पर खड़ी रहती है, एक भी टाँग टूटती है कुर्सी गिर पड़ती है, समाज, दफ़्तर, घरवाले ये सब बाधाएँ तो पहले भी थीं, अब कौन सा आधार टूटा? बता दे, मेरा जवाब सुन ले सही हो तो ठीक वरना मेरे मुँह पर थूक और आगे बढ़।'

उदय जी से बड़े-बड़े बल्लम बहस नहीं कर पाते, अब मधु के पास अन्तिम अस्त्र बचा था 'आँसू।'

'कैसी बातें करते हैं? कोई आधार नहीं टूटा बल्कि आपकी तरफ से तो प्यार बढ़ा ही है, मैं कमजोर हूँ मैं इतना रेजिस्ट नहीं कर सकती आप ये न सोचिये कि आपकी इज्जत कम हुई है, आज भी....' कहकर वह रोने लगी।

'रो मत, ये बता अब मेरे गीत तेरे कानों में नहीं गूँजते वो गीत जिनकी एक लाइन का भी अर्थ तू नहीं जानती, अब मुझसे बातें करते में तुझे रोना नहीं आता?'

'रो तो रही हूँ।'

'ये बात करने में नहीं सफाई देने का रोना है।'

'तो आप भी अब गीत कहाँ लिखते हैं।' उसने रोने पर एकदम ब्रेक लगाया।

'कब लिखूँ? दिन भर तो इस सम्बन्ध को बचाने की जुगत में रहता हूँ।'

'अच्छा आज लिखना, मम्मी आ रही हैं।'

उसने फोन काट दिया, उदय जी घर आ गये, अंजू ने पूछा–

'क्या बात है कुछ दिनों से परेशान हो?'

'तू जासूसी क्यों कर रही है?'

'लो, पड़ोसी की कर रही हूँ क्या? पति हो मेरे, पर आपको खतरा क्यों लग रहा है? कुछ गड़बड़ है?' उसने चिकोटी काटी।

'मजाक मत कर यार।'

'सीरियसली, दो रोटी खायीं दिन में, दो रात में, इतनी ही खाते थे क्या? रात में बारह एक बजे तक जागते थे, अब तीन-तीन बजे तक नहीं सोते।'

'हाँ पेट गड़बड़ है कुछ है।'

'आप झूठ नहीं बोल सकते।'

'आज बोल रहा हूँ ना, अब पीछे मत पड़।'

'आपकी मर्जी, ज्यादा दिन दिल में नहीं रख पाओगे, बताना तो पड़ेगा।' वह हँसी।

उदय जी रात को देर तक जागे और मधु के लिए एक गीत लिखा–

क्या अधिकार मुझे है तुमसे मैं कोई परिवाद करूँ

यह गीत लिखते-लिखते उदय जी रो पड़े, किसी को पता न चले इसलिए लाइट बन्द करके लेट गये, पर आँसू लगातार आते रहे, अचानक उन्होंने अपनी आँखों पर अंजू के हाथ का स्पर्श महसूस किया–

'रो रहे हो आप तो?' अंजू ने लाइट जलाते हुए कहा।

'अं....नहीं तो' उन्होंने आँखें पोंछने का यत्न किया।

'बताना पड़ेगा, ऐसे अकेले नहीं रोने दूँगी, बताओ मैं भी साथ में रोती हूँ।'

'बर्दाश्त कर पायेगी?'

'इतने साल आपको बर्दाश्त किया है, आपकी बात बर्दाश्त न कर पाऊँगी?' वह मुस्करायी।

'बात कुछ ऐसी है।'

'चाहे जैसी हो।'

'मान ले तुझे पता चले कि मेरी एक प्रेमिका है एक बच्चा भी है तब?'

'कैसे मान लूँ, ऐसा नहीं हो सकता।'

'क्यों?'

'अगर ऐसा होता तो मुझे पता चल जाता, आप खुद बता देते इतना तो यकीन है।'

'मेरा अफेयर है।' वे शान्त स्वर में बोले।

'मधु?'

'हाँ।'

'कहाँ तक?'

'बस दिल में।'

'और आप बताने बैठ गये? बहुत भोले हो।' वह हँसी।

'कमाल है? तू हँस रही है? मेरा अफेयर है उसके साथ, दिल में मतलब फिजीकली कुछ नहीं किया, प्लेटॉनिक है।'

'कैसा टॉनिक?'

'रूहानी, एक्सेप्ट दोनों कर चुके हैं।'

'आपको तो खुशी मनानी चाहिए, आपको बड़ा गम था कि किसी लड़की ने यहाँ तक पत्नी ने भी आपको पसन्द नहीं किया, रूहानी प्यार नहीं किया।'

'अब वो खत्म होने वाला है।'

'ये कुछ जल्दी नहीं हो गया? धोया, भिगोया और हो गया जैसा? चार एक महीने में चल भी गया खत्म भी हो लिया?' वह मुस्करायी।

'क्या पता?'

'अच्छा? खत्म क्यों हो रहा है?'

'क्या पता? खत्म वो कर रही है।'

'करने दो, इसमें रोना क्यों?'

'पश्चाताप...पूरी तरह से आदर्श प्रेमी बना रहा, हर घड़ी उसका ही ध्यान रखा, बीवी का गुनहगार बना, जमाने के सामने नंगा हुआ, परिणाम? जब तक उसकी मर्जी हुई खेली, जब मन भरा नमस्ते।'

'वजह क्या बताती है?'

'घर में, दफ़्तर में, गाड़ी में पता चल गया सबको, घर वाले मुझे कोसते हैं, उसे बुरा लगता है, झगड़े होते हैं घर में।'

'ये पहले पता नहीं था उसे? उसका क्या बिगड़ना है? घर वाले थोड़ी कुटाई-पिटाई करेंगे, दूसरे का तो घर ही टूट जायेगा।'

'कहती है वह साथ देने को तैयार है, मगर बगावत कर दे तो कहाँ जायेगी?'

'उसे कह दो कि यहाँ आकर रहे मेरे ही साथ, आपकी दूसरी बीवी बनकर, कहो तो मैं बोल दूँ।'

'अरे तू...ये....क्या?'

'कहकर तो देखो फिर देखना इससे भी पलट जायेगी, हद दर्जे की कमीनी हैं आजकल की लड़कियाँ, इमोशनल अत्याचार नहीं देखते टी.वी. पर, एक से एक हरामिन और हरामी आते हैं उसमें।'

'तेरा दिल बहुत बड़ा है अंजू' उनकी आँखें छलक आयीं।

'नहीं...मेरे लिए मत रोइये प्लीज, पन्द्रह साल में एक दिन नहीं रुलाया, वो कमीनी चार दिन में आँसुओं से रुला गयी, कोई दूसरा मिल गया होगा, ठेकेदार तो पहले ही थे।'

'फिर मेरी जरूरत क्या थी उसे? पैसा मेरे पास नहीं ये तो उसे पता था, काम

उसे सिखा ही चुका था पहले ही फिर...?'

'ये वही जाने, जवान लड़की है, हो सकता है फिजीकली कुछ चाहती हो? फिर आप भी अपने हर चाहने वाले को ईमानदार, सच्चा, आदर्शवादी बनाने के फेर में भी तो रहते हो, सिवाय चेतन भइया के आज तक कोई न बना, आखिर में वो आपके ज्ञान से परेशान हो गयी होगी।'

'तू बहुत भोली है अंजू, मैंने तेरे साथ बुरा किया।' उनकी आँखें फिर भर आयीं

'कहा ना मेरे लिए तो बस एक बार रोना, जब कन्धे पर लेकर जाओ बस।' उसका स्वर भी गीला हो गया।

'मैं ही मूर्ख था प्रेम को खोजता ही रहा, खोजता ही रहा तेरे प्यार को कभी समझा ही नहीं।'

'अब समझ लिया, अब सही, सिर्फ एक बात मेरे विरुद्ध गयी कि शादी के पहले मैंने आपको ना पसन्द किया था, ये एक कुँवारी लड़की का अधिकार था, तब आप लगते भी कैसे थे? पचास किलो वजन, गड्ढे में गाल, बड़ी मूँछें, छब्बीस में छत्तीस के दिखते थे, सिर्फ मना ही किया था जब घर वालों ने तय कर दिया तो मैंने प्यार में कोई कमी नहीं की, फिर भी मैं मानती हूँ कि मेरी गलती है आपको इसका पता नहीं चलना चाहिए था, इसीलिए मुझे आपसे कोई शिकायत नहीं, जहाँ आपको प्यार दिखे तलाशो पर आना मेरे ही पास पड़ेगा।'

'ये तो मैंने उसे भी कह दिया था कि अंजू मेरी जिम्मेदारी है, मुझे उससे भी बहुत लगाव है, मुझसे प्यार भी करती है, मैं उसे कोई दुख नहीं दूँगा।'

'आप क्या समझते हो मुझे मधु का पता नहीं?'

'कैसे?'

'वो जब भी आपकी बात करती थी, इन्हें, उन्हें कहके करती थी, आप पहले मेरे सामने बात करते थे फिर पान खाने जाने लगे, एकाध बार वो मिली भी तो नजरें चुराकर।'

'जताया क्यों नहीं?'

'मुझे पता था कि ये सब खत्म होगा, उसकी तरफ से ही होगा, मैंने रोका तो आप उसे दिल से नहीं निकाल पाओगे, आप उन लोगों में से हैं जो अपने अनुभव से सही और गलत महसूस करते हैं, आपने शराब छोड़ी, भाँग, चरस सब छोड़ीं अपने अनुभव से बुरा मानकर किसी के कहने से आप हरगिज नहीं छोड़ते, मैं कहती आप झूठ बोलते, फिर लड़ाई झगड़े होते, उसके साथ में आप दो-तीन महीने बहुत खुश रहे तो पूरा परिवार खुश रहा।'

'अब...?'

'कुछ नहीं जा के उसे बता देना चाहे जब आ जाये, घर खुला है।'

'वो आ गयी तो?'

'आ जाये छोटी बहन की तरह रखूँगी, पर वो आपके साथ वफादार नहीं रहेगी, जो कुँवारी होकर बाल बच्चेदार को पटा सकती है तो बाल बच्चेदार होकर कुँवारे को भी पकड़ सकती है, अब सो जाओ, छोटी-छोटी बातों पर लड़कियों की तरह आँसू बहाते हो आप भी।'

'छोटी...बात...?'

'हाँ बात मेरी है मैं कहूँ तो छोटी मैं कहूँ तो बड़ी।' वह मुस्करायी।

'अंजू...'

'सो जाओ मेरे सबसे छोटे बच्चे।' उसने सर पर हाथ फिराया।

'सो जाऊँगा, लेकिन अभी मैं कविता लिखूँगा।'

'अब सिर्फ मेरे लिए।'

उदय जी ने जागकर एक गीत अंजू के लिए लिखा–

हा तुम्हारे प्रेम का भी क्या दिया प्रतिकार मैंने।

## 26

'मैंने सब बता दिया अंजू को।' उदय जी ने दफ़्तर में मधु से कहा।

'हे भगवान....' वह सर पकड़ कर बैठ गयी।

'क्या हुआ?'

'एक और जगह बेइज्जती और क्या?' वह खीझी।

'शाबाश! अभी भी अपने देवता की इज्जत का खयाल नहीं, अपनी उस इज्जत का ख़याल है जिसके पीछे ठेकेदार, कोलीग, अफसर सब लग के उसे पंचायती बना चुके हैं, जिस आदमी पर कभी दाग नहीं लगा वो कहाँ-कहाँ नंगा हुआ इसकी कोई चिन्ता नहीं? फिर मुझे उकसाया किसने था?'

'मेरा वो मतलब नहीं था, आप बहुत भोले हो, बहादुरी दिखाने का मौका खोजते हो, ले मैंने कर दिखाया।'

'हाँ जो मैं करता हूँ उससे पीछे नहीं हटता।'

'मैं उतनी बहादुर नहीं, खैर छोड़ो, क्या बोलीं दीदी?'

'ऐसा पति भगवान मधु को भी दे।'

'मतलब?'

'वो तुझे घर में जगह देने को तैयार है।'

'अ...ऐसा नहीं हो सकता।'

'फोन लगा ले।'

'छोड़ो आप झूठ नहीं बोलते, अब?'

'बोरी बिस्तर लपेट और आ जा।'

'मगर मेरी जिम्मेदारियाँ हैं।'

'घर वाले नहीं देना चाहते तुझे वो जिम्मेदारियाँ, लड़ते हैं तुझसे, तेरी बात नहीं मानते, रिश्वत के लिए उकसाते हैं।'

'सिर्फ मम्मी, भाई बहन तो नहीं।' उसने बहस करने की कोशिश की।

'ठीक है अपनी पूरी पेमेंट घर भेजती रहना, अपना पॉकिट मनी रखना बस।'

'और खाना?' उसने कमजोर सा तर्क दिया।

'भाई दूसरी सही पर मेरी बीवी होगी तू खाना तो खिलाऊँगा।'

'ऐक्स्ट्रा बोझ नहीं होगा।'

'इतना तो अंजू धार्मिक कामों में भी खर्च कर देती है, वही परमिट कर रही है।'

हे भगवान...बुजुर्गों ने बहुत गलत कहा है मूर्ख दोस्त से अक्लमंद दुश्मन अच्छा, हकीकत में तो दोस्त जितना मूर्ख हो उतना अच्छा...उसने सोचा पर बोली—

'देखिये बहस में आपसे नहीं जीता जा सकता, पर जो आप कहते हैं सम्भव नहीं, बात पूरी जिन्दगी की है, चार दिन की नहीं, मर्द एक बार भोग ले फिर तो औरत आश्रित हो जाती है उस पर फिर चाहे वो दिल से निकाले कि घर से।'

'अब तक कितना भोगा तुझे? बल्कि कई बार तूने ही दबे शब्दों में इच्छा प्रकट की है, मैं तो साला प्रेम की नयी परिभाषा स्थापित करने में लगा रहा।'

'आज दीदी तैयार हैं चार महीने बाद भगा दिया तो? फिर मेरी हैसियत रखैल से ज्यादा थोड़ी होगी?'

'अच्छा अगली डिमांड अंजू के तलाक की रखेगी तू?'

'नहीं उस देवी के तो पाँव की धूल नहीं मैं, पता नहीं कैसे आपसे जुड़ गयी अब गिल्टी महसूस हो रहा है, आप भाग्यशाली हो इतनी अच्छी पत्नी मिली है और आप मेरे जैसी...' वह इमोशनल हुई।

'फिर शाबाश, मतलब लुच्चा मैं ही रहा?'

'नहीं आप बहुत अच्छे हो लुच्ची लफंगी जो भी हूँ मैं ही हूँ, सही ये है कि मैं आपके लायक कभी थी ही नहीं।'

'ठीक बात, मैंने तुझ पर अहसान किया था, अब मैं समझ चुका हूँ कि तू मुझसे पीछा छुड़ाने के फेर में है, इसलिए अब मैं तुझसे हाथ जोड़कर कह रहा हूँ कि मैं आज तबादला माँगने वाला हूँ, जब तक यहाँ रहूँ, मुझे इस भ्रम में रहने दे कि तू मुझे चाहती है, तू बेवफा नहीं है, मैं इस तसल्ली के साथ इस दफ़्तर से विदा होना चाहता हूँ, फिर चाहे तू नया तलाश, पुराने ठेकेदारों को पकड़, पंचायती राज चला।'

'आप नहीं समझ सकते।' वह रोने लगी।

'रो मत, ज्यादा कुछ नहीं माँगा अभी भी इनसानियत से बोल रहा हूँ, मुझे इनसान ही रहने दे, मैं कितना बड़ा देवता हूँ, ये मुझे पता चल गया है।'

'आप तबादला क्यों...?' वह फिर रोयी।

'ज्यादा मत रो, कुछ मेरी विदाई के लिए भी रख, मैंने रात को ही तय कर लिया था कि अंजू को बताने के बाद मैं उसी का रहूँगा, इसीलिए तबादला माँगा है, यहाँ से जाते तक मैं तुझसे इसलिए बनाकर रखना चाहता हूँ कि जीवन में पहली बार प्रेम हुआ था, मैं नहीं चाहता कि ये धोखा साबित हो इसलिए प्रेम के वहम के साथ यहाँ से जाना चाहता हूँ, अब जा, पर कुछ दिन और बनाये रख।'

मधु एक बार फिर इमोशनल हुई, उसे लगा कि उदय जी को इतनी सहानुभूति तो मिलनी ही चाहिए, वह वहाँ से टॉयलेट गयी, वहाँ जाकर उसने उदय जी को फोन लगाया—

'हाँ बोल...' उदय जी बोले।

'आयी लव यू' वह रुआँसी होकर बोली।

'ठीक है, थोड़ा काम है मेरे पास।' उन्होंने फोन काट दिया।

फिर तबादले की अर्जी लिखकर बड़े साहब के पास पहुँचा दी, शाम को बड़े साहब ने बुलवाया—

'तुमने एप्लीकेशन दी है उदय?'

'जी सर।'

'कोई परेशानी?'

'हाँ कुछ पर्सनल है सर।'

'देखो कविता वगैरा में दिक्कत हो तो यहीं कहीं लूप लाइन में बैठ जाओ, कभी-कभार अर्जेंट काम कर दिया करना।'

'सम्भव नहीं सर, यहाँ रहूँगा तो मेरी सीट पर आने वाला आदमी कुछ नहीं करेगा, बार-बार मुझे ही पकड़ेगा, बैटर है कि यहीं आगरा में किसी छोटे दफ़्तर में...अर्जेंट काम के लिए हाजिर रहूँगा।'

'तुम्हें छोड़ने का निर्णय कोई अफसर ले पायेगा?' वे मुस्कराये।

'सर सोलह साल दिन्-रात काम किया है, चाहता हूँ कि साहित्य को भी समय दूँ।'

'ठीक है दस-पन्द्रह दिन तो लगेंगे।'

'शुक्रिया सर।'

उदय जी बाहर आ गये, मधु के सामने से गुजरते हुए बोले—

'बात हो गयी अन्दर, पन्द्रह दिन और...फिर तू आजाद।'

वह कुछ नहीं बोल पायी।

शाम को उदय जी भल्ले और रसमलाई लेकर घर पहुँचे, रोजाना की तरह अंजू ने उनके कन्धे से बैग उतारा—

'तबीयत कैसी है अब?'

'क्या हुआ था तबीयत को?'

'ये टिफिन में बची रोटियाँ बतायेंगी।' वह मुस्करायी।

'देख ले, ये भल्ले और रसमलाई भी ले आ, ठंडे हो जायेंगे भल्ले।'

'ये किस खुशी में?'

'कुछ नहीं बस यूँ ही।'

वह प्लेट में ले आयी, बच्चों के साथ बैठकर खाने लगे।

'मैंने तबादला माँग लिया।' वे खाते हुए बोले।

'बताया नहीं पहले।' वह मुस्करायी।

'सरप्राइज' वे मुस्कराये।

'बाहर कहीं?'

'नहीं, यहीं छोटे दफ़्तर में, काम कम है वहाँ साहित्य के लिए वक्त मिलेगा।'

'अच्छा है।'

खाना खाकर वे पान खाने निकले, रास्ते में मधु को फोन लगाया, पहली बार में उठ गया, पन्द्रह मिनट बातें हुईं, जिसमें मधु की ओर से काफी इमोशनल बातें हुईं। उदय जी से वार्तालाप के बाद वन्दना मधु से बोली–

'आज तो तेरे सारे सुर बदल गये?'

'ऐसे इनसान से भगवान बचाये, सारे रास्ते बन्द कर देता है, पता है? दीदी को सब बता दिया इन्होंने।'

'अरे...फिर....?'

'कुछ नहीं वो इन पर मरती हैं, कहने लगीं मधु को दूसरी बीवी बना लो।'

'कमाल है..... ये होता है प्यार...वाकई ...पर अब?'

'मुश्किल आसान कर दी उन्होंने खुद ही, तबादला माँग लिया।'

'ये तूने अच्छा नहीं किया मधु ऐसे परिवार का बुरा किया तूने...'

'कहाँ बुरा किया, सब निपट रहा है बढ़िया से।'

उधर उदय जी ने फिर एक कविता लिखी–

गीत मेरे, अर्थ जिनके  
तुम समझती थीं स्वरों से  
क्या किसी भी गीत की इक पंक्ति भी  
आती कहीं अहसास में  
वो तड़प, बेचैनगी, मासूमियत, लाचारगी  
सच बताओ  
वो कला ही तो नहीं थी  
ठीक वैसे, गीत जैसे  
मैं लिखा करता पलों में

हाँ मुझे स्वीकार है यह तथ्य भी
मैं चितेरा कल्पना का
गीत गाना काव्य रचना धर्म मेरा
शौक है, व्यवसाय भी है
पर तुम बताओ
वे तुम्हारी भावनाएँ, भंगिमाएँ
क्या कला थीं?
तो बताओ मूल्य उनका
ताकि तुमको दे सकूँ वो लाभ सारा
जिसका न अनुमान हो तुमने लगाया
किन्तु यह अहसान करना
बात सारी गुप्त रखना
डर नहीं है लोग तुम पर शक करेंगे
लोग जो वाकई बुरे हैं
डर यही है लोग जुड़ने में डरेंगे
लोग जो वाकई भले हैं

अगले दिन दफ़्तर में घुसने के साथ ही उन्होंने मधु के हवाले वह कविता कर दी, कुछ देर बाद मधु उनके पास आकर बैठ गयी।

'मैं बिकाऊ हूँ?' वह बोली।

'चल जाते-जाते कुछ तो समझ आया तुझे, कीप इट अप।' वे मुस्कराये।

'बताया नहीं आपने।'

'बता दिया ना, मैंने अपनी कविता को कला और व्यवसाय दोनों माना था, तुझसे पूछा है अगर तेरी, तड़प, बेचैनगी, मासूमियत कलाएँ थीं तो कुछ कीमत तो होगी बता दे भाई, बनेगी तो दे दूँगा।'

'आप ऐसा कुछ मत सोचिये प्लीज, सिर्फ वक्त है जो मुझे ऐसा साबित कर रहा है।' उसने आँसू निकाले।

'मैं भी यही वहम लेकर जाना चाहता हूँ, अच्छा आज मुम्बई निकलूँगा, कवि सम्मेलन है तीन दिन बाद मिलेंगे, बीच में ऐसा कुछ न करना कि मेरी परफॉरमेन्स गड़बड़ हो, सीजन का पहला कार्यक्रम है।'

'नहीं आप चिन्ता मत कीजिये, बेस्ट ऑफ लक तो हमेशा की तरह बोलूँगी।'

वह चली गयी, राजा सिंह जी उठकर आये—

'भाई साब तबादला माँगा है?'

'हाँ, यहीं आगरा में ही रहूँगा।'

'क्यों? क्या हो गया? अब तो चौबे भी चला गया?'

'चौबे से डरता था मैं?'

'नहीं वो नहीं, पर अचानक?'

'तुझे अचानक लगता है? किसने कसर छोड़ी मुझे बदनाम करने में? बाकी का तो चलता है, अपने लोगों ने नहीं बख्शा, तू भी तो मजाक उड़ाता था भाई, कभी मधु के पीछे दिल्ली भेजता था मुझे, कभी मेरे मोबाइल के वाइब्रेशन दैन रिंग मोड पर व्यंग्य करता था, जबकि मोबाइल के सारे आपरेशन तूने मुझे बताये थे।' उदय जी मोह भंग स्वर में थे।

'भाई साब इतनी छोटी-छोटी बातें, गॉशिपिंग तो हमारा मजा लेने का संवैधानिक अधिकार है।'

'है भाई लेकिन ऐसी स्थिति में जहाँ तुम्हें सब पता हो तब नहीं है, तब भी नहीं जब तुम मेरे मुँह पर मेरे व्यवहार की तारीफ करो बल्कि उकसाओ और पीठ पीछे ऐसे आदमियों के साथ मजाक उड़ाओ जिन्हें मैं पसन्द नहीं करता, जबकि अच्छा मित्र मित्र की बुराई उसे गिनाता है दूसरे के मुँह से सुनता भी नहीं, तुम्हें ऐतराज था तो मुझसे कहते, तुम तो मुझे एप्रिशियेट ही करते थे।'

'चलिए गलती हुई पर इससे ऐसा क्या हुआ कि दफ़्तर ही छोड़ना पड़े।'

'उसके घर में क्लेश, कोई तेरे जैसा मजा लेने वाला पहुँच गया उसके घर।'

'मेरे जैसा? वो झूठ नहीं बोल सकती? पीछा छुड़ाने के मूड में हो।'

'बोल सकती है, पर मुझसे पीछा छुड़ाने की वजह? बाल बच्चेदार मैं पहले भी था, बिना पैसे वाला पहले भी था, काम पहले ही सिखा चुका था उसे, सोना उसके साथ चाहता नहीं था, अचानक क्या कीड़े पड़े मुझमें? बदनामी तो दफ़्तर वालों ने खूब की है तुझे भी पता है, हो सकता है वो सही भी हो।'

'हो सकता है, पर आप भड़ास हम पर निकालोगे?'

'फिलहाल तो ये दफ़्तर ही वजह है, जिस तरह तुमने मुझे सामान्य कोलीग समझा, उसी तरह मैं भी तुम्हें सामान्य कोलीग मान रहा हूँ।'

'मैं भी दफ़्तर वालों से ज्यादा इंटिमेट नहीं होना चाहता।' विनम्र राजा सिंह जी ने परोक्ष में कहा, 'तुम्हारी ऐसी तैसी, भाड़ में जाओ तुम और तुम्हारी दोस्ती।'

'इंटिमेट तो मैं ही था भाई तुझसे भी और उससे भी, तुझे मेरे माँ-बाप का नाम पता है? नहीं ना? लेकिन मुझे तेरे भाइयों तक का पता है, मतलब इमोशनल ईडियट मैं ही था।'

उन्होंने उत्तर की प्रतीक्षा नहीं की और उठकर चले गये।

मधु खुश थी कि उदय जी स्वयं उसकी ज़िन्दगी से, दफ़्तर से जा रहे थे, एक और खेल बिना आउट हुए खत्म हो रहा था, शाम को गाड़ी थोड़ा लेट पहुँची, उतर कर घर जाने के लिए वह पैदल-पैदल फोन पर सुजय से बात करती हुई जा रही थी, उसने पटरी

पार की अँधेरा हो चुका था, अचानक पीछे से सिसौदिया जी की आवाज आयी—

'अजी मन्नै कही राम राम।'

'आप?' वह घबरायी, उसने फोन काट दिया।

'किससूँ बात कर रई सै मधू?'

'आपको क्या?'

'मन्नै के? यो ससुरी जाण लगा दी थारै पीछै अर तू पुच्छै मन्नै के?'

'नये साहब से बात कर रही थी।'

'चक्करबत्ती सूँ।'

'हाँ।'

'के बात करै था?'

'अफसर है काम की बात ही करेगा।'

'ला लइयो, दीजो मन्नैं देखूँ चक्करबत्ती सै कि वा ससुरी कबी की पूँछ।'

'नहीं देती।'

'देणा त पड़े मधू।'

'क्या कर लोगे?'

'कुछ ना, काल सुबेरे सुबेरे पुलिस आ लेगी थारे घर, पूरे मथुरा कूँ पता चल जावगा कि तू चोट्टी सै।'

'मतलब?'

'मतलब के? मोबाइल म्हारे नाम का, सिम म्हारे बाप का, थारा के है जी? कुल्ल सताईस हजार आठ सौ सत्तर का हिसाब सै थारे खात्ते में।'

'ये लो देख लो।' उसने हार मानी।

उसने लिया, नम्बर देखा, आश्वस्त हो कर स्विच ऑफ किया और जेब में रख लिया।

'ये क्या...?'

'म्हारा मुबाइल, ले लिया जी वापिस, सौरा मुबाइल म्हारा बात करै कबी सूँ, अभी पीसे अर लेणे सै।'

'मेरे पास नहीं है एक पैसा भी, जेब में से नहीं निकाले मैंने, अपनी मर्जी से दिये थे आपने जो खर्च भी हो चुके, वैसे तो शराब पीकर फायरिंग करते थे, अब मरे जा रहे हो हाय पैसे हाय पैसे।'

'हम तौ इबी भी मरैं थारे लिए, आग में डाल पीसे कूँ, हम तौ या पै भी त्यार थे कै तू हमकूँ मत चाहै पर चाहैगी वा कबी की पूँछ कूँ भी ना।'

'कुछ नहीं है मेरा उनके साथ।'

'देख सब रिपोट सै म्हारे पास काल परौं तू वा सूँ कहन लाग री कै जद मर्जी

है तो रिश्ता राख नई खत्म कर।'

'हाँ कहा था, गुरु हैं तो गुरु की तरह रहें, आपके बारे में पूछते हैं, इससे क्यों बात करती है? उसे क्यों देखती है? बीवी हूँ क्या उनकी?'

'अच्छौ जी? हजम त ना होत्ता, पर या मान ले इब वासूँ बात ना करनी, जद हम नहीं कर पावें त वा सौरा सरकारी भड़वा कैसे कर लेगा।'

'बीवी मैं आपकी भी नहीं, उनकी नहीं मानी आपकी कैसे मान लूँ?'

'मानना त पड़ै, गोली मार दूँ सौरे कूँ।'

'मार दो, भुगतते रहना जेल और कोर्ट कचहरी मुझे क्या?'

'अच्छौ जी, वा सूँ भी कित्तई मुहब्बत ना?'

'अब तो किसी से नहीं।'

'त या फोटू देख ले।' उन्होंने कुछ फोटो बढ़ाये।

वह सिहर गयी सिसौदिया जैसा मूर्ख भी इतना लम्पट होगा ये उसने सोचा न था, ये उस दिन के फोटो थे जब वो पहली बार उसके साथ कार में गयी थी, उसे याद आया कि उस दिन कार में बिठाने के बाद सिसौदिया ने आधा शरीर अन्दर घुसा कर कार साफ की थी, फोटो कुछ इस तरह लग रहे थे जैसे सिसौदिया उसके ऊपर झुक रहा हो।

'कार के फोटो हैं, क्या है इनमें? लिफ्ट ली थी मैंने, मुझे क्या पता तुमने कैमरा लगा रखा है।' उसने डरते हुए निर्भय होने का नाटक किया।

'यो त जद चिपकेंगे थारे दफ़्तर में, मुहल्ले में, त बताती रहना सब नै।'

'और कल ये तुम मुझे खुद देने आये तो?'

'अच्छौ जी? कूण लेगा जी वा कबी की पूँछ?'

'नहीं, सुजय चक्रवर्ती।'

'खसम लागै थारा चक्करबत्ती?'

'बचपन का दोस्त है।'

'वो बंगाली?'

'बंगाली है पर उसके पापा दिल्ली में मेरे पापा के साथ पार्सल बाबू थे।'

'अच्छौ डाट नैंक' उन्होंने फोन निकालकर लगाया—

'अरै मनसुखानी भाई यो बंगाली दिल्ली का सै? अरे वही आगरे वाड़ा इंजीनियर .... इसका बाप पार्सल बाबू सै?...एँजी...अच्छो जी?...अरै नाहें कोई जाणकार मिल्या उसका..' फिर फोन काटकर बोले—

'पार्सल बाबू त नाहें इब त अफसर सै पर कै तो तू ठीक रई सै, त चक्करबत्ती थारा यार सै?'

'तमीज से बोलिए, यार नहीं बचपन का दोस्त, मेरी माँ को माँ की तरह मानता है आज भी।'

'तमीज सिखा री मन्नै? थारा पालड़ा भारी सै इब, त ठीक सै, मन्नै इब उससे मतलब ना, पर यो ससुरी कबी की पूँछ नै तौ कामयाब ना होणे देने का मैं, तू वा सूँ बात ना करैगी कित्तई।' उन्होंने अफसर से हार मानते हुए उसे कमजोर मसले पर घुड़का।

'वो तो मैं खुद ही नहीं करती।'

'त ठीक सै, इब कढ़ ले, पर याद राखिये कदी उदय सूँ बात की त मैं चक्करबत्ती सूँ भी लड़ जावंगा।'

'म...मेरा फोन?'

'थारा.... थारा कद था जी? यो त म्हारा था ले लिया।' वे हँसे।

'अच्छा सिम निकाल दो'

'सिम त जी दिल होवै मुबाइल का, दिल कैसे काढ़ दूँ?'। वे हँसे।

'आपके क्या काम आयेगी?'

'घणे काम आवगी, उदय का फोन आवगा या पै, उसका नम्बर म्हारे पास सै, जद चमका त खैर नाहें थारी, राणा जी का खूण सै मधू बखत पै जाण दे सकूँ त ले भी सकूँ, थारी भी, आपणी भी अर वा कबी की पूँछ की भी, कढ़ ले इब।'

'मेरे रिश्तेदारों के भी फोन आयेंगे।'

'चिन्ता न कर सिरफ उदय सूँ पैज सै, बाकी किसी का ना उठाने का।' वे मुस्कराये और चले गये।

'हे भगवान....मदद कर... अगर उदय जी ने फोन कर दिया तब...?' वह घबरा गयी थी, वह सड़क पर आ चुकी थी सामने पी.सी.ओ. था, पी.सी.ओ. वाला उसे जानता था, वह घबराई सी अन्दर घुसी, पी.सी.ओ. वाले ने हैरत से उसे देखा।

'अंकल एक कॉल...?'

'हाँ बेटा कर ले।'

'केबिन नहीं है?'

'मैं बाहर चला जाता हूँ।'

बाहर जाकर वह बड़बड़ाया–

'ये आजकल के बच्चे और उनके माँ-बाप...शादी लायक लड़की है....कुछ सोचते नहीं...पैसा चाहिए सबको हुँ ह...'

मधु ने फोन लगाया, उदय जी ने उठाया, वे घर के रास्ते में थे।

'हाँ बोल...'

वह फूट-फूट कर रोने लगी, कुछ भय से कुछ सहानुभूति के लिए, पर आज वह वाकई रो रही थी, सबसे बड़ा खतरा आज उसे नंगा होने का था, सबके सामने उदय

जी, सुजय, घर दफ़्तर सब, उसने ऐसा क्यों किया किसलिए किया उससे किसी को मतलब नहीं होगा।

'हुआ क्या? कुछ बोलेगी।'

'पिटाई हुई मेरी...फोन छिन गया...'

'किसने की?'

'माँ, बाबा, चाचा, मामा सब'

'छोड़ दे सबको, मैं निभाने में कसर नहीं छोड़ूँगा।'

बाप रे उदय जी की दृढ़ प्रतिबद्धता पीछा नहीं छोड़ रही।

'बाद में बात करेंगे, पर अब आप फोन मत करना कतई, आपको बहुत भला बुरा बोल रहे हैं सब।'

'मगर...'

'बहुत मुश्किल से निकली हूँ, वक्त नहीं है मेरे पास, प्लीज़ अहसान कीजिये मुझ पर आपको हमारे प्यार की कसम।'

प्यार की कसम....उदय जी चित हो गये।

'ठीक है।'

'बाय' वह खुश हुई लेकिन स्वर को संयत ही रखा।

घर जाकर उसने मोबाइल को खोया हुआ घोषित कर दिया, इस तरह वह एक शह और बचा गयी।

पर उदय जी....वो परेशान हो चुके थे, अब उन्हें भी यकीन हो चुका था कि मधु ये सब मजबूरी में ही कर रही थी, उन्हें मधु से सहानुभूति होने लगी थी, वे बड़े उदास से घर पहुँचे, जाकर बिस्तर पर लेट गये।

'क्या हुआ जी?' अंजू ने पूछा।

'वो गलत नहीं है' वे बोले।

'मधु?'

'हाँ, उसका फोन आया था, पिटाई हुई है घर में, बहुत रो रही थी।'

'देखो जी मुझे विश्वास नहीं, फिर भी आप तो दफ़्तर से जाने का मन बना ही चुके हो, जाने दो अब।'

'कैसे जाने दूँ यार, मैं वजह हूँ उसके बुरे हाल की।'

'तो बात कर लो।'

'कर्फ्यू लगा है उसके घर में।'

'मैं करूँ?'

'नहीं रहने दे।'

'फिर परेशान होने का क्या मतलब? परसों का कवि सम्मेलन है, बच्चों की दो-दो महीने की फीस, एक्ज़ाम फीस, एक कवि सम्मेलन बिगड़ा तो चार जायेंगे हाथ

से, वैसे ही कम मिलते हैं हमें, कवि सम्मेलन भी और पैसे भी, उसके चक्कर में ये भी न चले जायें।'

'नहीं ऐसा नहीं होगा।'

'देखिये जो हो चुका वो हो चुका, आप टेंशन बर्दाश्त नहीं कर पाते, चेहरे पर, आवाज में झलकने लग जाते हैं, मंच के लिए अच्छा नहीं ये।'

'ध्यान रखूँगा।'

## 27

उदय जी ने ध्यान तो रखा, लेकिन परफारमेन्स नहीं मधु का, मुम्बई जाते में भी वे मधु के बारे में ही सोचते रहे, लाख ध्यान हटाते, पर मधु, उसकी असहायता, उसकी गरीबी, तीन महीने पहले का समर्पण सब याद आता, कवि सम्मेलन में भी वे मंच पर बैठे-बैठे मधु को ध्यान कर गीत ही सोच रहे थे, संचालक ने उन्हें बुलाने के लिए भूमिका भी बना दी, परिचय भी दे दिया, बगल में बैठे रसिक जी ने जब उदय जी को विदेह मुद्रा में देखा, तो टहोका लगाया–

'उदय...'

'हाँ...' वे जागे।

'नाम बुल रहा है यार।'

नाम बुला, तालियाँ बजीं, उदय जी उठे और पन्द्रह-बीस मिनट रटे-रटाये मसाले से काटकर बैठ गये, जनता को वे पसन्द आये, 'वन्स मोर' की आवाजें आयीं पर वे दोबारा नहीं उठे, संचालक के पूछने पर तबीयत खराब बता दी, संचालक ने दूसरे दौर का वादा कर जनता को शान्त कर दिया, लेकिन दूसरा दौर हुआ ही नहीं। रास्ते में रसिक जी साथ आये।

'क्या हुआ उदय, वन्स मोर पर भी नहीं पढ़ा? परफॉरमेन्स भी हल्की थी कुछ, पब्लिक नहीं जानती पर हम तो रोज सुनते हैं तुझे।'

'हाँ, तबीयत कुछ...'

'कुछ मानसिक तनाव लग रहा है मुझे तो, कमजोर सा भी हो गया है।'

'कमजोर तो नहीं, हाँ टेंशन है।'

'बतायेगा?'

'कुछ नहीं बुढ़ापे में इश्क कर बैठे।'

'और भाभी को पता चल गया?'

'नहीं खुद ही बता दिया।'

'फिर झगड़ा हुआ?'

'बिल्कुल नहीं, बल्कि उसने तो कह दिया कि घर में ले आओ।'

'हे मेरे भगवान...इस युग में भी तुम जैसे लोग हैं, जैसा तू वैसी तेरी घरवाली बिल्कुल भोले, पर टेंशन क्या है?'

'अफेयर खत्म होने वाला है।'

'तो होने दे।'

'यही तो एक्सेप्ट नहीं हो पा रहा।'

'अच्छा वजह क्या है?'

'उसके घर वालों ने विरोध कर दिया ऐसा बताती है वो।'

'कितने दिन चला?'

'चार महीने करीब।'

'कितने बार गंगा स्नान किया?'

'मतलब?'

'मतलब कितनी बार बैड शेयर किया?'

'अरे...प्रेम था भाई, रूहानी...कभी सोचा ही नहीं इस बारे में।'

'तभी तो भागी लौंडिया, लौंडिया ही होगी?'

'हाँ, सत्ताईस साल की है।'

'सत्ताईस तो पीक होता है भाई, इनसान सबसे ज्यादा सेक्स पच्चीस से तीस के बीच ही करता है, तूने उसकी भावनाएँ नहीं समझीं, पड़ गयी लात, तू तो इधर भी कवियत्रियों से ज्यादा बात नहीं करता, करता है तो काफिया, बहर, रदीफ, आदर्श, सच्चाई, ईमानदारी, खुद लिखो, कवियों के बीच मत बैठो वगैरा वगैरा।'

'इसमें बुरा क्या है?'

'शम्बूक बुरा नहीं था पर राम जी ने मारा ना?'

'अबे यहाँ शम्बूक कहाँ से आ गया?'

'बात बहुमत की है उदय, बहुमत अगर बुरा है तो अच्छाई ही बुराई है, ये युग आदर्शों का वाकई नहीं, यथार्थ यही है कि अब न कोई रावण है न राम, हर व्यक्ति के अन्दर राम और रावण दोनों हैं, तू अच्छा कवि है उदय, अच्छा परफार्मर नहीं, तू दिल पर पत्थर रखकर चार चुटकले सुनाता है, फिर कविताएँ शुरू कर देता है, दूसरे कवि दिल से छत्तीस चुटकले और तीसरे कवि की एक कविता सुना जाते हैं, ये परफॉरमेन्स है, बहुमत कर रहा है इसलिए वैध भी है, इनसान को अपनी जिन्दगी में भी कवि नहीं परफार्मर होना चाहिए तभी तरक्की होती है, इसी युग में मुक्तिबोध इलाज के बिना मर जाता है, सुरेन्द्र शर्मा करोड़पति बनता है, दोनों की कविता के अन्तर को सब जानते हैं। तूने भी लड़की को शुरू में ही लिटा लिया होता तो कहीं नहीं जाती।'

'तो कहती ना कि उसे मेरे आदर्शों से विरोध है, अब भी कह दे तो मुझे कारण तो समझ आये।'

'अरे...अन्ना अनशन पर बैठा पूरा देश उसके सुर में बोला, नाइंटी परसेंट उसके फेवर में हैं जो कहते हैं नाइंटी परसेंट भ्रष्ट हैं अब बता अस्सी परसेंट कहाँ गया? भाई आदर्शों की जय-जयकार तो करनी ही पड़ती है, सुरेन्द्र जी मुक्तिबोध की महानता से इनकार कर सकते हैं?'

'छोड़ यार बयालीस कट गये बाकी भी कट जायेंगे।'

'छोड़ नहीं, आगे का ध्यान रख, भाभी बहुत अच्छी है उसकी जगह किसी को मत दे, दिल तो कम से कम उसी का रहना चाहिए, तितलियाँ तात्कालिक आवश्यकता होती हैं, फक एन फॉरगेट बस, इससे ज्यादा कुछ नहीं, हमें देख पचास तो निपटा चुके होंगे, नाम भी याद नहीं सबके, पर दिल में वही रहती है अपनी तीन बच्चों की अम्मा, उसी का भला सोचते हैं बस, घर में इज्जत है, प्यार है, शान्ति है, और तू? हमसे बहुत अच्छा कवि, अच्छा इनसान, किया कुछ नहीं पर चेहरे पर मनहूसियत, दिमाग में तनाव ...इसका मतलब ये भी नहीं कि हमने किसी को घाटे में रखा, अँधेरे में रखा, ब्लैकमेल किया, किसी को एक गीत चाहिए, किसी को दो कार्यक्रम, किसी को कुछ पैसे, कोई फैन है हमसे एक बच्चा चाहती है, दिया सबको दिया, जिसने जो चाहा उसे वो दिया, तू महान है तो गलत हम भी नहीं भाई।'

'क्या सही है? तूने कुछ नहीं लिया क्या? मैंने तो हमेशा मुफ्त बाँटे हैं गीत ग़ज़ल।'

'इसीलिए तुझे कई लड़कियाँ मूर्ख भी कहती हैं।'

'हाँ सुना था मैंने, सुनीति ने मुझे भोला बताया था कभी, गलत क्या कहा।'

'भोला नहीं भोलू, अन्तर है, फिर कहने के अन्दाज से समझ आता है, उसके कहने के अन्दाज से लगता था कि तू पटाने की कोशिश कर रहा था, खुलकर कहने का तुझमें दम नहीं, इसलिए...या तो जमाने के साथ चल या रास्ते से दूर अपनी पगडंडी पर अकेला चल, ठीक, अब सो जा, नहीं तो स्टेशन निकल जायेगा।'

कहकर रसिक जी अपर बर्थ पर चढ़ गये।

अगले दिन उदय जी दफ़्तर पहुँचे, मधु रोनी सूरत में सीट पर बैठी हुई थी, उदय जी ने पहले वहाँ हाजिरी दी—

'अब बता क्या हुआ?'

'अब मैं आपसे कभी बात नहीं कर पाऊँगी।'

'मैं जा रहा हूँ पन्द्रह दिन में।'

'अभी जाइये कोई जासूस छोड़ा हुआ है उन्होंने दफ़्तर में, प्लीज़ जाइये वरना भारी गड़बड़ हो जायेगी।'

'ऐसी की तैसी घर वालों की।'

'प्लीज....मैं अपने आप आ जाऊँगी आपके पास।'

उदय जी चले आये, पर वह दो घंटे तक नहीं आयी, उदय जी तीन दिन से हलकान परेशान थे, इस बीच मधु ने फोन पर किसी से बात भी की, उदय जी से रहा न गया, अचानक राधारमण जी सीट से हटे, उदय जी ने सिसौदिया जी की तरह कुर्सी पर कब्जा किया।

'अ..आप?' वह चौंकी।

'तू नहीं आयी ना, आना पड़ा, अब बता।'

'बताया था ना उस दिन।'

'उस दिन बाद में बात करने की बात भी हुई थी।'

'अब सब खत्म समझिये, बाबा, चाचा, मामा सब यहाँ आने के लिए कह रहे थे, आपसे बात करने के लिए, कितने हाथ जोड़े तब माने।'

'डर दिखा रही है?'

'मैं खुद डरी हुई हूँ, क्या डराऊँगी किसी को? बहुत परेशान हूँ मैं, कोई इज्जत नहीं रही घर में।'

'मेरी वजह से?'

'नहीं अपने मुकद्दर से।'

'फोन छिन गया?'

'हाँ।'

'वो छिन गया दूसरा मिल गया और भी अच्छा कैमरे और ब्लू टूथ वाला?'

'दीदी का है।'

'मतलब तेरे बाबा को टाटा कंपनी से ऐतराज था बस।'

'नहीं चुपचाप दीदी से लेकर आयी हूँ।'

'वन्दना का नम्बर है मेरे पास, लगाऊँ?'

'सिम दूसरी है।'

'नम्बर बता।'

'अब खत्म कीजिये क्या फायदा आगे बातें होंगी तो दोनों को ही तकलीफ होगी, मम्मी के नाम की पुरानी सिम थी वही डाल ली है, कॉल डिटेल निकल आयेंगे चाहे जब।'

'मम्मी ने सिम दे दी?'

'नहीं चुराई थी, जब घर में सब ठंडा हो जायेगा तब बता दूँगी।'

'अच्छा? तो देवता को नम्बर भी नहीं मिलेगा?'

'देखिये मैं अंजू दीदी का बुरा नहीं चाहती।'

'त्याग मत कर, उसको तेरी भीख की जरूरत नहीं वो तो दात्री है भिखारन तो तू है, वो न होती तो मेरे सपने भी न देख पाती तू।'

'ठीक है, पर अब मुझमें इस सम्बन्ध को चलाने की हिम्मत नहीं।'

'मतलब जब तक मजा आया तब तक ठीक जब कोई बेहतर मिला तो लात?'

'यही मैं आपसे कहूँ तो? आपने दीदी के साथ क्या किया?'

'पहले तो तुझे कोई हक नहीं, दूसरे तू ये जान ले मैंने तुझे उससे बेहतर कभी नहीं बताया, तीसरा उसने कभी मुझे नापसन्द किया था, चौथा तूने कभी... कभी क्या! कुछ दिन पहले ही मुझे पसन्द किया था, पाँचवाँ मैंने उससे कोई सम्बन्ध खत्म नहीं किया, छठवाँ तू पहली लड़की थी जिसने मुझे आयी लव यू बोला, सातवाँ मैंने हमेशा उससे सच बोला, आठवाँ वो मुझे अभी भी देवता मानती है, नवाँ, दसवाँ क्या पूरा निबन्ध लिख दूँगा, मैं तेरा गुनहगार तो हरगिज नहीं इसलिए अपनी बात कर बस, उस देवी की कोई बात मत करना।'

'आप कुछ भी समझो।'

'तो मान लूँ कि तू बेवफा है।'

'आपकी मर्जी, अब प्लीज कोई देख रहा होगा।'

उदय जी दुखी मन से चले गये, कुछ देर बाद मधु को सुजय ने काम से बुलवाया, काम की बात के बाद वह बोला—

'तबीयत ठीक है तेरी?'

'हाँ, ठीक हूँ' वह रुआँसी हुई।

'श्योर...?'

'कैसे बताऊँ?'

'सामने बैठ।'

वह बैठ गयी।

'ले पानी पी और बोल।'

'एक गलती हुई थी।'

'क्या?'

'एक दिन मेरी गाड़ी निकल गयी थी, बस के लिए बाहर आयी तो एक ठेकेदार सिसौदिया मिल गया कार के साथ, उसने ऑफर किया मैं बैठ गयी, उसने पीछे घुसकर गाड़ी भी साफ की, दिन का वक्त था मुझे अन्दाजा नहीं था कि वो कोई हरकत करेगा, हरकत की भी नहीं उसने, अब पता चला कि गाड़ी में कैमरा लगा था, उसने कुछ फोटो खींच लिए जिनमें मैं और वो दोनों हैं लेकिन उनमें ऑब्जेक्शनेबल कुछ नहीं, हो सकता है वीडियो भी हो, अब वो मुझे ब्लैकमेल कर रहा है।'

'दैट बास्टर्ड, बहुत भला आदमी खोजा तूने भी लिफ्ट के लिए?'

'तुम भी यकीन नहीं कर रहे।' वह रुआँसी हुई।

'उसे क्या पता था कि तेरी गाड़ी छूटने वाली है? या तू आयेगी और लिफ्ट लेगी? फिल्म बनाना फोटो खींचना वगैरा तयशुदा प्रोग्राम में बनते हैं।'

'अचानक मिला था भाई, हो सकता है उसकी गाड़ी में हमेशा कैमरा रहता हो,

इसी तरह लड़कियों को फँसाता हो।'

'मे बी, शायद ठीक कहती है तू क्रिमनल माइंड होते हैं ये साले ठेकेदार, ठीक है बुलाता हूँ उसे, उसका तो बाप भी देगा।'

'मेरे सामने ही बात करना, नहीं तो पता नहीं क्या-क्या बकेगा।' वह नहीं चाहती थी कि सिसौदिया थोड़ा भी सच बोले।

'यहीं बुलाता हूँ।'

'यहाँ नहीं लोगों को पता चलेगा।'

'फिर?'

'मथुरा रेस्ट हाउस में ठीक रहेगा?'

'ठीक है बताता हूँ, चिन्ता मत कर आयम विद यू।' उसने कन्धा थपथपाया।

मधु की आँखों में आँसू आ गये, उसका सुजय.....अ फ्रेंड इन नीड इज़ अ फ्रेंड इन्डीड....

'रो मत कोई आ गया तो सोचेगा मैंने हरकत की है।' वह बोला।

मधु ने आँसू पोंछे, मुस्करायी सुजय बोला–

'दैट्स लाइक ए गुड गर्ल...एँ...पर बार बार इधर मत आना जब बुलाऊँ तभी।'

वह हँस गयी, बाहर आते तक उसके चेहरे पर मातम वाले भाव वापस आ गये, तीन-चार दिन उसने चेहरे पर वही भाव रखे, फोन पर अधिक बातें भी न कीं, ताकि उदय जी को सन्देह न हो, अब उसके पास सुजय से अधिक बात करने का बहाना भी आ चुका था, उसका मन नहीं मानता वह दिन में दो-तीन बार बात जरूर करती, सुजय दफ़्तर में होता तो कभी-कभी उठाता, लेकिन फील्ड में अक्सर उठाता। उदय जी इन दिनों खासे परेशान रहे, अंजू ने काफी समझाया पर अब वे जाने का मन तो बना ही चुके थे, लेकिन वे मधु के मुद्दे को क्लियर करना चाहते थे, चार दिन मधु की मातमी सूरत के बाद उसके चेहरे पर आयी हँसी ने उदय जी को और विचलित कर दिया था, सुजय फील्ड में गया था, उस समय गाड़ी में था, मधु ने फोन लगाया–

'कहाँ हो?'

'गाड़ी में हूँ बता।'

'मथुरा...?'

'हाँ'

'तो घर होकर आना मम्मी बहुत याद करती हैं तुम्हें।'

'घर देखा नहीं मैंने।'

'अरे पास में है बिल्कुल, मैं फोन करती हूँ दीदी ले जायेगी तुम्हें।'

'नहीं, फिर कभी तेरे साथ ही चलूँगा।'

'अच्छा, उससे बात हुई?'

'किससे?'

'अरे वही कमीना हरामी सूअर।'

'अच्छा हाँ, बुलाया है आज उसे, पहले अकेले में बात करूँगा फिर तेरे सामने।'

मधु ने अचानक निगाहें उठाईं उदय जी घूरते हुए सामने खड़े थे।

'मैं बात करती हूँ।' उसने फोन काटा।

'हाँ बोलिए।'

'किससे बात हो रही थी?'

'एक फ्रेंड थी।'

'थी...? कि था।'

'थी।'

'ला फोन देखने दे।'

'मैं बीवी नहीं आपकी कि ला दिखा।'

'अब तो तू आँखें भी निकालने लगी मेरी भक्तिन? अभी मैं बहुत इज्जत से बोल रहा हूँ मधु।'

'मतलब, मैं किसी से बात भी नहीं करूँगी?'

'नहीं करेगी' वे लगभग चीखे, आसपास के लोगों के कान खड़े हुए।

'अरे...य...ये.. आप किस तरह?'

'तू करवा रही है, यहीं कुटाई भी कर सकता हूँ तेरी।'

'आप क्या चाहते हैं?'

'कुछ नहीं, ये जानना है कि तू कितनी बड़ी कुतिया है।'

'हे भगवान...' वह रोने लगी।

'नाटक नहीं जवाब चाहिए अभी, बाबा का डर दिखा रही थी ना? अब मुझे तेरे बाबा, चाचा, मामा, फूफा सब से मिलना है, यही पूछूँगा कि सिर्फ मैं ही क्यों बैन हुआ हूँ, ठेकेदार, अफसर ये साले क्यों नहीं हुए? वो आदमी जो हर घड़ी तेरा भला चाहता था, तेरे परिवार का भला चाहता था और करता भी था वो ही बैन हुआ? जो तेरे साथ सोना चाहते हैं उनको आजादी? तेरे रिश्तेदार यहाँ पर नहीं आते तो मैं तेरे घर जाकर खुद मिल लेता हूँ ठीक? दोनों एक्सेप्ट करेंगे, तू मुझे आयी लव यू बोलना मैं तुझे सबके सामने।' कहते हुए वे चले।

एक और शह...उसने रोना बन्द किया।

'रुकिये मैं आपको नम्बर देती हूँ।' उसने उदय जी को रोका।

'अब तेरा नम्बर चाहिए किसे? अब तो ये जानना है तू कितनी बड़ी कमीनी है बस।'

'हम बात कर सकते हैं अकेले में।' उसने ठेठ कांग्रेसी शैली में बोला।

'चल अभी' वे नरेन्द्र मोदी स्टाइल में बोले।

'लंच में स्टेशन पर मिलते हैं।'

उदय जी लंच में स्टेशन पहुँचे, मधु पहले से खड़ी थी।

'हाँ बोल' उन्होंने हिकारत का पुलिन्दा फेंका।

'आप पूछिये' उसने आँसुओं की ढाल सामने की।

'सच सच बता सब।'

'कोई मुझे ब्लैकमेल कर रहा है?'

'सिसौदिया?'

'न...नहीं अमित, कुछ फोटो हैं उसके पास।' उसने जानबूझ कर छिपाया।

'मास्टर? वो तो छह महीने पहले ही निकल लिया था।'

'मगर अब लौट आया।'

'क्यों?'

'क्या पता? घर पर भी खबर पहुँचवा दी, उस दिन स्टेशन आ के लड़ा भी साफ-साफ आपका नाम ले रहा था।'

'गुड, झूठ बोलती है पर पकड़ी जाती है, मास्टर के लिए तो तुझे आजाद कर चुका था मैं महीने भर पहले।'

'तब वो नहीं आया था।'

'ठीक है नहीं आया था, लेकिन तू बड़े आराम से उसका नाम लेकर निकल सकती थी मैं कुछ न कहता।'

'मुझे लगा था आपने गुस्से में उनके पास जाने को कहा था।'

'अच्छा, मीटिंग करवा उससे, मैं वाकई तेरी शादी उससे चाहता हूँ।'

'न...नहीं...झगड़ा हो जायेगा।'

'ठीक है पता बता उसे उठवा लेता हूँ, बछड़ा मत समझ मुझे, जवानी गुंडों के साथ ही गुजारी है।'

'बदनामी तो मेरी होगी।'

'वैसे बहुत इज्जत है तेरी? हर अफसर, हर ठेकेदार, हर कोलीग तुझे एविलेबल समझता है।'

'जो भी है मुकद्दर है।'

'पता नहीं उस मास्टर का कहीं वजूद है भी या नहीं।'

'नहीं मुझे शौक है अपने आशिक गिनाने का।'

'चल ठीक है उसके डर से मुझसे बात बन्द, मैं डर दिखाऊँ तो उससे करेगी?'

'आप वैसे नहीं हैं।'

'हाँ भूल गया, मैं तो देवता हूँ आदमी भी साला जोर से लगे तो मन्दिर की दीवार पर मूत दे पर कहीं कब्र भी दिख जाय तो सैयद समझ के हाथ जोड़ देता है, भले देवता ज्यादा ताकतवर हो पर वो देवत्व नहीं छोड़ेगा ना, पर सैयद तो फाड़ देगा नीचे ऊपर तक।'

'आज जो आपने दफ़्तर में किया मुझे उसकी भी उम्मीद नहीं थी।'

'हाँ क्यों नहीं? माफी माँगूँ? साली तू कितना भी कमीनापन दिखा कुछ नहीं? मैं हक की बात करूँ तो गलत?'

'गलत तो नहीं कहा आपने, सब मेरा किया है, मैं आपके लायक नहीं हूँ मुझे माफ कर दीजिए।'

'चाटूँ तेरी माफी को? मेरा परिवार मेरे देवत्व से ही बचा है वरना तूने कोई कसर नहीं छोड़ी थी, मैं पागल भी हो सकता था, आत्महत्या भी कर सकता था तुझे क्या फर्क पड़ता? वो देवी मारी जाती, मेरे बच्चे अनाथ होते।'

'मैं जानती हूँ मेरी इच्छा आपसे पहले आत्महत्या की हुई पर परिवार को मेरी जरूरत है, इसलिए बेशर्मी ओढ़ी।'

'शाबाश! तू आत्महत्या कर ले, तेरा परिवार अब मेरी जिम्मेदारी, तेरी ग्रेजुएट बहन को सीनियर क्लर्क की नौकरी दिलवाऊँगा, तुझसे ज्यादा तनख्वाह, ठीक।'

'हे भगवान....गलती मान ली मैंने अब क्या पाँव में लोटूँ।' वह खीजी।

'पाँव...? तू प्यास से तड़पती मर रही हो तो नाली में मूत दूँगा तेरे मुँह में एक बूँद नहीं गिराऊँगा।'

'मैं इसी लायक हूँ, गलती किससे नहीं होती? आप तो गाँधीवादी हो...'

'तुझे गाँधी जी की आत्मकथा पढ़ाई तो मैं गाँधीवादी नहीं हो गया, गाँधी जी की इज्जत करता हूँ पर गाँधी नहीं हूँ, उन्होंने पैंतीस में ब्रह्मचर्य लिया मैंने बयालीस में इश्क लड़ाया पर गाँधी ने ही तो मरवाया मुझे, परायी पीर जानने के चक्कर में पागल हो गया, हर वक्त तेरा भला सोचता रहा, पहली फुर्सत में नंगा करता तुझे, वीडियो बनाता, जब तक चाहता तब तक रगड़ता तुझे कतई बेरुखी न होती, मैं तो राधाकृष्ण की कहानी बनाने के फेर में रहा, तेरे चक्कर में दोस्त तक चले गये, राजा, धर्मेश सब, चौबे से रंजिश ली, कटारे से बिगड़ी।'

'भड़ास निकाल ली?'

'अपने मुँह से बोल तू कमीनी है।'

'मैं आपके लायक नहीं।'

'बोल मैं कमीनी हूँ।'

'मैं कमीनी हूँ।' वह फूट-फूट कर रोने लगी।

'रोती रह, बहुत रोया हूँ तेरे लिए थोड़ा तू भी रो ले।'

उदय जी उसे वहीं छोड़कर चले गये, दफ़्तर पहुँचकर उन्होंने जम्मू का पास निकलवाया, और घर फोन लगाया—

'अंजू बच्चों की छुट्टी की क्या पोजीशन है?'

'अगले हफ्ते दो दिन का स्कूल है क्यों?'

'तू वैष्णो देवी जाने की कह रही थी, तू दर्शन करना मैं और बच्चे घूम लेंगे।'

'वो तो बहुत पहले कहा था जी अचानक...? घर में पैसे भी...'

'अरे तेरी माता ने बुलाया है...सब हो जायेगा।'

'सही कहते हो जी माता बुलाती है तो अपने आप ही बुला लेती है, थैंक्यू।'

अगले दिन उदय जी जम्मू निकल गये, रास्ते में वे अंजू से एक मिनट भी अलग नहीं हुए, चिपक कर ही बैठे रहे, बल्कि कटरा के गुप्ता होटल एंड लॉज में सोते वक्त रात दो बजे बच्चों को लाँघकर अंजू के करीब आ गये तो अंजू धीमे से बोली—

'तीर्थ स्थान है जी थोड़ा...'

'है लेकिन तुझे नहीं लगता कि मैं हनीमून पर आया हूँ।' वे फुसफुसाये।

'जो मइया चाहती है वही होता है, मइया उस पापिन को भी क्षमा करना' वह धीमे से बुदबुदायी और उदय जी से लिपट गयी, उदय जी ने जीरो वॉट का ब्लू बल्व ऑफ कर दिया।

उदय जी के पास मीणा जी का फोन यात्रा से लौटते समय आ गया, वे मुस्करा कर अंजू से बोले—

'तेरी माता ने सुन ली, तबादला हो गया।'

'देखा...?' वह मुस्कराकर बोली।

उदय जी ने दफ़्तर पहुँचकर रिलीविंग लैटर बनवाया, दफ़्तर में मिठाई बँटवाई बैग उठाया तो सबने घेर लिया।

'उदय भाई कोई गलती हुई हो तो....' राजा सिंह जी बोले।

'नहीं भाई हम अच्छे कोलीग थे आगे भी रहेंगे।' उन्होंने राजा सिंह जी का हाथ थामा।

'इन माई यूथ...उम्मीद नहीं थी तेरी तो...कैसे छोड़ दिया साहब ने पर जल्दी वापस बुलायेंगे इन माई यूथ।'

'अच्छा मीणा, महेश जी, धर्मेश जी...चलता हूँ।'

वह मुस्कराते हुए चले, मधु ने देखा उसका अपराध बोध नहीं माना, वह दूसरे दरवाजे से निकलकर उनसे पहले ही बाहर पहुँच गयी, उदय जी उसके सामने से गुजरे।

'रुकिये...जरा....' वह नीची निगाहों से बोली।

'हँ..हाँ...' वे ठिठके।

'मुझे आपसे बात करनी है।'

'मैं तेरे साथ नहीं सो सकता, मेरी दो बच्चों की अम्मा ही भली।' वे मुस्कराकर बोले।

'ऐसे मत बोलो प्लीज़, कभी तो आपने मुझसे प्यार किया था?'

'प्यार...? नहीं चूतियाई, प्यार व्यार कुछ नहीं होता मधु, कभी करना भी मत, सब हारमोन्स का खेल है, मैंने तो एक और अनुभव लिया था बस, साली पूरी थीसिस हो गयी' वे हँसे।

'आप मुझे माफ नहीं करोगे?'

'मैं तुझे जानता ही नहीं भाई माफ कर।' वे दीवानों की तरह खिलखिलाये और

अन्त में उनकी आँखों में आँसू आ गये, फिर भर्राये स्वर में बोले—

'मधु अच्छा या बुरा होना बहुत रिलेटिव है, अपने अपने विचार हैं, पर धोखा देना कत्ल से भी बुरा होता है, सामने वाला इनसान रोज मरता है, बुरी आदत है मेरी भी अनजान लोगों को भी सलाह देने लग जाता हूँ, तो सलाह सुन अब किसी को भी धोखा मत देना, हर इनसान उदय जैसा सन्तोषी नहीं होता।'

कहते हुए वे तेजी से निकले बाइक में किक लगाई और गन्तव्य पर निकल गये।

मधु जब वहाँ से चली तो उसकी आँखें गीली थीं, दिन भर किसी से नहीं बोली, शाम को गाड़ी में अपर बर्थ पर लेटकर रोती हुई ही मथुरा तक गयी। लेकिन अगली सुबह वह बिल्कुल फ्रेश थी।

## 28

अगले दिन सुजय ने मधु को बुलाया—

'उससे बात हो गयी मेरी।' वह बोला।

'मान गया?'

'मानता कैसे नहीं? हलक में हाथ डाल दिया।'

'दे दिये फोटो? वीडियो भी है क्या?'

'हाँ है, कल लायेगा, तुमने कहा था ना तुम्हारे सामने, फिर पता नहीं कैसे फोटो हैं तुम्हारी मर्जी के बिना नहीं देख सकता था ना।' वह मुस्कराया।

'देख लेना तुम्हारा दिल बहलाने लायक कुछ नहीं उनमें, यहाँ आयेगा वो?' वह भी हँसी।

'नहीं घर आयेगा मेरे।'

'मैं आऊँ?'

'हाँ आना पड़ेगा भाई, माफी भी माँगेगा ना तुमसे।'

'मैं घर पर बोल दूँगी कल।'

'ठीक है जा अब।'

अगले दिन वह वही सूट पहन कर आयी जो कभी उदय जी ने अंजू की सहमति से दिलवाया था, उदय जी के कई बार कहने पर भी वह उसे पहनकर नहीं आयी थी, आखिर पार्टी वीयर था दफ़्तर में कैसे पहनती पर आज उसे सुजय के यहाँ जाना था, जहाँ उसे सुजय की बीवी से अपनी तुलना करनी थी और उससे अच्छा भी दिखना था। वह सुजय के चेम्बर में गयी।

'वाह! लुकिंग प्रेटी।' सुजय ने तारीफ की।

'थैंक्यू, कितने बजे चलना है?'

'साथ नहीं चलना, ये पता रख ले ऑटो से पहुँचना अभी सरकारी बँगला नहीं

मिला, मकान पास में ही है, पूरा मकान है अपना, तू छह बजे पहुँच जाना।'

'एकाध घंटा लगेगा? फिर मथुरा के लिए गाड़ियाँ नहीं हैं।'

'बस से चली जाना, मैं बैठा दूँगा।'

'ठीक है।' वह बाहर आ गयी।

करीब सवा छह बजे वह सुजय के घर पहुँची, सुजय ने दरवाजा खोला, उसने देखा सिसौदिया जी सोफे पर बैठे थे, उसे देखकर वे मुस्कराये।

'राम राम जी' सिसौदिया ने मुस्करा कर कहा उनके चेहरे पर कोई पश्चात्ताप नहीं था।

'राम राम' वह नफरत से बोली।

'बैठो मधु।' सुजय ने सोफे पर हाथ मारा।

वह बैठ गयी।

'चारू कहाँ हैं?' मधु ने पूछा।

'हाँ हाँ बताता हूँ, सिसौदिया जी सारे फर्जी सुबूत निकाल लीजिए।' सुजय बोला।

'फर्जी त नाहें सर जी पर आपकी कही निभा रये जी।'

'बकवास नहीं सिसौदिया ठेकेदारी बन्द, जेल अलग, तुम्हें पता नहीं तुम्हारा एस.पी. मेरा बैच मेट है, उसे भी छोड़ो मैं ही इतना कर दूँगा ठेकेदारी लायक नहीं बचोगे, एक बार तुम्हारी सारी फाइलें खोलूँगा तब दो-चार सुपरवाइजर मेरे तो मरेंगे पर तुम्हारा बुढ़ापा भी जेल में बीतेगा।'

'ना जी सर जी, कैसी बात करैं तम? तम म्हारे अन्नदाता जी, थारी खातिर दे रये सर जी।' उन्होंने एक लिफाफा निकाला, जिसमें सी.डी. फोटो और चिप थी।

'माफी भी माँग लो लगे हाथ।'

'गलती हुई मैडम जी' उन्होंने हाथ जोड़े।

'ठीक है।' वह बोली।

'अच्छा सर जी चालूँ इब?' सिसौदिया जी बोले।

'ठीक है, आपका बिल निकाल दिया मैंने, चाय पी के जाना, मधु जरा अन्दर चाय बोल दो।' सुजय बोला।

'ना सर जी ना, भौत मेहरबानी सर जी, यो म्हारा चा पानी का टैम नाहें।' सिसौदिया जी मुस्कराते हुए उठे और निकल गये।

'खुश...?' सुजय ने बैठक का दरवाजा बन्द किया।

'तुम्हारा बहुत बड़ा अहसान है मुझ पर।'

'अ फ्रेंड इन नीड इज अ फ्रेंड इन्डीड।'

'हाँ...तुम बिल्कुल नहीं बदले सच...'

'छोड़ यार मुझे पता है मैं कितना बदल गया, आय लैफ्ट माई इन्नोसेन्स बिहाइंड इन सराय रोहिल्ला, दुनिया बहुत निर्दयी है मधु...इट्स ए वाइल्ड आउट देयर,

उस सुजय का काम नहीं मार डालेंगे सिसौदिया और चौबे जैसे लोग।'

'मेरे लिए तो तुम वही हो कभी नहीं बदल सकते, अच्छा चारू कहाँ हैं?'

'इलाहाबाद, प्रेगनेंट है बताया था ना?'

'हाँ पर टाइम नहीं बताया था।'

'अच्छा?...पाँच महीने लगभग, यहाँ कौन करता सेवा? वहाँ मम्मी हैं।'

'यहाँ अकेले?'

'हाँ शुरू से, चपरासी आता है सुबह शाम, आज तुझे आना था इसलिए भगा दिया।'

'फिर मुझे अन्दर चाय बोलने के लिए क्यों कहा?'

'पागल! उस गधे सिसौदिया को लगे कि अन्दर कोई है वरना कल दफ़्तर में क्या-क्या गाता क्या पता? छोड़ तू चाय पीयेगी?'

'चलो मैं बनाती हूँ, किचन किधर है?'

वह उसे किचन में ले गया, चीनी, पत्ती, दूध सब उसे बताया, साथ में ही खड़ा रहा।

'अच्छी लग रही है आज।' सुजय बोला।

'केवल आज?' वह मुस्करायी।

'ड्रेस सेन्स है तुझे, मोटी नहीं दिख रही इसमें।'

'अच्छा? इसी मोटी के चक्कर काटते थे कभी।'

'तब की बात अलग थी।' वह बोला।

'और अब?'

'कम ऑन, अब मैं बच्चा नहीं समझदार साहब हूँ, सरकार ने काफी जिम्मेदारियाँ दे रखी हैं।' वह हँसा।

'मैंने कितना इन्तजार किया तुम्हारा, तुम प्यार की कोई बात नहीं करते।'

'किस लिए इन्तजार किया?' वह मुस्कराया।

'प्यार करती थी तुमसे, करती हूँ, करती रहूँगी।'

'अब मुझसे क्या उम्मीद रखती है?'

'यही कि तुम्हारी बाँहों में समाई रहूँ।'

'ऐसे?' सुजय ने उसे बाँहों में भर लिया।

'हाँ ऐसे।' वह सुजय से लिपट गयी।

'उफ़ सुजय...मेरे प्यार...' वह उसे जहाँ तहाँ चूमने लगी हालाँकि सुजय के चेहरे तक उसके होंठ नहीं पहुँच पा रहे थे, उसकी मुश्किल सुजय ने आसान कर दी वह मधु पर झुक गया, मधु का पूरा शरीर महीन बुखार महसूस कर रहा था, वह काँप रही थी, सुजय ने गैस बन्द की और उसे बाँहों में उठाकर बैडरूम में बैड तक ले आया, वह बेसुध थी, आँखें बन्द थीं, बन्द आँखों में सिर्फ सुजय था, उसका सुजय.... सुजय कब उसे वस्त्रों के बन्धन से मुक्त कर गया उसे पता न चला, अचानक सुजय ने उसे छोड़ा और इधर-उधर कुछ खोजने लगा, वह बिस्तर पर व्याकुल थी।

'कहाँ गये? आओ ना।' वह आँखें बन्द किये ही बोली।

'अरे यार कंडोम लाया था आज, पता नहीं कहाँ रख दिया।' सुजय की आवाज बैठक से आयी।

कंडोम....? अमित...? ये सुजय नहीं ये भी अमित ...? या सिसौदिया....? कौशिक...? चौबे....? या सिन्दल...? उसका नशा टूटा, आँखें खुलीं, वह उठी कपड़े पहनने लगी, वह अन्तःवस्त्र पहन पायी थी कि उसे घर का भाड़ याद आया, जो भी हो.....

'उसकी जरूरत नहीं बहत्तर घंटे की गोली भी आती है, हम लोगों को एच.आयी.वी. हो भी नहीं सकता, इधर आओ बैठो जरा, तुम भी कुछ डाल लो।' उसने चादर ओढ़ी।

'हाँ बोलो।' वह बैठ गया।

'तुम्हें पता था कि मैं तैयार हो जाऊँगी?'

'स्टॉप प्रीटेन्डिंग, मैं स्टेट फार्वर्ड हूँ, मेरा ख़याल है सेक्स तुम्हें भी बुरा नहीं लगता और मेरी भी जरूरत है, मेरी बीवी भी यहाँ नहीं थी, छह महीने उम्मीद भी नहीं, किसी ठेकेदार को तो बोल नहीं सकता, मैं इन टुच्चों के सामने नंगा नहीं होना चाहता, साले नमस्ते का भी फायदा चाहते हैं और जो आतीं सब अनजान भी होतीं, पता नहीं अनजान औरतों के सामने मैं कुछ कमजोर सा महसूस करता हूँ पर तुम पुरानी दोस्त हो, आय गैस आय स्टिल हैव सम फायर फॉर यू, हम लवर्स न सही पर अजनबी भी तो नहीं...'

'लेकिन मुझे तुमसे प्यार था सुजय।'

'यू सैड इट! था ना? पन्द्रह-सोलह की उम्र में मैं तुम्हारे लिए पागल था, ईमानदारी की बात है अठारह-उन्नीस तक कम से कम चार बार तुम्हारी तलाश में सराय रोहिल्ला के तुम्हारे पड़ोसियों से मिला भी, अपने कुछ कॉमन स्कूल मेट भी मिले पर नतीजा सिफर, जानती हो मधु जिन्दगी बहती हुई नदी की तरह होती है और परिस्थितियाँ धरातल की तरह, जिस तरह धरातल का ऊँचा नीचापन नदी की दिशा तय करता है उसी तरह परिस्थितियाँ जिन्दगी की, जब हम दोनों एक-दूसरे की जिन्दगी में नहीं थे तो जवाबदारी का सवाल कहाँ उठता था? पच्चीस का होते तक कई कैजुअल एनकाउंटर हो चुके थे, लेकिन तुम्हारी तरह मुझे भी तलाश मधु की ही थी पर जरूरतों को आदत बनते देर नहीं लगती एंड आयी टू एम नो एक्सैप्शन...मेरी जान मेरी भी नींद कई बार तुम्हारी वजह से टूटी है, बट दैट वाज़ ए फ्यू ईयर्स बैक ...वेट अ मूमेंट......'

उसने पानी की बोतल उठायी, हलक गीला किया फिर बोला—

'....अगर मैं बेईमान होता तो आज भी तुमसे नाटक कर रहा होता, अब जहाँ तक तुम्हारा सवाल है मुझे लगता है यू आर ऑल्सो फास्ट एंड स्मार्ट...देखो बुरा मत

मानना बिटवीन टू ऑफ अस.... तुम दफ़्तर के लोगों के लिए टाइम पास का मुद्दा हो, तुम्हारी सारी कहानियाँ चपरासियों तक आम हैं...उदय, सिन्दल, कौशिक, सिसौदिया या चौबे सब...एंड इट गोज़ डाउन टू दैट स्कम सिसौदिया ....मधु! उस पन्द्रह-सोलह साल के सुजय को ख़यालों में लिए तुम कब और कैसे सिसौदिया की गाड़ी में पहुँच गयीं इसकी वजह जरूर होगी तुम्हारे पास, लेकिन जहाँ तक मेरा सवाल है मुझे तुमसे कोई ऐतराज नहीं और ना ही तुम्हें बुरा मान रहा हूँ, लेकिन तुम्हें मुझसे प्यार व्यार है मैं नहीं मानता, मेरा भी तुम्हारी ओर झुकाव था पर कब? जब मैं बच्चा था, हारमोनल रिएक्शन से गुजरता हुआ, आज मैं दुनिया देख चुका समझदार इनसान हूँ, इसलिए साफ देखता हूँ, साफ सोचता हूँ और साफ बोलता हूँ, सब उम्र और अनुभवों का अन्तर है।'

'तुमने जितनी भी कहानियाँ मुझे लेकर सुनी होंगी, सब में कुछ न कुछ सच जरूर है सुजय और ये सब सिर्फ तुम्हारे सामने ही कुबूल सकती हूँ इसलिए कि मैं तुम्हें प्यार करती थी, लेकिन तुम भी वो सुजय नहीं जिसने मुझसे और मैंने जिससे प्यार किया, बिछुड़ गया तो खोजा अपने सामने आने वाली हर सूरत में, लेकिन सब मुखौटे थे कोई चार दिन में उतरा कोई चार महीने में, उदय जी सबसे नजदीक रहे उनमें मैंने तुम्हें पाया तो उनसे कुछ-कुछ प्रेम जैसा हुआ, अब मुझे लग रहा है कि असल सुजय जिसे मैंने हर इनसान में खोजा था उसके सबसे करीब उदय जी ही थे, पूरे-पूरे वे भी नहीं, तुम्हारे आने पर मैंने उन्हें छोड़ा कुछ उनके पजैशन से और कुछ कमीने सिसौदिया की वजह से भी और कुतिया कमीनी जैसे कितने नाम भी पाये सिर्फ तुम्हारे लिए.....'

'मैंने कभी भी ये नहीं चाहा, बल्कि फोटो वाली बात न आती तो मुझे कुछ भी पता नहीं चलता और अब भी उदय के पास तुम्हारी जगह हो तो आयी विल बी द हैप्पिऐस्ट पर्सन.....'

'वो सब छोड़ो, अब मुमकिन भी नहीं, उदय जी को धोखा देने का मुझे काफी अफसोस है, लेकिन कुछ गलती उनकी भी थी, वो मेरी प्राइवेसी वायलेट कर रहे थे, बीवी की तरह ट्रीट कर रहे थे, लेकिन सारे हक अपने बच्चों की माँ को ही दे रहे थे। हाँ एक नाम और है अमित.... उसे तुम नहीं जानते सिर्फ वही मेरा जिस्म हासिल कर पाया वो भी सुजय बनकर और पहले दिन ही साफ हो गया कि वो सुजय नहीं सिसौदिया, सिन्दल, चौबे या कौशिक था, वो भी तुम्हारी तरह कंडोम जेब में रखके घूमता था अमित, कौशिक, सिन्दल या सिसौदिया से मैंने फायदा लिया, जिसकी मुझे वाकई जरूरत थी तुम जानते हो, और मेरे दिल पर उसका कोई बोझ नहीं, वो सब भी मुझसे मेरा शरीर चाहते थे, वो मुझे बेवकूफ बना रहे थे, मैंने उन्हें बना दिया, जरा पानी की बोतल उठाना....'

सुजय ने बोतल उसकी ओर बढ़ाई, वह इस तरह पीने की अभ्यस्त नहीं, थोड़ा

पानी बिस्तर पर फैल गया।

'सॉरी...'

'इट्स ऑल राइट, कैरी ऑन...'

'...... असल में सुजय प्रैक्टिकल्टी मैथ्स का एक गेम है जिसमें सम्बन्धों का एक ही आधार है फायदा, दोनों लोग सम्बन्ध तब ही बनाते हैं जब वे अच्छे से एस्टीमेट कर लेते हैं कि वे फायदे में रहेंगे, लेकिन फायदे में दोनों कभी नहीं रह सकते एक प्लस एक माइनस तो रहना ही है, मेरा मैथ्स इन सबसे अच्छा है इसलिए मैं फायदे में रही, लोग मुझे सिर्फ इसलिए गलत समझते हैं कि मैं लड़की हूँ, क्योंकि दाँव पर मेरा जिस्म था इसके अलावा दाँव पर लगाने को औरत के पास होता भी क्या है? अगर मैं मर्द होती तो कोई गलत नहीं समझता, सब जायज समझते, तुम भी इसे मैनीपुलेशन ही कहते जो सोसायटी में एक्सेप्टेड है, बताओ! सिसौदिया, सिन्दल या कौशिक के बारे में कितना चर्चा करते हैं लोग? हाँ मेरी एक गलती जरूर थी कि इतने सारे खेलों के बावजूद मेरे अन्दर कुछ इमोशन बचे हुए थे बस।'

'वैल! सो अमित इट वाज़.....आय डॉन्ट पे ए प्रीमियम फॉर वर्जिनिटी एनीवे, लेकिन सुजय को क्यों खोजा तुमने...? तुम्हारी खोज अनरियलिस्टिक कैसे हो सकती है यार? नॉन डिजर्बिंग रिक्वायरमेंट तो हो सकती है, वो सुजय तो भूत है मधु...भूत ...पारस पत्थर....अमृत...सब हाइपोथैटिकल चीजें हैं, मेरे ख़याल से हम अपने आपको एनालाइज़ कर चुके हैं, इस उम्र तक दिमाग वाला हर इनसान कर भी लेता है, इस प्रैक्टिकल करैक्टर के साथ मैं तेरह साल पुरानी मधु को खोजूँ तो ये मेरा पागलपन होगा, इसी तरह तुम्हें भी भोले भाले सुजय की तलाश थी ही क्यों? मान लो वो सुजय सामने खड़ा है तब तुम जैसी मैच्योर, प्रैक्टिकल लड़की को वो मासूम सा सुजय एक्सेप्ट ही क्यों करेगा? जैसी तुम वैसा तुम्हारा सुजय, गिवन यॉर फिजीकल एंड मैन्टल मैच्योरिटी एंड प्रैक्टिकल एप्रोच टू लाइफ इस सुजय से तुम्हें कोई परेशानी नहीं होनी चाहिए, अपने नॉर्थ इंडियन कॉन्टेक्स्ट में इतना सब होने पर भी, तुम्हें उदय जैसा दिमागी बीमार इनसान... सॉरी...तुम कहती हो बहुत भला इनसान मिल गया तो हालाँकि मैं समझता हूँ कि ठेठ हिन्दुस्तानी तरीके से उसके साथ घर तो नहीं बसा सकती थीं पर मर्द की तलाश खत्म हो जानी चाहिए थी... अगर अपने आपको एनालाइज नहीं किया तो सुजय के मिलने की खुशी तुम्हें होनी चाहिए, एंड यू शुड बी अ मोर दैन विलिंग बैड पार्टनर, मधु तुम आज के सुजय को डिज़र्ब करती हो और मैं आज की मधु को, मासूम मधु बहुत मासूम सुजय, प्रैक्टिकल मधु प्रैक्टिकल सुजय ....जैसी मधु वैसा सुजय, ये हकीकत है यार।'

'ठीक कहते हो, शायद मुझे उदय जी पर अन्त कर देना चाहिए था...पर लालच आ गया तुम्हें देखकर।'

'लालच नहीं आदत, उदय के साथ तुम्हारा अन्त नहीं हो सकता था, वो आदर्श

और ईमानदारी सिखा रहा था, फायदा कहाँ दे रहा था? परिस्थितियाँ हों या प्रैक्टीकल्टी तुम उसे अफोर्ड नहीं कर पायीं, तुम्हें भी सुजय के सिर्फ वही गुण चाहिए थे जो नुकसान न करें, मासूमियत, समर्पण, निष्ठा, दीवानापन सब लेकिन आदर्श नहीं, फिर सुजय आ गया तुमने सोचा होगा कि वही सुजय है भोला सा मासूम सा समर्पित सा, बीच में सिसौदिया के फोटो आ गये हालाँकि प्रेमिका वाली निगाह मेरी नहीं थी लेकिन तुम्हारे बारे में मुझे सब क्लीयर हो गया, सही बताऊँ मैं अगर सीरियस हो गया होता तो कम से कम मेरा तलाक तो करा ही देती तुम।' वह हँसा।

'कम से कम ! और ज्यादा से ज्यादा?' वह खीजी।

'वो तो तुम ही बता सकती हो।' वह मुस्कराया।

'हे भगवान...इतना बुरा समझते हो मुझे। उसने आँसू गिराये।

'कतई नहीं, नॉर्मली मुझे ये सब कहने की जरूरत ही नहीं होनी चाहिए थी, तुम आखिरकार मेरी पहली गर्ल फ्रेंड हो, आय ओ यू एन एक्सप्लानेशन.... मेरे तौर तरीकों को पसन्द करना न करना तुम्हारी मर्जी, लेकिन, अब तक पुरानी दोस्ती थी मैं नहीं चाहता ये डील में बदले, ढेर सारी प्रैक्टिकल्टी के बावजूद अभी भी कुछ इमोशन्स हैं हमारे बीच...' उसका स्वर शान्त ही था।

'तो इस तरह बोलोगे?' उसने आवाज भारी की।

'मैंने कुछ गलत नहीं कहा मधु, प्लीज डॉन्ट मिस अंडरस्टैंड मी... दोस्त हैं दोस्तों की तरह एक-दूसरे के काम आ सकते हैं।' वह मुस्कराया।

'सिर्फ दोस्ती में?' वह बदले में मुस्करायी।

'नहीं, मैंने कहा दोस्तों की तरह, मैं पूरी ईमानदारी से कह सकता हूँ कि मेरे रहते तुम्हें दस जगह भटकना नहीं पड़ेगा, मेरी ऑफिशियल, फिनान्सियल और सोशियल पोजीशन का डायरेक्ट इनडायरेक्ट फायदा मिलता रहेगा तुम्हें, हालाँकि कभी हम दोनों की हैसियत एक जैसी थी पर मेरी जगह दूसरा क्लास वन इंजीनियर होता तब वो इसी दोस्ताना तरीके से बिहेव करता? मैं अहसान भी नहीं कर रहा, कुछ जगह तो दिल में है तेरी, ये काफी नहीं? इसके अलावा तेरे फोटो सिसौदिया जैसे हरामी से निकलवाना कुछ नहीं? चीनी में एक कहावत है कि अहसान का बदला एक साल में चुका देना चाहिए।'

'मतलब अहसान के बदले में...?'

'नहीं मैं फिर कहूँगा दोस्त होने के कारण, क्योंकि कहावत अपनी जगह है, प्रैक्टिकल लोग सिर्फ उन्हीं अहसानों को चुकाते हैं जिन्हें अफोर्ड कर सकते हैं, कई बार अहसान इतना बड़ा होता है कि हम चाहकर भी नहीं चुका सकते, फिर भी जो तू चाहती है तू बता।'

'सुजय मैं ऐसी क्यों बनी तुम जानते हो, तुम ऐसे क्यों बने इसकी भी कोई वजह जरूर होगी, लेकिन न मुझे जानने का हक है, न अब कोई मतलब, मेरा तो

तुमसे कुछ छुपा नहीं है सुजय, भीख माँगने में ईगो हर्ट होता है, इसलिए जो भगवान ने मुझे नहीं दिया वह मैं उससे हासिल करूँगी जो भगवान ने मुझे दिया है।'

'दैट्स द एटिट्यूड...ईगो इनसान होने की पहचान है मधु ये मैं नहीं फ्रायड कहता है, सुजय के रहते तुझे दफ़्तर में कम से कम चिन्ता तो नहीं करनी चाहिए।'

'मुझे अच्छी सीट मिल सकती है? ऐसी सीट जिस पर महीने में कम से कम दस हजार तो मिल सकें।'

'हम्म...मिल तो सकती है, लेकिन कटारे बहुत काबिल है उसकी जगह तुम नहीं चलोगी, राजा को दिन कितने हुए, साहब इन दोनों के लिए नहीं मानेंगे, हाँ राधारमण का हो सकता है।'

'या सब डिवीजन? वहाँ भी इन्कम है।'

'हाँ मैं कोशिश करूँगा यकीनन ये तो हो सकता है, तुम कल ऐप्लीकेशन दे देना, बड़े साहब अदरवाइज़ भी नहीं लेंगे, करवा दूँगा।'

'अच्छा एक बात और तुम्हें बुरा तो नहीं लगा कि मैंने तुमसे सौदेबाजी की।'

'पागल!' उसने मधु के गाल पर चपत लगाई।

'साफ बताओ।'

'आयी लाइक दिस एटिट्यूड ऑफ योर्स, घुमा-फिराकर कहना खुद मुझे पसन्द नहीं, ये सौदेबाजी नहीं यार साफगोई है, और पुराने दोस्त होने के कारण मैं ये सब ऐसे भी करता भले हम साथ सोयें न सोयें, अच्छा बता मैंने तुझे पहचानने से लेकर अब तक दोस्ती निभाई कि नहीं? या मेरा कोई मेल स्कूल मेट बाबू बनके मिले तो क्या उसका भला नहीं करूँगा? अटैक तो तुझे पड़ा था इमोशन का, तू पता नहीं क्या साला प्यार प्यार चिल्लाने लगी, देख मधु मैंने साफ कहा कि मुझे तुझसे प्यार व्यार कुछ नहीं, इसका मतलब ये तो नहीं कि दोस्ती भी खत्म? प्यार तो तुझसे क्या अपनी बीवी से भी नहीं, पापा ने नकदी ले ली एक लड़की थोप दी बुरी नहीं है, अच्छी है, पर महसूस उसके साथ भी कुछ नहीं किया, फिर भी दिन में तीन बार आयी लव यू बोलता हूँ, तुझे अच्छा लगे तो तुझे भी बोल दूँ, सही बताऊँ मधु प्यार कुछ होता भी नहीं, इमोशन कमजोर बनाते हैं इनसान को, अब टाइम खराब मत कर।'

'फिर भी एक बार बोल दो, सपना है मेरा।'

'आयी लव यू मधु' कहते हुए वह मधु से लिपट गया।

'आयी लव यू सुजय...'

'आयी लव यू मधु।'

'तुम मेरे हो।'

'मैं तेरा हूँ।'

बाँहों में बाँहें, अंग में अंग, साँसों में साँसें, उतार-चढ़ाव... साँसों के, अंगों के..... चुम्बनों के स्वर, चटाख पटाख, प्रश्नों में उत्तर उत्तरों में प्रश्न, फिर भी मधु अब

उस नशे को महसूस नहीं कर पा रही थी, वो महीन बुखार, वो खुमार, वो कम्पन, वो अचेतन कुछ नहीं था अब, अब वह पूर्ण चैतन्य अवस्था में थी, सुजय के होंठों की गरमी, जीभ का गीलापन, उसके दाँतों का अहसास, उसके बदन का बोझ मधु का बदन साफ महसूस कर रहा था, सब कुछ प्रैक्टिकल, प्रैक्टिकल सुजय, प्रैक्टिकल मधु, प्रैक्टिकल अभिसार...

अब वह कपड़े पहन रही थी, सुजय अधबनी चाय को बनाने किचन में चला गया कि घर से मधु को फोन आया, उसने उठाया—

'हाँ मम्मी.... ठीक हूँ क्या हुआ मुझे...? बताया था ना...चारू ने बुलाया था...सुजय की बीवी....बात...? क्या बात करोगी उससे...? बहुत बेकार बात करती हो मम्मी....कर लो बात फिर ले लेना बढ़िया सीट.....वो लोग तैयारी कर रहे हैं इलाहाबाद निकलने की.... क्या कल आ रहे हैं दिल्ली वाले ....? होटल में देखेंगे..? खर्चा कौन देगा होटल का? घर आने में मौत पड़ रही है?...उधार..? क्यों बैंक से निकाल लो...? नहीं...? तो मना कर दो...दस-बारह लग जायेंगे...पसन्द की भी गारंटी नहीं...तो मरो...'

उसने फोन काट दिया, सुजय चाय ला चुका था।

'किसे मार रही थी? दस-बारह किसमें लग जायेंगे?'

'अरे मम्मी थीं हर वक्त जासूसी...बताके आयी थी फिर भी...सुजय की बीवी से बात कराओ....पैसों का इन्तजाम करो, कल दीदी के देखने वाले आ रहे हैं, घर नहीं आयेंगे, होटल में देखेंगे, मम्मी बैंक नहीं जायेगी, उधार ले आ किसी से थोड़े-थोड़े कर चुका देना।'

'बधाई...'

'काहे की बधाई, छह सात भाग चुके हैं, दीदी को देखते हैं मुझे पसन्द कर लेते हैं।'

'बहुत डिमांड है तेरी, एक चांस मुझे और मिलेगा?' वह हँसा।

'बदमाश.....कद्दू डिमांड है, सरकारी नौकरी देखते हैं हरामी, कमाई की मशीन चाहिए।' उसने सुजय के गाल पर चपत लगाई।

'अच्छा चाय पी...दस चाहिए?' सुजय ने उसका हाथ चूमा।

'नहीं तुमसे नहीं ले सकती।'

'उधार ले ले यार तुझे पता है वापस तो मैं ले ही लूँगा इतना धर्मात्मा नहीं मैं, अगले महीने दे देना।'

'नहीं तुमसे नहीं, इतना इन्तजाम तो रखती हूँ।' उसने प्याला उठाया

'तेरी मर्जी, फिर भी कहूँगा ले ले, कभी जरूरत हो तो उधार तो माँग सकती है दोस्त से, मैं तुझसे अलग नहीं, वैसे एक बात अन्जाने में सच कह दी तूने, मैं इलाहाबाद निकलूँगा अभी।'

'अभी? क्यों?'

'चारू भर्ती है हॉस्पिटल में, दफ़्तर में मम्मी का फोन आया था।'

'अरे, बताया भी नहीं? तुम्हें उसके पास होना चाहिए था।'

'फिर यहाँ की व्यवस्था कौन निपटाता?' उसने उसका गाल नोचा।

'सच्ची बहुत बड़े कमीने हो तुम।' वह मुस्करायी।

'कमीना नहीं मैथमैटीशियन तुझसे थोड़ा बड़ा, छोड़ के आऊँ?' वह भी मुस्कराया।

'चली जाऊँगी, तुम्हें भी निकलना है, चारू का ध्यान रखना, मेरी ओर से गैट वैल सून, बोलना।' उसने प्याला रखा।

'अच्छा बाय, बहुत अच्छा लगा मधु, मेरे रहते कोई चिन्ता मत करना।' उसने मधु का गाल चूमा।

'तुम्हारे अलावा दफ़्तर में अपना है ही कौन? अच्छा बाय।' वह हाथ हिलाकर बाहर निकल आयी।

पैदल-पैदल वह स्टेशन की ओर जा रही थी आज उसकी सुजय की तलाश खत्म हो चुकी थी, सुज़य व्यक्ति नहीं अवस्था है और अवस्थाएँ वापस नहीं आतीं, सुजय भूत है, भूत, पारस पत्थर और अमृत हाइपोथैटिक तथ्य हैं, इनका पीछा करना दिमागी बीमारी है। ठीक कहते थे उदय जी प्यार कुछ नहीं चूतियाई है, हारमोन्स का खेल है बस। और शायद सुजय भी ठीक ही कहता था कि जब वह खुद सुजय जैसी नहीं बची तो उसे ही क्या हक था सुजय की खोज का...? पर ये भी अच्छा ही था कि सुजय की तलाश खत्म हो गयी और खत्म कराने वाला सुजय ही था। अब उसे उदय जी की याद आ रही थी, मन हुआ एक बार फिर उनसे बात करके देखे, भोले हैं मान जायेंगे, फिर तुरन्त विचार आया कि उसकी परिस्थितियाँ कभी नहीं बदलनीं, इसलिए वह भी नहीं बदल सकती, जब वह नहीं बदल सकती तो एक और भूत को क्यों खोजे? क्या पता उदय जी भी पहले जैसे न बचे हों, वह भी प्रैक्टिकल एक दिन में नहीं बनी...सुजय के साथ भी कुछ तो हुआ होगा...तभी वह ऐसा बना, इसलिए अब बस...न उदय...न सुजय, जिन्दगी नदी है, परिस्थितियाँ धरातल... एनालाइसिस खत्म...अपनी भी सामने वाले की भी...

उसने साँस छोड़ी, स्टेशन आ चुका था, इन्क्वारी से पता चला कि अगली गाड़ी रात दस बजे थी, उसने मोबाइल की घड़ी देखी सवा सात... यानी बस से वह नौ बजे तक घर पहुँच सकती थी, वह बाहर निकली। सर्क्यूलेटिंग एरिया के बाहर आते तक उसकी उधेड़बुन चालू थी।

'पैसे तो जुगाड़ने पड़ेंगे, नहीं तो घर पहुँचते ही मम्मी उदय जी को गालियाँ बकेगी, कुछ करना पड़ेगा, क्या करना पड़ेगा? सिसौदिया....???' सोचकर उसने सिसौदिया को फोन लगाया।

‘कूण बोलें जी...?’ उधर से आवाज आयी।

‘माफी के बाद नम्बर ही डिलीट कर दिया सिसौदिया जी? इतना डर गये आप तो?’

‘कूण..? मधू मैडम...?’

‘हाँ मधु बोल रही हूँ।’

‘माफ करौ जी अकीन ना होत्ता।’

‘क्यों प्यार करते थे आप तो?’

‘वा तौ करै थे जी पर तम बड़ी आदमिन होल्ली जीं इब, म्हारी के औकात? अब तो तम चक्करबत्ती सूँ धौंस दिलवाऔ जी।’

‘करना पड़ता है, भाई जैसा है मेरा तो ख़याल न रखेगा? बताइये आपकी बहन को कोई छेड़े तब?’

‘राणा जी की....छोड्डो जी इबी कहाँ हैं तम?’

‘स्टेशन पर, अगर अकेले हो और घर जा रहे हो तो आ जाओ।’

‘धौरे ई हूँ जी आया अभाल।’

दो मिनट में सिसौदिया जी उसके सामने थे।

‘अकेले हैं?’ मधु ने पूछा।

‘हैं त जी।’ वे विस्मय से बोले।

‘घर जा रहे हैं?’

‘हाँ जी।’

‘एक सवारी ले जायेंगे मुफ्त की।’ वह मुस्करायी।

‘के कै रईं जी?’ उन्होंने पलकें झपकायीं।

‘गाड़ी नहीं है कोई, बस में पैसे भी लगेंगे देर भी।’

‘के बात कर रईं तम? बैट्ठो जी’ उन्होंने पीछे का दरवाजा खोला।

‘अँधेरा है अब तो कोई नहीं देखेगा, आगे ही बैठ लेती हूँ, कैमरा तो पीछे लगा है।’ वह मुस्करायी।

‘अजी माफी माँग ली इब त माफ करो।’ उन्होंने गाड़ी स्टार्ट की और एक्सीलरेटर दिया।

‘बुरा लगा होगा माफी माँगने में, पर जरूरी था अब सरकारी रंडी और भड़वा शायद नहीं बोलोगे बाबुओं को।’

‘वा जी पता ना ही कै चक्करबत्ती थारा...’

‘भाई जैसा है, गया इलाहाबाद, बीवी प्रेगनेंट है, अचानक ब्लीडिंग हो गयी परेशान हो गया, बहुत समझाया, यहाँ होती तो मुझे भी हॉस्पिटल में रहना होता, कभी कोई काम हो तो बताना।’ उसने विश्वास जमाया।

‘अच्छौ जी? फेर त ठीक कहैं जी तम, जरूर बतायेंगे जी काम अब त घर की सी बात होल्ली।’ उन्होंने आँखें फाड़कर यकीन किया।

'ठीक तो कहती ही हूँ पर इतना लफड़ा करने की जरूरत क्या थी आपको?' वह बोली।

'के मतलब जी?'

'यही फोटो वोटो, फिर माफी।'

'त के करता जी? प्यार करै था जी।'

'वो छोड़ो, प्यार तो मुफ्त की अय्याशी है, खैर बीस हजार रुपये की जरूरत थी मुझे।'

'बीस ...हजार...'

'प्यार करते हैं आप तो, उधार नहीं माँग रही।'

'त क्यूँ कर देण लागरा जी कोई? वा भी सत्ताईस हजार सूँ कटने के बाद? ठेकेदार प्यार त करैं जी पर रिटर्न में करैं।'

'जो आप चाहते हैं वो हो जायेगा।'

'हो जावगा? के हो जावगा?' वे उछले।

'ठेकेदार को ये समझाना पड़ेगा? गाड़ी होटल में रोक लेना, पर मुझे घर छोड़ने के बाद मुझे और चक्करबत्ती को भूल भी जाना।'

'वा त भूल जावंगे पर बीस...?' उन्हें लगा रकम ज्यादा है।

'आप तो एक्सपीरियेंस्ड हैं पाँच सौ में भी ला सकते हैं किसी को, लेकिन वो सरकारी बाबू नहीं होगी, डिवीजनल इंजीनियर की बहन नहीं होगी, एम.एससी. फर्स्ट क्लास भी नहीं होगी, सबसे बड़ी बात उसका पहला एक्सपीरियेंन्स नहीं होगा, फिर सत्ताईस हजार भी डूबे हैं आपके, मैं भी चाहती हूँ कि आपकी रकम निकले, अभी हजार पाँच सौ कम हों तो भी चलेगा, दोबारा ये मौका मिले न मिले।'

'ठीक है जी अभी...?'

'जब आपकी मर्जी, देख लीजिए रकम पहले, फिर दस बजे तक घर छोड़ना पड़ेगा, फिल्म बनाने की कोशिश मत करना वरना चक्करबत्ती को आप जानते हैं।' वह मुस्करायी।

'शर्मिन्दा क्यूँ करें जी, ठीक है जी या लो, दो सौ कम होंगे जी, अभी काढ़ लिए जी दारू के वास्ते, पाँच सौ अर काढ़ देना तम तौ जानौ गाड़ी घोड़ा के साथ हजार पाँच सौ त...' उन्होंने डैश बोर्ड में से सौ सौ की दो गड्डी निकालीं।

'चलेगा।' मधु ने मुस्कराते हुए, पाँच सौ अलग कर, वो गड्डियाँ अपने बैग में रखीं।

'एक बात बताऔ जी यो काम त पैलै भी हो सकै था इतणी अबेर क्यूँ लगाई सरकार नैं।' वे पाँच सौ जेब में रखते हुए बोले।

'साफ बोलूँ तो हर चीज की एक कीमत होती है सिसौदिया जी, आप बीस हजार का आयटम हजार में खरीदना चाहते थे, हजार-हजार करके सत्ताईस दे गये लेकिन इकट्ठे बीस आपको ज्यादा लगते थे, तब इकट्ठे बीस माँगती तो हजार भी जाते, अब आपके लिए मैं चक्करबत्ती की बहन हूँ आपको भी दाम ठीक लग रहे हैं।'

'चालौ जी यो बात त नाहें पर मान ली, पर एक बात बताऔ जी, जद चक्करबत्ती थारा भाई सै त हमसूँ पीसा लेण की के जरूरत?'

'ज्यादा मत सोचो सिसौदिया जी, भाई जैसा है लेकिन भाई तो नहीं, फिर मुझे तो हर महीने बीस चाहिए, सगा भाई भी नहीं दे पायेगा।' वह मुस्कराकर बोली।

'चालौ जी हमें के करणा तम जाणौ अर थारा भाई जाणैं, पर इब तौ हम चक्करबत्ती के जीजा हुए।' वे हँसे।

'हाँ, कुल डेढ़ घंटे के लिए।' वह मुस्करायी।

सिसौदिया जी ने उसकी जाँघ पर जोर से धौल मारा, 'धप' की जोरदार आवाज सुनकर वे खुश होते हुए बोले–

'एक बार ओ शिट त बोल दे जानेमन।'

मधु ने दर्द के साथ शर्म, वितृष्णा, क्रोध और प्रैक्टिकल्टी को मिलाकर जाँघ सहलाते हुए कहा–

'ओ शिट....'

□□